KB271127

# 지도자 평생 개발론

# 지도자 평생 개발론

**초판** | 2쇄 발행 2024년 2월 19일
**지은이** | J. 로버트 클린턴 박사
**옮긴이** | 장남혁·황의정
**펴낸이** | 이재승·황성연
**펴낸곳** | 하늘기획
**마케팅** | 이숙희·최기원
**관리부** | 이은성·한승복
**북디자인** | 권기용
**교정교열** | 이지영·유다윗

**주소** | 경기도 파주시 광탄면 혜음로883번길 39-32
**등록번호** | 제8-0856호

**총판** | 하늘물류센타 **전화** | 031-947-7777 **팩스** | 0505-365-0691
ISBN | 978-89-923-2095-5

# LEADERSHIP
# 지도자 평생 개발론

| 로버트 클린턴 지음  장남혁 황의정 옮김 |

하늘
기획

# 역자의 글



클링턴 교수의 책『지도자 평생 개발론』을 번역할 수 있었던 것은 하나님의 특별한 섭리와 은혜 가운데 되어진 일이다. 이 일을 통해서 본인은 리더십에 대해서 새로운 눈을 뜨게 되었다. 본인은 평상시 리더십이 없다고 생각할 뿐더러 '리더십' 과는 무관한 사람이라고 생각해 왔다. 그런데 클링턴 교수의 책을 읽으면서 새로운 소망이 생겨났다. 하나님께서는 오늘날에도 사람들을 빚어가고 계시며 모든 사람들이 하나님의 계획과 경륜 가운데 자신에게 주어진 잠재력을 최대한 개발할 수 있고 발휘할 수 있다는 점을 클링턴 교수의 책은 너무나 분명하게 보여 주었다.

클링턴 교수의 책은 하나님마저 사물화하고 추상화하는 오늘날의 신학 풍토에 경종을 울려주는 책이다. 성경과 교회사를 통하여 사람들을 빚어가신 하나님께서는 오늘날에도 하나님의 사람들을 빚어가고 계신다. 그러한 하나님의 역사에 바르게 응답할 때 그리스도인 지도자는 배출되는 것이고, 그 과정은 그의 전 생애를 통해 지속된다. 그가 마지막 숨을 거두는 순간 '끝맺음' 을 잘한 지도자가 되려면 그는 삶의 매 순간 순간 하나님의 빚어가시는 손길에 대해서 바르게 응답하는 것이 필요하다.

하나님께서 하나님의 사람들을 빚어가시는 방법은 구체적으로 사람들의 삶 가운데 전개되는 다양한 과정들 (Processes)을 통해서이다. 본서에서 클링턴 교수는 50여 가지의 과정들을 소개한다. 우리가 하나님과 관련시켜서 전연 생각하지 못하는 과정들도—예를 들면 어린 시절의 노는 모습, 친구와의 갈등, 눈깔 사탕 몰래 훔쳐 먹는 일, 병으로 고통당하는 것 등—모두 하나님께서 주도하시는 과정들이다. 이러한 과정들은 전 생애를 통해 전개된다. 그러한 과정들을 정리하되 그런 과정들이 주로 어느 시간대에 어떠한 형태로 나타나는지를 보여줌으로써 기독교 지도자들로 하여금 보다 준비된 반응을 할 수 있도록 도와주는 것이 클링턴 교수의 책이 주는 최대의 혜택이다.

이 책을 읽고 번역하는 시간들을 통해서 하나님을 더 가까이 느낄 수 있었던 것이 본인에게 주어진 가장 큰 축복이었고, 지도력과는 무관하다고 생각하던 데에서 돌이켜서 하나님께서 맡겨주신 사명을 잘 완수하고 끝맺음을 잘해야 한다는 각오를 다지게 해 준 것이 본인에게 주어진 가장 큰 유익이었다. 오늘날 한국 교회는 기독교 지도자들에 대한 높은 기대와 요청이 실망으로 변하는 위기 과정을 겪고 있다. 하지만 이 책이 번역되고 출판되는 것을 지켜보면서 위에서 언급한 상황도 조만간 역전될 수 있으리라는 기대를 품게 된다. 본인은 이 책이 진정 귀감이 되는 새 세대 지도자들을 무수히 배출하는 데 크게 기여할 것이라고 굳게 확신한다. 본인이 바라는 것은 이 책을 통하여 한국 교회와 전세계 선교 현장에서 "리더십 갭"—많은 사람들이 피부적으로 느끼고 있다—이 메꾸어지는 것이다. 기독교 지도자들이 각자 하나님께서 보내주신 곳에서 자신에게 주어진 사명을 분명히 깨닫고 자신들의 잠재력을 최대한 발휘하여 그러한 사명을 완수할 때, 사막과 같고 광야와 같은 이 세상은 옥토와 꽃동산으로 바뀌어질 것이다. 클링턴 교수의 책은 그러한 비전과 꿈이 언젠가 꼭 실현될 것이라는 기대감과 확신을 준다.

그 누구라도 그가 위대한 예술가—천지 창조도 그분의 작품이다—이신 하나님의 손에 붙들리는 순간 위대한 명품으로 재탄생할 것이다. 클링턴 교수의 책은 명품 탄생을 꿈꾸게 할 뿐만 아니라, 명품이 출현하는 과정을 현미경으로 들여다보듯이 세밀하게 보여준다. 어느 누구라도 이 책을 통하여 자신이 명품으로 빚어지는 과정상 어디에 위치하는지 파악할 수 있고 그 나머지 과정 또한 기대와 설레임으로 밟아나갈 수 있을 것이다. 이 책이 기독교 지도자들에게 하나님께서 의도하신 자신의 모습을 드러내도록 도전과 격려를 제공하고 끝없는 용기와 소망의 원천이 되어줄 것임을 의심치 않는다.

장남혁

# 저자 서문

저는 하나님께서 지도자를 발굴하시고 개발하시는 것을 연구하고, 가르치는 일을 하면서 전 세계 교회와 선교지도자들을 섬기는 특권을 누렸습니다. 이번에 지도자 평생개발론 이론을 집대성한 책이 한국어로 번역 출판하게 됨을 기쁘게 생각합니다. 이 책이 한국 교회와 선교 지도자들에게 도전과 영감을 주고, 일생에 거친 리더십 개발에 귀하게 쓰임 받게 됨을 하나님께 감사 드립니다.

지도자들을 연구하면서 제가 확인한 일곱 가지 주요 교훈 중에 하나는 평생 전망이라는 것입니다.

### 평생 전망

**효과적인 지도자들은 현재의 사역을 평생의 전망에서 본다.**

평생에 걸친 개발이라는 큰 그림을 인식하는 지도자들은 자신의 삶을 위한 현재의 사역에서 도약하게 됩니다. 현재의 사역이란 부정적일 수도 있고 압도적인 것일 수도 있습니다. 지도자는 평생에 걸친 개발 국면과 각 국면을 넘어가는 전환기적 경계선 개념을 인식하여야 합니다. 지도자는 평생에 걸쳐서 지도자를 만들어가시는 하나님의 손을 이해해야 합니다. 만일에 어떤 지도자가 하나님께서 이끌어가시는 기본적인 목표를 알고 있다면 그는 최대의 유익을 위해 현재 만들어가시는 과정에 반응할 수 있습니다.

　일반적으로 평생 개발 전망을 배운 지도자는 즉 잘 마치는 삶 (선종) 의 의미를 아는 사람은 자신도 선종하기로 결단하게 됩니다. 이런 지도자는 선종의 장애가 무엇인지 인식하게 됩니다.

1. 재정에 관한 신실성의 결여　　2. 성적으로 부적절한 행동　　3. 권력의 남용

4. 가족과 관련된 문제　　5. 교만의 문제　　6. 정체에 빠짐

평생 개발 전망을 가진 지도자는 또 선종을 돕는 요인들도 인식하게 됩니다:

1. 학습 태도　　2. 멘토링의 도움받기　　3. 반복되는 갱신의 경험

4. 훈련　　5. 평생 전망

　그러므로 무장된 지도자는 주권적 사고로부터 오늘 무슨 일이 일어나고 있는가를 인지할 수 있게 됩니다. 간단하게 말하면, 지도자는 미래의 희망과 하나님께서 개입하고 계신다는 것을 알기 때문에 현재 일어나고 있는 일을 감당할 수 있게 됩니다.

이제 지금까지 말씀 드린 지도자 평생 개발 전망의 중요한 개념을 잘 표현하는 리더십 가치를 요약하겠습니다.

### 평생 개발의 가치

지도자는 자신의 삶에서 오늘 일어나고 있는 것을 평생의 관점에서 해석하고, 현재 일어나고 있는 일에 대한 하나님의 전체적인 목적을 봄으로써 전망을 얻어야 한다.

이 가치가 당신의 것이 될 수 있습니다. **지도자 평생 개발론**은 바로 이 평생 개발의 전망을 알려주고, 그 중요한 가치를 이해하도록 도와줄 것입니다.

특별히 본서의 번역을 맡은 장남혁 박사와 황의정 박사는 저의 제자로서 본서의 내용과 깊은 의미를 철저하게 이해할 뿐만 아니라 이미 이 이론으로 많은 한국의 목회자와 선교사, 그리고 신학생들을 가르치는 분들입니다. 방대한 내용을 번역하는 수고를 감당하신 두 분께 감사 드립니다. 독자 여러분은 이 분들의 수고의 결실을 믿을 수 있습니다. 특히 황의정 박사는 풀러신학교 선교대학원에서 함께 강의하면서 저의 모든 저서를 한국어로 번역 소개하는 책임을 성실하게 감당하고 계십니다.

Blessings,

Dr. J. Robert Clinton, Winter 2011

# Contents

**B 섹션. 시간 변수**

# PART 3 지도자 부상의 목표와 평가

# 서문

## 하나의 업데이트

이 매뉴얼은 ML 530 리더십 출현 패턴들 (Leadership Emergence Patterns) —풀러 신학교 세계 선교 대학원의 리더십 전공 분야(leadership concentration)에서 제공된 과목— 을 위해서 최초로 고안되었던 자습 교재 (a self-study text) 의 네 번째 개정판이다. 그 과목의 최종 결과는 두 가지로 나타난다 : 1) 하나님의 주권을 새로운 방식으로 알게 된 학생들의 변화된 삶, 2) 지도자의 삶에 대한 리더십 개발과 지도자의 일대기를 연구할 때 네 가지 선택사항이 가능하다. 첫째, 선교사 혹은 현지인 지도자가 자신의 삶을 스스로 연구 (self study) 하기. 둘째, 성경적 지도자에 대한 연구. 셋째는 역사적인 기독교 지도자에 대한 연구. 넷째는 현대 기독교 지도자에 대한 연구이다.

처음 7년 동안에 본 과목을 13번 강의했다. 거의 400명의 학생들이 지도자 부상 이론을 공부했다. 거의 500명의 지도자들이 이 기간 동안에 연구되었다. 연구된 성경적 지도자들 중에는 요셉, 모세, 여호수아, 입다, 다윗, 다니엘, 예레미야, 느헤미야, 바나바, 바울, 그리고 베드로 등이 포함되었다. 많은 역사적 지도자들이 연구되었는데 그 중에는 허드슨 테일러, 앤드류 머레이, A. B. 심슨, 피니아스 브레시 (Phineas Bresee), 헨리에타 미어스 (Henrietta Mears), 메어리 슬레서 (Mary Slessor), 마리아 앗킨슨 (Maria Atkinson), 그리고 J. O. 프레이저 (J. O. Fraser) 등과 같은 거인들이 포함되었다. 그런데 그보다 훨씬 더 많이 연구된 것은 일선에서 일하는 선교사들과 전세계로부터 나온 선교 현지 지도자들이다. 이러한 연구로부터 한 지도자의 발전을 체계화하고 (organizing), 해석하고 (interpreting), 예견하는 (predicting) 하나의 이론이 형성되었다. 이러한 이론적 틀은 기독교 지도자들의 개인적 성장과 발굴과 개발에 도움이 될 것이다.

지도자 부상 이론 (Leadership Emergence Theory) 은 지도자들의 출현을 그들의 평생에 거쳐서 추적한다. 그러한 궤적들은 삶의 여러 사례들의 체계화를 가능케 한다. 그러한 사례를 구성하는 데에 10,000페이지 이상의 자료들이 개발되었다. 이러한 많은 사례의 비교 연구는 어떻게 지도자들이 출현하게 되는지에 대한 이론으로 정리되었다. 비교 연구를 위한 연구 틀은 글래서와 스트라우스 (1967) 에 의해서 개발된 자료에 기초한 이론 개발 기법 (Grounded Theory techniques) 을 활용하였다.

우리는 몇 가지의 중요한 항목을 배웠다. 첫째, 기독교 지도자에 대한 우리의 정의는 더 명확해졌다. 기독교 지도자는 하나님께서 주신 능력과 책임감을 가지고 하나님의 백성들의 특정 집단이 하나님의 목적을 향해서 나아가도록 영향력을 행사하는 사람이다. 둘째, 지도력 부상은 지도자에 대한 목적을 이루도록 그 지도자를 만들기 위하여 하나님께서 결정적인 방식으로 일생에 걸쳐서 개입하는 과정이다. 셋째, 전체적인 삶의 관점에서 보았을 때, 하나님의 개입 혹은 하나님의 형성은 의도적인 것으로 보인다. 그분의 과정 (processing) 은 지도자의 자질을 개발시키기 위한 의도를 따른 것이다. 그것은 지도자로 하여금 은사 (giftedness) —타고난 재능들 (Natural Abilities), 습득된 기술들 (Acquired Skills), 그리고 성령의 은사들(Spiritual Gifts)— 와 관련하여 잠재력을 극대화하여서 일하게 한다. 그러나 하나님의 형성 과정은 또한 특정 지도자의 반응을 허용한다. 지도력 출현은 하나님의 빚으심 (God's Shaping) 에 대한 부상하는 지도자의 반응에 따라서 지연되거나 촉진될 수 있다. 넷째, 우리는 어떻게 지도자가 발전하거나 혹은 그렇지 못하는지에 대한 전반적인 이해를 얻게 되었다.

지도자의 발전은 세 가지 주요한 변수에 달려 있다. 기독교 지도자의 발전은 세 가지 중요한 우산과 같은 개념들—과정 (processing), 시간 분석 (time analysis), 그리고 반응 유형 (patterns of response)—과 그들 사이의 관계에 의해서 대부분 설명될 수 있다. 그 발전은 세 가지 종류의 형성 (formation) —영적 형성 (spiritual formation), 사역적 형성(ministerial formation), 그리고 전략적 형성 (strategic formation)— 을 지향하여 나아간다. 이러한 세 가지 형성은 지도력의 성격, 기술들, 그리고 일련의 가치들을 형성하는 하나님의 행동들과 대략적으로 일치한다.

이 매뉴얼과 최종판 (1987년초에 나옴) 의 출판 사이의 중간 기간에 나는 이 주제에 대한 박사 학위 (Ph. D) 연구를 완성했는데, 그것은 나의 7년간의 연구를 통합해 주었다. 주요한 발전은 다음과 같다 : 1) 이론의 통합 (4가지 주요한 단계들), 2) 몇 가지 과정 항목들의 추가, 3) 과정 항목들의 본질에 대한 분석, 4) 시간 분석의 광범위한 발전, 특히 경계선 (boundary) 분석과 일반적 시간선 (time-line)

의 사용에 있어서의 발전, 5) 반응 유형 구별 (identification), 명료화 (clarification), 그리고 보다 주의 깊은 서술 (desctiption), 6) 지도자의 발전을 평가하기 위해서 사용되는 척도 (measures) 를 서술하고 정의함에 있어서의 놀라운 진보 (extensive progress) , 그리고 7) 인생의 궁극적인 공헌 등이다.

이번 매뉴얼은 대대적인 개정 이상이다. 본서는 박사 학위를 위한 집중적인 연구의 산물이다. 옛 매뉴얼로 공부한 학생들은 여기에 포함된 많은 과정 항목들과 몇몇 시간선 개념들을 알아볼 수 있을 것이다. 그렇지만 이것은 전반적으로 새로운 매뉴얼이다. 이론을 보다 효과적으로 통합하기 위해서 전혀 새롭게 장 (chapters) 을 편성하였다. 형식 (format) 또한 변경되었다. 참고 학습 (referential learning) 의 개념에 많이 기울어졌던 옛 매뉴얼은 페이지 형식 (page formats) 과 단락 편성 (chapter organization) 을 위해서 개념을 통합하는 정보 지도 그리기 기술 (information mapping techniques)을 사용해서 작성되었다. 현재의 매뉴얼은 이론에 대한 주요한 정의 부분과 피드백 페이지들에 대해서만 정보 지도 그리기 방식을 사용하였다. 정보 지도 그리기가 줄어든 것은 이야기 사용이 그만큼 늘어난 것을 의미한다. 당신은 이것을 특히 정의 부분 (definition sections) 에 대한 소개, 정의 (definitions) 에 대한 해설 (commentaries), 그리고 장 요약 부분 (chapter summary sections) 에서 보게 될 것이다. 이처럼 이야기가 증가된 것은 초기 학습 (initial learning) 의 역량 (facility) 을 높여준다. 최종 결과는 이 최신 매뉴얼이 학생들에게 친숙한 표준 교과서와 같은 형태로 나오게 되었다는 것이다. 소망하기는, 이러한 초기 학습을 돕기 위해서 증가된 부분들이 참고 학습 (referential learning)—옛날의 정보 지도 그리기 형식의 매뉴얼 (information mapped manual)의 강점이다—의 희생 위에서 이루어지지 않는 것이다. 주요한 용어들의 정의에 대한 정보 지도 그리기에 추가하여서, 참조적인 학습 기술들 (referential learning techniques) 은 이야기 부분 안에 있는 시작 서두 (cue headings) 와 주변의 라벨들을 사용함으로 그리고 광범위한 색인을 작성함으로 강화되었다.

### 매뉴얼의 구조 (Structure of the Manual)

이 매뉴얼은 3부로 구성되어있다. 1부는 지도력 부상 이론을 소개하고 그에 따르는 개념들을 폭넓게 이해하기 위한 틀을 제공한다. 2부는 이 이론의 세 가지 주요한 변수들을 서술한다. 그것은 각각의 변수를 다루는 세 부분으로 나뉘어진다. 2부의 처음 부분 (Section A) 은 과정 변수 (processing variable) 를 다룬다. 3장에서 8장까지는 과정 변수의 근본 (fundamentals) 을 서술한다. 이러한 장들에는 지도자의 삶에 대한 하나님의 개입을 서술하는 데에 도움이 되는 많은 과정 항목들이 정의되어 있다. 2부의 둘째 부분 (Section B) 은 시간 변수를 다룬다. 9장은 시간 개념들을 소개한다. 10장은 두 가지의 유용한 총칭적인 시간선들 (generic time-lines) 을 자세히 다룬다. 2부의 셋째 부분 (Section C) 은 반응 유형들 (response patterns)을 서술한다. 11장은 반응 유형의 개념을 개관하고 현재까지 발견된 주요한 유형들을 사역 시간선 (ministry time-line) 상에 배열한다. 그 후에 그 유형들의 상세한 정의/서술을 열거한다.

3부는 성격상 통합적이다. 그것은 세 가지 목표—영적 형성의 목표인 지도력 성격, 사역적 형성의 목표인 지도력 기술들 그리고 전략적 형성의 목표인 사역 철학 (지도력 가치들의 통합된 체계)— 와 관련해서 과정과 개발의 전반적인 효과를 논의한다. 12장은 과정과 세 가지 형성들 —영적 형성, 사역적 형성, 그리고 전략적 형성 (하나의 잘 다듬어진 사역 철학으로 드러나는 형성)— 을 서술한다. 사역 철학의 개발이란 개념은 매우 초보적인 단계에 있지만 우리가 연구를 계속함에 따라서 그것의 윤곽이 보다 뚜렷해지고 있다.

13장에서는 일곱가지 측정 방식들 (measures)이 소개된다. 마지막으로, 리더쉽의 궁극적인 평생 목표에 관한 몇 가지 제안이 주어진다. 12장과 13장은 한 명의 개별적인 지도자의 개발에 대한 평가와 측정을 향한 첫 걸음을 제공한다.

## 매뉴얼의 주제

이 매뉴얼의 주제는 매우 분명하다. 한 지도자가 출현하기까지 하나님께서는 그의 영적 형성, 사역적 형성 그리고 전략적 형성을 위하여 평생에 걸쳐서 주권적으로 그리고 섭리적으로 주도하시고 개입하신다. 지도자가 영향을 끼치는 자질을 개발하도록 그의 삶의 모든 것을 하나님께서 사용하신다. 내면적인 과정들 (개인적인 심리적 형성)과 외면적 과정들 (사회적, 문화적 그리고 상황적 형성)은 삶의 여러 활동 (activities)과 사건들 가운데 신적 과정들 (신적인 형성)과 결합되어서 지도자가 자신과 자신의 영향을 받는 집단들로 하여금 그들을 향한 하나님의 목적들을 향하여 나아가도록 영향력을 행사하는 자질과 의무를 개발하게 한다. 지도자 부상 이론은 지도자로 하여금 자신과 다른 사람들의 삶 가운데에서 이러한 형성 과정들을 발견하고 이를 평가하는 데에 사용할 수 있는 평가의 틀을 제공한다. 그것을 보다 간략히 서술하면 다음과 같다.

하나의 개별적인 지도자의 발전에 대한 평가는,

: 세 가지 세트의 변수들 —과정, 시간, 그리고 반응— 을 사용함으로써, 그리고 그들 사이의 관계에 의해서 대부분 설명될 수 있다. 그 세 가지 변수들은 영적 형성, 사역적 형성, 그리고 전략적 형성을 이해하기 위한 배경을 제공한다.

: 반응 유형들에서의 진보나 다른 유사한 개발을 보여주는 일곱 가지 측정 방식을 사용해서 시간을 두고 평가될 수 있다. 그러한 측정 방식들은 다음과 같다. 주요한 교훈들, 개발 과제들, 은사, 영향력의 범위, 영향력 수단들, 유형 판단, 그리고 수렴 요인들이다.

: 그것은 자기-분석에 사용하는 중간 경력의 지도자에게 매우 큰 통찰력을 제공할 수 있다. 왜냐하면 그것은 과거의 과정에 대한 일관성을 제공하

고 미래 방향에 대한 암시를 주며, 전 과정에 대한 하나님의 전반적인 통제에 대한 확신을 주기 때문이다.

### 이 매뉴얼의 두 가지 목적

리더십 출현 이론에 대해서 이처럼 상세히 취급하는 이유는 단순히 적용을 위한 것이다. 나는 중간-경력의 지도자 (mid-career leaders) 가 하나님께서 그들을 형성하기 위하여 과거에 행하셨던 것을 이해하고 미래에도 하나님께서 그 형성 과정을 계속하실 것을 확신을 갖고 기대하기를 바란다. 나는 하나님께서 그들을 그분의 목적을 이루는데 사용할 유능한 지도자들로 만드실 것을 그들이 믿기를 원한다. 나는 이러한 유능한 지도자들이 지도력 출현 이론의 개념들을 사용해서 주변에서 출현하고 있는 미래 지도자들을 선별하고 개발하는 것을 돕게 되기를 더욱 바란다. 만일에 우리가 무엇보다도 먼저 하나님께서 되기 원하시는 지도자들이 되고 그리고 두 번째로 보다 젊은 지도자들을 보다 효과적으로 개발하기 위한 멘토가 된다면, 우리는 지도력의 결핍 (leadership gap) 부분을 메우고 하나님 나라의 도래를 앞당기는 데에 한 몫을 하게 될 것이다.

바비 클린턴

PART **1**

# 지도자 평생 개발론의 서론

# 랜디에게 쓴 편지

### 리더십 명령 (The Leadership Mandate)

"하나님의 메시지를 당신에게 전해준 이전의 지도자들을 기억하시오. 그들이 어떻게 살았고 죽었는지를 되돌아보고, 그들의 믿음을 본받으시오. 예수 그리스도는 어제, 오늘, 그리고 영원히 동일합니다."

— 히브리서 13:7-8 Good News Bible (역자의 번역)

### 랜디에게 보내는 편지

클라라 (Clara) 는 분명하게 말했다. 여기에 클라라의 요구 사항이 있다.


### 클린턴 박사님께,

저는 랜디의 생일 파티에 참석하도록 박사님을 초청하고자 합니다. 왜냐하면 그의 아버지를 제외하면 박사님은 내 남편의 삶에 가장 큰 영향력을 행사하시는 남자분이기 때문입니다.

저는 박사님께서 몸소 참석하는 명예를 기대하지는 못하겠습니다. 그러나 박사님께서 한가지 호의를 베풀어 주실 것을 요청합니다. 우리는 랜디에게 축복의 말을 하고, 또 기도해주는 시간을 가질 것입니다. 만일 박사님께서 축복의 말씀을 적어서 보내주신다면, 저는 그것을 그의 파티에서 읽어 줄 것입니다. 저는 그것이 그에게 의미있는 일이 되리란 것을 압니다.

저는 박사님께서 랜디를 만나 그에게 베풀어주신 생명과 격려에 대해서 감사하고 싶습니다. 아내로서, 나는 경건하고 지혜로운 분들이 주님을 대신해서 나의 남편에게 메시지를 전해주는 것을 보고 감사를 드립니다. 박사님은 랜디를 절망하게 하고 목적의식을 상실케 했던 "모난 부분 (edge)" 을 제거하도록 도우셨습니다.

우리의 길에 박사님을 보내 주신 것에 대해서 예수님께 감사합니다. 많은 존경과 감사함을 당신에게 보냅니다.

— 클라라

### 추신

가능하다면, 박사님의 글을 이 주소로 보내 주세요. 그것은 저의 회사 주소이고 제가 주로 메일을 받습니다. 감사합니다.

### 추가의 추신

저는 박사님의 책을 읽었습니다. 그리고 그것을 즐겼습니다. 제가 성장하고, 빛을 받고, 보다 편안해진 기분을 느낍니다.


랜디는 그가 25살이었을 때인 1982년에 맨 처음으로 행한 리더십 부상 유형 강의를 들었다. 이제 그는 한 명의 지도자로서 사역에 진입하여 약간의 거친 진행상황을 통과했다. 이후 7년에 걸쳐서 랜디와 연락은 이어졌다 끊어졌다 했다. 그녀의 편지를 받기 6주 전에 나는 내 사무실에서 랜디와 두 시간을 보냈다. 나는 그가 자신의 사역에 있어서의 처음 7년 동안에 겪은 기복에 대해서 이야기하는 것을 들었다. 그리고 몇 가지 조언을 해 주었다. 그리고 나는 그의 석사 과정을 끝내는 것에 관해서 조언해 주고, 그의 프로그램을 완성할 수 있도록 그에게 두 과목의 개별 학습을 제안했다.

랜디는 그의 리더십과 관련하여 투쟁 중이었다. 왜냐하면 직전에 그는 교회 개척 상황 —항상 힘든 진입 상황인— 에 개입했었다. 그는 누군가 연장자 —이 길을 먼저 통과한 누군가— 로부터의 확인이 필요했다. 그로 하여금 현재 진행되고 있는 것을 볼 수 있도록 돕는 누군가를 필요로 했다. 단순히 말하면 폭넓은 관점을 제공해 주는 멘토가 필요했다. 사역 진입은 분별력과 인내를 요구한다. 그 지도자에 대한 하나님의 특별한 형성에 대한 분별은 이 기간 동안에 결정적인 역할을 한다. 사역 개발의 초기 단계에서 분별력이 부족하면 종종 축약된 진입 유형이란 명칭으로 서술되는 리더십을 포기하는 결과를 초래할 수 있다.[1] 이러한 초기의 포기를 방지하기 위해서 멘토가 필요한 것이다.

클라라는 옳았다. 그들은 아리조나 주 피닉스에서 살았고 나는 캘리포니아 알타데나 (자동차로 10시간 거리) 에서 살았다. 나는 개인적으로 여행을 한다는 것이 용이치 않았다. 그래서 나는 개인적인 편지쓰기를 선택했다. 그것은 약간 긴 편지이지만 주의 깊게 읽어볼 가치가 충분하다고 생각한다. 왜냐하면 그것은 지도자 부상 이론으로부터 여러 가지 주요한 개념들을 사례로 들고 있기 때문이다. 원래의 편지는 이러한 학문적인 각주들이 없었다. 나는 당신이 매뉴얼 속에서 보게 될 몇몇 개념들에 대해서 맛을 보도록 하기 위해서, 그리고 이 편지는 진실로 리더십 명령에 대한 심각한 적용의 결과라는 것을 지적하기 위해서 각주를 단 것이다.

— 1989년 5월 11일

### 랜디 군에게

다시 32세가 되는 기분입니다. 형제도 알다시피 나이는 관점의 문제입니다. 나의 관점에서는 32세란 젊고 생동감이 넘치며, 하나님을 위해서 많은 것을 달성하리라는 전망으로 신선한 나이입니다. 형제는 이제 막 삶과 리더십에 관해서 배우기 시작했습니다. 그리고 만일 주님께서 형제에게 허락하기만 한다면, 장기간의 효과적인 사역이 주어질 것입니다.

---

1) 사역을 하기 전에 먼저 신학교를 졸업한 많은 수의 사람들이 처음 3−5년 사이에 사역을 그만둔다는 것을 보여 주는 연구 결과들이 있다. 나는 이것을 9장에서 다룬다. 하보 (Harbaugh)등이 쓴 『경계를 넘어서—사역의 초창기의 도전을 직면하기』(Beyond the Boundary—Meeting the Challenge of the First Years of Ministry, New York: Alban Institute)를 참조하라.

형제의 시작은 매우 좋았습니다. 그러나 장기 (chess) 의 비유를 기억하십시오. 형제는 처음 시작뿐만 아니라, 중간에도 잘해야 합니다. 그리고 끝을 잘 맺어야 정상을 차지합니다. 그러므로 이제, 형제는 계속해서 잘 해야만 합니다.

지난 6년 내지 8년 동안 형제는 형제의 성장 사역 국면의 초기 부분을 통과했습니다.[2] 삶의 그 국면에서 많은 것이 부정적으로 학습됩니다. 역할들, 관계들, 은사 등은 종종 부정적인 과정 —무엇을 하지 말 것인가, 당신이 해야만 하는 데 아직 할 수 없는 것 등— 을 통해서 발견됩니다. 은사 집단[3] 에 대한 초기의 암시들이 주어지기 시작합니다. 그것이 정상적이고 바른 것입니다. 그러므로 기뻐하십시오. 그리고 하나님께서 평생의 과정을 염두에 두고 계신다는 것을 기억하십시오. 형제는 계속해서 잘해야만 합니다.

형제가 행복한 생일과 하나님의 최상을 맛보기를 바라면서 동시에 약간의 권면을 주지 않는다면 전혀 나답지 못하게 될 것입니다. 그래서 나는 내 강의들을 통해서 뚜렷하게 드러난 여섯 가지 주요한 리더십 교훈들[4]을 전해주고자 합니다. 형제의 32번째 생일을 축하하면서 그것들을 마음에 간직하십시오. 그리고 하나님께서 형제를 어디로 이끄실 것인지 먼저 생각하기 시작하십시오. 32세란 나이는 재고 조사를 하고 하나님의 은혜로 미래적인 결정들을 내리기에 좋은 때입니다. 그래서 나는 형제가 계속해서 잘 하는 것에 관해서 생각할 때에 형제에게 도전이 될 몇 가지 질문을 던져 보겠습니다.

---

2) 그는 성장 사역 단계(Growth Ministry Phase)의 잠정적인 하위-단계 (Provisional sub-phase)에 있었다. 나는 2장에서 총체적인 사역 시간선을 짧게 다루고 9장에서는 심도있게 논의할 것이다.

3) 은사 집단(giftedness set)은 한 지도자의 삶에서 청지기로서의 잠재력을 서술하는 용어이다. 그것은 영향력을 행사하는 한 지도자의 역량 (capacity)을 보여주는 세 가지 요소들의 집단을 언급한다. 즉 타고난 재능들, 습득한 기술들 그리고 영적인 은사들이다.

4) 이러한 여섯 가지 주요한 교훈들 모두가 반드시 어떤 한 역사적인 지도자에게서 나타나는 것은 아니다. 그것들은 많은 삶을 거쳐서 종합되었다. 아직 그것들이 리더십에서 효과를 내는 원인이란 확실한 증거는 없지만 나는 교훈들과 효과적인 리더십 사이에 깊은 연관성이 있다고 믿는다.

## 1. 효과적인 지도자는 평생을 통해서 배우는 자세를 견지한다.

이것에 대해서 형제는 어떻게 행하고 있습니까? 비공식적 훈련 (informal training)—개인적인 성장 프로젝트들, 개인적 연구 프로젝트들, 독서, 비공식적 도제 과정들; 무형식적 훈련(non-formal training)—워크샵, 세미나, 컨퍼런스; 형식적 훈련—계속 교육에 대한 생각들, 이전 학위 프로그램을 마치는 것 등.[5]

## 2. 효과적인 지도자는 주요한 능력의 기초로서 영적 권위(Spiritual Authority)에 가치를 둔다.

만일 형제의 자연적 재능들 (조직적인 성향)과 그 선상에서 습득한 기술들이 형제의 은사 집단 (giftedness set) 가운데 중심을 이룬다면 [6], 이것은 형제에게 있어서 결정적인 원리가 될 것입니다. 경영 기술 (management skills)을 갖고 조직적인 맥락에서 일하는 사람의 주요한 문제들 중의 하나는 그들에게 영적 권위 [7]가 결핍되어 있다는 것입니다 (그리고 결과적으로 그들은 지위적 권위에 의존합니다). 형제는 영성을 개발해야만 합니다. 왜냐하면 영성으로부터 영적 권위가 흘러 나오기 때문입니다.

---

5) 세 가지 학습 유형들이 여기에 나타난다. 비공식적이란 훈련 수단들로서 일상의 활동들과 자기—주도적인 성장 프로젝트들을 의도적으로 사용하는 것을 말한다. 무형식적이란 조직화되었지만 프로그램화되지 않은 학습을 언급한다. 그러한 학습은 경험적인 데에 초점을 두며 대개 컨퍼런스, 세미나, 워크샵 혹은 지역 교회에서 운영하는 학원 등을 통해서 주로 주어진다. 공식적이란 프로그램화되고 제도화된 훈련을 언급한다. 역사적 지도자들은 비공식적 훈련을 잘 활용했다. 다른 두 가지 유형들은 그처럼 활용되지는 못했다. 오늘날, 사회 변동의 빠른 속도에 의해서 필요하게 된 계속 교육 운동의 빛에서 볼 때 세 가지 유형 모두가 활용 가능하다. 오늘날의 복합적인 세계에서 학습은 계속적인 과정이 되어야만 한다. 지도자들은 어떻게 배우는지를 알아야만 한다. 그리고 사회의 변화하는 필요들에 대처하기 위해서 사역의 역학들이 변화함에 따라 계속해서 학습해야만 한다. 랜디는 하나의 공식적 학위 프로그램을 종결 지을 필요가 있었다.

6) 하나의 은사 집단의 중심적 요소란 한 지도자의 주도적인 동기적 역량 (motivational capacity)을 언급한다. 이 사례에 있어서 사람을 조직하고 동기를 부여하는 자연적 재능이 랜디의 삶에서 중심적이라는 것을 제시한다. 랜디가 1982년 리더십 출현 유형들이란 과목을 택했을 때 그는 사무엘 밀즈(Samuel Mills) (Maranville 1982)의 삶을 연구했다. 사무엘 밀즈는 초기의 역사적 지도자로서 그의 중심적 요소는 선교적 목적을 위해서 사람들을 조직하고 동기를 부여하는 자연적 재능이었다. 내가 랜디에 관해서 옳다면, 그가 누구를 연구했는가 하는 이러한 사실은 10장과 11장에서 논의되는 은사 개발 유형과 관련하여 "비슷한 것에 끌리는(like-attracts-like)" 는 개념의 사례가 된다.

7) 영향을 미치는 자질과 관련하여 지도자가 인지하는 근원인 능력의 기초들은 15장에서 논의된다. 영적 권위는 하나의 능력의 기초이다. 그것은 인지된 영성으로부터 흘러나온다. 지위적 권위는 지도자가 갖는 지위로부터 흘러 나온다.

**3. 효과적인 지도자는 잠재적인 지도자를 발굴하고 개발시키는 일에 우선순위를 둔다.**

형제의 최근의 경험을 돌아보십시오. 형제는 사람들을 개발시키고 있습니까?[8] 하나님께서 형제 주위에 보내시는 잠재적인 지도자들에게 주목하고 있습니까? 형제는 사람들이 그들의 개발 유형들에 따라 앞으로 나아가는 것을 도와야만 합니다. 고린도후서 1장 3절과 4절에 깔린 기본적인 원리가 여기에서 적용이 됩니다: 형제는 영적 권위를 드러내는 답변들을 다른 사람들과 나누기 위해서 상황 속에서 하나님으로부터 배웠습니다. 하나님께서는 형제를 만나주셨습니다. 형제는 다른 사람들이 하나님께서 그들을 만나시는 것을 볼 수 있도록 도와야 합니다. 이 리더십 교훈은 특히 형제의 은사 집단에 적용됩니다. "비슷한 것에 끌리는" 은사 개발 원리를 기억하십시오. 그래서 형제가 받은 은사와 유사한 것을 받은 사람들이 형제에게 다가올 것을 기억하십시오. 그들에게 주목하십시오. 그들을 도우십시오. 하나님께서 형제에게 가르쳐주신 것은 무엇이든지 다른 사람들이 그들 자신을 계속해서 개발해 나갈 수 있도록 그들에게 전해줄 가치가 있는 것입니다.

**4. 전 생애를 통해서 열매를 맺는 효과적인 지도자는 역동적인(dynamic) 사역 철학을 갖는다.**

세 가지 기본 요인들 (성경, 은사, 상황) 이 사역 철학의 역동적인 성격을 결정짓습니다.[9] 형제는 삶의 경험에 따라 이전에 보지 못했던 것들을 성경에서 보게 될 것입

---

8) 찰스 시므온 (Charles Simeon) (McDonald 1985, Cook 1987)은 이러한 태도를 탁월하게 보여준다. 그리고 리더십 명령에서 모방되어야만 하는 사람으로서 분명하게 서 있다. 사역 철학과 찰스 시므온에 관해서 이어지는 진술들을 보라.

9) 나는 사역 철학에 대한 D. Allen의 특별한 연구 프로젝트 —기본적으로 찰스 시므온 (Charles Simeon)에 대한 심층적인 개별 연구였다— 로부터 부분적으로 영향을 받았다 (Allen 1988). 그것과 다른 역사적 개별 연구의 비교를 통해서 나는 다음의 이론적 연관성을 임시적으로 확인했다. 세 가지 기본 요인들 (성서, 은사, 상황)은 역동적인 사역 철학을 산출할 것이다. 그 사역 철학은 다시 세 가지 사역 철학 변수들의 상호작용에 영향을 받을 것이다. 그 세 가지 사역 철학 변수들은 다음과 같다. 첫째로 "혼합"은 과거와 현재의 리더십 가치들의 통합인데 이 양자는 과정의 결과이다. 둘째는 "초점" (focus)으로 숙명 수렴, 그리고 은사가 이에 해당된다. 셋째는 "명료화" 로서 암묵적인 데에서 명시적인 데로 리더십 가치들을 조직화해 나가는 움직임으로 결국 사역 철학 초점을 그 추진력으로 갖는 사역에 대한 전략화로 나아간다. 이것을 보다 상세하게 다루는 12장을 참조하라.

니다. 그리고 그것들이 형제의 사역 철학에 영향을 미칠 것입니다. 형제의 은사 집단을 발견하는 것도 형제의 사역 철학에 영향을 미칠 것이다. 형제의 은사 집단 중의 몇 개는 이제 비로소 형제에게 분명해지기 시작하였습니다. 형제는 내가 누구인가를 말해주는 존재 (being) 로부터 사역해야 합니다. 은사 (Giftedness) 는 그 일부입니다. 형제의 사역 철학은 형제의 은사에 의해서 깊이 영향 받을 것입니다. 그리고 은사는 한꺼번에 모두가 드러나는 것이 아니기 때문에 형제의 사역 철학은 새 은사가 발견됨에 따라 변화할 것입니다. 형제의 사역 철학에 영향을 주는 세 번째 요인은 형제가 사역하고 있는 "상황" 을 포함합니다. 어떤 상황도 동일하지 않습니다. 형제의 침례교 상황은 피닉스에서의 상황과 같지 않았습니다. 추종자들이 다릅니다. 리더십에 대한 요구도 다릅니다. 이러한 요구들과 상황적 차이는 형제로 하여금 형제의 사역 철학을 변경하도록 강요할 것입니다. 사역 철학에서의 초점은 대개 30대 중반 혹은 후반에 드러나기 시작합니다. 그리고 40대 중반에서부터 50대 중반 사이에 명료하게 되기 시작합니다. 형제는 자신의 개인적인 사역 철학과 관련하여 어떻게 행하고 있습니까? 형제는 이제 초점을 보다 분명히 인식해야만 합니다. 사역에 있어서 초점을 가졌던 누군가를 공부하기 원한다면 찰스 시므온 (Charles Simeon) 의 삶을 읽어보시기 바랍니다.

### 5. 효과적인 지도자는 자신의 숙명을 점차 확실하게 인식하게 된다.

리더십을 위한 고투 과정에 있는 것은 형제만이 아닙니다. 하나님께서 숙명을 감지할 수 있도록 여러 차례 형제의 삶을 만지셨다는 것을 기억하세요. 하나님께서는 형제를 사용할 것이라는 것을 확신시키시기 위해서 그렇게 하셨습니다.[10] 결코 이러한 경험들을 가볍게 취급하지 마십시오. 그것들은 신적인 길 안내판들로서 여정에 대한 확신을 주고, 가는 길을 분명케 해주며 목적지에 도달하는 궁극적인 성취를 가능케 해 줍니다. 때때로 나는 멈추어 서서 나의 숙명 경험 목록을 생각하며 하

---

10) 숙명 과정(destiny processing)은 4장에서 다루어진다. 본질적으로 그것은 하나님께서 삶에 개입하심으로써 한계를 초월하는 삶의 궁극적 목적을 깨닫게 해 주시는 것이다.

나님을 찬양하고 하나님 앞에서 그것들을 의도적으로 기억하는 것이 도움이 된다는 것을 발견하였습니다. 형제는 숙명 항목들을 인식하는 것과 관련하여 어떻게 하고 있습니까?

### 6. 효과적인 지도자는 점차 현재의 사역을 평생의 관점에서 본다.

우리가 출발했던 곳에 다시 돌아왔습니다. 형제의 전 생애와 하나님께서 형제를 개발하시려는 의도들과 관련해서 형제에게 일어난 일들을 생각해 보시기 바랍니다. 형제의 성장 사역 단계의 대부분은 위대한 사역상의 업적을 달성하는 것보다는 형제를 개발시키는 것과 더 많은 관계를 갖는다는 것을 기억하십시오. 그러므로 지난 육 년 내지 팔 년 동안 하나님께서 형제에게 가르치신 모든 것들로 인해서 기뻐하십시오. 그리고 하나님께서 형제의 삶에 초점을 주실 것을 기대하며 다가오는 미래를 기대하시기 바랍니다.

"생일을 축하합니다. 아, 다시 32번째 생일로 돌아가는군요. 축복합니다."

—바비 클린턴으로부터

랜디에게 보낸 편지는 누군가가 히브리서 13:7–8에 나오는 리더십 명령을 진지하게 적용할 때 나오는 다섯 가지 결과들 중의 하나를 조금 보여준다.

### 리더십 명령을 적용한 다섯 가지 결과

나는 그 리더십 명령에 나오는 명령을 이런 식으로 해석하기를 좋아한다. "어떻게 존경받았던 기독교 지도자들이 살고 죽었는지를 회고해 보라. 그리고 당신 자신의 삶을 위해서 간접적으로 배우라." 즉 "간접적으로" 교훈을 얻을 수 있으며, 그것이 직접적인 경험을 통해서만 배워지는 것보다 빨리 학습될 수 있다. 나는 이것이 그 명령을 주신 의도라고 생각한다.

만일 지도자들이 이 명령을 심각하게 적용한다면 어떠한 일이 일어날 것인가? 물론 그것은 지도자들 자신에 달려있다. 그것을 심각하게 행했던 400명의 지도자들과 관련된 나의 경험에서 그들에게 다음의 다섯 가지 일들이 일어났음을 알게 되었다.

1. 하나님의 섭리를 경험적으로 배운다.
2. 자신의 과거에도 하나님께서는 계속해서 역사하셨음을 깨닫는다.
3. 그러한 연구로부터 하나님께서 미래에 그들을 사용하실 것이라는 높은 수준의 기대감을 갖게 된다.
4. 그들이 연구하는 지도자들의 경험을 통하여 간접적으로 배운다.
5. 리더십 부상 이론으로부터 배운 개념들과 관련해서 타인들을 보기 시작한다. 그래서 타인들을 훈련시킬 때 이러한 아이디어들을 보다 적극적으로 활용한다.

랜디에게 보낸 편지는 위의 다섯 번째 항목의 사례가 된다. 우리는 두 가지 주요한 방식으로 리더십 명령을 적용한다. 첫째, 우리는 실제적으로 지도자의 삶을 연구하고 교훈을 얻는다. 둘째, 우리는 지도자의 삶을 연구하는 방법을 배운다. 지도자의 삶을 연구하는 방법론이 리더십 부상 이론이다. 그리고 나서 우리는 이 이론을 우리 자신의 삶을 연구하는 데에 적용한다. 위의 첫째부터 셋째까지의 결과는 자기 자신의 삶에 대한 자기-연구로부터 얻은 것이다. 네 번째 결과는 다른 사람들의 삶 ―성경적이든지 역사적이든지 혹은 현대의 지도자들이든지― 을 검토함으로 얻은 결론이다. 다섯 번째 결과는 그 이론을 학습함으로 경험한 패러다임의 변화 (paradigm shift) [11] 의 자연적인 결과물로서 자생적으로 발생한다.

---

[11] 패러다임의 변화는 누군가로 하여금 정신적인 관점들을 급격히 변화시킴으로써 이전의 경험들로부터 새로운 것들을 볼 수 있게 해 준다. 이것은 하나님께서 지도자를 확장시키는 수단을 다루는 과정 부분인 6장에서 보다 더 논의된다.

첫째 결과, 즉 하나님의 섭리는 지도자들이 리더십 부상 이론의 개념을 사용해서 그들 자신의 과거를 분석할 때 그들에게 실제적인 것이 된다. 그 관점은 그들이 "옛날의 익숙한 것들" 을 새로운 눈으로 보게 한다. 그들은 과거의 많은 사건들 가운데에서 하나님의 섭리적인 역사를 개인적으로 인지한다. 이러한 새로운 관점들을 갖고 과거의 사건들에 대해서 새롭게 깨닫게 됨에 따라 이전에 없었던 "신선한 학습" 혹은 한 과정에 대해서 "종결" 짓는 일이 종종 생겨난다. 요약하면, 이제 그들은 그러한 경험들을 통해서 하나님께서 그들에게 가르치고자 의도하시는 바를 보다 분명하게 보게 된다.

하나님의 계속적인 역사하심을 인지하는 두 번째 결과는 다시금 세 번째 결과를 산출한다. 많은 과거의 사건들 가운데에서 하나님의 손을 인지하는 첫 번째 단계 후에, 논리적인 다음 단계로 많은 사람들이 취하는 것은 이러한 사건들 속에서 하나님의 섭리적인 역사하심을 연속성을 갖고 보기 시작하는 것이다. 패턴이 생겨나기 시작한다. 많은 사건들 가운데 전반적인 의도를 감지하게 된다. 숙명에 대한 증가하는 의식 —그들의 삶 가운데에서 하나님의 역사하심에 대한 인식— 이 자리잡게 된다. 현재까지 하나님의 계속적인 역사하심을 회고하고 느끼는 것은 자연적으로 미래에 그들의 삶 가운데 하나님의 손을 기대하는 세 번째 결과로 이끈다.


미래에 하나님께서 그들을 사용하실 것을 기대하는 세 번째 결과는 전체 경험 중에서 아마도 가장 가치 있는 발견이 될 것이다. 하나님의 과거의 역사하심을 보고, 수렴을 향하여 나아가는 몇몇 패턴들을 확인하는 기쁨은 하나님께서 진실로 미래에 그들을 놀랍게 사용하실 것이라는 견고한 기대감으로 이어진다. 이러한 기대감은 몇몇 사람에게는 더욱 강해져서 숙명으로 인식된다. 나는 수많은 선교사들이 탈진된 상태로 혹은 불안정한 경계 과정 한 가운데에서 혹은 그들의 삶의 위기 가운데에서 풀러 선교 대학원에 오는 것을 보아 왔다. 많은 사람들이 그들의 선교사 신분을 반환하고 몇몇 다른 직업을 찾을 준비가 되어있었다. 그때에 하나님께서는 그들을 돌이키셔서 그들에게 자신의 임재와 거룩한 동기를 새롭게 느끼게 하셔서 왕국의 확장을 위하여 무언가를 달성하도록 하시는 것을 보았다.

그러나 도움이 되는 것은 지도자 부상 이론 개념들을 통해서 사물들을 인식하는 능력뿐만이 아니다. 하나님께서는 실제적으로 연구된 자들의 삶 가운데에서 드러난 원리들을 통해서 가치를 바꾸어 놓으신다. 많은 사람들은 다니엘과 요셉이 성실성과 숙명 인식, 그리고 하나님의 주권에 관해서 배웠던 교훈들을 그들 자신의 삶을 위해서 학습한다. 영적 권위의 교훈들은 워치만 니 (Watchman Nee) 의 삶으로부터 흘러나온다. 그의 삶을 연구한 사람들은 영적 권위가 그들의 주도적인 능력 기초가 되기를 바라는 자신들을 발견하게 된다. 그들은 니의 삶 가운데 말씀 항목들에 의해 도전 받는다. 프레이저 (J. O. Fraser) 의 삶을 연구한 사람들은 모방함으로 모델을 닮아가는 능력을 충분히 인식하게 된다. 그들은 기도를 통해서 사역 가운데 분출되는 능력의 기초적인 위치를 새롭게 인식하게 된다. 바나바로부터 많은 사람들은 멘토링 정신에 관해 배운다. 그리고 보다 많은 사람들이 미래 멘토링으로부터 혜택을 입을 것이다. 디도를 연구하는 자들은 떠오르는 지도자들을 확인하기 위해서 사용될 수 있는 비공식적인 훈련 모델로서의 사역 과제의 가치를 보게 된다. 다른 문화의 누군가에 관해서 학습된 많은 원리들이 얼마나 교차문화적 (cross-cultural) 인 적용점을 갖는지 놀랍다. 리더십 명령을 심각하게 적용한 네 번째 결과인 간접적인 학습은 다른 사람의 삶을 통해서 경험을 얻도록 해 준다. 그것은 종종 개인적 개발의 과정을 촉진시킨다.[12]

---

12) 반응 전제(The Response Premise)는 이 사실을 명료화한 것이고 이 매뉴얼을 공부하도록 강력한 동기를 부여한다. 이 전제는 다음과 같은 이론적인 형태(a theoretical formulation)로 진술될 수 있다. 지도자의 개발을 위한 시간은 과정(processing)에 대한 반응에 의존한다. 하나님의 과정(God' s processing)에 대한 빠른 인식과 긍정적인 반응은 개발을 촉진시킨다. 보다 느린 인식 혹은 부정적인 반응은 개발을 지연시킨다.

리더십 부상 이론의 개념들을 이해하면 당신이 이전에 보던 것과 동일한 방식으로 지도자들과 부상하는 지도자들을 보지 않게 될 것이다. 당신은 이러한 개념들을 사용해서 그들이 어디에 있으며 하나님께서 무엇을 행하고 계시는지 그리고 그들이 어디로 가게 될지를 평가하게 될 것이다. 그리고 당신은 그들이 경험하고 있는 항목들을 통해서 하나님께서 의도하시는 교훈들을 제시할 수 있을 것이다. 요약하면, 당신은 당신이 접촉하는 지도자들과 떠오르는 지도자들에 대하여 보다 효과적인 멘토가 되어 줄 수 있을 것이다.

이 매뉴얼은 당신이 리더십 명령에 순종하는 것을 도울 것이다. 그 개념들을 배우고 그것들을 적용함으로 당신은 어떻게 좋은 리더십을 평가하는지 그리고 어떻게 그것의 출현을 인식하는지 경험적으로 학습할 것이다. 당신은 하나님께서 좋은 지도자를 만들기 위해서 어떻게 한 지도자의 삶에 개입하시는지를 배울 것이다. 당신은 이러한 개념들을 당신의 삶에 기꺼이 적용하는 법을 발견할 것이다. 나는 진실로 당신이 그렇게 하기를 원한다. 그러한 의도를 갖고 다음의 것들로 당신에게 도전한다.

많은 지도자들을 연구함으로 나는 확신들을 갖게 되었다. 나는 그것들을 네 가지 도전의 형태로 진술할 것이다.

### 네 가지 도전

나는 먼저 도전들을 진술할 것이다. 그리고 그것들 각자를 설명할 것이다.

**도전1** 그리스도께서 지도자들을 기독교 사역을 위해서 부르실 때 그분은 그들의 잠재력을 최대한 발휘하도록 개발시키실 의도를 갖고 계신다. 리더십 위치에 있는 우리들 각자는 하나님의 과정 (God's Processing) 에 따라서 일평생 끊임없이 발전해 나갈 책임이 있다.

도전2 ┆ 모든 지도자의 주요한 기능은 부상하는 지도자를 발굴하는 것이다. 지도자
는 보다 젊은 지도자들에 대한 하나님의 과정 (God's Processing) 을 인식하고 그러한
과정에 협력해야 한다.

도전3 ┆ 만일 지도자들이 일생을 통해서 생산적이기를 원한다면, 그들은 성경적 리
더십 가치들을 존중하며, 그들이 살고 있는 시대의 도전들을 포용하며, 동시에 자신
들의 독특한 은사와 개인적 발전에 적합한 사역 철학을 개발해야만 한다.

도전4 ┆ 사역은 본질적으로 존재 (beingness) 로부터 흐른다. 당신은 계속적으로 당
신의 영성을 평가해야만 하고, 하나님 나라에서 영적인 리더십을 제공하고자 한다
면 영성을 유지해야만 한다.

## 도전1. 개인적 리더십 개발

지도자 부상 이론은 하나님께서 자신의 목적을 실행하기 위해 지도자들
을 일으키시고 그들의 삶에 개입하신다는 전제 위에 세워졌다. 예수님께서
는 오늘도 여전히 사람들을 부르셔서 자신을 따르게 하시며 많은 타인들에게
영향을 끼치게 하신다. 하나님의 목적을 수행하도록 하나님께서 지도자들로
서 사용하신 성경의 인물들을 연구한 결과 나는 지도자에 대한 다음의 정의
를 끌어내게 되었다.

정의 ┆ 성경적 리더십 연구로부터 정의되고, 그것을 위해서 지도자 부상을 추적하
는 데 관심을 갖는 지도자는
1) 하나님께서 주신 역량을 갖고,
2) 하나님께서 주신 책임을 가진 사람으로서
3) 특정한 하나님의 사람들의 집단들에게,
4) 그 집단을 향한 하나님의 목적을 향하여 나아가도록, 영향을 미치는 사람이다.

도전 1에서 내가 강조하는 것은 첫 번째와 두 번째 개념이다. 하나님께서 주신 역량이란 은사를 의미한다. 나는 은사를 타고난 재능 (Natural Abilities), 습득한 기술(Acquired Skills), 그리고 성령의 은사 (Spiritual Gifts) 를 뜻하는 말로 사용한다. 이러한 은사는 지도자에게 있어서 고유하다. 하나님께서 주신 책임은 하나님께서 그를 부르신 일에 대한 부담뿐만 아니라 그 일에 대해서 하나님 앞에서 책임져야 한다는 느낌까지 포함한다. 신약의 철학적 리더십 모델들에 관한 연구는 [13], 특히 청지기 모델에 대한 연구는, 도전 1에 관한 나의 확신을 재확인해 주었다. 영적 은사들에 대한 청지기직을 강조하는 구절들 (롬12장과 엡4장)과 청지기직 전반을 강조하는 구절들 (눅19장과 마태복음 25장의 달란트 비유) 은 나로 하여금 지도자들은 개발되고 사용되어야만 하는 역량 (capacities) 을 갖는다는 결론에 이르게 했다. 그래서, 나는 도전을 다시 한 번 반복하겠다.

**도전1** ┊ 그리스도께서 지도자들을 기독교 사역을 위해서 부르실 때 그분은 그들이 최대한의 잠재력을 발휘하도록 개발시키실 의도를 갖고 계신다. 리더십 위치에 있는 우리들 각자는 하나님의 과정 (God' s Processing) 에 따라서 일평생 끊임없이 발전해 나갈 책임이 있다.

리더십 부상 이론의 관점은 당신이 지도자로서 어느 정도의 개발 단계에 있는지를 보다 분명하게 평가하고 그 안에서 하나님의 손길을 감지하도록 개인적으로 도움을 줄 수 있다. 이것은 역으로 당신이 자신에 대한 하나님의 개발 목적과 병행해서 행하도록 만든다. 우선순위와 관련해서 나는

---

13) 이 시점에서, 나는 그러한 네 가지 모델들을 이론화했다: 종 리더십 모델, 청지기 모델, 추수 모델, 목자 모델. 이것들 중에서 종 모델과 청지기 모델은 가치 지향적 모델들이다. 즉 그것들은 모든 그리스도인 지도자들에게 적용되는 리더십의 기본적 당위와 관계된다. 목자 모델과 추수 모델은 은사 지향적이다. 즉 목자 모델과 추수 모델은 모든 기독교 지도자들에게 적용되는 몇몇 항목들을 갖지만, 이러한 모델들의 궁극적 기능과 관계된 은사들을 가진 특정한 지도자들에게 보다 잘 맞는다.

이것이 가장 중요한 도전이라고 믿는다. 우리가 지도자로서 하나님의 계속적인 개발을 개인적으로 경험하지 못한다면, 우리는 다른 사람들로 하여금 그들의 지도력 역량을 개발하도록 도울 수 없을 것이다. 그래서 나는 당신을 권면한다. "당신은 지도자로서 자신을 개발하는 일을 어떻게 하고 있습니까?" 나는 당신에게 도전한다. 하나님의 지도자로서 당신이 의도된 모든 것이 되라.

### 도전 2. 다른 지도자들을 개발하기

나는 모든 지도력의 주요한 기능은 떠오르는 지도자의 발굴에 있다고 확신한다. 내가 '발굴'이라고 말할 때 무엇을 의미하는지를 분명하게 하고자 한다. 그것은 몇몇 젊은 사람들을 선택해서 성서 대학 혹은 신학교에 보내는 것을 뜻하지는 않는다. 그것은 하나님께서 누구를 선택하셔서 과정을 밟게 하시고 그들의 개발을 향상시킬 방법을 찾고 계신지 관찰하는 것을 뜻한다. 과정 개념을 인식할 때 당신은 떠오르는 지도자들에게 보다 효과적인 조언을 주며, 그들의 멘토가 되어줄 수 있을 것이다. 당신은 그들이 대여섯 개의 개발 유형에 따라 나아갈 수 있도록 그들에게 비공식적이거나 무형식적 훈련을 받도록 제시해 줄 수 있을 것이다. 우리의 모든 사역에서 하나님은 지도자들과 추종자들을 개발하고 계신다. 지도자로서 우리는 리더십 필요가 떠오르는 지도자들에 의해서 계속해서 충족되도록 하나님과 함께 일해야만 한다. 그러므로 두 번째 도전을 다시 읽고 그것이 우리 속에 깊이 새겨지도록 하자.

**도전2** │ 모든 지도자의 주요한 기능은 떠오르는 지도자를 발굴하는 것이다. 지도자는 보다 젊은 지도자들에 대한 하나님의 과정을 인식하고 그러한 과정에 협력해야 한다.

## 도전 3. 분명한 사역 철학을 개발하라

분별[14]은 효과적인 지도력에 있어서 결정적인 역할을 한다. 지도자들은 사건들과 사람들 그리고 그들 주변의 상황 안에서 하나님의 역사하심을 볼 수 있어야만 한다. 그들은 자신의 삶 가운데에서 하나님께서 어떠한 과정을 겪게 하시는지를 인식할 수 있어야만 한다. 분별력 있는 지도자는 사역 철학을 확인할 것이다. 분별력 있는 지도자는 분명한 사역 철학을 가진 지도자이다. 사역 철학은 끝까지 사역을 수행하는 효과적인 지도자에게 필수적인 것이다. 다양한 종류의 지도자들이 있는 것과 같이 다양한 사역 철학이 존재한다고 나는 생각한다. 우리는 몇몇 성공적인 지도자의 철학을 복사해서 단순히 그것을 우리 상황 속에 적용할 수는 없다. 특정한 지도자의 사역 철학은 그 사람의 실제 리더십 개발 과정에서 나와야만 한다. 왜냐하면 그것은 그 지도자에 의해서 학습된 교훈과 일치해야 하기 때문이다. 즉, 그것은 하나님께서 그 지도자에 대해서 갖고 계시는 독특한 과정으로부터 발생해야만 한다는 것이다. 사역 철학은 지도자의 은사 개발 유형과 맞아야만 한다. 그리고 하나님께서 그 지도자를 배치시키신 상황에 맞아야 한다. 그리고 그것은 그 지도자의 숙명 과정과 조화를 이루게 될 것이다.

물론 성경에는 모든 지도자들에게 적용되는 리더십 윤리, 리더십 스타일, 목적과 수단, 그리고 섬기는 지도자에게 해당되는 기본적인 태도와 관계된 몇 가지 기본적인 가치들이 있다. 우리는 하나님께서 크게 쓰신 지도자들의 사역 철학을 연구함으로 큰 유익을 얻을 수 있다. 그러나 학습된 대부분의 가치들은 상황의 특수성으로 인해서 그 지도자에게 특수한 것이 될 것이다. 즉 그 상황은 그 상황에 맞는 진리를 찾기 위해서 성경을 보다 자세히 살펴보도록 만들 것이다.

---

14) 사역 과정에서 네 가지 반복적인 기능들이 발생한다 : 진입, 훈련, 관계, 분별. 이러한 기능들은 시간 변수를 다루는 9장에서 더 논의될 것이다. 분별은 지도자로 하여금 무엇이 일어나고 무엇이 일어났는지를 이해하게 하는 한 지도자 안에 있는 특성이다. 그것이 사역 철학을 개발하는 데 있어서 핵심적인 위치에 있다.

사역 철학이 논리적이고 명제적으로 진술될 수 있다면 매우 도움이 되지만 꼭 그렇게 명백하게 진술될 필요는 없다. 그러나 그것은 꼭 필요한 것이고, 한 지도자의 사역에 전반적으로 관통하는 통일성을 줄 수 있어야만 한다. 내가 도전 3에 대해서 언급할 때 나는 나의 지도자에 대한 정의의 세 번째와 네 번째 개념들을 강조한다. 그 정의를 다시 읽고 그 마지막 두 개념들을 자세히 보도록 하라.

**정의** | 성경적 리더십 연구로부터 정의되고, 그것을 위해서 리더십 출현을 추적하는 데 관심을 갖는 지도자는

1) 하나님께서 주신 역량 (capacity) 을 갖고,
2) 하나님께서 주신 책임을 가진 사람으로서
3) 특정한 하나님의 사람들의 집단들에게,
4) 그 집단을 향한 하나님의 목적을 향하여 나아가도록, 영향을 미치는 사람이다.

리더십의 중심적인 윤리는 하나님의 백성들로 하여금 하나님의 목적을 향하여 나아가도록 영향력을 미치는 것이다. 이것은 적절한 사역 철학이 없다면 일평생 유지되지 못할 것이다. 강조하는 의미로 다시 한 번 도전 3을 보도록 한다.

**도전3** | 만일 지도자들이 전 생애를 통해서 생산적이기를 원한다면, 그들은 성경적 리더십 가치들을 존중하며, 그들이 살고 있는 시대의 도전들을 포용하며, 동시에 자신들의 독특한 은사와 개인적 발전에 적합한 사역 철학을 개발해야만 한다.

당신은 당신의 사역 철학과 관련해서 어떻게 행하고 있는가? 달리 표현한다면, 하나님께서 한 지도자로서 당신 안에서 어떻게 분별력을 개발하고 계시는가?

## 도전 4. 당신의 영성을 유지하라

정체된 리더십이나 하나님의 징계에 의해서 상실된 리더십은 대개 영성의 문제에 기인한다. 물론 몇몇 지도자들은 사역 기술의 결핍 때문에 실패하기도 하지만 보다 많은 리더십의 실패는 영성의 영역에서의 실패에 기인한다. 영성 형성, 사역 형성, 그리고 전략 형성의 세 가지 주요한 목표를 향하여 개발이 진행될 때 모든 지도자는 그를 이끌 영성에 대한 명백한 신학을 갖고 있어야만 한다. 달라스 윌라드 (1988:26) 가 적절하게 지적한 것과 같이 사려가 부족하고 정비되지 않은 영성신학은, 사려깊고 정비된 영성신학이 끼칠 강력한 영향력과는 정반대되는 부정적인 영향력을 당신의 삶에 끼칠 것이다. 하나님 나라의 리더십은 영적 리더십을 요구한다. 잘 정비된 영성신학은 이러한 종류의 리더십에 결정적이다. 리더십 부상 이론을 당신 자신의 삶에 적용하면 영성에 관한 당신의 개인적 관점을 보다 분명하게 이해하게 될 것이다. 당신의 영성을 평가하고 유지하기 위해서 도전 4를 다시 생각해 보라.

**도전4** 사역은 본질적으로 존재됨 (Beingness) 으로부터 흐른다. 당신은 계속적으로 당신의 영성을 평가해야만 하고, 하나님 나라에서 영적인 리더십을 제공하고자 한다면 영성을 유지해야만 한다.

나는 도전 형태로 내 확신을 표출함으로 끝을 맺고자 한다. 여러분들이 도전에 응하기 바란다.

## 종결. 리더십 명령으로 되돌아옴

지도자의 삶에 대한 연구로 나 자신의 순례를 시작했을 때 나는 리더십 명령에 의해서 개인적으로 도전을 받았다. 그것을 다시 읽어보라.

7 하나님의 말씀을 너희에게 이르고 너희를 인도하던 자들을 생각하며 저희 행실의 종말을 주의하여 보고 저희 믿음을 본받으라 8 예수 그리스도는 어제나 오늘이나 영원토록 동일하시니라. —히13:7-8

위 구절을 읽을 때, 두 가지 질문들이 떠오른다. 첫 번째 질문은 내가 어떻게 "그들이 어떻게 살고 죽었는지에 대해서 회상할 수 있을까?" 하는 것이고 두 번째는 내가 어떻게 "그들의 신앙을 본받을 수있을까?" 하는 것이었다.

지난 7년 동안 세계 선교 학교에서 나는 그 두 가지 질문들에 답변하는 특권을 받았다. 그 질문들에 대한 대답은 리더십 부상 이론과 이 매뉴얼로 나타났다.

나 자신과 다른 사람들을 위해서 그 질문들에 대답하는 것이 중요하다고 생각하는 이유는 예수 그리스도께서 어제나 오늘이나 영원히 동일하다는 것이다. 바로 그 단어들이 "생각하며" 그리고 "본받으라"는 권고에 이어진다는 것은 결코 우연이 아니다. 그분께서 과거에 가르치셨던 동일한 교훈들이 오늘 나에게도 적용된다. 그러한 지도자들로 하여금 믿음의 삶을 살도록 하셨던 동일한 예수 그리스도께서 나로 하여금 오늘 신앙의 삶을 살게 하실 것이다. 그분이 리더십에 관한 우리 연구의 근원이시요 동시에 이유이시다.

리더십은 평생을 거쳐서 진보하고 출현한다. 사실, 리더십은 평생에 걸친 하나님의 교훈들이다.

나는 여러분들도 또한 히브리서 13:7-8의 도전을 받아들이고 내가 시작했을 때 그러했던 것보다 그것을 행하는 데 보다 잘 준비될 것임을 확신한다.

1. 당신의 문화에서는 배우는 자세가 어떻게 나타나는가? 배우는 자세가 어느 정도로 독서에 의해서 결정되는가? 누군가가 배우는 자세를 견지하면서 동시에 문맹일 수 있는가?

2. 영적인 권위를 드러내는 지도자들 가운데 당신이 과거에 알았거나 본 몇 지도자들을 제시하라. 그들의 영적 권위는 무엇에 근거하고 있는가?

3. 당신이 과거에 알았거나 본 자들 중에 지도자 발굴과 개발에 있어서 뛰어난 몇몇 지도자들은 누구인가? 그들의 삶과 사역에서 어떠한 특성이나 은사가 분명했는가?

4. 당신이 할 수 있다면, 반응 전제 (각주 12를 보라) 의 긍정적인 면과 부정적인 면 양자의 사례나 실례를 들어보라. 이 개념에 대한 어떠한 성경적 근거가 있는가?

5. 리더십 부상 이론을 공부하는 자들에 의해서 일상적으로 경험되는 다섯 가지 결과들을 숙고하라. 당신이 생각하기에는 이것들 중의 어떠한 것이 당신으로 하여금 연구하도록 동기를 부여하는 것 같은가?

6. 이 과를 끝맺는 네 가지 도전들을 숙고하라. 그것들 중의 어느 것이 당신으로 하여금 리더십 부상 이론을 공부하도록 동기를 부여하는가?

**| 계속적인 연구를 위하여 |**

**1. 주요 교훈 1 [배우는 자세].** 로버트 클린턴의 리더십 훈련 모델들 (Leadership Training Models, 1983 by J. Robert Clinton, 2008년 한글 번역판 출판 예정) 그리고 말콤 노울리스 (Malcolm Knowles) 의 성인 교육의 현대적 실천 (The Modern Practice of Adult Education, 1980) 을 보라.

2. 주요 교훈 2 [영적 권위]. 워치만 니 (Watchman Nee) 의 영적 권위 (Spiritual Authority) 를 보라. 또한 로버트 클린턴 (J. Robert Clinton) 의 미간행 박사 과정 튜토리얼 (unpublished PhD Tutorial) 인 "리더십 개발 이론 ― 영향력 개념" (Leadership Development Theory-Influence Concepts) 을 보라. 리더십 부서 내에 있는 파일 (file in Leadership Department).

3. 주요 교훈 3 [지도자 발굴]. 찰스 시므온 (Charles Simeon) 의 삶을 보라. 로버트 클린턴 (J. Robert Clinton) 의 "바나바 ― 격려하는 권면가, 멘토링 연구" (Barnabas – Encouraging Exhorter, A Study in Mentoring) 를 보라.

4. 주요 교훈 4 [사역 철학]. 8과, 삶의 교훈들을 통합하기 (Integrating the Lessons of Life) 를 보라: 로버트 클린턴 (J. Robert Clinton) 의 영적 지도자 만들기 (The Making of a Leader, 이순정역, 베다니출판사, 1993) 에 나오는 "사역 철학을 향하여" (Toward a Ministry Philosophy) 를 보라.

5. 주요 교훈 5 [숙명 인식]. 베르텔센 (Bertelsen) 의 "하나님께서 숙명인식을 주실 때" ("When God Gives a Sense of Destiny," unpublished research paper, School of World Mission, Fuller Theological Seminary) 를 보라. 리더십 부서 내에 있는 파일.

6. 주요 교훈 6 [평생 관점]. 이 전 매뉴얼과 더불어 클린턴의 영적 지도자 만들기 (The Making of a Leader) 를 보라. 또한 클린턴의 박사 논문인 "리더십 개발 이론: 높은 차원의 기독교 지도자 비교 연구" (Leadership Development Theory: Comparative Studies Among High Level Christian Leaders) 을 보라.

# 기본적인 개념들
## (FOUNDATIONAL CONCEPTS)

### 소개

2장은 리더십 평생 개발론 (Leadership Emergence Theory) 을 개관한다. 리더십 평생 개발론을 전반적인 리더십 연구의 맥락 안에 두고 리더십 평생 개발론의 기본적인 정의들을 소개한다. 이러한 기본적인 정의들과 그 배경에 있는 개념들을 계속 소개할 것이다.

### 리더십 평생 개발론의 개관

리더십 평생 개발론은 한 기독교 지도자의 리더십 역량 (capacity) 이 평생을 거쳐서 어떻게 증가하는지를 추적한다. 이 이론적 전제는 지도자가 리더십에 관해서 평생 끊임없이 배운다는 것이다. 특히 평생의 학습은 하나님의 개입을 포괄한다. 기독교 지도자들은 하나님께서 그들의 개발을 감독하신다는 것을 인식한다. 때때로 하나님의 개입은 대부분의 지도자들이 분명하게 기억하는 결정적인 영적 사건들을 통해서 보다 직접적으로 (주권적으로) 드러난다. 다른 경우에는 그러한 하나님의 개입은 덜 직접적 (섭리적) 이고 주로 회고적 성찰 (retrospective reflection) 을 통해서 지각된다. 그러한 개발은 내적 심리적 형성, 외적 사회적 형성, 그리고 내적/외적 신적인 형성을 포함한다.

본 이론은 수많은 기독교 지도자들의 삶에 대한 비교 연구와 역사적 기독교 인물들, 그리고 성경적 지도자들의 연구에서 나왔다. 전문적인 용어로 얘기한다면, 본 이론은 중간-규모의 이론(middle-range theory)의 일반적 범주에 포함되는 기초적인 실체 이론 (a grounded substantive theory) 으로 불린다. 즉 리더십 평생 개발론은 자료들을 비교연구하여 얻은 회고적이고 귀납적인 사고의 직접적인 결과이다. 자료들에 대한 이론적인 샘플링은 지도자가 출현하는 이론 (the emerging theory) 에 의해서 통제되는데 그 이론은 더 많은 자료들을 필요로 하는 범주와 특성들에 대해서 말해 준다. 이 연구는 선교적인 성향을 가진 복음적인 기독교 지도자들에게 특별히 초점에 맞추어 있다. 더욱이, 연구되는 지도자들의 유형은 지역적이거나 국가적인 차원에서 기독교의 영향력을 행사한 자들이다. 대조적으로 하나의 형식적인 이론이라면 어떠한 지도자이건, 어디에서건, 기독교에 대한 그들의 성향에 관계없이 그리고 지도력의 어떠한 차원에 있든지 무관하게 그들의 개발에 적용될 수 있을 것이다.

### 서술 (Description)

그림 2-1은 리더십 평생 개발론에 대한 통합적인 큰 그림을 제공한다. 리더십 평생 개발론 (LET) 은, 한 지도자의 삶 가운데에서, 세 가지 주요한 변수들을 사용해서 대부분 설명될 수 있다.[1] 수학적인 정확성을 의도하는 것은 아니지만, 아래에 주어진 상징적인 부호는 리더십 평생 개발론의 주요한 관계적 관념을 간략하게 진술하는 데에 도움이 된다.

$$L = f\,(p,\ t,\ r)$$

---

1)  여기에서 변수(variables)는 엄격한 수학적인 면에서 사용되기보다는 "슬롯" (slots) (채우는 것과 더불어서)의 언어적인 면에서 아니면 "범주" (parameter) ―그 가치가 한 체계의 특징(characteristics) 혹은 행동을 결정하는 일련의 특성들―라는 면에서 사용된다. 이 세 변수, 즉 과정, 시간, 그리고 반응은 그것들 아래에 일련의 실체들을 포함하는 총칭적이고 전반적인 명칭들이다. 집합적으로 선택된 이러한 일련의 실체들은 어떻게 한 지도자가 발전하는지에 대해서 기술하고 설명하기 위한 명칭과 개념을 제공한다.

위에서 L은 "지도자의 개발"을 의미하고, f는 "…의 기능" 혹은 "…에 의해서 설명된다"는 것을 뜻하며, p는 "과정"을 뜻하고, t는 "시간"을 뜻하며, r은 "지도자의 반응 유형"을 의미한다.

리더십 평생 개발론은 과정 항목을 핵심 변수로 삼아 구성되었다. 즉 지도자들의 삶에서 일어나는 결정적인 영적 사건들이 그들의 삶 전체에 많이 흩어져 있다. 이러한 사건들은 리더십 통찰과 관련해서 종종 전환점 (turning points)이 된다. 지도자들은 이러한 사건들을 지도력을 향상시키기 위해서 그들을 개발하시는 하나님께서 하시는 일로 인식하게 된다. 이것을 과정 (processing) 또는 형성 (shaping)이라고 부른다. 실제적인 사건들을 확인하고 명칭을 붙이고 정의하였다. 이렇게 확인되고, 이름을 붙이고, 정의한 사건들을 과정 항목이라고 부른다.

이 과정 항목을 다 포괄하는 범주에는 개발의 개념이 포함되어 있다. 한 지도자는 그 지도자에 대한 하나님의 목적을 수행하기 위한 리더십 역량을 확대하기 위해서 평생 하나님에 의해서 개발된다. 개발 (developing) 은 세 가지 주요한 영역으로 나뉘어 진다: 즉, 영적 형성, 사역적 형성, 그리고 전략적 형성이다. 이 세 영역에서의 개발은 평생 동시적으로 일어난다. 세 가지 모두가 평생 개발 과정에 관계되지만 초점은 삶에서의 다양한 시기에 따라서 변할 수 있다.

모든 지도자는 그의 삶을 여러 시기 (time periods) 로 분석할 수 있다. 그러한 분석의 결과로 나타나는 독특한 시간선 (timelines) 에 대한 비교 분석을 통해서 두 가지의 전반적인 주요 시간을 만들었다 (예를 들면 일반적 시간선을 말한다).<sup>2)</sup> 일

---

2)  지도자들을 인터뷰하는 수년 동안에 우리는 비슷한 배경과 자라난 환경을 가진 지도자 집단에 맞는 일반적인 사역 시간선을 발견하였다. 사실, 우리는 전임 사역자들을 위해서 사용하는 사역 시간선을 만들어 일반적 사역 시간선 대신에 사용하고 있다. 하지만 본 서에서는 일반적인 시간선을 사용할 것이다.

시간 변수 {

일반 시간선: 기독교 전임사역자의 사역 시간선

Ⅰ 사역기초　　　　Ⅱ 성장사역　　　　Ⅲ 독특한사역

A.일시적 사역　　B. 적임의 사역　　효과적인 사역
효율적인 사역　　(바른 일을 효율적으로 한다)
(효율적으로 일을 한다)

과정 변수 {

Ci Ci Ci Ci Ci Ci Ci Ci Ci Ci Ci
Pi Pi Pi Pi Pi Pi Pi Pi Pi Pi Pi

$C_i$는 삶에 있어서의 중요한 사건을 나타내며 i는 1, 2, 3 등을 나타낸다.
$P_i$은 사건에 포함된 과정항목을 나타내며, i는 1, 2, 3 등을 나타낸다.
50개의 과정항목이 정의되어 있다 (그림 2-3에 목록이 나온다).

## 반응유형 변수

| F.1. 유산 | T.1. 시험/부정적 | M.1.기초 사역 | UM.1. 반성적/공식적 평가 |
|---|---|---|---|
| F.2.급진적 헌신 | T.2. 시험/긍정적 | M.2. 비슷한 것에 끌리는 은사 유형 | UM.2. 상향적 발전 |
| F.3. 가속적인 | TR.1 사역전전환 훈련 | M.3. 은사 표류 | UM.3. 은사 꾸러미가 어우러짐 |
| F.4. 지연된 | TR.2사역중 전환 훈련 | M.4. 역할/은사 강화 | UM.4. 균형 |
| F.5. 숙명 | TR.3조정된사역중전환훈련 | M.5. 권위 통찰 | UM.5. 수렴 인도 |
|  |  | M.6. 은사개발 |  |
|  |  | M.7. 영적 권위 발견 |  |
|  |  | M.8.사역 진입 |  |

하나님께서
개발하신다 {

영적 형성을 통해서 ⋯ 지도자의 성품
사역 형성을 통해서 ⋯ 지도자의 기술
전략적 형성을 통해서 ⋯지도자의 가치

목표
수렴 사역중인 성숙한 지도
자는 하나님께서 주신 목표
를 달성한다.

그림 2-1 〈통합 도표 – 리더십 평생 개발론의 개관〉

반화된 시간선 (generalized time-line) 이라고 불리는 첫 번째 시간선은 개별적이고 개인적인 개발에 초점을 둔다. 사역 시간선 (the ministry time-line) 으로 불리는 두 번째 시간선은 사역과 관련된 지도자의 개발에 초점을 둔다. 그림 2-2는 이러한 두가지 총칭적인 시간선들을 나타낸다. 그림 2-1의 전체를 통합하는 다이어그램에서 사역 시간선을 사용한 것에 주목하라. 사역 시간선은 전임 기독교 사역자들을 다루는데, 바로 이 책이 다루는 초점이다.[3]

고유 시간선 (unique time-line) (특정한 인물의 시간선) 을 이 두 가지 시간선과 비교할 때 많은 유익을 얻을 수 있다. 발전의 유형이 다양한 시기에 따라 일반화되었다. 마찬가지로 주요한 과정 항목들이 다양한 시기에 나타났다.

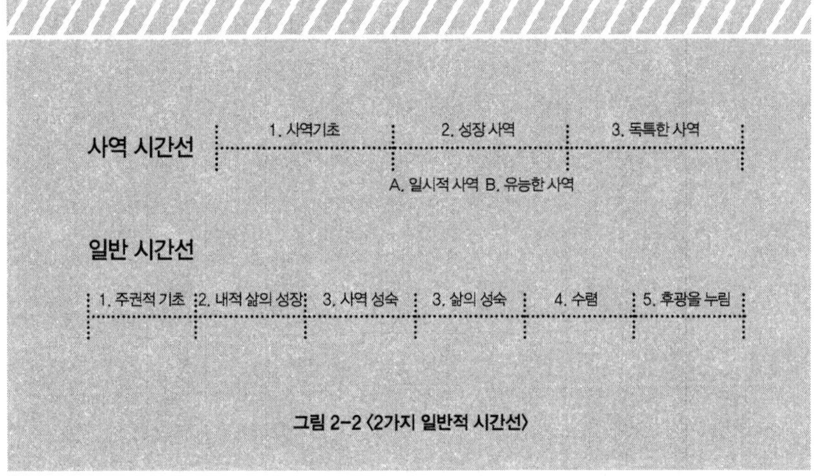


그림 2-2 〈2가지 일반적 시간선〉

---

[3]　다른 총칭적인 시간선인 일반화된 시간선은 『영적 지도자 만들기』(The Making of a Leader, Clinton 1988)의 초점이다. 그 책은 지도력 출현 이론(Leadership Emergence Theory)을 전임 기독교 지도자들과 마찬가지로 평신도 지도자들에게도 적용하고자 시도한다.

반응 유형들에 대한 연구 (그림 2-1을 보라: 상징 F.1, F.2, F.3, F.4, F.5, T.1, T.2, TR.1, TR.2, TR.3, M.1, M.2, M.3, M.4, M.5, M.6, M.7, M.8, UM.1, UM.2, UM.3, UM.4, UM.5)는 발전의 단계와 왜 그리고 언제 이러한 유형들이 예외를 갖는지에 대한 설명을 제공한다. 한 유형에 따라서 한 지도자의 위치를 지적하는 것은 한 가지 종류의 발전 지수 (development measure)이다. 유형들에 따라서 이동하는 것은 가속도가 붙기도 하고 지체되기도 한다. 문제들 (그림2-1의 도표 위에는 나타나지 않음)이 또한 파악되고, 명칭이 붙여지고 정의되었다.

과정 항목은 핵심 변수인데, 이 주요 개념을 중심으로 리더십 평생 개발론이 논의되고 통합되는 주요한 개념이다. 지도자는 수많은 과정 항목들을 통해서 개발되는 것으로 인지된다. 과정 항목들은 모든 시기를 통해서 발생하며 그 이론을 통합하는 관계들을 결정하기 위한 기초를 형성한다. 이러한 과정 항목들과 개발 (development) 사이의 관계는 확인되고, 유형들, 원칙들, 문제들 혹은 이러한 요소들의 집합에 따라서 명칭이 붙여진다. 이러한 과정 항목들, 유형들, 문제들, 그리고 원칙들을 시기와 확장 지수들 (measures of expansion)과 관련짓는 것으로 이 이론을 통합시킨다. 이것은 4-8장에서 심도있게 논의될 것이다.

요약하면 이 이론은 낮은 범주에서부터 높은 범주로 이동하면서 다음과 같이 세워진다. 날마다 관찰할 수 있는 결정적인 영적 사건들인 과정 항목들은 한 지도자를 개발시키며 리더십 역량 (leadership capacity)을 확장시키는 통찰력을 제공한다. 지도자의 삶에 대한 시간 분석은 삶을 발전 단계로 나눈다. 다양한 과정 항목들이 발전적 국면들을 주도한다. 몇몇 과정 항목들은 다단계적 (multi-phased)이어서 모든 시기에 걸쳐서 발생한다. 다양한 과정 항목들에 관련된 유형들이 확인될 수 있다. 이러한 유형들은 여러 시기에 관계되고 또한 확장 지수와 관련을 맺게 된다. 과정 항목들, 유형들, 원칙들, 그리고 그것들과 관계된 문제들 모두가 지도자의 개발에 기여하게 된다. 가장 높은

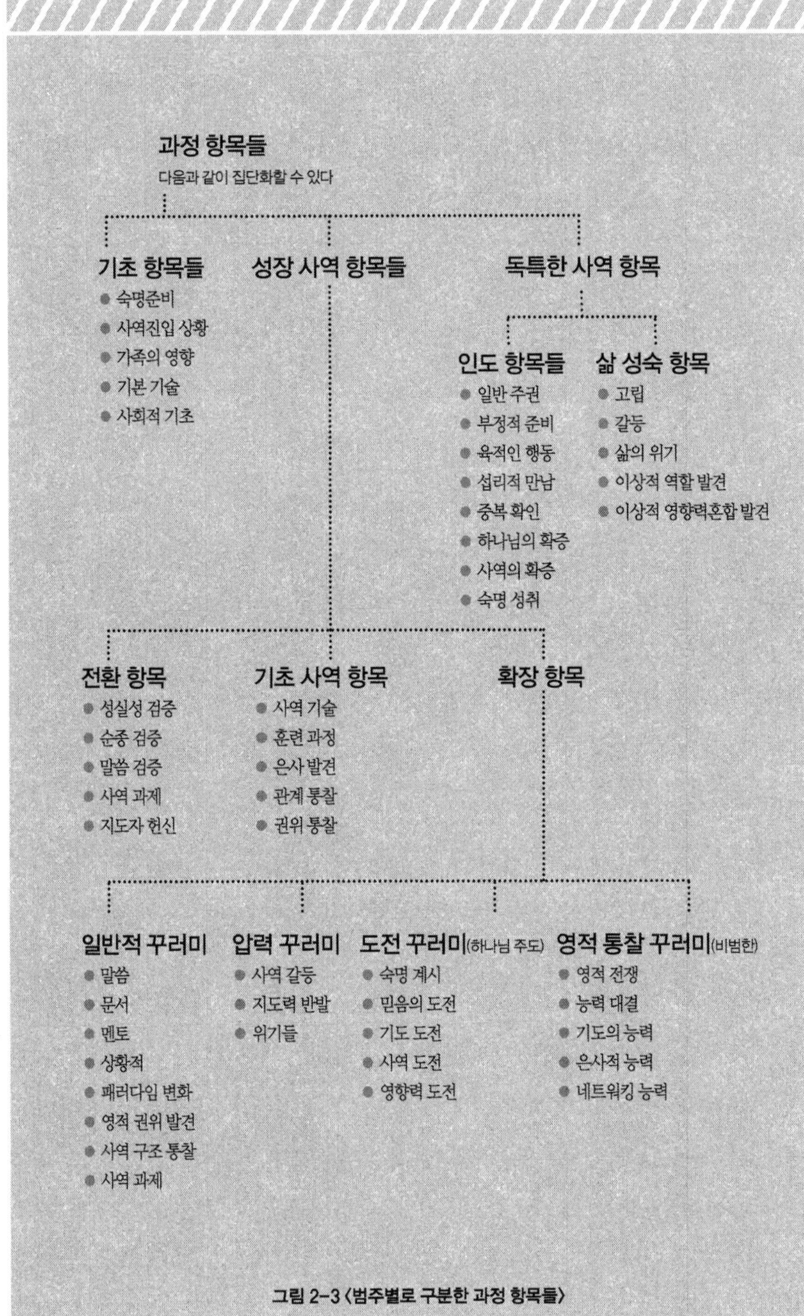


그림 2-3 〈범주별로 구분한 과정 항목들〉

차원에서의 개발은 세 가지의 기본적인 종류에 관계된다: 그 세 가지는 내적인 성격 형성을 다루는 영적 형성 (spiritual formation), 집단과 관계를 맺고 그들을 이끄는 역량을 다루는 사역적 형성 (ministerial formation), 그리고 과정을 통해서 배운 리더십 가치로부터 나온 사역 철학을 다루는 전략적 형성 (strategic formation) 이다.

### 리더십 평생 개발론의 자리

리더십 평생 개발론은 보다 광범위한 일반적인 리더십 연구의 한 부분이다. 일반적인 리더십 연구 패러다임을 추적해 보면 (Clinton 1985) 다섯 가지의 주요한 시기를 확인할 수 있다: 1. 위인 시기 (Great Man Era) 1848－1903, 2. 특성 시기 (Trait Era) 1903－1948, 3. 오하이오주 행동적 시기 (Ohio State Behavioral Era) 1948－1967, 4. 우발성 시기 (Contingency Era) 1967－1985, 그리고 5. 복합 시기 (Complexity Era) 1985－현재. 이러한 각각의 시기들은 리더십 이론에 있어서 하나의 특정한 측면에 초점이 맞춰져 있다. 주요한 시기를 뒷받침하는 이론적인 개념들을 단순화해서 종합하면 그림 2-4에서와 같은 리더십 연구를 위한 균형잡힌 틀을 만들어 낼 수 있다. 이 다이어그램은 이 장 후반부에서 자세히 다루게 된다.

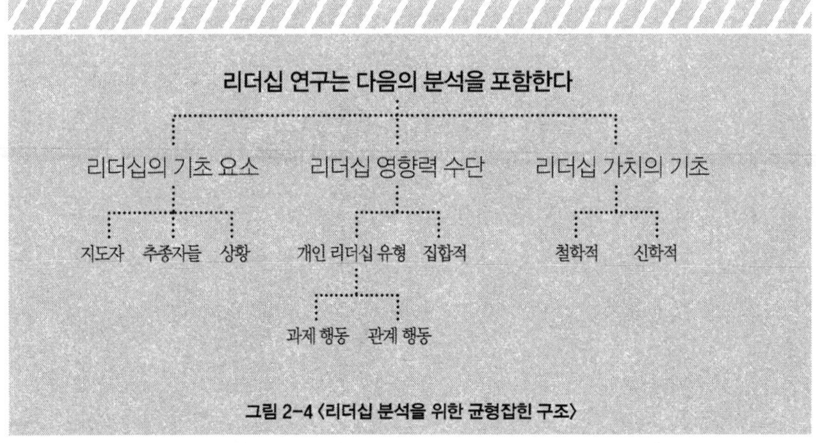


그림 2-4 〈리더십 분석을 위한 균형잡힌 구조〉

리더십 평생 개발론은 리더십 기초 요소들 (leadership basal elements) 중에서 주요한 구성요소에 초점을 맞추고 어떻게 한 사람이 지도자가 되는지를 연구한다. 과정에 대한 분석을 통해서 전체 구조의 모든 측면을 다루게 될 것이다. 영적 형성은 주로 기본적인 요소를 다룬다. 사역적 형성은 주로 영향력 수단에 초점을 맞출 것이다. 전략적 형성은 리더십을 위한 가치의 기초에 초점을 맞출 것이다.

위의 리더십 틀, 그리고 특히 리더십 평생 개발론에 관련된 기초적인 정의는 정보 지도 형식 (information mapped form) 으로 제시될 것이다. 정보 지도 형식이란 쉽게 찾아 볼 수 있도록 하기 위하여 소제목 하에 관련된 정보를 풀어놓는 형태를 취한다. 상세히 다루어지는 주요한 개념 (지도 단계) 을 배우는 데 필요한 만큼 주어진 지도를 가능한 한 적게 혹은 가능한 한 많이 읽으라. 지도를 구성하기 위해서 대개 한 페이지 —때로는 두 페이지— 가 하나의 정의를 위해서 할애된다. 각개의 지도를 따라서 학습 반응을 촉진시키기 위한 피드백 부문이 주어진다. 한 지도와 그것의 피드백을 끝맺는 데에서 숙고 (reflections) 와 추가 연구 (further study) 와 관련된 함축 (implications) 과 중요성을 제시하는 주석 (commentary) 이 때때로 제공된다.

지도의 순서는 시사하는 바가 크다. **리더십 행위** (LEADERSHIP ACTS)는 과시된 리더십의 가장 낮은 요소이다. 잠재적인 지도자들은 리더십 행위의 맥락에서 확인된다. 리더십 행위를 지속하는 사람이 **지도자** (LEADERS) 이다. 지도자들과 그들이 행하는 것에 대한 연구는 **리더십** (LEADERSHIP) 의 본질이 무엇인지를 확인하게 해 준다. **리더십 기능** (LEADERSHIP FUNCTIONS) 은 기독교 리더십 활동 (Christian leadership activities) 의 세 가지 주요한 영역을 밝히고 몇몇 구체적인 것을 제공한다. 이러한 구체적인 것들 중에 어느 것인가 또는 그것들이 행해지는 정도는 한 사람이 **다섯 가지 지도자 유형** (5 TYPES OF LEADERS) 중에 어디에 해당되느냐에 따라 다르게 나타난다. **리더십 틀** (LEADERSHIP FRAMEWORK)

은 어떠한 유형의 지도자인지를 분석하는 데 사용되는 세 가지 주요한 범주를 제공한다. 세 번째 범주는 한 지도자의 가치적 기초들, 즉 리더십의 "왜"에 해당되는 부분을 다룬다. **네 가지 성경적 리더십 모델** (4 BIBLICAL LEADERSHIP MODELS) 은 기독교 리더십의 "왜"를 위한 초기의 틀을 제공한다. **청지기직** (STEWARDSHIP) 과 **섬기는 지도자** (SERVANT LEADER) 모델은 모든 지도자들에게 일반적으로 적용되는 넓은 신학적 가치들을 제기한다. **목자** (SHEPHERD) 와 **추수** (HARVEST) 모델은 보다 협소하게 몇몇에게 적용되는데 가장 구체적으로는 은사에 따라서 다른 사람에게 적용된다. **지도자 부상** (LEADERSHIP EMERGENCE) 은 리더십 명령 (leadership mandate, 히13:7-8) 을 적용하여 한 기독교 지도자의 발전을 추적하는 것이다. **지도자 부상 연구** (LEADERSHIP EMERGENCE STUDY) 는 그러한 발전을 추적하기 위한 체계화된 틀을 제공한다. 세 가지 유형의 형성, 즉 **영적 형성** (SPIRITUAL FORMATION), **사역적 형성** (MINISTERIAL FORMATION), 그리고 **전략적 형성** (STRATEGIC FORMATION) 은 하나님의 궁극적 목적을 달성하기 위하여 한 기독교 지도자를 확장시키는 데 있어서 그분이 발전시키시는 기본적인 영역들을 나타낸다.

## 리더십 행위 (LEADERSHIP ACT)  동의어: 집단 영향력 (group influence)

**서론** │ 리더십 행위는 특정 개인이 행위나 인식과 관련해서 어떠한 집단에 영향력을 발휘하여 그 집단이 영향력을 받기 이전과는 다르게 행동하거나 사고할 때에 발생한다. 그러한 행위는 세 가지 주요 리더십 범주와 관련해서 평가될 수 있다: 1) 리더십 기초 요소, 2) 리더십 영향력 수단, 3) 리더십 가치적 기초. 특정한 리더십 행위가 영향력을 발휘하게 하기 위해서는 집단 내에 있는 여러 사람이 연루된다는 점을 주목해야 한다. 그 과정이 복합적이고 평가하기 어려울 수도 있지만 그럼에도 리더십은 실제 일어나며 영향력 행사자 (influencer), 집단 (group), 영향력 수단 (influence means), 결과적으로 나타나는 집단의 방향 전환으로 본질적으로 구성되어 있다.

**정의** 리더십 행위는 주어진 영향력 행사자 (영향력을 미친다고 말해지는 사람) 와 추종자들 (영향을 받는 개인이나 집단) 사이에서 리더십 영향력 과정이 특정한 시간에 주어지는 구체적인 사례인데 그때에 추종자들은 어떠한 목표를 향하도록 영향을 받는다.

**예)** 바나바, 행9:26-30

바나바, 행11:22-24

바나바, 행11:25-26

아가보, 행11:27-28

지도자들, 모든 교회: 행11:29-30

바울, 바나바, 예루살렘의 사도들과 장로들, 베드로, 야고보: 행15:1-21

**논평** 당신은 필자가 위에서 정의한 리더십 행위 (leadership act) 라고 하는 순간적인 예시의 리더십과 내가 리더십 (leadership) 이라고 부르는 진행중인 과정의 리더십을 구별할 수 있을 것이다. 순간적인 리더십 행위는 특정 상황에 어떠한 집단에 대해서 리더십의 상호적인 특성 (즉, 모두가 가지고 있는 은사들의 영향력) 을 인식한다. 특정 개인이 리더십 행위를 반복적으로 지속할 때 그가 집단 맥락 내에서 영속적인 지도자임을 나타내며 리더십을 명확히 한다.

**논평** 일시적으로 집단에 영향을 끼치는 사람과 영구적으로 영향을 끼치는 사람과의 주요한 차이점은 비전의 부상과 그 비전이 실현되는 것에 대한 책임감이다.

## 리더십 행위에 대한 피드백 연습

1. 사도행전 9:26-30에 주어진 리더십 행위를 검토하라. 리더십 행위의 네 가지 주요 부분들을 확인하라.

a. 지도자 ⋯▸

b. 추종자들 ⋯▸

c. 영향력 수단들 ⋯▸

d. 영향력 목표 (결과적인 변화) ⋯▸


2. 사도행전 9:26-30에 나오는 리더십 행위에 있어서 지도자는 성공적이었는가? 만일 아니라면, 왜 아닌가? 만일 성공적이었다면, 당신은 왜 그 지도자가 성공적이었다고 생각하는가?

3. 당신이 최근 개입했던 몇몇 사역에서 당신이 관찰한 최근의 리더십 행위를 기술하라.


a. 지도자 ⋯▸

b. 추종자들 ⋯▸

c. 영향력 수단들 ⋯▸

d. 결과들 ⋯▸


### ◆ 답변들 ◆

1.  a. 지도자 ─ 바나바  b. 추종자 ─ 예루살렘의 사도들, 이름이 주어지지 않았으나 아마도 베드로, 야고보, 요한 등을 포함했을 것으로 생각된다. c. 영향력 수단들 ─ 신뢰성에 의해서 지지된 설득.  d. 목표는 사울로 하여금 합법적인 그리스도인으로 인식되게 하는 것이고 그로 하여금 사도들에 의해서 용납되도록 하는 것이다.

2. 내 의견에는 "예" 이다. 28절은 사울이 예루살렘에 머물렀음을 기술한다. 그리고 그곳에서 사울이 사역을 했다는 것은 바나바가 성공적이었음을 나타낸다.

3. 당신의 선택이다. 이 연습을 함으로 당신은 아마도 삶에서의 리더십 행위가 위에서 주어진 성경적인 예 (그것이 아마도 복합적일 수는 있지만 우리는 그것에 관한 선택된 요약만을 갖는다) 보다 일반적으로 훨씬 더 복합적임을 주목하게 될 것이다. 한 면에서 보면, 집단 내에는 대개 수많은 영향력이 계속 작용한다는 것이다. 즉, 단지

하나의 지도자만을 확인하는 것은 쉽지 않을 수도 있다는 것이다. 다른 면에서 영향력 목표들은 지도자들과 추종자들 사이에서 항상 분명하거나 혹은 지도자들과 추종자들에 의해서 이해되는 것이 아니다. 때때로 동일한 리더십 행위 내부에도 다르게 반응하는 추종자들의 집단이 존재한다.

## 지도자 (LEADER)

**서론** 리더는 리더십 행위를 지속적으로 수행하는 사람을 뜻한다. 이렇게 영향을 끼치는 사람을 리더십을 발휘한다고 한다. 신구약성서에 등장하는 많은 리더들을 연구해보면 성서적인 지도자들을 종합적으로 설명하는 다음과 같은 관점들이 나타난다.

**정의** 성경적인 리더십 연구로부터 정의되고, 우리가 리더십 개발을 추적함에 관심을 갖는 지도자는

1) 하나님께서 주신 역량과

2) 하나님께서 주신 책임을 갖고 **영향력을 행사하여**

3) 하나님의 백성들의 특정 집단으로 하여금

4) 그 집단에 대한 **하나님의 목적을 향하여** 나아가게 하는 사람이다.

**성서적 예** 요셉, 모세, 여호수아, 입다, 사무엘, 다윗, 다니엘, 바울, 베드로, 바나바, 디모데, 디도

**역사적 예** 윌리엄 캐리, 허드슨 테일러, 제이 오 프레이저 (J. O. Fraser), 캐머론 타운젠드, 찰스 시므온, 헨리에타 미어즈, 피니아스 브리지, 시몬 킴방기, 리빙스톤 숀, 존 성, 사무엘 밀즈

**중심 윤리** 성서적 리더십의 중심 윤리는 **하나님의 목적들을 향해 나아가도록 영향력을 발휘하는 것이다.** 다시 말하자면, 리더십의 주요 기능은 어떤 집단에 영향력을

미쳐서 그 집단에 관계된 하나님의 목적들을 이루도록 하는 것이다. 이것은 비전을 필요로 한다. 이 점이 세속적인 지도자와 기독교 지도자의 다른 점이다.

**논평-역량** "하나님께서 주신 역량"은 은사 (실제적인 성령의 은사, 타고난 재능, 또는습득한 기술) 를 나타낸다. 지도자의 역량은 리더십 틀에 있어 영향력 수단 요소의 일부분이다. 그것은 또한 리더십 성격과 장차 개발되어야 하는 잠재력의 개념을 내포한다.

**논평-책임감** "하나님께서 주신 책임감"은 리더십에 대해서 하나님께 책임감을 느끼는 것과 관련된 두 가지 주요 관념을 나타낸다. 1) 하나님을 위해 다른 사람들에게 영향을 끼쳐야 한다는 하향적인 책임감 (하나님이 주신 짐) 이 있다. 2) 영향을 받는 사람들에 대해서 갖는 (하나님을 향한) 상향적인 책임감이 있다.

**논평-특정 집단** 리더십은 특정 집단에 대해서 한 지도자가 지속적으로 영향력을 미치는 것과 관계가 있다. 그 지도자는 이 집단 (추종자들) 에 대한 책임감을 갖고 그들에 대한 하나님의 목적들을 분별할 것이다.

## 지도자에 대한 피드백(FEEDBACK ON LEADER)

1. 지도자를 정의함에 있어서 지적한 네 가지 요점의 각각에 대한 성서적인 증거를 들어보라.

2. 사례에서 언급된 지도자들 중 아무나 한 명을 골라 (아니면 당신이 원하는 어떤 다른 사람을 선택해서) 어떻게 리더십 정의의 각각의 요점이 충족되었는지 사례를 들어 보라.

3. 영향력을 행사하기 위해서 "하나님께서 주신 역량"이란 개념을 당신이 개인적으로 어떻게 이해하는지 설명해 보라.

◆ 답변들 ◆

1. 몇 가지 답만 짚고 넘어가겠다. 성경에 더 많은 것들이 나와 있다. 내가 성급히 적어 내린 것들보다 더 많은 답변이 있을 것이다. 개념 1 : 에베소서 4:7-11, 그리고 다스림 (ruling), 행정 (administration), 사도 (apostleship), 목자 (pasturing) 등의 영적 은사 (spiritual gifts) 에 대한 귀절들을 참조하라. 개념 2 : 사도행전 20:28, 히브리서 13:17 참조. 개념 3 : 사도행전 20:28, 베드로전서 5:2 참조. 개념 4 : 사도행전 20:17-38 참조. 전체 귀절이 바로 이 개념에 대한 바울의 사례이다; 교회를 향한 그의 편지가 그 개념을 예시한다.

2. 사무엘 밀즈 (Samuel Mills) 에 대한 리더십 발달 연구 (Maranville 1982)는 그가 선교 단체 (mission organizations) 를 육성하는 은사가 있음을 나타낸다. 그는 단체를 조직하고 운영하고 다른 사람들이 그 단체를 이어가도록 동기를 부여하는 데에 놀랄 만한 재능을 가졌다. 그는 1800년대 초반 미국의 초기 선교 활동에 큰 영향을 끼쳤다. 그는 사도직과 행정과 관련된 영적 은사로 확인되는 특성을 보였다. 밀즈의 일생에 대한 연구는 하나님께서 그에게 북미 기독교인들로 하여금 선교에 참여하도록 동기를 부여하는 국가적인 책임감을 부여하셨음을 드러내는 듯 하다. 그가 (간접적으로) 책임을 져야 하는 집단들은 이미 교회 생활을 하고 있으나 선교에는 참여하지 않는 대다수의 북미 기독교인들이었다. 밀즈는 매 순간 하나님의 사람들을 선교 활동에 참여할 수 있도록 채용하고 활성화시키는 데에 필요한 단체나 운동이 절실함을 느꼈다. 그는 일어나는 사건들에서 하나님의 때를 느낄 수 있었고 그가 본 것을 바탕으로 계획이나 단체를 출범시킬 수 있었다.

3. 나는 "영향력을 끼칠 수 있도록 하나님이 주신 역량" 이란 말을 개인이 리더십을 위한 선천적인 재능뿐만 아니라 영향력을 발휘케 하는 기술을 획득하기 위한 잠재력까지 타고 났다는 의미로 해석한다. 지도자는 또한 영향력을 끼치는 데 중요한 영적 은사를 부여 받는다. 나는 영적 리더십 은사가 (바꾸어 말하자면 영향력을 발휘케 하는 은사이기도 하다) 내가 말씀 은사라고 명명하는 것을 포함한다고 생각한다. 일차적 말씀 은사는 가르침, 예언, 권면이며, 이차적 말씀 은사는 사도, 전도, 목양 (그리고 다스림) 이다. 삼차적 말씀 은사는 지혜의 말씀과 지식의 말씀 그리고 믿음을 포함한다.

## 지도자에 대한 주석 (COMMENTARY ON LEADER)

**위치 또는 영향** 풀러 선교대학원에 오는 선교사들과 현지인 지도자들, 그리고 특별히 여성들은 자주 지도자를 리더십의 공식적 지위를 갖고 있는 사람으로 생각한다. 본서에서의 정의의 초점은 신분이나 지위가 아니라 기능성에 둔 것임에 유의하라. 하나님의 목적을 향해 사람들에게 영향력을 끼치는 지도자들 중에 공식적 지위를 갖지 못한 사람들이 많다. 공식적 지위를 가졌음에도 실제적으로는 지도자로서 기능을 발휘하지 못하는 사람들이 있는 것도 사실이다. 사회 구조가 그들이 공식적 지위를 갖지 못하게 하는 상황에서도 리더십을 발휘하는 지도자가 있다.

**여성의 리더십** 여학생들은 자신을 지도자라고 생각하지 않는 경우가 많다. 이것은 근본적으로 두 가지 이유 때문이다. 첫째, 어떤 기독교 지도자들은 여성이 지도자로서 섬기는 것을 확고히 반대하며 이것이 옳지 않다고 가르친다. 이러한 가르침에 익숙해진 여성들은 그들을 자유롭게 지도자로 생각하는 것에 대해 어려움을 느낀다. 둘째, 많은 여자들이 남자들에게만 공식적인 리더십 구조가 개방되어 있는 남성 지배적인 문화에서 자라났다. 여성이 리더십을 갖는 것에 대해 네 가지 기본적인 입장들이 있다: 자유롭게 활동할 수 있다, 전혀 활동할 수 없다, 남성의 권위 아래에서만 활동할 수 있다, 여성들 간에서만 활동 할 수 있다. 내 자신의 신념은 은사를 부여받았고 하나님에 의해서 리더십이 개발된 여성이 인도하는 것은 정당하다는 것이다; 이 신념은 남성들에게도 적용된다. 지도자에 관한 나의 정의는 나와 같은 생각을 하는 사람들이나 그렇지 않은 사람들에게나 광범위하게 적용된다. 왜냐하면 이것은 영향력에 근거한 정의이지 공식적이거나 지위에 입각한 정의가 아니기 때문이다. 때때로 지도자 부상 이론을 공부한 여성들이 그들 스스로를 지도자로 보지 못하는 입장에서 지도자로 인식하는 입장으로의 패러다임의 변화 [4] (paradigm

---

4) 패러다임의 변화 (paradigm shift)는 개인의 정신적인 관점의 급격한 변화를 뜻한다. 이 상황에서, 여학생들은 그들이 공식적인 지위에 있지 않음에도 그들의 과거 경험들 가운데 진정 반복적으로 영향력을 행사하는 사건들이 많았음을 인지한다. 그들의 은사(giftedness)에 대한 분석은 그들에게 리더십을 위한 은사가 있다는 것을 뒷받침한다. 5장에서 패러다임의 변화의 개념을 하나님께서 사용하시는 확장 과정(expansion process)으로 논의한다.

shift) 를 체험한다. 개인이 하나님께서 자신에게 남을 인도하도록 은사를 허락해 주셨음을 인정할 때에, 진정한 문제는 주어진 문화적 구조와 역할과 관련해서 어떻게 그 리더십을 발휘하느냐이다.

**목사 안수와 리더십** 나는 리더십을 발휘하는 데에 목사 안수가 꼭 필요한 것은 아니라고 믿게 되었다. 민간단체나 정부의 인정 혹은 그 밖의 목적을 위해서는 중요할 수도 있을 것이다. 임직을 위한 요구사항은 집단간에 차이가 매우 크며 대체적으로 전통에 근거한다. 와켄톤 (Warkenton, 1982) 의 연구를 참조하라. 이 보고에 의하면 종종 남성 편향적인 전통에 의해 여성들이 안수에서 제외된다. 필자는 특정 지도자의 상황에 따라 때때로 안수를 찬성하는 쪽으로 조언을 주기도 하고 때로는 반대하는 쪽으로 조언한다. 성에 상관없이, 안수는 대체적으로 성직자들과 평신도들간의 분열의 문제를 조장하고 그로 인해 평신도 지도자들을 실망시킨다.

**부상의 요소** 잠재적인 지도자들은 타고나지만, 효과적인 지도자들은 다음의 결과로 만들어진다: 1) 기회 2) 훈련 3)경험. 이 세 가지 요소들이 개인이 훌륭한 지도자로 부상하는 것을 자동적으로 보장해주지는 않는다. 하지만 이것들이 없다면 개인이 자신의 최대한의 잠재력을 실현하기 힘들 것이다.

**지도자와 추종자 간의 본질적인 차이점** 지도자들과 추종자들 모두 교회나 선교단체의 상황에서 영향력을 행사한다. 기독교인들이 다른 사람들에게 자신들의 은사를 사용하면, 이것이 영향력을 끼치도록 역할을 한다. 소그룹에서 지도자와 추종자들이 나누는 것은 영향을 끼칠 것이다. 집단 상황에서는 리더십이 상호적으로 작용한다. 때때로 추종자들이 자발적으로 집단에 큰 파장을 불러일으키는 영향력을 행사할 때가 있다. 르 포 (Le Peau, 1983) 는 누구나 인도할 수 있다는 것을 강조한다. 그는 누구나 그 길을 따라 지도자로 발전할 수 있는 길을 묘사한다. 지도자와 리더십에 관한 나의 이해는 그의 견해와는 약간 차이가 있다. 나는 물론 리더십 행위의 측면에서 누구든지 인도할 수 있다는 것을 (즉, 영향력을 행사할 수 있다는 것을) 인정한다.

하지만 이것이 계속적으로 지속되는 리더십과는 다르다는 점을 강력하게 지적하고 싶다. 내가 여기에서 정의한대로 지도자를 생각할 때, 나는 지속성 (permanency), 비전의 성취를 이룰 수 있도록 끊임없이 지속적인 영향력을 행사하는 것을 생각한다 (그리스도가 교회에게 리더십의 은사를 주신 에베소서 4:7식으로). 나는 지금 선천적이든 주입된 것이든 하나님의 사역의 어떠한 측면을 실천하고자 하며 다른 사람들을 위해서 하나님 앞에서 책임감을 느끼고 있는 사람들에 대해 얘기하고 있는 것이다. 이러한 수직적 책임감은 "일시적인 리더십" 을 영구 지속적인 리더십과 구별 짓는다. 이러한 책임 의식을 가지지 못한 사람들은 기본적으로 추종자들이다.

**소명과 리더십** 지도자들은 강한 숙명 의식 (sense of destiny) 을 필요로 한다. 소명은 숙명이 드러나는 한 가지 방법이나 유일한 방법은 아니다. 초자연적인 소명 없이도 청지기직 모델 (stewardship model) 은 그 모델이 함축하는 바를 보는 자들에게 유사—소명 (pseudo—call) 을 제공할 수 있다. 그 모델 자체는 개인에게 리더십으로 향하는 숙명 의식을 주기에 충분하다. 만약에 하나님께서 역량을 부여하셨다면 그것을 활용하는 숙명이 그 안에 내재된 것이다.

## 리더십 (LEADERSHIP)

**서론** 리더십은 근본적으로 한 개인에 의해서 지속되는 리더십 행위 (leadership act) 를 뜻한다. 계속적으로 어떤 집단에 영향력을 행사하는 사람은 리더십을 발휘한다고 말한다. 그렇게 본다면 리더십은 여러 가지 복합적인 항목들을 포함하는 지속적인 과정이다. 이러한 정의는 1841년에서부터 1986년까지의 리더십 이론의 발달에 대한 나의 연구 결과에서 나온 것이다.

**정의** 리더십은 다양한 상황 중에서 확대된 시기를 거쳐서 발생하는 역동적인 과정이다. 그 과정 가운데 한 지도자는 리더십 자원을 활용하고 특정한 리더십 행동들을 실현함으로써 추종자들에게 영향을 미쳐서 지도자와 추종자들 상호 간에 혜택이 되는 목적의 실현을 향하여 나아가게 한다.

**사례**┊바나바의 리더십: 행4:32-36; 9:26-30; 11:22-24; 11:25-26; 15:1-21. 여기서 바나바는 긴 시기에 거쳐 다양한 상황 중에서 영향력을 행사하는 모습을 보인다. 그는 이러한 영향력을 행사하기 위해 다양한 자원 수단을 활용하였다.

**사례**┊바울의 리더십 (약간의 리더십 행위들이 인용된다) : 행11:25-26; 13:9-12; 13:13-43; 13:44-48; 14:21-23; 20:17-38.

**논평**┊리더십 과정에 있어 주요 항목들은 다음을 포함한다:

1. 상당한 시기에 걸쳐서 발생하는 역동적인 과정이다.

2. 다양한 상황 속에서 행사된다.

3. 영향력을 지속적으로 행사하는 지도자와 동일시된다.

4. 영향력을 위한 다양한 능력 기반(power bases)을 포함하는 리더십 자원의 사용을 수반한다.

5. 영향력 과정에 기여하는 리더십 행동에서 분명히 보인다.

6. 집단이 그러한 영향력이 없는 경우와는 다르게 반응할 수 있도록 추종자들에게 동기를 부여하는 것이 리더십의 본질이다.

7. 리더십은 목적을 갖는 것 (방향 지시적) 으로 보인다. 즉 추종자들을 움직여서 지도자, 추종자들 혹은 양자의 결합으로부터 유래하는 목적을 달성하도록 나아가게 하는 영향력이다.

8. 이상적으로 지도자나 추종자들, 그리고 그들이 놓여진 상황에 대해서 상호 혜택을 초래한다.

**논평**┊8번은 하나의 이상인데 세속적인 리더십에서는 항상 볼 수 있는 것이 아니다.

## 리더십에 대한 피드백 (FEEDBACK ON LEADERSHIP)

1. 나는 바나바가 리더십을 행사한 사례를 진술했다. 나는 여러 가지 리더십 행위를 지적하였다: 행4:32-36, 9:26-30, 11:22-24, 11:25-26, 15:1-21.

동의하는가? 이러한 리더십 행위를 나타내는 성경 귀절들을 빨리 훑어보라. 리더십 과정의 주요 항목들 중에서 얼마나 많은 것들이 이처럼 전체로서 검토된 리더십 행동에 나타나는가? 이러한 행동에서 보인다고 느끼는 리더십 요소들을 표시하라.

(　　　) a. 상당한 기간에 걸쳐서 발생하는 역동적인 과정이다.

(　　　) b. 다양한 상황 속에서 행사된다.

(　　　) c. 영향력을 지속적으로 행사하는 사람은 지도자와 동일시된다.

(　　　) d. 리더십은 영향력의 다양한 능력의 기반를 포함하는 리더십 자원의 사용을 수반한다.

(　　　) e. 영향력 과정에 기여하는 리더십 행동들에서 분명히 보인다.

(　　　) f. 집단이 그러한 영향력이 없는 경우와는 다르게 반응할 수 있도록 추종자들에게 동기를 부여하는 것이 리더십의 본질이다.

(　　　) g. 리더십은 목적을 갖는 것 <sub>(방향 지시적)</sub> 으로 보인다. 즉 추종자들을 움직여서 지도자, 추종자들 혹은 양자의 결합으로부터 유래하는 목적들을 달성하도록 나아가게 하는 영향력이다.

(　　　) h. 리더십은 지도자나 추종자들, 그리고 그들이 처한 거시적 맥락에서 상호 혜택을 초래한다.


2. 위에서 표시한 리더십 요소들 중 두 개를 골라 설명해 보라. 즉 당신이 위에서 언급된 성경 구절들을 보면서 그곳에 나와 있다고 생각되는 리더십 요소들을 선택하도록 유발한 것이 무엇인지 말해보라.

3. 만약 당신이 히틀러와 같은 독재자를 그의 리더십 행위과 관계해서 관찰하게 되었다면 다음 중 어떠한 리더십 요소가 나타나지 않을 것인가?

(　　　) a. 그의 리더십은 다양한 상황 속에서 드러났다.

(　　　) b. 그는 영향력을 위한 다양한 능력 기반을 활용했다.

(          ) c. 그의 공개적인 활동들 중 가장 뛰어나게 효과적이었던 것은 그의 대중
연설이었다.

(          ) d. 그의 리더십은 목적을 갖는 것 <sub>(방향 지시적)</sub> 으로 보인다. 추종자들의 사
고와 행동에 영향력을 행사해서 주로 히틀러 자신의 목적을 달성하도록 나
아가게 했다.

(          ) e. 리더와 추종자들, 그리고 거시적인 정황에서 상호이익의 결과를 가져왔다.


### ◆ 답변 ◆

1. 나는 모든 것에 체크했다. (g)가 가장 드러내기 어렵다. 2. (e) 와 (h) 를 통해 내가 목격한 것을 설명하겠다. 바나바는 사도행전 9:26-30에서 사울을 받아들이도록 제자들을 설득하기 위해 설득적인 웅변술을 사용하였다. 그는 사도행전 11:22-24에서 웅변술뿐만 아니라 모델링 (modeling) 도 사용하였다. 바나바의 영향력으로 인해 바울이 기독교 리더로서 받아들여짐으로써 역사의 흐름이 크게 변화하는 결과가 나타났다. 안디옥에서 그의 목회는 복음의 전세계적인 확장을 시작하게 한 타문화권 선교적 노력 (cross-cultural missionary effort) 의 토대를 제공했다. 3. (e) 물론 내 견해이다.


### 리더십 기능 (LEADERSHIP FUNCTIONS)

**서론** 높은 위치에 있는 기독교 지도자들은 많은 리더십 기능을 발휘한다. 은사 (giftedness) 에 의거한 직접적인 사역 기능과 더불어 그들이 다른 사람들에 대한 책임을 지니는 사람들이기 때문에 지도자로서 갖게 되는 부가적인 기능도 있다. 영감을 주는 기능은 기독교 지도자들의 이러한 부가적 책임의 일부분이다. 오하이오 주 모델 (Ohio State Model) 은 대부분의 리더십 기능이 고려의 기능 (consideration functions) 을 다루는 것과 구조의 출범 (initiation of structure) 을 다루는 것으로 두 가지의 주요 기능으로 나뉘어진다고 밝혔다. 이 두 가지에 부가하여 말씀 은사적 리더십 (word gifted leadership) 에서 유래하는 영감적인 기능 (inspirational functions) 도 있다. 우리가 직접적인 사역 기능인 지도자의 은사가 이 세 가지의 주요 범주 중 어느 것에서나 일어날

수 있다는 것에 주목하라.

**설명** 리더십 기능 (leadership functions) 은 지도자가 추종자들에 대한 그들의 영향력 책임에서 행하거나 책임을 져야 하는 일반적인 활동들을 묘사한다.

**논평 - 오하이오 주 분석** 오하이오 주 리더십 리서치 패러다임 (Ohio State Leadership Research Paradigm, 1948-1967) 은 요인 분석 (factor analysis) 을 통해 많이 관찰된 세속적 리더십의 기능을 두 가지 주요한 일반적인 범주로 축소하였다: 고려 (consideration) 와 구조의 출범 (initiation of structure).

**논평 - 고려** 고려 (consideration) 는 오하이오 주 용어 (Ohio State term) 로서 한 지도자가 추종자들에게 확신을 심어주거나, 일을 달성하는데 적합한 환경을 제공하거나, 추종자들이 성숙해질 수 있도록 감정적, 영적 도움을 줄 때, 즉 추종자들이 발전하고 단체에 효과적으로 기여할 수 있도록 추종자들과 더불어 관계를 맺는 등의 모든 활동을 묶어서 일컫는 용어이다.

**논평 - 구조의 출범** 구조의 출범 (initiation of structure) 은 오하이오 주 용어로서 지도자가 자신의 집단이 존재하는 이유인 과업이나 비전을 성취하기 위해서 행하는 모든 활동들을 총칭한다. 과업 행동 (task behaviors) 은 목표를 구체화하고, 그것들을 달성하는데 도움이 되는 구조를 설치하며, 사람들이 책임을 지도록 하고, 필요한 곳에서는 징계를 하는 것, 즉 목표를 달성하기 위해서 책임적으로 행하는 것을 포함한다.

**논평 - 영감을 주는 (inspirational)** 기독교 리더십은 외적으로 인도된다. 즉, 목표는 하나님으로부터 받은 비전의 결과물이라는 것이다. 그러한 종류의 리더십은 추종자들을 하나님이 주신 비전이나 목표를 인식하고, 수용하여 그것들을 달성하도록 참여하게 해야만 한다.

**고려 기능 (Consideration Functions, 관계 행동)**

기독교 지도자들은,

1. 부상하는 지도자들을 선발, 개발, 그리고 배출에 지속적으로 관심을 가져야 한다.

2. 사람들 간의 관계에서 발생하는 위기를 해결하기 위해 지속적으로 소환된다.

3. 사람들에게 초점을 맞추는 결정을 하도록 요청될 것이다.

4. 일상적으로 사람들이 관련된 문제들을 해결해야 한다.

5. 아랫사람, 동료, 그리고 윗사람들과 잘 어울릴 것이다.

6. 그들 자신과 다른 사람들의 리더십 전환 (leadership transition) 을 촉진해야 한다.

7. 사람들에게 관련된 직접적인 사역을 해야 한다 (정도는 자신의 은사에 근거한다).


**구조의 출범 기능 (Initiation of Structure Functions, 과업 행동)**

기독교 지도자들은,

1. 비전의 성취를 촉진하는 구조를 제공해야 한다.

2. 구조적인 문제들로 인한 위기의 해결에 관여할 것이다.

3. 구조와 관련된 결정을 내려야 한다.

4. 구조적 문제들과 관련된 일상적인 문제들을 해결할 것이다.

5. 리더십 전환을 촉진하는 데 필요하다면 구조들을 조정할 것이다.

6. 구조의 유지나 변화와 관련된 직접적인 사역을 해야 한다 (정도는 자신의 은사에 의존한다).


**영감을 주는 기능 (Inspirational Functions) (비전을 향한 동기 부여)**

기독교 지도자들은,

1. 추종자들이 비전을 향하도록 동기를 부여해야 한다.

2. 추종자들의 인내와 믿음을 북돋우어야 한다.

3. 그들이 속한 구조와 조직의 법인적인 진실성에 책임을 진다.

4. 조직의 집단적인 문화면에서의 복지를 개발하고 유지하는 데 있어 책임을 진다.

5. (특별히 높은 단계에서) 조직의 공적 이미지를 향상시키는 데에 책임을 진다.

6. (특별히 높은 단계에서) 조직의 재정적인 복지에 책임을 진다.

7. 영감을 주는 기능 (inspirational functions) 와 관련되는 은사들에 따라 직접적인 사역을 해야 하는 의무가 있다.

8. 모델을 제공함으로 (아는 것, 존재하는 것, 행하는 것) 추종자들에게 감동을 주어서 삶 속에 개입하시는 하나님의 임재를 향하여 나아가게 해야 한다.

9. 그들이 그 속에서 활동하는 조직이나 구조에 대해서 하나님께 대한 조직적인 책무를 갖는다.

## 리더십 기능과 관련된 피드백

1. 두 가지 오하이오 주 행동적 기능, 즉 고려와 구조의 출범은 리더십 집중 코스 (leadership concentration) 에서 보통 관계적인 행동과 과업 행동으로 언급되는데, 이 두 용어는 허시 (Hersey) 와 블랜차드 (Blanchard) 의 리더십 이론 (1982) 에 보다 직접적으로 어울린다. 오하이오 주의 발견은 이 두 가지가 서로에 대해서 독립적이라는 사실을 보여준다. 즉, 어떠한 특정의 지도자는 양쪽의 기능적인 영역 모두에서 자유롭게 활동할 수 있다는 것이다. 피들러 (Fiedler, 1967) 와 다른 이들은 전반적으로 이의를 제기하면서 지도자들은 대개 그들의 리더십에 있어 어느 한 쪽으로 치우치는 경향이 있다고 주장하였다. 당신의 경험은 어떠한가? 당신의 문화에서 지도자들은 일반적으로 과업 중심적인가, 관계 지향적인가, 아니면 그 둘의 혼합인가? 설명해보라.

2. 당신이 알고 있는 과업 지향적인 지도자의 이름을 적어보라. 그 지도자를 이끈 과업의 사례를 또한 기록하라.

a. 지도자 ⋯▸

b. 문화적 기원 ⋯▸

c. 사역하는 문화 ⋯▸

d. 과업의 사례 ⋯▸

3. 당신이 알고 있는 관계 지향적인 지도자의 이름을 적어 보라. 그 지도자의 사역으로부터 관계적 행동의 사례를 기록하라.

a. 지도자 ⋯

b. 문화적 기원 ⋯

c. 사역하는 문화 ⋯

d. 관계적 행동의 사례 ⋯

4. 영감적 기능이 뛰어난 지도자 중에 당신이 잘 아는 사람의 이름을 적어 보라. 구체적인 영감적 기능을 찾아보고 그것의 사례를 들어보라.

a. 지도자 ⋯

b. 문화적 기원 ⋯

c. 사역하는 문화 ⋯

d. 영감적 기능의 사례 ⋯

5. 당신이 지도자의 다섯 가지 유형을 공부한 후에 이 활동을 해 보시오. 세 개의 범주 아래에 있는 기능들의 전체 목록을 고려하시오. 만일 당신이 생각하기에 그 유형의 지도자가 그 리더십 기능에 대해서 심하게 책임이 있다고 생각된다면, 각각의 기능 옆에 지도자의 유형 (A, B, C, D, E)을 배열해 보라.

◆ 답변 ◆

1. 나의 문화에서 나는 두 가지의 조합을 경험하였으나 일반적으로는 과업 행동이 전반적 리더십에 의해 가치가 더 높고 지지되는 것 같다. 서인도에서는 그 반대가 보다 일반적으로 사실임을 발견하였다. 어떤 경우이든 지도자들은 대개 과업과 관계 양자를 추구하지 못했다 — 리더는 대체적으로 어느 한 쪽을 치우침으로 다른 면에서 치명적이었다.

2. 당신의 선택        3. 당신의 선택        4. 당신의 선택

5. 이 활동의 요점은 A유형과 B유형이 직접적인 사역 기능에 주로 연루됨을 보는 것이다. C유형은 대개 그가 관련된 조직의 크기에 따라 양쪽 모두에 해당된다. D유형과 E유형은 간접적인 기능들에 더 많이 관련될 것이다.

## 리더십 기능에 대한 주해 (COMMENTARY ON LEADERSHIP FUNCTIONS)

**리더십 활동의 본질적인 요소들** 리더십 기능의 세 가지 범주들에 대해서 공통적인 활동과 고유한 활동이 있다. 하나의 목록에 그것들을 나열해보는 것은 기독교 지도자들의 본질적인 활동을 확인하는 데에 유용하다.

1. 그들의 영향력 범위 안에 있는 모든 사람들에게 그들의 은사를 활용하는 직접적인 사역을 한다.

2. 위기를 해결한다.

3. 결정을 내린다.

4. 일상적인 문제를 해결한다.

5. 사람들, 목표들, 그리고 구조들을 조정한다.

6. 지도자들을 선택하고 개발한다.

7. 모든 단계에서 리더십 전환 (사람과 구조의 조정) 을 촉진한다.

8. 비전을 달성하기 위하여 구조를 활성화한다.

9. 추종자들이 비전을 향하도록 동기를 부여한다. 이것은 대체적으로 기존에 있던 것의 변환을 수반하며 향상되고 있음을 알려주는 동시에 촉진시킨다.

10. 추종자들의 인내와 믿음을 북돋아주어야 한다. 이것은 대체적으로 기존의 것을 유지하며 모든 것이 안정적이라는 생각을 갖게 한다. 이것은 보통 9번 활동과 역동적인 긴장 관계에 놓여 있다.

11. 정직, 문화, 재정, 책무에 대한 공동체적 기능에 있어서 책임을 진다.

12. 모델을 제공해서 추종자들이 삶과 역사에 개입하시는 하나님의 임재를 향하여 나아가도록 해야 한다.

**직접 대 간접** 직접적인 사역은 전도 (양적인 성장) 나 교육 (질적인 성장) 과 같이 성장을 가져오는 사역을 포함한다. 대체적으로 말씀 은사들 (사도직, 예언, 전도, 목양, 교육, 권면) 은 주로 직접적인 사역을 포함한다고 간주된다. 간접적인 사역은 직접적인 사역이 일어나도록 하는 활동들을 포함한다. 위의 축약된 목록의 대부분의 활동들이 직접적인 사역과 간접적인 사역 모두를 포함하는 것이 진실인 동시에, 더 큰 다수가 주로 간접적이라는 사실 또한 참이다. 지도자들이 유형론의 연속체 (Typology continuum) 를 따라 이동하면서 그들은 점점 더 간접적인 사역에 연루될 것이고 그것을 주된 것으로 받아 들일 것이다. 왜냐하면 그들이 자신들에게 주어진 용량에 대해서 현실적인 이해를 하게 되기 때문이다. 다른 사람들로 하여금 직접적인 사역을 하도록 하는 것은 간접적인 사역의 취지 (thrust) 이다. 이것은 직접적인 사역이 일어날 수 있는 건실한 조직들과 구조를 만들어내고 유지하는 것을 뜻한다. 유형론의 연속체 상에서 B유형에서 C유형으로의 전환은 간접적인 사역으로의 이동을 포함한다. C유형에서 D유형으로의 전환은 간접적인 사역으로의 주요한 이동이다. 지도자가 이러한 전환을 하도록 발전시키는 과정은 지도자 정의의 처음 두 가지 요소인 역량과 책임에 초점을 맞춘다.

## 지도자의 다섯 가지 유형 (5 TYPES OF LEADERS)

**서론** 기독교 리더십에서 영향을 끼치는 역량 (influence capacities) 의 차이점을 인식하는 것이 때때로 도움이 된다. 이것은 다음 세 가지 기초적인 리더십 범주들—리더십 기본 요소 (leadership basal elements) , 리더십 영향력 수단 (leadership influence means) , 그리고 리더십 가치 기반 (leadership value bases) —아래에 있는 하위 범주들이 지도자의 영향력 범위 (sphere of influence), 지도자의 재정적 기반, 그리고 지도자의 목회 취지 (ministry thrust) 에 따라 자주 변화하기 때문이다. 다음의 구분은 맥가브란 (McGavran) 과 맥키니 (McKinney) 에 의해서 제시된 이전의 분류를 따른다.

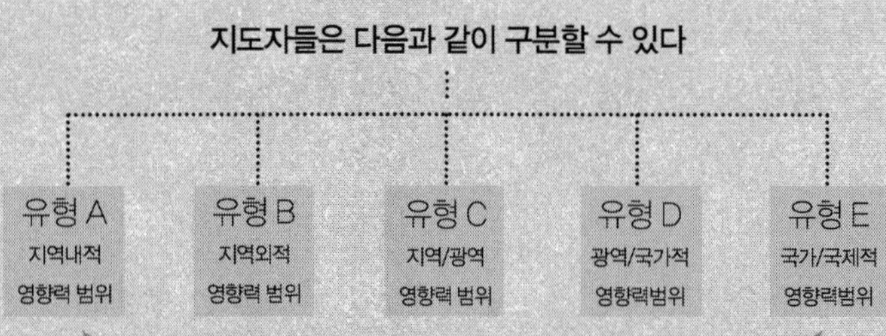


이는 준전문적/전문적 연속체에서 한계를 세분하여 정할 수 있다.

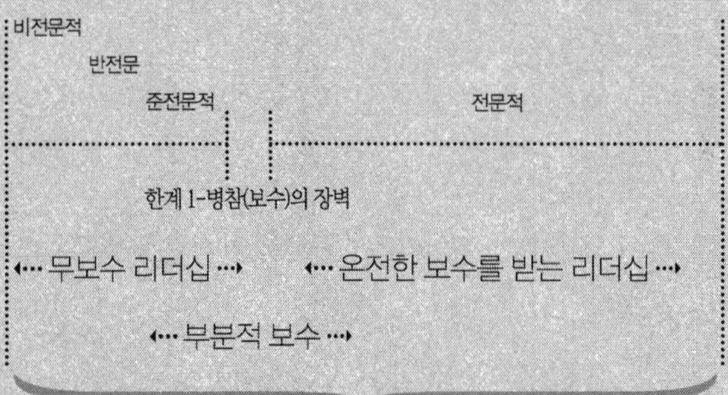


이는 사역 초점 연속체에 의하여 한계를 더 세분하여 정할 수 있다.

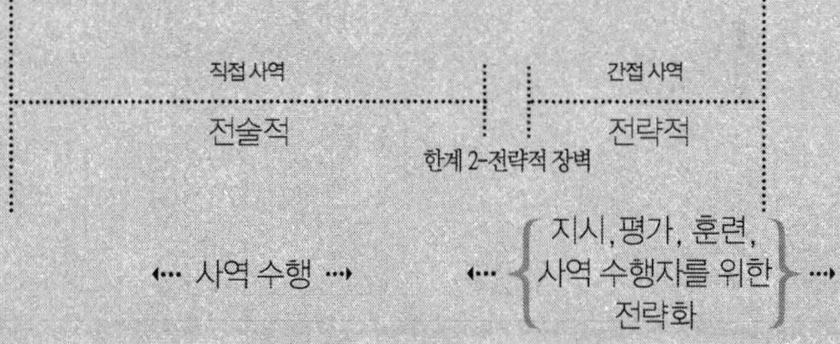

## 리더의 다섯 가지 유형의 예

**서론**   리더의 다섯 가지 유형의 일반적인 사례들을 나열하였다.

**A유형 사례**   지역 교회의 주일 학교 봉사자들, 가정 그룹 지도자들, 청소년 사역자들

**논평―A유형**   A유형 지도자들은 근본적으로 지역 교회 내에 있는 소규모 그룹들과 더불어 일한다. 그들의 기본적인 사역 취지는 지역적인 몸 (body) 안에서의 교화와 봉사이다. 그들은 자신들의 삶에서의 주요한 기여를 교회에 대한 사역으로 본다는 점에서 준-전문적인 (para-professional) 기독교인들이다. 그들의 소명은 이 목적을 뒷받침한다.

**B유형 사례**   심방 사역자들, 겸직의 목사 (bi-vocational pastor), 파트타임 전도자 (part-time evangelist), 파트타임 목사, 두 개의 작은 교회를 담임하는 목사, 유급 전도자/교회 개척 사역자

**논평―B유형**   B유형 지도자들은 지역 교회 내부와 동시에 그것을 넘어서서 일할 수 있다. 그들의 기본적인 사역 취지는 교회를 넘어서서 지역 교회의 제한을 넘어서는 전도와 아웃리치 사역 (outreach ministry) 이다. 영향력의 범위는 소그룹을 넘어서지만 대개 작은 교회에 한정된다. 그들은 자신들의 삶에서의 주요한 기여를 교회에 대한 사역으로 본다는 점에서 준-전문적인 기독교 사역자들이다. 그들의 소명이 이 목적을 뒷받침한다.

**C유형 사례**   전임 유급 목사, 청소년 사역자, 전도사, 대규모 지역 교회의 스탭진들

**논평―C유형**   C유형 지도자들은 대개 큰 교회의 담임 목사들이나 영향력의 범위가 넓은 스태프들이다. 대체적으로 C유형 지도자들은 다른 교회나 다른 교회의 목사들에게 외적인 영향력을 끼칠 것이다. 이들은 기독교 사역을 하기 위해 봉급을

받는 전문적인 기독교 사역자들이다. 대체적으로 이 사역자들은 임직을 필요로 하며 정부에게 법적인 지위를 갖는 성직자로서 인식될 것이다.

**D유형 사례** 한 지역이나 나라에서 일하는 소규모 선교 단체의 대표, 지역적인 혹은 국가적인 영향력을 갖는 교단의 사역자들, 전국적인 전도사들 (national evange-lists), 전임 기독교 사역자들을 훈련하는 신학교나 다른 훈련 기관의 선생님들, 전국적인 전략가들 (national strategists), 교단을 넘어서서 그리고 신학교와 기관들에서 사용되는 훈련 자료들과 책의 저자들, 전국적인 영향력을 갖는 신학자들

**논평－D유형** D유형 지도자들은 근본적으로 지역이나 국가 내에서 A, B, C 유형의 지도자들에게 방향을 제시한다. 그들은 지역이나 국가 전체의 기독교에 영향력을 끼치는 사람들이다. 그들은 전도 전략, 훈련 전략, 방법론, 평가, 조직간의 협력 (organizational cooperation), 신학의 상황화 (contextualization of theology), 새로운 조직의 설립 등에서의 동향을 설정한다. 그들은 대체적으로 C유형 지도자들에게 널리 알려진 인물들이다.

**E유형 사례** 국제적인 단체의 수장, 국제적으로 여행을 하며 여러 국가에 영향력을 끼치는 기독교 정치가 (Christian statesmen), 탁월한 신학자, (다국가적으로) D유형의 리더십을 훈련하는 훈련가, 동향을 설정하거나 광범위한 운동을 후원하는 기독교 자료들의 유명 저자들, 전 세계적으로 확장되거나 적어도 여러 국가로 퍼지는 운동이나 조직을 출범시키는 카리스마가 있는 리더들

**논평－E유형** 이따금 E형 지도자들은 사람, 재정, 시설을 대규모로 관리하게 된다. 그들은 다른 국제적 지도자들과 전국적 지도자들 간에 매우 광범위한 개인적인 네트워크를 형성한다. 그들은 대체로 영향력이 매우 큰 조직의 위원회에 속한다.

 여기서 어떠한 유형에도 어떠한 고유의 가치가 주어지지 않는다는 사실이 명확히 언급되어야 한다. 다르게 말하자면, E유형 지도자는 A유형 지도자보다 월등하지 않다. 다양한 유형들 모두가 교회에 필요하다. 더 많은 A유형과 B유형 지도자들이 가령 E유형보다 더 많이 필요하다. 우리가 형성해 가는 지도자의 유형은 하나님께서 주신 역량과 그 역량을 사용하는 역할을 향해서 우리를 이끄시는 하나님의 개발에 의존한다. B유형 지도자의 은사를 받은 사람이 D유형이 되기를 갈망하는 것은 청지기직 (stewardship) 을 잘못 관리하는 것이다. E유형으로 은사를 받았으나 C유형에 머무는 것 또한 마찬가지이다. 모든 유형이 필요하다. 우리는 책임감 있게 우리의 은사에 대한 청지기직을 행사하고 우리의 리더십에 대한 하나님의 개발하심에 따라서 움직여 나가야 한다.

## 리더의 유형에 대한 피드백(FEEDBACK ON TYPES OF LEADERS)

1. A유형 지도자와 C유형 리더 간의 근본적인 차이점은? (하나만 고르시오):

(　　　) a. A유형 지도자는 전임 기독교 사역자인 반면에 C유형 지도자는 대체적으로 이중직 사역자이다.

(　　　) b. A유형 지도자는 주로 무급이고 기본적으로 지역 교회 내에 있는 집단에서 일하는 반면에 C유형 사역자는 유급이고 교회 내외의 사람들과 일한다.

(　　　) c. A도 B도 아니다.

(　　　) d. A와 B모두

2. 유형 A, B, C와 유형 D, E 간의 근본적인 차이점은? (정답을 모두 고르시오):

(　　　) a. D, E 유형은 사역 초점이 다르다; 다른 유형들이 직접적인 데에 반해 이 둘은 간접적이다.

(　　　) b. D, E 유형은 후원을 충분히 받는데 반해 A, B, C 유형은 그렇지 못하다.

(　　　) c. D, E 유형은 간접적인 사역 기능을 감당하는 데 정식 훈련이 필요하지

만 A, B, C 유형은 대체적으로 직접적인 사역을 하기 위해 무형식적 (non-formal) 이고 비공식적인 (in-formal) 한 훈련이 필요하다.

3. 이곳에 각각의 유형의 지도자들에 대한 사례를 제시하고 당신이 기본적인 유형 (basic types) 를 이해했음을 보여 주기 위해 그들의 사역 초점을 간략하게 서술해 보아라.

| 유형 | 이름 | 간략한 설명 |
|---|---|---|
| A | | |
| B | | |
| C | | |
| D | | |
| E | | |

**해답**

1. b.

2. a.

3.

| 유형 | 이름 | 간략한 설명 |
|---|---|---|
| A | 알테아 페너<br>(Althea Penner) | "모퉁이돌(Cornerstone)" 이라는 어른용 주일학교 수업에 참여하며 예배를 인도. 권면의 (exhortive) 은사가 있음. 간호사. |
| B | 마이크 플레셋<br>(Mike Plessett) | "모퉁이돌" 의 리더십 책임을 지님. 교회 밖의 사회적이며 전도적인 사역에도 참여함. 파이낸셜 투자자. |
| C | 리차드 클린턴<br>(Richard Clinton) | 애너하임 비니야드(Vineyard) 교회의 목사. 교회의 도움을 받는 전임 기독교 사역자. 풀러 신학교(Fuller Theological Seminary)에서 정식 훈련을 받음. |
| D | 존 태너<br>(John Tanner) | 호주 퀸즈랜드(Queensland) 침례교 교단 행정책임자 (denominational executive). 교회 개척을 위한 선교 단체의 우두머리이며 여러 선교 이사회(mission boards)에 소속됨. |
| E | 피터 왜그너<br>(C.Peter Wagner) | 풀러 신학교 (Fuller Theological Seminary) 교회 성장학 교수 (Professor of Church Growth). D유형 지도자들을 양성. 세계적으로 채택되는 자료들을 저술함. 컨퍼런스나 세미나, 워크숍을 통해서 국제적으로 사역함. 여러 국제적으로 영향력 있는 조직들에게 영향력을 끼침. |

## 지도자의 유형에 대한 주해 (COMMENTARY ON TYPES OF LEADERS)

**연속체의 적용** 아래에 퀸즈랜드(Queensland) 침례교 목사들이 인식하는 유형론 연속체 (typology continuum)에 대한 구체적인 사례가 주어져 있다. 브리스베인(Brisbane) 에서 일주일 동안 벌어진 세미나에서 그들은 표준 유형론 연속체를 그들의 상황에 적용함으로써 다음과 같은 결과를 얻었다.

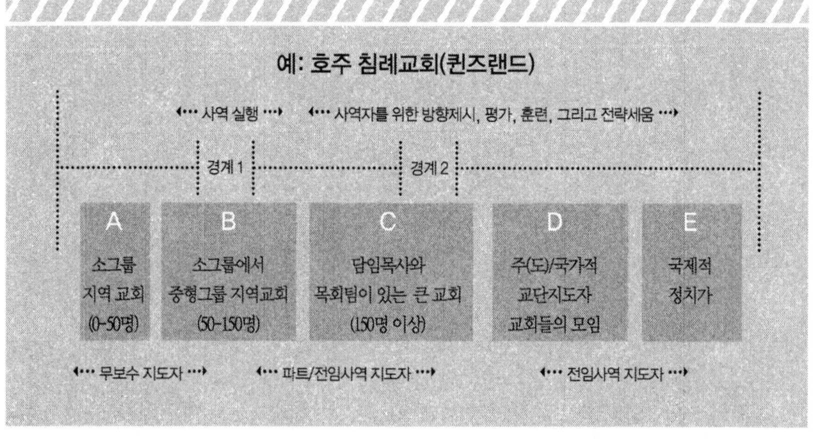

**맥가브란(McGavran)의 이상적인 프로필 (profile)** 연속체에 대한 다양한 프로필이 제시될 수 있다. 맥가브란 (McGavran, 1981) 이 연속체를 최초로 사용한 것은 성장하는 교단과 정체된 교단을 나타내는 프로필을 보여주기 위한 것이었다. 그는 양적으로 성장하는 교회들을 위해서는 다음과 같은 프로필이 필요함을 보여주었다. 프로필은 정확하지는 않지만 어느 정도 관계가 있다.

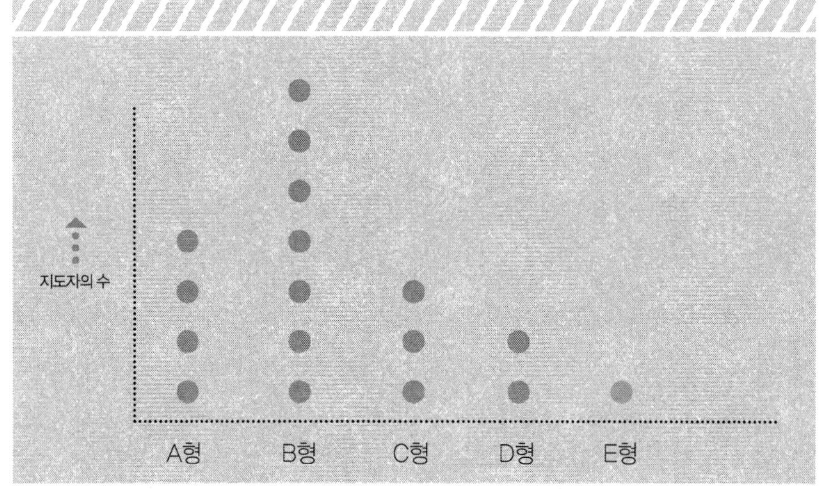


**연속체 사용의 심화** 연속체상에 나열된 교단이나 국가의 현재 리더십의 구성은 교회의 건강함이나 병약함을 분석하는 데에 도움이 될 것이다. 만약에 구성이 지도자들의 나이와 상관관계가 있다면 앞으로의 지도자 선택의 필요성이나 지도자의 개발을 예상하는데 도움이 됨을 증명할 수 있을 것이다. 엘리스턴 (Elliston, 1989:190) 은 교회의 수와 교회의 크기에 기초하는 이상적인 프로필을 제시하였다.

**문제** 연속체가 명확히 드러내는 하나의 문제점은 종종 사역전 전환 훈련 유형 (pre-service transitional training pattern, TR.1, 11장을 보라) 과 연관된다. 지도자들은 종종 A형과 B형 리더십을 건너뛰고 C형의 단계에 입문하기 위해 정식으로 훈련을 받는다. 보통 지도자의 건강한 개발은 새로운 유형으로 나아가기 전에 그 이전의 각각의 유형을 경험해 보는 것이다. 어느 한 유형이라도 건너뛰게 되면 그 유형에 속한 지도자들을 소홀히 대하기 쉽다. 동일한 문제점이 C형에서 공식적으로 훈련을 받은 뒤에 D형으로 입문하는 사람들 (예를 들어 C형이나 B형의 사람들을 훈련시키는 성경 대학이나 신학교에 입문할 때) 에게 나타난다. C형의 기능을 경험해보지 않고 그 유형을 위해 다른 사람들을 적절히 훈련시키는 것은 힘든 일이다.

**예측되는 경향화** ┊ 능력 있는 A, B형 지도자들에게 "전임 사역자가 되라" 고 권장하려는 경향이 있다. 평신도 지도자들보다 전임 기독교 리더들이 하나님께 더욱 헌신적이라고 생각하기 때문이다. 아그네스 샌포드 (Agnes Sanford, 1983: 71, 72, 146, 147) 는 평신도, 그들의 은사 (giftedness) 그리고 하나님을 위한 그들의 업적을 서술하는 두 가지의 탁월한 사례 가운데 이러한 생각의 모순을 지적한다.

**경계를 통과할 때의 문제점화** ┊ 두 개의 경계는 지도자들이 유의해야 하는 문제점을 제시한다. 경계 1인 병참(보수)의 장애는 지도자들에게 주요한 지위 변화를 수반한다. 평신도들은 전임 기독교 사역자들을 평신도 지도자들과는 다르게 인지한다. 경계를 건너게 되면 그들의 역할이 변하지 않았음에도 사람들이 그들을 다르게 본다는 것이다 (아마도 더 높은 기대를 가질지도 모른다). 그리고 어떻게 전임 기독교 사역의 재정을 충당하느냐의 기본적인 문제도 있다. C형 지도자들은 보통 경계 2인 전략적 장애 (strategic barrier) 를 두 가지 이유로 준비되지 못한 채 맞이한다. D나 E형의 지도자들이 주로 수행하는 의무는 C형의 지도자들이 훈련 받지 못한 간접적인 사역 기능을 필요로 한다. 그래서 경계 2를 건너기 위한 첫 번째 문제점은 대부분의 지도자들이 그 단계의 사역을 감당하도록 준비되지 않았고 이러한 활동들을 경험적으로 (대체적으로 힘든 과정을 통해) 배우면서 일정 시간 동안 암중 모색해야 한다는 것이다. 전략적 장애를 건너는 데 있어서 두 번째 문제는 대부분의 지도자들이 전술적으로 (tactically) 생각하지 전략적으로 (strategically) 생각하지 않는 것이다. 다시 말하자면 그들이 그간 그들의 은사를 수반하는 직접적인 사역을 통해 심리적인 보상 (확인, 능력에 대한 느낌) 을 받아온 것이다. 이제 그들은 직접적인 사역과 동일한 방식으로 보상받지 못하는 간접적인 사역 (문제 해결, 위기 해결, 구조적인 계획, 전략화, 등등) 을 해야 한다. 두 가지 일들이 전략적 장애를 통과하는 지도자들의 심리적인 손실을 이겨내는데 도움을 줄 수 있다. 첫째는 그들이 때때로 이전에 만족감을 느꼈던 직접적인 사역으로 돌아갈 수 있는 것이다. 둘째는 현재 그들이 성취하는 것이 D형의 사역을 감당함으로써 희생되어야 했던 이전의 직접적인 사역보다 더 큰 잠재력을 지니고 있고 더 광범위한 결과를 불러온다는 것을 느낄 수 있다는 것이다. 이것이 전략적인 사고이고 더 높은 역량의 단계인 종의 리더십 모델 (servant leadership model) 을 적용한 것이다.

**왜 유형을 구별하는가** 지도자의 유형을 구별하는 것은 단지 높을수록 더 좋다는 것을 암시하려는 것이 아니라 기본 세 가지 리더십 항목 아래에 있는 세부 항목 요소들 (리더십 기초 요소들, 리더십 영향력 수단들, 리더십 가치 기초들) 이 지도자의 유형이 달라짐과 함께 눈에 띄게 변화하기 때문이다. 예를 들어, D와 E형은 리더십 수단/재원 (leadership means/resource) 의 조직적인 구조, 문화, 역동성, 그리고 세력에 더 많은 관심을 갖는다. 그들은 많은 리더십 스타일을 활용할 수 있는 지도자들이 대부분이다. 그들은 리더십 가치 기반에 더 많은 관심을 갖는 사람들이고 이러한 영역에서 하나님에게 중대한 의무감을 가질 것이다. 그들은 거시적 ─ 상황적 요소들에 관심을 가질 것이다. 리더십 기능 또한 연속체를 따라 크게 변화할 것이다. 이것은 각각의 유형이 내재하는 역할들에 다른 방식의 훈련이 필요함을 뜻한다. 직접적인 사역을 위한 기술에 초점을 맞추는 비공식적이고 (informal) 무형식적인 (non-formal) 훈련이 A와 B형에 필요하고 대체적으로 사역 중에 (in-service) 행해질 것이다. 모든 세 가지 형태는 (informal, non-formal, and formal) C, D, E형 지도자들에게 기술과 관점을 제공하기 위해 필요하다. 사역 중 훈련 (In-service) 과 중단된 사역 중 훈련 (interrupted in-service) 이 C, D, E형 지도자에게 지배적으로 나타날 것이다.

# 세 가지 범주의 리더십 분석–리더십 틀 (Leadership Framework)

동의어: 리더십 분석을 위한 균형잡힌 틀

**서론**　리더십은 지구 어디에서나 공통된 기본적인 이슈에 관심을 갖는다. 이것들은 세 가지 주요 범주 아래에 그룹화되고 조직될 수 있다. 첫 번째 항목은 리더십이 존재하는 어디에서나 일어나는 리더십의 기본 요소 (basal elements of leadership)이다. 지도자, 추종자들, 그리고 지도자와 추종자 모두에게 영향을 끼치는 상황적인 맥락을 말한다. 두 번째 항목은 리더가 추종자들에게 실제적으로 영향력을 끼치는 수단과 방법을 포함한다. 세 번째 항목인 리더십 가치 기반 (leadership value bases) 은 이따금 암묵적이고 공개적으로 표현되지 않는다. 이것은 리더십 기본 요소와 리더십 영향력 수단을 지배하는 밑바탕이 되는 목적, 동기, 윤리, 철학을 뜻한다. 이 세 가지 주요 항목은 비교적 총칭적이며 (generic) 다양한 문화권에서 리더십 분석의 체제로 사용될 수 있다. 이 주요 범주의 하위 범주들은 범문화적으로는 직접적인 명백함이 덜하나 다양한 문화에서 역동적인 동등한 구조/기능을 가질 가능성이 높다. 이것은 분석을 위한 리더십 틀을 조직하는 데에 있어서 일차적인 시도이다.

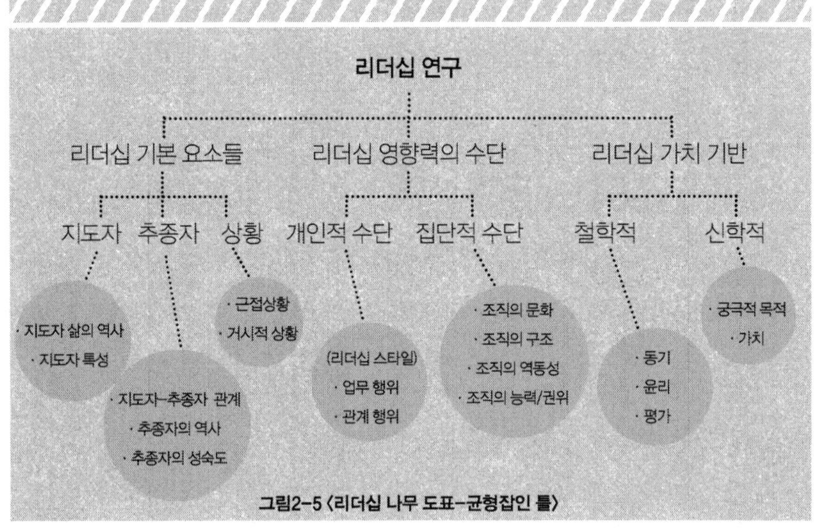


그림2-5 〈리더십 나무 도표–균형잡인 틀〉

**리더십 분석의 세 가지 범주에 대한 피드백**

1. 리더십 기본 요소가 리더십의 "무엇"에 대한 답변을 제공한다면, 다시 말해서 리더십의 본질적인 요소는 무엇인가?

그리고 리더십 영향력 수단이 리더십의 "어떻게"에 대한 답변을 제공한다면, 다시 말해서, 어떻게 지도자들이 리더십을 성취하는가? 리더십 가치 기반은 어떤 질문들에 대한 답변을 제공하는가?

2. 균형잡힌 분석 틀은 어떠한 구체적인 리더십 행위이든지 (또는 여러 개의 연속체일지라도) 그것을 분석하는 데에 사용될 수 있다. 각각의 주요 항목이나 하위 범주들은 리더십 행위를 관찰하기 위한 스크린 (screen) 으로 사용될 수 있다. 사무엘의 리더십에 있어서 마지막 공적 행위와 바나바의 리더십의 관점에서 바라본 사도행전 15장의 예루살렘 회의의 토의를 분석하여 보도록 한다.

**◆ 해답 ◆**

1. "리더십 가치 기반"은 리더십의 "왜"에 대한 해답을 제공한다. 왜 리더십이 존재하는가? 그리고 리더십의 좋고 나쁨이 결정하는 기준이 무엇인가?

2. 이 활동은 당신이 해결하도록 남겨놓겠다. 풀러 세계 선교대학원 캠퍼스에 올 수 있다면 이 두 가지 행위들과 다른 많은 리더십 행위들이 이러한 틀을 사용해서 평가되었으며 이러한 개념들이 구체적인 상황과 관련해서 어떻게 구체화되는지를 보기 위해서 읽어볼 거리들이 많이 있다.

## 네 가지의 성경적 리더십 모델들

**서론** | 더 많은 신약 성서의 철학적인 모델들이 존재하고 있겠으나, 다음의 네 가지 모델들은 기독교 문헌에서 가장 중요하게 다루어지는 것들이다. 이러한 모델들은 신약 성서에서 하나의 통일된 자료로 심도 있게 다루어지지 않는다. 대부분의 서술적인 분석 (descriptive analysis) 은 설명적인 본문 내용 (explanatory passages) 에서

만큼이나 신약 성서의 지도자들의 활동에 대한 관찰에서도 나온다. 아래의 틀은 기초적인 (foundational) 모델들이 더 광범위하게 적용될 수 있는 데에 반해 그 기반 위에 세워진 (superstructural) 모델들은 적용 범위가 제한된다는 가정 아래에 만들어진 것이다. 기초적인 모델들은 모든 지도자들에게 적용된다. 그 기반 위에 세워진 모델들은 대체적으로 모든 지도자들에게 적용되는 듯 하나 구체적으로 따지면 몇몇의 은사를 지닌 지도자들에 한정된다.

| 주요 기능 | 대위임령의 외향적 취지 | 대위임령의 내향적 취지 |
|---|---|---|
| 연관된 은사들 | 사도, 전도, 믿음 ⇩ | 목회, 가르침, 다스림(행정적 도움) ⇩ |
| | 권면, 예언, 리더십 (다스림) ⇩ | |
| 은사 주도: 개개의 지도자에 적용됨 | 추수꾼 모델 (약간의 지도자들) | 목자 모델 (약간의 지도자들) |
| 가치 주도: 모든 지도자에 적용됨 | 섬기는 종의 모델 (모든 지도자들) | |
| | 청지기 모델 (모든 그리스도인들) | |

**논평** 가치 주도적이라는 것은 (value driven) 모델의 본질을 그것이 추구하는 가치에서 찾을 수 있다는 뜻이다. 그것은 가치들이 적합하다고 생각하는 사람들 모두에게 적용된다. 은사 주도적이라는 것은 (gift driven) 특정한 은사를 지닌 지도자들이 그 모델의 가치에 이끌린다는 것을 뜻한다.

# 사역 철학 모델 (Ministry Philosophy Model)─청지기 모델 (The Stewardship Model) 동의어: 책임 모델 (Accountability Model)

**소개** 사역 철학은 한 지도자의 사역에 있어서 그의 인식과 행동의 밑바탕이 되는 일련의 가치를 가리킨다. 가치는 암시적 (인식되지는 않지만 지도자의 인식적인 집합의 일부분인) 이거나 직접적 (인식되고 판별되며 명료한) 인 생각이나 원칙, 지침과 같은 것들이다. 어느 지도자에게나 독특한 사역 철학이 있다. 그것은 역동적이며 세 가지 주요 요소와 연관되어 있다: 성서적인 역학, 은사 (giftedness) 그리고 상황이다. 사역 철학이 역동적일지라도 안정적이고 모든 지도자들에게 적용되는 핵심 이슈들이 있다. 청지기 모델은 그러한 하나의 안정적인 성서적 가치에 속한다.

**정의** 사역 철학이란 지도자가 결정을 내리거나 영향력을 행사하거나 자신의 사역을 평가할 때의 지침으로 사용하는 암시적인/직접적인 생각, 가치, 원칙이다.

**정의** 청지기 모델은 지도자가 자신의 사역을 하나님께 보고해야 할 책임을 말해주는 여러 성경 본문 (accountability passage) 의 중심적인 취지 위에 근거한 철학적 모델이다.

**관련 본문** 책임에 대해서 언급하는 구절들: 마태복음 20장(포도원에 들어간 일꾼들), 마태복음 24장(시중을 드는 종), 마태복음 25장(열명의 처녀들) 마태복음 25장(열 달란트 비유), 누가복음 16장(세상적으로 지혜로운 종), 누가복음 19장(므나의 비유).

일반적인 심판 관련 구절들: 로마서 14:11, 12, 고린도전서 3:5-9, 12-15, 고린도후서 5:10, 빌립보서 2:10, 11, 히브리서 9:27.

특별한 리더십 책임: 야고보서 3:1, 다니엘 12:1-3, 히브리서 13:17.

책임과 보상을 언급하는 다른 구절들: 고린도전서 4:1-5, 고린도후서 4:1-6, 사도행전 20:17-38, 베드로전서 5:1-4.


사례들: 리더십 지위와 영향력에 대한 엄한 판결과 관련해서 특히 모세의 사례를 보라.


**기본적인 가치들**

1. 사역 도전, 과업, 과제는 궁극적으로 하나님으로부터 나온다.

2. 하나님은 지도자가 리더십 영향력과 추종자들의 성장과 행동에 대해 책임를 지도록 돌보신다.

3. 지도자는 하나님 앞에서 영원의 관점에서 자신의 리더십 성과에 대해서 최종적인 결산을 하게 될 것이다.

4. 지도자들은 사역에서 능력, 재능, 은사, 그리고 기회에 대해 충실했을 때에 그에 합당한 보상을 받을 것이다.

5. 지도자들은 그들의 능력, 재능, 그리고 은사를 개발하여서 그것들의 잠재력을 극대화하고 하나님을 위해 사용하리라는 기대를 받고 있다.

6. 지도자들은 은사 (gifts) 와 그 은사의 효율적 사용 정도와 관련해서 특별하게 은사를 부여받을 것이다.

7. 지도자들은 그들의 재능, 능력, 은사, 그리고 기회를 하나님을 위해서 얼마나 열정적으로 사용하느냐에 따라 그들의 생산성에 대한 보상을 받게 될 것이다.

8. 지도자들은 그들의 추종자들에게 "위로부터의 질책 (the above reproach) "과 "모델로서의 영향력 (modeling impact) "을 주어야 하기 때문에 추종자들보다 더 높은 수준의 기준을 지켜야 한다.


**함축적 의미 (implication)**

1. 지도자들은 성장, 확장, 개발과 같은 그들의 일상의 전 영역에서 배움의 자세를 유지하는 사람들이어야 한다.

2. 지도자들은 하나님의 그들을 향한 인도하심 (부르심) 가운데 일정 수준의 사역 과업,

도전, 그리고 과제를 수행해야 한다.

3. 지도자들은 사역의 모든 측면에서 하나님을 향한 사역을 펼쳐야 한다.

**논평** 청지기 모델은 그것이 추종자와 지도자 모두에게 적용된다는 점에서 신약 성서 철학 모델 중 가장 일반적이라고 할 수 있다. 섬기는 종 리더십 (Servant leadership) 은 목자 모델 (Shepherd) 과 추수꾼 모델 (Harvest) 과 같이 오직 지도자에게 만 적용된다.

## 청지기 모델에 대한 피드백

1. 청지기 모델을 위한 가치의 목록을 쭉 훑어보아라. 각각의 가치에 대해 적합한 칸에 "x" 표시를 함으로써 이러한 가치들에 대한 당신의 개인적인 취향을 확인해 보아라. (MP는 나의 개인적인 사역 철학을 의미한다)

| 가치 | MP에 영향없음 | MP에 느슨하게 연결됨 | MP에 확실하게 영향을 줌 | MP에 확실하게 사용되고 필수적이다 |
|---|---|---|---|---|
| 1 | | | | |
| 2 | | | | |
| 3 | | | | |
| 4 | | | | |
| 5 | | | | |
| 6 | | | | |
| 7 | | | | |
| 8 | | | | |

2. 하나님이 당신에게 가르쳐 주신 가치들 중 이 목록에 나타나 있지 않지만 이 철학 모델의 중심 취지와 어떤 면에서 일맥상통하는 것은 무엇인가?

3. 연습문제 1에 있는 가치들 중 당신이 오른쪽 끝의 칸에 표시한 것들(확실하게 사용되었고 나의 개인적인 목회 철학에 필수적이다) 중 이 가치가 당신의 목회에 있어 암시되는 것이 무엇인지 제시해 보아라.

가치 번호          나를 위한 함축적 의미:

4. 이 모델의 가치나 함축적 의미 중 지금 당신의 삶 속에서 하나님이 당신에게 더 배우게 하거나 당신의 인생에 더 확실하게 적용하도록 새겨주시는 것이 무엇이라고 생각하는가?

### ◆ 해답 ◆

1. 내 것들은 다 4행에 있다.

2. 당신의 선택

3. 8번 가치이다. 함축적 의미: 특히 논쟁거리가 있는 행위에서 나는 가끔 다른 사람들의 편익을 위해 기독교인의 자유를 유보시킨다. 즉, 나는 내가 성서적이라고 생각하는 것보다 더 엄격한 기준에 따라야 한다는 것이다. 이것은 지도자로서의 내 행동이 추종자들에 의해 지속적으로 감독을 받으며 더 연약한 형제에게 해를 끼칠 수가 있기 때문에 필수적이다.

4. 가치 1과 7.

### 사역 철학 모델―섬기는 지도자 (The Servant Leader)

**서론**  사역 철학은 지도자의 사역 인식과 행동의 밑바탕에 깔린 일련의 가치를 말한다. 가치들은 생각 (ideas), 원칙 또는 지침 등이 될 수도 있다. 각각의 기독교 지도자는 하나님이 자신에게 경험적으로 가르친 가치들 때문에 일반적으로 다른 사람들과는 다른 독특한 샤역 철학을 가질 수 있다. 섬기는 지도자 모델은 각각의 기독교 지도자의 사역 철학에 공통적으로 존재하는 가치들의 집합을 제공한다. 그것의 중심 취지는 핵심적으로 리더의 주요 초점은 추종자들을 섬기기 위해 리더십을 사용해야 한다고 말한다. 훌륭한 지도자는 자신의 리더십 역량을 수직적으로 하나님에게, 수평적으로 추종자들에게 사용하는 사람이다.

**정의** ┆ 섬기는 지도자 모델은 하나님 나라의 위대한 지도자들에 대한 주요한 자질에 대한 예수님의 가르침의 중심 취지에 나타난다. 즉, 지도자는 추종자들을 섬기기 위해 리더십을 사용하는 것이다. 이것은 예수님 자신의 사역에 드러나 있다.

**1차적 본문** ┆ 마태복음 20:20-28, 마가복음 10:35-45

**2차적 본문** ┆ 기다리는 종의 비유—마태복음 24:42-51, 누가복음 12:35-40, 41-48, 무익한 종의 비유—누가복음 17:7-10, 이사야의 고난받는 종—이사야 52:13-53:12.

## 기본 가치

1. 리더십은 일차적으로 무엇보다도 먼저 하나님께 드려지는 섬김 (service) 으로, 이차적으로는 하나님의 백성들을 향한 섬김 (service) 으로써 수행된다.

2. 섬김은 지도자의 희생을 요구한다.

3. 섬기는 종의 리더십 (servant leadership) 은 모델을 모방하는 리더십 스타일이 지배적이다. 즉, 영향력의 지배적인 형태는 추종자들의 모범이 되는 것이고 그들이 따라하도록 기대치를 설정해주는 것이다.

4. 권위를 남용하거나 자신의 중요성을 드러내도록 추종자들에게 신격화를 강요하는 것은 종의 리더십과는 맞지 않는다.

5. 리더십의 주요 동기유발적인 이슈는 하나님의 재림을 기대하는 것이다.

6. 지도자는 은사로 인한 기대감으로 인해 의무감을 가지고 사역한다. 따라서, 보상에 대한 기대, 요구, 또는 강압이 없다—자기의 몫을 요구하지 않는다.

## 목회 철학 모델—섬기는 지도자

### 함축적 의미

1. 섬기는 지도자는 권리를 요구하지 않고 다른 사람들이 자신을 특권이나 지위를 지닌 것으로 바라보기를 기대하지 않는다.

2. 섬기는 지도자는 하나님이 자신에게 사역에 대한 확신을 주기를 기대하며, 추종자들에게서 그것을 요구하지 않는다.

3. 섬기는 지도자는 자신을 희생할 것을 기대한다. 개인적인 열망, 개인적 시간, 그리고 개인의 재정적인 안정은 사역 중의 섬김 (service) 의 필요에 의해 자주 희생당하게 될 것이다.

4. 개발되어야 할 지배적인 리더십 스타일은 모델을 모방하는 것 (imitation modeling) 이다. 다른 권위주의적인 스타일이 존재할 여지가 있음에도 이 스타일이 지배적일 것이다.

5. 영적인 권위는 그것이 얻은 신뢰성과 더불어서, 개인의 능력 혼합 (power-mix) 의 중요한 요소가 될 것이다.

6. 리더십 기능은 항상 예수님의 재림을 기대하는 깨어있는 영혼과 함께 행사될 것이다.

7. 재정적인 문제가 사역의 수용과 관련한 의사 결정을 지배하지 않을 것이다.

**논평** ┆ 종됨은 특정적인 업무 사항이나 조직의 형태, 리더십 스타일이 아니라 태도이자 일련의 가치이다 (Bennett 1988:7) .

**논평** ┆ 종된 지도자는 지도하면서 동시에 섬겨야 하므로 균형이 중요하다. "지도자는 섬김으로써 인도하고 인도함으로써 섬겨야 한다" 는 버트 (Butt, 1975)의 주장을 인식함으로써 종된 지도자는 역동적인 긴장감을 유지해야 한다.

**논평** ┆ 종의 모델 (Servanthood model) 은 모든 지도자들에게 적용되는 일반적인 리더십 모델이다.

 커크패트릭 (Kirkpatrik, 1988) 은 그가 종된 지도자라고 생각하는 신구약 성서의 지도자들로부터 아홉 가지의 공통적인 특성을 발견하였다. 이러한 공통점이 종의 리더십이 무엇인지 정의하는 가치를 제공하지는 못하지만, 그것들은 예상될 수 있는 광범위한 과정과 종된 지도자에게서 드러나는 특성을 확인해 준다. 이 아홉 가지 공통점은: 하나님의 부르심을 받고 (called by God), 하나님에 의해서 정결케 되며 (cleansed by God), 하나님에 의해서 임무를 부여받고 (commissioned by God), 하나님에 의해서 보존되며 (preserved by God), 하나님에 의해서 능력을 부여받고 (empowered by God), 하나님에 의해서 인도받으며 (guided by God), 섬김에서 겸손하고, 세상에 의해서 거절되며, 사명에서 승리하는 것이다. 그가 연구한 지도자들은 다음과 같다: 이사야, 예레미야, 다니엘, 에스겔, 베드로, 요한, 바울, 예수님.

## 종된 지도자 모델에 대한 피드백

1. 종된 지도자 모델을 위한 가치들의 목록을 쭉 훑어보라. 각각의 가치에 대해 적합한 행 (column) 안에 "x" 표시를 함으로써 이러한 가치들에 대한 당신의 개인적인 취향을 확인해 보아라. (MP는 개인적인 사역 철학이다)

| 가치 | MP에 영향없음 | MP에 느슨하게 연결됨 | MP에 확실하게 영향을 줌 | MP에 확실하게 사용되고 필수적이다 |
|---|---|---|---|---|
| 1 | | | | |
| 2 | | | | |
| 3 | | | | |
| 4 | | | | |
| 5 | | | | |
| 6 | | | | |

2. 하나님이 당신에게 가르쳐 주신 가치들 중 이 목록에 나타나 있지 않지만 이 철학 모델의 중심 취지와 어떤 면에서 일맥상통하는 것은 무엇인가?

3. 활동 1에 있는 가치들 중 당신이 오른쪽 끝의 행에 표시한 것들 (의도적으로 사용되었고 나의 개인적인 목회 철학에 필수적이다) 중 이 가치가 당신의 목회에 있어 암시되는 것이 무엇인지 제시해 보아라.

가치　　나에 대해서 의미하는 바:

4. 이 모델의 가치나 함축적 의미 중 지금 당신의 삶 속에서 하나님이 당신에게 더 배우게 하거나 당신의 인생에 더 확실하게 적용하도록 새겨주시는 것이 무엇이라고 생각하는가?

### ◆ 해답 ◆

1. 1칸=가치 5.　　2칸=가치 2, 6.　　3칸=가치 1.　　4칸=가치 3, 4.
2. 당신의 선택
3. 가치 3-나는 내 삶에서 일어나는 일들을 (긍정적이고 부정적인 교훈들) 내 학생 들에게 영향력을 끼치는 수단으로 의도적으로 사용해야 한다.
4. 이 모델에 대한 가치와 암시를 제고해 보면서 나는 종의 모델이 내 리더십에 너무 작은 영향을 끼친 것에 대해 놀랐다. 이 모델의 가치와 함축적 의미가 내게 실제적으로 다가오기 위해 내가 노력해야 할 것이 너무 많다.

### 목회 철학 모델-목자형 지도자 (The Shepherd Leader)

**서론**　각각의 기독교 지도자는 하나님이 경험적으로 가르쳐 주시는 가치 때문에 일반적으로 다른 사람들과 차이가 나는 독특한 사역 철학을 가지고 있을 것이다. 목자 지도자 모델의 중심 기능과 맥을 같이하는 은사와 소명을 가진 지도자는 그 가치가 그들 자신들의 독특한 사역 철학에 담긴 것을 찾아볼 수 있을 것이다. 이런 은사를 부여받지 못한 지도자들은 이러한 특정한 목회 철학 가치로 이끄는 과정을 경험해 본 적이 있을 수도 있고 없을 수도 있다. 어느 경우에서나 가치들은 평가의 대상이 될 만하다. 목자 지도자들은 근본적으로 관계적인 특징을 강하게 반영하는 리더십 스타일을 갖는 경향이 있다.

**정의** | 목자형 지도자 모델은 리더십의 책임을 성경에 나오는 다양한 목자/양 비유 가운데 보여지는 추종자들에 대한 돌봄으로 가르치시고 또 모델을 보여주시는 예수님 자신의 중심적인 가르침에 근거한 철학적 모델이다.

**중심 취지** | 이것의 중심 취지는 추종자들의 안녕을 향한 관심과 돌봄이다. 즉, 하나님 나라의 구성원들이 성장과 개발을 함으로써 그들의 삶에서 하나님의 법칙을 알고 그 후에 사회에서 하나님의 의에 대해서 생산적으로 영향을 미칠 수 있게 되는 것이다. 이 모델은 대위임령 (Great Commission) 의 내적인 측면—저들에게 내가 명령한 모든 것에 순종하도록 가르치라—에 주로 관계된다.

### 일차적 본문

마태복음 28:19-20 지상 명령, 내적 측면.

마태복음 9:36-37 비유의 목자 측면

마태복음 18:12 잃어버린 양의 비유

누가복음 15:1-7 잃어버린 양의 비유

요한복음 10:1-18 선한 목자

요한복음 21:15-17 내 양을 먹이라

베드로전서 5:1-4 베드로의 관점, 목자 리더십

사도행전 20:17-38 바울의 관점, 양 떼를 위해서 깨어 있으라.

**원형** | 신약 성서에서 베드로와 바나바는 중요한 목자 지도자들이다.

**기본 가치**

1. 목자형 지도자는 각각의 추종자들에게서 개인적인 하나님 나라의 성장을 중요하게 여긴다. 즉, 그들은 추종자들에게서 하나님의 나라의 복음이 실제화되기를 바라는 강한 욕구가 있다. 즉, 그들은 추종자들이 삶에서 하나님의 통치를 점점 더 많이 경험하도록 하려는 의지가 있다. (마28:20, 요21, 행20)

2. 목자형 지도자는 자신이 어디에 있는지를 평가하고자 하는 추종자들에게 깊은 공감을 갖고 있으며, 추종자들이 하나님 나라에 대한 그들의 잠재력을 극대화하도록 개발하는 데 필요한 것들을 충족시키도록 돕고자 한다. (마 9:36-37)

3. 목자형 지도자는 각각의 추종자들을 전체를 구성하는 중요한 존재로 여기고, 그들이 그리스도의 전체의 몸에 속하기를 원한다. (행 20:28; 눅 15:1-7; 마 18:12-13)

4. 목자형 지도자들은 추종자들과의 개인적인 관계를 중요하게 여긴다. (요 10:3-4, 14)

5. 목자형 지도자들은 여러 사례를 제시함으로써—특별히 하나님의 나라 가치의 영역 (area of kingdom values) 에서—추종자들에게 개인적인 지침을 내린다. 그들은 추종자들에게 미치는 영향력 수단으로써 모델을 모방하는 것 (imitation modeling) 을 중요하게 여긴다. (요 10:4)

6. 목자형 지도자는 거짓 가르침을 알아차리는 데에 도움을 되는 긍정적인 진실을 제공함으로써 추종자들을 이단의 가르침에서부터 보호한다.

   (요 10:5, 10, 12; 행 20:28)

7. 목자형 지도자들은 추종자들이 예수님 안에 거함에서 오는 풍족한 삶을 경험해 보기를 원한다. (요 10:10)

8. 목자형 지도자들은 자신을 희생하려는 의지가 있고, 개인적인 욕구, 개인적 시간, 그리고 개인의 재정적 안정을 사역에서의 섬김의 필요에 의해 자주 포기하게 될 것임을 안다. (요 10:11)

9. 목자형 지도자는 추종자들의 상황을 개선하기 위해서 핍박이나 힘든 환난 중에서도 그것을 인내하려는 의지가 있다. (요 10:11)

10. 목자형 지도자는 자신들의 약점이나 장점을 표출하는 추종자들과 열린 관계에 있고 그들의 마음 속에 있는 것을 나눈다. (요 10:14)

11. 목자형 지도자는 몸 안에서의 하나 됨과 더 큰 몸 안에서의 하나 됨을 중요하게 여긴다. (요 10:16)

12. 목자형 지도자는 기꺼이 추종자들을 위해 책임을 진다. (벧전5:2)

13. 목자형 지도자의 가치에 있어 재정적인 이득은 사역 다음에 오는 이차적인 것이다. (벧전 5:2)

**함축적 의미** 피드백 연습문제를 참고하시오.

**해설** 목자형 지도자 모델과 강하게 연관성이 있는 지도자들의 은사 혼합 (gift-mix)은 다음의 조합을 포함한다: 말씀 은사인 목양과 가르침; 사랑의 은사인 자비와 긍휼 그리고 다스림; 능력 은사인 치유와 지혜의 말씀.

**해설** 말씀 은사인 예언과 권면과 리더십은 목자와 추수 지도자 모델 모두에서 활용될 수 있다.

## 목자 모델에 대한 피드백

1. 목자 모델을 위한 가치의 목록을 훑어보시오. 각각의 가치에 대한 적합한 행에 "x" 표시를 함으로써 당신이 이 가치들에 대해서 개인적으로 어떠한 선호도를 가지는지 평가해 보시오. (MP = 나의 개인적인 사역 철학)

| 가치 | MP에 영향없음 | MP에 느슨하게 연결됨 | MP에 확실하게 영향을 줌 | MP에 확실하게 사용되고 필수적이다 |
|---|---|---|---|---|
| 1 | | | | |
| 2 | | | | |
| 3 | | | | |
| 4 | | | | |
| 5 | | | | |
| 6 | | | | |

| | | | |
|---|---|---|---|
| 7 | | | |
| 8 | | | |
| 9 | | | |
| 10 | | | |
| 11 | | | |
| 12 | | | |
| 13 | | | |

2. 당신의 의견 상 개인이 높은 선호도를 갖고 이러한 가치들을 지니려고 한다면 필요한 것이 무엇인지를 암시하는 것을 하나 혹은 두 가지 제시해 보라.

3. 하나님께서 이 모델 가운데에서 당신이 그에 대해서 더 많이 배우거나 혹은 당신의 삶 가운데 보다 분명하게 적용하기를 원하시는 필요라고 강하게 보여주는 하나 혹은 그 이상의 가치나 암시들이 있는가? 만일에 있다면 어떠한 것인가?

### ◆ 해답 ◆

1. **1열**에는 하나도 체크되지 않음.　　**2열** = 가치 3, 6, 9, 13.

   **3열** = 가치 8, 11.　　　　　　　　**4열** = 가치 1, 2, 4, 5, 7, 10, 12.

2. 가치 10번이 암시하는 바: 지도자들은 그들의 삶 가운데서 일어나는 하나님의 과정에 대해서 공개적으로 나누어야만 한다. 가치 4번이 암시하는 것 (나의 문화 가운데) : 지도자들은 가능한한 많은 추종자들을 두되 서로 이름을 부를 만큼 실제적인 관계로 제한해야 한다.

3. 7번 가치는 나에게 재확인되었다. 바로 이번 여름에 하나님께서는 나에게 이에 대해서 특별한 말씀을 주셨다.

## 사역 철학 모델 – 추수 (Harvest)

**서론**　사역 철학은 사역 가운데 지도자의 인식과 행동의 밑바탕에 놓여진 일련의 가치들을 지칭한다. 가치들은 생각이나 원칙, 지침 등이 될 수 있다. 각각의 기독교 지도자는 하나님이 경험적으로 가르쳐 주시는 가치 때문에 일반적으로 다른 사람들과 차이가 나는 독특한 사역 철학을 가지게 된다. 추수꾼 지도자 모델의 중심 기능과 은사와 소명과 그 맥을 같이하는 지도자들은 그것의 가치들이 그들 자신들의 독특한 사역 철학에 깊이 스며있는 것을 발견할 수 있을 것이다. 그처럼 은사를 부여받지 못한 지도자들은 이러한 특정적인 사역 철학 가치로 향하는 과정을 경험해 본 적이 있을 수도 있고 없을 수도 있다. 어느 경우에서나 가치들은 평가의 대상이 될 만하다. 추수꾼 지도자들은 근본적으로 그 성향이 과업 중심적인 리더십 스타일을 고수하는 경향이 있다.

**정의**　추수꾼 지도자 모델은 성경에서 성장에 관한 농사 비유 가운데 드러나는 바와 같이 새로운 구성원을 하나님 나라 안으로 불러들임으로써 그 나라를 확대하고자 하시는 예수님의 가르침의 중심 취지에 토대를 둔 목회철학 모델이다.

**중심 취지**　이것의 주요 관심사는 대위임령의 외부로 향하는 측면인 너희들은 세상으로 나아가서 모든 족속을 제자 삼으라는 강력한 명령에 의거하여 하나님의 나라로 새로운 구성원들을 불러모아 하나님의 나라를 확장시키는 것이다.

**일차적 본문**　마태복음 29:19-20: 지상 명령—외부로 향하는 측면. (동시에 막 16:15, 눅24:46,47, 요20:21, 행1:8을 참조하라)

**원형**　바울은 신약에서 보여지는 추수 지도자의 원형이다.

### 기본 가치

1. 추수꾼 지도자는 하나님의 나라 바깥에 있는 사람들에 크게 관심을 가지며 그들

에게 하나님의 나라에 대해 듣고 그곳으로 들어올 수 있는 선택권을 주려고 한다.

2. 추수꾼 지도자는 하나님 나라의 메시지를 다른 사람들에게 전하도록 추종자들에게 동기유발을 하고자 하는 강한 열망이 있다.

3. 추수꾼 지도자는 사역의 권능에 대해 강한 관심이 있다. 그들은 하나님 나라의 복음을 듣도록 하는데 있어서 권능의 가치를 안다. (마28:20, 막16:16,17, 눅24:49, 행1:8)

4. 추수꾼 지도자는 하나님 나라에 속한 사람들의 현재 상태보다 하나님의 나라 밖에 사는 사람들의 궁극적인 운명에 대해 더 큰 관심을 갖는다.

5. 추수꾼 지도자는 하나님 나라 확장의 수단이 항상 거짓으로부터 진리를 분별해내지는 못한다는 것을 알지만 궁극적으로 해결책이 있을 것임을 안다.

6. 추수꾼 지도자는 대체적으로 믿음으로 산다. 그들은 하나님이 자신의 확장의 역사를 성취하실 것임을 믿고 그렇기 때문에 작은 출발을 두려워하지 않는다.

7. 문화적 명령은 하나님의 나라가 부재하는 사회에 영향력을 끼치기 전에 많은 수의 사람들을 요구하기 때문에, 추수꾼 지도자는 복음적 명령이 문화적 명령보다 우위에 위치하는 것으로 인식한다.

8. 추수꾼 지도자는 하나님의 역사하심을 발견하기 위해 수용성 검증을 중요하게 생각한다.

**암시하는 바** 　피드백 연습 문제를 참조하시오.

**해설** 　추수꾼 지도자 모델과 상관관계가 강한 지도자들의 은사—혼합은 다음의 다양한 조합을 포함한다: 말씀 은사로는 사도, 믿음, 전도; 사랑 은사로는 긍휼; 능력 은사로는 치유, 기적, 지식의 말씀.

**해설** 　말씀 은사인 예언과 권면 그리고 리더십은 추수꾼과 목자 모델 모두와 더불어 행해질 수 있다.

**해설** 　추수꾼 지도자 가치를 내세우는 왜그너의 『당신의 교회를 성장하도록 이끌라(Leading Your Church To Growth)』와 『교회 성장과 총체적 복음 (Church Growth and the Whole Gospel)』을 참조하라. 또한 티펫의 『선교사의 사고에 있어서 평결 신학 (Verdict Theology in Missionary Thought)』을 참조하라.

## 추수 모델에 대한 피드백

1. 추수 모델을 위한 가치의 목록을 훑어보라. 각각의 가치에 대해서 적합한 행에 "x" 표시를 함으로써 당신이 이 가치들에 대해서 어떠한 개인적인 선호도를 갖는지를 평가해 보라. (MP = 나의 개인적인 사역 철학)

| 가치 | MP에 영향없음 | MP에 느슨하게 연결됨 | MP에 확실하게 영향을 줌 | MP에 확실하게 사용되고 필수적이다 |
|---|---|---|---|---|
| 1 | | | | |
| 2 | | | | |
| 3 | | | | |
| 4 | | | | |
| 5 | | | | |
| 6 | | | | |
| 7 | | | | |
| 8 | | | | |

2. 하나님이 당신에게 가르쳐 준 가치들 중 이 곳에 나열되지 않았으나 이 철학적 모델의 중심 취지와 어떤 면에서 일맥상통하는 가치는 무엇인가?

3. 당신의 의견 상 개인이 높은 선호도를 갖고 이러한 가치들을 지니려고 한다면 필요한 것이 무엇인지를 암시하는 것을 하나 혹은 두 가지 제시해 보라.

4. 하나님께서 이 모델 가운데에서 당신이 그에 대해서 더 많이 배우거

나 혹은 당신의 삶 가운데 보다 분명하게 적용하기를 원하시는 필요라고 강하게 보여주는 하나 혹은 그 이상의 가치나 암시들이 있는가? 만일에 있다면 어떠한 것인가?

### ◆ 해답 ◆

1. **1열** = 가치 4.  **2열** = 가치 1, 2, 3, 6.  **3열** = 가치 7, 8.  **4열** = 가치 5. (부정적인 방식으로 사용된다. 나는 참으로부터 거짓을 선별하는 과정에 매우 관심이 많다. 목자 지도자 모델에 대한 나의 강력한 편견은 나로 하여금 하나님 나라에서 그러하다고 고백하는 자들의 순수성을 평가하기를 원하도록 만든다.)

2. 당신의 선택.

3. 만일 누군가가 수용성에 대한 가치 8을 높게 평가한다면 그 사람은 필연적으로 미래학―미래 동향―을 연구하게 될 것이다. 왜냐하면 수용성은 종종 다양한 동향과 관련이 있기 때문이다.

4. 없다. 나는 그렇게 생각하지 않는다.

## 지도자 부상 (Leadership Emergence)

**서론**  지도자 선발은 모든 성서적 리더십의 주요 기능이다. 리더십 선발은 리더십의 잠재력을 인식할 때의 인간적인 측면을 뜻한다. 즉, 지도자는 지속적으로 부상하는 잠재적인 지도자들을 찾아야 한다는 것이다. 지도자 부상 또한 선발과 관련이 있다. 그것은 리더십의 잠재력을 인식하는 인간적인 측면인 리더십 선발을 포함하지만 그 이상의 것도 행한다. 그것은 개발에 있어 하나님의 역할도 포함하는 전체적인 선발 과정을 보기 때문이다. 지도자 부상은 하나님이 그 지도자를 선택할 때 역사하시는 전체적인 과정을 뜻한다. 그것은 하나님께서 원하시는 지도자가 되기 위해 잠재적인 지도자가 영향력의 역량을 확장하는 광범위한 평생 과정이다.

**정의**  지도자 부상은 영향력을 미치는 면에서 지도자의 변화하는 역량을 뜻하고 다양한 요소와 관련해서 긴 시간에 걸친 종적인 연구로 측정되고 평가된다.

**해설** │ 세 가지 중요한 일반적인 요인은 내적인 심리학적 과정과 외적인 사회학적/상황적 과정과 신학적 과정을 포함한다. 이것들의 전체적인 효과는 영향력을 미치는 역량의 측면에서 발달을 가져온다. 이 세 가지 일반적인 요인에 관련되는 다양한 과정 항목이 정의되어 있다. 어떤 과정 항목은 종적으로 묶여 있다. 다른 패턴은 더 짧은 시간에 걸쳐 일어나는 과정 항목을 나타낸다.

**해설** │ 종적인 연구는 변화하는 영향력의 역량을 어느 시간 동안 추적하는 것을 뜻한다.

**해설** │ 종적인 연구는 대부분 개발적인 국면의 측면에서 부상 (emergence) 을 관찰한다. 이 개발적인 국면들은 대개 주기적으로 경계적인 혼란, 결정 형성, 결정의 강화나 결과로 이어지고 또 그후에 새로운 경계적인 혼란이 주어지고 그러한 사이클이 반복된다. 경계적인 혼란은 대체로 과거에 대한 회고, 평가, 그리고 새로운 의사 결정에 영향을 미치는 미래를 내다보는 형성을 포함한다.

**해설** │ 영향력의 역량을 측정하는 것은 영적 형성, 사역적 형성, 그리고 전략적 형성 모두에 있어서의 성장을 평가하는 것을 포함한다.

**해설** │ 즉각적인 교훈, 개발 과제, 은사, 영향력의 범위, 영향력 수단, 유형과 수렴 요인들에 따른 평가는 개발을 파악하는 데 사용되는 지표이다.

## 지도자 부상 연구 (LEADERSHIP EMERGENCE STUDY) 약어: LES

## 지도자 평생 개발 연구 (LIFELONG DEVELOPMENT STUDY OF A LEADER)

**소개** │ 히브리서 13:7-8절의 말씀은 우리가 기독교 지도자들을 공부하고 그들의 삶에서 배우기를 권고한다. 또 우리가 항상 지속적인 리더십의 출처인 예수 그리스도를 믿고 지도자들의 삶이 하나님께 가치가 있도록 만든 그러한 존경할만한 자질과 성격을 모방하도록 격려한다. 지도자 부상 연구는 그러한 권고에서 암시된 것들을 실행하는 체계적인 접근 방식이다. 시간선 (time-line) 을 사용함으로써 발견된 것들을 지도자 부상 유형, 확인 가능한 과정, 그리고 지속적인 리더십 원칙의 측면에서 통합한다. 이러한 발견은 최초의 연구와 참조적 연구 모두를 위해서 체계적으로 나열된다. 개인은 하나님에 의해서 사용된 지도자의 삶을 공부함으로써 많은 것들을 배울 수 있다. 리더십 개발 연구는 이러한 배움을 촉진하도록 돕는다.

**정의** 지도자 부상 (지도자 평생개발) 연구는 지도자의 삶을 분석하여 지도자의 영향력 역량에 미치는 내적인 영향 (개인적/심리학적인), 외적인 영향 (사회적/상황적), 그리고 신적인 영향 (하나님의 섭리적인 역사하심) 을 통합함으로써 리더십 잠재력의 출현, 즉 리더십 개발을 평가하는 연구적 접근의 결과물이다.

**전체적인 내용 (contents full range)**

지도자 부상(평생개발) 연구는 보통 다음을 포함한다:

- 요약 페이지
- 연구를 향한 기대/동기
- 삶에 대한 간략한 요약
- 과정 사건들을 목록화한 개관 차트
- 개발 지표들을 목록화한 개관 차트
- 과정 항목들을 보여주는 상세한 단계
- 각각의 상세한 단계 차트에 대한 주요 과정 항목들의 설명
- 각각의 단계에서 추출해 낸 원칙들
- 각각의 단계에 대한 개발 지표의 요약
- 결론

**해설** 이 연구의 핵심은 개관 차트 (Overview Chart) 이다. 이 차트들은 개발 단계별로 나뉘어진 수평적인 축을 따라 이동하는 시간선을 포함한다. 각각의 개발 단계

는 경계적인 혼란, 결정 형성, 결정의 강화나 결과 그리고 계속되는 경계적인 혼란으로 이동하는 것과 같은 기본적인 전반적 개발 유형을 따른다. 수직적인 축은 과정이나 개발과 관련된 이슈를 나타내는 범주들로 나누어져 있다.

## 지도자 부상 연구에 대한 주해

**사례** ┆ 풀러신학교 선교대학원에서는 대략 500 [5] 차례 이상의 리더십 개발 연구가 있었다. 연구 대상이 된 인물들 가운데 역사적인 인물들은 다음과 같다: 피니아스 브레시 (Phineas Bresee), 에이 비 심프슨 (A. B. Simpson), 마리아 앗킨슨 (Maria Atkinson), 짐 엘리어트 (Jim Elliot), 사무엘 밀즈 (Samuel Mills) 등. 성서적인 인물들은 다음과 같다: 요셉, 다니엘, 다윗, 베드로, 입다, 바나바. 대다수의 연구는 현대의 지도자들을 다루었다. 현대 지도자 연구는 지도자들이 스스로 자신의 삶을 연구한 것이며, 그것을 행한 사람들뿐만 아니라 그들을 좇아서 행한 사람들에게도 놀라운 도움이 되었음이 증명되었다.

**대리 학습 (vicarious learning)** ┆ 리더십 명령의 힘은 이전의 지도자들로부터 대리로 배우는 것에 초점을 맞추는 데에 있다. 지난 지도자 부상 (평생개발) 연구의 분석은 리더십 명령을 힘있게 만들어 준다. 하나님의 과정에 대한 깊이 있는 연구와 다른 지도자들의 삶에서 볼 수 있는 교훈은 당신의 삶에 동일한 교훈을 주고자 하시는 살아계신 하나님이 역사하시는 결과를 낳을 것이다. 리더십 명령으로부터의 직접적인 적용을 통해 이득을 얻고자 하는 사람들을 위해 많은 연구서들이 나와 있다. 이러한 연구에 접근할 기회가 없는 사람들에게는 기독교 지도자들의 전기나 자서전을 통해 당신 스스로 분석해보기를 권한다.

**연구의 범위** ┆ 다양한 종류의 지도자 부상 연구들이 파일화되어서 이용될 수 있다. 심층연구 (in-depth study, Gripentrog 1987, Hawthorne 1989) 는 나열된 내용의 전 영역

---

5) 본 연구서를 PDF 파일로 작성할 때까지 약 2500-3000명의 지도자를 연구하였다. 이들 중 대다수는 현대 인물들이다.

을 포함하고 있다. 전체 연구들 (full studies) (McConnell 1985, Newton 1983) 은 나열된 내용의 대부분을 포함한다 (개발 지표에 대한 개관 차트와 개발 지표의 분석은 포함되지 않는다). 축소 연구들 (lesser studies) (Chao 1982, Clinton 1984, Myers 1989, Strong 1989, Stalnaker 1989)은 내용의 다양한 부분을 포함한다. 최소 연구들 (minimum studies) 은 약간의 보충적인 정보를 동반한 시간선을 포함한다. 연구의 범위는 7년간의 연구 기간을 통해 변화해 왔다. 이러한 종류의 연구들 각자가 유익을 줄 수 있다.

**제안** 이 책자를 공부하고 풀러 신학교를 방문할 수 있는 사람들에게 나는 이용가능한 지도자 부상 연구들의 참고문헌 목록을 훑어볼 것을 권장한다. 그것들은 역사적, 성경적, 현대 남성들과 현대와 역사적 여성들로 나뉘어져 있다. 그리고 당신이 이 중 다섯 개 정도를 선택하여 대리 학습하는 마음으로 그것들을 공부해 보기를 제안한다.

## 영적인 형성 (Spiritual Formation)

**소개** 지도자 평생개발 연구는 리더십 잠재력의 부상을 평가하고자 한다. 그것은 지도자의 개발에서 내적인, 외적인, 그리고 신적인 영향을 통합하는 지도자의 일대기 분석을 사용한다. 영적인 형성은 지도자의 성격의 내적인 개발을 뜻한다. 내적, 외적, 그리고 신적 영향은 모두 내적인 개발에 영향을 끼친다.

**정의** 영적인 형성은 하나님의 사람의 내부적인 삶을 개발함으로써

● 개인이 예수님의 삶을 더 체험하고,

● 성격과 일상 관계에서 더 예수님을 닮은 특성을 반영하고,

●사역에서 하나님의 능력과 임재하심을 점점 더 알아가도록 한다.

**해설** 영적 형성은 훈련의 균형을 평가하는 모델인 홀랜드 (Holland) 의 "철길 유추" (Two-Track analogy) (Clinton 1985:41)의 네 가지 주요 구성 요소 중 하나이다. 네 가지 주요 구성 요소는 투입 (input), 경험 (experience), 역동적인 회고 (dynamic reflection), 그

리고 영적 형성이 있다. 홀랜드 (Holland) 는 영적 형성이 훈련의 최종 성과물이고 따라서 훈련 과정에 다루어져야 하며 내부적이 아니라 외부적으로 인지해야 한다고 강조한다. 이 동일한 네 가지 구성 요소들은 공식적인 그리고 무형식적인 훈련과 동시에 일상 활동에서도 적용될 수 있다.

**해설** 영적 형성은 로마서 8:28-29에 나오는 과정을 지도자의 삶에 적용하는 것이다. 이것은 하나님께서 "지도자가 하나님의 형상을 닮아가도록" 삶의 과정을 사용하심을 인식한다. 그 순응의 과정이 영적 형성이다.

**해설** 영적 형성은 지도자의 영향력 행사를 위한 능력 기초 (power base) 에 직접적으로 연관이 있다. 능력 기초는 지도자가 추종자들에게 영향력을 행사하는 데에 있어 권위를 갖도록 해주는 성실성의 원천이다. 영적인 권위는 지도자들이 추종자들에게 영향력을 행사하도록 하나님으로부터 주어졌다고 인지되는 신뢰성의 근원이다. 영적인 권위 특성은 영적 형성을 전제조건으로 한다. 기독교 지도자에게 적합한 다른 능력 기초들도 있는 반면에, 영적인 권위는 기초적이고 추종자들에게 영향을 미치는 데에 있어 능력의 중심 수단이 되어야 한다.

## 사역적 형성

**서론** 영적 형성은 "존재" 에 관심이 있다. 사역적 형성은 "행위" 에 관심이 있다. 이것은 지도자로서 기능하도록 돕는 지도자의 능력에 초점을 맞춘다. 이것은 지도자가 사역하는 데에 필요한 재능과 능력과 지식을 알아내고 측정하려고 한다. 이러한 재능에는 "타고난" 재능과 동시에 "습득한" 기술이 있다. 이것들은 영적인 은사와 관계된다. 이것들은 리더십의 상황에서 하나님의 목적에 대해 긴밀한 관계를 갖는다. 이것들은 추종자들이 사역적 목표를 향하도록 동기부여 하기 위해 리더십 수단을 사용하는 것과 관련이 있다.

**정의**　<u>사역적 형성</u>은 사역적 재능과 지식의 개발을 뜻하며, 이것들이 반영되는 것은 지도자의 ● 리더십 개념의 경험적 이해의 성장과 ● 리더십 기본 요소 (지도자, 추종자, 상황) 에 있어서 하나님의 목적에 대한 민감성이 자라감과 ● 은사와 재능을 확인하고 개발하면서 추종자들에게 증대된 효율성으로 사용되는 것과 ● 하나님의 목표와 조화를 이루는 이로운 변화를 꾀하도록 추종자들에게 동기 유발을 할 수 있는 능력이다.

**해설**　리더십 개념의 경험적 이해는 리더십 기본 요소, 리더십 영향력 수단, 그리고 지역적인 상황에 대한 리더십 철학에 관계된 개념들을 역동적으로 반영하고 사용하는 능력을 말한다. 이것은 학습으로써 얻어질 수도 있고 직관적인 것일 수도 있다.

**해설**　모든 영향력의 단계에서 지도자는 리더십 삼각구도인 지도자, 추종자, 상황을 인지할 수 있어야 한다. 결정적인 리더십 결정은 이러한 요소들 간의 역학관계의 중요한 유형에 대한 이해를 반영해야 한다.

**해설**　타고난 재능의 의도적인 개발과 재능의 획득은 사역적 형성의 성숙함뿐만 아니라 하나님이 지도자에게 부여한 역량에 대한 책임 있는 태도를 나타낸다.

**해설**　정의 하자면(by definition), 지도자의 중심적인 윤리는 하나님의 목적을 그의 추종자들이 따르도록 동기를 부여하는 것이다. 이것을 가능하도록 하는 재능이 증가되는 것은 사역적 형성의 발달을 의미한다.

## 전략적 형성 (Strategic Formation)

**서론**　리더십의 개발은 세 가지 주요한 면에서의 형성을 추구한다. 그 중 세 번째인 전략적 형성은 전체적인 사역적 관점을 의미한다.

**정의**   전략적 형성은 전체적인 사역적 관점, 사역 철학을 의미하는데, 이것은 일평생에 걸친 형성 과정을 통해서 생겨나며, 습득된 교훈들을 점차 뚜렷해지는 사역 틀 속으로 엮도록 한다. 그러한 사역 틀은 한 지도자의 삶에 방향과 초점, 그리고 궁극적인 목적을 제시한다.

**해설**   전략적 형성의 핵심 혹은 이상적인 목표는 그것의 최종 결과물이다. 그 것은 잘 표현된, 삶에서 체득된 사역 철학이다. 그 사역 철학은 대개 세 단계로 전개된다.

| 단계 | 일반적인 설명 | 기능들 |
|---|---|---|
| 1. 삼투 | 지도자는 경험적으로 함축된 철학을 학습한다. | 1. 후원하는 집단의 함축된 철학을 갖고 활동한다. |
| 2. 걸음마 | 지도자는 경험과 철학을 통해 명백한 철학을 발견한다. | 2. 사역에 있어서의 개인적인 교훈<br>3. 사역에 함축된 철학에 대해서 질문/평가<br>4. 수정된 철학으로 나아감; 어떤 것은 암시적이고 어 떤 것들은 명시적이다. |
| 3. 성숙 | 지도자는 사역 철학을 체계화하고, 사용하며 명료하게 만든다. 사역이 무엇인지에 대한 핵심 아이디어와 회상적 성찰을 다른 사람들에게 전수한다. | 5. 독특한 면들에 대한 증가하는 감각과 궁극적인 책임감이 발달함.<br>6. 사역에 대한 평가의 필요성을 느낌.<br>7. 초점과 독특한 사역에 대한 필요성의 인식.<br>8. 초점있는 사역 철학의 형성.<br>9. 철학의 내면화 (internalization).<br>10. 실제적으로 실행되어진 사역 철학에 대한 명료화(articulation). 대부분의 지도자들은 이 단계까지 발전하지 못하지만 여전히 사역 철학은 잘 활용한다. |

## 세 가지 형성에 대한 피드백

1. 세 가지 형성 모두의 밑바탕이 되는 뿌리 개념은 영성이다. 대부분의 지도자들은 영성에 대한 그들 자신의 관점에 대한 충분한 이해가 부족하다. 그럼에도 그들은 그들의 영성에 대해서 지식이 없으며, 암시적인 관점에 의해 조종된다. 영적 형성은 근본적으로 인격에 적용되는 영성의 종적인 측면과 관련이 깊다. 사역적 형성은 사역의 수행과 다른 사람들 간의 관계에 적용되는 영성의 횡적인 측면과 관련이 깊다. 전략적인 형성은 영성과 궁극적인 기여를 다룬다. 분명하고 확실한 영성 신학을 갖추는 것이 어느 지도자에게나 한 발자국 나아가는 것이다.

   a. 영성을 정의하시오:
   b. 영성이 어떻게 하나님 나라와 연관이 있는가?

2. 지도자에게 어느 한 방면의 형성이 다른 방면보다 발달된 것은 흔한 일이다. 세 가지 형성의 관점에서 당신의 전체적인 발달을 비교적으로 평가해 보시오.

   a. 가장 발달한 형성:
   b. 두 번째로 발달한 형성:
   c. 가장 덜 발달한 형성:
   d. 그 외:

3. 만약에 어느 하나의 형성이 다른 것들보다 뒤쳐짐으로써 리더십이 실패하였다면, 당신은 어느 것을 그 원인으로 꼽겠는가?

### ◆ 해답 ◆

1. a. 영성은 나의 전 존재의 영혼에 의한 통제이며 하나님과의 관계의 상태이다. 그러한 관계 가운데에서 하나님께서는 하나의 총체적 존재인 나를 통해서 자신의 모습을 드러내셔서 하나님 나라의 가치가 증식되도록 내 안에서 그리고 다른 사람들에 대해서 그의 목적을 이루어 가신다. b. 하나님의 나라는 하나님의 통치의 영역이다. 영성은 한 개인 안에서 일어나는 하나님 나라의 통치이다.

2. 내 의견은 나의 발달에 있어서 세 가지 형성을 다음의 순서로 나열할 것이다: 영적 형성, 사역적 형성, 그리고 전략적 형성이다. 전략적인 형성이 뒤쳐지는 것은 흔한 일이다. 대부분의 지도자들은 그들이 처음 시작할 때 영적 형성이 가장 앞서 있다. 하지만 그들의 성장 사역—임시적이고 유능한 사역—의 세부 단계에서 사역 형성이 대부분 발달한다 (행동이 존재보다 우위를 차지한다). 전략적 형성은 한참 뒤쳐진다. 적임의 하위 단계의 끝에 이르면 전략적 형성에 엄청난 발전이 있은 동시에 영적 형성이 다시 사역적 형성을 추월하는 것이 대부분이다. 고유의 사역 단계에서 세 형성은 대체적으로 균형을 이루게 된다.

3. 모든 형성이 필수적이지만, 그래도 영적 형성이 대체적으로 더 근본적이라고 사료된다. 사람들은 사역에 힘이 있고 겉보기에는 성공을 유지하는 듯 하나 성격 발달적 측면에서 근본적으로 실패할 수가 있다. 조만간 그 문제가 드러나게 될 것이다.

## 기본적인 리더십 개념에 대한 요약 (Summary of Foundational Leadership Concepts)

이 자습서는 개별적인 지도자들에 대한 연구를 통해 리더십에 접근한다. 본질적으로 히브리서 13:7-8에 나오는 명령을 완수하는 셈이다. 많은 개별적인 지도자들에 대한 비교적인 연구를 통해 사역 상황에 적용될 수 있는 사역 이론의 형성 과정에 도움이 될 수 있는 다양한 공통 유형, 과정 그리고 원칙들이 제시되었다.

특정 지도자는 시간의 흐름 속에서 다양한 추종자들과 다양한 상황 속에서 리더십을 추구하는 인물이다. 지도자 평생개발론 연구를 통해서 그 지도자의 발달은 인격의 성숙과 영향력 능력의 성숙 그리고 어떻게 사역이 전개되어야 하는지의 이해에 대한 성숙을 추적할 수 있다. 지도자 평생개발론 연구는 지도자가 자신의 일생에 걸쳐 추종자들에게 영향을 미치는 발달 과정을 측정하고 평가하는 체계적인 접근 방법이다. 지도자들은 대개 A, B, C, D, E 유형과 같은 지도자에 대한 유형에 의해서 기술되는 다양한 사역 단계를 거친다.

일반적인 리더십 이론은 리더십 기본 요소 (지도자, 추종자, 상황), 리더십 영향력 수단 (영향력의 개인적이고 집단적인 수단 모두), 그리고 리더십 가치 기반 (리더십의 도덕적인 측면) 에 관계되어 있다. 지도자 평생개발론 연구는 리더십 항목의 모든 영역에 미치지만 기본 요소와 개인적인 영향력 수단에 초점을 맞춘다.

기독교 리더십에 있어서 특히 중요한 것은 영적 형성 (영적인 성숙을 통한 개인 내부의 성장), 사역적 형성 (사역에 있어서 개인의 성장), 그리고 전략적 형성 (사역의 밑바탕을 이루는 철학의 성장)을 통해 배울 수 있는 것들이다. 사역 철학은 개인에게 특별한 것이다. 하지만 정보에 근거한 사역 철학은 신약 성서의 철학적인 모델들과 그것들로부터 나오는 통합된 적합한 가치들에 주의를 기울일 것이다. 이 세 가

지의 성장에 관련이 있는 유형, 과정, 그리고 원칙은 지도자의 지속적인 개
발이나 잠재적인 지도자의 발굴 모두에 유용하다. 이러한 발견들은 훈련 방
식에 영향을 끼칠 수 있다.

# PART 2

# 지도자 평생 개발의 변수들

**CHAPTER 03**

# 과정에 대한 소개
## (Processing)

### 개관 (Overview)

이 책자의 A 섹션인 3-8장은 과정 변수를 다룬다. A 섹션에서 과정 항목들을 묶는 것은 사역 이전, 초기와 중기 사역, 그리고 후기 사역 시기로 분류된다. B 섹션에서 시간 변수를 다룰 때에 우리는 이 동일한 세 가지 시기를 사역 기초, 성장 사역, 고유 사역으로 분류할 것이다.

3장은 과정의 기본 개념을 소개한다. 4장은 몇몇 기초 과정 항목들, 특히 초기 아동 시절과 청소년기에 일어난 과정들과 몇몇 이전 항목들, 즉 사역으로 이동함과 동시에 혹은 그 이전에 일어난 과정들을 다룬다. 5장과 6장 그리고 7장은 성장 사역 기간 중에 일어난 과정 항목들을 확인한다. 8장은 사역 전체를 통해서 일어나는 과정 항목들을 다루지만 특히 후기의 보다 효과적인 사역을 다룬다.

### 주요 과정 개념들

본 장에서는 과정의 본질에 기본적인 다섯 개념들을 다룬다. 결정적인 사건들 (Critical Incidents) 과 과정 사건들 (Process incidents) 이 설명되고 구별된다. 또한 과정 사건 (Process incident) 과 구분되는 개념인 과정 항목 (Process item) 을 정의한다. 이는 하나의 과정 사건 (a process incident) 을 보고, 분석하고, 평가하기 위한 하나의 관점이다. 일련의 전형적인 과정 사건 (Process incident) 이 하나의 주어진 과정 항목—성실성 검증 (integrity check)—을 정의하기 위해서 비교된다. 그렇게 정의된 과정 항목은 과정 항목 특성 (process item properties) 을 예시하기 위해서 사용된다. 마지막으로 과정 인식 연속선 (process awareness continuum) 이 소개된다. 이러한 모든 개념들은 단순히 구성물 (Constructs), 즉 관점들이다. 그것들은 우리들로 하여금 우리 삶에 하나님의 주권적인 형성의 실재를 보도록 하는 것을 돕기 위해서 정의된다.

### 세 가지 변수들의 복습

2장에서 간략하게 논의된 세 가지 변수들의 맥락에서, 이 장의 주안점인 과정 개념을 살펴보도록 한다. 당신은 한 지도자의 삶에서 지도자로 부상하는 것이 세 가지 주요한 변수들, 즉 과정, 시간, 그리고 지도자의 반응에 의해서 설명될 수 있다는 것을 기억할 것이다. 수학적인 정확성을 의도하는 것은 아니지만 아래와 같이 상징적으로 표시하는 것은 지도자 평생 개발론의 주요한 관계 관념을 간략하게 진술하는 데에 도움이 될 것이다.

$$L = f(p, t, r)$$

여기에서 L은 "어느 특정 지도자의 개발"을 의미하며, f는 "~의 기능"이거나 "~에 의해서 설명될 수 있는"을 의미하고, p는 "과정 변수"를 의미하고, t는 "시간 변수"를 나타내며 r은 "다양한 유형에서 보여지는 지도자의 반응"을 나타낸다.

공식으로 주어진 상징적인 기호법을 말로써 나타내면 다음과 같다.

한 지도자의 고유한 개발은 지도자의 생애를 통한 다양한 주요 과정 경험과 그에 대한 반응으로 표현될 수 있다.

가장 최근의 현대 사례 연구들에 대한 조사결과 하나의 전형적인 연구에서 평균 34가지의 주요한 과정 항목들이 발견되고 설명된다는 것이 밝혀졌다. 대체로 다양한 수의 하위 단계와 경계를 갖는 세 가지 시간 단계들이 기술된다. 저자들은 또한 그들 자신의 고유한 개발을 설명하기 위해서 여덟 가지 반응 유형들을 분석한다. 다섯 개의 전형적인 현대 사례들이 세 가지 변수들을 어떻게 파악했는지를 요약해 놓은 것은 테이블 3-1에 나와 있다.

**테이블 3-1 〈세가지 변수들-다섯 가지 전형적인 사례들〉**

| 가치 | 사례의 길이(쪽수) | 과정항목 수 | 시간선의 국면 수 | 반응 유형들 |
|---|---|---|---|---|
| Gripentrog | 92 | 60 | 3 | 15 |
| Finzel | 72 | 56 | 4 | 13 |
| Waldner | 51 | 30 | 3 | 11 |
| Baumgartner | 67 | 27 | 3 | 12 |
| Belsesky | 52 | 35 | 2 | 8 |

위의 사례들은 모두 현대의 연구들이다. 그들은 현재 진행 중에 있는 오늘날의 지도자들이고 그들의 개발에 있어서 다양한 단계를 거치는 중이다.

전기 혹은 자서전적 자료들로부터 유래된 전 생애 연구 사례들에는 평균 30~75개의 과정 항목들과 4~5개의 시간선 단계들, 그리고 10~20개의 반응 유형들이 나온다. 이러한 연구의 몇몇 사례들은 다음과 같다: 에이 비 심프슨 (A. B. Simpson) (Chuang 1982; Pease 1983; Takatori and Kropp 1983), 허드슨 테일러 (J. H. Taylor) (Lee-Lim 1982), 알 씨 맥퀼킨 (R. C. McQuilkin) (Clinton 1984b), 에이 W. 토져 (A. W. Tozer) (Clinton 1984a), 에이미 카마이클 (A. Carmichael) (Reid and Van Dalen 1985), 에프 애즈버리 (F. Asbury) (Callendar 1983), 듀 플레시스 (du Plessis) (Turkot 1987), 피 브레제 (P. Bresee) (Tink 1982).

지도자의 개발은 복합적이다. 모든 것이 이러한 일반적인 진술에 의해서 설명될 수 없다. 그러나 한 지도자를 특징짓는 많은 것들이 주요 과정과 그것에 대한 지도자의 반응의 시기에 관련해서 설명될 수 있다. 이 장에서는 과정 변수와 그것의 중요성의 밑바탕이 되는 기초적인 개념들을 정의할 것이다.

### 과정 변수 (The Processing Variable)

기독교 지도자들이 자신들의 삶을 회고해 보면, 하나님께서 그들의 리더십을 개발하고 산출하기 위해서 일하신 것을 인지하게 된다. 그들이 직접적 혹은 간접적으로 하나님의 개입을 느끼게 되는 사건들이 떠 오르게 된다. 이러한 사건들이 삶에 끼친 축적적인 효과는 하나님의 목적을 위해서 지도자를 형성하도록 하나님께서 통합적으로 일하셨음을 보여준다. 많은 삶에 대한 비교 연구는 하나님에 의한 이러한 개입을 보다 분명하게 보여 준다. 그것은 장기적인 과정이다. 각 사건들은 크건 작건 이러한 평생의 형성 과정의 부분으로서 들어맞는다. 하나님에 의한 이러한 과정을 범주화하고 기술하는 일련의 개념들이 과정 변수를 구성한다. 이차적인 개념들은 과정 항목 특성 (process item properties) 과 과정 인식 연속선 (process awareness continuum) 을 포함한다.

나의 리더십 연구의 초기 역사로부터 깨달은 바를 나눔으로 과정 개념을 소개하는 것이 최상이라고 생각한다.

### 과정 사건의 출현 (The Emergence of the Process Incident)

모든 전기 자료들은 주요한 사건들의 선택에 초점을 둔다. 역사적이건, 성경적이건 혹은 현대적이건 가장 초기에 어떠한 사건들이 형성적이었다는 것은 출발부터 분명했다.[1] 역사가들은 전기 가운데 두드러지게 나타나는 몇몇 이슈들을 선택한다. 성서적 작가들 또한 의도적으로 선택한다. 나는 내가 피터 쿠즈믹 (Peter Kuzmic) 을 인터뷰했을 때 이것이 진실이란 것을 발견했다. 그는 직관적으로, 적어도 그 자신의 관점에서, 그의 리더십을 형성하는 데 기여했던 항목들을 선택했다. 그가 사건들을 선택하는 데 있어서 기초는 분명하지 않다. 이러한 조사 가운데 최초의 분석은 단순히 이러한 중요한 사건들을 수집하는 것이었다. (그렇지만 후에는 이러한 사건들이 그들의 출현을 범주화하며 그들의 중요성을 설명하거나 혹은 선택에 사용된 기준을 평가하는 방식으로 분석되었다.) 하지만 선택된 이러한 사건들은 기억될 만큼 중요했으며, 또한 어떻게든 그 지도자를 형성하는 데에 중요하게 사용되었음이 판명되었다. 이러한 중요한 사건들은 **결정적 사건들**(Critical Incidents) 이라고 부르게 되었다.

이러한 많은 결정적 사건들은 리더십 개발에 상관될 수 있을 것이다. 초기에 이러한 사건들을 비교한 것은 중요한 사람, 사건들, 환경, 교육적 경험(공식적, 비공식적), 그리고 하나님의 개입을 인지하는 것 등이 모두 중요한 범주들이라는 것을 드러낸다. 테이블 3-2는 이러한 세 종류의, 즉 역사적, 성경적, 혹은 현대적 사례들의 각각으로부터 나열된 초기 사건들의 몇몇을 보여준다.

테이블 3-2 〈초기 사례에서 과정 사건들을 나열한 목록〉

| | | |
|---|---|---|
| · 어머니가 자녀를 강하게 키움<br>· 말을 배우자 마자 주기도문을 배움<br>· 신앙심과 방법적인 규율<br>  (methodical routine)을 습득함<br>· 항해 중 우울함을 경험함<br>· 복음적인 회심 "내 입에 새 노래"<br>· 하나님을 알고 그 안에서 순수하게<br>  지내기 위해 몸부림침<br>· 분위기와 학습을 반영한 노래를<br>  모든 위기에 결부시킴<br>· 영향력을 끼친 사람<br>  (People Influences)-<br>  존 웨슬레(John Wesley),<br>  죠지 휫필드(George Whitefield)<br>· 광범위하게 여행함 | · 포로로 잡혀감<br>· 특별한 훈련을 위해 선택됨<br>· 최초로 종교적 성실성이 입증됨<br>  (포도주 문제)<br>· 은사가 확연히 드러남<br>· 왕실의 일원으로 임명됨<br>· 거대한 동상 사건 (자기 주도적)<br>· 위기-기도 모임에 의지함<br>· 하나님이 내리신 해몽의 은사를 행사함<br>· 바벨론 지역의 수장으로 임명됨<br>· 나무 꿈의 의미를 밝힘<br>· 예레미야를 공부함-<br>  그의 비전의 밑바탕이 됨 | · 아버지가 35살 때 극적으로 회심함<br>  (알코올 중독자)<br>· 아버지-평신도 목회자(lay pastor)<br>· 집에서 출생-예언적 진술<br>· 6살 때 경찰의 가택 수색에<br>  아버지가 성경을 숨김<br>· 열정적인 독서가<br>· 천성적 지도자<br>· 달걀 판 돈을 훔침<br>· 고모의 중재<br>· 아버지의 뜨거운 기도<br>· 극적인 회심<br>· 5분 발표를 할당 받음<br>· 계속하여 성경 말씀을 읽음<br>· 장학금 수표<br>· 군대 경험-고립 |
| Charles Wesley 연구<br>(King 1982)에서 발췌 | 다니엘 연구<br>(Clinton 1982a)에서 발췌 | 피터 쿠즈믹(Peter kuzmic) 연구<br>(Clinton 1982b)에서 발췌 |

1) 가장 초기의 성경 연구는 느헤미야와 다니엘이 포함되었다. 최초의 현대 인물 연구는 피터 쿠즈믹(Peter Kuzmic)에 관한 것이었다. 그는 유고슬라비아 출신의 기독교 지도자이다. 최초의 역사적 연구는 찰스 웨슬리 (Charles Wesley)를 포함한다. 그는 후에 한 교단을 형성하게 되는 운동의 창시자였다. 또한 사무엘 밀즈를 연구했는데 그는 여러 선교 소달리티를 세우는데 결정적으로 기여했다. 그리고 어느 교단의 지도자인 알렉산더 맥 (Alexander Mack)과 중국의 교회와 선교단체 지도자인 와치만 니(Watchman Nee)를 연구했다. 모든 이러한 연구들은 사건들, 역할들을 나열했는데 그것들이 다소간 중요하게 그 지도자들을 형성한 것을 볼 수 있다. 교육적 경험들(공식적, 비공식적), 그리고 하나님의 개입을 인지하는 것들이 모두 중요한 범주들이다. 테이블 3-2는 3가지 종류의 사례들, 즉 역사적, 성경적, 그리고 현대적 사례들의 각각으로부터 나열된 초기의 사건들의 약간을 보여준다.

이러한 사건들이 일생에 걸쳐서 일어난 것에 주목하라. 그것들은 전 생애에 걸쳐서 삶을 형성해온 과정들로 간주된다. 리더십 선발 과정, 과정 사건, 그리고 과정 항목들과 같은 용어들은 이러한 사건들을 분석하기 위한 초기의 시도에서 생겨났는데, 그러한 관념이 앞으로 지속적으로 사용될 것이란 신호탄이었으며 과정 개념의 선구자적 역할을 했다. 초기의 사례들에서조차 한 지도자가 오랜 시간을 거치면서 많은 사건들을 겪으면서 형성되었다 (즉, 개발되었다) 는 것은 분명했다.

특히 성경적인 사례에서 종종 이러한 부상하는 지도자들 (그리고 성경적인 저자들) 은 하나님께서 그 과정을 행하고 계시다는 것을 인지했다는 것이 너무나도 분명했다. 다니엘에 대한 연구 (Clinton 1982a) 와 특히 요셉 연구 (Harris 1982, Clinton 1985b) 는 하나님께서 지도자들을 하나님의 목적으로 이끌도록 지도자들의 삶에 개입한다는 관점을 지지한다.

이러한 사건들을 포괄적으로 정의하고 분류하는 최초의 시도는 리더십 개발에 있어서 각각의 중요성에 따라 네 가지 분류적인 기반으로 나누어 광범위하게 정의하는 것이었다. 최우선적인 기준은 어떻게 그것들이 기능했는가였다.

리더십 선발 과정은 하나님께서 사용하시는 한 사람의 일대기에 있어서 어떤 것들을 가리킨다. 즉 리더십 잠재력을 드러내거나, 리더십을 위해서 한 사람을 훈련시키는 것, 한 역할/과업/주어진 책무에 그가 임명된 것을 확신시키는 것, 그리고 그 지도자를 그를 위해서 하나님께서 계속적으로 임명한 사역에 참여토록 하는 것 등이다.

그들이 무엇을 했는지와 마찬가지로 이러한 과정이 어떠했는지에 대해서 보다 많은 주의가 주어짐에 따라 정의가 보다 명확해졌다. 리더십 형성에 관계될 수 있는 그러한 결정적 사건들은 과정 사건들로 불리워졌다. 보다 더

가다듬는 작업은 하나의 실제적인 사건의 발생과 그러한 종류의 사건과 특성을 보다 총칭적으로 기술할 수 있는 일반화 사이를 구분함으로 리더십 연구는 보다 더 정제되었다. 이것이 과정에 관한 첫 단계의 추상화였다. 그것은 **과정 사건** (process incidents) 이라고 이름지을 수 있는 결정적 사건을 발견할 수 있게 해 주었다. 과정 사건을 귀납적으로 일반화하는 두 번째 단계는 과정 항목 (process items) 으로 알려지게 되었다. 테이블 3-3은 과정 사건과 과정 항목 사이의 구분을 명확히 보여준다.

테이블 3-3 〈비교-과정 사건과 과정 항목〉

| 정의 | 예 | 차이점 |
| --- | --- | --- |
| <u>과정 사건은</u> 주어진 삶에서 실제로 발생한 사건들이다. 즉, 섭리적 사건들, 사람, 상황, 하나님의 특별한 개입, 내적 삶을 형성하는 교훈들, 그리고/또는 다른 유사한 항목들을 가리킨다. 하나님께서는 그러한 것들을 사용하셔서 그 사람의 리더십 인격, 리더십 기술, 그리고 리더십 가치를 형성하며 개발한다. 그리하여 그 사람의,<br>1) 리더십 역량<br>(내적 성실성, 영향력 잠재력과 같은)을 나타내고<br>2) 잠재력을 확장하며<br>3) 리더십 역량을 사용하는 역할이나 책임을 짊어지게 됨을 확신시키고, 그리고<br>4) 잠재력의 구현을 위해 그 지도자를 하나님께서 임명한 사역 단계를 따라 이끄신다.<br><u>과정 항목은</u> 과정 사건의 비교 분석에서 귀납적으로 도출된 명칭이다. 그것은 사건들을 유사한 특성과 기능에 따라 그룹으로 분류한다. | Peter Kuzmic은 어머니의 달걀 판 돈을 훔친다; 죄의 자각은 고백을 필요로 한다.<br><br>다니엘은 포도주 문제로 법정 앞에 선다; 나중에 특별한 연구를 위해 선택되었다<br><br>요셉은 보디발의 아내와 더불어 범죄하지 않기로 결정한다<br>성실성 검증 (위의 세 가지 과정 사건들은 이 항목으로 분류된다) | 실제적으로 실생활에서 벌어졌다.<br><br>여러 개의 사건들이 그룹화될 수 있도록 구성된다. |

이 구분은 초기 사례 연구에서는 분명히 파악되지 못했다. 연구자들은 종종 그 개념들을 혼동하곤 한다.

### 전형적인 과정 항목의 출현─성실성 검증 (Integrity Check)

이전에 언급한 바와 같이 하나의 과정 항목은 다양한 과정 사건들의 비교 분석에서 나온다. 테이블 3-3은 세 가지 사건들을 나열했는데 하나는 쿠즈믹에 대한 현대 사례 (Clinton 1982c) 이고 두 개는 다니엘 (Clinton 1982a) 과 요셉 (Clinton 1985b) 에 대한 성경적 사례이다. 다음의 일련의 과정 사건들은 어떻게 과정 항목이란 개념이 비교 분석으로부터 나오게 되는지를 보여주기 위해서 주어졌다. 과정 사건들은 성경, 역사 그리고 현대 사례들로부터 취했다.

하나의 과정 항목이란 과정 사건들의 비교 분석으로부터 귀납적으로 끄집어낸 명칭으로서 그러한 사건들을 유사한 특성과 기능을 가진 그룹으로 분류한 것이다. 과정 항목이란 하나의 구성물인데 그 아래로 여러 사건들과 특성들이 묶여질 수 있다. 이 사례는 성실성 검증 과정 항목에 집중할 것이다. 성실성 검증은 그것을 행하는 비교 과정의 사례를 보여줄 뿐만 아니라 그 개념적 가치 또한 밝혀 준다. 그것은 한 지도자의 부상 과정 초기에 인격 형성을 위해서 사용되는 주요한 과정 항목 중의 하나이다.

## 과정 사건 사례 (Process Incident Examples)

처음 두 가지 사건들은 성경적 사례로부터 나온다. 이것들은 사례 연구로부터 발견된 것들 중 전형적인 성경적 사건들이다. 첫 번째 것은 인격 시험에 대한 긍정적 반응을 보여주는 반면 두 번째 것은 부정적인 반응을 보여준다.

### 사례 1: 성경적 사례 연구-다니엘

다니엘 1:8-21에는 성경적 인물 다니엘에 관한 과정 사건이 나온다.

8 다니엘은 뜻을 정하여 왕의 음식과 그가 마시는 포도주로 자기를 더럽히지 아니하리라 하고 자기를 더럽히지 아니하도록 환관장에게 구하니, 9 하나님이 다니엘로 하여금 환관장에게 은혜와 긍휼을 얻게 하신지라. 10 환관장이 다니엘에게 이르되 내가 내 주 왕을 두려워하노라 그가 너희 먹을 것과 너희 마실 것을 지정하셨거늘 너희의 얼굴이 초췌하여 같은 또래의 소년들만 못한 것을 그가 보게 할 것이 무엇이

냐 그렇게 되면 너희 때문에 내 머리가 왕 앞에서 위태롭게 되리라 하니라.

11 환관장이 다니엘과 하나냐와 미사엘과 아사랴를 감독하게 한 자에게 다니엘이 말하되, 12 청하오니 당신의 종들을 열흘 동안 시험하여 채식을 주어 먹게 하고 물을 주어 마시게 한 후에 13 당신 앞에서 우리의 얼굴과 왕의 음식을 먹는 소년들의 얼굴을 비교하여 보아서 당신이 보는 대로 종들에게 행하소서 하매

14 그가 그들의 말을 따라 열흘 동안 시험하더니, 15 열흘 후에 그들의 얼굴이 더욱 아름답고 살이 더욱 윤택하여 왕의 음식을 먹는 다른 소년들보다 더 좋아 보인지라. 16 그리하여 감독하는 자가 그들에게 지정된 음식과 마실 포도주를 제하고 채식을 주니라.

17 하나님이 이 네 소년에게 학문을 주시고 모든 서적을 깨닫게 하시고 지혜를 주셨으니 다니엘은 또 모든 환상과 꿈을 깨달아 알더라. 18 왕이 말한 대로 그들을 불러들일 기한이 찼으므로 환관장이 그들을 느부갓네살 앞으로 데리고 가니, 19 왕이 그들과 말하여 보매 무리 중에 다니엘과 하나냐와 미사엘과 아사랴와 같은 자가 없으므로 그들을 왕 앞에 서게 하고 20 왕이 그들에게 모든 일을 묻는 중에 그 지혜와 총명이 온 나라 박수와 술객보다 십 배나 나은 줄을 아니라.

21 다니엘은 고레스 왕 원년까지 있으니라.

이 사건에서 다니엘은 집과 부모의 영향으로부터 멀리 떨어져 나온 10대이며 그가 자라나면서 갖게 된 확신이 그 자신의 것인지를 결정해야만 하는 단계에 왔다. 이 사례에서 내적인 확신은 음식을 포함하는 종교에 관한 것이었다. 다니엘은 이 확신을 위반하라는 압력을 받았지만 그의 확신을 고수했다. 하나님은 그에게 관계를 통해서 확신을 굽히지 않는 계획을 실행할 수 있게 하셨다. 그의 인격에 대한 검증 이후에 다니엘은 그에 대한 하나님의 목적

을 이루기에 적합한 역할로 나아가게 된다. 하나님께서는 다니엘의 인격의 견고함을 높여 주셨다. 다니엘과 그의 친구들은 그들의 지식과 기술로 인해서 존경을 받았고 최고위 수준의 정부 요직을 맡게 되었다.

### 사례 2: 성경적 사례 연구-사울

삼상 15장에는 이스라엘의 초대 왕인 사울에 관한 사건이 기록되어 있다. 삼상 15장은 그 슬픈 이야기를 말해 준다. 본질에 있어서 그 이야기는 이러하다. 하나님께서 선지자 사무엘을 통하여 사울에게 말씀하시기를 아말렉 족속과 그들의 모든 소유물을 철저히 진멸시키라고 하셨다. 사울은 그들을 무찔렀지만 자신이 명령받은 대로 그들과 그들의 소유물을 철저히 진멸하지 않았다.

> 사무엘이 사울에게 이르되 여호와께서 나를 보내어 왕에게 기름을 부어 그의 백성 이스라엘 위에 왕으로 삼으셨은즉 이제 왕은 여호와의 말씀을 들으소서. 만군의 여호와께서 이같이 말씀하시기를 아말렉이 이스라엘에게 행한 일 곧 애굽에서 나올 때에 길에서 대적한 일로 내가 그들을 벌하노니, 지금 가서 아말렉을 쳐서 그들의 모든 소유를 남기지 말고 진멸하되 남녀와 소아와 젖 먹는 아이와 우양과 낙타와 나귀를 죽이라 하셨나이다 하니 (삼상 15:1-3).

15장은 사울이 실제로 행한 일을 계속해서 서술한다.

> 사울이 하윌라에서부터 애굽 앞 술에 이르기까지 아말렉 사람을 치고 아말렉 사람의 왕 아각을 사로잡고 칼날로 그의 모든 백성을 진멸하였으되 사울과 백성이 아각과 그의 양과 소의 가장 좋은 것 또는 기름진 것과 어린 양과 모든 좋은 것을 남기고 진멸하기를 즐겨 아니하고 가치 없고 하찮은 것은 진멸하니라 (삼상 15:7-9).

사무엘은 이러한 불완전한 순종에 대해서 사울을 책망하기 위해서 보내졌다. 그런데 사울의 첫 번째 말은 자신의 타협적인 행동을 합리화하는 것이었다.

사울이 사무엘을 보고 처음 한 말은 "원하건대 당신은 여호와께 복을 받으소서. 내가 여호와의 명령을 행하였나이다" 였다. 사무엘은 사울을 대면했고 하나님께서 그의 리더십을 거부할 것임을 말했다. 삼상 15장 10–13절은 사울의 행동에 대한 하나님의 평가를 보여 준다. 두 구절이 그것을 요약한다. 그것은 "나를 따르지 아니하며" 와 "내 명령을 행하지 아니하였음이니라" 이다. 다시 그 사건은 한 지도자의 내적 확신을 다룬다. 이번 경우에 그 지도자의 인격은 결함이 있는 것으로 판명되고 그는 지도자 자리에서 쫓겨난다 (비록 실제적인 축출 과정은 수년간에 걸쳐서 발생하지만…).

다음의 두 사건들은 역사적 사례로부터 나온 것들이다.

### 사례 3: 역사적 사례 연구-카마이클(Carmichael)

패트리샤 리이드 (Patricia Reid) 와 노마 밴 달렌 (Norma Van Dalen)은 에이미 카마이클 (Amy Carmichael) 의 생애 초기에 발생한 사건을 기술한다. 그녀는 후에 도나부르 공동체 (Dohnavur Fellowship) 의 창시자가 되었다. 도나부르 공동체는 인도에 있는 사원 아동들을 대상으로 사역한 유명한 선교 단체이다.

에이미가 삶의 가치와 우선순위에 관해서 배운 교훈들은 이러한 준비기 동안에 종종 도전받았다. 언젠가 그녀의 어머니와 함께 새 옷을 사기 위한 쇼핑을 할 때 에이미는 이러한 확신과 관련된 특별한 시험을 받았다. 재단사가 자신이 만든 최고 아름다운 옷을 가져왔을 때 에이미는 그처럼 낭비적이고 비실용적인 옷에 대한 성령께서 주시는 확신을 느낄 수 있었다. 그의 어머니와 재단사가 놀라게도 에이미는 고요하고 세미한 음성에 순종하였고 그녀가 실제로 필요로 하지 않았던 아름다운 옷을 즐기는 시험을 물리쳤다. 이 교훈은 그녀의 개인적 필요와 관련해서 에이미 카마이클의 단순한 생활의 방식의 토대가 되었다 (Reid and Van Dalen 1985:24, 25).

단순한 생활의 방식이라는 내적 가치에 관한 평생의 확신이 일순간에 확립된 것이다. 리이드와 밴 달렌은 하나님께서는 에이미가 인도의 선교 현장에서 55년 동안 머무를 때 이 가치를 필요로 한다는 것을 아셨다고 지적했다.

### 사례 4: 역사적 사례 연구-부우스 (Booth)

그의 자서전에서 칼톤 부우스 (Carlton Booth) 는 그의 회심 직후에 일어난 사건을 언급한다.

나는 씨어즈 (Sears) 에서 일하기 조금 전에 그리스도께로 회심하였다; 바로 그 이층에서 나 홀로였을 때 나는 강력한 유혹에 이끌리는 자신을 발견했다. 위층으로부터 나에게 주어진 주문들 중의 몇몇은 포장되지 않은 초콜릿 상자들을 포함한 것이었다. 나는 두 번째 단에 놓인 상자로부터 초콜릿을 하나 끄집어내는 것은 결코 발각되지 않으리라고 나 자신을 확신시켰다. 그 당시에 마음대로 구입할 형편이 못된 캔디는 드물게 주어지는 보상으로 여겨졌다. 그것은 그 유혹을 너무나도 항거하기 힘든 것으로 만들어서 나는 수시로 그러한 유혹에 넘어갔다 (Booth 1984:32).

부우스의 양심은 그를 괴롭히기 시작했다. 주께서는 그가 행한 것에 관해서 그의 감독관에게 말할 필요가 있다고 그에게 찔림을 주셨다. 그는 그가 취한 항목들의 비용을 보상하기 위해서 일 달러를 저축했다. 그리고 그는 그의 감독관을 찾아갔다. 그 이야기의 나머지는 다음과 같다.

내가 말하기를 나의 양심이 나를 괴롭힌다고 했을 때, 감독관은 나를 꾸짖지도 치하하지도 않았다. 송곳 같은 눈으로 나를 똑바로 쳐다보면서 그는 말했다, "그래 내가 이 돈으로 어떻게 할까?"

나는 그가 그것으로 무엇을 하든지 상관없으며, 내가 원하는 모든 것은 수일간

나를 괴롭힌 이 일로부터 벗어나는 것이라고 말했다. 그래서 그는 그 돈을 받았고 내가 생각하기에는 약간 동정적인 태도로 조용히 말했다. "나는 이 돈을 '양심의 돈'이라고 공식적으로 처리해야겠네"(Booth 1984:33)!

부우스는 이 사건에서 보상의 내면적 가치에 대해서 배웠다. 그것은 다른 내적 가치인 정직을 세워주는 것이었다. 부우스는 후에 하나님에 의해서 복음주의적인 음악 사역과 훈련 사역에 쓰임받았다. 그는 이 사건을 그리스도인으로서 (나는 그리스도인 지도자로서라고 추가하기를 원한다) 그의 진보에 실제적 의미를 갖는 것으로 회고했다. 상대적으로 새롭게 그리스도인이 된 사람들에게 그러한 사건이 발생하는 것은 (정직 검증이라 명칭이 붙여짐) 다른 사람들의 삶 속에서도 반복적으로 나타난다.

다음의 여러 사건들은 현대 사례 연구로부터 나온 것들이다. 내가 다음의 사례들을 포함시킨 것은 후에 성실성 검증에 대한 언급에서 나열될 범주와 특성들이 사례를 통해서 보여지도록 하기 위한 것이다.

### 사례 5: 현대 사례 연구-학생 1

초기 10대를 거쳐가는 동안 하나님의 일에 대한 깊은 열망이 자리잡게 되었다. 나는 학교 기독교 동아리에 참가했다. 내가 그 모임을 극도로 싫어하게 된 것은 그 모임이 행해지는 권태로운 방식 때문도 아니었고 내가 그 모임에 참석하는 유일한 소년이라는 사실도 아니었다. 그 이유는 그 모임이 나로 하여금 내 학급 동료들로부터 더욱 멀어지게 만들었기 때문이다. 그럼에도 불구하고 나의 열망은 강렬했기에 동료들에게 받아지기 위해서 기독교 증거의 문제에서 타협할 의사가 없었다 (학생 1 1982:19).

여기에서 부상하는 지도자는 자신의 확신을 견고하게 붙잡는데, 비록 그것이 부정적인 결과를 초래할지라도 그것은 궁극적인 충성으로 드러난다 (하나님의 일에 대한 충성). 지도자가 하나님의 바람이라고 믿는 것을 타협하는 것은 묵과될 수 없었다. 이러한 확신에 대한 기본적인 시험은 계속 반복되는데 생애를 통해서 여러 차례 발생한다.

### 사례 6: 현대 사례 연구–학생 2

어느 여름날, 우리들 네댓 명은 우리의 작은 도심 속으로 5마일 가량 자전거를 타고 가기로 결정했다. 그것은 단지 그곳에서 무슨 일이 일어나는지 보기 위한 것이었다. 식품 상점 앞에서 누군가가 붙잡히지 않고 약간의 사탕을 훔치자는 의견을 내 놓았다. 그것은 쉬운 일로 생각되었다. 왜냐하면 우리 몇몇이서 점원의 눈길을 따돌리기에 충분했기 때문이었다. 나는 그 게임에 참가하지 않고 속에 텅빈 감정을 가진 채 그 상점을 떠났다.

나는 절도는 나쁜 것이란 가르침을 받고 자란 것과 이 시험에 통과할 수 있었던 것에 감사했다. 비록 내 친구들이 나에게 어떠한 압력을 가하지는 않았지만, 그들이 옆에 있었기 때문에 그것은 매우 어려운 결정이었다 (학생 2 1987:19).

확신에 관한 압력은 종종 동년배의 압박 (peer pressure) 이란 형태로 가장 많이 시험된다. 그것은 놀라운 시험이었다; 그것을 대비할 시간이 없었다.

### 사례 7: 현대 사례 연구–학생 3

그 기간의 학창 시절에 나는 평판이 나쁜 소녀와 사귀게 되었다–아니 그녀가 나를 사귀었다. 어느 시점에 이르자 나는 이 소녀에 대한 우정과 내가 속한 그룹에 대한 우정 사이에서 선택해야만 했다. 나는 내가 속한 그룹을 선택했다. 예민한 성격의 소유자로서 나는 비참한 느낌을 가졌다. 나는 충성의 가치를 깨달았고 그것은 나로 하여금 궁핍한 가운데 있는 자들에게 다가가려는 바람을 불러 일으켰다. 이 경험과 그러한 선상에 있는 경험들로부터 하나님께서는 내 안에 동정심 (a heart of compassion)을 개발하기 시작하셨다 (학생 3 1983:6).

여기에서 회고적 성찰을 함으로 말미암아 실패로부터 배우게 되고 내면의 가치를 수립하는 것을 보게 된다. 그처럼 수립된 가치는 미래의 행동을 결정하고 사역의 방향을 설정한다. 이 사건은 상대적으로 짧은 시간 내에 발생했다.

### 사례 8: 현대 사례 연구-학생 4

이 과정 사건은 여러 이유에서 중요하다. 첫째로, 그것은 과정이 여러 사건들을 포함할 수 있을 정도로 오랜 시간에 걸쳐서 일어날 수 있음을 보여준다. 둘째로, 그것은 여러가지 인격 특성들을 시험하거나 점검한다. 셋째로, 그것은 단지 한 가지 과정 항목 이상의 것을 나타낸다.

성경 학교 (Bible School) 에서 보낸 네 번째 해는 중대한 위기이자 변화의 시간이었다. 그 "문제" 는 내가 졸업 요건으로 학교의 신앙 고백에 서명할 것을 요청 받았을 때 시작되었다. 처음 삼 년 동안 내 세대주의적 배경의 몇몇에 의문을 가지고 있었기 때문에 나는 그 신앙 고백에 정직하게 서명할 수 없다고 느꼈다. 상당한 내면의 소요를 거친 후에 그 고백에 서명하기로 결심했지만 그 후 곧 학생 처장에게로 가서 내 서명이 잘못된 것이라고 말해야만 했다.

나를 가르치는 지도자들에게 복종하지 않았기 때문에 나는 영적인 반역자로 고소되었다. 나는 공적으로 학생회 앞에서 이것에 대해서 비난 받았고, 나의 반역의 영에 대해서 공적으로 고백할 것을 요청 받았다. (나는 학생회 앞에서 말했지만, 마지막 학기를 끝맺기 위한 요건으로 학생처장에 의해서 지시 받은 대로 학생들의 어느 누구와도 내 신념을 공유할 의사가 없다고 말했을 뿐이다.). 교수들 중의 한 명이 나를 "심문" 하는 도중에 내가 그에게 확신 가운데 말한 것을 왜곡하면서 나에 대해서 교만하다고 비난했다. 나에겐 졸업이 허락되지 않았다. 그리고 내가 자라난 세계에서 블랙리스트에 올랐기 때문에 어디에서 이 모든 것이 끝나게 될지 도대체 알 수 없었다.

나는 여러 명의 핵심 인물들의 도움 덕분에 이런 경험을 통과할 수 있었다. 내 교수들 중의 하나인 B. H.는 이 기간 내내 나에게 문을 열어 놓는 정책 (open door policy)

을 취했다. 그는 기댈 수 있는 어깨인 동시에 나로 하여금 성경 학교를 넘어서 바라보도록 나를 도전했다. 그는 보다 폭 넓게 읽고 신학 대학원 (seminary) 에 가는 가능성을 생각해도록 나를 격려했다.

H.M.은 캠퍼스에서 재능있는 사람으로 통했다. 그는 나를 도와서 세대주의에 관련된 나의 질문을 추구해 나가게 해 주었다. 그는 세상에는 다른 견해들 (작은 마을의 세대주의 교회에서는 배우지 못하는 어떤 것) 이 있다는 것을 깨닫게 해 주었고, 다른 견해들에 대해서 읽도록 나를 격려했다. 그 학교에서 스페인어를 공부하고 있었던 어느 선교사 (B.C.) 가, 비록 나와 동의하지는 않았지만, 나로 하여금 그와 그 이슈를 다루도록 허락했다. 이러한 세 사람과 다른 사람들의 도움이 없었더라면 나는 아마도 무사히 그 경험을 통과하지 못했을 것이다.

하나님께서는 후에 이 경험을 사용하셔서 그분께서 나에 대해서 갖고 계신 미래로 나아가도록 이끄셨다. 만일 그 시험을 통과하지 못했다면 나는 아마도 내가 오늘 있는 곳에 있지 못할 것이다 (학생 4 1987:4,5,19).


이 사건의 즉각적인 결과는 부정적이었다. 그러나 그 사건은 많은 교훈들을 가르쳤고 (멘토링, 관점 등등에 관해서), 미래에 대한 방향을 주었으며, 다양한 기독교적 확신에 있어서 다른 사람들을 향해 관용적 관점을 갖게 해 주었다. 그런데 그것은 보다 높은 차원에서 일하면서 기독교 사역에 있어서 다양한 소수파 지도자들을 지도하는 자에게 필요한 특징이었다.


### 사례 9: 현대 사례 연구–학생 5

…어느 저녁에 일을 끝내고 늦게 집에 귀가했을 때 나는 런던의 석간지를 펼치다가 그곳에서 영국해외항공사 (B.O.A.C.)의 승무원 구직 광고를 보게 되었다. 그것은 나에게 딱 맞는 것이었다! 젊은이여 세계를 바라보라. 자격면에서 부족했지만 나는 그것을 주님께 맡기고 응시했다. 나는 채용되었다. 그리고 내가 가졌던 4년간의 가장 유용하고 성숙한 경험을 할 수 있었다. 그 경험은 나로 하여금 세계를 돌아보게 했으며 나는 그것을 사랑했다. 그것은 나에게 팀으로 일하는 것에 대해서 가르쳐

주었다. 그것은 어떻게 사람들과 더불어 지내며 그들을 다루는지에 관한 많은 것을 가르쳐 주었다. 그것은 또한 주님께 대한 새로운 헌신 단계로 이끌었다. 음주는 삶의 스타일의 한 부분이었고 사람들과 더불어 잘 지내는 것이 보다 쉬웠다. 그러나 우리 교회의 젊은이들과 내 집에서 간증을 나누면서 나는 올바른 사례를 세우는 것이 얼마나 중요한지 알게 되었다. 그것은 나로 하여금 음주를 그만두게 하고 즉각적으로 승무원들 사이에서 증거할 수 있는 기회의 문을 열어 주었다 (학생 5 1983:22).

이 사건은 일관성의 결여가 직면되고 제거되는 중에 확신을 시험하는 것을 보여준다.

### 사례 10: 현대 사례 연구—학생 6

그 때에 아프리카로부터 온 전도자인 J. K.(그는 후에 N.의 주교가 되었다)가 나를 방문하였다. L 대위와 J.K. 그리고 내가 기도할 때 나는 나에게 말씀하는 소리를 들었다. "아프리카로 가라!" 나는 "예, 그러겠습니다"라고 말했다. 이 명령은 두 번 더 반복되었고, 두 번 더 나는 응답했다. "예, 그러겠습니다." 이 압도적인 경험은 내가 믿음의 장애물을 끝없이 마주칠 때 나를 지탱해 주었다. 그래서 하나님께서는 나로 하여금 그분께서 명하신 것을 행할 수 있게 하셨다.

5일 후에 우편물 가운데 N.의 주교로부터 나에게 그곳에서 일하라고 요청하는 서신을 받았다. 나를 그곳으로 데려가거나 그곳에서 지불해 줄 돈은 없었지만 도움이 필요했었다.

첫 번째 장애물은 비자를 받는 것이었다. 남 아프리카에서는 종교적 사역자들의 이주를 금했다; 영주권은 얻기 힘들었다. 도대체 내가 어떻게 살지? 나는 V.의 주교에게 그의 교구 내에 그에게 도움이 될 수 있는 자리가 있는지 물었다. 그는 다트머스 (Dartmouth) 에서 강 건너 편에 있는 대학 교구에서 설교하라고 했다. 그들이 교구 목사를 찾고 있으며 내가 그 부르심을 받아들일 것을 요청했다. 그것은 큰 유혹이었다. 나는 거절했으며 그 주교는 친절하게 내 비자가 나올 때까지 임시직으로 일할 다른 자리로 나를 보내 주었다 (학생 6 1986:28).

여러 다른 시련과 장애를 거친 후에 이 선교사는 아프리카행을 감행했다. 한번 방향이 주어지면 그것에 관한 확신이 시험을 받게 된다.

### 사례 11: 현대 사례 연구-학생 7

결혼 후 일 년이 되었을 때 다른 시험이 주어졌다. 나는 우리 부부가 성경 학교에 재학하는 동안 소매업에 종사했다. 이 훈련이 끝났을 때, 사역 기회와 관련해서 무엇이 앞에 놓였는지 알 수 없었다. 나는 바이어가 되는 방향으로 나아갔다. 문이 열려서 나는 고품격 여성 패션계의 F.와 N.과 계약을 맺기로 되어 있었다. 왕의 성전(King's Temple)이란 회사가 나를 직원으로 고용할지 여부에 관하여 결정을 내리고 있었다. 이 모든 것이 같은 날에 일어나고 있었다. 나는 가장 좋은 조건을 제시하는 쪽으로 가기로 마음을 잡았다. 내가 시내에서 계약에 서명하기 한 시간 전에 교회에서 나에 관한 긍정적인 결정을 내리고 나를 일하도록 불렀다 (학생 7 1986:7).

소매업을 하는 동시에 이 학생은 교회에서 시간제로 일하고 있었다. 그에게 있어서 과거의 목표는 전임 사역이었다. 그는 그 목표 (그것은 마지막 순간까지 시험 받았다) 와 매력적인 재정적 미래 둘 중 하나를 선택해야만 했다.

### 사례 12: 현대 사례 연구-학생 8

나는 내가 졸업한 초등학교에서 읽기와 수학 보충 학습을 받는 학생들이 떠난 뒤 두 시간 동안 청소를 하도록 고용되었다. 그 일은 건물 멀리서 한 두 명의 비서를 제외하고는 학교가 텅 비었을 때 행해졌다. 나는 젊은 소년으로서 그러한 직업을 갖게 된 것을 자랑스러워 했다. 어느 날 내가 선생님들의 휴게실 (나는 그곳에 들어가는 것이 허락되었다!) 을 청소하고 있을 때 누군가가 커피 탁자 위에 오래된 담배 라이터를 남긴 것을 발견했다. 그것은 그 안에 액체가 남아 있는 작은 라이터였으며 긁힌 자국투성이었다. 나는 그런 것 하나 가지면 좋겠다고 생각했다—그것은 담배를 피우기 위한 것도 불을 붙이기 위한 것도 아니라 단지 "그냥 하나 갖는 것" 이었다. 어쨌거나 아직 나이가 충분히 차지 않았지만, 직업을 갖는 것처럼 과거에는 너무 어려서 하지 못했던 많은 일들을 할 수 있는 나이가 된 것이다. 그렇게 내 논리는 전개되었다. 그러나 내 양심이 도둑질을 경고함에 따라 고민에 빠졌다. 나는 결국 그것을 남겨놓고 갔다.

하지만 그 다음 날에도 라이터는 그 자리에 그대로 있었다. 내 욕구는 그것이 명백하게 버려지고 잊혀졌다고 말했다—아무도 그것을 찾지 않을 것이라고. 그래서 나는 그것을 집으로 갖고 가서 서랍장 안에 넣어놨다. 나는 드디어 라이터를 소유하게 되었다. 하지만 내가 기대했던 기쁨은 생기지 않았다. 내 양심은 지속적으로 나를 괴롭혔다. 그래서 다음 날 그것을 도로 가져갔다. 그것을 내 주머니 속에 넣은 채로 선생님 휴게실로 가고 있을 때 복도에서 교장 선생님을 만났고 그분은 그런 선행을 하는 것에 대해 고맙다고 말해 주셨다. 나는 그녀가 내 주머니가 라이터로 불룩하게 솟은 것을 보았고 내 심장 박동 소리를 들었다고 확신했다. 나는 교장 선생님께 고맙다고 작은 목소리로 속삭이고 서둘러 갔으며 후에 안도의 한숨을 내쉬며 나의 "밀수품"을 반환했다.

세례를 위한 루터교의 의식서에는 악마의 헛된 약속에 대한 언급이 있다—그는 기쁨과 만족을 약속하지만 나중에는 오직 수치와 두려움만을 준다. 순종하는 진실성과 성령께서 이끄시는 삶은 미래 기독교 리더십을 세우는 견고한 토대일 뿐만 아니라 현재의 삶에 진정한 기쁨과 평안을 가져온다.

나는 이 경험을 통해 도둑질 (그 외의 다른 모든 죄도 포함하여) 이 약속된 즐거움을 가져오지 않는다는 것을 배웠다. 나의 가정과 교회에서 가르쳐 준대로 정직의 원칙과 하나님의 말씀에 충실한 것이 진실임을 배웠다. 어떤 이들은 내가 교장 선생님 앞에서 내 죄를 인정하지 않고 단지 훔쳤던 라이터를 비밀리에 반환했다는 점에서 내가 정직성 점검을 완전하게 통과하지 못한 것은 아닌가 하는 의문을 가질 수도 있다. 내 삶의 그 시점, 즉 "위기 일발 (close call)" 의 상황에서 단순히 물건을 반환하는 것이 하나님의 목적을 달성하는 데 충분했다고 믿는다. 후에 성숙의 단계에서는 아마도 보다 공적인 회개가 내적 삶에서 동일한 결과를 달성하기 위해 필수적일 수도 있을 것이다 (학생 9 1987:22, 23).

이 사건은 이 부상하는 지도자의 기초적 단계에서 일어났고 초기 인격 형성 (early character formation) 의 가치를 보여준다. 그것은 리더십에 있어서 길이 남을 가치를 설정하였다. 이 시험의 핵심은 본질적으로 부상하는 지도자와 하나님 사이에서만 그것이 일어났다는 점이다. 다른 아무도 이 사건에 대해 몰랐고 아마 앞으로도 알 기회가 없었을 것이다. 그러한 점이 이 모든 사건들의 궁극적인 이슈이다―하나님 앞에서의 양심과 관련된 이슈라는 것이다.

## 성실성 점검의 정의

성실성 점검은 하나님께서 우리 마음 속의 의도를 평가하는 데 사용하는 특별한 종류의 과정 시험이다. 하나님은 이러한 시험들을 사용하셔서 지도자의 역량을 강화시켜 더 큰 영향을 미치게 하거나 누군가의 실제적인 영향력의 범위를 확대시키는 토대로 삼는다. 성실성 점검에는 세 가지 부분이 있다: 내적 확신의 일관성에 대한 도전, 그러한 도전에 대한 반응, 그리고 성공적으로 통과한다면 결과로 주어지는 확장이다. 어떠한 경우에는 결과로 주어지는 확장이 연기되거나 긴 시간에 걸쳐 일어날 수도 있지만 그것은 분명히 성실성 점검에서부터 비롯됨을 볼 수 있다.

모든 이전의 사건들에서 공통적인 것은 내적인 확신이 시험 받는다는 관념이다. 하지만 분석가가 사건들을 여러 가지의 성실성 점검으로 분류할 수 있도록 돕는 미세한 차이점들 또한 존재한다. 테이블 3-4는 현재까지 밝혀진 성실성 점검의 종류들을 나열하였다.

**테이블 3-4 〈성실성 점검의 아홉 가지 종류〉**

1.유혹 (확신 시험―사례 1)

2.상환 (정직 시험―사례 4)

3.가치 점검 (궁극적인 가치 정화 시험)

4.충성 (충성 시험-사례 2, 5)

5.인도 (성령님이 어떤 일련의 행동에 헌신하도록 이끄신 후에 더 좋은 대안이 제공된다-사례 10, 11)

6.사역 비전에 대한 갈등 (인도/믿음 시험-그가 영향력을 끼쳐야 했던 추종자들로부터 일반적으로 결코 인정받지 못했던 예레미야의 사역을 참고)

7.말씀 갈등 혹은 순종 갈등 (주로 인도하심에 있어서 주어지는 복잡성 시험-클린턴 1982a를 참고하라. 니(Nee)의 경우 사역에 대한 인도하심이 그것을 반대하는 부모에 대한 순종과 충돌하였다.)

8.리더십 반발 (인내/믿음/인도 시험-출애굽기 5:20의 모세를 참고)

9.박해 (견고함 점검: 예언이나 상황적 여건을 통해서 주어질 수 있음-사도행전 20:22, 23의 바울을 참고)

모든 성실성 점검이 내적인 확신을 시험한다는 동일한 공통적인 관념을 갖는 반면, 성실성 점검이 사용되는 데에는 몇 가지의 목적이 있다.

**테이블 3-5 〈성실성 점검의 일곱 가지 용도〉**

성실성 점검은 다음의 목적을 위해서 사용된다:

1.약속이나 맹세가 어떻게 이행되는지를 보기 위해

2.사역이나 비전에 대한 부담을 확증하기 위해

3.내적 인격의 강도를 확인하기 위해

4.믿음을 세우기 위해

5.후에 수반될 리더십에 있어 매우 중요한 내적인 가치들을 확립하기 위해

6.복종을 가르치기 위해

7.하나님께 순종하는 것이 얼마나 진지한 것인지 다른 사람들에게 경고하기 위해

### 과정 항목들의 일반적인 특성들 (General Nature of Properties of Process Items)

이 마지막 두 개의 테이블은 과정 항목의 특성이란 개념을 예시해준다. 이미 성실성 점검 과정 항목에서 설명되었듯이 주어진 과정 항목을 대변하는 비슷한 사건들에 대한 비교 분석은 그것과 연관된 특성들의 목록을 도출하게 한다. 과정 항목들의 특성에 관한 일반화는 모든 과정 항목들의 비교 분석에서 유래한다.

테이블 3-6은 과정 항목에 대한 연구에서 지금까지 발견된 특성들의 범위를 나열한다. 여기에는 이름이나 명칭, 짧은 설명, 그리고 각각의 특정한 특성을 전형적으로 예시하는 과정 항목[2]이 포함되어 있다. 지도자가 과정을 통과하고 있을 때 속성들에 대한 지식을 갖는 것이 과정 중에서 리더의 하나님을 향한 민감도를 증폭시킨다는 것이 관찰되었다.

이 시점에서 당신이 연구를 하면서 이 모든 특성들의 함축적인 의미들을 이해하지 못할 수도 있다. 이것은 이러한 과정적인 개념에 필수적이기 때문에 여기에 기초적인 학습의 일원으로 포함되어 있다. 이것은 참고적인 학습으로써 사용될 때에 가장 가치가 있다. 다음의 장들에서 각각의 과정 항목에 대해 소개받을 때마다 이 테이블을 참고한다면 이러한 속성들이 더욱 명백하게 드러날 것이다. 그러므로 이 테이블을 항상 기억하여 각각의 과정 항목에 대한 정의를 공부할 때마다 테이블을 참고하도록 하자.

---

2) 테이블 3-6에 나열된 과정 항목들 (순종 점검, 멘토링, 영향력 도전, 성실성 점검, 이중 확인, 섭리적 만남, 하나님의 확증, 네트워킹 능력, 관계적 통찰, 삶의 위기, 지도력 반발, 사역 과제, 은사 발견, 영적 권위 발견)은 뒷장에서 모두 정의되고 자세히 기술된다. 여기에 이것들을 삽입한 것은 단지 주어진 특성을 예시하는 과정 항목들의 개념을 보여주기 위한 것이다. 지금 이 시점에서 그것들을 알지 못해도 상관없다.

| 특성 명칭 | 기본적인 설명 | 예-과정 항목 |
|---|---|---|
| 종류 (kinds) | 같은 과정 항목의 유형 (types)을 구별한다 | 순종 점검의 일곱 가지 종류 |
| 구체적인 용도 | 실제적인 상황의 적용을 구별한다 | 멘토링, 멘토들이 프로테제(protégé)를 돕는 8가지 방식 |
| 시기 | 총칭적 (generic) 시간선에 따른 일반적인 배열: 구체적 단계 (phase)나 다른 시간 지표(time indicator) | 영향력 도전: 후기에 발생; 성실성 점검: 초기에 발생; 이중 확인: 아무 때에나 발생; |
| 원인적 자료 | 과정 중에 있어 인식 가능한 촉매적인 자극: 인물, 하나님의 개입, 사건, 사물, 섭리적 상황 | 섭리적인 만남: 한 개인; 하나님의 확증: 비젼 (하나님의 개입); 네트워킹 능력: 리더십 컨퍼런스 |
| 개발적 초점 | 과정의 효과; 개발된 인격, 기술, 가치, 교훈, 원리의 특정 영역 | 관계적 통찰: 사역 관계적인 기능을 개발함 |
| 영향 받은 유형 | 영향 받은 응답 변수 유형이 확인됨 | 삶의 위기들: UM. 1 성찰적/형성적 평가 유형; 고립: UM. 2 상향적인 개발 유형 |
| 순서 (order) | 국면 (stages), 단계 (steps), 주기 (cycles), 연속체 분석 또는 다른 사건들의 순차적 분석 | 리더십 반발 (backlash): 주기의 8국면; 사역 과업: 과업 연속체 |
| 다른 일을 유발하는 사건들 | 중대한 구체적인 사건이 과정 항목의 인식을 유발함; 대체로 여러 사건들과 함께 축적된 과정 항목으로 형성됨 | 은사 발견: 은사의 성공적인 사용을 확신하게 하는 어떠한 구체적인 사건 |
| 축적된 사건들 | 오랜 시간 축적된 과정 항목이 되도록 보충하는 사건들 | 영적 권위 발견: 지도자의 권위 남용, 권위에 대한 일련의 의견 충돌 |

## 과정의 인식 (Awareness of Processing)

논의되어야 할 최후의 과정 개념은 과정에 대한 인식이다. 부상하는 지도자들은 대체로 다른 이들보다 과정 항목을 더 쉽게 인지할 수 있다. 그림 3-1에 나온 과정 인식 연속선 (Process Awareness Continuum) 은 과정에 대한 지도자들의 민감성에 보다 심화된 관점을 제공하는 것을 돕는다. 존재론적으로 (ontologically), 과정은 지도자가 그것에 대해 충분히 인식하고 있는가에 상관없이 진행된다. 연속선은 과정에 대한 인식이 과정 항목의 종류에 따라 다른 점을 지적해 준다.

←높은 주권적 개입 | 높은 섭리적 개입→
←높은 인식 | 낮은 인식→

- 하나님의 개입을 감지함
- 즉각적으로 감지함
- 비교적 짧은 시간
- 소수의 사건들

- 섭리적 환경
- 회상적 반추를 통해 감지
- 종종 긴 시간
- 사건들의 조화

**그림 3-1 〈과정 인식 연속선〉**

기독교 지도자들은 대체로 그들이 주권적 개입에 의한 사건들이 신의 섭리에 따른 사건들 (하나님께서 환경적으로 다양한 요인들을 정돈하심) 보다 더욱 그들의 개발에 큰 영향을 끼친다는 것으로 깨닫고 있다.[3] 연속선은 왼쪽에 놓여진 특정한 사건들이 오른쪽에 놓여진 것들보다 더욱 더 하나님의 개입에 기인한다는 것을 단순히 인식한다. 연속선을 따라 늘어선 모든 사건들이 하나님의 개입을 가리킨다는 사실을 인지하는 것은 보다 심층적인 계발을 향해서 한 단계 더 나아가는 것이다. 과정과 다양한 종류의 과정 항목에 대한 고양된 인식은 지도자로 하여금 자신의 삶에 대한 목표를 향하여 그 과정과 더불어 보다 효과적으로 일하도록 해준다. 바꾸어 말하면, 특성 (종류, 사용, 단계, 등) 과 더불어 과정 항목들에 대한 지식을 갖는 것은 그 안에서 하나님을 인지하는 것과 관련해서 지도자로 하여금 그러한 과정 항목들을 연속선 상에서 보다 왼쪽으로 이동할 수 있게 해 준다. 지도자 평생 개발론을 수강한 수많은 학생들이 이 사실을 뒷받침한다. 이것은 리더십 개발 이론의 중요성에 대한 하나의 증거이다. 하나님의 과정을 이해하는 것은 리더십 개발 문제에 있어서 더욱 효과적인 과정이 가능해지도록 돕는다.

3) 나는 이러한 두 가지 개념들, 즉 주권적 개입과 섭리적 개입이란 개념을 리더십 개발 이론 내의 매우 전문적인 의미로 사용하고 있다. 그것은 성경에서 기술되는 극도의 주권적 행위를 지적하기 위한 것이다. 이처럼 극도의 과정에 대한 두 가지 성경적 사례는 모세가 타오르는 떨기나무에서 하나님을 만나는 사건(주권적 개입)과 에스더의 리더십 헌신에 대한 결심을 통해서 하나님께서 유대인들을 구원하시는 사건(섭리적 개입)이다. 삶을 뒤돌아 보면서 회고해 볼 때, 요셉의 삶 가운데 보여지는 많은 사건들은 섭리적 개입의 사건들이다.

삶에서 하나님의 직접적이거나 간접적인 개입에 대해서 증가하는 민감성을 갖게 되는 것은 리더십이 개발되고 있다는 증거이다. 긍정적인 결과를 낳은 중대한 사건이 한 번 있었다면, 그 다음의 사건들은 더욱 인식하기 쉽게 되고, 그렇기 때문에 더 빨리 배울 수 있다.

기독교 지도자들에게 인지되는 모든 과정은 하나님의 주권이라는 일반 신학적인 개념 안에 내포된다. 그것들 중의 어떤 것들은 주권적 행동과 직접적인 개입으로 쉽게 확인될 수 있지만, 다른 부분들은 보다 섭리적인 것으로 간주된다—하나님은 무대 뒤에서 보다 간접적이고 환경적인 면을 통해서 일하신다.

그림 3-2는 인식 연속선 상에 50개의 과정 항목들을 나열한다. 다시 한 번 말하지만, 과정 항목 특성에서도 그랬듯이 이 테이블은 아주 중요한 참고적인 도구가 될 것이다. 이 테이블에 대한 당신의 반응은 오른쪽에 놓인 항목들이 매우 신중하게 연구되어야 한다는 점을 인식해야 하는 것이다. 그것은 그러한 항목들에 대한 당신의 민감성을 높이기 위한 것이다 (실질적으로는 당신의 특별한 사례에 있어서 과정 항목들을 연속선의 왼쪽으로 이동시키는 것이다).

분별 개발 과업 (discernment development task; 사역적 형성과 전략적 형성의 일환) 이 점점 더 달성됨에 따라 지도자는 영적 권위 발견, 구조 통찰 (structure insights), 영향력 도전, 훈련 진보, 사역 기술 그리고 육신적 행동과 같은 과정 항목들을 왼쪽으로 옮기게 된다. 바꾸어 말하면, 지도자는 이처럼 "얼핏 보기엔 상황적인 (otherwise circumstantial)" 항목들 가운데서 하나님의 의도를 보다 쉽게 보게 되며 지도자의 개발은 지속적으로 이루어지게 된다.

←… **높은 주권적 개입** | **높은 섭리적 개입** …→

←… 높은 인식 | 낮은 인식 …→

- 중복 확인
- 섭리적 만남
  - 순종 검증
  - 믿음 검증
  - 기도의 능력
  - 능력 대결
    - 지도자 헌신
      - 일반적 주권적 인도
      - 숙명 계시
      - 숙명 성취
        - 말씀 검증
        - 성실성 검증
        - 말씀 항목
        - 하나님의 확증
          - 영적 전쟁
          - 사역 확증
          - 숙명 준비
          - 주어진 능력 (gifted power)

- 위기
- 생명의 위기
- 고립
- 사역 도전
  - 은사 발견
  - 패러다임의 변화
    - 믿음 도전
    - 기도 도전
      - 사역 갈등
      - 멘토링
      - 영적 권위 발견
      - 가족 영향력
        - 부정적 준비
          - 네트워 능력
          - 갈등
            - 관계 통찰
            - 지도력 반발
            - 문헌 항목
              - 권위 통찰
              - 사역 업무
              - 사역 책임

- 사회적 기초
  - 육적인 행동
  - 영향력 도전
    - 이상적 역할 발견
    - 이상적 영향력 혼합 발견
      - 사역 구조 통찰
      - 훈련 과정
        - 사역 기술
          - 진입 상황
          - 기본 기술
          - 상황적

**그림 3-2 〈과정 인식 연속선-모든 과정 항목들〉**

## 과정의 요약 (Summary of Processing)

삶은 다양한 사건들로 이루어져 있다. 모든 것이 다 중요하지만 어떠한 사건들은 인격, 가치, 그리고 기술의 개발이란 면에서 다른 것들보다 더 중요해 보인다. 결정적인 영적 사건은 삶에서 일어나는 중요한 사건 혹은 과정인데 사건 혹은 사건들이 전개되어감에 따라 혹은 회고적인 분석 가운데 사건 속에서 특정한 종류의 하나님의 개입을 인지하게 된다.

과정 사건들은 주어진 삶 가운데 그러한 결정적인 영적인 사건들이 실제적으로 일어난 것을 말해준다. 그러한 영적인 사건들은 리더십 개발에 전적으로 기여하게 된다. 개발은 리더십 인격, 리더십 기술, 또는 리더십 가치를 형성하는 가운데 이루어 질 수 있다. 이러한 형성은 다음과 같은 장기적인 리더십 효과를 낳는다:

1.리더십 역량을 드러냄 (내적 성실성, 영향력을 미치는 잠재력과 같이),

2.잠재적인 역량을 확장시킴,

3.리더십 역량을 활용하는 역할/책임에 대한 임명을 확인함,

4.지도자를 이끌어서 하나님께서 임명하신 사역 단계로 나아가고 잠재력을 실현하도록 함.

간략히 말해서 리더십 형성은 이전에 소개하였던 지도자에 대한 정의의 다섯 가지 측면들 중 각각에 대한 개발에 기여할 것이다.

성경적인 문맥에서 바라본 지도자는,

1.하나님이 주신 역량과,

2.하나님이 주신 책임을 갖고,

3.영향력을 행사해서

4.하나님의 사람들로 이루어진 특정한 집단으로 하여금

5.그 집단에 대한 하나님의 목적을 향해서 나아가게 하는 사람이다.

결정적인 사건들과 과정 사건들은 과정 변수와 관계하여 보았을 때 추상적으로 가장 낮은 단계에 속한다. 이러한 사건들은 주어진 삶에서 개발 통찰을 위해서 분석되는 직접적 자료가 된다.

추상적인 상태의 두 번째 단계는 비슷한 종류의 사건들을 그룹화하고 비슷한 사건들의 공통점과 차이점을 공부하는 것이다. 과정 항목이라는 명칭은 이러한 그룹화 과정을 설명한다. 더욱 명확히 서술하자면, 과정 항목은 과정 사건들의 비교 분석으로부터 귀납적으로 도출된 명칭으로 다양한 사건들을 유사한 특성과 기능을 가진 그룹으로 나눈 것이다. 이것은 여러 사건들이 하나의 그룹으로 구성된 것이다.

과정 항목 명칭은 분석적이면서도 민감해야 한다. 분석적이란 것은 기술되는 사건들보다 약간 높은 단계의 추상적인 개념을 언급하면서도 여전히 그것들에 대해서 명백하게 관련되는 것을 말한다. 민감해야 한다는 것은 실행자에게 직관적으로 소통하는 명칭을 갖고 그 항목의 핵심 개념에 관한 어떤 것을 잡아내는 능력을 말한다.

과정 항목은 과정 변수의 중심적인 개념이다. 그것은 이론 전반에 관계되며 모든 다른 개발이론 개념에 직간접적으로 연관된다.

유사한 과정 항목을 찾기 위해서 과정 사건들을 비교해 보면 그 과정 항목에 대한 개념의 범주를 발견하게 된다. 과정 항목들에 대한 모든 이러한 범주들을 비교하게 되면 과정 항목들의 일반적인 특성을 발견하게 된다.

이러한 특성들에서 발견된 하나의 가치는 그것들의 엄청난 해설적인 능력이다. "구체적인 용도"(예를 들면 사역 확증의 두 가지 목적, 중복 확인의 네 가지 용도, 성실성 점검의 일곱 가지 용도, 멘토들이 돕는 여덟 가지 방식과 같은) 나 "영향을 받는 유형들"(긍정적 시험이나 부정적 시험 등), **"개발 초점"**(과정이 특정한 형성을 향해 세워져가고 있다는 것을 아는 것), **"순서"**(예를 들어 믿음 도전의 세 가지 요소, 고전적 능력 대결의 여섯 단계, 리더십 반발 주기의 여덟 단계 등)**와** 같은 특성들은 지도자로 하여금 보다 정확하고 명석하게 자신의 상황을 파악하게 해준다. 이러한 과정 항목 특성은 지도자들과 상담하는 데에 매우 유용하다. 이전의 지도자들과 더불어 행하신 하나님의 과거 활동에 대한 통찰은 이를 듣는 자들이 자기의 현재 상황에 쉽게 연결할 수 있게 한다. 하나님께서 어떻게 한 특정한 사건을 통해서 과거의 지도자들을 형성했는지를 보여주는 것은 그들 자신의 상황을 분석하는 지도자들에게 특별한 권위를 갖게 된다. 하나님께서 특정한 종류의 과정을 통해서 개발하시는 유형 혹은 특정한 리더십 장점을 지적하는 것은 시사하는 바가 크다. 만일 한 사람이 일어나는 일에 대한 시간적 틀을 알 수 있다면 그것은 지속되는 과정에 대한 기대와 정신적 준비를 가능하게 한다.

리더십 개발의 목표는 리더십 인격, 리더십 기술, 그리고 리더십 가치에 있어 성숙하고 하나님의 목적을 달성하는 지도자를 생산함에 있다. 이 장은 과정 변수가 그러한 개발에 있어 핵심적이라는 사실을 제시했다. 과정 항목의 전형적인 사례인 성실성 점검을 살펴 보았다. 과정 사건들로부터 과정 항목들을 끄집어 내는 것과 특성들을 발견하는 것은 어떻게 이러한 이론적 과정이 오늘날까지 발견된 모든 과정 항목들에 대해서 작용하는지에 대한 예시가 된다.

# 기본적인 과정
## (Foundational Processing)

### 개관 (Overview)

3장에서는 우리에게 과정의 주요 개념들을 소개하였다. 리더십 개발과 관계되는 결정적인 사건들은 과정 사건들로 분류된다. 비슷한 과정 사건들을 비교 연구하여 과정 항목들을 확인하였다―비슷한 범주의 과정 항목들을 집단화하는 데에 쓰이는 명칭이다. 이 장에서는 구체적인 과정 항목들, 특히 초기의 두 단계에서 인식되는 것들을 다룬다. 그 두 과정은 1. 유년기와 청소년기 (어떠한 경우에는 20대 초반을 포함하기도 한다) 와 2. 그러한 배경으로부터 지도자로 전환하는 시기이다. 이 장의 1단원은 첫 번째 단계에 관하여 논한다. 2단원은 두 번째 단계에 관하여 논한다.

### 단원 1. 초기의 기본적인 과정

<u>하나님은 가족, 상황적 배경, 그리고 각 지도자가 태어난 시점을 포함하는 역사적인 사건들을 통하여 섭리적으로 일하신다.</u> 이를 통해서 성격적인 특성들이 형성된다. 이러한 것들은 나중에 지도자의 리더십 스타일에 반영된다. 초기의 기술들을 습득한다. 삶에 대한 초기적인 교훈들을 배운다. 가치를 학습한다. 이러한 모든 것들이 후기 리더십에 영향을 끼친다. 하나님께서는 이 시기에 주권적으로 역사하신다. 잠재적인 지도자는 이 기간 중에 관

찰되는 대다수의 토대에 대해 비교적 언급할 것이 별로 없다.

이 시기, 즉 초기 유년기와 청소년기는 심층 심리학으로 알려진 심리학 학파에 의해 심층적으로 연구되어 왔다. 이러한 테크닉을 사용하여 지도자의 삶을 분석하는 것은 우리의 연구 영역 밖의 일이다. 대신 리더십 평생 개발론은 부상하는 지도자의 삶의 이 기간을 회고하는 방식으로 조사함으로써 하나님의 섭리적 역사를 반영하는 것들을 발견하고자 한다. 그러한 하나님의 섭리적인 역사는 후기 리더십 유형에 영향을 끼칠 수 있다.

이 초기 기간 중의 주요한 개발 과제는 리더십 역량과 관련하여 삶의 기초를 놓는 것이다. 리더십 잠재력 혹은 영향력을 끼치는 역량은 (이것에 영향을 끼치는 성격 개발을 포함하는) 다섯 개의 주요 과정 항목들과 관련하여 이 장에서 관찰된다. 이 **다섯 개의 주요 과정 항목**들은 매번 과거의 리더십 연구에서 중시되어왔으며 이 장에서도 마찬가지로 강조된다. 추가적인 과정 항목들이 다른 특정한 개별 연구에서 중시될 수도 있다. 하지만 이 다섯 개의 항목이 근간이며, 어느 특정한 지도자에게 적용되는 다른 독특한 과정 항목들과 함께 모든 지도자 부상 연구에 포함되어야 할 것이다.

과정 항목들은 광범위하게 혹은 제한적으로 정의될 수 있다. 즉 하나의 과정 항목이 여러 개의 과정 사건들을 광범위하게 포괄하는 우산형의 명칭일 때에 광범위하다고 말할 수 있다. 하나의 과정 항목이 그 아래에 오직 특정한 유형의 과정 사건들만을 포함할 때에 제한적이라고 말할 수 있다.

초기 기초적인 기간의 다섯 개의 확인된 항목들은 모두 광범위한 과정 항목들이다: 그것은 숙명 준비, 진입 상황, 가족 영향력, 기본적인 기술들, 그리고 사회적 기초이다. (리더십 자질이 드러난 후에) 회고하는 방식으로 연구해 보면, 리더십 스타일, 리더십 특성, 리더십 비전과 이러한 기초적인 과정 항목들 사이에 종종 상관관계가 드러난다.

지도자는 자신의 독특한 토대를 인식하고, 그들 안에 있는 장점들을 보고, 그러한 발견된 것들에 대해서 반응해야 한다. 이러한 토대들에 의해서 강하게 영향받은 리더십 한계들이 무엇인지도 인식되어야만 한다. 융통성이 있고, 변화가 가능하다면, 그 지도자는 자신을 성장시키고자 하시는 하나님의 노력들에 대해서 열린 태도를 취해야 한다. 그렇지 못하면 그 지도자는 이런 한계 안에서 활동하는 법을 배워야만 한다.

하나님께서는 한 사람이 그들의 독특한 토대로부터 유익을 얻고 자아를 용납하는 것—특히 그러한 토대로부터 나타나는 리더십 장점들과 관련하여—을 촉진시키는 평생의 습관들을 세우기를 원하신다. 지도자 평생 개발론을 사용해서 초기의 기초적인 단계를 분석하는 것은 종종 그러한 용납을 향한 좋은 시작이다. 종종, 지도자 평생 개발론을 사용하는 학생들은 이 초기의 기초적인 시간을 복습하는 데에 있어서 고통스럽지만 유익한 시간을 통과한다. 그것을 통해서 하나님의 섭리적인 역사를 보는 것은 (특히 그 때가 매우 부정적인 시간이었다면) 미래에 대해서 신선하고 새로운 접근을 허용할 승화적인 종결—그것은 매우 필요하다—을 가져다 줄 수 있다.

숙명 준비라고 불리는 이 국면의 첫 번째 과정 항목을 이해하기 위해서, 여러 개의 임시적인 정의들이 주어질 것이다. 여기에는 **숙명의식**(147), **숙명 연속선** (147), 그리고 **베텔슨의 3가지 범주의 숙명 경험** (148) 들이 포함된다. 이러한 임시적인 개념들은 **숙명 준비 과정 항목** (149) 의 이해를 위한 지평을 마련해 준다. **진입 상황 과정 항목** (155) 은 다음에 검토된다. 이 두 가지가 먼저 주어진 것은 그것들이 출생 전에 혹은 출생에 근접해서 발생하거나 출생과 관련해서 언급되어지기 때문이다. 남은 항목들은 그것들이 대체로 경험되어지는 자연적인 순서에 따라서 검토된다: **가족 영향력 과정 항목** (149), **기본적인 기술 과정 항목** (163), 그리고 **사회적 기초 과정 항목** (167) 의 순이다.

# 숙명의식 (Sense of Destiny) · 숙명 연속선 (The Destiny Continuum)

**서론**     숙명 경험은 하나님이 그 지도자의 일평생에 걸쳐서 하나님의 특정 목적을 향하여 나아가도록 리더십의 부상을 격려하시기 위하여 인격적이고 특별한 방식으로 개입하시는 것을 느끼고 믿도록 이끄는 그러한 경험들을 지칭한다. 숙명 경험은 준비 경험, 계시 경험, 그리고 성취 경험을 포함한다.

**정의**     숙명의식은 하나님께서 특정한 목적을 위해서 특별한 방식으로 한 지도자 위에 그분의 손을 얹고 계신다는 경험 혹은 일련의 경험들 (그 가운데 그러한 경험들에 대한 회고적인 분석을 통한 인식이 자라나고 있다) 로부터 생겨나는 내적 확신이다.

**해설**     때때로 그 경험은 경외감을 일으키고 (awe-inspiring) 하나님이 그 안에 계시고 그 지도자 혹은 부상하는 지도자가 하나님에 의해서 쓰여질 것이라는 확신을 주게 된다. 출애굽기 3장에서의 모세나 사도행전 9장에서의 바울의 숙명 계시 경험이 바로 그것이다. 하지만 다른 경우에는 그것이 개인에게 아주 뚜렷하지 않을 때도 있다. 오랜 시간에 거쳐서 다양한 경험들이 새로운 빛 가운데 보여지게 되고 숙명에 대한 인식이 생겨나기 시작한다. 예를 들어 모세의 출생과 바로의 궁전으로 보내진 사건은 그의 삶에 하나님이 개입하신다는 것의 지표이며 특히 그의 삶을 회고해 볼 때 그러한 방식으로 볼 수 있다. 성서에 나타난 숙명의식에 대한 버텔슨 (Bertelsen) 의 연구는 숙명의식이 독특하게 경외감을 일으키는 경험일 뿐만 아니라 하나의 과정일 수도 있음을 제시하였다. 버텔슨의 생각에서 나온 것은 숙명 연속선 개념이다.

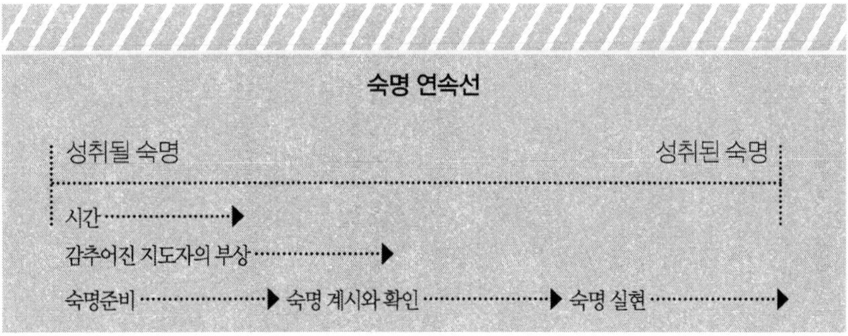

**숙명 연속선**

성취될 숙명        성취된 숙명

시간 →

감추어진 지도자의 부상 →

숙명준비 → 숙명 계시와 확인 → 숙명 실현 →

 이 연속선은 숙명의식이 증가하고, 그 숙명을 향한 진보가 포착되며, 마지막으로 그 숙명이 성취됨에 따라 절정을 이루는 영적인 지도자 유형을 나타내고 있다. (11장의 F.5 숙명 패턴을 볼 것).

## 숙명 경험에 대한 버텔슨의 세 가지 범주

**서론** 월트 버텔슨 (1985) 은 성서에 나타난 숙명의식의 개념에 대한 심층 연구를 통해서 아래의 도형에 나타난 숙명 경험의 세 가지 범주를 확인하였다. 그는 수없이 새로운 과정 사건들을 분류하고 명명하였을 뿐만 아니라 어떻게 몇몇의 더욱 친숙한 과정 항목들이 숙명의식 연속선에 관련되는지를 보여주었다. 이러한 숙명 항목들의 세 가지 모두가 광범위한 항목들인 것에 주목하라. 즉 이미 예전에 정의된 많은 종류의 다른 경험들과 과정 항목들이 우산형 카테고리 안에 들어갈 수 있다는 것이다.

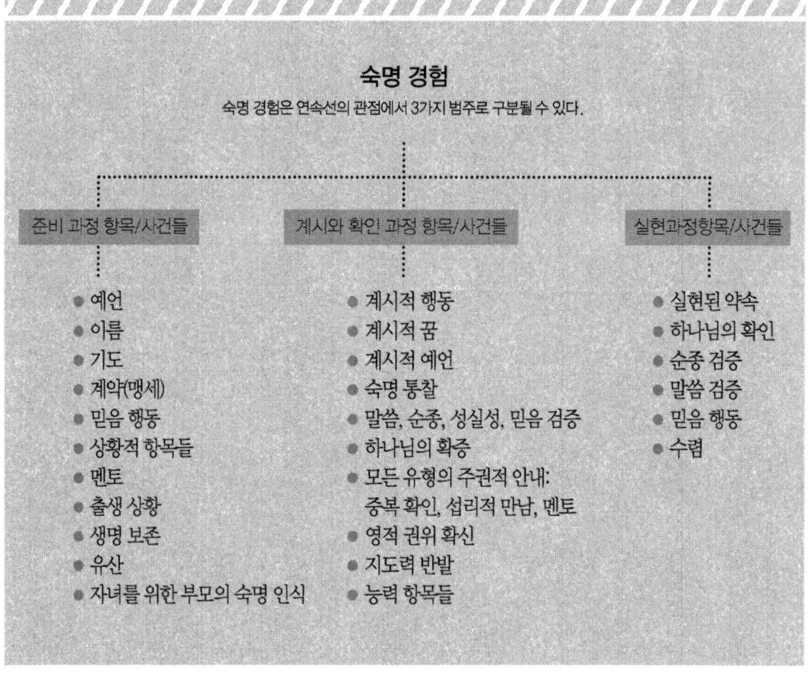

**해설**　이러한 과정 항목들 중 몇 개는 나중에 이 책에서 정의될 것이다. 그 과정 사건들은 독자가 그 용어의 기본적인 개념을 충분히 이해하도록 설명할 것이다. 자세한 설명은 버텔슨의 보고서 (1985) 를 참조하라.

## 숙명 준비 과정 항목 (Destiny Preparation Process Item) 약자: P (DP)

**서론**　숙명 유형에는 세 가지 측면이 있다. 첫째는 하나님의 준비 작업은 숙명 의식에 대한 점증하는 인식이다. 둘째, 그 깨달음은 하나님께서 그것에 대한 계시와 확인해 주심에 따라 확신이 된다. 셋째, 종종 숙명이 성취되는 데에서 정점을 이루는 그 숙명의 달성을 향한 움직임이 있다. 숙명 준비는 숙명 유형의 첫 번째 측면에서 작동하는 과정 항목들의 범주를 묘사한다. 즉, 한 지도자가 하나님을 위한 특별한 목적들을 달성하기 위하여 특별한 방식으로 사용될 것이라는 인식을 점차 주입시켜주는 것이 숙명 준비이다.

**정의**　숙명 준비 과정 항목은 중요한 행동들, 사람, 섭리적 환경들, 혹은 시기 등에 관련된 과정 항목들의 집단을 기술한다. 그것들은 미래 혹은 삶이 지닌 특별한 의미를 암시한다. 회상적 연구를 하면, 한 지도자의 삶에서 숙명의식이 점차 증가하는 것에 대한 확신이 점증하게 된다.

**예**　버텔슨 (1985) 은 다음의 특별한 종류의 숙명 준비 과정 항목들을 열거한다:

| | |
|---|---|
| 예언 | 믿음 행동 |
| 이름 | 상황적 항목들 |
| 기도 | 멘토 |
| 계약 (맹세) | 출생 환경 |
| 자녀에 대한 부모의 숙명 인식 | 생명의 보존 |
| | 유산 |

**예언의 예** 예언 숙명 준비 과정 항목은 세례 요한과 예수님에 관한 출생 전 예언들에 대한 누가의 기록에 보여진다. 현대적 사례는 피터 쿠즈믹 (Peter Kuzmic) 의 출생시 한 방문 전도자에 의해서 언급된 예언적 말이다. "이 아이는 언젠가 위대한 복음의 설교자가 될 것입니다."

**출생, 이름의 예** 요셉의 이름은 라헬을 위한 기도에 대한 하나님의 응답을 의미한다. 그의 출생의 시기는 하나님에 의해서 통제되는 것으로 보인다. 그리고 라헬에 대한 그 분의 과정의 부분일 뿐만 아니라 후에 야곱의 가족을 구원하시려는 그 분의 계획을 포함한다.

**계약의 예** 한나는 하나님과 계약을 맺는다. 그녀는 아들을 원했다. 하나님께서는 이전 과정을 책임질 전환기의 지도자를 원하셨다.

**신앙의 예** 모세의 부모들은 믿음으로 (히11:23) 작은 광주리에 담아서 그의 생명을 구원했다. 그 광주리가 바로의 딸에 의해서 발견된 것은 하나님의 섭리였다.

## 숙명 준비 과정 항목에 대한 복습

1. 숙명의식 혹은 숙명유형과 같은 개념을 드러내는 데 따르는 한 가지 위험은 이러한 개념들이 사람들을 지나치게 야심적으로 만들 수 있다는 것이다. 내 학생 중의 하나가 수업 후에 말하기를 그는 숙명의식과 같은 그러한 것을 믿지 않는다고 했다. 왜냐하면 그것이 기독교 일꾼들의 자아를 높이는 경향이 있기 때문이란 것이다. 당신은 그러한 비난에 어떻게 대처하겠는가? 숙명의식과 숙명 과정 항목과 같은 개념들을 소개하는 데에 있어서 어떠한 위험들을 당신은 보는가?

2. 때때로 미래의 어느 때까지는 그리고 누군가가 회상적 사고를 할 때까지는 숙명 준비 과정 항목이 일어났는지는 분명하지 않다. 어떤 때가 지나면 그 사건은 숙명 유형의 일부로서 분명히 보여질 것이다. 이것이 당신에게 일

어났는가? 만일 그렇다면, 이러한 숙명 준비 경험들을 기술하라.

3. 당신은 내가 숙명 준비 과정 항목들 가운데 그 사례들을 제시하지 않았던 특별한 항목들과 관련해서 성경으로부터 어떠한 사건들을 생각할 수 있는가? 사례가 언급되지 않은 항목들은 다음과 같다:

a. 상황적 항목들

b. 멘토

c. 출생 환경

d. 부모들 (자녀에 대한 숙명의식)

e. 생명의 보존

당신은 어떠한 성경적 사례를 언급할 수 있겠는가?

### ◆ 답변들 ◆

1. 나는 이 답변을 토론을 위해서 남겨둘 것이다. 그러나 만일 누군가가 위의 개념들에 대해서 그런 식으로 느낀다면, 나는 그 개념을 전연 사용하지 말라고 조언하고 싶다. 왜냐하면 그런 것이 그들의 양심을 위반하는 것이 될 수 있기 때문이다. 그것은 죄이다. 그러나 내 생각은 준비 항목에 대한 회상적 성찰 (retrospective reflection)을 통해서 얻을 수 있는 하나님의 역사하심에 대한 추가적인 확신을 놓친다는 것은 비극이다. 단순히 누군가에 의해서 진리가 왜곡된다는 이유로 그 진리를 무시하지 말 것을 나는 또한 조언하고 싶다.

2. 나는 네 가지 그러한 경험들을 발견했다. 그 중 한 가지를 언급할 것이다.

| 언제 | 수단 | 경험 | 의도/영향 |
|---|---|---|---|
| 1966 | 가정 성경 공부 그룹 | 오순절 계통이 아닌 젊은 기독교인이 내가 인식하지도 이해하지도 못하는 나에 관한 예언적 진술을 했다. | · 후에 내가 그것을 필요로 할 때 나에게 방향을 제시하기 위해서<br>· 하나님께서 나를 보다 광범위한 영역에서 사용할 것이라고 나를 격려하기 위해서 |

그 과정 준비 항목이 발생했을 때 나는 "예언의 말씀"이란 개념을 알지 못했다. 내가 약 한 시간 가량 가정 성경 공부반을 인도하고 나오고 있을 때 한 젊은이가 나에게 말했다. "당신이 박사학위를 받을 때 우리는 당신이 단지 성경 교사였을 때 당신을 알았다고 말할 겁니다."그 때에, 나는 전기 기사였고, 지역교회 차원의 영향력을 행사하는 B 유형의 지도자(Type B leader)였다. 그럼에도 불구하고 그 말은 내 가슴에 남았고 나는 종종 그 말에 대해서 생각해 보곤 했다. 갈등 과정을 거칠 때 그 말이 마음 속에 떠오르면서 힘을 주어서 다음 단계의 인도하심에 대한 확신을 제공해 주었다.

3. a. 다소에서 바울이 출생하고 어린 시절을 보낸 것 – 다소는 당대에 세번째 대학 도시였다. 또한 바울은 로마 시민권을 가졌다. b. 가말리엘은 바울의 멘토였다.

모든 이러한 것들을 회상해 보면 한 유대 지도자가 이방 세계로 다리를 놓기 위해서 준비되는 패턴에 잘 맞아 떨어진다.

## 숙명 과정에 대한 해설

**버텔슨**   버텔슨 (1985) 은 특별한 연구 과제와 연계하여 열 명의 성서 인물들의 숙명 과정 사건에 대한 비교 연구를 하였다. 이 인물들은 아브라함, 요셉, 모세, 다윗, 예레미야, 다니엘, 베드로, 바울, 이삭, 그리고 야곱이다. 이 인물들 모두는 다 연구가 잘 되었지만 모두가 동등한 수준으로까지 연구되지는 않았다. 이 연구는 개념, 숙명의식, 숙명 유형의 형성, 숙명 꾸러미에 잘 맞는다고 판단되는 다양한 과정 항목들의 발견이란 면에서 독보적이다. 이 연구를 통해 기초적인 숙명 유형이 도출되었다. 다양한 성서 인물들은 그 유형에 대하여 충분한 증거와 사례를 제공한다.

**주요 예시-바울**   바울의 인생은 이 유형에 속한다. 다메섹으로 가는 길에서 숙명 계시 경험이 있었다. 사도행전 9장, 22장, 26장에서 드러난 이 사건에 대한 세 간증은 (특히 사도행전 26장 19절) 그 사건을 아주 구체적으로 다룬다. 갈라디아서 1장 15, 16

절은 숙명 준비와 관련된 회상적인 성찰을 보여준다. 디모데후서 4장 6-8절의 맺음말은 그의 숙명의 절정을 보여준다.

**회고적인 발견** 때로는 숙명 유형의 두 번째 측면에서, 어느 지도자가 초기의 과정 항목을 숙명의식이란 초점을 갖고 바라보는 것은 그의 삶을 회고할 때다. 숙명의식에 대한 증가하는 확신이 상당히 강화되는데, 그것은 그 유형의 두 번째 측면에서 추구해야 하는 주요한 개발 과제이다.

**중요성** 많은 자료가 수집되고 연구된 주요 지도자들 중 그 누구도 하나 이상의 중요한 숙명 경험을 갖지 않은 인물이 없었다. 숙명 경험의 축적이 개인에게 일생에 있어 궁극적인 헌신이 되는 비전을 자주 제공한다.

**숙명 요소에 민감해지는 요셉** 클린턴 (1985) 을 보라. 요셉의 생애는 숙명의식에 민감해지는 것이 얼마나 중요한지 보여준다. 성서에서 요셉의 생애에 대한 기록은 단지 두 개의 숙명의식과 관련된 경험을 기록했지만 그가 숙명의 사람이었다는 점은 분명하다. 그의 삶에 대한 분석에서 그의 숙명의식을 점차 인식하는 데에 기여한 여덟 가지 요소를 발견했다. 다음은 요셉의 생애에 관한 그 책자 (1985:38, 39) 에서 발췌되었다.

1) 그는 그가 경건한 유산의 일부라는 것을 인지했다 (예를 들자면 아브라함과 이삭과 야곱의 하나님을 따르고 라반의 신들을 따르지 않은 것).

2) 그는 아브라함과 이삭과 야곱의 생애에서 일어난 숙명을 의식하게 만드는 사건들에 익숙했다. 그는 아브라함의 부르심, 이삭의 출생과 희생 제물로 바쳐질 뻔한 사건, 야곱의 사다리를 비롯한 다른 이야기들을 들었을 것이다. 그는 경건한 유산에 익숙했다. 하나님께서 어떻게 그의 증조부, 조부와 부친의 삶에 개입하셨는지 아는 그는 그 자신의 삶에 관련된 그러한 숙명에 대해 민감하였다 (하지만 왜 그의 형제들은 그만큼 민감하지 못했던 것일까?)

3) 그는 그의 아버지가 숙명을 의식하게 만드는 주요한 경험을 할 때 그 곁에 있

었다. (브니엘과 베델).

4) 그는 하나님께서 그의 가족을 주권적으로 보호하는 증거를 보았다. (라반의 위기)

5) 그는 그 자신이 기도에 대한 응답임을 알고 있었다. (창세기 30:24)

6) 그는 하나님과의 인격적인 만남을 경험하였다. (꿈에서 주어진 예언적인 말)

7) 그는 그 자신의 삶이 보호 가운데 있다는 것을 알았다. (노예 생활의 위기)

8) 그에게 주어진 일이 어떠한 것이든 충실하게 감당한 그의 일상 생활은 하나님의
임재와 축복이 함께 하고 있음을 다른 사람들이 쉽게 볼 수 있게 만들었다. (창세기
39:2,3; 21-23)


**접합 가능성**　이러한 요소들 중 몇 개는 다른 지도자 부상 이론에서 다시 나올
것이다. 우리는 적어도 하나님께서 지도자의 숙명에 다양한 방식으로 개입하신다는
것을 인식해야 한다. 그것들은 우리 자신의 삶에도 적용될 수 있을 것이다. 그것들은
우리가 다른 지도자들의 성장을 도와줄 때에 우리에게 통찰력을 줄 수도 있다


**멘토와 숙명의식**　나중에 멘토링 과정 항목이 논의될 때에 나는 멘토가 부상하
는 젊은 리더를 도울 수 있는 한 가지 방법은 그 지도자가 숙명의식 경험에 민감해
지도록 하는 것이라고 제안할 것이다. 점증하는 숙명의식은 효과적인 지도자의 삶
에서 볼 수 있는 주요한 교훈들 중 하나이다.


**주요한 교훈**

**효과적인 리더들은 그들의 숙명의식에 대한 점증하는 인식을 나타낸다.**


**부수적인 설명**　이 장에서 나는 숙명의식이란 개념과 첫 번째 과정 항목의 명칭
인 숙명 준비를 소개하였다. 나는 두 번째 두 가지의 명칭인 숙명 계시 과정 항목과
숙명 성취 과정 항목은 제시하지 않았다. 주제면에서 보면 그것들이 이 곳에서 소개
되어야 하지만, 논리적인 면으로 보면 그것들은 그들이 시간상 발생되는 곳에서 소
개되어야 한다. 나는 후자로 결정하였다.

## 진입상황 과정항목 (Entry Context Process Item) 기호: P (EC)

**서론** 한 지도자가 태어나는 역사상 한 시점이나 상황은 지도력을 발휘하는 데 제한조건이 되는 동시에 확장의 기회를 제공한다. 그러한 시점이나 상황에 관련된 진입 상황 항목들은 한 지도자에게 매우 중요할 수 있다—특히 강력한 숙명 유형을 가진 지도자에게 그러하다. 진입 상황 항목들은 다음의 것들을 포함하지만 그것들에 제한되지는 않는다: 문화적 그리고 언어적 요인들, 위치, 지역적, 국가적, 그리고 국제적 동향, 그리고 운동 등. 그러한 상황에 대한 하나님의 결정과 그러한 상황 속에 위치시킨 이유를 인식하는 것과 "그 시대를 아는 사람"이 되는 것은 중요하다 (대상 12:32). 그러한 관점은 누군가로 하여금 과정 항목들을 한 지도자에 대한 하나님의 목적과 연관 짓도록 만든다.

**정의** 진입 상황 과정 항목들은 문화적이며 역사적인 환경, 지역적 (local), 지방적 (regional), 국가적, 그리고 국제적 상황에 관계된 항목들을 나타낸다. 그러한 환경 속으로 한 지도자가 태어나며 그 안에서 사역할 것이다. 그 환경은 하나님에 의해서 한 지도자로 하여금 전략적 인도하심, 장기 수렴, 그리고 숙명의식과 관련해서 과정을 밟아 나가도록 사용될 것이다.

**예** 피터 쿠즈믹 (Peter Kuzmic)은 2차 세계 대전 직후에 세 나라의 국경이 인접한 지역에서 유고슬라비아에 있는 시골 농부 부모들에게 태어났다. 역사상 이 때에 티토는 러시아의 영향에 저항했고 유고슬라비아를 그 자율적인 사회주의적 길로 이끌므로, 다른 동부 블록 국가들보다 유고슬라비아에 더 많은 자유가 주어졌다. 피터의 아버지는 30세 중반기에 알코올 중독 상황에서 회심했다. 그는 평신도 설교자가 되었고 그의 창고에서 교회를 시작하였다. 그는 또한 많은 친척들을 그리스도에게 인도하였다. 피터가 초등학교 때 두 번째 언어를 배워야만 했다. 후에 이 경험이 모든 학업 상황에서 반복된다. 티토는 비동맹국가 연합을 형성했다. 이것은 유고슬라비아 사람들에게 여행과 바깥 세계와의 의사소통을 허용했다. 후에 티토는 국경을 개방하여 이주 노동자들이 다른 나라들로 갈 수 있었다. 개방된 국경들은 후에 피터로 하여금 공부하러 해외로 가는 것을 허용했다. 그는 유럽에 있는 대여섯 곳에서 이러한 인종 집단들 사이에서 교회들을 개척했다. 그의 탁월한 교육적 경력에 덧붙여진, 그의 농촌 농부 배경은 그를 동부 블록 나라들 안에서 농부 기독교인들이 견지한 교육에 반대하는 성향을 이해하게 했다. 그는 공산주의 교육 체제의 위험성을 경험하였고 그리고 이해했다. 이런 경험들이 그를 유고슬라비아에서 훈련 프로그램을 세우기에 적절한 자격을 갖춘 사람이 되도록 준비시켰다.

### 진입상황 과정항목에 대한 복습

1. 피터 쿠즈믹에 대해서 서술한 예를 다시 살펴보라. 당신이 상황이란 기본 개념을 이해하고 있음을 나타내 보이기 위해서 그 서술로부터 다음의 범주에 해당되는 최소한 한 가지 요인을 나열해 보라. 그리고 그 요인이 갖는 의미를 언급해 보라.

|  | 확인된 요인 | 요인의 의미들 |
|---|---|---|
| 지방적 차원 |  |  |
| 지역적 차원 |  |  |
| 국가적 차원 |  |  |
| 국제적 차원 |  |  |

### ◆ 답변들 ◆

1. 여기에 내 답변이 있다. 장기적으로 리더십에 영향을 미치는 상황적 요인들이 너무나 많기 때문에 당신이 내가 열거한 것을 하나도 언급하지 못했다고 해도 나는 전혀 놀라지 않을 것이다.

| | 확인된 요인 | 요인의 의미들 |
|---|---|---|
| 지방적 차원 | 농촌 농부 출생, 세 나라의 국경 지역. | 교육받았지만 후에 농부들에게 영향을 미칠 수 있었다, 다언어적으로 그리고 다문화적으로 성장. |
| 지역적 차원 | 공산주의 교육 체제 | 나라의 다양한 지역에 갈 수 있었다, 새 언어들을 배워야만 했다. |
| 국가적 차원 | 티토가 러시아의 통제에 반대했다 | 가장 자유로운 사회주의적 국가 |
| 국제적 차원 | 느슨한 국가들 연합 | 여행의 자유를 주었고, 유럽에서 공부하고 사역할 수 있게 했다. |

## 진입 상황에 대한 해설

**보다 넓은 상황적 항목의 부분인 진입 상황**    진입 상황 과정 항목은 상황적 과정 항목이라 일컫는 보다 일반적인 과정 항목 아래에 포함된 특정한 범주이다. (상황적 과정 항목은 일상적 확장 항목들 중의 하나로 후에 정의될 것이다) 진입 항목은 이 부분에서 따로 논의해야만 할 만큼 중요한 과정이다. 진입 상황 과정 항목은 상황적 과정 항목과는 구분된다. 진입 상황 과정 항목은 한 지도자가 태어날 때 혹은 삶의 초기에 발생하는 그러한 요인들에 국한된다. 보다 일반적인 상황 과정 항목은 삶에서 개발이 진행되는 동안 언제나 일어날 수 있는 요인들을 다룬다. 그것은 그 삶의 숙명을 형성하기 위해서 주권적으로 사용될 수 있다.

**숙명에 투신함**    진입 상황 항목들과 같은 일반적 배경 과정 항목들 안에서 하나님의 의도를 인식하는 것은 후에 숙명 유형 속으로 투신하고 그 속에서 전진해 나갈 수 있도록 한다. (가족영향력 과정항목은 다른 예이다.)

**바나바의 예**    바나바의 삶에 대한 분석 (클린턴과 라압 1985) 은 진입 상황 과정 항목이 삶의 주요한 의사 결정에 대해서 갖는 중요성을 보여준다. 바나바는 구브로의 헬

레니즘적 섬 상황에서 한 유대인으로 자라났다. 그러므로 구브로 기독교인들이 자리잡고 있던 안디옥의 이방인들에게 유대적 기독교를 연결 짓는 일을 바나바가 맡는 것은 가장 논리적이었다.

**바나바의 진입 상황** 교회 지도자들은 안디옥에서 발생한 기독교를 살펴보도록 바나바를 임명했다. 하나님께서 무대 뒤에서 역사하시어 바나바로 하여금 이 과제를 위해서 선발되도록 하신 것이 분명해 보인다. 하나님께서는 진입 상황 과정 (섬 세계관, 헬라어에 익숙함, 구브로와의 연관성), 바나바의 사역에서의 긍정적인 성장, 영적 권위, 그리고 기독교에 대한 경험적 이해 (고넬료의 계시) 등을 사용하셔서 바나바로 하여금 이 사도적 사역 과제를 감당하도록 준비시키셨다.

**중추적 결정들** 삶에서의 몇몇 결정들은 매우 중추적이며 우리로 하여금 우리의 숙명의식을 성취하도록 나아가게 만든다. 바나바의 삶에서 그처럼 중대한 결정은 사도행전 11:22절의 단순한 말들에 의해서 간략히 설명된다. 성경적 진술에서 핵심 결정을 다루는 상황과 단순한 사실의 진술을 주목하라. 그 결정은 결국 이방인들 사이에서 하나님께서 기독교를 확장하도록 이끌 것이다.

**성경이 축으로 삼는 바나바** 19 그때에 스데반의 일로 일어난 환난으로 말미암아 흩어진 자들이 베니게와 구브로와 안디옥까지 이르러 유대인에게만 말씀을 전하는데, 20 그 중에 구브로와 구레네 몇 사람이 안디옥에 이르러 헬라인에게도 말하여 주 예수를 전파하니, 21 주의 손이 그들과 함께 하시매 수많은 사람들이 믿고 주께 돌아오더라. 22 예루살렘 교회가 이 사람들의 소문을 듣고 바나바를 안디옥까지 보내니.(행11:19-22)

**주요한 결정을 초기 과정에 연결짓기** 지도자 평생 개발 연구를 함에 있어서 성숙한 사역 혹은 수렴 단계에 있는사람이 기초적 요인들 (진입상황 과정항목 혹은 가족영향력 과정항목들과 같은) 을 사건이 일어나 후에 종종 그 사건과 관련지어 보게 된다. 사건이 일어나기 이전에 이러한 요인들과 그 사건의 관련성을 보는 것은 매우 드문 일이다. 기초적 요인들에 해당되는 과정 항목들(숙명준비, 진입상황, 가족 영향력, 기본적 기술들, 그리고 사회적 기초)을 주목하고 정의하는 이유들 중의 하나는 경계선 결정을 내려야만 할 때 사고를 자극해서 토대적 요인들과 상관된 방향으로 결정을 내릴 수 있도록 하기 위해서이다. 진입 상황, 가족 영향력, 그리고 사회적 기초 과정 항목들은 매우 일반적이지만 그 안에 후의 중요한 결정들을 위한 씨앗이 포함되어 있을 수 있다. 이러한 과정을 주의 깊게 분석하여 기대되는 사역과의 상관관계를 살펴보는 것은 누군가로 하여금 숙명의식의 성취를 향하여 나아가도록 하는데 중추적인 역할을 할 수 있다. 안디옥으로 가는 것을 결정할 때 바나바를 선정한 것이 바로 그러한 일이었다. 여기에서 내 요점은 다음과 같다. 다음의 하위─국면 혹은 국면으로 이끄는 중요한 사역 결정을 내려야 하는 경계 상황에 있는 지도자들은 앞으로 예상되는 도전들을 바라볼 뿐만 아니라 뒤로 그들의 토대적 요인들도 살펴 보아야 한다는 것이다. 내가 믿기로 그러한 상관관계가 보여질 때 어떤 주요한 결정들이 숙명에 대한 확신을 갖고 내려질 수 있다는 것이다.

## 가족 영향력 과정 항목 (Family Influence Process Item) 기호: P (FI)

**서론** 가족 과정 항목들은 특히 지도자가 태어난 가정과 하나님께서 지도자에게 의도하시는 것과 관련된 상황의 섭리적 특성과 관계된다. 지도자가 태어난 특정 가정은 지도자에게 크게 영향을 미쳐서 그 지도자의 사역 경험 내내 소중하다고 입증된 방식으로 행동하게 만든다는 것이 종종 관찰된다.

**정의** 가족 영향력 과정 항목들은 한 지도자의 초기 가족 생활에서 일어난 중요한 상황들, 사건들, 그리고 성격들을 가리킨다. 그러한 것들은 그 사람의 성품, 관점, 재능 등을 형성하고 하나님께서 후에 의도하는 리더십을 세우는 데에 중요한 부분을 차지한다.

**부정적 사례** 입다의 이복형제들이 그들 자신의 유산을 보존하기 위하여 입다를 가족으로부터 추방했다. 이것은 입다로 하여금 고립에 처하게 만들었다. 고립은 결국 많은 위기 과정 항목들을 겪게 하고 위기 지도자로 성장하도록 만들었다.

**긍정적 사례**　　한나가 사무엘을 주님께 봉헌한 것은 숙명 준비 과정 항목이었다. 그것은 사무엘의 전체 삶의 유형을 결정했다. 그는 리더십 이양기에 지도력을 발휘하도록 하나님에 의해서 따로 구별되었다 (중복 확인).

**부정적 사례**　　현대 연구의 한 사례는 어떻게 가족들로부터의 거절당한 경험이 한 사람의 후기 사역에 영향력을 주는지를 기술하고 있다. "초기의 거절은 나로 하여금 어떻게 하나님이 나를 사랑하시고 용납하시는지 보다 깊이 이해할 수 있게 이끌었다; 나는 공감을 나타낼 수 있고 어떤 사람도 할 수 없는 방식으로 하나님의 사랑을 나눌 수 있다."

**하위 범주**　　가족 영향력 과정 항목이 너무 일반적이어서 대개 수식어를 동반해서 사용한다. 그 수식어는 가족 영향력을 통한 과정 중에서 특정한 초점들로 세분된다. 예를 들면 다음과 같다.

가족 영향력/주도적인 엄마

가족 영향력/유산-경건한 할머니

가족 영향력/기독교 노동 윤리

가족 영향력/기초적인 도덕 가치들

가족 영향력/유산, 숙명의식

가족 영향력/형의 멘토링

가족 영향력/경건한 기도하는 어머니

## 가족 영향력 과정 항목의 복습

1. 당신은 행16:1-2; 딤후1:5 그리고 딤후3:14, 15에서 어떠한 기초적인 가족 과정 항목들이 나타나 있다고 보는가? 어떻게 당신이 그것들을 서술할

수 있겠는가? 당신은 어떻게 그것들을 디모데의 후기 지도력 개발에 관련지을 수 있겠는가?

2. 당신은 골4:10로부터 중요한 가족 과정 항목의 방식에 있어서 무엇을 추론할 수 있는가? 당신은 그것을 어떻게 서술할 수 있겠는가? 어떻게 그것을 마가의 리더십 개발에 연관짓겠는가? (행15:37과 딤후4:11을 또한 보라)

3. 당신이 느끼기에 하나님께서 당신의 리더십 개발에 사용하셨거나 혹은 사용하실 당신 자신의 배경에서의 중요한 가족 과정을 지적해 보라. 그 과정 항목을 특징짓는 수식어를 붙여보고 당신의 리더십에 대한 그것의 관계를 설명하라.

### ◆ 답변 ◆

1. 가족: 유산/기대. 디모데는 영적인 여성들의 가계에서 태어났다. 그 여성들은 하나님께 대한 믿음을 발휘하는 여성들이었다. 어머니는 아이의 초기 세계관에 큰 영향력을 미친다. 그러한 성격의 유산은 리더십 기대 원리를 통해서 엄청난 압력으로 작용한다. 가족: 말씀의 토대가 놓여짐. 두 번째 가족 과정 항목은 가족의 경건 시간 혹은 어떤 방식에서건 그러한 날들 동안 가족 가운데서 말씀을 나누는 것과 관계된다. 디모데는 어린 시절로부터 지식의 기초를 가졌는데 그것이 지도자들과 더불어 사역하는 그의 후기 사도적 사역에 적용될 수 있었다. 사도적 은사는 말씀 안에 있는 능력을 요구하는데 말씀 안에 능력이 있으려면 먼저 말씀에 대한 지식이 있어야 한다. 내가 보는 세 번째 가족 과정 항목은 가족: 이중 문화적 출생 환경 유산이다. 디모데는 유대 어머니와 희랍 아버지 사이에서 태어났다. 이것은 그가 아마도 이중 문화적이고 두 가지 언어를 사용한다는 것을 뜻하다. 그는 유대 세계와 희랍 세계 사이의 "자연적 교량" 이었다. 그리고 그것은 그가 그의 일생을 통해서 감당해야 할 역할이었다.

2. 가족: 섭리적 만남/멘토. 바나바는 요한 마가를 위한 인내심 깊은 멘토였다. 그가 마가에 대해서 끊임없이 권면의 은사를 사용한 것은 마가의 계발을 이끌어냈다. 바나바와의 이러한 만남의 결과로 신약성경 중의 한 권이 씌여지고 하나의 좋은 사역이

행해질 수 있었다. 친척 관계는 마가와 바나바를 연결시키는 자연적인 교량이었다. 바나바는 친절하고 인내심 많은 멘토로서 마가로 하여금 위기 사건들을 통과하여 후에 잠재력을 최대한 발휘하는 사역에 이르도록 이끄는 역할을 감당하였다.

3. 가족: 질적인 노력에 가치를 둠. 내 자신의 삶에서 나는 어린 아이였을 때부터 무엇을 하든지 내 재능의 최선을 다해야 한다는 것을 배웠다. 종종 인용되는 귀절은, "네 손이 무엇을 하든지 네 힘껏 그것을 행하라!" 였다. 그리고 나의 어머니와 아버지는 그러한 모토의 모델이 되어주셨다. 이처럼 끈질긴 노력이 내가 "권면의 은사" 를 사용하는 데에 스며들어서 나로 하여금 "삶에 적용하는" 유형의 선생이 되도록 만들었다.

## 가족 영향력에 대한 해설

**가족 영향력 과정의 두 가지 초점**  우리 세기의 심리학적 연구들은 초기 가족의 삶이 한 사람의 성격, 윤리, 세계관, 가치들, 그리고 다른 형성적인 측면들을 세우고 영향을 미치는 데에 결정적이라는 사실에 대해서 깊은 관심을 기울여 왔다. 초기 가족 경험의 효과들은 한 사람의 삶을 통해서 나타나게 될 것이다. 가족 과정 항목의 분석은 두 가지 개발 취지들에 초점을 두어야 한다: 1) 어떻게 그것들이 성품, 영향력 기술들, 그리고 지도자의 영향력 정렬과 관련해서 중요한 가치들을 형성하거나 혹은 확립하는 데에 사용되었는가; 그리고 2) 어떻게 혹은 왜 이러한 독특한 기초들이 특히 지도자의 삶에 대한 하나님의 의도들과 관련해서 하나님께 중요한지 (혹은 가치 있는지). 부정적이고 긍정적인 경험들 모두가 후에 리더십 상황에 유용하다고 판명되는 필요한 관점들을 삶 속에 세우기 위해서 하나님에 의해서 종종 사용된다. 그러한 초기의 세월들 속에서 하나님의 목적들을 인지하는 것은—부정적인 경험이든 긍정적인 경험이든—한 지도자에게 커다란 해방을 가져다 줄 수 있다.

**특별한 초점**  리더십 특성들 혹은 자질들과 더불어서 이러한 특정 항목들을 확인하고 연관 짓기 위해서 많은 세분화 작업이 필요하다. 가족 영향력 과정 항목들을 기술할 때 하나의 특정한 형식은 먼저 가족이라는 총칭적 범주를 제공하는 것이다. 그리고 관련된 고유한 과정을 기술하는 간략한 문단으로 기록한다. 마지막으로, 상세한 것을 설명할 때, 그 과정 항목을 후기 리더십과 관련된 그것의 가치와 연결 짓는 것이다.

**축적 과정들 혹은 시점 과정들**　종종, 가족 영향력은 어느 특정한 때 그리고 축적 과정을 포함할 것이다. 학생 2가 훔치라는 동료 압력에 직면했을 때 사탕 가게에서 본 성실성 검증 사건과 같은 시점 과정 항목은 그 시점에서 일어난다(86쪽을 보라). 축적 과정 항목들은 일정 기간 동안에 일련의 문제들을 지칭한다. 그것들은 그 과정에 대한 인식을 가져다 주는 촉발 사건 혹은 다른 수단들을 형성한다. 초기 성격 형성은 대개 기억에 남는 시점 사건들과 마찬가지로 주목할 효과를 생산하는 많은 사건들의 축적적인 형성을 다 포함한다.

## 기본 기술 과정 항목 (Basic Skills Process Item) Symbol: P(BS)

**서론**　기초적 국면 동안 잠재적 지도자는 그것을 통해서 후기 리더십 영향력 자질들에 필연적으로 영향을 미칠 기술들과 가치들을 배울 다양한 삶의 경험들에 참여할 것이다. 그러한 경험의 사례는 교육 프로그램, 운동을 포함하는 다양한 종류의 사회적 활동들, 그리고 돈을 벌기 위한 다양한 활동들을 포함한다.

**정의**　기본 기술 과정 항목은 기초적 국면 동안에 획득될 실제적 기술들 그리고/혹은 그러한 기술들을 끄집어 내는 데에서 얻어진 가치들을 지칭한다. 그러한 기술들은 후에 리더십 기술, 리더십 태도, 그리고 리더십 스타일에 영향을 미칠 것이다.

**사례**　더그 맥코넬 (Doug McConnell) 의 리더십 개발 연구 (1984) 는 사업을 개발하는 기업가적인 사례들로 가득하다. 그러한 사업가적 기질이 학교 공부를 마치기까지 그에게 재정적인 자원을 마련해 주었다. 창조성, 재정문제의 관리, 감독 기술, 그리고 자기 의존은 그러한 기초들을 통해서 맥코넬이 배운 기술들이다.

**사례**　마이클 세니임바 (Michael Senyimba) 의 리더십 개발 연구 (1986) 는 어린 시절로부터 그가 자신을 부양해야만 했음을 보여준다. 그는 인내, 발명의 재주, 고된 노동의 가치, 돈의 가치, 자기 의존, 그리고 교육의 가치를 배웠다.

**사례** 리차드 러빙 (Richard Loving, 1986)은 농장에서 자라났다. 그는 기본적인 과제들을 위한 책임을 부여 받았다. 그것들에서 그는 자기―의존 (self-reliance), 돈의 관리, 다양한 기구들을 수리하는 기술, 그리고 기구들과 더불어 일하고 기구들을 수리하는 성향을 갖게 되었다.

**사례** 로버트 에드워즈 (Robert Edwards, 1986)는 고등학교와 대학교 시절에 운동에 깊이 몰두했다. 훈련, 공평함, 인내, 팀웍, 그리고 자신의 최선을 다하는 열망에 관한 매우 소중한 교훈들이 이처럼 운동에 초점을 맞춘 데에서 나왔다.

**다른 사례들** 음악, 교육 과정, 그리고 다른 사회적 활동들과 관련된 다른 기술들도 거론될 수 있다. 후에 리더십을 발휘하는 데에 관련을 갖게 될 어떠한 기술이나 혹은 기술 습득과 연관된 태도도 이 과정 항목과 관련해서 분석되어야만 한다.

## 기본 기술 과정 항목에 관한 복습 연습

1. 사도 바울의 삶에 대한 당신의 일반적 지식으로부터 그의 기초적 기간 동안 얻어진 어떠한 초기 기술들 혹은 그러한 기술들과 관련된 태도들을 당신은 볼 수 있는가?

2. 구약의 다윗 왕에 대한 당신의 일반적 지식으로부터, 그의 기초적 기간 동안 얻어진 초기 기술들 혹은 기술들과 연관된 태도들을 볼 수 있는가? 어떻게 이러한 것들이 그의 후기 리더십 발휘에 관계되는가?

3. 당신 자신의 기초적 국면으로부터 기본 기술 과정을 검토함에 있어서 당신이 느끼기에 당신의 현재의 리더십 혹은 미래 리더십에 토대가 된다고 여겨지는 당신이 배운 기술들과 연관된 어떠한 태도들을 확인하라.

| | |
|---|---|
| a. 팀웍 | h. 의존가능성 |
| b. 인내 | i. 발명의 재주 |
| c. 최선을 다하고자 하는 마음 | j. 고된 육체 노동의 가치 |
| d. 혁신성 | k. 기술들을 개발함에 있어서 희생의 가치 |
| e. 자기-의존 | l. 돈의 가치 |
| f. 훈련 | m. 교육의 가치 |
| g. 창조성 | n. 다른 가치들―그것들을 거론하라 |

4. 기초적 국면 동안에 당신이 기본 기술 과정을 통해서 얻은 다음의 기술들에 체크하라.

| | |
|---|---|
| a. 비판적/분석적 사고 | f. 수리 기술들 |
| b. 재정의 관리 | g. 거래 |
| c. 기업가 형의 사고 | h. 음악 기술들―구체적으로 열거하라 |
| d. 감독 기술들 | i. 다른 것들―열거하라 |
| e. 관계 기술들 | |

5. 당신의 기초적 국면으로부터 주요한 기술 과정 항목을 제시하라. 그리고 기술들과 그것을 통해서 배워진 기술 태도들을 열거하라.

### ◆ 답변 ◆

1. 천막 만드는 일과 관련된 직업적 기술. 이 기술은 특히 사도적인 교회 개척을 행할 때 바울에 의해서 크게 사용되었다. 이 기술로 인해서 그는 주는 것에 관해서 능력 있게 가르칠 수 있었다. 바울은 또한 가말리엘로부터 분석적인 기술을 배울 수 있었는데 그것은 가말리엘이 모든 종류의 학습에 대해서 보여준 넓은 아량의 태도를 포함한다. 이러한 기술들은 바울이 자신의 신학을 형성하기 시작했을 때 큰 도움을 주었다.

2. 다윗의 양치기 경험은 그를 여러 방식으로 준비시켰다. 용기, 자신을 믿는 능력, 그리고 명상할 수 있는 능력이 양치기로서 학습한 기술로부터 나왔다.

3. a, b, c, d. 이것들은 대부분 운동경기를 통해서 학습된다.

4. a, b, e. 철저한 글쓰기 과정, 운동, 그리고 군사 훈련을 통해서 학습됨.

5. 주요한 기술 과정 항목: 스포츠. 기술은 스포츠를 통해서 학습된다: 어떻게 이기느냐. 어떻게 지느냐. 기술관련 태도들도 스포츠를 통해서 학습된다: 견인, 관계 기술.

## 기본 기술에 대한 해설

**기본 기술 과정 인식**　96 페이지에 있는 과정 인식 연속선에 대한 언급은 기본 기술 과정 항목이 하나님께서 주신 과정 항목으로 인지하기에 보다 어려운 것임을 보여 준다. 기초적 과정들은 하나님의 주권을 인정하는 빛에서 후기 리더십 기능들과 관련 지을 수 있다. 리더십 기능들을 기초적 과정들과 연관 짓는 것은 지도자의 삶에 하나님의 개입에 대한 큰 확신을 가져다 준다. 이것은 현재의 기능들에 대해서도 관련을 갖는다. 그러한 기능들의 싹이 기본 기술들로 추적될 수 있다.

**초기에 학습된 기술들/기술 태도들**　팀웍, 인내 그리고 최선을 다하고자 하는 열망은 종종 운동을 통해서 배워진 기술/기술 태도들이다. 혁신성, 자기-의존, 그리고 재정의 관리는 기초적 국면에서 파트 타임 직업을 갖거나 혹은 그들 자신의 사업을 시작한 잠재적 지도자들에 의해서 학습된다. 초기 음악 재능은 훈련, 기술들을 개발하는 데에 따르는 희생의 가치, 그리고 창조적으로 예배하는 재능으로 이끈다.

**초점**　기본 기술 과정 항목은 기술들과 그러한 기술들을 통해서 학습된 태도들을 후기 리더십 역할 혹은 리더십 스타일 혹은 리더십 특성과 연결시키려고 시도한다.

**무형식적, 비공식적 형태들**　기본 기술 과정 항목은 교육을 통해서 학습된 공식적 기술들에만 관계된 것이 아니라, 동시에 무형식적, 혹은 비공식적으로 학습된 기술들도 포함한다. 말하고, 사람들과 관계하고, 사람들의 감정을 느끼고 그리고 교감을 느끼는 재능은 종종 몇몇 문화의 사회화 과정들을 통해서 비공식적으로 학습된다. 다양한 문화들은 한 지도자의 리더십에 있어서 가정되는 "자연적 재능들"에 기본이 될 결정적 기술들을 사회화 과정을 통해서 부여할 것이다.

## 사회적 기초 과정 항목 (Social Base Process Item) symbol: P (SB)

**서론** 레빈슨 (남자의 삶의 계절들) 은 개발 국면의 안정화 기간 동안 한 가지 측정 형식으로 사회적 혹은 가족적 요인이란 개념을 사용한다. 모든 사람들은 특정한 종류의 사회적 단위에 근거해서 활동한다. 이 단위는 정서적 지원기능을 하고 개발에 관한 안내를 제공한다. 이것은 기독교 일꾼에게 있어서 진실이다. 특히 그것으로부터 지원과 사역을 이끌어 낼 특정한 종류의 안정된 사회적 기초를 가져야만 하는 선교적 일꾼에게 있어서는 더욱 그러하다.

**정의** 사회적 기초 과정 항목은 하나님께서 그 안에서 한 사람의 사회적 기초에 관하여 인도하시고 사역에 대한 사회적 기초의 우선순위 혹은 중요성에 관해서 교훈하시거나 아니면 사회적 기초의 구성원들로부터 세 가지 형성 (영적, 사역적, 전략적) 중의 어느 것에 관하여 교훈하는 그러한 사건들을 지칭한다. 이 과정 항목은 어떠한 발달 국면을 통해서도 일어날 수 있다.

**사례** 팅크 (1982a), 그리펜트로그 (1987), 왈드너 (1987), 핀젤 (1987), 짜브리스키 (1986)를 보라.

**종류들** 서구 문화들에서 사회적 기초는 독신들과 그 지지 요소들, 핵가족, 현대 사회에서 출현하는 다양한 다른 가족 유형들 주변을 맴돈다. 비서구 사회에서 사회적 기초는 확대된 가족 혹은 다른 친족 네크웍이 될 수도 있다.

**원인적 근원, 배우자** 서구 선교에서 배우자들은 종종 동반자의 개발에 있어서 영향력이 크다. 지도자의 개발에 결정적인 많은 관계적 교훈들과 다른 중요한 통찰력들은 배우자의 원인적 근원 혹은 다른 중요한 사회적 기초의 구성원을 통해서 온다.

**원인적 근원, 독신**　독신의 문제는 선교사의 삶에 있어서 많은 중요한 과정 사건들을 위한 원인적 근원이 될 수 있다.

**연합**　종종 이 과정 항목은 순종 검증, 말씀 검증, 인도하심 과정 혹은 구조적 통찰들과 같은 다른 과정들과 연합될 수도 있다.

## 사회적 기초 과정 항목에 대한 복습

1. 당신의 기초적인 기간들 동안 당신이 경험했던 사회적 기초를 간략하게 기술하라. 이것은 당신이 아이로서 양육되던 가족 상황을 말한다.

2. 당신의 지도력에 영향을 끼쳤을 수도 있는 어떠한 과정 사건을 경험하도록 만든 사회적 기초 범주에 체크하라.

a. 특별한 인도하심

b. 사역과 사회적 기초 사이의 관계에 관한 교훈들

c. 리더십에 영향을 미친 사회적 기초로부터 얻은 관계 통찰들

d. 하나님 앞에서 독신됨의 문제

e. 배우자를 통해서 배운 중요한 교훈들

f. 결혼에서, 배우자 혹은 자아와 관련해서 사역의 우선순위

g. 사회적 기초 과정과 다른 과정의 조합: 만일 당신이 아는 것이 있다면 무엇인지 구체적으로 언급하라.

h. 다른 것들: 당신이 기술하라—

3. 당신의 현재 사회적 기초를 체크하라.

a. 마지못한 독신, 불분명한 지지하는 사람들

b. 선택에 의한 싱글, 독립적으로 활동함

c. 독신, 팀 환경에서 활동함.

d. 독신, 몇몇 우정/지지 단위에 의해서 후원 받음

e. 기혼 – 핵 가족, 주로 사회적 지탱 역할에 있어서

f. 기혼 —핵 가족, 사회적 지원과 사역 역할을 공유함.

g. 기혼 —핵 가족, 주로 사역 역할에 있어서

h. 기혼 —다른 가족, 지원/사역 프로필을 구체적으로 명시하시오:

4. 무엇이 당신이 사회적 기초 과정과 관련해서 배운 가장 중요한 교훈인가?

### ◆ 답변 ◆

1. 핵 가족, 어떠한 부모도 사역에 깊숙이 개입하시지 않으셨다. 어머니는 사회적 지원 역할을 주도하셨다. 아버지는 직업에 종사하셨다. 후에 두 분 모두 직업에 종사하셨는데 어머니는 여전히 가족들에게 주요한 사회적 지지를 제공하셨다.

2. b, c, e, g.

3. f.

4. 첫째, 지도자는 적절한 사회적 기초위에서 활동해야만 한다. – 효과적인 사역을 위해서는 정서적이며 사회적 지원이 필요하다. 둘째로, 사역을 추구하는데 배우자가 그것을 반대하는 경우, 사역을 적절히 감당하지 못할 것이다. 셋째, 특별한 경우에 지도자는 많은 것을 요구하는 사역 환경에 집중하기 위하여 적절한 사회적 기초를 희생해야만 하는 경우도 있다. 넷째, 몇몇 기관들은 기혼자와 마찬가지로 독신을 위한 사회적 기초의 중요성을 인식한다. 다섯째, 선교 현장에서 독신들을 위해서 기능적으로 대체적인 사회적 기초들이 의도적으로 탐색되고 개발되어야 한다. 여섯째, 당신의 성장기에 경험한 사회적 기초는 당신이 성년이 되어서 개발하는 사회적 기초에 거의 결정적으로 영향을 미칠 것이다.

## 사회적 기초 과정 항목에 대한 해설

**계속 진행되는 항목**　한 선교사 (미혼이든 기혼이든) 가 다루어야만 하는 가장 중요한 문제들 중의 하나는 선교 노력을 지원하는 개인적 사회적 기초 단위이다. 그것은 특별한 종류의 계속 진행되는 관계 통찰 과정 항목이다. 무엇보다도 먼저 미혼 혹은 기혼의 문제와 관련된 하나님과의 관계가 존재한다. 두 번째로, 만일 기혼이라면 사역 내내 일꾼, 배우자 그리고 가족들 사이의 상호 작용이 존재한다. 혹은 만일 미혼이라면 배우자와 가족에 대한 기능적 대리인과 미혼 일꾼의 그 대리인과의 관계가 존재한다. 종종, 때때로 그 일꾼의 리더십에 중대한 영향을 미치는 이 사회적 기초에 관계된 결정적 사건이 있을 수 있다. 그것은 세 가지 형성들—영적, 사역적, 전략적 — 중의 어떤 것에도 관계될 수 있다.

**조합 항목들**　하나의 사회적 기초 과정 항목은 종종 다른 과정 항목들과 조합되어서 존재할 것이다. 결혼에서의 갈등과 위기는 사회적 기초 과정을 포함하는 조합이다. 만일에 말씀 혹은 순종 항목에 대한 반응에서 행해졌다면 어떠한 사역에 대해서 자신을 전적으로 헌신하기 위하여 미혼으로 남는 결정은 과정의 조합의 또 다른 예가 될 것이다. 후에 주어진 과정 항목들의 특징들 중의 하나는 중복 특징이다. 과정 사건들은 과정 항목들과 반드시 일대일로 일치하지 않는다. 즉, 하나의 주어진 과정 사건이 대여섯 가지의 동시에 발생하는 과정 항목들을 포함할 수도 있다. 이것들 가운데 하나 혹은 더 많은 것이 초점이 될 수 있고 한 사람이 그 상황을 분석할 때 주도적인 것으로 발견될 수 있다. 이것이 종종 사회적 기초 과정에 수반되는 경우가 될 것이다. 팅크 (1982) 를 보라.

**기능적 대리인**　미혼 사역자들은 만일 그들이 예상되는 심각한 고립 과정을 직면하지 않고 사역하고자 한다면 하나의 가족, 사회적 기초에 대한 기능적 대리 인물을 발견할 필요가 있을 것이다. 좋은 기능적 사회적 기초 단위가 없이 수년간 사역하고 심각한 고립 과정을 경험한 미혼 사역자의 예를 위해서는 칼슨 (1985) 을 보라.

**프로필들** ┊ 기혼 사역자들은 사역의 초점에 있어서 다양한 조합들 가운데 활동한다. 전형적인 프로필은 다음을 포함한다: 배우자1: 비중이 큰 직접 사역, 배우자 2: 지원 역할 <sup>(혹은 반대로)</sup> ; 배우자 1과 배우자 2: 비중이 큰 직접 사역, 지탱 기능들은 서로 나눈다; 교체 상황: 배우자 1 일정 기간 동안 사역, 배우자 2 지원에 비중을 둠; 역할들이 시간이 지난 후에 바뀌어질 수 있다. 종종, 다양한 프로필들은 자녀들의 돌봄을 중심으로 이루어진다. 적성에 근거한 이상적인 프로필들은 상황적 그리고 문화적 압력들 때문에 종종 실제적이지 못하다.

## 단원1-기초적 항목들에 대한 요약

### 개관

지도자 평생개발론은 지도자의 **삶의 기초 국면**을 분석한다. 삶의 후기에 그 사람의 리더십 기능에 대한 빛을 비추어줄 자료들을 확인하기 위해서이다. 그러한 자료들은 이 기간 동안에 형성된 성격 특성, 상황적 요소 혹은 문화적 요소 등에 기인한 리더십 상의 한계를 보여줄 수도 있다. 그것은 또한 후에 개발될 필요가 있는 잠재적 역량을 나타낼 수도 있다. 분석을 통해서 전에는 보이지 않았던 숙명 준비 항목과 관련된 하나님의 암시를 드러낼 수도 있다. 그러한 요소들은 보다 강력한 리더십을 촉진시킬 수 있을 것이다.

이 시기를 검토함으로 얻게 된 두 가지 결과는 자기 자신을 하나님의 특별한 목적을 위해서 독특하게 형성된 리더십을 발휘하도록 만들어진 존재로 받아들이는 것과 삶의 초기 형성 부분에서 하나님의 손길이 임하심을 보다 깊숙이 인식하는 것을 포함해야만 한다. 즉 하나님께서 그 시기 동안 그것이 즐겁든 그렇지 않든 평생 개발과 섬김을 향한 관점을 갖고 감독해 오셨다는 것이다. 단편들은 의미를 갖는다. 우리는 이것을 믿기 위해서 주권적 관점을 필요로 한다. 그리고 자료들이 다 모이지 않았다는 것을 기억해야 한다. 우리의 섬김의 삶의 마지막에 우리는 단편들을 맞출 것이고 전체 그림이 완성된 것을 볼 것이다. 우리가 이 기초적 시기를 하나님께서 독특하게 기초를 놓으시는 시기로 받아들인다면 이 시기의 의미는 점차 분명해질 것이다.

### 개발 과제들

초기 기초 국면의 **주요한 개발 과제**는 한 사람의 삶에서 리더십 역량에 관계된 기초를 놓는 것이다. 영향을 미치는 **지도자의 역량**은 부분적으로는 성격으로부터, 부분적으로는 기술과 재능으로부터 그리고 부분적으로는 리더십에 관한 가치들로부터 나온다. 이 국면 동안에 **성격, 기술, 재능**, 그리고 **가치**와 관련된 많은 기초가 놓여질 것이다. 후기 국면들은 리더십 역량의 영적 측면에 초점을 맞출 것이다.

리더십 역량과 관련된 기초 놓는 과정은 개인에 따라서 다를 것이다. 많은 복합적인 요인들이 개입되는데 하나님께서 그 개인에게 갖고 계신 장기적인 리더십 목적을 간과할 수 없다. 모든 지도자들에게 있어서 후기 개발 과제는 이 기초 국면의 일반 과제보다 보다 공통적인 것이 될 것이다. 여기에서 기초가 놓여지는 과정은, 그것들이 어떠한 것이고 또한 어떻게 되어지느냐에 있어서 각 개인에 따라서 큰 편차를 보이게 된다.

### 이 국면에 대한 지도자의 현재적 반응

이러한 과정을 회고하는 지도자의 반응은 어떠해야 하는가? 그 사건을 바꾸기에는 너무 늦었지만 그 과정 항목들로부터 배우기에는 너무 늦지 않았다. 그러면 무엇이 행해질 수 있겠는가? 하나, 정직하게 그 기초적 시기를 있는 그대로 인식한다. 둘, 그것들이 일어났을 때보다 오늘날 보다 분명할 수 있는 숙명 준비 항목들을 주목한다. 그것들에 대한 성찰과 발생한 일을 새로운 관점으로 바라보며 신선함을 느끼는 것은 숙명과 삶에서의 숙명의 성취에 대한 당신의 감각을 강화시키는 것이 되어야 한다. 셋, 당신의 리더십에 제한을 가하는 것 중에서 이 국면에서 기인하는 것은 무엇인지 그것을 인정하고 그것들이 여전히 구속적이고 변화될 수 없는 것인지에 대해서 결정을 내린다. 넷, 향후 개발과 수렴을 향한 이동에 영향을 미치는 주요한 결정을 내릴 때 이 국면으로부터 발견된 것들을 고려하라. 다섯, 이 국면에서 예시되는 가능한 확장 영역을 인정하고 향후 사역에서 그것들을 개발하고 활용할 단계를 밟는다. 진입 상황 과정에 대한 심층 연구는 당신으로 하여금 당신의 리더십 잠재력을 위해서 놓여진 독특한 측면을 보게 하고 몇몇 궁극적인 목적을 분명히 볼 수 있게 해 줄 것이다. 무엇보다도 하나님께서 당신을 장기적으로 만들어가는 일환으로 이 국면에서 허용하거나 통제하신 것을 받아들이라.

우리는 이 기초적 과정에서 우리가 경험했던 사건들로 돌아가거나 변경시킬 수 없다. 그러나 우리는 그것을 해석하는 방식을 바꿀 수 있다. 우리를 위한 하나님의 개발 목적의 빛에서 그것을 이해할 때 이 초기 과정에 관해서 급진적인 태도 변화를 일으킬 수 있다.

## 단원2-전환 과정 (Transitional Processing)

여태까지 우리는 후기 리더십에 지대한 영향을 미칠 수 있는 기초 과정들을 살펴보았다. 그러한 기초 과정에는 숙명 준비, 진입 상황, 가족 영향력, 기본 기술 그리고 사회적 기초 등이 있다. 이러한 기초 과정은 성년과 리더십으로의 전환 과정으로 이어진다. 지도자는 자라나면서 특정한 사회적 기초를 경험했고 성인으로 이동할 때 또 하나의 사회적 기초로 이전하게 될 것이다. 하나님의 부르심과 초기 성격 시험이 리더십으로의 전환을 위한 배경이 될 것이다. 이러한 주제들이 리더십으로의 전환 과정을 다루는 이 단원에서 전개될 것이다.

이 단원에서 우리는 부상하는 지도자가 초기 성인으로 나아갈 때 일어나는 과정을 기술한다. 몇몇에게 있어서 리더십으로의 전환 시기는 삼십대 중반 혹은 더 늦게까지 지속될 수 있다. 이전의 초기 부분은 대여섯 개의 개발 과제에 집중하는데 그것들은 주로 "뒤 돌아보는" 것이다. 이것들은 다음과 같다: 1) "방출 과제", 대부분의 이전 국면을 통제했던 가족 구조로부터 자유롭게 떨어져 나오는 것이다. 2) "첫 번째 과제", 그것은 다가오는 국면을 위한 역할/구조에 관한 결정을 포함한다. 그리고 3) "내면화하는 과제", 그리스도에 대한 자신의 이전의 태도를 보다 인격적인 것으로 만들어가는 과정이다. 이 시기 동안의 과정 항목들은 "첫 번째 과제"와 "내면화 과제"의 안정화 과정을 거치면서 성격 형성에 주로 집중한다.

"뒤돌아보는 과제들"에 있어서 진보가 이루어짐에 따라서 리더십 부상과 관련된 "전환 과제들"이 발생하기 시작한다. 그것들은 다음과 같다: 1) 시험을 통한 기본 리더십 성격의 형성, 그리고 2) 계속적인 리더십 잠재력의 확인. 지도자의 반응은 그 시험에 긍정적으로 반응하며 시험 후의 확장을 위해서 준비하는 것이다.

이 전환 과정에서 나타나는 주요한 리더십 개발 유형은 시험—확장 사이클인데 그것은 성격을 개발하기 위해서 사용된다. 지도자 측에서 시험에 대해서 성공적으로 반응할 때 내적인 성장과 사역의 확장이 수반된다. 시험—확장 유형은 세 가지 측면을 포함한다. 시험, 그 시험에 대한 반응, 시험의 후속결과. 긍정적인 반응에 있어서 후속결과는 지연될 수 있지만 확장을 포함한다. 부정적인 반응에 있어서는 그것이 지연될 수도 있으나 반복된 노력 혹은 교정 혹은 징계적인 행동을 포함하는 치료 활동이 주어진다.[1]

---

1) T.1과 T.2와 같은 이러한 시험 유형은 11장에서 보다 상세하게 기술되지만 잠재적 지도자들을 리더십으로 이전시키기 위해서 사용되는 이러한 기본 과정 항목들과 관련해서 여기에서 언급되었다.

하나님께서는 종종 부상하는 지도자의 마음 중심―즉 사역 성격의 핵심―을 시험하기 위하여 세 가지 주요한 과정 항목들을 사용하신다. 이 세 가지는 **성실성 검증** (Integrity checks ), **순종 검증** (Obedience checks), 그리고 **말씀 검증** (Word checks)이다. 이러한 과정 항목들이 검증이라고 불리는 것에 주목하라. 검증은 "확인과 균형" 이란 뜻에서 사용되었다. 이것은 이러한 과정 항목들의 시험적인 성격을 우리에게 상기시킨다. 이러한 시험은 전환 개발 과제의 성취와 시험을 통한 기본적인 리더십 성격의 형성을 향하여 나아가게 한다.

네 번째 항목인 **사역 과제 과정 항목**은 두 가지 개발 과제에 초점을 맞춘다: 성격 형성과 리더십 잠재력의 확인이다. 그 항목은 어떠한 특정 사역 임무를 행하는 가운데 성격을 시험한다. 이 항목은 유용성 (availability) , 신실성 (faithfulness), 그리고 신뢰성 (dependability) 등의 자질을 시험하고 개발한다. 또 리더십 잠재력을 확인해준다. 이 사역 과제 과정 항목은 이 전환기 뿐만 아니라 전임사역의 초기 기간 내내 발생한다.

빈도수는 낮지만 특정 종류의 지도자들을 개발시키는 데 있어서 특히 중요한 다섯 번째 항목은 **믿음 검증**이다. 모든 지도자들은 리더십에 있어서 하나님을 신뢰할 필요가 있다. 믿음 검증은 그러한 최초의 아기 걸음마 단계인데 젊고 부상하는 지도자는 믿음의 발걸음을 떼는 것을 배운다. 사도적 리더십을 계속 수행할 몇몇 지도자들은 믿음 검증이 그들의 사역에 기본이 되는 것을 발견할 것이다.

마지막으로, 여섯 번째 항목인 **리더십 헌신 과정 항목**은 일평생에 걸쳐서 따라야 할 리더십을 위한 견고한 기초를 제공한다. 리더십 헌신 과정은 대개 숙명 과정에 토대가 된다.

## 성실성 검증 과정 항목 (Integrity Check Process Item) 기호: P(IC)

**서론**　리더십을 위한 성경적 자격들의 어떠한 평가도 그 핵심은 성실성이다. 즉 그 자신을 전적인 진실, 정직 그리고 솔직함 가운데 드러내며 속임수와 인위성을 피하는 일련의 도덕적인, 예술적인 혹은 다른 가치들에 타협하지 않고 추종하는 것이다 (웹스터로부터 채용함).

**정의**　성실성 검증은 하나님께서 마음의 의도, 내적 확신들과 외적 행동들 사이의 일관성을 평가하기 위하여 사용하시는 특별한 종류의 과정 시험이다. 하나님께서는 그것을 영향력을 미치는 지도자의 역량을 확장시키는 기초로 사용하신다.

**구약의 사례**　다니엘 (단1:5); 사드락, 메삭, 아벳느고 (단3); 요셉 (창39장), 아브라함 (창24장) 입다 (삿 11)

**신약의 사례**

바울 (행20:22, 23)

**종류들**

● 유혹 (확신 시험)

● 상황 (정직 시험)

● 가치 검증 (궁극적 가치 명료화)

● 충성 (충성 시험)

● 인도하심 (대안 시험-성령께서 어떠한 목적 행동으로의 헌신을 이끄신 후에 더 나은 것을 제공함)

● 사역 비전에 반하는 갈등 (인도하심/믿음 시험)

● 말씀 갈등 혹은 순종 갈등 (대개 인도하심에 있어서 복합성 시험)

● 리더십 반발 (견인/믿음/인도하심 시험)

● 박해 (확고함 검증; 예언 혹은 상황적 형세를 통해서 올 수도 있다)

**사용 예들**

● 약속 혹은 맹세에 대한 이행여부 (follow-through) 를 보기 위하여

● 사역 혹은 비전에 대한 짐을 확신시키기 위하여

● 내적—성격 능력 (inner-character strength) 에 대한 확신을 허용하기 위하여

● 믿음을 세우기 위하여

● 앞으로 전개될 후기 리더십에 매우 중요한 내적 가치들을 확립하기 위하여

● 복종 (submission) 을 가르치기 위하여

● 다른 사람들에게 하나님께 복종하는 것의 심각성을 경고하기 위하여

**시기** 성실성 검증은 대개 리더십으로 이전하는 초기에 일어난다. 종종 후기에 하나의 주어진 사역 초점으로부터 다른 것으로 전환하는 결정적 시기에 성실성 검증이 있을 것이다.

## 성실성 검증 과정 항목에 대한 복습

1. 성경적 지도자의 정의의 네 국면들을 다시 읽어보라.

우리가 리더십 개발을 연구함에 있어서 관심을 갖는 성경적 맥락에서의 지도자는 다음과 같은 사람이다.

지도자는 …▸

1.하나님께서 주신 역량, 그리고,

2.하나님께서 주신 책임을 가지고

3.일단의 하나님의 백성들에게

4.그들을 향한 하나님의 목적을 향하여 나아가도록

**<u>영향력을 행사하는 사람이다.</u>**

하나님께서 한 지도자를 이러한 네 가지 기능들을 향하여 개발시키실 때,

그 네 가지 기능들 중의 어느 것의 개발을 위한 수단의 일부로서 성실성 검증 과정 항목이 기능하는가?

2. 이미 언급된 것 외에 다른 성실성 검증의 성경적 사례들을 여기에 기록해 보라.

누구:
.....................................................................................................

성경 어디에서 발견되는가:
.....................................................................................................

사건의 짧은 기술:
.....................................................................................................

도전:
.....................................................................................................

반응:
.....................................................................................................

결과:
.....................................................................................................

3. 성실성 검증 항목들 중 어떠한 것을 당신 자신의 리더십 개발에 있어서 개인적으로 경험했는가? (해당되는 것에 체크하라.)

(______) a. 유혹 (확신 시험)

(______) b. 상환 (정직 시험)

(______) c. 가치 검증 (궁극적 가치 명료화)

(______) d. 충성 (충성 시험)

(______) e. 인도하심 (대안으로 더 나은 제안)

(______) f. 사역 비전에 반하는 갈등 (믿음 시험)

(______) g. 말씀 갈등 혹은 순종 갈등 (대개 인도하심에 있어서 복합성 시험)

(______) h. 리더십 반발 (믿음/견인/인도하심 시험)

(______) i. 박해 (확고함 검증)

4. 다음의 성실성 검증의 사용용도들 가운데 어느 것을 당신 자신의 삶에서 경험해 보았는가?

( ) a. 약속 혹은 맹세에 대한 후속 이행을 보기 위하여

( ) b. 사역 혹은 비전에 대한 부담을 확신시키기 위하여

( ) c. 내적인 힘에 대한 확신을 허용하기 위하여

( ) d. 신앙을 세우기 위하여

( ) e. 후기 리더십에 중요한 가치들을 확립하기 위하여

( ) f. 복종을 가르치기 위하여

( ) g. 하나님께 순종하는 것의 심각성을 다른 사람들에게 경고하기 위하여

5. 3번 질문에서 당신이 표시한 어느 한 항목에 대해서 그 검증의 본질들을 간략하게 기술하고 그것을 소그룹에서 혹은 다른 관심있는 사람과 나눌 준비를 하라.

종류:
.................................................................................
배경:
.................................................................................
도전:
.................................................................................
나의 반응:
.................................................................................
결과:
.................................................................................
후기 리더십에 미치는 영향:
.................................................................................

### ◆ 답변 ◆

1. 내가 생각하기에 성실성 검증 과정 항목은 대개 2번과 4번과 관련해서 주어지는 것 같다.

2. **누구:** 아나니아와 삽비라 (간접적으로 전체 예루살렘 교회)

   **성경 어디에서 발견되는가:** 사도행전 5:1-11.

**사건의 짧은 기술:** 아나니아와 삽비라는 땅의 일부를 팔았다. 그리고 그 모든 땅 판 값을 교회에 주겠다고 선언했다. 그런데 실제로 그들은 거짓말을 했다; 그들은 땅 판 값의 일부만을 내 놓았다. 베드로가 그들을 대면했다.

**도전:** 아나니아와 삽비라는 베드로가 그들을 대면했을 때 모두 개인적으로 성실성에 대해서 시험받았다.

**결과:** 두 가지 결과가 있었다. 1) 베드로는 하나님의 심판을 선언했다. 하나님께서는 그들의 생명을 거두어가심으로 궁극적인 징계를 하셨다. 2) 교회는 그것을 보고 새로운 방식으로 하나님의 능력과 성령의 사역을 인식하게 되었다.

3. **나의 답:** a., b., e.

4. **나의 답:** a., c., d.

5. **여기에 내가 개인적으로 경험한 것이 있다:**

   **종류:** 반환

   **배경:** 내가 군대에서 제대했을 때 나는 몇몇 장비를 갖고 나왔다. 그것들은 비록 내가 사용하도록 나에게 할당된 것이었지만 실제로 내 것은 아니었다.

   **도전:** 하나님께서는 정직에 대해서 나에게 도전하셨다.

   **내 반응:** 나는 그 장비를 어떻게 돌려줄지 알지 못했다. 그것은 쓰던 물건이었고 대개 쓰고는 버려지곤 했던 것이었다. 그래서 나는 그와 더불어 개인적인 성경 공부를 하던 멘토에게 문의했다. 그는 텍사스에 있는 서비스 센터에 그 돈을 보낼 것을 제안했다. 그 센터는 군대에 있는 자들을 섬기는 곳이었다. 나는 적어도 군대에 다소간의 가치를 되돌려주게 된다는 것이다.

   **결과:** 나는 그렇게 행했다. 하나님께서는 나의 제자화 사역에서 내 노력을 축복해 주셨고 내 영향력의 범위를 계속 넓혀 주셨다.

   **후기 리더십에 대한 효과:** 나는 상환의 가치를 직접 체험할 수 있었다.

## 성실성 검증 과정 항목에 대한 해설

**중요성**  이전에 언급된 바와 같이, 사역에서의 실패는 사역적 형성이나 전략적 형성 문제들보다 주로 영적 형성 문제들 <sup>(영성)</sup> 에 기인한다. 대부분의 이러한 실패들은 이 전환 기간의 초기에 있었던 성실성 검증의 기본적 실패로 거슬러 올라갈 수 있다.

**세 부분의 순서**  성실성 검증에는 세 가지 부분들이 있다: 내적인 확신에 일치할 것에 대한 도전. 도전에 대한 반응, 그리고 확장하는 결과. 종종 결과로서의 확장은 지연되거나 장기간에 걸쳐서 일어나지만 성실성 검증으로부터 온 것을 분명히 알게 된다. 지연된 확장은 보디발의 아내의 유혹에서 보는 요셉의 고전적 시험에서 볼 수 있다. 다니엘의 포도주 시험은 즉각적인 확장의 예가 된다.

**보다 넓은 영역의 사역을 위한 준비**  성실성은 디모데서와 디도서의 성경적 리더십 특성 목록들의 심층 분석에 의해 보일 수 있는 것처럼 성격의 핵심이다. 하나님께서는 종종 지도자의 성실성을 시험하여 보다 넓은 범위의 영향력을 미치도록 그를 준비시킨다. 마음의 의도와 의도에 따른 후속적 이행은 성실성 검증에서 검증된다. 대개 성실성 검증의 성공적인 통과는 보다 넓은 범위의 영향력을 갖고 하나님을 섬길 수 있는 보다 강력한 지도자를 낳는다.

**계속적인 성실성**  성실성 검증은 리더십으로 들어가는 시험으로서 특히 생의 후기에서 많은 것을 요구하는 사역으로의 입문을 위한 시험으로서 발생한다. 대개, 사역 기간 동안의 성실성에 관련된 과정은 리더십을 위한 시험의 형태를 취하지 않고 리더십 성격을 계속적으로 빚는 형태로 주어지고, 인도하심 그리고 말씀 혹은 문헌적 혹은 다른 일상적 확장 항목들에 관한 과정과 조합되어 발생한다.

**원인적 근원**  종종 성실성 검증은 부상하는 지도자 주위의 사람들에게는 철저하게 알려지지 않은 채 일어난다. 그것의 내면적 성격 때문이다. 두 번째 원인은 사건이나 사람이 될 수 있다. 그들은 자신들이 근원들이라는 것을 알지 못할 수도 있다. 주된 원인적 근원은 양심을 통한 내적인 것이다. 성령께서 양심을 형성하신다.

## 순종 검증 과정 항목 (Obedience Check Process Item) 기호: P(OC)

**서론**　한 지도자는 다른 사람들로 하여금 복종하도록 영향력을 미쳐야만 한다. 필요한 첫 번째 단계는 그 지도자가 개인적으로 복종을 배우는 것이다. 한 지도자는 하나님의 목소리를 인식하는 것을 배워야만 하며 하나님께서 말씀하시는 것을 이해하고 복종이 요청될 때 복종해야만 한다. 대개 복종 과정 항목은 지도자의 개발에 있어서 초기에 학습되고 생애를 통해서 반복된다. 종종 첫 번째 교훈들은 검증들로서 온다, 즉 그 지도자는 복종에 관해서 시험된다. 적절한 인식과 반응은 성장과 더 이상의 계시로 이끈다.

**정의**　순종 검증은 하나님께서 한 사람의 생애에서 계시된 진리에 대한 개인적 반응을 시험하시는 특별한 범주의 과정 항목들을 언급한다.

**사례**　아나니아 (행9장), 베드로 (행10장), 바나바 (행4장), 빌립 (행8장)

**종류들**

종종 보여지는 몇몇의 순종 검증들은 다음의 것들에 관심을 갖는다:

● 소유하기/주기에 관한 학습,

● 배우자 선택과 하나님을 우선적으로 두는 것에 관한 학습

● 사역에서 하나님에 의해서 사용되기를 기꺼이 바라는 것

● 하나님께서 보여 주신 진리를 기꺼이 신뢰하는 것

● 기꺼이 용서하기

● 기꺼이 무언가를 고백하기

● 기꺼이 계속되는 잘못을 바로잡기

**순서**　순종검증 유형도 세 국면이 있다. 한 문제와 관련해서 하나님으로부터 복종 요구가 주어지고, 지도자의 반응이 있고, 그 결과가 있다. 복종에 대한 요구는 기록된 말씀에 관한 것일 수도 있고 혹은 몇몇 구두의 말씀의 결과, 혹은 이미 알려진 것의 적응에 관한 것일 수도 있다. 반응은 긍정적일 수도 부정적일 수도 있다. 긍정적 반응은 즉각적 순종일 수도 있으나 그 외에 순종하고자 하지만 그 이상의 명료함을 필요로 하는 경우도 있다. 부정적 반응은 복종하기를 거부하는 것이다. 긍정적으로 반응하는 자들에 대한 결과는 대개 더 많은 진리의 조명이다; 부정적인 반응은 거의 대부분 어떠한 치료적 행동을 초래한다.

**중요성-사용처**　지도자들은 하나님께서 진리를 맡기시고 다른 사람들을 인도할 책임을 맡기실 자들이다. 지도자들은 사람들이 복종하기를 기대할 것이다. 한 지도자는 무엇보다도 먼저 다른 사람들이 따르기를 기대하기 전에 주님께 복종하는 추종자이어야만 한다. 지도자들은 만일 다른 사람들이 그들의 영적 권위를 인정할 것을 기대한다면 계속적으로 복종을 모델로 보여 주어야만 한다.

## 순종 검증 과정 항목에 대한 복습

1. 고넬료와 관련해서 베드로에게 사용하신 순종 검증을 검토하라

(행 10장을 보라)

a.당신 자신의 말로 그 과정의 단계들을 서술하라.

b.어떠한 방식에서 이 과정 항목이 하나님에 의해서 베드로의 리더십 개발에 사용되었는가?

c.하나님의 관점에서 볼 때 왜 이 과정 항목이 그토록 중요한가? (당신이 생각하기에는 하나님께서 의도하신 보다 큰 목적들은 무엇이었는가? 행15장을 숙고하라)

2. 사도행전 4:32-37에 암시된 순종 검증에 대해서 주의 깊게 생각하라. 어떻게 이 과정 항목이 바나바의 리더십 개발에 영향을 끼치는지 제시하라.

(당신은 행11:27-30, 롬15:25-29 그리고 고후8, 9장에 대해서 생각해 볼 수도 있다)

3. 당신 자신의 경험에서 순종 검증을 확인할 수 있는가? 어떤 범주에 그것이 맞아 떨어지는지 체크하고 당신이 보기에 어떻게 이 복종 검증이 당신을 지도자로서 개발하기 위하여 사용되었는지 짧게 설명하라.

    a. 소유와 나눔에 관한 배움

    b. 배우자 선택과 하나님을 우선적으로 여기는 것에 대한 배움

    c. 사역에서 하나님에 의해서 사용되기를 기꺼이 바람

    d. 하나님께서 보여 주신 진리를 기꺼이 신뢰함

    e. 기꺼이 용서함

    f. 무언가를 기꺼이 고백함

    g. 기꺼이 잘못된 것을 바로 잡음

    h. 몇몇 다른 종류, 당신이 그것을 거론하라:

어떻게 이 복종 검증 과정 항목이 당신의 리더십 개발에 영향을 주었는가?

### ◆ 답변 ◆

1. a. 1단계. 하나님께서 환상 가운데 고넬료에게 진리를 드러내신다. 2단계. 하나님께서 고넬료에게 순종 검증을 하신다. 베드로를 데려오기 위하여 욥바로 사람을 보내라. 3단계. 하나님께서 진리를 계시하시기 위하여 베드로의 정기 기도 시간을 활용하신다. 4단계. 하나님께서 베드로에게 주시고자 하시는 새로운 진리에 관해서 베드로의 관심을 끌어내기 위하여 자연적 육체적 갈망을 활용하신다. 5단계. 하나님께서는 보자기와 불결한 짐승들의 환상을 사용하셔서 베드로에게 한 진리를 경험적으로 가르치신다. 베드로는 아직 그 환상의 보다 큰 의미를 이해하지 못한다. 그

러나 그는 그것에 관하여 계속 생각하면서 그것에 관하여 인지적으로 배우고자 마음을 연다. 6단계. 베드로는 성령으로부터 순종 검증—내가 그들을 보냈으니 이 사람들과 함께 가라—을 받는다. 7단계. 베드로는 순종하고 그 환상에 대한 하나님의 보다 큰 의도를 보게 된다. 이방인은 불결하지 않다. 그는 성령께서 "내가 그들을 보냈으니 그들과 함께 가기를 주저하지 말라"고 말씀하실 때에 그것을 깨달았다. 사도행전 10장 27-29에서 고넬료에 대한 그의 답변을 보면 그가 그 진리를 깨달은 것을 알 수 있다. 8단계. 하나님께서는 사도행전 2장에서처럼 성령의 외적인 증거를 사용하셔서 그 진리를 다시금 확증하신다. 9단계. 이방인들이 예수를 따르는 자들로서 세례를 받는다.

이 이야기가 또한 중복 확인 인도하심 과정의 사례도 된다는 것에 주목하라. 하나님께서는 고넬료에게 또한 베드로에게 진리를 계시하시고 그들이 함께 만나도록 하심으로써 그들이 상대방의 계시를 확인하도록 하신다. 이 인도하심은 분명해야 할 필요가 있는데 그것은 이 이야기가 세상을 구원하고자 하시는 하나님의 목적에서 주요한 경첩이 되기 때문이다. 또한 두 개의 순종 검증이 주어진 것에 주목하라—하나는 고넬료에게이고 또 하나는 베드로에게이다.

b.  베드로는 이해의 폭을 넓혀서 예수께서 유대인뿐만 아니라 이방인들도 구원하시고자 하신다는 것을 알게 되었다. 후에 그는 사도행전 15장의 예루살렘 공의회에서 이러한 확신을 용기있게 피력한다. 그것은 이방인들을 향한 바울의 상황화를 용인하는 것이었다.

c.  하나님의 보다 크신 목적은 이 환상과 이방인을 구원하기 위하여 바울을 부르신 것을 포함한다. 하나님께서는 베드로에 관한 이 이야기를 사용하셔서 이방인에 대한 바울의 사역을 지지하고자 하신다.

2.  바나바는 소유와 나눔, 그리고 그리스도인의 삶을 나눔에 관한 본질적 의미와 관련된 분명한 순종 검증에 반응하였다. 그의 순종은 그가 성령의 격려를 인식하기를 배웠다는 것을 보여준다. (이 긍정적 사례는 즉각적으로 이어지는 부정적인 사례와 관련해서 볼 때 특히 중요하다.) 이 경험적인 교훈이 바나바의 사고에 깊은 영향을 미쳤다는 것은 바나바가 타인들로 하여금 주도록 영향을 미쳤다는 사실에서 보여질 수 있다. 그는 안디

옥 교회를 위하여 이 일을 행했다. 그것은 바울에게 있어서 명백한 과정 항목이었다. 바울에 대한 바나바의 영향은 크게 증폭되었다. 왜냐하면 바울이 어디로 가든지 소유와 나눔 그리고 다른 그리스도인들과 나눔에 관한 결정적 진리는 강조되었기 때문이다.

3. a. 하나님께서는 내가 성경 대학에 입학한지 첫주 이내에 다른 학생들과 재정을 나누는 것에 관해서 나를 두 번 시험하셨다. 하나님께서는 다음 삼 년 동안 우리의 재정적 필요를 채워 주셨다. "우리 것" 모두에 대한 하나님의 소유권과 나눔과 줌에 관한 이 관점은 나의 사역과 내가 영향을 미친 자들 모두에게 영향을 미쳤다.

## 복종 검증 과정 항목에 대한 해설

**개발 초점-의지적 목표** 지도자는 다른 사람들이 순종하도록 영향을 미치기 위해서는 순종을 배워야만 한다. 하나님을 순종하도록 조건지어진 의지는 모든 지도자가 갖추어야 할 우선적인 도구이다. 그것으로 그들은 영적 권위를 개발하기 위한 기초적 토대를 갖는다―그들의 삶 가운데에서 살아계신 하나님을 경험하는 것이다.

**아브라함의 고전적 순종 검증-특징들** 창세기 22장에서 하나님께서 아브라함에게 이삭을 바치도록 요구하신 것은 순종 검증의 여러 가지 중요한 특징들을 보여준다.

1. 순종 검증은 몇몇 이전의 이끄심에 모순되는 것처럼 보일 수 있다. 이 순종 검증은 이삭에 관한 일련의 숙명 경험들과 약속들 때문에 특히 어려웠다. 아브라함은 그의 미래 후손이 이삭에 의존한다는 것을 알았지만, 그러나 그는 여전히 하나님께 순종하기를 원했다.

2. 순종 검증들은 항상 논리적이진 않다. 논리적이고 필요하게 보일 때에 순종하는 것과 이해되지 않는 어떤 것을 요청할 때 순종하는 것은 전적으로 다른 일이다. 순종이 항상 이해에 근거하는 것은 아니다. 때때로 우리가 행하기 위해서 알아야 하는 것이 사실이지만 그러나 알기 위해서 행하는 것도 때때로 사실이다.

3. 하나님께서는 무조건적인 순종을 요구하신다. 순종 검증들은 종종 의지의 포기를 시험한다.

4. 하나님께서 결과들에 대해서 책임을 지신다. 그것들이 순종으로부터 우리가 기대한 어떤 것일 수도 있고 그것이 아닐 수도 있다.

5. 외부적인 행동에서 즉각적으로 보여지는 것보다도 더 큰 목적들이 포함될 수 있다. 히브리서 11:17-19은 생의 근원으로 살아계신 하나님을 믿는 것이 순종 검증을 통해서 강화되는 것을 보여 준다.

**원인적 근원**　순종 검증은 하나님께 대한 순종을 시험한다. 궁극적 원인은 중간적 수단들이 무엇이든지 간에 주님께로 소급되어져야만 한다. 지도자는 그/그녀가 주님의 목소리에 순종한다는 것을 아는 법을 배워야만 한다.

**요 7:17**　이 귀절에서 주님의 진술은 종종 순종 검증에서 시험된다. "사람이 하나님의 뜻을 행하려 하면 이 교훈이 하나님께로부터 왔는지 내가 스스로 말함인지 알리라."

**주된 교훈**　지도자들은 특정한 집단의 사람들이 하나님께 순종하도록 영향력을 미칠 책임을 갖는다. 그들 자신이 이 초기의 주요한 교훈: **"순종은 먼저 배워지고, 그 다음에 가르쳐진다"**의 취지에 순종하는 것을 알지 못하는 한 그들은 그것을 달성하지 못할 것이다.

## 말씀 검증 과정 항목 (Word Check Process Item) 기호: P(WC)

**서론**　리더십의 본질적 특성은 하나님으로부터 진리를 받는 능력이다. 이것이 사역에서 권위적인 말씀 사용을 위한 발판이 된다. 그것은 또한 사역을 위한 인도하심을 얻는 데 있어서 지도자의 방법론에서 없어서는 안 될 부분이다. 이 개발을 기술하는 데 사용되는 과정 항목은 말씀 과정 항목이라고 불린다. 한 지도자로 하여금 다른 종류들의 말씀 과정으로 진입하게 만드는 말씀 검증은 말씀 과정 항목의 특별한 한 종류이다.

**정의** 말씀 검증은 하나님으로부터 개인적으로 말씀을 이해하거나 받아들여서 그것이 하나님의 진리의 권위를 강화하는 목적으로 삶에서 적용되고 그것을 알고자 갈망하는 것을 보는 지도자의 재능을 시험하는 과정 항목이다.

**사례** 바나바는 안디옥에서 일어나는 일의 진실성을 확인하기 위하여 보내졌다 (행11장). 그는 하나님께서 고넬료를 받아들이신 것에 관한 진리에 대해서 방금 알게 되었다. 시험내용은 그가 이 진리를 삶의 상황에서 사용할 수 있는가 하는 것이다.

**사례** 베드로는 성령께서 세 명의 이방인들과 고넬료의 집으로 가라고 말씀하시는 것을 들었다. 이것은 깨끗하고 부정한 것에 관한 세 번의 반복되는 환상과 동시에 일어났다. 그는 즉각적으로 새로운 진리를 인지했다. 이방인들은 부정한 것이 아니다. 그는 그 때에 고넬료의 집에서 그 진리를 하나님께서 확대하시는 것에 대한 준비가 되었다. 베드로는 두 가지 진리들 (이방인들은 깨끗하고, 예수님께서 성령으로 세례를 주실 것이다)에 대해서 시험 받았다.

**개발 초점** 말씀 검증의 성공적인 통과는 진리에 대한 하나님의 목소리를 분별하고, 진리를 명료화하며, 그것을 삶의 상황에 적응하는 재능을 증가시키는 결과를 낳는다. 이것은 더 많은 진리로 이끌고 진리의 권위적인 사용으로 이끈다.

**다른 말씀 과정들** 말씀 검증 과정 항목은 말씀 과정 항목의 한 종류이다. 일생을 통해서 지도자는 인도하심을 위해서, 사역을 위해서, 성격 형성을 위해서 그리고 하나님의 목적과 일치되는 삶을 해석하기 위한 조회틀로서 말씀을 사용하는 것과 같은 다른 종류의 말씀 과정 항목들을 보게 될 것이다. 그러나 말씀 검증은 하나님께서 대개 떠오르는 지도자의 초기의 형성적 단계들에서 말씀을 이해하고 자기 자신의 삶에 말씀을 사용하며 그것으로부터 진리를 삶의 상황에로 이전하는 그 지도자의 재능을 시험하기 위하여 사용하시는 말씀 항목의 한 범주이다. 추가적으로, 그것은 그 젊은 지도자의 삶에 말씀의 권위를 굳게 하고 그럼으로써 진리를 획득함에 있어서 계속적인 성장을 보장하는 삶의 습관들을 형성하기 위하여 하나님에 의해서 사용된다.

## 말씀 검증 과정 항목에 대한 복습

1. 다음의 구절들 중의 어느 것이 말씀 검증 과정 항목을 포함하는가?

a. 행11:27-30

b. 행23:11과 27:13

c. 위의 어느 것도 아니다

d. 위의 양자 모두

2. 우리의 리더십 정의의 4요소들을 다시 읽으라.

우리가 리더십 개발을 연구할 때 관심을 갖는 성경적 맥락에서 지도자는 …

1.하나님께서 주신 역량을 가진 사람이다. 그리고

2.하나님께서 주신 책임을 가진 사람이다.

그는 …

3.특정한 집단의 하나님의 백성들에게 영향을 미쳐서

4.그 집단을 향한 하나님의 목적들을 향하여 나아가게 하는 사람이다.

하나님께서 이러한 4가지 기능들을 갖추도록 지도자를 개발함에 있어서 그것들 중의 어느 것이 그 과정의 부분으로서 말씀 검증 과정 항목들을 갖는다고 생각되는가?

3. 당신 자신의 경험으로부터 말씀 검증 과정 항목을 확인하라. 그것을 기술하고 어떻게 그것이 당신을 지도자로서 개발하는 것을 돕는 데에 사용되었는지를 보여주라.

4. 말씀 과정 항목 일반 그리고 특히 말씀 검증에 관해서 한 기독교 지도자를 인터뷰하라. 당신이 말씀 검증 과정 항목의 좋은 사례를 끄집어 낼 수 있는지를 보라. 당신이 발견한 내용을 기술하라.

5. 우리는 내적 삶의 성장 과정 항목들을 공부해 왔다. 우리는 잠재적 지도자의 초기 개발 국면에서 종종 보여지는 세 가지 공통적인 것들을 열거했다. 이러한 세 가지는 순종 검증, 말씀 검증, 그리고 성실성 검증이다. 이러한 세 가지 내적 삶의 요소들을 비교하고 대조하라. 그것들이 어떻게 동일하고 어떻게 다른가? 그것들이 일생에 걸친 개발 과정에서 어떻게 하나님에 의해서 사용될 것이라고 생각되는가?

### ◆ 답변 ◆

1. d. 위의 양자 모두.

2. 질문은 당신의 의견을 묻는다. 내 답변은 그것들 모두가 해당된다는 것이다.

3. 제자가 되는 나의 초기 시절 나는 매일 시편 5편과 잠언 1장을 읽었다. 일 년간 그렇게 했다. 하나님께서는 반복해서 내가 말씀을 사용하는 것에 관한 진리에 집중하도록 하셨다. 나는 많은 구절들을 암기했다. 하나님께서는 그러한 많은 진리를 통하여 내 혀의 사용을 바꾸어 주셨다. 내가 발견한 것은 나의 경건의 시간에 한 진리를 마주치게 되면 즉각적으로 벨 전화 연구소에 있는 내 직장에서 그것을 적용해야 하는 경우가 종종 발생한다는 것이었다. 대개 그 과정은 다음과 같았다: 진리가 주어지고, 그 진리와 관련해서 직장에서 실패를 경험한다. 그리고 하나님께서 시험하신다는 것을 인식하고 그 진리를 재 확인하고 점진적으로 활용하게 된다. 지도자는 그/그녀가 말하는 것에 관해서 신중해야만 한다. 그들이 다른 사람들에게 그토록 많은 영향을 미치기 때문에 말씀은 추가적으로 중요한 의미를 띠게 된다. 그것은 특히 권면의 은사를 가진 사람에게 해당된다. 나는 계속해서 격려할 뿐만 아니라 <sup>(권면의 은사 취지)</sup> 덕을 세우는 <sup>(가르치는 은사 취지)</sup> 말씀을 사용하는 법을 배워왔다.

4. 나는 말씀 과정 항목에 관해서 피터 구즈믹 (Peter Kuzmic) 을 인터뷰했다. 그는 유고

슬라비아 출신의 제한된 5단계의 지도자였다. 그의 삶의 한 시점에서 그는 한 고립된 군사 주둔지에 모든 다른 그리스도인들로부터 격리된 적이 있었다. 그곳에서 하나님의 말씀이 허용되지 않았는데 그는 요한 복음을 암송했다. 그는 그의 지갑 속에 요한복음 쪽복음을 가지고 있었다. 또한 다른 말씀 과정 항목들에 관해서 나에게 얘기해 주었는데, 그러한 내용은 그가 말씀의 사람이라는 것을 알기에 충분한 것이었다.

5. 세 가지는 다음과 같은 공통점을 갖는다. 그것들은 모두 내면의 삶의 요소들이다. 그러므로, 대개 그것들은 그 사람과 하나님께만 알려진다. 다른 사람들은 결코 그것들에 관해서 알지 못할 수도 있다. 특히 그것은 성실성 검증 과정 항목의 경우에 더욱 그러하다. 말씀 검증과 순종 검증 항목들은 종종 동시적으로 발생하는데, 모방 모델을 사용하는 사역 취지를 공유한다. 말씀 검증은 판단을 내리는 권위적인 기초를 다루기 때문에 초석이 된다. 성실성 검증은 한 지도자가 신뢰를 이끌어내야만 하는 자이기 때문에 초석이 된다. 순종 검증은 추종자 정신의 초석이 된다. 지도자가 먼저 순종의 모델이 되지 않는 한, 영향을 받는 자들로부터 순종을 기대할 수 없다.

## 말씀 검증에 대한 해설

**말씀 은사들에 대한 교량으로서 말씀 검증들**　지도자들은 그들의 은사혼합 (주요 영적 은사들의 집단) 의 부분으로서 대개 하나 혹은 더 많은 말씀 은사들을 갖는다 (사도, 전도, 예언, 가르침, 목양, 권면, 믿음, 지식의 말씀, 지혜의 말씀). 말씀 검증 과정은 대개 이러한 은사들 중 하나를 인식하는 것과 그것을 사용하도록 이끄는 발판이다. 말씀 검증은 대개 그 검증에 관해서 공개적으로 증언을 나누도록 이끈다. 그것은 말씀 은사의 경험적 사용의 첫 단계이다.

**시기**　말씀 검증은 기록된 말씀을 받아들이고 인정하는 습관을 시작하기 위하여 대개 한 지도자의 생애의 초기에 발생한다.

**말씀에 대한 사랑**　하나님께 크게 쓰임 받은 지도자들은 진리에 대한 사랑을 입증했다. 그들이 사역하는 자들을 돕기 위해서 뿐만 아니라 그들 자신의 영혼을 먹이기 위해서 그들은 기록된 말씀을 연구한다. 그들은 모든 삶에서 하나님의 진리를 신속하게 분별한다. 그들은 다른 사람들의 사역을 통해서 하나님의 목소리를 듣는 것을 배운다. 그래서, 하나님께서 진리를 인정하는 그/그녀의 재능과 진리를 받아들이는 습관과 관련하여 지도자를 개발하실 것을 기대한다.

**촉발 특성**　대개 초기 말씀 검증들은 기록된 말씀을 포함하는 강력한 촉발 사건을 갖는다. 어떤 절, 용어 혹은 문단이 살아서 나오는 것 같고 주님께서 개인적으로 말씀하신다는 인식이 있을 때까지 그 사람의 관심을 사로 잡는다.

**영적 권위**　대개 추종자들에 의해서 인지된 영적 권위의 한 측면은 그들이 말씀에 대한 지도자의 이해와 사용에 대해서 갖는 존경이다. 말씀이 한 지도자의 삶에 강력한 영향을 가질 때 그것은 흘러 넘치게 되고 그 부산물이 영적 권위이다.

**시험하는 항목들을 통한 균형된 학습**　홀랜드 (1978) 는 균형잡힌 학습은 세 가지 목표들을 포함한다는 것을 지적했다: 존재 (being) , 앎 (knowing) , 행함 (doing). 이 세 가지 과정 항목들, 성실성 검증, 말씀 검증, 그리고 복종 검증은 제각기 젊은 지도자에 대해서 이 세 가지 학습 목표들에 초점을 둔다.

## 사역 과제 과정 항목 (Ministry Task Process Item) 기호: P(MT)

**서론**　떠오르는 지도자들의 비공식적 훈련 초기에 그들은 종종 그들과 연관된 멘토, 선생, 감독, 목사 혹은 다른 지도자에 의해서 작은 과제들을 부여 받는다. 그 과제들은 작고 비공식적이거나 혹은 공식적일 수 있다. 이러한 과제들은 종종 충성, 복종, 은사들의 사용, 주도권, 그리고 더 큰 유용성 등의 지표들이다. 하나님께서는 누가복음16:10절의 원리를 존중하신다, "가장 작은 것에 충성된 자는 큰 것에도 충성되고; 작은 것에 불의한 자는 큰 일에도 불의하다." 사역 과제들에 관해서 마음에 새길 중요한 것은 사역 과제가 자기—주도적이든 아니면 다른 사람에 의해서 할당된 것이든 관계없이 궁극적으로 하나님으로부터 주어졌다는 것이다. 궁극적 책임은 하나님께 대하여 있다. 떠오르는 지도자에게 있어서 성숙의 표징들 중의 하나는 이러한 사실을 인식하고 사역 과제에서 주님을 기쁘시게 하려는 바람이다.

**정의**　사역 과제는 주로 한 사람의 신실성과 복종을 시험하지만 종결, 책임, 그리고 평가를 갖는 한 사역의 맥락에서 사역 은사들의 사용을 종종 허용하는 하나님으로부터 주어진 과제이다.

**사례**　사도행전 11장의 바나바의 안디옥으로의 여행은 정의할 수 있고 책임, 평가와 마찬가지로 종결을 갖는 사도적 사역 과제였다.

**사례**　바울이 멘토로서 바나바와 함께 안디옥에서 보낸 몇 년은 사도행전 13장에서 바나바와 함께 한 선교적 과제에 대한 발판이었다.

**사례**　디도는 고린도 교회와 관계된 세 개, 그레데에서 한 개, 달마시아에서 한 개를 포함한 다섯 가지 사역 과제들을 가졌다. 고린도에서의 사역 과제들은 주로 대면적 사역 과제들이었다. 그것들의 모든 것에서 그는 본질적으로 바울의 영적 권위를 시험했다. 그의 주요한 과제는, 적어도 활용 가능한 정보에 기초해서 볼 때, 그레데에서 광범위하게 포괄적인 사도적 과제였다. 비록 몇몇 사람들이 그것이 전도적 사역이었다고 추정하지만, 달마시아에서 마지막 사역 과제에 관한 어떤 것도 알려지지 않았다.

## 사역 과제들의 사례–디도

**서론**　디도는 분명히 대여섯 가지 사역 과제들을 받았다. 우리는 성경에서 다섯 개를 확인할 수 있고 그 중 세 개로부터 교훈들을 얻을 수 있다. 그 과제들은 아래에 열거되었다. 에드몬드 히버트 박사 (1954: 146, 147)는 첫 번째 세 개를 확인했다. 나는 바울과 함께 한 디도의 사역에 대한 그의 시간 분석을 받아 들인다.

| 과제 | 장소 | 주요 내용 | 코멘트 |
|---|---|---|---|
| 1 | 고린도 | 예루살렘 프로젝트를 위해서 주도적으로 줌 | 디도는 이 과제를 완료했다. 고린도 교회는 주는 것에 관해서 최초로 열정을 가졌다. 디도는 분명하게 전략가였고 설득력을 가졌다. |
| 2 | 고린도 | 책임감을 확인함; 징계적 조처들을 취함. | 디도는 진심에서 우러난 마음으로 참여하여서 이 과제를 완료했다. 징계가 적용되었다. 분명히 분열의 문제가 다소간 해결되었다. 바울은 영적 권위가 문제가 되는 고린도후서에서 그러한 주요한 문제들의 어느 것도 다루지 않았다. |
| 3 | 고린도 | 1. 예루살렘 프로젝트를 완료함. 2. 바울의 권위에 대한 충성을 시험함 3. 징계에 대한 후속 조치 | 이것들에 대한 결과들은 알려지지 않음. |
| 4 | 그레데 | 사도적 리더십: 1. 지도자들을 임명함 2. 가르침/생활 양식에 뿌리를 내림 3. 주는 사명을 감당함. | 여기에서 취지는 그레데 상황에서 기독교 생활 양식의 모델이 되는 지도자들을 임명하는 것이다. |
| 5 | 달마시아 | 전도적 | 알려지지 않음 |

## 사역 과제 연속선

**서론**　작은 사역 과제들은 리더십 잠재력에 대한 초기의 지표들일 수 있다. 보다 초기의 개발 국면들에서 이러한 작은 사역 과제들의 취지는 내면적 삶의 성장 요인들이다. 사역 과제들이 후의 개발 국면들에서 주어진다면 그것들은 대개 사역 자체의 필요에 의한 것이다. 초기의 개발 국면들에서 주어질 때에 사역 과제의 주요한 취지는 과제를 받은 사람의 개발을 목표로 한 것이다. 후의 개발 국면들에서 주어진 것들은 과제의 달성을 목표로 한다. 아래에 주어진 연속선은 이러한 취지들을 나타낸다. 사역 과제들은 이전 항목들이다. 그것들은 (성실성, 복종, 그리고 말씀 검증들과 같이) 시험하고 그러므로 내적 삶의 성장 국면에 속한다. 그것들은 또한 (많은 다른 사역 과정 항목들처럼) 성장 사역 과정의 초기 부분을 위해서 도움이 되는 사역 경험을 제공하고 사역 기술들을 개발한다.

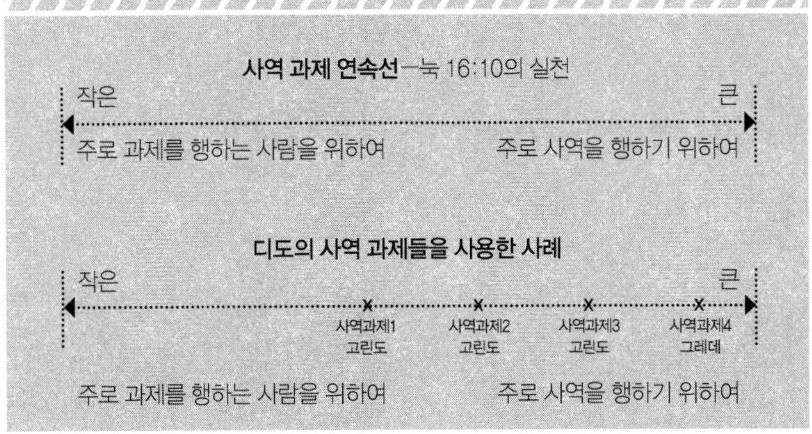


**궁극적 책임**　마지막으로 주목할 중요한 것은 사역 과제들을 할당하는 궁극적 근원의 인식에 관한 것이다. 인간적 측면에서 과제는 별로 중요하지 않거나 자연적인 일상의 일처럼 보일 수도 있다. 그러나 과제에 대한 궁극적 책임은 인간적 권위를 통해서 역사하시는 하나님께 있는 것이다. 하나의 주어진 과제가 실제적으로 하나님으로부터 온 과제라는 것을 인식할 수 있는 것은 그 과제의 달성과 관련하여 큰 열정과 하나님의 목적들을 향하여 기여한다는 느낌을 가져다 줄 수 있다.

## 사역 과제 과정 항목에 대한 복습

1. 다음의 사역 과제들을 당신이 느끼기에 적당하다고 생각되는 연속선 위의 적절한 위치에 삽입하라(해당되는 문자를 적어라).

A. 빌2:25　　　　C. 빌2:19　　　　E. 눅9:1-6

B. 눅10:1-12　　　D. 행13:1-3　　　F. 행11:22

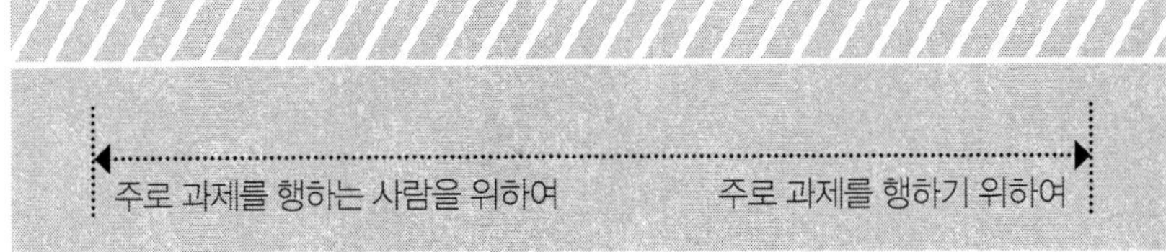

2. 위의 문제에서 주어진 과제들에 대해서 아래 테이블의 빈 칸을 채움으로 그 사역 과제를 분류하라. 하나의 사례로서 E. 눅9:1-6의 빈 칸을 채워 넣었다.

| 사역 과제 | 누가 임명되었는가? | 기본적 기능 (들) |
|---|---|---|
| A. 빌2:25 | | |
| B. 눅10:1-2 | | |
| C. 빌2:19 | | |
| D. 행13:1-3 | | |
| E. 눅9:1-6 | 12 제자들 | 1. 하나님 나라를 보여줌: 치유와 축귀<br>2. 믿음의 시험. 복종의 시험<br>3. 영적 권위를 경험함 |
| F. 행11:22 | | |

3. 여기에 당신이 인식하는 또 다른 성경적인 사역 과제의 사례들을 제시하라.

4. 당신이 할 수 있다면, 당신이 경험한 사역 과제의 예를 제시하라:

a.누군가 다른 사람이 제공한 것.

<u>누가</u>            <u>무슨 기능</u>            <u>결과들</u>

b.자기 주도적으로 떠맡은 것; 기술하라

c.위의 a의 질문에 대한 답변을 사역 과제 연속선 상에 위치시키라.

### ◆ 답변 ◆

1. 당신의 답변은 내 것과 마찬가지로 좋은 것이다. 여기에 내 답변이 있다.

2.

| 사역 과제 | 누가 임명되었는가? | 기본적 기능 |
|---|---|---|
| A. 빌2:25 | 에바브로디도 | 1. 바울과 동역자로서 팀으로 일하기를 배웠다.<br>2. 그를 인도한 사람들을 섬기는 법을 배웠다.<br>3. 멘토/피멘토 관계의 모델<br>4. 피멘토가 멘토에 의하여 사명 수행을 위하여 파송됨 |
| B. 눅10:1-12 | 70 제자 | 1. 2명씩 팀으로 일하기<br>2. 사역을 위해 기도하기<br>3. 가정으로 사람들을 찾아가 만남<br>4. 사람들과 관계를 잘함<br>5. 하나님 나라를 선포하고 드러냄<br>6. 나아갈 곳을 향해 중보함 |
| C. 빌2:19 | 디모데 | 1. 빌립보에 있는 제자들을 위로함<br>2. 바울이 말한 대로 모델이 됨<br>3. 자기 희생적인 지도자로 나타남 |
| D. 행 13:1-3 | 바나바, 바울 | 복음 전도와 교회론, 그리고 이방 그리스도인 삶의 양식에 대한 상황과 경험, 이방인 전도, 교회개척 |
| E. 눅 9:1-6 | 12제자들 | 1. 하나님 나라를 보여줌: 치유와 축귀<br>2. 믿음의 시험과 복종의 시험<br>3. 영적 권위를 경험함 |
| F. 행11:22 | 바나바 | 1. 안디옥 신자들에게 도를 가르치도록 보냄을 받음<br>2. 초문화권 회중의 성장을 위한 도전에 응답함 |

3. 이 문제는 당신이 하도록 남겨 두겠다.

4. a. 누구 = 톰슨 목사님

   무슨 기능 = 가정 성경 공부를 가르침

   결과 = 가르침의 은사가 개발됨

b. 자기 주도적으로 떠 맡은 것; 기술하라. 공군에 근무중이던 사람인 폴 샤턱(Paul Shattuck)과 전기 기술자인 나는 북부 오하이오에 있는 자그마한 시골 마을에서 젊은이들을 위한 복음 전도 집회를 열었다.

c. 위의 a의 질문에 대한 답변을 사역 과제 연속선 상에 위치시키라.

## 사역 과제들에 대한 해설

**사역 과제**　사역 과제는 일반적인 사역 경험과 구분되어야만 한다. 사역 과제는 특별히 하나의 시험이다. 하나님으로부터 주어진 하나의 특별한 과제로 인지될 때 사역 과제는 대개 그 지도자의 유용성 (availability), 신실성 (faithfulness) 그리고 기술 (skills) 을 시험하는 목적을 위해서 완수될 수 있고 평가될 수 있는 특정한 사역 경험과 관계된다.

**사역 과제 유형**　하나님의 유형은 작은 사역 과제를 맡기는 것 같다. 대개 처음의 것들은 성실성, 말씀 혹은 순종 검증 등에 대한 자기－주도적인 반응이다. 다른 과제들은 큰 책임을 동반하는 과제들이 신뢰를 기반으로 그 지도자에게 주어질 수 있을 때까지 바르게 응답하느냐에 달려 있다. 디도는 이런 유형의 사례가 된다.

**종류들**　사역 과제들은 매우 다양하다. 그것들이 연속선 상 어디에 위치하는지 이외의 다른 범주화 작업은 개발되지 않았다.

**사용처들**　사역 과제들은 적어도 다음의 다섯 가지 방식에서 사용된다:

　　1. 떠오르는 지도자의 신실성을 평가한다.

　　2. 떠오르는 지도자가 기꺼이 복종하는지를 평가한다.

　　3. 은사들의 출현을 촉진한다.

4. 과제의 실제적 달성

5. 개발 문제들에 관한 종결을 허용한다.

**순서** 사역 과제에 포함된 단계들은 다음을 포함한다:

1. 과제의 인식, 2. 복종하는 반응, 3. 과제의 달성, 4. 종결 평가, 5. 확장

**원인** 사역 과제에 대한 즉각적인 원인은 자기 혹은 다른 사람이 될 수 있다. 자기-주도적일 경우에 자극은 대개 성령께 대한 민감한 반응에서 주어진다. 궁극적 원인은 개발 과정을 감독하시는 하나님이시다.

**유형들** M.1 기초적 사역 유형은 대개 처음에는 사역 과제 과정을 통해서 직면된다. 11장의 반응 유형들을 보라.

**중요성** 사역 과제는 잠재적인 지도자들을 평가함에 있어서 보다 경험 많은 지도자들을 위한 소중한 도구이다. 이 과정은 의도적으로 사용되고 종결 평가가 리더십 선발을 위한 수단으로서 주어진다. 이기적인 이유들 때문에 사역 과제들을 할당하지 않도록 조심해야 한다. 그것의 주요한 초점은 잠재적 지도자의 개발을 위한 것이어야만 한다.

## 믿음 검증 과정 항목 (Faith Check Process Item) 기호: P(FCHK)

**서론** 지도자들은 하나님으로부터 비전을 받은 사람들이다. 믿음의 반응은 그 비전을 받아들이고, 또 성취될 것으로 보는 것이다. 믿음 검증은 하나님께서 떠오르는 지도자에게 믿음의 걸음마를 취하도록 그것들이 성취되는 것을 보도록 하시는 초기의 시험이다. 이러한 경험들은 확신을 세워서 보다 큰 믿음의 발걸음을 내딛도록 격려한다. 잠재적 지도자들은 초기에 히브리서 11:6의 진리를 배울 필요가 있다, "그러나 믿음이 없이는 하나님을 기쁘시게 하지 못하나니, 하나님께 나아가는 자는 반드시 그가 계신 것과 그가 자기를 찾는 자들에게 상 주시는 이심을 믿어야 할지니라."

**정의**　　　밑줄 믿음 검증은 그 안에서 하나님의 실재와 신실성이 시험되고 진실임이 보여질 수 있으며 후에 보다 큰 문제들에서도 하나님을 신뢰할 수 있도록 확신을 세워주는 몇몇 문제들에 관하여 하나님에 의해서 잠재적인 지도자에게 주어지는 초기의 도전이다.

**사례**　　　다윗이 목동이었을 때에 사자와 겪은 시험은 후의 믿음 검증인 골리앗과의 대면을 위해서 그를 준비시킨 믿음 검증이었다. 이것들 양자는 다윗의 하나님에 대한 신뢰를 확립한 믿음 검증들이었다. 다윗은 왕으로서 보다 큰 도전들을 맞게 될 것이다. 이것들은 보다 큰 믿음을 향한 디딤돌들이었다.

**사례**　　　베드로가 주님께 자신 또한 물 위로 걷도록 성급하게 요청한 것은 예수를 신뢰하고자 하는 밑에 깔린 욕망으로부터 나온 자극이었고 부분적으로 통과된 믿음 검증을 초래했다.

**사례**　　　사사기 6:11-32에 나오는 주의 천사가 기드온을 방문한 이야기는 믿음 검증 과정 항목에 대한 기록이다. 하나님께서는 최초의 계시로부터 미디안족들의 멸절에 이르기까지 주의 깊게 한 단계 한 단계씩 기드온을 세우셨다. 첫 번째 믿음 검증은 하나님께서 자신을 기드온에게 드러내시는 것을 믿는 것을 포함했다. 중간적인 검증들은 양털 기도를 포함한다. 마지막 검증은 작은 군대를 선발하는 것을 포함한다. 하나님께서 승리의 근원이 되실 것이다.

**시기**　　　믿음 검증들은 보다 포괄적인 과정 항목인 믿음 도전의 부분이다. 믿음 검증은 사역으로의 이전과 초기 사역시에 발생한다. 믿음 도전은 중간기와 후기 사역에서 일어나고 확장 꾸러미의 한 부분이다.

**순서**　　　믿음 검증들은 다섯 단계로 일어난다: 1. 믿음에 대한 자극, 2. 하나님에 대한 믿음을 갖는 것이 문제가 된다는 인식, 3. 하나님께서 그 상황에서 무엇을 하시기를 원하시는지 혹은 할 수 있는지에 대한 통찰, 4. 하나님께서 개입하실 것을 믿는 반응, 5. 그것을 통해서 하나님께 대한 믿음이 확증되는 결과들.

## 믿음 검증 과정 항목에 대한 복습

1. 만일 성실성 검증이 "존재"(being) 목표들을 다루고 말씀 검증이 "지식"(knowing) 목표들을 다루며, 순종 검증이 "행함"(doing) 목표들을 다룬다면, 당신이 생각하기에 믿음 검증들에 의해서 다루어지는 것은 어떤 종류의 목표들인가?

2. 당신 자신의 삶으로부터 믿음 검증의 사례를 제시하라. 당신의 믿음 검증은 순서 영역에서 나열된 모든 단계들을 갖고 있는가? 당신이 경험했던 것들을 체크하고 당신의 믿음 검증을 위한 과정 사건을 기술하라.

  a. 1 단계. 믿음에 대한 자극,

  b. 2 단계. 하나님에 대한 믿음이 문제임을 인식함,

  c. 3 단계. 하나님께서 원하시는 것과 하실 수 있는 것에 대한 통찰,

  d. 4 단계. 하나님께서 하실 것을 믿는 반응,

  e. 5 단계. 하나님을 믿는 믿음이 입증되는 결과들.

3. 당신이 인식하는 믿음 검증들의 다른 성경적 사례들을 제시하라.

4. 믿음 검증 과정 항목에 대한 어떠한 해설도 주어지지 않은 것을 주목하라. 당신 자신의 경험으로부터 당신이 느끼기에 해설을 위해서 적당한 한 두 문장을 기술하라.

## ◆ 답변 ◆

1. 믿음 검증은 지식과 행함 목표의 조합을 다룬다. 하나의 믿음 검증은 눈 앞에 당면한 문제가 믿음 검증이며, 하나님께서 개입하실 수 있고 또 기꺼이 하신다는 것을 식별하는 것을 포함한다. 이것들 양자는 지식 목표들이다. 그것은 또한 혹자가 하나님께서 행하실 것을 진실로 믿는다는 것을 나타내 주는 외적인 현현으로써 행함-한 단계 나아가는 것, 의지의 의도적 행위-을 요구한다.

2. 모든 단계가 나의 처음 믿음 검증에서 발생했다. 1967년 초여름에 우리는 오하이오 주 컬럼버스에 있는 벨 연구소를 나와서 (공식 종료일은 구월이다) 사우스 캐롤라이나에 있는 컬럼비아 성경 학교에 갈 계획이었다. 우리는 우리 집을 팔기 위해서 내 놓았으며 우리가 갖고 가지 않을 가구를 정리하기 시작했다. 여름 중반기에 주께서 컬럼비아에서의 미래 집에 관한 도전을 하셨다. 문제는 염치없는 믿음이었다. 나는 그분께서 일하리라 추측했지만 그 집에 대해서 그분을 믿는 믿음의 적극적인 발걸음을 띠지 못하고 있었다. 확신은 강했지만 나는 그러한 염치없음에 대해서 회개했다. 그 때에 우리는 여름 동안 우리와 함께 머문 제프 임바취(Jeff Imbach)란 젊은 성경 학교 학생을 알게 되었다. 나는 제프와 내 아내인 마릴린에게 내가 느끼는 것을 설명했다. 내가 생각하기에 우리가 그것에 대해서 그 장소에서 기도해야만 한다고 제안한 것은 제프였다. 거실로 가서 셋이 기도하기 위해서 무릎을 꿇었다. 그러나 우리가 기도하기 전에 우리가 무엇을 위해서 기도해야 하는지 알지 못한다는 것을 인식하게 되었다. 우리는 일어서서 종이 한 장을 취해서는 우리가 무엇에 대해서 하나님을 신뢰해야만 하는지 썼다. 그 목록에는 본질적으로 세 가지 항목들이 있었다: 1. 그 집의 크기, 세 개의 침대방 (우리에게는 두 명의 아들과 두 명의 딸이 있었다), 2. 비용, 매달 75$ (우리가 연구소를 떠난 후에는 한달 예상수익은 단지 110$ 뿐이었다), 그리고 3. 학교로부터의 거리, 삼 마일 이내 (우리는 휘발유를 많이 공급할 형편이 못되었다). 이러한 세 가지 구체적인 사항을 쓴 후에 우리는 이 정도면 타당하고 이것을 하나님으로부터 받은 것으로 받아들이자고 의견을 모았다. 그것은 그분께서 우리로 하여금 그분을 신뢰하도록 하는 도전으로 받아들였다. 그 후에 우

리는 무릎을 꿇고 구체적으로 기도했다. 우리가 무릎을 꿇고 있는 동안에 전화벨이 울렸다. 그것은 사우스 캐롤라이나의 컬럼비아로부터 온 장거리 전화였다. 웨스터벨트란 여성분이 전화상으로 말하기를 우리가 그녀를 알지 못하지만 학생처장인 브라스웰 학장이 그녀에게 우리가 그 가을에 학교로 온다는 사실을 통지해 주었고, 그녀는 한 달 후에 사용할 수 있는 집이 생겼다는 것이었다. 우리가 흥미있어 했겠는가? 그녀는 계속해서 말하기를 그 집은 침대방이 셋이고 학교로부터 2.5 마일 떨어진 위치에 있으며 한달 렌트비는 75$라는 것이었다. 우리가 흥미있어 했겠는가 아니면 우리가 그 집을 먼저 보자고 했겠는가? 우리는 그 제안을 받아들였다. 그리고 우리는 우리 하나님을 신뢰할 수 있다는 것을 알았다.

3. 70 제자를 보내신 사건은 사역 과제와 신앙 검증의 조합을 내포한다—그들은 하나님께서 공급하시리란 것을 믿고 순종해야만 했다.

## 리더십 헌신 과정 항목 (Leadership Committal Process Item) 기호: P(LCOM)

**서론**　리더십 헌신 과정 항목의 핵심은 잠재적인 지도자와 하나님 사이의 내적이고 개인적인 동의 (비록 이것에 대한 약간의 공적인 자극이 있을 수도 있으나) 이다. 동의는 잠재적 지도자에 의해서 삶의 최 우선 순위로서 하나님을 위한 섬김에 그분에게 사용되도록 기꺼이 맹세하는 것이다. 본질적으로, 그것은 그리스도를 위한 섬김과 관련하여서 주되심의 결정 (a Lordship decision) 이다. 비록 종종 그런 경우가 있지만, 이것은 반드시 전임 그리스도인 사역자로서의 소명을 뜻하지는 않는다. 그것은 모든 직업적 노력이 하나님께서 주시는 어떠한 섬김의 역할에 대해서 부수적이 될 것을 의미한다.

**정의**　리더십 헌신 과정 항목은 하나의 숙명 과정 항목으로서, 어떤 방식을 하나님께서 지시하시든 간에 사역에서 사용되도록 잠재적 지도자로부터 하나님께 의지를 내어드리는 데에서 절정을 이루는 사건이든지 과정이다.

**사례** 바울이 회심에서 경험한 위기는 영원히 그의 평생 사역을 바꾼 숙명적인 부르심과 연결되었다. 그의 회심 경험의 급진적인 성격은 그로 하여금 복음과 그것의 구원하는 능력에 대한 확신을 갖도록 했다. 그는 복음이 모든 종류의 사람들에게 역사하리라고 믿었다 (고전 6:9에 그의 설명을 보라). 그리고 그는 그 확신을 삶으로 드러냈다.

**사례** 사춘기 소년으로서의 기적적인 능력 경험을 통해서 과학적―무신론으로부터 쿠즈믹이 회심한 것은 사역에 대한 헌신과 동시적으로 일어났고 그의 복음 전도 사역과 훈련 사역과 관련지어질 수 있다.

**시기** 헌신 과정 항목은 회심과 동시적으로 발생할 수도 있고, 회심 후에 두 번째 헌신으로서 일어날 수도 있다. 헌신 행위는 실제 잠재된 리더십이 드러나기 오래 전에 발생할 수도 있지만 반대로 헌신 행위가 그 과정을 즉시 시작하게 할 수도 있다.

**주된 용도** 리더십 헌신 행위는 종종 모든 미래 지도력 평가가 뒤돌아 볼 기준으로 기능한다. 진행이 어려워질 때 항상 하나님께서 부르셨고 그분은 그분의 부르심 가운데 오늘 일어나는 것들 조차도 알고 계시다는 그 확신이 있다. 그분이 지탱해 주실 것이다.

**원인** 헌신은 특별한 도전, 특별한 계시적 행동의 결과로서 혹은 리더십을 향한 단계들을 반영하는 결정들에서 절정을 이루는 점차 증가하는 의식과 관련되어서 발생할 수도 있다.

## 리더십 헌신 과정 항목에 대한 복습

1. 회심과 리더십 헌신은 동시적일 수도 있다. 아래에는 과정의 일반적 목표들이 열거되어 있다. 그것들을 읽고 그 항목들 중의 어느 것이 바울의 리더십 헌신 과정 항목에서 초점이 되었는지를 주목하기 위해서 바울의 급진

적인 다메섹 경험 (행9) 에 대해서 숙고하라.

<u>과정 사건</u>들은 하나의 주어진 삶에서 하나님께서 리더십 성격, 리더십 기술 그리고 리더십 가치를 형성하기 위하여 사용하시는 섭리적 사건, 사람, 환경, 특별한 신적 개입, 내적-삶의 교훈들, 그리고/혹은 그와 같은 것들이 실제 발생함으로써 다음과 같은 결과를 초래한다.

a.리더십 역량을 나타낸다 (내적 성실성 그리고 잠재적 영향력과 같은)

b.그 잠재적 역량을 확장한다,

c.그 지도력 역량을 사용하는 역할 혹은 책임에 임명됐음을 확인해 준다.

d.잠재력의 실현을 위해서 하나님께서 임명하시는 사역 수준에 따라서 그 지도자를 이끈다.

네 가지 중의 어느 것이 당신의 생각에는 바울의 급진적인 회심 경험에서 초점이 되고 있는가? (______) a. (______) b. (______) c. (______) d.

2. 리더십 헌신 과정 항목의 성경적 사례를 제시하라.

3. 리더십 헌신 과정 항목과 관련하여 당신 자신의 경험으로부터 사례를 제시하라. 이것을 소그룹에서 토의할 것을 준비하라. 나의 리더십 헌신 과정에 해당되는 것을 선택하라 (당신에게 맞는 것들을 선택하라):

a. 회심과 동시적이다

b. 회심 후의 두 번째 헌신

c. 특별한 도전의 결과

d. 특별한 계시적 행동의 결과

e. 리더십을 향한 단계들을 반영하는 결정들에서 절정을 이루는 점증하는 인식

f. 미래 리더십에 대한 함축들이 분명하지는 않지만 회고 속에서 보여질 수 있다.

g. 다른 것-설명하라:


4. 위의 문항 1에서 주어진 과정 사건들에 대한 목표들의 기술을 다시 보라. 그리고 당신 자신의 리더십 헌신 경험이란 관점에서 그것을 보라. 당신이 생각하기에 네 가지 중의 어느 것이 당신의 리더십 헌신 과정에서 초점인가? 설명하라.


(_______) a. (_______) b. (_______) c. (_______) d.


◆ 답변 ◆

1. 나는 d 라고 믿는다. 바울의 삶과 사역을 변경시키기 위해서 그토록 급진적인 경험이 필요했다. 리더십 잠재력은 이미 드러나 있었다.

2. 모세의 불타는 떨기나무 체험

3. b, c, e, g. 내 경험에서 나의 경건 시간 가운데 선교사로서의 섬김에 관한 특별한 도전에서 정점을 이루는 점증하는 의식이 있었다. 그 도전은 리더십 쪽으로 발걸음을 내딛는 결정을 내리도록 하였다. 또한 나로 하여금 선교지로 향하도록 도전을 준 룻 네퓨(Ruth Nephew)라는 여자 선교사로 인한 후기의 "명료화 헌신" 이 있었다. 그 당시에는 미래 리더십에 대해서 함축하는 바가 무엇인지 분명하지 못했지만 회고하는 가운데 보다 분명히 보이게 되었다.

4. d. 내가 생각하기에 리더십 헌신에 대한 정의의 핵심은 이 마지막 과정 기능을 향하는 면이 있다. 헌신은 대개 잠재적 지도자를 다른 초점들로부터 떨어져 나오게 만든다. 그것이 과정상 오랜 기간 동안 발생한 후에 a, b, 그리고 c의 기능이 초점이 될 수도 있다.

## 리더십 헌신 과정 항목에 대한 해설

**시기에 대한 보충 설명**　사도 바울과 같이 급격한 회심을 경험한 사람들에게는 리더십 헌신이 회심과 동시적으로 일어날 수도 있다. 기독교 전승 속에서 태어난 사람들의 경우에는 헌신에 대한 동의가 구원 경험과는 관계되지 않고 다른 종류의 주되심 도전에 관계될 수 있다. 헌신은 하나님으로부터 선교 현장으로 혹은 목회지로 혹은 기독교 기관으로 부르심을 인지하고 반응하는 데에서 나올 수도 있다. 그것은 구체적인 부르심이 아니고 어떻게 쓰임 받을지에 대해서는 시간이 흐름과 더불어 점차적인 명료함을 갖게 되는 기꺼이 쓰임 받고자 하는 마음일 수도 있다. 헌신은 또한 어떤 사역이 경험된 후에 올 수도 있다. 그리고 갑자기 당신이 사역에서 하나님에 의해서 사용되기를 원하고 사용될 것이란 내적인 만족과 내적인 지식이 있게 된다. 심도 깊게 사용되고자 하는 바람은 리더십 출현의 첫 단계이다.

**분명치 않은 함축된 의미들**　미래 리더십에 대한 함축된 의미들은 헌신에서 초점이 아닐 수도 있지만 뒤를 돌아볼 때 보일 수 있다.

**촉발 그리고 축적 사건들**　종종 하나의 촉발 사건이 리더십 부르심의 절정을 이룬다. 때때로 이것들은 공적으로 주어진다 (모임에서의 도전) ; 때로는 개인적으로 주어지기도 한다. 대개 촉발로 이끄는 일련의 축적 사건들이 확대된 기간에 걸쳐서 발생한다.

**반복된 헌신들**　때때로 리더십 헌신은 반응을 요구하는 "최초의 도전" (복종과 굴복을 다루는) 을 갖고 그 후에 계속해서 복종 문제가 보다 구체적인 방향에서 재확인되는 "헌신의 명료화" 가 될 것이다. 이러한 사건들 사이에 매우 오랜 시간이 놓여질 수도 있다.

# 단원2 요약 – 이전 과정

## 총론

잠재적 지도자는 대여섯 과정 항목들을 통과해서 리더십으로 이전된다. 그 항목들은 리더십을 위한 기본 성격과 바람에 초점을 둔다. 리더십 성격을 위한 기초는 성실성 검증, 순종 검증, 말씀 검증 그리고 사역 과제를 통해서 놓여진다. 사역으로 진입하기 위한 전환점은 리더십 헌신 과정 항목을 통해서 주어진다.

## 개발 과제들

일반적으로 지도자이건 아니건 간에 모든 그리스도인은 몇몇 개발 과제들에 반응할 것이다. 그러한 과제들은 자연적으로 기초 국면으로부터 성인의 삶으로 진입하는 경계 국면임을 알려준다.

부상하는 그리스도인은 ⋯▸

1.과거로부터 이전해야만 한다 (뒤돌아보는 과제)

2.그/그녀 자신의 사회적 기초 속으로 이전해야 한다 (방출 과제)

3.사회에서 존재하기 위한 초기 역할을 발견해야만 한다 (첫 걸음 과제)

4.기독교에 관한 확신을 자신의 것으로 만들어야 한다 (내면화 과제).

이러한 과제들은 전임 기독교 리더십으로 이끄는 이전 과제들 (성실성 검증, 순종 검증, 말씀 검증 그리고 사역 과제를 통해서 시험된다) 과 일치할 수도 있다. 혹은 그것들은 기독교 리더십으로 이전하기 전에 일어날 수도 있다. 만일 그렇다면, 그 지도자가 최초의 직업 (사회에서의 초기 역할) 으로부터 전임 기독교 리더십으로 이동할 때 직업 전환이 있게 될 것이다.

이전 과정의 주요한 개발 과제는 시험 상황에 대한 긍정적인 반응 유형을 개발하는 것이다. 이러한 것이 달성될 때에 지도자는 성실성, 말씀, 순종, 그리고 사역 과제 문제들에 있어서 하나님의 음성에 긍정적인 방식으로 반응하는 것이 일상화될 것이다.

## 기초적 과정–마지막 해설

### 몇몇 발견들–초기 과정과 주요한 교훈들

일곱 개의 주요한 리더십 교훈들 중에서 다섯 개가 기초적 과정에서 나왔다.

| 다루어짐 | 주요한 리더십 교훈 |
|---|---|
| X | 1. 효과적인 지도자는 평생 배우는 자세를 견지한다. |
| X | 2. 효과적인 지도자는 우선적인 능력의 기초로 영적 권위에 가치를 둔다. |
| X | 3. 효과적인 지도자는 리더십 선발과 개발에 높은 우선순위를 둔다. |
|  | 4. 평생을 통하여 생산적인 효과적인 지도자는 역동적인 사역 철학을 갖는다. |
| X | 5. 효과적인 지도자는 그들의 숙명의식에 대한 증가하는 인식을 드러낸다. |
|  | 6. 효과적인 지도자는 점차 그들의 사역을 평생 관점을 갖고 인지한다. |
| X | 7. 효과적인 지도자는 속도를 조절한다. |

### 배우는 자세 교훈

성실성 검증, 순종 검증, 그리고 말씀 검증과 같이 시험적인 항목들은 삶에서 발생하는 사건들과 관련해서 나타난다. 그러한 항목들은 평생 동안 배우는 자세를 위한 씨앗을 심기 시작한다.

### 영적 권위 교훈

이 동일한 세 가지 시험적 과정 항목들 속에서 하나님을 직접적으로 경험하게 되면 신뢰성의 토대가 놓여진다. 그러한 신뢰성의 토대 위에서 영적 권위가 개발될 것이다. 영적 권위의 주요한 근원의 하나는 하나님을 직접 경험하는 것이다.

### 리더십 선발 교훈

리더십을 향한 이동에서 선발 과정을 직접 경험하는 것은 타인에 있어서 선발 과정을 이해하고 인식하는 데 있어서 첫 단계이다.

### 숙명의식 교훈

숙명 준비 과정 항목을 경험하는 것은 자신의 사역에서 주요한 요소로서 숙명 과정을 인식하는 첫 단계이다. 이 시점에서 부상하는 지도자는 대개 그것을 인식하지 못할 것이다. 그렇지만 그것은 존재론적으로 진리이며 후에 숙명에 관한 이 주요한 리더십 교훈 위에 세워나갈 때 활용될 것이다.

### 속도 조절 교훈

지도자들은 그들이 다른 사람들에게서 기대하는 대로 되어야 하고 또 행해야 한다. 시험하는 항목들은 모두 밑바닥으로부터 올라와야 한다는 이 속도 조절 원리를 가르친다.

## 초기 과정의 다른 발견들

세 가지 리더십 원리와 두 가지 유형이 이 개발 국면에 대한 많은 연구를 통해서 일관되게 확인되었다. 이것들은 리더십 선발에 관한 소중한 통찰력을 제공한다. 모든 리더십의 주요한 기능 중 하나는 미래 지도자를 선발하고 개발하는 것이다. 리더십 선발은 지속적인 리더십을 위해서 결정적이다. 이러한 원리와 유형은 지도자로 하여금 하나님께서 지도자를 선발하기 위해서 행하시는 것을 인식하는 것을 돕고 그분의 선발 과정과 조화롭게 행동하도록 한다.

첫 번째 원리는 하나님께서 성실성 검증 과정 항목을 사용하시는 것을 반복적으로 관찰하여 얻은 것이다.

원리 1. 성실성은 리더십의 기초이다; 그것은 일찍 한 지도자의 성품에 주입되어야만 한다.

신뢰는 성실성으로부터 나온다. 성실성을 가진 지도자는 신뢰받을 것이
며 그들의 권위는 이러한 성실성의 분위기 때문에 주로 영적 권위가 될 것이
다.

두 번째 원리는 하나님께서 순종 검증 과정 항목을 사용하시는 것을 반
복적으로 관찰한 데에서 유래한다. 지도자들은 특정한 집단으로 하여금 하
나님께 순종하도록 영향력을 발휘할 책임을 가질 것이다. 그들이 먼저 하나
님께서 그들로 하여금 순종하라고 말씀하시는 것을 듣고 그것에 반응함으
로 그 도전을 수용하며 그 반응에 근거해서 하나님의 터치를 경험하는 도전
을 일차적으로 알지 못한다면 그들은 결코 특정한 집단으로 하여금 순종하
도록 영향을 미치지 못할 것이다. 이러한 역동성이 두 번째 원리에 반영되
어 있다.

원리 2. 순종은 먼저 한 지도자에 의해 개인적으로 배워지고 그 지도자에 의해서 다
른 사람들에게 가르쳐진다.

지도자는 속도를 조절하는 사람이다. 그들은 그들이 다른 사람들에게서
요구하는 바가 먼저되어야 한다. 그들은 그들이 다른 사람에게 요구하는 것
을 해야 하거나 기꺼이 하기를 원해야 한다. 강력한 리더십에 요구되는 권위
는 하나님을 개인적으로 경험하는 것에 그 토대를 갖는다. 순종 검증은 개인
적 순종에서 공동체적 순종으로 나아가는 발판이다.

세 번째 원리는 특히 리더십 선발에 적용된다. 그것은 많은 리더십 개발
연구 가운데 말씀 검증 과정 항목에 대한 분석과 성장 사역 과정으로부터의
발견 내용들과의 상관성에서 나온다. 짧게 그 원리에 대한 약간의 배경을 기
술하겠다.

리더십은 은사와 강력하게 연관된다. 은사, 특히 은사 유형 2) (은사의 발견 ⋯ 그 은사의 증가된 사용 ⋯ 그것에 있어서 효과적이 됨 ⋯ 은사혼합을 발견함 ⋯ 은사꾸러미를 발견함 ⋯ 수렴) 은 성장 사역 과정 혹은 확장 과정 (이 책자에서 뒤에 다루게 됨) 에 보다 적합한 주제이지만, 그것의 씨앗은 이 이전 과정 속에 놓여 있다. 그 유형의 첫 부분인 은사 발견은 말씀 검증과 사역 과제에 그 씨앗이 있다.

지도자 평생 개발론이 발견한 주요한 것은 모든 지도자들이 그들의 은사 혼합에 있어서 적어도 하나의 말씀 은사를 갖는다는 것이다. 리더십 개발과 관련한 영적 은사의 분석을 통해서 은사의 세 가지 꾸러미가 드러난다: 말씀 은사들, 사랑 은사들, 그리고 능력 은사들. 보다 상세한 설명은 후에 주어질 것이지만 지금 논의하고자 하는 것은 말씀 은사들은 하나님과 그분의 목적에 관한 진리를 드러내고 명료화하기 위해서 하나님에 의해서 특별하게 사용되는 은사 꾸러미를 기술하는 용어임을 말하려는 것이다. 말씀 은사들은 신자들에게 덕을 세우고 하나님의 현재적 그리고 미래적 행동에 관해서 그들 안에 소망을 불어넣어준다. 진리를 드러내고 명료화하며, 신자들에게 덕을 세우고, 소망을 주입하며, 미래를 향하여 인도하는 이러한 기능들은 주요한 리더십 기능들이다.

주요한 말씀 은사들은 권면, 예언, 그리고 가르침이다. 이차적인 말씀 은사들은 사도직, 복음전도, 그리고 목회이다. 삼차적인 말씀 은사들은 지혜의 말씀, 지식의 말씀 그리고 믿음이다.

내가 말한 모든 것을 요약하면 다음과 같다. 리더십 은사는 말씀 은사꾸러미로부터 나온다. 이러한 말씀 은사들과 말씀 검증 과정 항목 사이의 상관관계로부터 다음의 원리가 도출되었다:

---

2)　M.6 은사 개발 유형은 11장에서 보다 상세하게 논의된다. 이전 과정이 종종 그 유형의 첫 단계에서의 이동을 자극하기 때문에 여기에서 간단하게 소개되는 것이다.

원리 3. 리더십 은사들은 최초에 말씀 검증을 통하여 출현하는 말씀 은사들을 포함한다.

말씀 검증은 사역을 위하여 말씀을 사용하는 교량 역할을 한다. 말씀 과정을 통한 개인적 교훈 중에서 특히 말씀 검증은 거의 대부분 집단 교훈에 대한 징검다리이다. 기본적 유형은 다음과 같다: 진리에 대한 개인적 반응은 더 큰 진리로 이끈다. 그리고 그 진리를 다른 사람들과 더불어 사용하게 한다. 다른 사람들과 함께 진리를 사용하는 것이 모든 말씀 은사의 핵심이다.

이 국면에서 두 가지 더 발견된 것들에 대해서 주목할 필요가 있다. 그 두 가지는 반응 유형을 다루는 11장에서 보다 충분히 논의될 것이다. 그것들은 리더십 선발에 도움이 된다. 왜냐하면 그것들은 이전 과정에서 부상하는 지도자에 의해서 경험적으로 학습되는 어떤 것을 반영하기 때문이다.

유형 1. 성실성 검증, 말씀 검증, 순종 검증을 통한 긍정적인 시험/확장 유형은 부상하는 지도자들을 확인하기 위하여 하나님에 의해서 사용되는 주요 선발 과정이다 .

두 번째 유형[3]은 사역 과제 과정 항목에 대한 관찰에 기인한다. 사역 과제 과정 항목은 내적 삶의 성장 국면과 사역 성숙 과정 사이에 교량 과정 항목이다. 그것도 또한 리더십 선발에 매우 도움이 된다.

유형 2. 성공적인 자발적 사역 과제들은 종종 떠오르는 리더십의 중요한 예보자이다.

지도자들은 책임감을 발휘하는 사람들이다. 초기 단계에서 그들은 일이 행해져야 할 필요를 볼 수 있고, 다른 사람들이 그들로 하여금 그렇게 하도

---

3)  두번째 유형으로 기술되는 것은 실제로는 보다 큰 유형인 M.1 기초 사역 유형의 부분인데, 11장에서 논의된다.

록 명령하지 않음에도 불구하고 그것을 행하는 방식을 발견하는 사람들로서 종종 나타난다. 자기 주도적인 사역 과제는 책임감이 강한 사람을 나타내는 좋은 지표이다.

## 국면을 종결 짓는 경계

모든 경계 시간은 뒤를 회고하며 앞을 성찰하는 것을 포함한다. 그것은 다음 국면에서 행해질 결정을 향한 이동으로 이어진다. 기초적인 과정의 주요한 개발 과제를 회고함으로 하나님께서 미래 지도자를 위한 성격 토대를 놓기 위하여 잠재적 지도자와 개인적으로 관계를 맺어 온 것을 볼 수 있다. 그분은 또한 말씀 검증 혹은 사역 과제를 통해서 가능한 미래 사역을 알려 준다. 이러한 개인적 교훈들은 대개 부상하는 지도자들이 학습된 것의 일부를 남에게 주고자 할 때 분명히 드러날 것이다. "주기 위해서 받는" 유형은 주요한 경계선 자극이다. 그것은 다양한 사역 형태로 이끌 것이다. 그러한 사역 형태는 성장 사역 과정에서 보다 명료화되고 확장되는데 그것은 다음 장의 주제이다.

그렇다면, 경계선은 책임있는 사역을 향한 이전 과정을 포함한다. 그것은 더 이상의 훈련을 위해서 학교에 가거나, 생계를 위해서 별개의 직장을 다니면서 사역에 직접 뛰어드는 것, 아니면 전임 그리스도인 섬김으로 이끄는 도제 사역 훈련에 직접 종사하는 것으로 나아갈 수도 있다. 성장 사역 과정을 다루는 다음 국면의 초기 국면을 지배하는 것은 보다 중책의 사역을 향하여 나아가는 것이다.

# 성장 사역 과정 (1)
## (Growth Ministry Processing-Part I)

### 개관

4장은 전임 그리스도인 지도자로의 이전으로 이끄는 기초 과정을 다루었다. 5장은 그 지점에서부터 시작해서 초기 사역 과정을 논의한다. 기초 사역 항목들이 확인된다. **성장 사역**은 사역자로 출발하는 지도자의 개발을 포함하기 위해서 사용하는 용어이다. **사역**은 지도자가 진실로 전임 기독교 사역에 종사함을 나타낸다. **성장**은 발생하는 일의 대부분이 추종자들보다 지도자를 형성하려는 의도임을 나타낸다. 아마도 몇몇 성공적인 사역이 있을 수도 있지만 지도자를 형성하는 것보다는 중심이 되지 못한다. 사역은 그것이 일어나는 상황인데 진실로 성장이 발생할 수 있는 유일한 상황일 수 있다.

많은 지도자들은 리더십으로 나아갈 때 천천히 움직인다. 그 이전에는 장시간의 이중직 종사기간을 필요로 한다 (직업이란 장래 지도자로 하여금 파트 타임 리더십 활동을 수행하도록 하는 한편 재정적인 지원을 공급하는 것을 말한다). 이 장의 1단원에서 논의되는 많은 과정 항목들은 이 이전 (transition) 기간 동안 발생할 것이다.

### 기초적 사역 항목들의 개관

과정 항목들의 두 꾸러미는 사역에 있어서 지도자에 대한 초기 형성에 있어서 중요하다. 한 개별적인 과정 항목이 한 지도자의 형성에 기여하고 그것의 구체적인 영향과 관련해서 분석될 수 있지만, 여러 개의 항목들이 몇몇 공통적인 목표를 향하여 형성하는 일을 하고 그래서 함께 묶여질 수 있다. 그러한 집단을 **꾸러미**라고 불린다.

**개인적 개발 꾸러미**는 초기 사역 형성에 관계된 세 가지 항목을 결합한다: 그것은 **사역 기술, 훈련 진보**, 그리고 **은사 발견**이다. 이 꾸러미는 지도자로 하여금 하나님께서 주신 역량과 개발 잠재력을 감지하기 시작하게 만든다.

**사람 통찰 꾸러미**는 사람들과의 관계를 이해하는 것의 중요성과 그러한 통찰력을 활용하는 것을 나타낸다. 리더십은 주도적으로 사람들에게 영향력을 미치는 것이다. 관계는 효과적으로 영향을 미치는 데에 있어서 핵심이다. **권위 통찰 과정 항목**은 위계적인 관계 교훈에 주목한다. 그것은 다른 지도자의 권위에 어떻게 복종하는가와 추종자들에게 어떻게 권위를 사용하느냐에 관계된 교훈을 말한다. **관계 통찰**은 동료 관계나 사람들 사이의 관심사를 다룬다. 어떻게 지도자가 추종자들과 다른 지도자들과 개인적으로 관계를 맺는가?

이러한 두 가지 꾸러미는 지도자의 인격의 개발에 집중함으로 영향력을 미치는 잠재력이 인식되고 개발을 향한 노력이 시작된다.

### 개인적 개발 꾸러미

**서론** | 초기 사역 노력은 부상하는 지도자로 하여금 기술을 배우고 훈련을 받도록 이끈다. 그러한 기술과 훈련은 최초로 영향력을 미치는 노력에 영향을 준다. 세 가지 과정 항목들이 기초적인 사역 요구들을 대처하는 지도자의 초기 노력을 묘사한다. 젊은 지도자는 그것들 중의 두 가지—**사역 기술**과 **훈련 진보**—가운데에서 주님의 주권적 개입을 대개 감지하지 못할 것이다. 세 번째 항목인 **은사 발견** 과정

항목은 대개 하나님의 개입을 지각하도록 할 것이다. 이 꾸러미와 그것의 세 방면의 초점을 인식하는 것—확신을 심어주는 것, 기초적인 직접적인 영향력 기술을 부여하는 것, 그리고 하나님께서 주신 역량이 아직도 개발되어야 한다는 것을 지각하는 것—은 확대 과정을 위한 길을 닦아 준다. 그러한 것은 사역 진입의 안정화에 기여할 것이다.

**정의**　｜개인적 개발 꾸러미는 세 가지 과정 항목들—**사역 기술, 훈련 진보,** 그리고 **은사 발견**—을 말하며, 이들은 부상하는 지도자로 하여금 진입 단계의 리더십 기술을 훨씬 넘어서는 단계에서 새로운 안정화 지점으로 나아가게 한다.

**꾸러미의 벤 다이아그램**

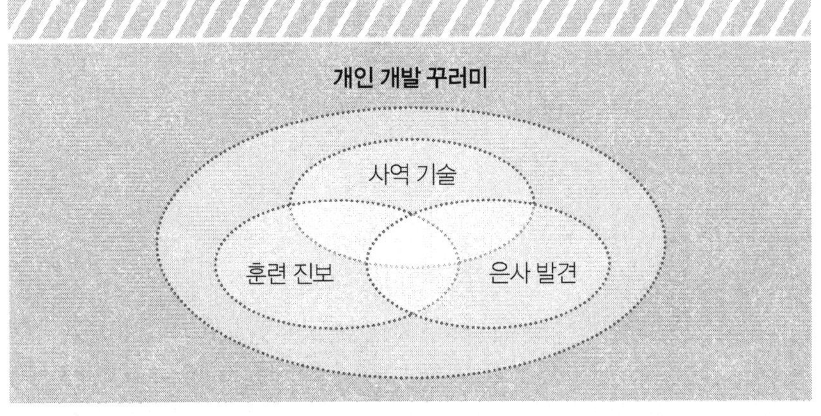


**기술**　｜**사역 기술 과정 항목**은 이 꾸러미의 중심 항목이다. 행하는 것이 이 단계의 개발에서 강조된다. **훈련 진보**와 **은사 발견**은 영향력을 미치는 기술을 인식하도록 이끈다.

**공통적인 초점**　｜함께 작동될 때, 그 꾸러미는 부상하는 지도자를 진입 단계의 영향력 기술을 훨씬 능가하는 유능한 단계의 사역으로 발전시킨다.

**삼중적 목적** 이 꾸러미는 다음의 것들을 목적으로 삼는다. 1.확신을 심어주고, 2.직접 영향을 미치는 기본적 기술을 부여하며, 3.하나님께서 주신 역량이 여전히 개발되어야 한다는 느낌을 만들어낸다.

**사전적 정의들** 두 가지 정의들이 훈련을 이해하기 위한 토대를 놓기 위해서 소개되어야만 한다. **세 가지 훈련 형태, 비공식적 훈련 모델**을 보라.

## 사역 기술 과정 항목 (Ministry Skills Process Item) 기호: P(MS)

**서론** 성장 사역 국면 동안 개발의 주요한 주안점은 사역을 달성하는 데에 있어서 한 지도자를 돕는 기술을 습득하는 것이다. 대부분의 기술은 이 국면의 초기와 중기에 습득된다. 얻어지는 중요한 기술은 대개 징계적, 관계적, 집단, 조직적, 말씀, 설득적 그리고 기도 기술을 포함한다. 이러한 기술은 지식에 초점을 맞출 수도 있고 (리더십에 대한 관점을 얻는 것) 혹은 영향력에 초점을 맞출 수도 있다 (어떻게 리더십을 발휘하는지를 배우는 것). 이러한 기술은 그 지도자가 이미 사용해 온 영적 은사들을 직접적으로 지원하는 것일 수도 있고 그렇지 않을 수도 있다.

**정의** 사역 기술은 부여된 사역에 도움을 주는 하나 혹은 그 이상의 확인할 수 있는 기술들의 명확한 획득을 언급한다.

**예** 다양한 종류의 소그룹을 어떻게 이끄는가: 기도 집단, 친족 집단, 성경 공부 그룹, 위원회.

**예** 소그룹을 위한 성경 공부 자료들을 어떻게 준비하는가?

**예** 어떻게 위원회를 조직하고, 제안서를 작성하며, 사람들에게 새로운 아이디어의 중요성을 설명하는가?

예 | 변화를 실행하기 위해 어떻게 사람들을 설득하는가?

예 | 상급자, 동료들, 그리고 하급자들을 포함한 조직 구조에서 다양한 사람들과 어떻게 관계하는가?

예 | 갈등 해소

예 | 성경 공부 방법들, 성경 가르치는 기술들

**정체 유형 (Plateau Pattern)** | 일상적으로 관찰되는 유형은 정체 유형이다. 종종, 처음에 한 사람이 그/그녀가 어느 정도 안정감을 갖고서 활동하기까지 새로운 기술들을 배울 것이다. 이 지점 이후에, 만일 한 사람이 의도적으로 습관적으로 새 기술들을개발하지 않고 이전의 경험과 최소한의 기술 수준에서 지속하기를 선택한다면, 그들의 발전은 정체될 것이다.

**역동적 성찰의 가치** | 자신의 사역 역사에 대한 주의 깊은 분석은 다양한 과제들에서 배운 기술들을 확인하고자 해야만 한다. 습득된 기술들의 분석은 그렇게 행하는 동기, 그렇게 행하는 방법들, 그 기술들의 결과들, 기술들에 대한 미래적 학습이 함축하는 바가 포함될 것이다.

## 사역 기술에 대한 복습

1. 당신의 성장 사역의 초기에 습득한 훈련 기술들을 표시하라.

(______) a. 자기－훈련 (방언의 통제, 다른 개인적 습관들)

(______) b. 시간 관리

(______) c. 개인적 목표 설정

(______) d. 개인적 재정의 관리

(______) e. 권위에 있는 자들로부터의 명령을 인지하고, 받아들이고, 복종하는 능력 (비록 동의하지는 않지만, 복종적인 정신으로)

(______) f. 한 과제를 끝까지 해내는 능력

(______) g. 경건의 습관 (devotional habit)

(______) h. 기타


2. 당신의 성장 사역 초기에 배운 관계 기술들을 표시하라.

(______) a. 당신의 조직 내에서 상급자들에게 어떻게 관계해야 하는가 혹은 어떻게 관계하면 안되는가?

(______) b. 당신의 조직 내에서 동료들에게 어떻게 관계해야 하는가 혹은 어떻게 관계하면 안되는가?

(______) c. 하급자들에게 어떻게 관계해야 하는가, 혹은 어떻게 관계하면 안 되는가?

(______) d. 어떻게 갈등을 해결해야 하는가 혹은 하면 안 되는가에 대한 초보 전략

(______) e. 기타


3. 당신의 성장 사역의 초기에 배운 집단 기술들 가운데 해당되는 것들에 표시하라.

(______) a. 어떻게 기도 집단을 인도하는가

(______) b. 어떻게 성장 집단을 인도하는가

(______) c. 어떻게 전도 집단을 인도하는가

(______) d. 어떻게 성경 공부 집단을 인도하는가

(______) e. 어떻게 위원회를 인도하는가

(______) f. 위의 집단들 중의 어떤 것들을 어떻게 시작하는가/어느 것인지 구체화하라.

(______) g. 기타


4. 당신의 성장 사역 초기에 습득한 조직적 기술들 가운데 해당되는 것을 표시하라.

(______) a. 어떻게 위원회를 조직하는가

(______) b. 어떻게 제안서를 작성하는가

(______) c. 어떻게 전단과 다른 광고 자료들을 고안하는가

(______) d. 어떻게 교회 주보를 만드는가

(______) e. 해야 할 일들을 어떻게 평가하는가

(______) f. 과제를 달성하기 위해서 어떻게 사람들에게 일을 할당해야 하는가

(______) g. 한 조직 내의 구조를 어떻게 인식하는가

(______) h. 어떻게 우선순위를 결정하는가

(______) i. 어떻게 한 집단을 위한 목표를 설정하는가

(______) j. 기타


5. 당신의 성장 사역 초기에 배운 말씀 기술들 가운데 해당되는 것에 체크하라:

(______) a. 어떻게 성경을 연구하는가

(______) b. 어떻게 말씀으로부터 구두 발표를 준비하는가

(______) c. 자신의 영혼에 양식이 되도록 어떻게 성경을 경건을 위해서 사용하는가?

(______) d. 성구사전이나 원어 도구 같은 성경 연구 보조 기제들을 어떻게 사용하는가

(______) e. 소그룹을 위한 성경 공부 자료들을 어떻게 준비하는가

(______) f. 신학적 발견을 위해서 어떻게 성경을 주제별로 공부하는가

(______) g. 기타


6. 당신의 성장 사역 초기에 습득한 기도 기술에 해당되는 것에 표시하라.

(______) a. 기도 훈련

(______) b. 무엇을 위해서 기도할 것인지에 대해서 하나님께서 주도하시도록 하나님으로부터 듣는 것을 배움

(______) c. 중재적 도움 (어떻게 기도 노트를 사용하는가, 기도 일지 작성하는가 등.)

(______) d. 어떻게 금식하는가 (금식의 다양한 종류들: 고독, 노동, 집단 금식, 등)

(______) e. 어떻게 기도 중에 성경을 사용하는가

(______) f. 어떻게 기도의 날을 갖는가

(________) g. 대화적 기도

(________) h. 특별한 능력의 방출을 위해서 안수 기도하는 것 (육체적 치유, 내적 치유, 위임, 권한 부여, 은사 부여 등)

(________) i. 기타


7. 당신의 성장 사역의 초기에 배운 설득 기술들에 해당되는 것에 표시하라.

(________) a. 어떻게 개인들에게 확신을 주고 그들의 욕구들을 억압하지 않고 그들에게 동기를 부여하는가

(________) b. 의사—결정 문제들에 대해서 추종자들과 동료들과 말로 상호작용하는 동안에 유연성을 잃지 않는 방법

(________) c. 새로운 아이디어를 나눔으로 추종자들에게 동기를 부여하는 방법

(________) d. 동기 부여 기법들 (성경적 돌봄 연구의 활용, 하나님의 지난 역사에 대한 검토, 능력의 드러냄, 은사부여의 활용)

(________) e. 어떻게 한 집단 내에서 의견 일치를 얻는가

(________) f. 기타


8. 당신의 초기 성장 사역에서 얻은 가장 중요한 실제적 사역 기술은 무엇인가?

..........................................................................................................


9. 당신이 최근에 배운 가장 실제적인 사역 기술의 사례를 들라. 그 기술을 얻도록 하나님께서 사용하신 과정은 무엇인가?

..........................................................................................................

## ◆ 답변 ◆

1. a., b., c., g.

2. 모든 범주에서 어떻게 하면 안 되는가 하는 것이다. 몇몇은 간접적으로 배웠다; 몇몇 은 내 자신의 삶에서 부정적인 과정을 거치면서 배웠다.

3. a., b., d., e., f.

4. d.

5. a., b., c., d., e., f.

6. a., c., e., f., g.

7. c.

8. 어떻게 소그룹 성경 공부 모임의 관심을 두 시간 가량 계속 이끌어 내는가 하는 것 이 중요한 기술이다.

9. 쓰는 기술-프로그램화된 가르침과 정보 지도만들기. 그 도전은 자마이카에서 신학 연장교육 (TEE-theological education by extention-program)을 만드는 사역 과제란 형태로 최초로 주어졌다. 그것은 나로 하여금 필요한 자료를 준비하는 과정 에서 프로그램된 가르침을 위한 쓰기 기술을 선택하도록 강요했다. 정보 지도만들 기는 프로그램된 가르침을 향상시키기 위한 시도로서 따라왔다. 이러한 두 가지 기 술은 나로 하여금 가르침과 학습이란 한 쌍의 본질에 관해서 더 많은 것을 배우도 록 했다. 그것들은 또한 의사소통 기술을 추구하도록 만들었다. 그 과정 내내 정보, 책, 워크숍, 그리고 재정을 얻는 과정에서 하나님의 도움이 있었다.


## 세가지 훈련 형태 (Three Training Modes)

**서론** ｜ 훈련 모델들은 세 가지 주요한 형태들로 나뉘어질 수 있다: 공식적 (formal), 무형식적 (non-formal), 비공식적 (informal). 기본적으로, 공식적인 형태는 사회에 의해서 인정된 조직화된 제도적 교육을 말한다. 비공식적 (informal) 형태는 일상적인 삶의 활동들의 맥락에서 발생하는 훈련이다. 무형식적 (non-formal) 훈련은 대개 공식 적 훈련의 관할 밖에서 발생하는 반쯤 조직화된 훈련이다. 다음의 범주들은 훈련 과 정 항목을 기술하는 데에 도움이 된다.

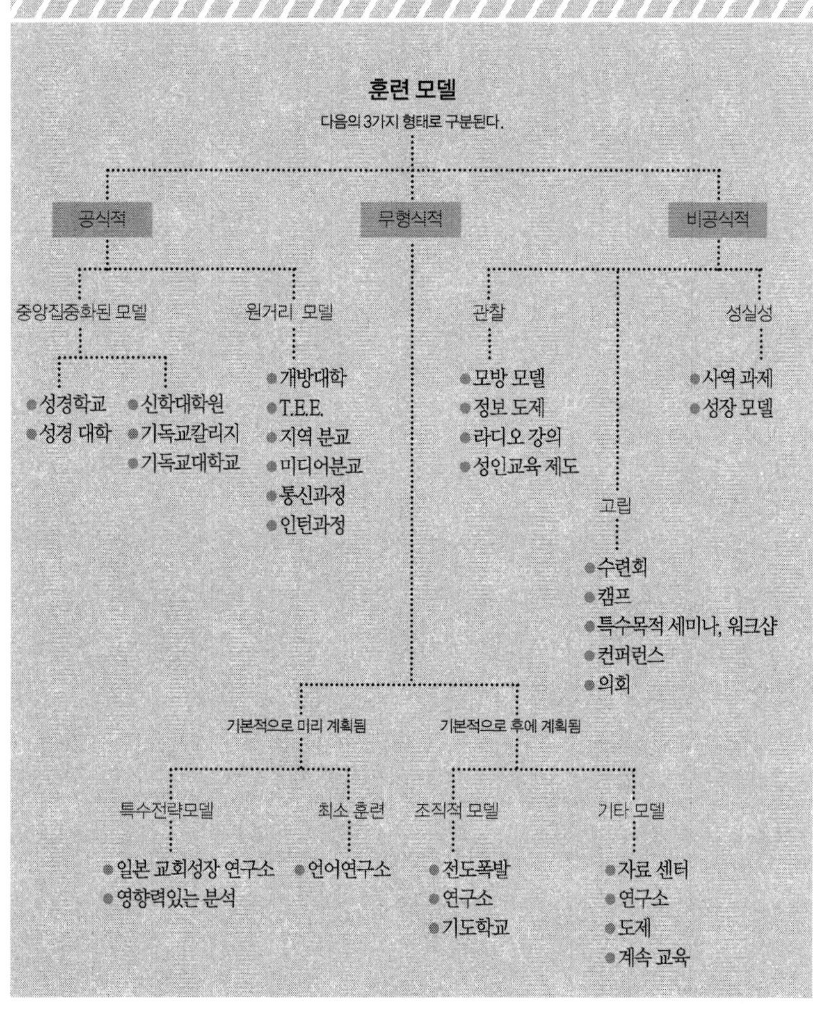


**해설** 클린턴 (1983b) 에서 인용. 모델들의 설명이 그곳에 있다.

## 비공식적 훈련 모델들의 두 가지 범주

**서론** 비공식적 훈련은 그들이 발생하는 시간 길이에 따라 수많은 훈련 모델로 나뉘어질 수 있다.

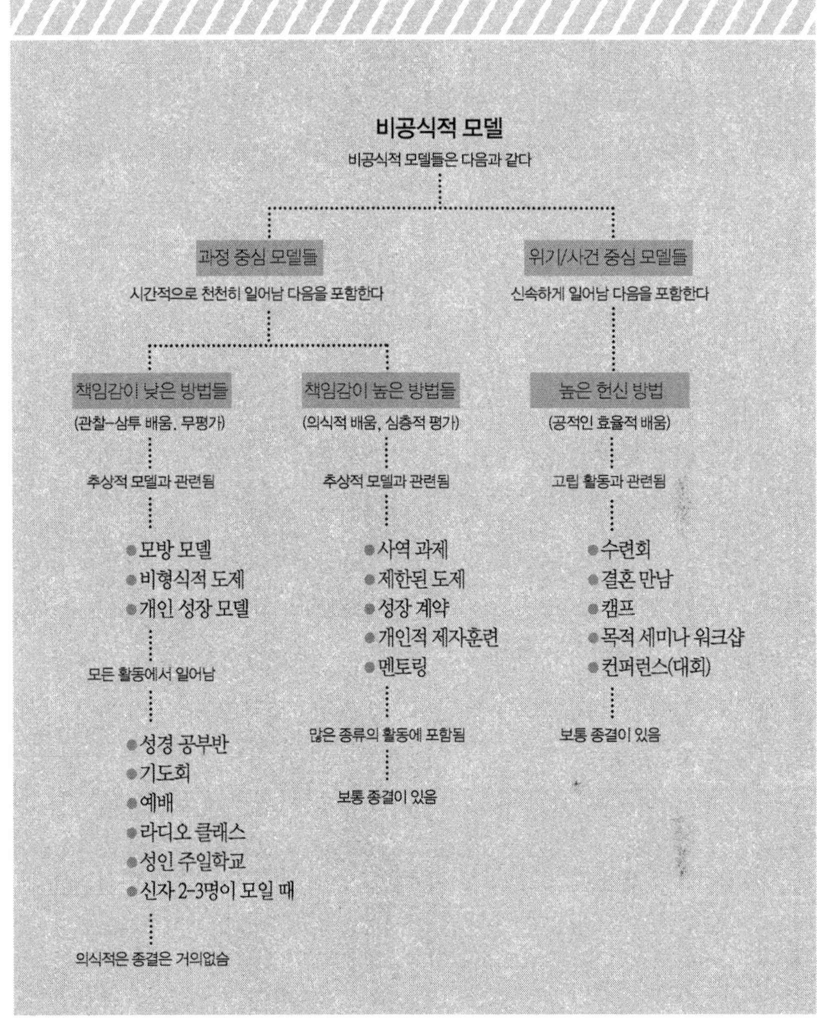


**해설** 클린턴 (1983b) 에서 인용. 그곳에서 모델에 대한 더 많은 설명이 주어진다. 훈련 진보과정 항목은 대개 이러한 비공식적 모델들 대 여섯 개를 포함한다. 사실, 지도자로의 부상에 있어서 공식적 모델보다 더 많은 비공식적 모델들이 사용된다.

## 훈련에 대한 예비적인 정의들에 대한 복습

1. 대부분의 지도자들은 전도 폭발, 써치 연구소 (Search Inc.), 기도 학교 혹은 다른 유사한 모델들과 같은 무형식적 (non-formal) 인 조직적 훈련 모델들에 의해서 도움을 받았다. 당신의 사역 개발에 있어서 의미있는 무형식적 훈련 모델이 있다면 그것들을 열거하라. 그 모델의 이름을 제시하고, 언제 그것을 알게 되었으며 그것의 결과로서 어떠한 리더십 개발을 확인할 수 있는지를 말하라.


2. 모방 모델이란 학습자가 무의식적으로 혹은 선택적으로 사역 개발에 있어서 앞서 나가는 어떠한 사람을 관찰하고 관찰된 것을 자신의 삶에서 재생산하고자 추구하는 훈련 모델로 정의된다. 이것은 기술, 사역의 방법, 그리고 철학의 모방을 뜻할 수 있다. 종종, "유사한 것에 끌리는 은사 개발 유형"이 관찰된다. 즉, 잠재적 지도자는 자신과 같은 (비록 유사한 은사가 아직 인식되지 않았고 개발되지 않았음에도 불구하고) 영적 은사를 드러내는 지도자에게 이끌린다는 것이다. 멘토링과 더불어 모방 모델은 아마도 가장 두드러지게 나타나는 두 가지의 책임 소재가 낮은 비형식적 훈련 모델일 것이다. 다음의 영역에서 당신이 모방 모델링을 통한 어떠한 지도력 개발을 확인할 수 있는지를 보라:

a. 기술들:

.........................................................................................

b. 사역 철학:

.........................................................................................

c. 사역 구조:

.........................................................................................

◆ 답변 ◆

1. 나는 세속적인 무형식적 훈련 모델로부터 큰 도움을 받았다. 그것은 정보 매핑이라고 불리는 쓰는 기법을 알려주는 모델이었다. 그것은 1975년 뉴욕에서 행해진 일주일간의 워크샵이었다. 나의 가르치는 은사는 이 워크샵에서 주어진 개념에 의해 크게 도움을 받았다. 나의『영적 은사』(Spiritual Gifts)란 책은 이 워크샵의 프로젝트로 작성되었다. 그 워크샵은 나로 하여금 어떻게 사람들이 인지적 정보를 학습하는지 이해할 수 있게 해 주었다.

2. a. 어떻게 가정 성경 공부를 가르칠 것인가, 어떻게 가정 성경 공부를 통해서 멘토가 되어줄 수 있는가, 어떻게 일대일 성경 공부를 하는가 등이다. 나는 성경 공부반을 가르치는 데 있어서 시청각 보조교재(visual aids)의 중요성을 크게 깨달았다. 지역교회에서 나의 초기 사역 개발 과정에 있을 때 나의 멘토였던 톰슨 목사님을 관찰한 결과, 나는 첫 번째로 성경 차트(Bible charts)를 만들기 시작했다.

b. 톰슨 목사님으로부터 하나님께서 세상을 구속하시는 데 있어서 지역교회의 중요성을 배웠다. 나는 사역에 있어서 사람을 개발하는 것이 얼마나 중요한지 배웠다. 나는 사람들로 하여금 가능한한 일찍 사역을 경험하도록 하는 것을 배웠다. 나는 강단 교류의 중요성과 젊은 청년 설교가로 하여금 공적 사역 경험을 할 수 있도록 기회를 주는 것의 중요성을 배웠다. 나는 말씀을 아는 것의 중요성과 그것의 영적 권위와의 관계를 깨달았다. 나는 톰슨 목사의 모델링 때문에 끊임없이 성경을 연구하는 내 평생 습관을 시작했다.

c. 나는 제자도(discipleship)와 전도(evangelism) 양자를 위한 셀 구조의 중요성에 대해 학습했다. 나는 또한 교회 행정 구조들(church government structures)-자문 위원회, 위원회 등-에 대해서 배웠다. 나는 또한 성경을 가르치기 위한 성경 컨퍼런스 구조 (Bible conference structure)에 대해서 배웠다.

## 훈련 진보 과정 항목 (Training Progress Process Item) 기호: P (TP)

**서론**　사역 국면의 초기에 대부분의 기술들은 경험, 관찰, 그리고 자기—연구를 통해서 습득된다. 이러한 비형식적 훈련의 측면은 만일 잠재적 지도자가 비형식적 훈련 모델들을 의식하고 잠재적 지도자들을 개발하기 위하여 그것들을 의도적으로 사용하는 지도자들에게 가까이하게 된다면 크게 가속이 붙게 된다. 종종 이 국면의 초기 혹은 중기 동안에 한 지도자는 지식과 기술의 집중적이고도 재빠른 획득을 선택할 것이다. 이 훈련은 대개 성격상 공식적일 것이고 그러므로 개발이 일어나는 일상적 사역 상황으로부터 벗어날 것을 요구할 것이다. 공식적 훈련은 대개 중앙화된 훈련 기관으로 재배치되는 것을 포함할 것이다. 훈련 진보 과정 항목은 공식적, 무형식적, 그리고 비형식적 훈련이 발생하는 특정한 기간들에 대한 회고와 분석을 요구한다. 이 항목의 주안점은 어떻게 훈련이 단순히 한 프로그램의 완수일 뿐만 아니라 영적 그리고 사역적 형성에서 명백한 개발을 가져왔는지에 관한 것이다.

**정의**　훈련 진보 과정 항목은 영향력 역량, 지도자 책임감, 혹은 자기—확신과 관련한 확인할 수 있는 진보를 주목하고자 시도하고, 그리고 공식적이든, 무형식적이든, 혹은 비형식적이든 어떠한 형태의 명백한 훈련이 있는 시기 동안 혹은 그 이후에 발생하는 종결 경험을 말한다. 종종 신적 확인 혹은 미래 리더십에 대한 기대가 이 시간에 드러난다.

**사례**　보수주의적인 침례교 목사인 마크 윌리암스 (Mark Williams) 는 죠쉬 맥도웰 (Josh McDowell) 과 약 1년 동안 지속된 비형식적 도제 관계에 있었다. 이 도제 관계는 전도 방법과 믿음의 의사소통 기술을 개발시켰다. 추가로 그것은 마크 (Mark) 에게 사역 문제들을 다루는 추가된 확신을 주었다. 평생 지속될 기술들과 태도들이 학습되었기 때문에 이것은 훈련 진보 면에서 주요한 전환점이었다.

**사례**　필리핀에 파송된 미주리 노회 선교사 밥 뉴톤 (Bob Newton) 은 풀러 세계 선교 대학원에서 리더십을 전공했다. 연구를 마치고 밥은 훈련 모델 이론에서 놀라운 진보를 나타내어서 훈련 프로그램의 분석과 고안에서 상담가로 활동할 수 있게 되었다. 밥이 이 훈련을 의미있게 활용하여서 그의 남은 사역을 통해 어떠한 반향을 일으킬지 기대가 된다.

### 훈련 항목들에 대한 복습

1. 당신의 개발 과정 중, 영적 형성, 사역적 형성 혹은 전략적 형성 측면들에 있어서 중요했던 훈련 진보 항목이 있는지 숙고하라. 제시된 모델 범주들과 관련하여 그것을 확인하라. 당신의 사역에 계속적으로 영향을 주는 사역적 형성 혹은 영적 형성 개발이 있다면 기술하라.

2. 당신이 미래 사역을 예상할 때 어떠한 훈련이 더 필요하다고 보는가? 공식적, 무형식적, 혹은 비형식적이든 간에 당신의 다음 사역 과제를 강화시키기 위하여 필요할 것이라고 느끼는 어떠한 훈련 양태들을 제시할 수 있는가?

### ◆ 답변 ◆

1. 내게 일어난 중요한 훈련 진보 항목은 사우스 캐롤라이나 주 컬럼비아에 소재한 컬럼비아 대학원에서 공식적인 훈련을 받는 가운데 주어진 비형식적 모델이었다. 구체적인 개발은 나의 영적 형성에 관한 것이었고 모방 모델을 통해서 학습되었다. 나는 사역 관심사항에 대해서 하나님을 신뢰하는 것의 중요성을 배웠다. 그것은 주로 많은 스승들의 삶을 관찰함으로 학습되었다. 나는 또한 기도 기술을 배웠다 – 그것은 영적 재충전과 인도하심을 받기 위해서 하나님과 함께 온 종일을 보내는 것이었다. 이 훈련을 통해서 내 미래 사역과 관련해서 하나님만을 온전히 신뢰할 수 있다는 확신이 세워졌다. 또한 그러한 하나님과의 만남을 통해서 내가 재충전될 수 있으며 나의 사역을 위한 인도하심을 받을 수 있다는 것을 알았다.

2. 나는 계속 진행되는 영향력 – 혼합 도전 과정 항목을 이수하는 중에 있다. 이 도전은 내 생각을 공적으로 의사소통할 뿐만 아니라 다른 사람들에 대한 나의 사역을 확장시키도록 (무형식적이고 공식적인 모델을 통해서) 나를 몰아 간다. 그러므로 내

가 미래 사역을 전망할 때, 나는 워크샵과 세미나를 고안하고 수행하는 기술을 개발할 필요를 느낀다. 나는 또한 공적인 쓰기 기술을 개발할 필요를 느끼는데 그것은 몇몇 나의 생각들을 보다 광범위한 독자층들에게 전달하기 위한 것이다. 나는 현재 모방 모델과 비형식적 도제 훈련을 통해서 내가 필요로 하는 세미나와 워크샵 개발을 시도하고 있다. 나는 내 딸 캐드린 홀와드 (Cathryn Hoellwarth)를 멘토로 삼고 대중적인 작문 기술들을 학습하는 중인데, 내 딸은 놀라운 작문 기술과 더불어 가르치는 은사를 갖고 있다.

## 은사 발견 과정 항목 (Giftedness Discovery Process Item) 기호: P (GD)

**서론** 일반적 지도력 기술 획득 이외에, 성장 사역 국면 동안 일어나는 가장 중요한 개발은 영적 은사들의 발견과 그것들의 확신에 찬 사용이다. 이 과정 항목의 핵심은 은사와 그것의 개발이 어떻게 일어나는지에 대한 발견이다.

**정의** 은사 집단은 은사 요소들의 집단을 의미한다: 그것은 타고난 재능, 습득한 기술, 그리고 영적 은사이다.

**정의** 은사 발견 과정 항목은 은사 개발 유형에 따른 어떠한 중요한 진보와 그 발견을 초래하는 데에 사용된 사건, 사람 혹은 회고 과정을 의미한다.

**바나바의 영적 은사 발견** 바나바는 그의 권면의 은사를 사역 초기에 발견했다. 숙명 경험은 이 발견을 확인해 주었고, 그것을 사용하는 것에 대한 삶을 발견 시간 기대를 낳았다 (행4:32-37을 보라). 후에 사도행전 9장과 11장에서 중요한 것이 발견되는데 그것은 그에게 주어진 사도적 은사를 드러나게 했다. 갈라디아서 2:6-10의 확인은 은사 발견으로 향하는 또 다른 단계였다.

**일반적 시간선** 자신의 타고난 재능들, 습득한 기술들, 그리고 영적인 은사들을 확인하고, 추가하고 그리고 그 위에 쌓아가는 은사 개발은 대개 다소간 일반적 은사 시간선의 순서에 따라 발생한다. 몇몇 단계들은 중복이 될 수도 있다; 어떤 것들은 생략될 수도 있다. 그러나 일반적 경향은 타고난 재능들에 대한 강조에서 시작해서 습득한 기술들로, 영적인 은사들로, 그리고 보충적 기술들의 순서로 진행된다.

### 순서 특성

1. 타고난 재능들

2. 기본적 습득한 기술들

3. 초기 영적 은사 징후

4. 추가적인 습득한 기술들

5. 영적 은사 (들) 의 초기 확인

6. 잠재된 타고난 재능의 늦은 발견 (수시로 발생한다)

7. 다른 영적 은사들의 확인

8. 은사—혼합의 확인

9. 추가적인 습득한 기술들

10. 은사—꾸러미의 형성

11. 은사 집단의 핵심적 요소의 발견

12. 은사의 수렴

### 참고하라

특별히 영적 은사들에 초점을 맞춘 다섯 가지 유형들은 후에 11장에서 다루게 된다.

## 은사 시간선 사례

**서론** | 은사 개발의 "후기" 발견은 은사 시간선을 사용함으로 촉진된다. 아래에 "일반적 시간선"과 구체적 은사 시간선의 여러 가지 사례을 제시하였다.

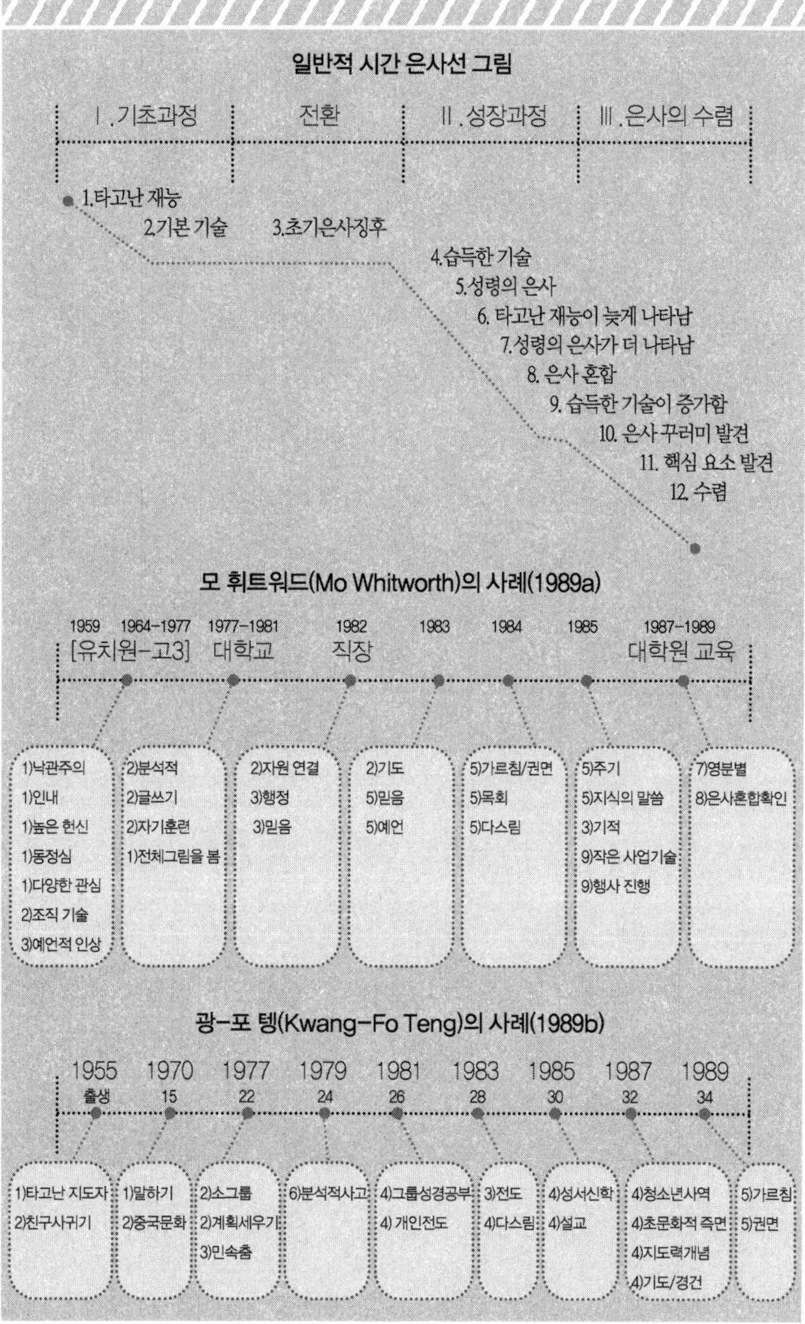
일반적 시간 은사선 그림
I.기초과정
전환
II.성장과정
III.은사의 수렴
1.타고난 재능
2.기본 기술
3.초기은사징후
4.습득한 기술
5.성령의 은사
6. 타고난 재능이 늦게 나타남
7.성령의 은사가 더 나타남
8. 은사 혼합
9. 습득한 기술이 증가함
10. 은사 꾸러미 발견
11. 핵심 요소 발견
12. 수렴
모 휘트워드(Mo Whitworth)의 사례(1989a)
1959
1964-1977
1977-1981
1982
1983
1984
1985
1987-1989
[유치원-고3]
대학교
직장
대학원 교육
1)낙관주의
1)인내
1)높은 헌신
1)동정심
1)다양한 관심
2)조직 기술
3)예언적 인상
2)분석적
2)글쓰기
2)자기훈련
1)전체그림을 봄
2)자원 연결
3)행정
3)믿음
2)기도
5)믿음
5)예언
5)가르침/권면
5)목회
5)다스림
5)주기
5)지식의 말씀
3)기적
9)작은 사업기술
9)행사 진행
7)영분별
8)은사혼합확인
광-포 텡(Kwang-Fo Teng)의 사례(1989b)
1955
1970
1977
1979
1981
1983
1985
1987
1989
출생
15
22
24
26
28
30
32
34
1)타고난 지도자
2)친구사귀기
1)말하기
2)중국문화
2)소그룹
2)계획세우기
3)민속춤
6)분석적사고
4) 개인전도
4)그룹성경공부
3)전도
4)다스림
4)성서신학
4)설교
4)청소년사역
4)초문화적 측면
4)지도력개념
4)기도/경건
5)가르침
5)권면

**은사 발견 과정 항목에 대한 복습**

1. 개발을 보여주는 과정 사건들 중의 어느 단계들을 당신이 거쳐왔는지 알아보는 것은 도움이 될 것이다.

(1) 타고난 재능들

(2) 기본적인 습득한 기술들

(3) 초기 영적 은사 징후들

(4) 추가적인 습득한 기술들

(5) 영적 은사의 초기 확인

(6) 종종 잠재적인 타고난 재능의 늦은 발견

(7) 다른 영적 은사들의 확인

(8) 은사—혼합의 확인

(9) 추가적인 습득한 기술들

(10) 은사—꾸러미의 형성

(11) 은사 집단의 핵심적 요소의 발견

(12) 은사의 수렴

2. 당신의 주도적인 타고난 재능들을 열거하라.

3. 당신이 현재재 인식하고 있는 주도적인 습득한 기술들을 열거하라.

4. 당신이 현재 사역 가운데 반복적으로 드러나는 영적 은사들을 열거하라. 주도적인 것을 확인하라.

5. 당신이 연습문제 1번에서 체크한 어느 한 단계에 대해서 은사 발견을 나타내는 어느 사건(들) 혹은 분석을 상세히 기술하라.

6. 네 가지 신약성경의 철학적 모델들 가운데 어느 것이 은사 발견 과정 항목의 개념에 가장 근본적인가?

(______) a. 청지기　(______) b. 종　(______) c. 목자　(______) d. 추수꾼

### ◆ 답변 ◆

1. 나는 처음부터 11번에 해당되는 사건들을 갖고 있다.

2. 리더십과 예리한 분석력

3. 모델들을 통해서 개념화하는 재능

4. 권면, 가르침, 지혜의 말씀, 리더십

5. : 나는 3, 5, 7, 8, 그리고 10번 단계에 대해서 논의할 것이다. 나는 1965년도에 가르침의 은사를 처음으로 발견했다. 그것은 톰슨 목사님이 가정 성경 공부반을 이끌라는 사역 과제를 내 주었을 때 확인되었다. 나는 점차 가르치는 기회를 받아들였다. 나는 아동반, 사춘기 청소년반, 사춘기 소녀반, 대학생반, 부부반, 싱글반, 그리고 노년반에서 가르쳤다.

: 내가 가르치는 수많은 기회들을 계속 받아들이고, 가르치는 방법에 관한 보다 나은 이해를 얻게 됨에 따라, 내 자신의 가르치는 은사를 개발하고자 노력함에 따라, 그리고 나의 기독교적 개발에서 개인적 성장과 성숙을 경험함에 따라, 나의 가르침에 있어서의 효과성이 증대되는 것을 보게 되었다.

: 1968년 나는 "내 영적 은사와 어떻게 그것을 개발할 것인가" 라는 제목의 영적 은사에 관한 보고서를 맥킬퀸 (J. R. MaQuilkin) 박사에게 제출했다. 이것은 나의 가르침의 은사의 개발 단계를 요약한 것인데, 그 후에도 계속 추가적인 개발이 이루어지고 새로운 것이 추가되었다. 해석학과 작문 기술과 더불어 실제적인 의사소통에 관한 저서들을 읽은 것이 가르침의 은사의 효율성을 증진시키는 데에 큰 도움을 주었다.

: 1973, 74년에 영적 은사에 대해서 연구하는 중에 나는 내가 권면의 은사(주로 훈계 측면에 있어서)를 가졌다는 것을 인식했다. 내가 가르침 은사를 계속 활용해 나갈 때 나는 권면의 은사가 가르침에 있어서 내가 행하는 모든 것을 주도한다는 것

을 깨닫기 시작했다. 나는 내가 진리를 나 자신의 삶에 적용하는 데에 그토록 근면하게 노력한 이래로 내 권면의 은사를 개발하는 쪽으로 중대한 노력을 이미 해오고 있었음을 발견했다. 나는 또한 권면의 은사와 더불어 발생한 기본 유형이 이미 내 사역 속에서 일어나고 있음을 인식했다. 나는 점차 훈계적 주안점을 격려적 주안점으로 전환함으로 그 은사의 활용이 보다 균형잡히도록 했다. 오늘날 나는 하나님께서 나의 권면의 은사가 위로의 주안점을 추가해서 갖도록 보다 균형잡아 주시는 것을 보고 있다.

: 1975, 76년에 나는 특히 소그룹 상황에서 내가 종종 그 상황에 적절한 지혜의 말씀을 언급하곤 한다는 것을 점차 주목하기 시작했다. 처음에는 내가 속한 행정팀의 다른 사람 속에서 이 은사를 볼 수 있었다. 그리고 그 동일한 사건이 나에게 일어나는 것을 보았다. 은사에 대한 계속적인 연구를 통해서 그것을 지혜의 말씀 은사로 구분할 수 있었다. 과거에 나는 이 은사에 관해서 매우 신중했었고 외부의 확증을 찾곤 했다. 최근에 와서는 점점 그것을 보다 자유롭게 사용하며, 믿음으로 그 은사를 사용할 수 있는 환경 속에 나 자신이 있고자 의도적으로 노력하기까지 한다. 1979년 이래로 나는 권면, 가르침 그리고 지혜의 말씀의 은사 혼합을 인식해 오고 있는데 그 중에서 권면이 주도적인 위치를 차지하고 있다.

: 은사의 꾸러미가 형태를 갖추기 시작했다. 가르침의 은사는 그곳으로부터 권면이 나오는 근거를 제공한다. 가르치는 중에 일어나는 생각들은 사람들을 자극해서 그들로 하여금 변화에 대해서 문을 열도록 만든다. 권면을 통해서 사람들로 하여금 그 생각들을 사용하는 쪽으로 강력하게 나아가도록 만든다. 그리고 적용 후에 이루어지는 후속 상담을 통해서 지혜의 말씀을 사용하게 된다.

: 청지기 모델에 대한 계속적인 연구와 그것을 내 삶에 적용한 결과로 가장 최근에 발견한 것은 타고난 재능으로서 나에게 주어진 리더십 재능이다. 이 재능은 나의 영적 은사-혼합과 잘 들어맞고 그것을 보충한다. 그럼으로 나는 그것을 사용할 책임을 느낀다.

6.  a. 청지기 모델은 은사 발견 과정 항목과 가장 근본적으로 관계된다. 책임감을 강조하는 중심 취지로 인하여 청지기 모델은 우리가 누구이며 그분을 위해서 사용하

도록 그분에게 받은 것이 무엇인지 발견하도록 이끈다. 목자 모델과 추수 모델은 적용하는 방식에 보다 관계된다.

## 개인적 개발 꾸러미에 대한 해설

**꾸러미의 특정한 것들에 대한 일반적 노트**　사역 기술들 과정 항목은 지도자에게 사역에서의 약간의 성공을 가져다 주는 도구들을 제공함으로 확신감을 창출한다. 모든 지도자들은 그들이 사역을 "행할" 때에 약간의 긍정적인 재확인을 필요로 한다. 적절한 기술들은 사역에 대한 긍정적인 태도를 제공하고 그것은 다시 성공과 추가적으로 긍정적인 재확인을 가져다 준다.

**훈련 진보 과정의 초점: P(TP)**　훈련 진보 항목은 마무리되는 느낌과 배운 것을 사용할 기대감을 제공한다.

**은사 발견 과정의 초점: P(GD)**　은사 발견은 하나님의 개입을 볼 수 있게 하며 영적 권위를 사용하는 것을 배움에 있어서 앞으로 나아가는 한 단계이다.

**사역 기술들-비형식적인 양태**　기술이 종종 학습되는 순환적인 훈련 모델은 비형식적인 도제 관계 모델이다. 개인적 성장 모델, 제한된 도제 관계의 의도적인 활용, 그리고 멘토링은 사역 기술들 얻기 위해서 보다 체계적으로 사용되어져야만 하는 추가적인 비형식적 훈련 모델들이다.

**사역 기술들-무형식적인 양태**　조직적인 모델들을 통한 워크숍, 세미나, 그리고 대회를 포함하는 무형식적인 모델들은 또한 기술의 의도적인 습득을 위한 계획의 한 부분이 되어야 한다.

**사역 기술 과정의 개인적 사례**　70년대 중반에 나는 정보 지도 작성 기술을 배우기 위해서 밥 호니 (Bob Horne) 와 함께 뉴욕에서 일주일간의 워크샵에 참석했다.

그 주의 마지막에 나는 한 프로젝트를 시작했는데 그것은 결국 영적 은사들에 관한 책이 되었다. 이 단기의 무형식적 조직적 훈련 모델은 나의 가르치는 사역에 크게 영향을 미쳤다.

**훈련 진보 과정의 본질: P(TP)**　　훈련 진보 과정 항목의 본질은 훈련의 완성에서 발견되는 것이 아니라 오히려 자신의 이해 혹은 배움을 의미있게 바꾸어 놓음으로 모든 사역이 이후로 영향을 받는 데에 있다.

**은사 발견 과정의 자극: P(GD)**　　사역 완수 혹은 다른 특정한 사역 확인은 종종 은사에 있어서의 향상 혹은 진보의 발견과 관계된다.

**강요된 발견**　　사역 상황이 지도자가 이전에 인식하지 못한 은사들을 요구할 수 있다. 하나님께서는 믿음의 발걸음에 대한 응답에서 그 필요한 은사를 그 지도자 안에 드러낼 것이다. 그 은사는 태아 형태로 그곳에 있었을 수도 있고 혹은 전적으로 새로운 것일 수도 있다.

**은사 발견 과정의 초기 발견을 자극하는 것**　　세 가지 유형들은 (11장에서 보다 상세히 기술된다) 사람들이 은사 집단의 요소들을 초기에 발견하는 것을 돕는다. 그것들은 은사 발견 과정 항목에 대한 "발견" 을 자극하는 것들을 지적하기 위하여 여기에 나열된다.

| 유형 | 설명 |
| --- | --- |
| 비슷한 것에 끌리는 유형 | 잠재적 지도자들은 유사한 영적 은사들을 가진 지도자들에게 직관적으로 이끌린다. |
| 은사 표류 유형 | 잠재적 지도자들은 비록 명백히 알지는 못하지만 그들의 영적 은사들과 맞는 사역 도전들과 과제들에 대해서 직관적으로 반응한다. |
| 역할/은사 허용 | 한 사람에게 할당된 역할은 잠재적 은사의 발견 혹은 그 역할을 효과적으로 감당하기에 필요한 새로운 은사의 획득을 위한 자극이 될 수 있다. |

**은사 발견 과정과 관련된 용어들에 대한 추가 설명: P(GD)** 영적 은사들에 대한 추가적인 정보를 위해서, 특히 정의와 개발 제안을 위해서 클린턴 (1985a) 을 보라. 영적인 은사는 사역에서의 사용을 위해서 지도자에게 하나님께서 주신 역량이다. 지도자들은 대개 평생에 걸쳐서 대여섯 가지의 영적 은사들을 드러낸다. 어떤 것은 보다 영구적이고 반복적으로 사용된다. 어떤 것은 일정한 기간 동안만 나타난다. 어떤 것은 자생적으로 드러난다. 반복적으로 나타나는 그러한 은사들은 은사-혼합이라고 불리우는 은사들의 집단을 구성한다. 은사-꾸러미는 하나의 주도적인 은사가 혼합되어 있는 제 각기의 다른 은사에 의해서 효과적으로 지지되는 성숙한 **은사-혼합**이다. 은사 집단의 **핵심 요소**는 한 지도자의 사역 행동을 주도하는-타고난 재능, 습득한 기술, 혹은 영적 은사-요소를 언급한다.

**영적 은사의 발견** 대개 A와 B 유형 지도자들은 그 이름도 혹은 영적인 은사라는 것 조차도 알지 못한 채 그것을 사용함으로 경험적으로 영적 은사를 발견할 것이다. 그들은 결국 적어도 한 은사를 효과적으로 사용할 것이다. 그 은사는 인지적 용어들과 관련되어서 분명히 확인되지는 않을 것이지만 대개 그 은사를 사용하는 사역쪽으로 직관적으로 나아감으로 암시적으로 확인될 것이다. C 유형 지도자들은 적어도 함축적으로 한 개 보다 많은 은사를 확인하고 적어도 하나를 효과적으로 사용할 것이다. D와 E 유형의 지도자들은 적어도 은사-혼합을 명백하게 확인할 것이다. 종종 그들은 은사-꾸러미를 확인할 것이고 이 은사-혼합 혹은 은사-꾸러미와 관련해서 역할들 그리고 우선순위들을 재조정할 것이다. 그런데 그 단계가 수렴으로 향하는 주요한 단계이다.

## 사람 통찰 꾸러미 (People Insights Cluster)

**서론** 지도자들은 사람에게 영향을 미친다. 사람들과 더불어 일하는 것은 모든 지도력 기능의 핵심에 있다. 모든 떠오르는 지도자들이 직면하는 두 가지 주요한 문제는 사람들과의 관계와 관련된 것이다. 지도자가 권위를 사용하기 위해서는 그것에 관해서 배워야만 한다. 만일 그들이 권위를 적절하게 사용하고자 한다면, 어떻게 그것을 인식하고 그것에 복종하는지 배워야만 한다. 그들은 사람에게 영향을 미친다. 모든 지도력에 있어서 사람이 중요하다. 지도자들은 어떻게 사람들과 관계하는지를 그리고 지도력의 마지막 결과는 사람을 섬기고 돕는 것이란 것을 배워야만 한다. 종의 가치와 권위에 대한 이러한 기본적인 교훈들에 응답하는 데에 있어서 결함이 있다면 지도자는 모든 삶을 통해서 괴로움을 받게 될 것이다. 사람 통찰 꾸러미는 성장 사역의 초기 단계들에서 매우 자주 발생한다. 그리고 그 이후로는 상당히 종종 발생한다. 한 지도자가 성숙함에 따라 이 꾸러미의 주안점이 보다 예민하게 되고 그 지도자를 영적 권위의 사용을 향하여 그리고 사람들에 대한 효과적인 동기 부여를 향하여 나아가게 한다.

**정의**  사람 통찰 꾸러미는 두 가지 과정 항목들인 권위 통찰과 관계 통찰을 의미하는 데, 지도력의 기본적인 측면인 사람들과의 효과적인 사역에 관한 교훈을 지도자에게 심어주는 데에 사용된다.

## 사람 통찰 꾸러미 벤 다이어그램

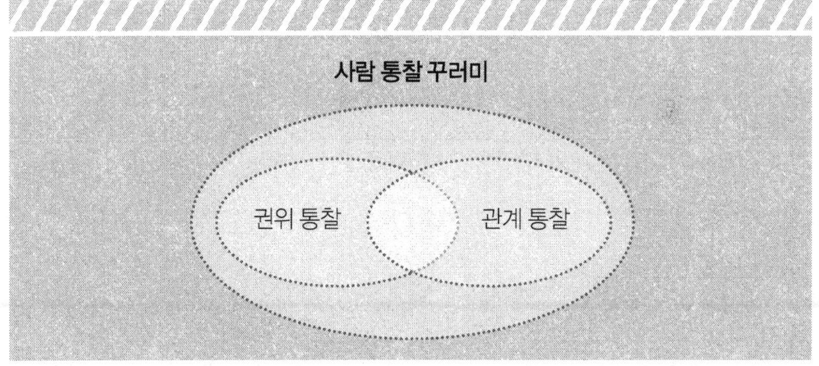


**이중적인 목적**  사람 통찰 꾸러미는 두 가지 영역에서 기본적인 교훈들을 가르친다: 1. 어떻게 섬기는 지도자로서 사람들과 관계하는가? (항상 사람을 섬기기 위한 관심과 그들을 하나님의 목적을 향하여 이끄는 책임과 균형을 이루어야 한다) ; 2. 하나님의 목적 달성을 위한 섬기는 지도자로서 어떻게 권위를 인식하고 그것에 복종하며 그것을 사용하는가?

**가장 큰 문제들**　떠오르는 지도자들 사이에서 지도력 문제들에 대한 연구조사는 권위와 추종자들과의 관계에 관한 문제들이 가장 빈번하게 발생하는 문제들 중에 들어있음을 보여 준다.

## 권위 통찰들 과정 항목 (Authority Insights Process Item) 기호: P (AI)

**서론**　권위는 지도력 영향력을 행사하는 권리를 의미한다. 예수님의 권위를 인식했던 백부장의 경우에서와 같이 지도자들은 권위를 효과적으로 행사하기 위해서 권위 아래에 있는 것이 무엇을 의미하는지 그들 스스로 경험해야만 한다. 권위에 대한 복종과 권위의 적절한 행사에 관한 교훈들은 효율적인 지도력과 영적 권위의 개발에 대한 전주곡이다.


### 정의

권위 통찰 과정 항목은 한 지도자가

1) 권위에 대한 복종,

2) 권위 구조들,

3) 권위를 밑받침 하는 능력 기초들의 진정성,

4) 권위 갈등

5) 어떻게 권위를 행사하는가

**등에 관련해서 긍정적이거나 부정적인 경험을 통해서 중요한 교훈들을 배우는 사역의 경우들을 뜻한다.**


**순서 특성**　유형은 대개 다음 단계들의 몇몇 혹은 전부를 포함한다: 1. 권위에 대한 부정적인 교훈들, 2. 합법적인 권위에 대한 탐구, 3. 합법적인 권위의 본이 되고자 하는 바램, 4. 영적 권위에 관한 통찰들, 그리고 5. 기초적인 능력 기초로서 영적 권위의 증가하는 사용.

### 복음서의 사례들

● 백부장 (눅7:1-10)

● 야고보와 요한을 위한 청탁 (마20:20-28)

● 예수님께서 바다를 잔잔케 하셨을 때의 제자들 (눅8:22-25)

● 중풍병자가 치유됐을 때 바리새인들, 서기관들과 제자들 (눅5:17-26)

**구약 사례**　모세의 권위에 질투하고 대항한 미리암과 아론 (민12:1-16)

**복음서에서의 문제**　예수의 권위의 문제는 복음서를 관통하고 있으며 유대인들과의 다툼의 주요한 근원이다. 그는 다양한 방식으로 권위를 행사하셨다: 그의 가르치는 사역, 치유 사역, 영적 전쟁, 육체적 피조물과 관련된 다양한 기적들, 지식, 예언, 등. 그분은 그의 권위가 하나님으로부터 왔다고 주장하셨다.

**궁극적 목적**　권위 과정의 주요한 목표는 지도자로 하여금 주요한 능력 기초로서 영적 권위를 이해하고 사용하도록 하는 것이다. 이것은 합법적인 것으로서 다른 종류의 권위를 부정하는 것은 아니고 그것들을 적절한 관점하에 두는 것이다. 영적 권위는 섬기는 지도자의 주도적인 영향력 수단들이어야만 한다.

## 권위 통찰 과정 항목에 대한 복습

1. 통찰의 다섯 가지 주요한 영역들을 다시 한번 훑어보라: 1) 권위에 대한 복종, 2) 권위 구조들, 3) 권위를 지탱하는 능력 기초의 진정성, 4) 권위 갈등 혹은 그와 같은 것, 5) 어떻게 권위를 행사하는가.

이러한 다섯 가지 중의 어느 것이 다음의 사례들 가운데에서 보여지는가? 빈 칸에 그 숫자(들)를 넣으라.

(______) a. 눅7:1-10의 백부장

(______) b. 마20:20-28의 야고보와 요한에 대한 요청

(______) c. 예수님께서 바다를 잔잔하게 하셨을 때의 제자들 (눅8:22-25)

(______) d. 중풍 병자를 치유하신 것에 대한 제자들의 반응 (눅5:17-26)

(______) e. 모세의 권위에 대한 아론과 미리암의 질투를 포함하는 사건 (민12:1-16)

2. 1번 문제의 사례들 중의 하나를 선택하라. 권위 통찰 과정 항목과 관련해서 그것을 설명하라.

3. 권위 통찰 과정 항목에 대한 당신 자신의 삶으로부터 나온 사례를 제시하라. 그 사건을 기술하고 통찰의 다섯 가지 영역 중의 어느 것에 초점이 맞추어져 있는지를 지적하라. 그리고 당신에게 유익이 된 "권위 통찰"을 정확하게 설명하라.

### ◆ 답변 ◆

1. (1, 3) a. 눅7:1-10의 백부장

   (5) b. 마20:20-28의 야고보와 요한에 대한 요청

   (3) c. 예수님께서 바다를 고요케 하셨을 때의 제자들 (눅8:22-25)

   (3, 4) d. 중풍 병자를 치유하신 것에 대한 제자들의 반응 (눅5:17-26)

   (1, 4) e. 모세의 권위에 대한 아론과 미리암의 질투를 포함하는 사건 (민12:1-16)

2. e. 복종 교훈에 추가해서 미리암과 아론은 권위를 무시할 때 하나님께서 징계하신다는 것을 배웠다. 이것은 권위 갈등의 사례로 미리암과 아론은 보다 많은 권위를 원했고 그것을 얻기 위한 자기-노력을 경주했다. 하나님께서는 모세가 아닌 모세의 권위를 변호하셨음에 주목하라.

3. 두 가지에 대해서 언급할 필요를 느낀다. (관계 통찰 과정 항목에 대한 복습을 보도록 하라.) 첫 번째는 징계적 행동과 관련해서 권위에 복종하는 것과 관계된다. 두 번째는 나의 영적 권위에 대해서 스스로 변호를 하지 않는 것이다. 두 번째 교훈은 관계 통찰 과정의 사례로 내가 그 부분에서 언급한 것과 결부해서 하나의 문헌 과정 항목을 통해서 주어졌다. 나는 "시대에 역행하여"(Kinnear, 1973)란 워치만 니

(Watchman Nee)에 관한 전기와 그의 책 『영적 권위』를 읽었다. 나는 하나님께서 한 지도자의 영적 권위를 변호하시는(옹호하시는) 책임을 감당하신다는 것을 배웠다. 나는 그 원리가 니(Nee)의 삶에서 반복되는 것을 보았다. 나는 그 원리를 받아들여서 내 자신의 경우에 변호하지 않고 하나님의 변호를 기다리는 쪽으로 반응했다.

## 관계 통찰 과정 항목 (Relationship Insights Process Item) 기호: P (RI)

**서론** 영향력은 사람들과의 관계에 의존한다. 성장 사역 과정 중에 지도자들은 영향력과 사람들과의 관계에 관한 많은 교훈들을 배우게 될 것이다. 많은 교훈들은 부정적인 경험들의 결과일 것이다. 발전하는 지도자는 부정적인 경험과 긍정적인 경험 양자를 통해서 학습된 교훈들로 인해 혜택을 입을 것이다. 관계를 맺고 하나님께서 그것을 사용하셔서 그분의 목적들을 달성하시는 것을 보는 능력 (ability) 은 예술이고 기술이다. 지도자들은 다른 사람들과의 관계의 중요성을 배워야만 한다. 관계 통찰 과정 항목은 이러한 지도력 역량의 확장에 초점을 둔다.

**정의** 관계 통찰 과정 항목은 한 지도자가 사역 결정 혹은 다른 영향력 수단들의 빛 아래서 다른 그리스도인들이거나 비그리스도인들에 관계하는 것에 관련되어 긍정적이거나 부정적인 경험들을 통해서 교훈들을 배우는 사역 경우들을 말한다; 그러한 교훈들이 학습되어서 미래의 지도력에 심대한 영향을 미치게 된다.

**조합 관계와 권위** 백부장과 예수님. 백부장은 영적 권위를 인식했고 그 통찰에 근거해서 예수님과 그의 관계를 보았다. 그리고 그는 그의 인식에 근거해서 믿음 가운데 행동할 수 있었다.

**바나바의 사례들** 1. 바나바는 바울과 예루살렘 교회와 관련을 맺어야 하는 그의 필요에 관심을 가졌다(행9장). 2. 바나바는 바울과 함께 지도력 이전에 관심을 가졌다.

**바울의 사례**  1. 바울과 바나바 그리고 안대옥 교회와 예루살렘 교회 2. 갈라디아 사건에 관한 바울과 베드로 3. 마가에 대한 바울과 바나바의 논쟁. 즉각적인 교훈들은 행13장에서 보여지고 후기의 교훈은 골4:10에서 보여진다. 4. 바울과 고린도 교회. 고린도 전후서는 바울과 그 교회의 지체들 사이의 관계 통찰들로 채워진다. 충성, 복종, 영적 전쟁, 그리고 영적 권위는 관계 통찰을 지탱하는 핵심 문제들이다.

**부정적인 경험들을 통해서**  종종 관계 통찰을 권위 충돌, 복종 교훈, 혹은 사역 위기의 결과로서 나온다.

**구체적이거나 혹은 일반적인 통찰**  통찰은 하나의 주어진 상황에서 사람들에게 관계하는 것과 관련된 구체적인 것 일수도 있고 혹은 보다 효율적인 지도력을 촉진하기 위한 사람과 구조에 관계된 원리와 같이 보다 보편적일 수도 있다.

## 관계 통찰 과정 항목에 대한 복습

1. 리더십 이전과 관련해서 바나바와 바울의 사례를 검토해 보라. 만약 당신이 재충전이 필요하다면 사도행전11:19-30; 13:1-12을 읽어보고 그 리더십과 사도행전13:12과 그 이후로 14장 끝까지 이르도록 묘사되는 리더십을 대조해 보라.

a. 무엇이 바나바가 볼 수 있었던 관계 통찰이었나?

........................................................................................................

b. 그것이 그의 미래 리더십에 어떻게 영향을 미쳤는가?

........................................................................................................

2. 당신의 리더십 사역에서 오늘날까지 배운 가장 중요한 관계 통찰은 무엇인가? 그것이 어떻게 학습되었는가?

### ◆ 답변 ◆

1.  a. 바나바는 바울이 기독교인으로서 처음 예루살렘을 방문한 이래로 바울과 멘토링 관계를 맺어왔다. 그는 바울을 예루살렘 교회의 리더십 (행9:27이하)과 안디옥 교회 (행11:25,26)와 연결시켜 주었다. 구브로에서 사역할 때, 바울이 리더십에 있어서 자유롭게 되어야 할 시점에 도달했다는 것이 바나바에게 분명하게 다가왔다. 사도행전 13:13절과 그 이후로 단지 세 경우만을 제외하고 성경적 기록은 항상 바을과 바나바로서 언급한다. 그 이전까지는 바나바가 항상 바울보다 먼저 언급되었다. 그 이후로부터 바울이 이끈다는 것이 분명하다. 바나바와 같은 사람이 그러한 리더십 전환을 허용할 뿐만 아니라 그것이 성공적인 것이 되도록 적극적으로 일한다는 것은 진정한 은혜와 성숙을 요구한다. 마가가 그 리더십 전환에 개입할 수 없었다는 것도 또한 분명하다. 바나바가 깨달은 관계 통찰은 바울이 이끌 필요가 있다는 것이었다. 바울은 더 이상 바나바와 더불어서 멘토링 관계, 종속적인 관계, 심지어는 동료 관계마저도 필요로 하지 않았다.

    b. 바나바는 한 경우만을 제외하고는 (마가로 인한 논쟁) 그 리더십에 복종했다.

2.  a. 내가 배운 가장 중요한 관계 통찰은 아랫사람은 그들 위의 권위에 있는 자를 바로 잡고자 할 때에 매우 신중해야 한다는 것이다. 그 사람은 단지 제기된 문제에 대한 바른 답을 갖고 있다고 해도 그것으로 그들 위에 리더십 위치에 있는 사람을 교정하기에 충분하지 못하다. 옳고 그름이 문제가 아니다. 전술적으로는 옳을 수는 있지만 전략적으로는 잘못될 수 있다. 때때로 어떤 문제에 대해서 올바르다는 것이 긍정적인 관계를 지탱하는 것보다 덜 중요할 수 있다. b. 나는 이것을 세 명의 다른 지도자들과 가진 세 가지 별개의 사건들을 통해서 배웠다. 그 각 경우를 통해서 나는 새로운 통찰을 얻을 수 있었다. 이 교훈은 그 세 가지 모두에 있어서 부정적이고 힘든 방식을 통해서 학습되었다. 그러나 그 교훈은 나에게 새겨졌다. 두 가지의 매우 중요한 개인적 교훈들이 그 사건들 중의 하나와 관계된 징계를 통해서 주어졌다. 첫째는, 내가 매우 유연하지 못하다는 것과 하나님께서는 나의 유연성을 증가시키는 일을 계속하신다는 것을 배운 것이다. 둘째로, 나는 단지 옳음 그 자체만을 위해서 옳음을 추구하기를 포기하는 것을 배웠다.

## 사람 통찰 꾸러미에 대한 해설

**결합 과정**    관계와 권위 통찰 과정은 종종 사역 갈등 과정 항목과 조합되어 발생한다. 이것은 우리가 지도자로서 **사역 갈등**을 경험할 때에 우리는 권위와 관계에 대해서 주님께서 우리에게 가르치고자 하시는 교훈들을 보기 위하여 그 문제들을 주의깊게 살펴야만 한다는 것을 의미한다. 이러한 교훈들은 아마도 사역 갈등이 근거하고 있는 그 문제 보다 더 중요하다. 왜냐하면 여기에서 학습된 교훈들이 우리의 지도력을 발휘하는 기간 내내 유용할 수 있기 때문이다.

**복종 꾸러미**    사람 통찰 꾸러미는 진실로 복종 꾸러미라 불리우는 보다 큰 과정 항목 꾸러미에 속한 하위-꾸러미다. **사역 갈등, 권위 통찰, 관계 통찰** 그리고 **리더십 반발**은 모두 뿌리가 되는 문제인 복종을 다룬다.

**영적 권위와 다른 능력 기초들에 대한 추가적인 설명**    나는 앞에서 권위 과정의 궁극적인 목표는 지도자로 하여금 지도력 영향력에 사용되는 주요한 권위로서 영적 권위를 이해하고 사용하도록 하는 것이라고 말했다. 나는 추가적으로 이것이 합법적인 것으로 다른 종류의 권위를 부정하는 것이 아니고 그것들을 적절한 관점 아래에 놓는 것이라고 말했다. 영적 권위는 섬기는 지도자의 영향력 수단들을 주도한다. 청지기 모델, 추수 모델, 그리고 목자 모델은 우리에게 지도자들은 또한 달성할 과제들을 갖고 있음을 보여준다. 주로 추수 모델을 주도하고 이차적으로 목자 모델을 주도하는 과업 행동들의 요구들은 영적 권위와 마찬가지로 강압적인 권위와 유도적 권위, 합법적인 권위와 유능한 권위를 포함하는 능력 기초들을 때때로 요구한다. 추종자들의 성숙 수준이 다르기 때문에 영적 권위와 다른 능력 기초들이 그들 자신의 유익을 위해서, 하나님의 목적들을 향해서 그들을 움직이기 위해서 필요하다. 추종자들이 성숙함에 따라, 영적 권위 능력 기초는 영향력 수단으로서 주도하게 될 것이다. **사람 통찰 꾸러미**는 권위 기초들 사이의 이러한 역동적인 긴장에 있어서 균형을 유지하는 것을 돕는다. **권위 통찰 과정**은 하나님의 목적들을 달성하고 과업 행위들을 초점에 놓도록 권위를 사용하는 필요성에 대해서 가르칠 것이다. **관**

**계 통찰** 과정은 사람에 대한 관심에 초점을 둠으로서 섬기는 지도자의 개념에로 다시금 관심을 두게 할 것이다.

## 요약-성장 사역 과정 1부에서 발견한 내용

### 2가지 주요한 사역 문제들

성장 사역 과정 기간에 두 가지 문제가 종종 노출된다. 이 두 가지 문제는 한 지도자가 그것들에 대해서 어떻게 반응하느냐에 따라 종종 장애물로도 아니면 성장을 위한 교량으로도 보일 수 있다. 과정 항목의 두 가지 꾸러미들은 그 주 목적이 이러한 문제들을 지도자의 삶의 초기에서부터 대면하게 하는 것이다.

**1.정체 장애** 지도자들이 약간의 기술을 개발하고 약간의 사역 경험을 갖게 될 때 개발이 정체되는 경향을 갖는다. 그들은 더 이상 개발할 필요를 깨닫지 못한 채 사역을 계속해 나가는 데에 만족해 할 수 있다.

**2.권위의 문제** 성장 사역 과정에 있는 지도자들은 권위에 복종하는 법을 배워야만 한다. 많은 지도자들이 그들의 사역을 통해서 그들 위에 있는 권위를 수용하며 그것에 복종하기 힘들어하는 문제를 갖는다. 이것은 계속되는 도전이며 지도자가 성숙되어감에 따라 보다 미묘해지게 된다. 권위에 복종하는데 어려움을 가진 지도자들은 대개 영적 권위를 행사하는데 어려움을 갖게 될 것이다.

정체 문제에 대한 부가 설명이 필요하다. 정체는 성장 사역 기간의 후기에서 지도자들이 보다 효과적인 사역으로 나아가지 못하는 주요한 이유들 중의 하나이다.

종종 개인적 개발 꾸러미 과정을 경험하는 결과로 지도자들은 "편안해지는” 경향이 있다. 그들은 적어도 어느 정도 수용될 수 있는 단계의 수행능력을 갖고서 사역을 할 수 있다는 것을 발견하고 그 수준을 받아들이는 경향이 있다. 그들이 이러한 태도를 취하는 경우, 그것을 인식하지도 못한 채 쉽게 정체에 머무를 수 있다.

지도자가 아직 개발되거나 사용되지 않은 리더십을 위한 잠재력을 가질 때, 하나님께서는 궁극적으로 섭리적인 방법을 통하여 그 지도자를 도전해서 그 지도자로 하여금 개발하도록 발걸음을 내딛고 하나님의 목적과 영광을 위하여 그 역량을 사용하도록 이끌 것이다. 하나님께서 사람들과 사건들을 통해서 경험하는 특이한 인도하심을 통해서 그 지도자를 개발을 향해 나아가도록 이끄실 때까지 종종 한 지도자는 이러한 역량을 인식하지 못한다. 다음 장의 확장 과정은 정체 장애 문제를 다룰 것이다. 연구의 이 시점에서 당신은 개인적 개발 과정이 당신의 삶에서 이러한 장애로 이끌 수 있다는 것을 인식해야만 한다.

권위 문제에 대한 추가적인 언급. 당신이 심은 것을 거둔다는 것을 기억하라. 당신이 초기에 권위 교훈을 배우지 않고 권위에 대해서 거역한다면 당신의 사역은 그러한 종류를 산출할 것이다. 당신은 동일한 방식으로 거역하는 추종자들을 갖게 될 것이다. 당신의 사역 내내 추종자들과 지도자들과의 권위 충돌이 압도적으로 나타나게 될 것이다. 이 초기 과정에 주의를 기울이라. 이 부분에서 실수를 했다면, 이 교훈에 관한 한 이제 종결을 맺도록 하라.

**이 두 가지 꾸러미들에 의해서 초점이 맞추어진 주요한 교훈들**

리더십의 주요한 교훈들 중에서 네 가지가 개인적 개발 꾸러미와 사람 통찰 꾸러미의 과정과 관계된다.

1. 리더십 자세 : **효과적인 지도자는, 모든 수준에서, 평생 배우는 자세를 유지한다.**

개인적 개발 꾸러미는 인지적이고 경험적인 학습과 관련된 학습 자세를 다룬다. 사람 통찰 꾸러미는 인지적 통찰과 아울러 정서적 교훈들과 관련된 학습 자세를 다룬다. 이러한 꾸러미들은 지도자들이 삶의 압박감으로부터 끊임없이 배우는 것의 중요성을 강화한다.

2. 영적 권위 : **효과적인 지도자는 점점 더 영적 권위를 주도적인 능력 기초로 삼는다.**

사람 통찰 꾸러미는 영적 권위와 관련해서 필요한 기본적인 훈련을 제공한다.

4. 사역 철학 : **평생을 통하여 생산적이고 효과적인 지도자는 역동적인 사역 철학을 갖는다. 그러한 역동적인 사역 철학은 세 가지 주요한 요인들의 상호작용으로부터 계속적으로 발전되어 나간다: 성경적 역동성, 개인적 은사, 그리고 상황적 역동성.**

권위 통찰 과정과 관계 통찰 과정에서 학습된 많은 교훈들은 사역 철학의 토대가 될 것이고 삶을 통해서 계속 주목 받게 될 것이다.

7. 속도 조절가 : **효과적인 지도자는 속도를 조절한다.**

개인적 개발 꾸러미와 사람 통찰 꾸러미 양자는 모두 지도자가 개인적 교훈들을 경험하는 것의 중요성을 보여준다. 그러한 교훈들은 후에 추종자들과 더불어 사용될 수 있다.

# 성장 사역 과정 (2)
## (Growth Ministry Processing–Part II)

## 개관

4장은 기초 과정을 다루었다. 기초 과정은 전임 기독교 리더십으로의 이전으로 이어진다. 5장은 그 시점에서 시작해서 초기 사역 과정과 부상하는 지도자의 성장에 대한 효과를 논의했다. 이 장은 하나님께서 지도자를 확장시키기 위해서 사용하는 많은 과정 항목들을 다룬다. **성장 사역**은 이 두 장의 개념들을 포괄하기 위하여 사용된 용어이다. 사역은 지도자가 실제로 전임으로 기독교 일에 종사함을 가리킨다. 성장은 과정에서 일어나는 일의 대부분이 추종자들이 아닌 그 지도자를 형성시키기 위한 것임을 나타낸다. 사실, 사역은 이 시점에서는 아직도 여전히 임시적이다. 그러나 그것은 성장이 일어나는 상황을 형성한다. 확장은 한 지도자를 성장 사역의 임시적인 단계로부터 유능한 단계로 이동시킨다.

약간의 최초 사역과 사역적 형성에 있어서 많은 개인적 성장이 있은 후에 하나님께서는 부상하는 지도자를 아직 실현되지 않은 잠재력을 실현하도록 확장시키기 시작하신다. 과정 항목들의 여러 꾸러미들이 지도자로 하여금 확장하는 쪽으로 나아가도록 밀어 부친다. 이러한 꾸러미들은 **일상적 확장 항목들, 압박 확장 항목들, 도전 항목들** (하나님께서 주도하시는 항목들)과 **영적 통찰력 항목들**을 포함한다. 이 장은 어떻게 하나님께서 이러한 꾸러미들 중에서 처음 두 가지를 사용하셔서 지도자로 하여금 임시적 사역에서 유능한 사역으로 나아가도록 하시는지를 기술할 것이다.

### 모든 사역 확장 항목들에 대한 개설

지도자를 확장시키기 위해서 하나님께서 사용하시는 네 가지 꾸러미가 있다. 각 꾸러미는 그것의 본질적 특성과 개발 과제를 갖는다. 테이블 6-1은 이러한 꾸러미들의 본질적인 요소들을 주목함으로 이 장에 대한 예비적인 이해를 제공한다.

꾸러미의 각 항목들은 그 과정이 발생하는 직접적인 상황과 관련해서 특정한 개발 과제를 달성한다. 또한 각 꾸러미들이 전체적으로 일반적인 개발 과제를 달성하도록 축적적인 효과를 낸다는 점을 주목하라. 테이블 6-1은 이 꾸러미들로부터 유래하는 몇몇 두드러진 개발 과제를 규명해준다.

이 도표와 익숙해지면 당신이 이 장과 다음 장에서 정의된 각개의 개별적 과정 항목들을 읽을 때 도움이 될 것이다.

영적 권위 발견 과정 항목이 주어지기 전에 약간의 예비적인 정의가 내려질 필요가 있다. 이것들은 영적 권위의 특성과 아울러 권위, 영적 권위, 능력 기반 (power base) 에 대한 정의를 포함한다.

테이블 6-1 〈확장 꾸러미들〉

| 꾸러미 | 과정 | 특성 | 목적 |
|---|---|---|---|
| 일상적 확장 꾸러미 | · 말씀<br>· 문헌<br>· 멘토<br>· 상황적<br>· 패러다임변화<br>· 영적 권위 발견<br>· 사역 구조 통찰<br>· 사역 과제 | 일상적인 상황에서 발생한다; 그렇기 때문에 전략적인 영향을 간과하기 쉽다. | 1. 배움의 자세 강화<br>2. 사역 철학 개발<br>3. 일상적인 안내<br>4. 단계별로 유능하게 함 |
| 압력을 통한 확장 꾸러미 | · 사역 갈등<br>· 리더쉽 반발<br>· 위기들 | 부정적인 경험으로부터 배운다. | 1. 지도자의 교훈 수용성을 유연하게 한다.<br>2. 배우는 자세를 강화한다.<br>3. 영적 권위를 시험한다.<br>4. 사역 형성을 개발한다. |
| 도전을 통한 확장 꾸러미 | · 숙명 계시<br>· 믿음 도전<br>· 기도 도전<br>· 사역 도전<br>· 영향력 도전 | 처음에는 하나님께로부터 온 것임을 분별하기 어렵다; 모두 위험과 실패를 암시한다.<br>하나님의 접촉…생명을 부여하신다. | 1. 비전에 영감을 준다.<br>2. 전략 형성을 개발한다.<br>3. 숙명 교훈을 강화한다.<br>4. 영적 권위 교훈을 강화한다.<br>5. 속도조절 교훈을 강화한다.<br>6. 획기적인 도약을 위한 능력에 영향을 준다. |
| 영적 통찰 확장 꾸러미 | · 영적 전쟁<br>· 4가지 능력 항목들 | 논리적인 이해보다는 느끼고 감지한다.<br>보이지 않는 것을 보이는 것처럼 여기게 된다. | 1. 영적 권위를 개발한다.<br>2. 사역 형성을 개발한다.<br>3. 능력 기초를 확장한다.<br>4. 분별력을 개발한다. |

## 일상적인 확장 꾸러미 (Ordinary Expansion Cluster)

**서론** 지도자의 개발에 있어서 많은 것은 일상적 사역에 대해서 성실하게 반응할때에 일어난다. 계속 진행되는 사역에 대한 성실한 반응의 맥락 가운데 하나님께서는 지도자를 개발시키기 위해서 가장 많은 것들을 축적적으로 행하신다.

**기술** 일상적 확장 꾸러미에는 일련의 여덟 가지 과정 항목들이다. 그것들은 계속되는 매일의 삶의 맥락 속에서 성장 사역 과정을 통해서 일어나며, 구체적인 교훈들을 가르친다. 그러한 교훈들은 직접적이지만 동시에 학습 자세, 사역 철학, 일상적 인도하심, 그리고 전반적인 능력―그것들 모두는 장기적 개발을 다룬다―에 영향을 미치는 개발 과제에 초점을 맞춘다.

**본질적 특성** 각각의 항목마다 전술적 의미가 있다. 즉 그것은 직접적인 사역 상황에 적용되며 그 방식으로 분별될 수 있다. 그러므로 누적적으로 쌓이게 되는 장기적이거나 전략적인 영향은 존재하기는 하지만 쉽게 감지되지는 않는다.

**벤 다이아그램** 꾸러미를 구성하는 일련의 항목들은 다음의 것들을 포함한다: **말씀, 문헌적, 멘토, 상황적, 패러다임 전환, 영적 권위 발견, 사역 구조 통찰, 사역 과제** 등이다. 이것들 중의 몇몇은 공통적인 문제를 공유한다. 몇몇은 독자적이다.

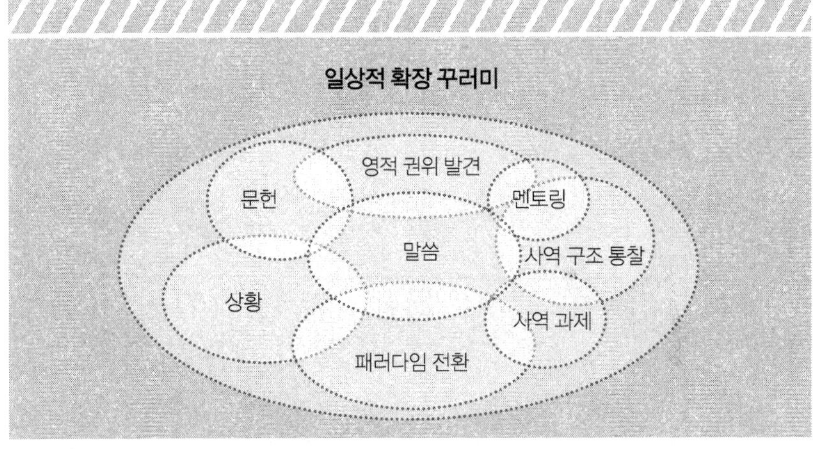



## 말씀 과정 항목 (Word Process Item) 기호: P (WI)

**서론** 리더십의 본질적 특성은 하나님으로부터 진리를 받는 능력이다. 그것은 경건한 지도자를 위한 영적 권위 능력 기반을 세우는 데에 있어서 결정적이다. 그것은 또한 날마다 지속적으로 사역에 있어서 인도하심을 받기 위한 지도자의 방법론의 절대 필요한 부분이다. 하나님에 의해서 크게 사용 받은 지도자들은 진리에 대한 사랑을 증거한다. 그들이 사역하는 자들을 돕기 위해서와 마찬가지로 그들 자신의 영혼을 먹이기 위해서 쓰여진 말씀을 연구한다. 그들은 일상의 삶에서 하나님의 진리를 분별하는 데 민첩하다. 그들은 다른 사람의 사역을 통해서 하나님의 목소리를 듣는 것을 배운다. 이와 같이 하나님께서는 지도자가 진리를 인식하고, 진리를 받아들이는 습관을 개발하며 진리에 복종하는 재능을 개발시켜 주실 것을 기대할 수 있다. 이러한 개발을 기술하는 데에 사용된 과정 항목이 말씀 과정 항목이라 불린다.

**정의**　말씀 과정 항목은 지도자가 그의 인도하심, 헌신, 의사 결정, 개인적 가치 체계, 영적 형성, 영적 권위 혹은 사역 철학에 중대하게 영향을 미치는 말씀을 하나님으로부터 받는 경우이다.

**사례**　다니엘은 다니엘서 9장에서 그의 삶에서 하나님께서 말씀을 사용하신 것에 높은 점수를 부여한다 (이것은 후기 지도력 개발 단계에서 발생한다). 이 사례는 어떻게 하나님께서 말씀으로 지도자를 이끄시는 지에 관한 수많은 교훈들로 가득하다.

**사례**　사도행전 8장에 나오는 빌립의 에디오피아 내시에 대한 사역은 하나의 삶을 영원히 바꾼 말씀 과정 항목을 예시한다. 그것은 환관의 생애 초기에 발생했다.

**시기**　말씀 항목들은 일생의 과정을 통해서 발생한다. 초기에는 성격을 테스트하고 세우는 것으로서 점검하는 형태를 띤다. 후에 말씀 항목들은 습관적이 될 것이고, 때때로는 지도자가 말씀 항목에서 하나님의 지시하심에 거의 자동적으로 응답함에 따라 거의 무의식적으로 일어나게 될 것이다.

**용도**　기초적 국면에서 일어나는 말씀 과정 항목은 가치들을 세우기 위해서 사용될 것이다. 전환 국면에서 말씀 과정 항목은 성격을 테스트하고 형성하는 말씀 점검이 될 것이다. 임시적 성장 사역 하위 국면에서 말씀 항목은 말씀 은사들의 일상적 활용의 부분으로서 영적 권위를 세우고, 영적 형성을 위해서, 영적 역학을 드러내기 위해서, 그리고 의사 결정과 사역 철학에 영향을 미치기 위해서 사용될 것이다. 말씀 항목들은 인도하심의 모든 국면들을 통해서 사용될 것이다.

## 말씀 과정 항목에 대한 피드백

1. 말씀 과정 항목 정의에서 언급된 다양한 측면들의 각각에 대해서 당신 자신의 경험으로부터 말씀 과정 항목을 확인할 수 있는지를 보라. 당신이 기억할 수 있는 항목에 적용될 수 있는 것이 있나 확인해보라.

a. 당신의 인도하심에 중요하게 영향을 미쳤다.

b. 당신의 주님께 대한 헌신에 중요하게 영향을 미쳤다.

c. 리더십에 대한 당신의 관점에 중요하게 영향을 미쳤다.

d. 당신의 의사 결정에 중요하게 영향을 미쳤다.

e. 당신의 개인적 가치 체계에 중요하게 영향을 미쳤다.

f. 당신의 영적 형성에 중요하게 영향을 미쳤다.

g. 당신의 영적 권위에 중요하게 영향을 미쳤다.

h. 당신의 사역 철학에 중요하게 영향을 미쳤다.

i. 특별한 방식으로 당신에게 중요하게 영향을 미쳤다―그것을 말해보라:

2. 위에서 당신이 체크한 어떤 것에 대해서 그 사건, 그 항목의 근원, 영향 받은 기능, 그리고 결과들을 서술하라.

3. 말씀 과정 항목 전반에 관하여 한 그리스도인 지도자를 인터뷰하라. 그/그녀의 리더십 개발에서 중요했던 대 여섯 가지 사례들을 확인하고자 해보라. 인도하심, 지도자로 헌신, 의사 결정, 개인적 가치 체계, 영적 형성, 영적 권위, 사역 철학, 혹은 어떤 다른 것 (그것을 서술하라) 과 같은 범주들로 구분하라. 이 과정 항목들 중의 하나를 주목하고 그 사건, 말씀 과정 항목의 근원, 영향 받은 기능, 그리고 결과들을 기술하라.

4. 말씀 항목에 대한 성경적 사례에 대해서 위의 3번째 질문을 반복하라.

## ◆ 답변 ◆

1. 나는 이러한 것들 모두에 대한 과정 항목들을 갖고 있다.

2. 출처는 시편 1편이며 특히 1, 2절이다. 나의 경건의 시간에 이 시편을 연구하고 있었다 (그리고 그 중 내내 그것을 암송했다). 후에 일터에서 나는 나의 직업에 있어서 더 나은 방향을 취하기 위해서 내 분야를 바꾸어야만 한다는 조언을 받았다. 주어진 조언은 그 분야에 있어서는 충분히 논리적인 것으로 보였다. 그러나 그 조언을 준 사람은 조롱하는 사람이었다. 그는 하나님께 등을 돌리고 이제는 기독교에 대해서 심각하게 생각하는 사람들을 조롱하는 자였다. 내가 그 홀을 내려오고 있을 때 시편 1편 1절이 내 마음 속에 울려 퍼졌다. "복 있는 사람은 악인의 꾀를 좇지 아니하고." 나는 하나님께서 나에게 말씀하시는 것을 알았다. 나는 그 직업 전환을 시도하지 않았다. 내가 만일 직업 전환을 시도했다면 나는 오늘 내가 있는 곳에서 내가 하는 일을 행하고 있지 않을 것이다.

3. 나는 이 문제를 그룹 토의를 위해서 남겨둘 것이다.

4. 예언서들은 일반적으로 말씀 과정 항목들로 채워진다. 그 한 사례인 예레미야 32장은 특히 깊은 통찰을 제공해준다. 사건: 유다가 함락될 것이 분명한 시점에 하나님께서는 예레미야에게 말씀하셔서 그로 하여금 약간의 땅을 사도록 하신다. 그 상황에서 땅을 사는 것은 어리석은 일로 보였다. 그것은 외부적으로 이중 확인 과정 항목을 통해서 확인된다. 출처: 확신 혹은 내면의 소리. 기능: 개인적 인도하심, 그리고 하나님의 미래 활동에 대한 기호 (신앙 도전). 결과: 예레미야는 복종한다. 하나님께서는 이것을 사용하셔서 후에 다니엘을 격려하신다.


## 문헌적 과정 항목 (Literary Process Item) 기호: P(LI)

**서론**　나는 짐 엘리어트의 전기를 읽는 동안에 문헌적 과정 항목의 개념을 처음으로 주목했다. 그는 전기들을 읽음으로 크게 도움을 받았다. 55년 동안 인도에서 선교사로 활동한 에이미 카마이클 (Amy Carmichael) 은 그에게 깊은 영향을 끼쳤다. 나는 그녀의 작품들을 읽기 시작했다. 그녀의 전기는 동일한 현상을 드러냈다. 그녀는 그녀를 도왔던 많은 사람들에 대해서 언급했다. 나는 전기를 통한 이러한 종류의 "대리 학습"을 정규적으로 추구하기 시작했다. 나는 곧 얼마나 많은 위대한 지도자들이 폭넓게 글을 읽고 다른 사람들의 경험에 의해서 크게 도움을 받았는지를 보았다.

**정의**  문헌적 과정 항목은 하나님께서 다른 사람들의 저술을 통해서 지도자들의 삶을 위한 교훈을 그들에게 가르치실 수 있는 수단이다.

**사례**  워치만 니는 성경과 다른 문헌적 자료들을 읽는 데에 심취했다. 그는 문헌 과정 항목에 의해서 크게 영향을 받았다.

**사례**  피터 쿠즈믹은 독서와 배움에 대한 놀라운 욕구를 가진 고위층 지도자이다.

**이 항목의 본질**  문헌적 과정 항목의 주안점은 읽는 데 대한 욕구만은 아니다. 오히려, 그것은 삶과 사역에 적용될 수 있는 독서를 통하여 하나님께로부터 교훈을 받는 능력이다.

**다양한 용도**  문헌적 과정 항목은 거의 모든 확장 꾸러미들의 거의 모든 개발 과제들을 보충하는 데에 적절하다.

**전기**  문헌적 과정 항목의 중요성을 인식하는 지혜로운 지도자는 가능하면 일찍부터 경험적인 과정을 통해서 수년이 걸려야 배울 수 있는 하나님의 교훈들을 재빨리 배울 수 있도록 해주는 읽기 기술들을 개발할 것이다. 전기들은 이미 학습된 풍부한 교훈의 자원이고 자신의 삶 속으로 통합될 수 있기 때문에 —히브리서 13:7-8의 지도력 명령의 자연적 적용이다— 전기를 통한 문헌적 섭생이 삶의 정규적인 부분이 되어야만 한다.

**시기**  이 항목은 전 성장 사역 과정을 통해서 발생할 수 있다. 그러나 성장 사역의 임시적 하위 국면에서 행함에 그토록 심하게 집중하고 있는 보다 젊은 부상하는 지도자가 전기를 숙고하고, 그것을 삶을 변화시키는 통찰들과 결부시키는 일은 드물다. 그리고 그때에도 역시, 젊은 떠오르는 지도자는 읽혀진 것에서 지도력 교훈들을 적절하게 분별하기에 충분한 사역 경험을 갖지 못하는 경우가 많다. 경험이 늘어남에 따라 전기들은 추가적인 중요성을 띠게 될 것이다.

**문헌적 과정 항목들에 대한 피드백**

1. 문헌적 과정 항목으로부터 가장 혜택을 받았을 것 같은 성경 몇몇 인물의 이름을 제시하라.

2. 하나님께서 당신 자신의 삶에서 크게 사용하신 중요한 책, 소책자, 혹은 다른 문서 자료를 열거하라. 그것이 어떻게 사용되었는지를 기술하라.

3. 만일 누군가가 이 문헌 과정 항목으로부터 보다 의도적인 형태로 유익을 얻기를 원한다면 무엇이 할 수 있겠는가? 그렇게 행하기 위해서 취할 몇몇 첫 번째 단계들은 무엇이 될 것인가?

### ◆ 답변 ◆

1. 모세, 다윗, 다니엘, 예수님, 바울.
2. 마일스 스탠포드(Miles Stanford)가 저술한 『녹색편지들』(The Green Letters). 나는 그리스도의 형상을 개발함에 있어서 시간과 과정의 개념을 배웠다.
3. a. 많은 그리스도인 전기들을 읽는다. b. 어떠한 책들이 다른 사람들의 삶을 변화시켰는지 찾아본다. c. 당신의 경건의 삶의 일부로 그러한 책을 읽는 법을 배운다.

### 멘토링 과정 항목 (Mentoring Process Item) 기호: P(M)

**서론** ┆ 하나님께서는 잠재적 지도자에게서 리더십 잠재력을 보고 그가 개발되는 것을 돕는 사적이고 개인적인 행동을 취할 역량과 마음을 몇몇 사람들에게 주셨다. 그 행동은 대개 그 잠재적 지도자를 위한 중요한 인도하심의 형태가 된다.

**정의**　　멘토링은 섬기고, 주고, 격려하는 태도를 가진 한 사람 (멘토) 이 여전히 개발되어야 하는 사람 (멘토리, protege) 에게서 리더십 잠재력을 보고 그 잠재력이 실현되는 데까지 동기를 부여하거나 아니면 달리 크게 영향을 미치는 과정이다.

**정의**　　멘토링 과정 항목은 멘토가 잠재적 지도자를 돕는 과정과 결과들이다.

**성경적 사례**　　바나바가 사울의 멘토가 되었다. 바나바는 또한 신약 복음서의 하나를 저술한 요한 마가의 멘토가 되었다.

**역사적 사례**　　마가렛 바버는 워치만 니의 멘토가 되었다. 모방 모델링은 그녀의 멘토링의 주요한 수단이었다.

**역사적 사례**　　찰스 트럼불 (Charles Trumbull) 은 콜럼비아 성경 대학 (Columbia Bible College) 의 창시자인 로버트 C. 맥퀼킨 (Robert C. McQuilkin) 의 멘토가 되어 주었다.

**오늘날 사례**　　존 스토트 (John Stott)는 미얀마로부터 대여섯 명의 지도자들을 추가적인 형식적 훈련을 위해서 풀러 (Fuller)로 보낼 방식들을 발견했다. 이것은 의심할 여지없이 그들을 확장시켜 주었다.

## 멘토의 특성들

- 사람에게서 잠재력을 쉽게 볼 수 있다.
- 잠재력이 개발되는 것을 보기 위해서 실수와 성급함, 귀에 거슬리는 것 등을 용납할 수 있다.
- 종종 매우 유연한 사람이다.
- 인내심이 있다. 한 사람이 개발되기 위해서는 시간과 경험이 소요된다는 것을 인식한다.
- 길을 내려다 보는 비전과 능력을 갖고서 멘토리가 필요로 하는 다음 단계를 제시한다.
- 대개 하나 혹은 그 이상의 격려하는 영적 은사들 ─ 자비, 주기, 권면, 믿음, 지혜의 말씀 ─ 을 포함하는 은사 혼합을 갖고 있다.

### 멘토가 멘토리를 돕는 방법

● 격려와 시의 적절한 조언을 한다.

● 멘토리를 후원하기 위해서 자신의 평판이 손상될 위험을 감수한다.

● 멘토리를 필요한 자원과 연결시켜 준다.

● 모델 — 굿윈 (Goodwin) 의 기대 원리를 사용한다.

● 관점을 열어주는 소책자들, 편지, 책, 혹은 다른 문헌적 정보를 준다.

● 멘토리의 성장을 촉진시키기 위하여 재정적으로 후원한다.

● 멘토리가 확신, 신뢰성, 지위, 그리고 위엄을 갖추어 나가는 것을 증진시키기 위해서 공동사역을 한다.

● 멘토리가 멘토 자신의 리더십 수준을 넘어서는 것을 허용할 자유를 갖고 촉진하기까지 한다.


### 멘토링 과정 항목에 대한 피드백 연습

1. 바나바는 바울과 요한 마가를 위한 멘토였다. 위에서 언급한 멘토들이 기능하는 방식들 중에서 어느 것이 바울을 위해서 사용되었고, 어느 것이 요한 마가를 위해서 사용되었는가? 바울에게 사용된 것은 P로 기록하고 요한 마가에게 사용된 것은 JM으로 기재하라.


(＿＿＿) a. 멘토리를 격려하는 시의 적절한 조언을 제공함.

(＿＿＿) b. 멘토리를 후원하는 데에 그/그녀의 평판이 손상되는 위험을 무릅씀.

(＿＿＿) c. 멘토리와 필요한 자원들 사이를 연결함.

(＿＿＿) d. 굿윈의 기대 원리 (Goodwin' s Expectation Principle)의 모델이 되고 사용함.[1]

(＿＿＿) e. 멘토리의 관점을 열어주는 소책자들, 문서들, 책들, 혹은 다른 문헌적 정보를 줌.

(＿＿＿) f. 멘토리의 사역을 촉진하기 위하여 재정적으로, 때로는 희생적으로 준다.

---

1) 굿윈의 기대 원리 (적용된)는 다음과 같이 진술된다, "잠재적 지도자는 그/그녀가 존경하는 지도자의 순수한 기대 수준까지 올라가는 경향이 있다" (Goodwin 1981:41). 나는 처음 이것을 굿윈에게서 보고 명칭을 붙일 때 그의 이름을 따라서 이름 지었다. 그 이후로 이 동일한 사상이 굿윈의 작업에 선행하는 여러 리더십 연구 논문 가운데 나오는 것을 알게 되었다. 아마도 그의 이름을 사용하지 말았어야 했던 것으로 사료된다.

(　　) g. 멘토리의 신뢰성, 지위, 그리고 위엄을 증가시킬 동사 (co-ministry)를 허용함.

(　　) h. 멘토리가 멘토 자신의 리더십 수준을 넘어서는 것을 허용하는 자유를 갖고 그것을 촉진하기까지 한다.

2. 멘토는 "연결자" (linker) 이다. 즉 멘토는 사람들 사이에 교량들을 세울 수 있다. 다음의 귀절들의 연구로부터 무엇을 바나바가 연결시켜 주었는지를 제시하라.

a. 사도행전 9:27　　　　　　b. 사도행전 11:25　　　　　　c. 사도행전 11:30

3. 당신 자신의 경험에 있어서 "멘토"를 확인하라. 어떻게 멘토가 기능했는지를 기술하라.


◆ 답변 ◆

1. 바울에게 있어서 내가 알기에 확실한 것들은 다음과 같다: b. (행9:27ff), c. (행9:27ff과 11:25), g. (행11:26), h. (행13:13ff). 나는 a., d. 그리고 f.의 경우도 해당된다고 생각하지만 그것들에 대한 확실한 증거는 갖고 있지 못한다. 요한 마가의 경우에 나는 다음의 것들은 분명하다고 확신한다: b., c., 그리고 g. 아마 요한 마가에게 일어났을 것이라고 생각되는 것들은 다음과 같다: a., d., 그리고 f.

2. a. 바나바는 바울을 그리스도인 능력 기반에 연결시켜 주었다.

b. 바나바는 바울을 타문화 사역에 연결시켜 주었는데 그러한 사역은 다른 타문화 사역에로의 발판이 되어 주었다.

c. 바나바는 (그의 주는 성품으로 인하여 알려졌다) 안디옥 교회로 하여금 예언의 말씀을 경청하고 예루살렘 교회의 필요를 채워주도록 권면했다. 이것은 안디옥에 있는 전적으로 이방인 교회와 예루살렘에 있는 전적으로 유대인 교회를 보다 더 가깝게 연결시키는 일이었다. 이처럼 지역적 차원에서 교회들을 연결시키는 일은 사도적 기능에 해당된다.

3. 척 크래프트는 나에게 멘토였다. 그는 나로 하여금 세계팀과 더불어 행하던 선교사역으로부터 세계 선교 대학과 더불어 일하는 현재의 위치로 오게 했다.

# 상황적 과정 항목 (Contextual Process Item) 기호: P (CXT)

**서론** 지역에 지방적, 국가적, 국제적 영향력을 미치는 거대한 요인들인 상황적 항목들은 지도자의 개발에서도 섭리적으로 중요한 부분을 차지한다. 대체로 이것들은 지도자가 거의 혹은 전적으로 통제할 수 없는 요인들이다. 그럼에도 불구하고 지도자는 그것을 인식하고 그 안에서 하나님의 손을 보고, 그에 대해서 단순히 반응하기 보다는 그것들에 관해서 적극적으로 응답할 수 있다. 그래서 그 안에 있는 하나님의 의도에 따라서 개발될 수 있다.

**정의** 상황적 항목들은 지도자의 생애사를 통해서 지역적, 지방적, 국가적, 국제적 상황에서 일어나는 섭리적인 요인들이다. 그것은 영적, 사역적, 그리고 전략적 형성에 영향을 미치고, 종종 그 지도자에 대한 하나님의 전략적 인도하심을 제공한다.

**종류** 문화적 유산, 교육 기회, 정치적 구조, 지리적 요인, 전쟁, 기근, 홍수, 다른 자연 재해, 언어적 상황, 경제 상황, 다양한 종류의 운동들 (종교적, 정치적, 경제적).

**사례** 2차 대전은 그 당시에 중국에 있었던 워치만 니에게 감당해야 할 수많은 압박을 주었다. 경제적 압박과 지리적 이동은 일본이 중국에 침입한 결과로부터 발생한 두 가지 상황적 항목의 사례이다.

**사례** 중국에서 공산주의 운동은 기독교 지도자들에게 핍박을 가져다 주었다. 니는 다가오는 긴박한 운명 때문에 훈련을 강화했다. 그는 그 나라에서 도망치기보다는 감옥에 가는 길을 택했다.

**사례** 2차 세계 대전에 복무했던 많은 복무자들은 복음이 전파되지 않은 곳에 복음이 필요함을 알았다. 전쟁 후에 그들은 집으로 돌아와서 선교회를 시작했다. 윈터는 교회 역사 상 이 시기를 기독교 선교 조직의 세 번째 폭발로 기술한다. 호주 사람인 휴 데이빗슨은 위의 유형에 사로잡혔던 사람이었다. 2차 대전 동안 파푸아 뉴 기니아에서 보낸 그의 시간은 그곳에서의 개척 선교 사업에 의해서 지속 되었다.

**사례** 1960년대의 거친 10년간에 사춘기에 도달한 미국 아이들은 권위를 던져 버리고 자유롭게 살라는 거대한 문화적 압력을 받으며 성장했다. 많은 사람들의 내적-삶 성장 국면에 영향을 미쳤고 그들이 사역에 진입 하는 것을 지연시켰다.

**사례** 지방적, 국가적, 국제적 영역에 영향을 미쳤던 나이스비트 (Naisbitt) 의 10 가지 동향 (Mega-Trends, 1982) 를 보라.

## 상황적 과정 항목에 대한 피드백

1. 앞에서 기초 국면에서 진입 상황이라 불리우는 과정 항목을 정의했다. 진입 상황 과정 항목과 상황적 과정 항목 사이의 차이점은 무엇인가?

2. 지난 25년간에 걸쳐서 당신의 삶에 영향을 미쳤던 주요한 상황적 요인 들은 무엇이었는가? 시간선 위에 그것을 나열하라.

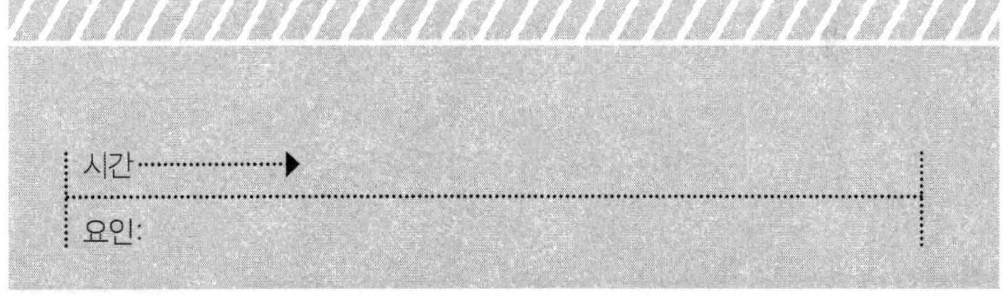


3. 당신이 경험한 가장 중요한 최근의 상황적 과정 항목은 무엇인가? 지도자로 당신을 개발하기 위한 하나님의 어떠한 지시를 찾을 수 있는지 그것을 분석하라.

### ◆ 답변 ◆

1. 이 과정 항목들은 본질적으로는 동일하다. 진입 상황 과정 항목은 상황적 과정 항목의 특별한 경우이다. 진입 상황 과정 항목은 기초 국면에 적용된 것이며 특히 한 지도자가 출생한 상황에 적용한 것이다.

2. 나는 공황기 직후에 태어났다. 나의 지역 주민들은 공황기의 영향을 크게 받았다. 그래서 나의 어린 시절은 내 부모님의 경험에서 유래한 가치들로 채워졌다. 그러한 가치들은 나에게 주입되어서 오늘까지 내 사고에 영향을 미친다. 나는 고등학교 시절까지 무상교육을 시행하는 농촌에서 자라났다. 고등학교를 끝맺지 못한 나의 주변사람들은 내가 대학에 가길 원했다. 내가 아는 한, 나의 부모님 모두를 통틀어 대학을 마친 사람은 내가 처음이다. 다른 주요한 상황적 요인은 60년대와 70년대에 주어졌다. 사회 운동과 정부 리더십의 실패로 인해서 나는 리더십에 있어서 정직성의 필요를 깊이 지각했다. 그것은 내가 리더십과 영적 권위를 연구할 때에 나의 사고에 큰 영향을 미쳤다.

3. 성인 교육 운동은 내가 그 일부로 있는 오늘날의 세대에 깊은 영향을 미쳤다. 나는 세계 선교 대학원의 교수인데 우리 학교는 주로 중간 경력의 선교사들을 가르치기 위해서 세워졌다. 그것은 성인 교육을 향한 일반적 추세의 일부인데 성인 교육은 이 나라에서 50년 동안 세워지고 있다. 오늘날 사람들은 전 세계에서 그들의 계속 교육을 위해서 오고 있다. 나의 현재 사역은 30년 전이라면 가능하지 못했을 것이다.

## 패러다임 전환 과정 항목 (Paradigm Shift Process Item) 기호: P (PS)

**서론**　종종 지도자는 하나님께서 그로 하여금 문제를 인식하는 방식을 급격하게 변화시키는 통찰력 있는 아이디어 혹은 모델을 주시는 순간을 경험한다. 이러한 아이디어의 포착은 종종 섭리적인 만남 혹은 문헌적 항목에 의해서 촉발된다. 경험적 인식이 인지적 인식을 앞설 수 있다. 이 과정 후에 그 지도자는 그 아이디어의 포착 이전에 했던 것처럼 리더십의 어떤 측면을 다시는 결코 보지 않는다. 성인 회심은 종종 이러한 종류의 과정의 특별한 경우이다. 은사와 관련된 은혜의 두 번째 사역 혹은 능력 수여는 이러한 범주에 속한다.

**정의**  패러다임 전환 항목은 하나님께서 한 사건 혹은 일련의 사건을 사용하셔서 지도자에게 사역에서 사용할 주요한 새로운 관점을 심어 주시는 것이다.

**사례**  급진적인 성인 회심 (Gripentrog 1987 or Finzel 1987)은 종종 이 범주에 속한다.

**사례**  강력한 성화 경험들 (Chan 1987) 혹은 치유나 혹은 영적 전쟁을 다루는 급진적인 능력 항목들 (Gripentrog 1987, Carlson 1985)은 종종 서구 세계관을 가진 사람들에게 주요한 관념의 변화를 요구한다.

**사례**  형식적이든 비형식적이든 사역을 중단하고 받는 훈련에서 수많은 모델들을 소개하는 과목들 (교회 성장 패러다임, 인류학적 통찰들, 영향력에 초점을 둔 지도자를 위한 이 매뉴얼에서 주어진 것과 같은 주요한 정의) 이 종종 패러다임 전환을 촉발하는 사건이 된다.

**종종 조합되어 나타남**  패러다임 전환은 종종 다른 과정 항목들과 조합 속에서 발생한다. 예를 들면 회심 혹은 리더십 헌신 과정 항목들은 종종 패러다임 전환과 일치한다. 특히 성년기에 일어날 경우에 더욱 그러하다.

**원인적 근원**  섭리적인 만남 (그들 자신이 몇몇 패러다임 전환을 경험했던 자들), 문헌적 항목, 숙명 항목, 영적 통찰 꾸러미의 항목, 그리고 고립은 패러다임 전환과 가장 많이 관련된다.

**타이밍**  나이든 지도자들은 젊은 지도자들보다 패러다임 전환을 더 적게 경험한다.

**특성들**

- 방출 효과 (묶여있다가 자유롭게 되는 것처럼),
- 기쁨이 넘치는 발견 유형이 활동에 충만하다,
- 배우는 자세를 강화시킨다.

**패러다임 전환 과정 항목에 대한 복습**

1. 무엇이 패러다임 전환에 대한 신약의 고전적인 사례인가?

(행9, 22, 26장을 보라)

2. 위의 사례에서 원인적 근원 과정은 무엇인가?

a 섭리적인 만남

b. 문헌적 항목

c. 숙명 항목

d. 영적 통찰들 꾸러미 항목, 만약 이것이라면 그것들 중의 어느 것인가?

e. 고립

3. 패러다임 전환의 사례가 되는 구약의 과정 사건을 생각할 수 있겠는가?

4. 당신이 3번 문제에서 제공한 구약의 사건에 대한 원인적 근원 과정은 무엇인가?

a. 섭리적인 만남

b. 문헌적 항목

c. 숙명 항목

d. 영적 통찰 꾸러미 항목, 만약 이것이라면 그것들 중의 어느 것인가?

e. 고립

5. 어떤 패러다임 전환을 당신은 개인적으로 경험했는가 혹은 다른 지도자에게서 보았는가?

## ◆ 답변 ◆

1. 바울의 성인 회심 경험

2. c. 숙명 항목 (또한 사도행전 22장과 26장에서 추가적으로 설명하는 가운데 언급된 리더십 헌신도 해당된다).

3. 에서를 만나기 전날 밤 주의 천사와 씨름한 야곱의 경험. 이름의 변화를 주목하라 – 야곱이 이스라엘이 되었다. 샌포드 (1974)는 이것을 야곱에게 있어서 심리학적인 개별화 과정(psychological individuation)에 나타난 패러다임 전환으로 판단한다. 그는 그 이후로 하나님과의 관계어서 전연 다른 사람이 되었다.

   주의 군대 장관을 만난 여호수아의 경험은 하나의 패러다임 전환인데 그 경험을 통해서 여호수아는 여리고 성을 취하는 탁월한 리더십 전략을 소유한, 확신에 넘치며 신앙심 깊은 지도자로 떠오르게 된다. 여리고 성은 그 땅의 적들의 확신을 부수는 승리의 모델이 될 필요가 있었다. 여리고 성을 취하는 신앙의 전략은 견고한 성을 취하는 어느 일상적인 전략과는 전연 다르다.

   열왕기하 6:15-17에 나오는 엘리사의 종은 보이지 않는 세계의 실재를 보는 패러다임 전환을 경험하게 된다.

4. 야곱에 대한 원인적 근원은 숙명 항목이다. 여호수아에 대한 원인적 근원은 숙명 계시 항목이었다. 엘리사의 종에 대한 원인적 과정은 영적 통찰 꾸러미 가운데 하나인 영적 전쟁에 대한 깨달음이었다.

5. 논쟁의 와중에 있는 실천 이슈들–가르침은 나로 하여금 다른 실천을 하는 사람들을 이전과는 다르게 볼 수 있도록 해 주었다; 순진한 실재론 (naïve realism)에서 비판적 실재론 (critical realism)으로 전환함으로 인해서 나는 내 자연적 분석 능력을 사용해서 실재를 보는 모델들을 개념화할 수 있게 되었다; 내 동료들 중의 두 명은 능력 항목들 (구체적으로는 은사적 능력)과 관련해서 매우 급격한 전환을 경험했다.


## 권위 / 영적 권위 / 능력 기초

**서론**　지도자들은 영향력을 행사하는 권리를 갖는다. 그 권리는 다양하게 타당한 방식들로 주어질 수 있다. 하나의 중요한 방식은 영적 권위를 통해서 오는 것이다.

**정의**  |능력 기반은 신뢰성의 근원, 능력 구분, 혹은 한 지도자 (능력 소지자)로 하여금 추종자 (능력 대상)들에게 영향력을 발휘하도록 권위를 갖게 해 주는 자원들이다.

**정의**  |권위는 몇몇 영향력의 영역과 관련해서 한 지도자에 의해서 추종자들 위에 리더십 영향력을 발휘하는 권리이다.

**정의**  |영적 권위는 경험적 능력 기반 위에서 개발된 하나님께서 기름부으신 지도자의 특성이다. 경험적 능력 기반은 한 지도자로 하여금 설득, 모델링의 힘과 도덕적 탁월성을 통해서 추종자들이 하나님의 목적을 향하여 나아가도록 영향력을 미친다.

**능력 형태들의 사례들**  |능력은 힘 (force), 조작 (manipulation), 권위 (authority), 그리고 설득 (persuasion)과 같이 순응 (compliance)을 초래하는 능력 형태들 (도구들 혹은 영향력 수단들) 안에 반영된다. 권위는 강압적인 (coercive), 설득적인 (induced), 합법적인 (legitimate), 능숙한 (competent), 그리고 개인적 (personal)인 것으로 나뉘어진다. 영적 권위는 설득과 합법적인, 능숙한, 그리고 개인적 권위의 조합이다.

**능력 기반들의 사례들**  |능력 형태들은 능력 기반들 위에 의존한다. 기반들은 능력 자원들로부터 나온다. 능력 형태들은 조직, 돈, 평판, 개인적 매력, 조작적 기술, 대인관계 기술, 지식의 종류, 정보, 내주하시는 성령, 은사 부여와 같은 개인적이고 집단적인 자산들이다.

**중심적인 권위 개념**  |권위의 중심적 개념은 영향력을 행사하는 권리이다. 그 권리는 지도자와 추종자에 의해서 인식된다. 그것은 "영향력의 영역"에 관한 공통적 가정들 위에 근거한다. 영적 지도자에게 "영향력의 영역"은 하나님의 목적과 그분이 드러내시는 특정한 목적을 달성하기 위한 그분의 지시들과 관련이 있다. 도덕성, 집단적인 인도하심, 진리의 명료화는 지도자의 영적 권위의 사용 범위를 한정하는 "영향력의 영역" 내의 세 가지 측면들이다.

**영적 권위 능력 기반** 영적 권위는 하나님의 임재를 드러내는 삶과 사역으로부터 나온다. 신뢰성 은 한 지도자가 자신이 가르치는 것과 동일한 삶을 살 때 드러난다. 신뢰성은 하나님으로부터 온 결과들을 나타내는 사역으로부터 나온다. 영적 권위를 가진 지도자는 하나님과 그분의 방식을 알고 그것을 삶에서 드러낸다.

## 능력 형태 (Power Forms) 동의어: 영향력 수단, 능력 도구들

**서론** 다음의 정의들은 영적 권위 과정을 이해하기 위한 전제 조건이다.

**정의** 능력 형태는 힘, 조작, 권위, 그리고 설득이란 영향력 수단의 네 가지 일반적인 용어들을 지칭한다.

**정의** 물리적 능력 형태는 순응하도록 만들기 위해서 신체적인 그리고 정신적인 영향력 수단을 사용하는 것을 의미한다.

**정의** 조작적 능력 형태는 추종자의 순응을 얻어내는 모든 형태의 영향력 수단을 지칭한다. 추종자는 지도자의 의도을 인식하지 못하며, 그렇기 때문에 그 상황에서 도덕적 책임을 발휘할 자유를 필연적으로 갖지 못한다.

**정의** 설득적 능력 형태는 논쟁, 호소, 혹은 권면과 같은 영향력 수단이다. 이것으로 지도자는 추종자의 순응을 얻어내는데 그럼에도 불구하고 도덕적 책임을 발휘하는 추종자의 자유는 보호된다.

**정의** 권위 능력 형태는 강압적 권위, 설득적 권위, 합법적 권위, 능숙한 권위, 개인적 권위 그리고 영적 권위와 같은 영향력 수단을 지칭한다.

**정의** 강압적 권위는 지도자가 힘에 의한 혹은 처벌에 의한 협박과 같은 영향력 수단을 사용함으로 순응을 얻어내는 능력 형태이다.

**정의** 설득적 권위는 지도자가 보상 혹은 추종자에 대한 몇몇 유익을 약속하는 영향력 수단을 사용함으로 순응을 얻어내는 능력 형태이다.

**정의** 합법적 권위는 지도자가 추종자와 지도자의 역할 혹은 지위에 대한 공통적 기대와 일치되도록 영향력 압력을 사용함으로 순응을 얻는 능력 형태이다.

**정의** 능숙한 권위는 지도자가 몇몇 노력의 영역에서 인정되는 전문성에 의해서 순응을 얻거나 기대할 수 있는 (그러나 요구하지는 않는다) 능력 형태이다.

**정의** 개인적 권위는 한 지도자의 개인적 특성을 추종자들이 인식함에 의해 그 지도자가 순응을 기대할 수 있게 되는 능력 형태이다.

## 영적 권위의 6가지 특성들과 한계들

**서론** 다음은 니 (n.d.), 해리스 (Harris, 1976) 그리고 드 죠지 (De George in Harris 1976) 로부터 얻은 통찰력을 결합한 것이다.

### 1. 궁극적 근원 (Ultimate Source)

영적 권위의 궁극적 근원은 그리스도 안에 있다. 그것은 대표적인 종교적 권위이다. 우리 안에 그분의 권위와 임재가 우리의 권위를 합법화한다. 이 최종적 권위에 대한 책임성이 본질적이다.

### 2. 능력 기반 (Power Base)

영적 권위는 경험적 능력 기반에 근거한다. 하나님에 대한 지도자의 개인적 경험들과 그것들로부터 오는 축적된 지혜와 개발이 추종자들이 그들의 삶에 영향력을 허용하는 이유의 핵심에 놓여 있다. 그것이 현재 진행되지만 과거에 관계된 자원이다. 하나님과의 경험의 실재에 대한 그것의 순수함은 그 경험적 능력 기반을 입증하시는 성령의 임재와 사역에 의하여 신자 안에서 확인된다.

### 3. 능력 형태들 (Power Forms)

영적 권위는 설득에 의해서 영향을 미친다. 말씀 은사들은 이 설득에서 주도적이다. 영향력은 합법적 권위를 통해서 존재한다. 지위적 리더십 (대개 C, D, 그리고 E 유형) 은 적어도 추종자들에 의해서 최초로 인식되는 리더십의 자질에 대한 인식을 수반한다. 그러한 권위는 능숙한 권위, 그리고 개인적 권위와 같은 다른 권위 형태에 의해서 보강되어야만 한다.


### 4. 궁극적 선 (Ultimate Good)

영적 권위를 사용하는 영향력의 목적은 추종자들의 궁극적 선이다. 이것은 고린도후서 10장 8절에서 보여지는 기본적인 바울의 리더십 원리를 따른다. 리더십 행동과 영향력 수단에 대한 시시각각의 판단은 이 판단 기준 위에 근거한다.


### 5. 평가 (Evaluation)

영적 권위는 신자들 안에서의 성숙의 개발과 관련하여 시간의 경과에 따라 장기적으로 가장 잘 판단된다. 강압적이고 조작적인 형태의 권위의 사용은 대개 추종자들 안에 유사한 요소들을 재생산할 것이다. 영적 권위는 추종자들이 그렇게 하는 것을 배웠기 때문에 책임적인 도덕적 선택을 할 성숙한 추종자들을 생산할 것이다.


### 6. 변명하지 않음 (Non-Defensive)

영적 권위를 사용하는 지도자는 궁극적 권위이신 하나님께 대한 복종을 인식한다. 권위는 대표적이다. 그러므로 하나님께서는 영적 권위를 방어하시는 책임있는 요원이시다. 영적 권위 위에서 움직이는 사람은 복종을 강요할 필요가 없다. 복종은 추종자의 도덕적 의무이다. 불복종, 즉, 영적 권위에 대한 반항은 추종자가 하나님 그분께 복종하지 않는다는 것을 의미한다. 그는 그것에 대하여 하나님께 답변해야 할 것이다. 지도자는 만일 그것이 필요하다면 하나님의 변호에 의뢰할 수 있다.

## 권위/ 능력 정의에 대한 피드백

1. 영적 권위의 정의를 다시 한번 숙고하라.

<u>영적 권위</u>는 지도자로 하여금 설득, 모델링의 힘과 도덕적 전문성을 통해서 하나님의 목적을 향하여 나아가도록 추종자들에게 영향력을 미치는 경험적 능력 기반 위에서 개발된 하나님께서 기름부으신 지도자의 특성이다.

당신의 경험 가운데 아마도 당신 생각에 영적 권위를 활용한 지도자들을 관찰했을 것이다. 그 지도자의 삶에서 어떠한 영향력 수단들 (설득, 모델링의 힘, 도덕적 전문성)이 두드러지는가? 영향력 수단들의 사례가 되는 사건들을 나눌 준비를 하라.

이름:       설명적 코멘트:

2. 1번 문제에서 주목된 지도자에 대해서 그/그녀의 경험적 능력 기반의 어떠한 측면을 당신은 인식하는가? 그/그녀의 영적 권위를 뒷받침한다고 당신이 느끼는 어떤 것을 기록하라.

3. 위의 문제 1, 2번에서 주목된 지도자에 대해서 추종자들에게 영향을 미치기 위해서 그 지도자에 의해서 사용되는 것을 당신이 관찰한 능력 형태들을 아래에 체크하라.

(_____) a. 힘      (_____) e. 권위 – 합법적

(_____) b. 조작     (_____) f. 권위 – 개인적

(_____) c. 권위 – 강압적  (_____) g. 설득

(_____) d. 권위 – 설득적

4. 능력 형태들은 능력 기반에 의존한다. 기반은 능력 자원들로부터 나온다. 위에서 기술된 지도자에게서 어떠한 능력 자원들을 당신은 관찰했는가? 적절한 것에 체크를 하고 설명할 것을 준비하라.

(_____) a. 조직                    (_____) g. 특별한 종류의 지식

(_____) b. 돈                      (_____) h. 정보

(_____) c. 평판                    (_____) i. 성령의 강력한 임재

(_____) d. 개인적 매력             (_____) j. 은사

(_____) e. 조작적 기술들

(_____) f. 대인 기술들

5. 지도자가 당신을 사역의 일부분이 되도록 초대할 것을 생각하면서 다음의 질문을 한다고 생각해 보라. 당신이 영적 권위를 가진다는 어떠한 분명한 증거를 갖고 있는가? 당신은 무엇이라고 답변할 것인가?

### ◆ 답변 ◆

답변의 개인적 성격 때문에 답을 주지 않을 것이지만 우리가 수업 시간에 이 연습 문제를 다룰 때 답변을 줄 것이다.

### 영적 권위 발견 과정 항목 (Spiritual Authority Discovery Process Item)

기호: P(SAD)

**서론** ┊ 능력 형태 (영향력 수단) 로서 영적 권위를 인식하는 것은 평생을 통해서 점차적으로 증가한다. 고유 사역을 향하여 이동함에 따라 인식의 속도는 급격하게 증가한다.

**정의** ┊ 영적 권위 발견 과정 항목은 지도자를 영적 권위 개발 유형 (특히 6, 7, 그리고 8단계에서) 에 따라 향상시키는 어떤 중요한 발견 ―통찰 혹은 경험― 을 지칭한다.

**영향받는 유형**  다음의 M.7 영적 권위 유형은 유형들이 검토되는 11장에서 다시 다루어 진다. 여기에서의 강조점은 한 단계에서 다음 단계로의 이동을 야기시키는 자극들에 주어진다. 11장에서의 강조점은 지도자의 개발에 대한 평가에 있다. 화살표를 의미하는 것으로 대개 무엇으로 이끄는 것으로 읽으라.


**8단계 순서 특성**

1)능력 형태로서 개인적 권위의 발견 ········▶

2)다른 형태들 (힘, 조작, 설득) 의 발견 ········▶

3)다른 권위 형태들 (합법적인, 능숙한) 의 발견 ········▶

4)형태 가운데 힘/조작을 버림. 다음 단계를 통하여 설득을 보충적인 것으로 사용········▶

5)합법적인 권위, 능숙한 권위 그리고 개인적 권위를 몇몇 영적 권위와 함께 사용함에 있어서 효과적임 ········▶

6)합법적인 권위를 줄이고, 능숙함의 권위가 주도적이 됨 ········▶

7)능숙함의 권위, 개인적 권위 그리고 똑같이 주도적인 것으로서 영적 권위의 조합········▶

8)영적 권위가 주가 되고, 개인적 권위, 능숙함의 권위, 합법적인 권위, 그리고 설득이 보충적인 것으로 사용됨.


**초점**  지도자를 영적 권위를 향하여 나가도록 하는 것이다.


**타이밍**  지도자는 성장 사역 과정의 임시적 하위 국면에서 1, 2, 3, 그리고 4단계를 통하여 이동하는 반면에 5, 6, 7 단계는 대개 능숙한 하위 국면에서 일어난다. 8단계는 고유한 사역 과정에서 도달된다.


**원인적 과정**  압박 꾸러미 항목들은 초기 단계들에서 촉발자로 기능한다. 도전 꾸러미 항목들은, 영적 통찰 꾸러미로 이어지는데, 주로 후기 단계에서 촉발된다. 몇몇 일상적인 꾸러미 항목들은 모든 국면을 통해서 발견을 자극한다.

**철학**   영적 권위는 섬김의 리더십의 주요한 능력 기반이다.

## 영적 권위 발견 과정 항목에 대한 피드백

1. 당신으로 하여금 그 단계로 이동시켰거나 혹은 그 단계로부터 이동시켰던 과정을 반영하는 과정 사건 있다면 그 단계들이 어떠한 것인지 체크하라. 당신은 영적 권위를 다루는 페이지의 주석을 읽기 원할 수도 있고 그러한 단계들에서 열거된 능력 형태들의 몇몇 정의들을 읽을 수도 있다. 이러한 연습은 여러 유형을 다루는 11장과 평가 척도들을 다루는 13장을 숙지한 후에 다시금 검토될 수 있을 것이다.

(1) 하나의 능력 형태 특성으로서 개인적 권위의 발견

(2) 다른 형태들 (힘, 조작, 설득)의 발견

(3) 다른 권위 형태들의 발견 (합법적인, 능숙함의)

(4) 형태로서 힘/조작을 버림; 다음 단계에서는 보충적인 것으로서 설득을 사용함.

(5) 약간의 영적 권위와 더불어 합법적인 권위, 능숙함의 권위, 그리고 개인적 권위의 사용에 있어서 효과적임

(6) 합법적인 권위의 감소, 능숙함의 권위가 주도적이 됨

(7) 능숙함의 권위, 개인적 권위 그리고 영적 권위가 똑같이 주도적인 것으로서 결합됨.

(8) 영적 권위가 주도적이 되고, 개인적 권위, 능숙함의 권위, 합법적인 권위, 그리고 설득이 보충적인 것으로서 사용됨.

2. 당신이 현재까지 배워왔던 영적 권위에 관해서 가장 중요한 발견을 논하라. 어떠한 과정이 그 발견을 자극하는 수단이었는가? 어떠한 단계와 더불어서 그것이 가장 긴밀하게 관련되는가? 때때로 발견들은 지도자가 발견의 때에 실제적으로 사용하는 능력—믹스 (권위 기반의 조합) 와 직접적으로 연관되지 않는다.

◆ **답변** ◆

1. 나는 현재적으로 5와 6단계에 있다.

2. 영적 권위에 대해서 배운 가장 중요한 교훈은 영적 권위는 하나님으로부터 온다는 것이다. 그분이 영적 권위를 옹호할 것이다. 나는 한 지도자가 영적 권위를 변호할 필요가 없다는 것을 배웠다는 것을 앞에서 나누었다. 두 번째 것도 거의 유사한 것이다. 내가 배운 두 번째로 중요한 교훈은 만일 추종자들이 영적 권위를 인정하지 않는다면, 나는 다른 수단을 통해서 그들을 강요할 필요가 없다는 것이다. 영적 권위를 인식하는데 실패하고 그에 따라 행동하는 것은 추종자의 문제이지 지도자의 문제는 아니다. 하나님께서 그들을 판단하실 것이다. 내가 처음 교훈을 배웠을 때 나는 4단계에 있었다. 내가 두 번째 교훈을 배운 것은 5단계에 있을 때였다.

## 사역 구조 통찰 과정 항목 (Ministry Structure Insights Process Item)

기호: P (MSI)

**서론** 성공적인 리더십은 대개 어떻게 사역이 조직되어지는지에 대한 철학과 그것이 무엇을 달성할 것인가 하는 비전을 포함한다. 사역의 조직은 그것을 통해서 사역이 이루어지는 구조를 포함한다. 집단 역학, 조직 역학, 그리고 이러한 다양한 구조들의 행정에 대한 지식은 사역을 감독하는 지도자의 역량에 기여한다. 지도자는 실제적 경험을 통해서 이러한 구조의 본성에 관한 사역 통찰, 그것들 사이의 의사소통, 그것의 행정, 그리고 사람들로 하여금 구조에 가입하고 참가하는 것을 동기 부여하는 실제적인 수단을 발견할 것이다. 이 항목은 지도자가 어떻게 하나님께서 주신 통찰력을 얻는지 그리고 결과로서 초래되는 리더십 역량의 확장에 초점을 둔다. 구조 통찰은 문화적으로 특정적일 수 있다.

**정의** 사역 구조 통찰 과정 항목은 그것을 통해서 사역이 흘러나가는 다양한 조직 단위들에 관한 발견과 리더십 역량에 미치는 그러한 발견의 효과를 지칭한다.

**사례** 조용기 목사의 셀 그룹의 사용

**사례** 나의 첫 번째 발견은 네비게이토 사역에서 주장되는 일대일 제자 훈련구조였다. 나는 지난 시절 동안 그 기본적 구조를 내 은사혼합에 맞추어서 활용할 수 있었다.

**사례** 나의 두 번째 발견은 톰슨 목사님을 통한 가정 성경 공부에서 하나님의 손이 함께 하시는 것을 보았을 때에 이루어졌다. 그 구조는 그 교회에서 전도와 성숙 성장을 위한 자극을 제공했다.

**예** 몇몇 총칭적 구조들의 다양한 종류들은 다음을 포함한다: 소그룹, 위원회, 개인적 네트웍, 세미나, 워크숍, 컨퍼런스, 음악, 집단 혹은 팀, 사역팀, 멘토링 관계, 행정적인 리더십 집단, 공동체 가정, 그리고 많은 다른 것들. 이러한 기본적인 종류의 구조는 특정 사역에서 다양한 형태를 취하게 될 것이다. 바로 이러한 특정한 형태의 발견과 그 안에 있는 하나님의 축복의 손, 그것이 이러한 과정 항목의 핵심에 있다.

**사례** 내게 있어서 소중한 통찰은 타당한 구속적 구조로서 소달리티 <sup>(파라처치)</sup> 구조의 기본적인 인지적 발견이었다. 소달리티 구조들을 뒷받침하는 개념에 대한 통찰은 나로 하여금 동일한 개념을 새로운 소달리티를 형성하는 데와 마찬가지로 모달리티 구조 <sup>(교회적인 구조들)</sup> 내에서 매우 광범위하게 적용할 수 있도록 해 주었다.

## 사역 구조 통찰 과정 항목에 대한 피드백

1. 지도자에 대한 정의의 네 가지 면들을 다시 읽으라.

**지도자는** … (1) 하나님께서 주신 역량과

(2) 하나님께서 주신 책임을 가진 사람으로서

**그/그녀** … (3) 특정한 하나님의 백성의 집단을

(4) 그 집단에 대한 하나님의 목적을 향하여 나아가도록

**영향력을 행사하는 사람이다.**

기억하라. 과정은 한 지도자의 이러한 측면들의 하나 혹은 더 많은 것에 영향을 미칠 것이란 것을 지도자 정의에 대한 이러한 주요한 개념 중의 어느 것이 사역 구조 통찰들 과정 항목에 의해서 영향을 받는다고 생각되는가?

2. 다음의 사례를 들라.

a. 하나님께서 당신으로 하여금 몇몇 사역 구조 통찰을 보도록 허용했거나 강요한 당신 자신의 사역 과정으로부터 하나의 사례를 들라.

........................................................................................................

b. 이것이 어떻게 당신의 사역 철학에 영향을 주었는가?

........................................................................................................

c. 만일 당신이 그 통찰을 당신 자신의 사역에 적용하려 한다면, 그것이 어떠한 새로운 기술을 당신에게 요구하거나 혹은 제안하겠는가?

........................................................................................................

d. 이 사역 구조 통찰 과정 항목으로부터 장기적으로 계속되는 영향은 무엇인가? 즉, 당신의 현재 리더십은 여전히 그 과정 항목으로부터 혜택을 입고 있는가? 만일 그렇다면, 어떻게. 만일 아니라면 왜 아닌지?

........................................................................................................

### ◆ 답변 ◆

1. (1) 하나님께서 주신 역량과 처음 것이 아마도 가장 영향을 받는다. 왜냐하면 사역 구조 통찰은 종종 새로운 기술이나 전략의 학습을 강요하기 때문이다. 새로운 기술과 전략은 직접적으로 영향을 미치는 역량에 영향을 끼친다. 그렇지만 그것들 각자도 또한 대개 영향을 받는다. 새로운 구조는 또한 영향력에 대한 책임과 의무를 명확하게 한다. 그것들은 영향을 받게 되는 집단들을 보다 분명히 규정한다. 그것들은 또한 그들에 대한 하나님의 목적을 생각하도록 강요한다.

2. a. 제자도에 관해서 내가 처음 받은 훈련은 네비게이토의 일대일 제자 훈련이었다.

그 훈련에서 강조하는 통찰은 당신 주변에는 일상적으로 제공되는 것보다 더 많은 훈련에 굶주려 있으며, 필요로 하며, 받을 수 있는 몇몇 사람들이 있다는 것이다. 비록 당신 사역의 주요한 주안점이 약간 다른 방향에 있다고 할지라도, 그들은 개별적인 관심을 받아야만 한다.

b. 그 때 이후로, 내가 종사한 모든 사역에서 제자훈련과 관련해서 내가 특별한 관심을 줄 수 있는 개인들을 찾곤 했다.

c. 나는 성경 공부, 기도와 경건의 삶을 위한 실제적인 도움, 은사를 발견하기 위한 설문지와 같은 것을 개발하도록 강요되었다.

d. 오늘날 계속적인 개별적인 관계에 대한 구조 통찰은 내가 꾸준히 사용하는 멘토링과 모방 모델링에 맞추어서 활용되고 있다.


## 사역 임무 과정 항목 (Ministry Assignment Process Item) 기호: P (MASG)

**서론**  지도자의 사역 역사는 다양한 사역 임무로 구성된다. 이러한 임무들은 일정한 기간 동안 특정한 사역 목표들을 달성하기 위하여 한 사람, 한 집단, 혹은 여러 집단과 더불어 사역을 행하는 것을 포함한다. 주어진 임무 동안에 그 지도자는 새로운 기술, 사역이 무엇인지에 관한 새로운 아이디어를 배우고 사역의 대상이 되는 자들을 돕는다. 다양한 과정 항목들이 이 사역 임무를 감당하는 동안에 발생할 것이다. 그것들은 세 가지 모든 형성들에 기여할 것이다. 하나의 사역 임무에 대한 사후적인 성찰은 세 가지 형성적 영역에서 진보를 견고케 하고 새로운 임무들에 관한 미래적 인도하심을 보도록 하는 가치가 있음이 입증될 것이다.


**정의**  사역 임무는 하나의 사역 과제보다 더 영구적이지만 그럼에도 불구하고 진입, 사역, 종결, 그리고 사역 상황으로부터의 이전이라는 동일한 기본적 유형을 갖는 사역 경험이다. 사역 임무를 통해서 하나님께서는 지도자에게 새로운 통찰을 주심으로 미래 리더십에서 영향력을 미치는 역량과 책임성을 확대시키신다.


**사례**  주일 학교 교사로서의 2년간 사역

**사례**   현재의 책임자가 휴가 중에 있을 때에 선교지에서 현장 책임자 (행정적인 일)로서의 임시적인 지위를 감당하는 것.

**사례**   단기 선교사로서의 3년간의 임무

**사례**   몇몇 공식적인 훈련을 마친 후 어느 교회에서 청소년 사역자로서의 지위를 취함.

**초점**   사역 임무에 대한 성찰은 미래의 임무의 선택을 위해서 도움이 될 유형들이 무엇인지 알게 해 준다. 초기의 사역 도전들과 임무들 혹은 새로운 종류의 사역 도전들과 임무들은 특히 교훈적이다.

**타이밍**   **사역 임무**는 상대적으로 짧은 기간 (1-5년) 에 걸쳐서 발생하는 축적적 과정이다. 그 기간 동안 수많은 다른 과정 항목들이 결합되어서 임무를 통하여 교훈들이 주어진다.

**본질**   사역 임무 과정 항목의 본질은 그 임무를 통해서 세 가지 형성적 영역들: 영적, 사역적, 그리고 전략적 형성에서 지도자가 개발되도록 학습된 것이 무엇인지 사후적 성찰을 통해서 발견하게 하는 데 있다. 그러한 발견은 일반적일 수도 혹은 매우 구체적일 수도 있다.

**원인적**   대개 사역 도전들과 관련해서 외적으로 자극되어서 다른 지도자들에 의해서 주어진다.

**대조**   사역 임무는 사역 과제보다 더 공식적이다.

**사역 임무에 대한 피드백**

1. 당신의 가장 최근의 사역 임무를 짧게 기술하라. 그것을 위해서 필요했던 새로운 사역 기술들이 있었는가? 당신은 그것들을 획득했는가? 만일 그렇다면, 어떻게. 만일 아니라면, 그러한 기술들을 얻기 위해서 당신은 무엇을 행했을까 회고해 보도록 하라. (만일 필요한 기술들이 많고 다양하다면 이 연습을 위해서 단지 하나만을 선택하라.)

2. 이 임무의 원인적 근원들은 무엇이었는가? 즉 무엇이 당신으로 하여금 그것을 취하도록 자극했는가? 그것이 외적이었는가 혹은 내적이었는가? 어느 특정한 과정이 있었는가?

3. 이 과정 항목에 대한 당신의 사후적인 회고 평가에서 어떠한 특정한 리더십 개발 발견들이 보여지는가?

### ◆ 답변 ◆

1. 나는 4년 동안 내가 속한 지역 교회에서 성인 독신자반을 맡아 가르쳤다. 나는 지금은 일년동안 그 임무로부터 벗어난 상태이다. 내가 성인 독신자반을 가르쳤던 경험은 그 반을 맡을 선생들을 훈련시키기 위해서 더 많은 훈련 기술들 (특히 모방 모델링과 비형식적 도제훈련) 을 추가할 것을 강요하였다.

2. 나는 그 독신자반의 몇몇 회원들로부터 외적인 도전을 받았다. 나의 처음 반응은 그 임무를 받아들이지 않는 것이었기 때문에, 특히 한 명이 나로 하여금 그 역할을 맡도록 특별히 기도했다. 나를 위해서 기도하는 사람은 나를 설득하기 위해서 강한 기대를 통한 동기부여를 사용했다. 그 바로 직전에 맡았던 사역 임무로 인해서 약간 부정적인 상황에 있었기 때문에 그 기회에 대해서 진지하게 숙고하게 되었다.

3. 나의 주요한 개발은 영적 형성 분야에 있다. 하나님께서는 나로 하여금 독신은 어떠한 사람들인지에 대한 새로운 관점을 주시고 그들을 새롭게 받아들일 수 있도록 해 주셨다. 나는 일반적으로 독신들에 대해서, 특히 최악의 결혼 상황에서 빠져나온

사람들에 대해서 덜 비판적이 되었다. 독신들을 향하여 보다 공감적인 태도를 갖게 됨으로 일반적으로 보다 공감적인 사람이 되었다.

## 일상적인 확장 꾸러미에 대한 주해

**일상적인 데에서 충성됨, 장기적 개발을 위한 열쇠**  하나님께서 평생에 걸쳐 지도자를 개발하기 위하여 다른 어느 것보다 더 많이 사용하시는 것은 일상적 과정 <sub>(일상 생활의 상황을 통해서 주어지는 것)</sub> 이다. 하나님께서는 사람들을 만나게 하시고, 말씀을 주시며, 한 지도자로 하여금 몇몇 필요한 정보를 접하게 하시고, 사물을 보는 급진적으로 새로운 관점을 주시고, 그 밖에 다른 무수한 일상적인 사건들을 겪게 하심으로 지도자로 하여금 조금씩 변화하도록 만드신다. 각개의 변화를 개별적으로 바라볼 때, 많은 것을 인식할 수 없을지도 모른다. 하지만 뒤로 물러나서 전체를 바라보면 이러한 일상적인 과정을 통해서 하나님께서 지도자를 형성하고 계시다는 것을 느낄 수 있다. 압박 항목, 도전 항목, 영적 통찰 항목, 인도하심 항목 그리고 삶을 성숙시키는 항목과 같은 과정 항목들은 일상적 항목에 비교할 때 오히려 드물게 발생하는 삶의 형통할 때와 그렇지 못한 때인 경향이 크다. **일상적 항목**들은 누가복음 16:10의 작은 일 — 큰 일 충성 원리를 조명해 주는 M.1 기초 사역 유형을 강화한다. 장기적으로 개발을 보장하는 것은 이러한 견고함이다.

**말씀 은사들과 관련된 말씀 항목들 P(WI)**  말씀 은사들은 하나님과 그분의 목적에 관한 진리를 드러내고 분명히 하기 위해서 하나님께서 특별히 사용하시는 은사이다. 그것은 신자들에게 덕을 세우고 그들 안에 하나님의 현재 활동과 미래 활동에 관한 소망을 불어넣어 준다. 지도자들은 말씀 은사를 가진 자들이다. 말씀 과정은 말씀 은사와 더불어 진행된다. 그러므로 지도자들은 평생을 통해서 많고 많은 말씀 항목들을 가질 것을 기대할 수 있다. 정체를 경험하는 지도자의 주요한 증상은 그에게 말씀 항목이 드물게 발생한다는 것이다. 정체의 증상은 삶에서 말씀 과정이 감소함에서 기인한다.

**말씀 항목에 대한 추가 설명, 다니엘** 다니엘이 예레미야 27장과 29장 그리고 그 장을 둘러싼 상황을 연구했음이 분명하다. 다니엘 9장의 사건, 위대한 기도, 그리고 예언적 계시는 말씀 항목의 결과이다. 그 말씀 항목을 통해서 다니엘의 관점이 넓혀졌고 다니엘의 기도가 나오게 되었다. 당신은 다니엘이 예레미야의 귀절을 붙잡고 기도하는 것을 볼 수 있는데, 그것은 젊은 지도자들이 따라야 하는 필요한 사역 기술이다. 이 말씀 과정은 믿음의 도전을 낳게 했고 다니엘은 그것을 받아들였다. 하나님께서는 다니엘이 기대한 것 이상으로 응답하셨다.

**문헌적 과정은 개발 속도를 촉진한다** 다양한 상위 수준의 지도자들은 폭넓게 독서하는 경향과 그러한 저술들에서 보는 교훈들을 자신의 삶을 위해서 활용하는 역량으로 유명하다. 이렇게 행하는 능력은 종종 개인적 경험으로 동일한 교훈들을 배우는 기간보다 시간을 단축해준다.

**문헌적 과정은 섭리적 만남과 유사하다** 섭리적 만남 과정 항목이 주로 영향력을 미치는 사람에 관한 것이지만, 쓰여진 정보가 섭리적 만남의 역할을 할 수 있다는 것도 또한 사실이다. 섭리적인 만남으로 섬기는 멘토들은 종종 적절한 "책" 혹은 "소책자" 혹은 "팜플렛" 혹은 몇몇 다른 문서 정보를 보내주곤 하는데 그러한 것들이 섭리적인 만남의 기능을 수행하며 지도자를 개발하는 데에 크게 기여한다.

**상황적 과정 항목의 상관성** 상황적 요인들은 매우 중요한 범주의 과정 항목들이다. 그것들은 항목들의 분석과 상관성을 위한 무대를 마련하기 위해서 주목되어야만 한다. 이러한 거시적 요인들은 항상 개인적 개발에 영향을 미친다. 그것들 속에서 하나님의 손을 느끼는 것은 상황적 항목들을 중요한 것으로 만든다.

**패러다임 전환 과정에 대한 추가 설명** 단순한 실재론에서 비판적 실재론으로 전환하는 것은, 세계 선교 대학원에서 종종 학생들에게 일어나는데, 이 항목의 축적적 형태이다. 종종 이 전환은 점차적으로 일어난다. 대부분의 수업시간에 모델들을 학습하는데 그것들은 전체 그림이 아니라 부분만을 보여준다. 점차적으로 비판적 실재론의 개념이 섭취된다. 다양하게 인식되는 실재에 대한 많은 다양한 문화들로부터 유래되는 다양한 관점들은 비판적 실재론의 인식론을 확인시켜 준다. 어떤 전환은 즉각적으로 일어난다 (사도 바울의 경우와 같이). 다른 경우는 놀라운 촉발 사건과 더불어 축적적으로 일어난다. 성령 세례 혹은 성령 충만을 추구하는 사람들의 경우에 일어날 수 있는 것과 유사하다.

**영적 권위의 정의와 특성**　영적 권위는 추종자들이 지도자의 영성을 인지하고 그로 하여금 자신들에게 영향력을 행사하도록 내어주는 권리이다. 영적 권위는 경험적 능력 기반 위에 근거한다. 즉, 영적 권위에 대한 지도자의 능력의 출처는 그/그녀가 하나님을 경험하는 것과 긴밀히 연결된다. 추종자들은 성품, 능력을 드러냄, 그리고 하나님과 그분의 목적에 대한 지식 등과 관련해서 지도자 안에 있는 영성을 보게 된다. 섭리적인 성품을 세우는 과정 경험들은 하나님께서 그 지도자를 통해서 강력하게 역사하시고, 그 지도자에게 추종자들에 대한 하나님의 길과 목적을 이해시킨다는 것을 보여줌으로, 추종자들의 눈에 지도자의 영적 권위를 세워주게 된다. 요약하면, 영적 권위는 경험적 능력 기반 위에서 개발된 하나님께서 기름 부으신 지도자의 특성이다. 그러한 하나님 경험은 지도자로 하여금 설득, 모범의 힘, 그리고 도덕적 식견을 통하여 추종자들이 하나님의 목적을 향하여 나아가도록 영향을 미칠 수 있게 한다.

## 압력 확장 꾸러미 (Pressure Expansion Cluster)

**서론**　지도자의 개발의 많은 부분은 일상적인 사역에 충실하게 반응함으로 일어난다. 그런데 일상은 사람을 무디게 만들 수 있다. 하나님께서는 종종 갈등을 일상에 가져다 주심으로 관여하신다. 그러한 갈등은 대개 지도자의 관심을 사로잡고 그로 하여금 새롭게 하나님을 의존하게 만든다. 세 가지 항목들이 이 꾸러미에 속한다.

**기술**　　압력 확장 꾸러미는 일련의 세 가지 과정 항목들인, 사역 갈등, 리더십 반발, 위기를 언급한다. 그것들은 지도자로 하여금 하나님을 계속해서 의지하도록 하고 그 지도자의 사역적 형성을 신장시키기 위하여 성장 사역 기간 중에 종종 발생한다.


**주요 목적들**

압력 항목들:

1.지도자를 겸손하게 만들어서 그/그녀로 하여금 달리는 받아 들여지지 않았을 교훈들을 받아들일 수 있는 열린 자세를 취하게 한다.

2.지도자의 배우는 자세를 강화시킨다 ― 특히 부정적인 것으로부터 배우도록 유연성을 강화시킨다.

3.지도자의 영적 권위를 시험한다. 압력 과정 중에 지도자들은 반대를 극복하기 위하여 조작과 힘으로 복귀하는 경향이 있다.

4.사역적 형성을 개발시킨다. 압력 과정은 현재 갖고 있는 영향력 기술들을 확증하는 동시에 결핍된 영향력 기술들을 깨닫게 해 줄 것이다.


**벤 다이어그램**

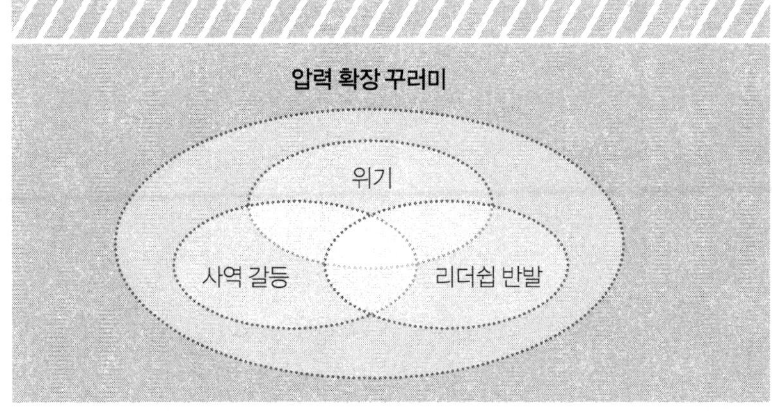

**배타적이지 않음** 여러 다른 항목들 (예를 들면, 갈등, 삶의 위기 등)도 이 꾸러미의 본질적 특성―하나님께서 압력을 가하신다―을 내포한다. 때때로 그 항목들도 이 꾸러미에 포함시킬 수 있지만 그것들은 다른 꾸러미에 포함시켰다. 왜냐하면 그것들의 주요한 과정상의 초점이 다르기 때문이다.

## 사역 갈등 과정 항목 (Ministry Conflict Process Item) 기호: P (MCONF)

**서론** 사람들이 다른 사람들에게 영향을 미칠 때에 갈등은 필연적이다. 비성숙한 지도자에 의해서 많은 결정들이 내려지는 성장 사역 기간 (Growth Ministry Period) 에는 특히 그러하다. **갈등 과정 항목**은 일반적 과정 항목으로 영적 혹은 사역적 형성과 관련하여 한 지도자를 형성해 가는 데에 사용된다. **사역 갈등 과정 항목**은 특별한 과정 항목으로 성장 사역기에 일어나며 그 주요한 주안점이 사역적 형성에 있는 갈등을 묘사한다. 영적 형성은 또한 그러한 과정에 의해서 영향을 받는다. 갈등은 하나님의 손에 있는 강력한 무기이며 어떤 다른 방식으로도 배워질 수 없는 교훈을 지도자에게 새겨주는 데에 사용될 수 있다.

### 정의

사역 갈등 과정 항목은 특정 사역 상황에서 한 지도자가

1.갈등의 본질,

2.갈등을 해결하는 가능한 방식들

3.갈등을 피하는 가능한 방식들

4.갈등을 창조적으로 사용하는 방식들

5.갈등을 통한 하나님의 인격적 형성의 인지

등과 관련해서 갈등의 긍정적 측면들과 부정적 측면들을 통해서 교훈들을 배우는 경우들이다.

**사례** 사도행전 6장의 사도들은 교회 내에서 헬라어를 사용하는 회심자들과 히브리어를 말하는 회심자들 사이에서 일어난 갈등에 직면했다.

**사례**  바울이 에베소에서 데메트리우스라는 은장색과의 상황에서 갈등에 직면했다.

**원인적 근원**  갈등은 외부로부터, 즉, 신자가 아닌 자들로부터 올 수도 있고 혹은 내부 신자들로부터 올 수도 있다. 때때로 내부로부터의 갈등은 직면하기가 가장 어렵다. 왜냐하면 지도자가 신자들에 대한 높은 기대를 갖기 때문이다.

**초점: 우선적으로는 내적 성격, 2차적으로 사역 교훈들**  사역 갈등 과정 항목은 일반적 갈등 과정 항목과 위기 과정 항목들과 같이 일반적으로 내적―삶에서의 성숙을 검증한다. 누군가 "위기에 처할 때 모습이 진실한 우리의 모습인 것이다" 라고 말했다. 그러므로, 갈등 과정은 일반적으로, 그리고 사역 갈등 과정은 특별히, 사역 문제들을 해결하는 교훈들을 배우는 것보다 자신의 성품을 드러내는 면에 있어서 더 중요하다. 왜냐하면 갈등 상황에서 우리가 어떠한가 하는 것이 아마도 우리가 무엇을 하는 것보다 훨씬 더 중요하기 때문이다.

## 사역 갈등 과정 항목에 대한 피드백

1. 다음의 연습문제는 당신 자신의 개인적 경험으로부터 대여섯 가지의 사역 갈등 과정 항목들을 분석할 것을 요청할 것이다. 당신의 경험 가운데 발생한 최근의 5 내지는 6가지 갈등 과정 항목들을 기록하라. 당신의 가장 최근의 것으로부터 시작해서 뒤로 거슬러 올라가면서 작업을 하라. 아마도 이전에 당신은 그것들을 단지 문제적 상황으로만 보고 하나님께서 그것들 안에 계시고 당신을 개발하는 그분의 목적들을 위해서 일하고 계시는 것을 깨닫지 못했을 것이다. 이 피드백은 아마도 당신이 그 갈등을 새로운 관점을 갖고 성찰하는 것을 도울 것이다.

| | 언제 | 갈등 항목 | 내부로부터 | 외부로부터 |
|---|---|---|---|---|
| 1 | | | | |
| 2 | | | | |
| 3 | | | | |
| 4 | | | | |
| 5 | | | | |

2. 사역 역사는 사역 과제, 사역 임무, 혹은 다른 종결 사역 경험들을 순차적으로 확인하고 목록화해서 리더십 개발의 한 측면이 분석될 수 있도록 하는 것을 지칭한다. "다른 종결 경험들"이란 말들을 주목하라. 사역 갈등 과정은 그러한 "다른 종결 역사들"의 사례가 된다. 그것은 매우 중요한 과정이기 때문에 지도자의 삶에서 그것이 추적되고 분석되어야 한다. 단지 갈등 과정에만 초점을 두고 사역 역사를 연구하는 것은 중요한 유형을 드러낼 것이다. 종종 그것은 갈등 과정 중에서 "종결"이 약한 경우이다. 그것들이 "성공적으로 해결되었는가," "해결되지 않은 채 남아있는가", "부분적으로 해결되었는가," 아니면 단지 "남겨졌는가?" 그 항목에 대한 종결에 대해서 어떻게 당신이 느끼는지를 포착하기 위해서 짧은 말 혹은 구를 사용해서 종결에 대한 당신의 직관적인 분석을 제시하라.

(1)

(2)

(3)

(4)

(5)

3. 사역 갈등 과정 항목의 정의를 다시 읽으라. 성찰을 위해서 제안된 다섯 영역들을 주목하라. 갈등 과정에서의 종결은 두 가지 주요한 측면을 갖는다:

1) 실제적 갈등에 관한 종결
2) 그 갈등으로부터 리더십 교훈들을 배우는 것에 관련된 종결

장기적 리더십 개발에 영향을 미치는 것은 이 두 번째 측면이다. 초기 성장 사역 과정에서 배우는 가장 중요한 교훈들 중의 하나는 하나님께서 당신의 사역과 당신의 개인적 삶 양자에 대한 그분의 목적을 위해서 갈등을 사용하신다는 인식이다. 단지 갈등을 경험한다는 것 자체만도 고통스럽다. 그런

데 갈등을 겪으면서 그것으로부터 어떠한 유익도 얻지 못한다면 더욱 고통스럽다. 연습 문제 1번을 위해서 나열된 항목들 중의 하나를 취해서 2)번의 종결을 위해서 분석하라.

a. 학습된 약간의 긍정적인 교훈들과 부정적인 교훈들을 나열하라.

b. 이 갈등에서 당신의 리더십 개발을 위한 하나님의 의도는 무엇이었다고 생각되는가?

c. 이 과정이 당신의 미래 리더십에 어떻게 영향을 미칠 것이라고 생각하는가?

### ◆ 답변 ◆

갈등은 너무 개인적이고 대개 다른 사람들과 관련된 것이기 때문에 다섯 가지 갈등 항목들과 관련된 나의 사역 역사를 문서로 드러내지 않는 것이 최상이라고 생각한다. 그러나 내가 이 매뉴얼을 사용해서 가르칠 때 이 피드백에 대해서 개인적으로 나눌 것이다. 중요한 것은 당신이 갈등을 당신의 리더십을 위한 교훈과 관련해서 바라보는 것이다. 그리고 당신이 여러 가지 갈등 과정을 함께 모아서 보게 될 때, 당신이 이전에 개별적인 갈등 항목의 와중에서 보지 못했던 약간의 전반적인 유형을 볼 수 있을 것이다.

## 리더십 반발 과정 항목 (Leadership Backlash Process Item) 기호: P (LB)

**서론**　때때로 한 지도자는 하나의 행동 과정에 관해서 확신하게 된다. 그/그녀는 그 때에 추종자들에게 그 행동을 확신시키고, 그 행동이 하나님으로부터 온 것임을 드러내고자 한다. 그 집단은 그 때 그 행동을 취하고 그것은 그 주요한 목적들의 달성들과 더불어서 예기하지 못한 파급효과들을 초래한다. 그 파급효과 때문에 추종자들이 반발 행동을 통해서 지도자에게 반대하는 데로 돌아선다. 그것에 대해서 사전에 경고를 받고 적절히 반응하지 않는 한 이 독특한 형태의 갈등 과정은 대처하기가 힘들다.

**정의**　리더십 반발 과정 항목은 한 지도자에 의해서 취해진 행동으로 인해서 발생하는 다양한 파급효과들 때문에 한 집단 내부의 추종자들, 다른 지도자들 그리고/혹은 그 집단 밖의 그리스도인들이 그 지도자가 취한 행동 과정에 대해서 나타내는 반작용을 지칭한다. 그 상황은 그 지도자의 삶에서 견인, 비전의 분명함, 그리고 믿음을 검증하는 데에 사용된다.

**사례**　핍박이 올 때 백성들이 모세의 리더십에 대해 반응하는 출애굽기 5:20이하를 보라. 반발의 주기가 이 사례에서 쉽게 확인될 수 있다.

**사례**　반발이 계속되는 출애굽기 16:2-3을 또한 보라.

**해설**　대개 예상치 못한 파급효과들은 박해나 몇몇 종류의 어려운 시간들을 포함한다. 그리고 비록 추종자들이 최초에는 행동 노선이 적절하다고 동의했으나 지금은 그 길을 택한 것에 대해서 지도자를 비난한다.


### 순서 특성

이 항목의 완전한 주기는 다음의 것을 포함한다:

1.지도자가 하나님으로부터 비전 (방향)을 취한다.

2.추종자들이 그 방향에 대해서 확신한다.

3.그 집단은 제시된 방향으로 움직인다.

4.그때 핍박, 어려운 시간들, 혹은 사탄으로부터의 공격—영적 전쟁이 일반적이다—이 온다.

5.그 집단으로부터 반발이 일어난다.

6.그 지도자는 그 행동을 재확인하기 위하여 하나님께로 이끌리고 파급 효과들에도 불구하고 하나님의 재확인을 받는다.

7.하나님은 그 자신을 계속해서 드러내신다: 그분이 누구이신지, 그분이 무엇을 하고자 하시는지. 그분은 구원하실 분이 하나님이시란 것을 분명하게 하신다.

8.하나님은 자신과 지도자의 진실함을 입증하신다.

**기본 교훈** | 성공은 문제들에 대한 해결책과 더불어서 문제를 가져 온다. 이것을 인식하면 인내하면서 이러한 시련의 시간들을 통과해 나갈 수 있다.

## 리더십 반발 과정 항목에 대한 피드백

1. 당신은 이 과정 항목에서 어떠한 목적들을 보는가?

a. 지도자를 위해서:
...................................................................................................
b. 추종자들을 위해서:
...................................................................................................
c. 하나님 자신을 위해서:
...................................................................................................

2. 이 과정 항목에 대한 다른 성경적 사례들을 제시할 수 있는가?

...................................................................................................

3. 당신이 리더십 반발 과정을 (한 지도자로서 개인적으로 혹은 누군가 다른 리더십에서 그것을 보았다면) 경험했다면 그 경험을 나눌 수 있겠는가?

...................................................................................................

◆ 답변 ◆

1. a. 지도자는 쉽게 행동 계획에만 몰두할 수 있다. 그는 누가 그것의 성공을 위해서 궁극적으로 책임이 있는지에 대해서 반복해서 상기되어야 한다. 일반적으로 혼란을 경험하는 것은 하나님께서 내적 삶의 성숙을 가르치기 위해서 사용하시는 수단이 될 수 있다. 리더십 반발은 일반적으로 일종의 성실성 시험이다. 그것을 통해서 방향을 설정하고 나아가는 지도자의 진실한 마음의 동기가 드러날 수 있다.

  b. 사람들은 영적 권위가 하나님의 지시를 따르는 지도자에 대한 충성을 포함한다는 것을 인식할 필요가 있다. 때때로 충성은 어려운 때를 만나서야 시험이 된다.

  c. 하나님께서는 어려운 때를 사용하셔서 그 자신으로부터만 주어질 수 있는 구조의 단계를 설정하실 수 있다. 그 때에 그분은 구조하시고, 영광을 받으시고 미래 일에 대한 기초를 놓으신다.

2. 비록 내가 확실히 알지는 못하지만, 요한 마가가 첫 선교 여행이 끝나기 전에 바울과 바나바를 떠나기로 결심한 데에는 리더십 반발이 있었을 수 있다.

3. 이것은 그룹 토의를 위해서 남겨두겠다.

## 위기 과정 항목들 (Crisis Process Items) 호: P (CR)

**서론**　위기란 다음과 같은 수많은 상황에 의하여 증가하는 압력을 받는 때이다: 1.생명, 재산, 또는 삶의 방식을 잃어버릴 위협, 2. 다양한 갈등, 3. 긴급한 변화를 요구하는 상황을 인지함, 4. 삶에서 내적인 혼동, 5. 질병, 6. 하나님의 성품이 증명되는 것을 확인할 필요, 7. 하나님의 인도하심이나 특별한 개입의 필요, 8. 박해 또는 고난. 이 과정 항목의 열쇠는 이러한 인간적 상황들은 종종 한 지도자에게 하나님에 대한 의존을 시험하고 가르치기 위해서 하나님에 의해서 사용된다는 것을 깨닫는 것이다. 하나님께서는 진실로 삶의 모든 주요한 경험들 가운데 그 지도자를 위해서 재단된 해결책을 갖고 그를 만날 것이다. 위기 사건들 가운데에서 하나님의 주권에 관한 교훈을 배울 수 있는 힘이 리더십 부상과 관련하여 이 과정 항목을 중요하게 만든다. 이러한 위기 교훈은 고유 사역기의 효과적인 사역에서 특히 가치있는 것으로 판명될 것이다.

**정의**    <u>위기 상황 항목들</u>은 인간 상황 가운데 특별하게 강한 압력 상황이며, 하나님께서는 그런 상황을 사용하셔서 하나님께 대한 의존성을 시험하고 가르치신다.

**사례**    고린도후서 1:3-4 등에서 바울을 보라.

**사례**    위기의 사례들과 어떻게 모델링이 다른 사람들에게 영향을 끼치는지, 디모데후서 3:10-11에서 바울을 보라.

**사례**    위기의 지도자 (삿10, 11장) 인 입다를 보라. 그의 위기 과정은 다음을 포함한다: 위기 1 — 가족 갈등과 추방, 위기 2 — 강요된 고립, 위기 3 — 준 군사적인 무리로서 외국에서 생존함, 위기 4 — 사역 능력, 위기 5 — 능력 대결, 위기 6 — 성실성 점검, 위기 7 — 민간 전쟁 (civil war)

**입다의 결과**    입다의 경우에 보여지는 것과 같이, 기초적 국면에서의 위기들은 강력하고 독립적이며 후에 강력한 리더십 상황에서 사용될 수 있는 내적 성품을 개발할 수 있다.

**두 가지 주요한 결과들**    위기는 누군가를 **하나님께로 몰아갈 수도 혹은 멀어지게도 할 수 있다.** 위기는 초기에 떠오르는 지도자들을 사역으로부터 멀어지게 할 수도 있고 떠나게 할 수도 있다 (축약된 진입 유형). 후기 성장 사역 기간 중의 위기는 지도자를 하나님의 마음 속으로 더 깊이 몰아가는 경향이 있다. 위기의 초기 단계에서 하나님의 마음 속으로 보다 깊이 나아가고자 하는 의지적인 의향은 위기를 통과해서 나아가도록 하며, 하나님에 대한 보다 깊은 경험을 가진 보다 강한 지도자와 그것에 동반하는 영적 권위를 마지막 결과로 남긴다.

## 위기 과정 항목에 대한 피드백

1. 나의 성경 대학교 선생님들 중의 한 분이셨던 프랭크 셀스씨 (Mr. Frank Sells)는 "위기 상황에서의 우리가 진정한 우리이다" 라고 말하곤 했다. 그리고 그것은 종종 위기를 통한 하나님의 가르침의 초점인 듯 하다. 위기 가운데 어떻게 우리가 반응하느냐 하는 것이 우리가 위기를 해결하는 것보다 종종 더 중요하다. 다윗이 직면한 주요한 위기는 압살롬의 혁명이었다 (삼하15:13-17:22을 보라). 그 시기의 삶에서 그의 결점들에도 불구하고 다윗은 잘 반응했다. 그 위기에서 다윗의 주요한 반응은 무엇인가? (다윗의 내적 삶의 반응을 보기 위하여 시편 3편을 보라)

2. 야고보서 1:2-4에 의하면 하나님께서 위기를 통해서 지도자에게 원하시는 주요한 것이 무엇인가?

3. 바울은 고린도후서 1:3-4과 디모데후서 3:10-11에서 하나님께서 어떻게 위기 과정 항목을 지도자의 삶 가운데 사용하시는지를 보여준다. 당신은 위기와 관련된 어떠한 원리들을 이 구절에서 보는가?

4. 하나님께서 누군가로 하여금 한 나라에서 위기를 어떻게 다룰지, 혹은 기독교의 주요한 위기에 대처하도록 그들을 준비시키고자 하실 때, 그 훈련하는 방법론이 무엇일 것이라고 당신은 생각하는가?

◆ 답변 ◆

1. 시편 3편에서 우리는 다윗의 행동을 보게 된다: A. 자신의 압도적인 상황을 받아 들였다 (1절). B. 물리적 상황을 그것의 영적인 뿌리에 연결시켰다 (2절, 하나님께서 그를 돕지 않을 것이다). C. 믿음으로 자신의 내면 세계에 대한 하나님의 보호와 하나님의 격려하심을 요청했다 (3,4절). D. 그의 믿음 가운데 행동했고 하나님의 보호를 믿으면서 잠을 잤다 (5,6절). E. 하나님의 개입을 주장하고 믿음으로 그것을 선포했다. 사무엘상에서 우리는 그가 압살롬이 받게 될 모의(counsel)에 영향력을 행사하는 행동을 취한 것을 보게 된다. 다윗은 위기 가운데 현장(on-the-job) 훈련으로 단련받은 사람이었다.

2. 내적인 삶의 자질로서 인내와 견고함을 세우신다.

3. 고린도후서 1:3-4에서 우리가 하나님의 구원을 직접 경험하는 것을 보게 된다. 이것은 우리가 다른 사람들에 대해서 진정한 영적 권위를 갖고 사역할 수 있게 해 준다. 왜냐하면 우리가 경험에 근거해서 사역하기 때문이다. 우리는 또한 디모데후서 3:10-11에서 위기 가운데 우리의 반응이 다른 사람들을 위한 모델이 된다는 것을 보게 된다.

## 확장 과정의 요약-일상적 꾸러미와 압력 꾸러미

이 장에서 하나님께서 지도자들을 도전해서 성장하게 하신다는 것을 볼 수 있었다. 그것은 이제 막 사역에 발을 내민 자들에게도 해당되는 일이다. 이러한 도전들은 무엇보다도 먼저 일상적인 사역 가운데 다가온다. 하나님께서는 다양한 수단들을 사용하신다. 말씀 속에서 사역을 위해서 날마다 준비하는 가운데 지도자는 때때로 예기치 않게 하나님을 만나게 된다. 그래서 사역 속에서 마주치는 몇몇 상황을 대처하기 위한 인도하심, 보다 깊은 헌신, 의사 결정, 개인적 가치 혹은 정보 등을 얻게 된다 (**말씀 과정 항목**). 하나의 중요한 책 혹은 다른 저작물들이 적절한 때에 입수된다 (**문헌적 과정 항목**). 한 지도자가 사역 연장선을 넘어서 개인적 관심을 갖고 약간의 중요한 충고를 준다 (**멘토링 과정 항목**). 사회에서의 어떤 주요한 트렌드가 이전에는 복음에 대해서 저항적이었던 사람들에게 열려진 마음을 갖도록 한다 (**상황적 과정 항목**). 한 동료가 삶을 변화시키는 생각을 나눈다 (**패러다임 전환 과정 항목**). 열매 없는 리더십 상황이 영적 권위에 대한 열망을 이끌어내는 생각을 하도록 만든다 (**영적 권위 발견 과정 항목**). 특별한 그룹을 시작할 핵심 통찰력이 주어진다 (**사역 구조 통찰 과정 항목**). 도전적인 임시적 임무가 새로운 사역을 시작하도록 촉발한다 (**사역 임무**).

위에 열거된 과정 항목들은 일상적으로 사역을 감당해 나갈 때에 일어난다. 그것들은 필연적으로 추구되거나 계획되지 않는다. 그러나 그것들은 발생한다. 그리고 하나님께서는 그것들을 사용하셔서 섭리적으로 지도자의 영향력의 범위를 넓혀 나가신다. 그 지도자는 그 분이 말씀하시는 다양한 방식들 가운데 하나님으로부터 듣고 반응하기를 배워 나간다.

그러나 삶에서 일상적으로 일어나는 일을 넘어서, 일이 꼬이게 되는 미묘한 사건들과 때를 만나게 된다. 무언가를 하기 위해서 하나의 결정이 내려지는데, 그것은 몇몇 교회 멤버들을 분노하게 만들어서 그것에 대해서 고약한 냄새가 나게 만든다. 선이 그어지게 된다. 아마도 그 결정이 현명하지 못했을 수도 있으나 이제 그것을 받아들이는 것은 너무 힘들다. 몇몇 불쾌한 멤버들은 교회를 떠난다. 젊은 지도자는 적어도 몇몇 사람에게서 악평을 받게 된다 (**사역 갈등 과정 항목**). 아마도 소송 사건이 교회의 존재 자체를 위협하는 상황으로 몰고 갈 수도 있을 것이다. 혹은 기금이 잘못 다루어져서 적어도 교회와 그 리더십의 신뢰도에 금이 가거나 아니면 최악의 경우에 교회의 파산을 위협하게 된다 (**위기 과정 항목**). 젊은 지도자는 사역에 관해서 특별한 생각을 갖게 된다. 그/그녀는 하나님께서 그 가운데 계심을 확신하게 된다. 그/그녀는 그/그녀의 발전적인 설득적 영향력 기술을 사용해서 추종자들로 하여금 그의 급진적인 사역 제안을 받아들이도록 확신을 준다. 처음에 일은 잘 진행된다. 젊은 지도자는 지지 받는다고 느낀다. 그때 예기치 않았던 사소한 일들이 몇몇 추종자들로 하여금 달리 생각하게 만든다. 그들은 그 생각에 등을 돌리고 결국은 그 젊은 지도자에게서 돌아선다. 그 젊은 지도자조차도 이제 그 생각이 진실로 하나님께로부터 온 것인지 의문이 든다. 사실, 하나님으로부터 들을 수 있는 그/그녀의 능력이 의문시되고 있는 것이다 (**리더십 반발 과정 항목**). 이처럼 놀랍고 예기치 않았고 원치 않았던 시간들은 틀림없이 일상의 평온함을 깨뜨린다. 그것 이상으로, 그것들은 지도자의 성품을 시험하고 한 지도자를 성장하게 만든다.

만일 지도자가 압력을 받을 때에 바르게 반응할 수 있으며 하나님께서 개발을 위해서 어떻게 그것들을 사용하시는지 안다면, 그러한 때는 성장을 강화시킬 수 있고 한 지도자의 개발의 속도를 높일 수 있는 때이다.

이 두 가지 꾸러미들의 효과는 그것들이 매우 모호하기 때문에 놓쳐질 수 있다. 그것들은 일상적인 사역 활동의 흐름 속에 묻혀질 수 있다. 이 과정에서 하나님께 대한 예민함을 갖고 있다는 것은 그가 성장하는 지도자임을 보여주는 징표이다.

## 성장 사역 과정-2부에 대한 몇몇 발견들

### 몇몇 문제들

지도자의 개발을 막는 네 가지 문제들이 일상적 확장 꾸러미와 압력 확장 꾸러미에서 언급된다. 두 가지는 앞에서 언급되었고, 두 가지는 새로운 것이다.

### 1.정체 장애 (The Plateau Barrier)

지도자들이 약간의 기술을 개발하고 약간의 사역 경험을 갖게 될 때 개발이 정체되는 경향이 나타난다. 그들은 더 이상 개발할 필요를 깨닫지 못한 채 사역을 계속해 나가는 데에 만족해 할 수 있다.

### 2.권위 문제 (The Authority Problem)

성장 사역 과정에 있는 지도자들은 권위에 복종하는 법을 배워야만 한다. 많은 지도자들이 그들의 사역을 통해서 그들 위에 있는 권위를 수용하며 그것에 복종하기 힘들어하는 문제를 가지고 있다. 이것은 계속되는 도전이며 지도자가 성숙되어감에 따라 보다 미묘해지게 된다. 권위에 복종하는데 어려움을 가진 지도자들은 대개 영적 권위를 행사하는데 어려움을 갖게 될 것이다.

### 3.사역 종결의 문제 (The Ministry Closure Problem)

지도자들은 사역 임무와 관련해서 종결을 맺을 필요가 있다. 많은 지도자들이 이전의 사역 임무에 대한 적절한 종결을 맺지 못한 채 한 사역 임무를 내려 놓고 다른 임무를 떠맡는다. 이것은 매우 크고 장기적인 사역 임무와 마찬가지로 아주 작은 것에도 해당된다. 종결은 관계와 구조라는 면에서 항상 만족스럽지 못할 것이다. 그러나 그것은 미래 사역에 영향을 주기 위해서 학습된 교훈이란 면에서 매우 만족스러운 것이 될 수 있다.

### 4.사역 철학 문제 (The Ministry Philosophy Problem)

지도자들은 종종 사역 철학에 대한 분명한 이해 없이 사역을 추구한다. 즉, 그들이 사역 과정에서 교훈들을 배우지 못하거나 혹은 그러한 교훈들을 미래 사역에서 의사 결정을 내리는 데 지침이 되는 통일된 체계 속으로 통합시키는 데 실패한다.

## 정체 장애 문제

지도자들은 지나치게 편안해 질 수 있다. 이 두 가지 꾸러미들은 부산물로서 정체된 성장을 극복하게 해주는 자극제가 될 수 있다. 일상적 꾸러미에 속하는 말씀, 문헌적, 멘토, 그리고 패러다임 전환 항목은 성장을 촉진할 것이다. 모든 압력 꾸러미 항목들—사역 갈등, 리더십 반발, 그리고 위기—은 현상유지에 도전을 가해서 정체기를 떠나는 데에 촉매 역할을 할 수 있다.

## 권위 문제

갈등은 거의 대부분 권위에 대한 의문으로 이끈다. 갈등 가운데 있는 지도자들은 그들 자신의 권위 사용 혹은 남용을 검토할 수 밖에 없게 된다. 리더십 반발은 틀림없이 한 지도자의 권위에 초점이 맞추어져 있다. 사역 위기는 종종 그 뿌리에 리더십 권위 문제를 갖는다. 압력 꾸러미가 권위 문제를 해결하지는 못하지만 그것이 보여지게 할 것이다. 지도자들은 긍정적으로 반응함으로써 압력 과정 속에서 권위에 관한 교훈을 학습할 수 있다. 그렇지 않고 부정적으로 반응함으로써 후기 사역에 계속적인 손상을 입을 수도 있다.

## 사역 종결의 문제

모든 지도자들이 이전의 사역으로부터 배울 수 있는 모든 것을 적절하게 배우지 못한 채 한 상황에서 새로운 상황으로 나아가는 경향이 있다. 사역 임무 과정 항목의 초점은 종결을 잘 맺는 것이다. 지도자들은 하나의 사역 임무로부터 다음의 사역을 위해서 나아갈 때 보다 지혜롭고 잘 준비된 모습으로 나아가야만 한다.

## 사역 철학 문제

압력 꾸러미는 종종 한 지도자를 자극해서 사역이 과연 무엇인지에 관한 질문을 던지도록 만든다. 그 과정은 한 지도자로 하여금 사역 철학에 대해 성찰하도록 만드는 큰 자극제가 될 수 있다. 일상적 꾸러미가 사역 철학 교훈을 단계적으로 축적하게 만드는 반면, 압력 꾸러미는 이 사역 철학을 이해하게 이끈다.

## 이 두 가지 꾸러미에 초점을 맞춘 교훈들

주요한 리더십 교훈들 중에서 다섯 가지가 일상적 확장 꾸러미와 압력 확장 꾸러미의 과정과 관련된다.

**1. 리더십 자세 : 효과적인 지도자는 모든 수준에서 평생 배우는 자세를 유지한다.**

말씀, 문헌적, 멘토, 그리고 패러다임 전환 과정 항목들은 모두 배우는 자세를 다룬다. 압력 꾸러미 항목들은 그것들이 가져오는 필요들로 인해서 종종 지도자로 하여금 문을 열고 배우도록 만든다.

**2. 영적 권위 : 효과적인 지도자는 주요한 능력 근거로 영적 권위에 가치를 둔다.**

갈등과 리더십 반발은 종종 능력 기반을 비효과적으로 사용하는 것에 관한 가르침을 준다. 종종 그것들은 영적 권위 발견 과정 항목과 결부되어서 발생한다. 대개 이러한 과정 항목들의 결합은 한 지도자에게 영적 권위가 결핍되었음을 지적해 준다. 그것들은 지도자로 하여금 하나의 능력 기반으로 영적 권위를 갈구하도록 동기를 부여할 수 있다.

**3. 리더십 부상 : 효과적인 지도자는 지도자 선발과 개발에 높은 우선순위를 둔다.**

항상 그러한 것은 아니지만 종종 갈등은 잠재적 지도자들이 개발될 기회를 제공받지 못하기 때문에 일어난다. 그들은 그들의 좌절을 우회적으로 표출하기 위해서 대치 국면을 조성하게 된다. 많은 사역 갈등이 지도자가 부상하는 지도자를 인식하고 그 지도자를 자유롭게 일하도록 해 주지 못할 때에 발생한다. 부상하는 지도자를 계속해서 인식하고 그를 개발하며 일할 수 있도록 기회를 줄 때 많은 불필요한 갈등을 피하게 될 것이다.

**4. 사역 철학 : 평생을 통하여 생산적인 효과적인 지도자는 역동적인 사역 철학을 갖는다. 그러한 역동적인 사역철학은 세 가지 주요한 요인의 상호작용으로부터 계속적으로 발전되어 나간다: 성경적 역동성, 개인적 은사, 그리고 상황적 역동성.**

갈등과 리더십 반발은 종종 한 지도자에게 리더십 철학을 형성하는 깊은 교훈을 심어준다.


**7. 속도 조절자 : 효과적인 지도자는 속도를 조절한다.**


종종 갈등의 근원은 지도자가 추종자들에게 요구하는 것을 스스로는 하려고 하지 않으며할 수도 없다는 것을 볼 때에 발생한다.


## 기본적 사역 유형

주요한 개발 유형 (11장에서 보다 상세히 논의된다) 은 과정을 설명하는 이 지점에서 언급되어야만 한다. 왜냐하면 그것은 일상적 팽창 꾸러미 과정과 매우 긴밀히 연결되었기 때문이다.


예수님은 누가복음 16:1-13의 불충한 청지기의 비유에 관해서 언급하는 가운데 중요한 원리를 말씀하신다. 10절은 그 원리를 담고 있다.


### 누가복음 16:10 작은 일-큰 일의 원칙

**작은 책임에 충성됨은 큰 책임에도 충성스럽다는 지표이다.**


이 기본 원리는 모든 사역 과정에 기본이 되는 것 같다. 이 원리의 반복되는 적용을 관찰함으로 기본적인 사역 유형이 나온다.


### 기본적 사역 유형

많은 사역 과정 항목의 시험적 요소에 대해서 긍정적으로 반응하면서 사역 과제와 사역 임무에 충성하는 것은 확대된 사역으로 이끌며 새로운 사역 차원에서 충성에 대한 재시험으로 이끈다.

물론 그 반대도 또한 반복적으로 관찰된다. 작은 책임에 불충한 것은 보다 큰 책임에 대한 불충의 지표이다. 일상적 과정 꾸러미는 한 지도자로 하여금 이러한 유형을 따라 나아가도록 자극하는 의도를 갖는다.

# 성장 사역 과정 (3)
## (Growth Ministry Processing–Part III)

### 개관 (Overview)

4장에서 기초 과정을 다루었는데 기초 과정은 전임 그리스도인 리더십으로의 이어졌다. 5장은 그 지점에서 시작해서 초기 사역 과정과 그것이 부상하는 지도자의 성장에 미치는 영향을 다루었다. 6장은 한 지도자의 영향력의 범위를 넓히기 위해 일상 사역 가운데 사용하는 과정들과 사역의 특별한 압력을 다루었다. 이 장은 하나님께서 지도자의 폭을 넓히시기 위해서 사용하시는 특별한 분별 과정 항목들을 다룬다. 확장은 한 지도자로 하여금 성장 사역의 임시적 단계에서 능숙한 단계로 나아가게 할 것이다.

### 예고 (Preview)

두 꾸러미의 과정 항목들이 특별한 분별 과정 항목들을 구성한다. **도전 꾸러미**는 신적 주도에 대한 특별한 감각을 수반하는 다음과 같은 과정들을 포함한다: 숙명 계시, 믿음 도전, 기도 도전, 사역 도전, 영향력 도전. 이것들 각자는 부상하는 지도자 편에서 하나님의 소리를 듣는 민감성을 요구한다. **영적 통찰 꾸러미**는 영적 영역에 대한 특별한 능력 문제와 분별을 다루는 그러한 과정 항목들을 묶는다. 그것들은 다음을 포함한다: 영적 전쟁, 능력 대결, 기도 능력, 은사적 능력, 그리고 네트워킹 능력. 도전 꾸러미에 대한 원인적 행동은 하나님의 내면적 역사하심이다. 영적 통찰 꾸러미에 대한 원인적 행동은 복합적인데, 영적 능력, 신적 주도, 그리고 사람이 포함된다.

**도전 꾸러미**는 성장 사역의 전 기간을 통해서 발생한다. 숙명 계시는 성장 사역의 초기, 중기, 그리고 후기에 일어날 수 있다. 대개 숙명 계시는 일반적인 방식으로는 초기에 발생하지만 그 후로는 반복적으로 발생하는데, 그때마다 그 지도자의 숙명을 명확하게 하고 보다 구체적인 것으로 만든다. 믿음 도전과 기도 도전은 평생에 걸쳐서 주어진다. 종종 그것들은 다른 과정들과 결합되어서 일어날 것이다. 믿음 도전은 숙명 계시 과정에서 유래한 활동의 부분이 될 수 있다. 기도 도전은 압력 확장 꾸러미 과정이나 일상적 확장 꾸러미의 항목들과 결합될 수 있다. 사역 도전은 대개 새로운 확장의 시작을 예시한다. 그것은 대개 최초의 사역 임무 후에 일어날 수 있으며 때때로 성장 사역기의 중기와 후기 부분에서 일어날 수 있다. 영향력 도전은 대개 한 지도자가 보다 능숙하게 활동하게 된 이후에 발생한다.

**영적 통찰 꾸러미**는 또한 전체 성장 사역기를 통해서 일어난다. 영적 전쟁과 능력 대결은 언제든지 일어날 수 있으며 압력 꾸러미 항목들과 결부되어 일어날 수 있다. 주도적인 세속적 세계관을 가진 어떤 지도자들이 이러한 항목들을 인지하려면 패러다임 전환을 해야만 한다. 기도 능력, 은사적 능력, 그리고 네트워킹 능력은 그것들이 인지되기 전에 오랜 시간의 사역과 이전의 확장 경험을 요구한다.

도전 꾸러미와 영적 통찰 꾸러미 모두는 **분별**에 있어서 확장을 요구한다. 매우 행동적이고, 자기-지시적이며, 확신에 찬 지도자들은 그들 자신의 힘으로 일을 행하는 경향이 있다. 그들은 도전 꾸러미 가운데 하나님을 분별하는 것이 어렵다는 것을 발견할 것이다. 지도자가 도전 꾸러미 가운데 하나님을 느끼기 위해서는 종종 실패 혹은 부서짐 혹은 부정적인 압력 꾸러미 과정과 같은 몇몇 특이한 경험이 있어야만 한다. 모든 도전 꾸러미 항목들은 위험으로 충만하다. 겁 많은 지도자들이 도전을 받아들이고 확장이 일어나기 위해서는 반복되는 치료 과정이 요구될 것이다. 그러나 도전 가운데에는 하나님의 만지심이 있다. 하나님의 만지심은 새 생명을 촉발하며 지도자를 확장시키고 삶과 사역에 의미를 제공한다. 도전 꾸러미는 비전을 불러 일으키고, 전략적 형성을 개발하며, 지도자로 하여금 영적 권위, 속도 조절자, 그리고 숙명 인식과 관련된 주요한 지도력 교훈들을 더 많이 수용하도록 한다. 만약에 일상적인 그리고 압력 꾸러미들에 의한 성장이 일보 성장이라고 불린다면, 도전 꾸러미에 의한 성장은 엄청난 도약, 혹은 거보와 같다. 지도자는 도전 과정을 통해서 자질면에 있어서 재빠르게 진보한다.

영적 통찰 꾸러미로부터 혜택을 얻기 위해서는 특별한 분별이 요구된다. 지도자들은 영적 통찰 꾸러미를 떠받치는 문제들을 논리적으로 이해하기보다는 감지하고 느끼는 것을 배운다. 논리적 이해가 생겨날 것이지만 그것은 부차적이다. 그들은 보이지 않는 것을 보이는 것처럼 실제적으로 만드는 것을 배운다. 아마도 하나 혹은 둘의 인도 항목이나 삶의 성숙 항목을 제외하고는 어떤 다른 것보다도 이 꾸러미는 영적 권위에 있어서의 깊이를 더한다. 지도자의 능력 기반은 이 과정에서 의미 심장하게 확장된다. 이 과정의 다른 발전 과제는 영적 권위 외에 분별과 사역 형성의 개발을 포함한다.

영향력 도전 과정 항목을 이해하기 위해서는 예비적인 정의가 필요하다. 그것은 **영향력 영역, 세 종류의 영향력, 영향력-혼합**, 그리고 **영향력 연속선**이다.

### 도전 꾸러미 (Challenge Cluster) 동의어: 신 주도적인 꾸러미 (Divine Initiative Cluster)

**서론** ⋮ 하나님의 의도는 모든 지도자가 잠재력을 개발하는 것이다. 그리스도께서 지도자들을 기독교 사역으로 부르실 때, 그들의 잠재력을 최대한 끌어내고자 하신다. 리더십에 있는 우리 각자는 모든 삶에서 하나님의 과정에 따라서 계속적으로 발전해 나갈 책임이 있다. 도전 꾸러미는 지도자들의 잠재력을 실현시키도록 그들을 촉발시키는 과정을 기술한다.

**기술** 도전 꾸러미는 지도자로 하여금 위험한 발걸음을 내딛게 하고, 하나님을 위한 새 일을 이루도록 하며, 영향력을 미치는 역량을 넓히도록 촉진하는 주요 과정 항목들을 포함한다.

### 꾸러미의 벤 다이어그램

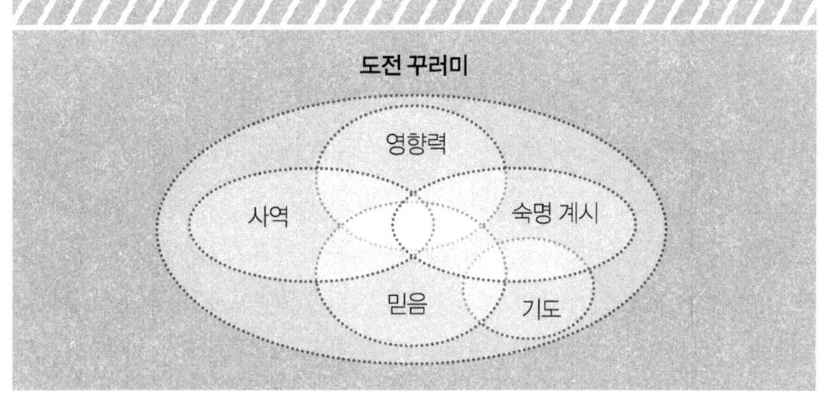


**네 가지 본질적인 특징들** 모든 항목들은 숙명 항목들이다. 즉, 그것들은 주의 특별한 임재로 경험되어서 지도자에게 감동을 주고 그로 하여금 주를 위하여 궁극적인 기여를 하도록 만든다. 그 항목들 모두가 처음에는 하나님께로부터 왔다는 것을 분별하기 힘들다. 모든 것이 위험과 실패를 포괄한다. 모든 것이 믿음의 확장을 요구한다.

### 6가지 주요한 목적들

### 도전 과정 항목들은

1.비전을 불러 일으킨다. 하나님의 백성들에게 영향을 미쳐서 그분의 목적 (리더십의 핵심인) 을 향하여 나아가게 하는 데에는 비전이 요구된다.

2.전략적 형성면에서 지도자를 개발시킨다. 사역 철학의 명료화는 일반비전과 특별 비전에 대한 숙명 과정을 요구한다.

3.지도자에게 그/그녀의 숙명 인식에 대한 깨달음을 증가시킨다.

4.하나님을 보다 깊이 경험하도록 만드는데 그러한 경험은 영적 권위를 위한 주요한 신뢰 요인들 중의 하나이다.

5.지도자로 하여금 추종자들 앞에서 행동하도록 요구함으로 보이지 않는 살아계신 하나님의 실재에 대한 모델이 되도록 한다.

6.지도자의 확신과 영향을 미치는 역량에 있어서 중대한 진보를 초래함으로 자질 면에서 중대한 진보를 이루게 한다.

## 숙명 계시/확신 과정 항목 (Destiny Revelation/Confirmation Process Item)

기호: P (DR)

**서론** 숙명 유형은 세 가지 측면들을 통해서 움직인다. 하나, 하나님의 준비하시는 작업이 숙명인식에 대한 깨달음을 증가시킨다. 둘, 그 인식은 하나님께서 계시와 그것에 대한 확인을 주심에 따라 확신이 된다. 셋, 그 숙명의 성취를 향한 움직임이 종종 숙명이 성취되는 데에서 정점을 이룬다. 숙명 계시/확신은 일련의 과정 사건 혹은 항목들을 묘사한다. 그러한 사건 내지 항목들은 숙명에 대한 하나님의 확인이며, 숙명 유형의 두 번째 측면이다. 하나님께서는 어떠한 숙명인지 보다 분명히 계시하기 시작하신다. 혹은 적어도 어떠한 숙명이 있을 것이란 암시를 주시며, 그 지도자는 하나님을 위한 특별한 목적을 달성하기 위해서 특별한 방식으로 사용될 것임을 알려주신다.


**정의** 숙명 계시/확인 과정 항목은 그 안에서 활동하시는 하나님의 임재에 대한 특별한 인식을 동반하는 일련의 사건들이나 과정 항목들을 기술한다. 그것들은 중대한 행동, 사람, 섭리적 환경, 혹은 타이밍 등으로 미래 숙명을 확인시켜 주며 아마도 그것의 본질을 명확하게 만들기 시작한다.

사례  베르텔슨 (1985) 은 다음의 특별한 종류의 숙명 계시 과정 사건들 혹은 항목들을 열거한다:

● 계시적 행동

● 계시적 꿈/비전

● 계시적 예언

● 숙명 통찰

● 말씀, 순종, 성실성, 믿음 점검들

● 신적인 확인

● 모든 형태의 주권적인 인도: 이중 확인, 섭리적인 만남들, 멘토들

● 영적 권위 확인

● 리더십 반발

● 능력 항목들

● 수렴

**사례**  모세의 가시덤불 체험은 계시적 행동이었다. 하나님께서 모세의 관심을 끄셔서 그의 숙명에 있어서의 다음 단계들을 그에게 계시하셨다.

**사례**  요셉의 꿈 (창37장) 은 계시적인 꿈과 계시적 예언의 사례들이다.

**사례**  하늘로부터의 소리 (요 12:27-29) 는 숙명 확인으로 사용된 신적인 확증의 사례이다.

**사례**  아나니아의 환상 (행 9:10-16) 은 바울을 위해서 주어진 주권적 인도의 한 예 (이중 확인) 로서 숙명 계시였다.

**숙명 계시/확인 과정 항목에 대한 피드백**

1. 사도행전 16:6-10에서 어떠한 숙명 계시 사건 혹은 항목이 발생하는

가? 그것을 확인하라; 그리고 바울의 숙명 유형에서 그것의 기본적 기능을 말하라.

2. 열거된 숙명 계시 과정 항목들 중의 다른 어느 것의 사례를 성경의 사건들로부터 생각해 낼 수 있겠는가? (나는 당신이 아직 그 과정 항목들의 어떤 것들과 익숙하지 않다는 것을 인식한다. 그러나 기술적이거나 자명한 것들을 위해서 이 연습을 하라). 당신이 성경적 사례를 제공할 수 있는 것을 점검하고 간단하게 기술하라.

a. 계시적 행동들, 꿈들/비전들, 예언

b. 말씀, 순종, 성실성, 믿음 점검들

c. 신적인 확인

d. 영적 권위 확인

e. 인도 항목들: 주권적 인도, 이중 확인, 신적 만남들, 확증.

f. 리더십 반발

g. 능력 항목들

h. 수렴

3. 후에 이러한 과정 항목들의 더 많은 것들이 정의된 후에 우리는 이 연습문제로 되돌아 올 것이다. 그러나 지금은 당신이 숙명 계시/확인이라고 믿을 수 있는 당신 자신의 삶 속에서의 어떤 사건들을 기술할 수 있는가?

## ◆ 답변 ◆

1. 계시적 꿈 혹은 비전. 사도행전 9, 22, 26장에서 우리는 바울이 복음을 이방인들에게 가져다 줄 숙명을 가진 것을 알게 된다. 여기에서 하나님께서는 복음을 받아야 할

다음 차례의 이방인들이 누구인지 분명한 인도하심을 주신다. 그것은 바울에 대한 확인과 동시에 인도하심이었다. 그것을 통해서 바울은 자신이 올바른 일을 하고 있으며 그의 숙명에 있어서 다음 단계를 성취하고 있음을 알 수 있었다.

2.  c. 신적인 확인: 변화산 위에서의 소리; 막 9:7-8. g.능력 항목들: 요한복음 11장에서 나사로의 부활

3.  나는 여러 가지를 확인했다. 나는 하나를 말하겠다. 내가 특별한 인도하심을 필요로 하는 경계 국면에서 하루를 주님과 더불어 기도하기 위해서 떼어 놓고 그분의 특별한 인도하심을 구했다. 나는 예배 드리고 기도했으며 나의 과거 사역 경험들에 대해서 회고했다. 그리고 그분이 나로 하여금 하기를 원하시는 것에 관해서 특별한 인도하심을 주시도록 주님께 구했다. 그 다음 주가 지나기 전에 구하지도 않았는데 세 가지 의뢰가 들어왔다. 그것은 나에게 가능한 사역지에 관한 것이었다. 이것들은 내가 알고 있었던 두 가지와 더불어 다섯 가지의 선택사항을 제공해 주었다. 이제 특별한 기도에 대한 응답으로 주어진 구하지 않은 세 가지 의뢰는 숙명에 대한 엄청난 신적 확인을 주었다. 그러나 주어진 주요한 숙명 확인 항목은 숙명 통찰이었다. 과거 사역과 어떻게 하나님께서 경계선상에서 나를 움직이셨는지에 대해서 회고함으로 하나의 유형을 볼 수 있었다. 과거에 모든 주요한 경계선상의 결정들은 영향력 잠재력의 영역에서 증가를 반영했다. 그때에 나는 이 숙명 통찰의 빛 안에서 다섯 가지 기회들의 순서를 매기고 결정을 내렸는데 하나님께서는 후에 나의 결정에 대한 확인을 더해 주셨다.


## 믿음 도전 과정 항목 (Faith Challenge Process Item) 기호: P (FCHG)

**서론**  사역 형성은 사역을 행함에 있어서의 기술과 마찬가지로 사역에 대한 태도를 포함한다. 지도자들은 하나님께서 주신 비전을 가진 사람이다. 그 비전에 대한 반응은 그 비전이 실현되는 것을 받아들이고 보는 믿음과 관련해서 드러난다. 믿음 도전 과정 항목은 추종자들에게 하나님의 역사하심에 대한 소망을 불러 일으키는 지도력의 기능의 본질적인 중요성을 인식한다. 하나님께서 믿음의 발걸음을 내딛도록 도전하실 것을 인식하고 그러한 도전들에 반응하는 태도는 이 과정 항목의 목표이다.

**정의**  밑줄 도전 과정 항목은 한 지도자가 사역과 관련해서 믿음의 발걸음을 취하도록 도전 받고, 하나님께서 그러한 믿음의 발걸음을 신적인 확인과 사역의 성취로 응답하시는 것을 봄으로 미래 사역에서 하나님을 신뢰하는 지도자의 역량을 증가시키는 그러한 경우들이다.

**아브라함의 사례**  고전적인 구약의 믿음 도전 과정 항목은 하나님과 아브라함의 25년 이상에 걸친 일련의 만남이다. 창세기 12, 15, 17, 18, 22장과 그것에 대한 신약의 주석 (롬 4:20-21; 히 11:11-12, 17-19) 을 보라. 창세기 22장 사건에서 순종 점검과 믿음 도전의 결합은 특히 교훈적이다.

**모세의 사례**  두드러진 순종/숙명인식 경험 때문에 종종 놓치는 미묘한 믿음 도전이 불타는 떨기나무에서의 모세의 부름 가운데 발생한다. 출애굽기 3:11-12절이 그것을 말한다. 모세는 그가 듣는 것이 진실로 하나님으로부터 온 것이고 앞으로 일어날 것인지에 대한 약간의 증거를 원한다. 하나님께서는 모세가 이 산으로 되돌아오기까지 그것을 달성했다는 것을 확신하지 못할 것임을 그에게 말씀하신다. 이러한 믿음 도전의 성취에 대해서 출애굽기 19장 (특히 3절) 을 보라.

**여호수아의 사례**  요단강을 건너라는 명령 (수3:7-8) 여리고 성의 함락 (수6:1-5)

**에스더의 사례**  에스더에 대한 모르드개의 도전 (에4:12-14)

**순서 특성-세가지 유형**  믿음 도전의 본질은 세 가지 요소들을 포함한다: 1) 몇몇 미래 계획에 관한 하나님으로부터의 계시, 2) 하나님께서 이 계시에 근거하여 행할 것을 도전하고 계시다는 것을 지도자가 인식함, 3) 이러한 견고한 확신에 근거하여 지도력 결정들을 내리는 결과적인 마음의 태도. 믿음 도전은 하나의 행동 가운데 올 수도 있고 혹은 시간의 경과에 따른 과정으로 주어질 수도 있다. 그 때에 하나님의 의도는 서서히 명료화되고 인식된다.

## 믿음 도전 과정 항목에 대한 피드백

1. 나는 신약으로부터 믿음 도전들의 사례를 들지 않았다. 적어도 다음의 정보를 제공하는 세 가지를 제시하라.

| | 누가? | 어떻게 도전이 왔는가? | 반응 – 리더십 결정들 |
|---|---|---|---|
| A | | | |
| B | | | |
| C | | | |
| D | | | |

2. 믿음 유형의 세 번째 측면은 지도자에 의한 긍정적 반응을 기술한다. "믿음 도전이 감지되지 못하거나 거절된다면 어떻게 되는가?" 라는 질문이 제기되어야만 한다. 그 질문에 대한 응답으로 당신은 무엇을 말할 수 있겠는가? 성경으로부터 혹은 당신 자신의 삶으로부터 사례를 들어보라.

3. 당신 자신의 삶으로부터 믿음 도전의 사례를 들라.

| 언제? | 어떻게 주어졌는가? | 긍정적 반응: 의미하는 바? |
|---|---|---|
| | | |

### ◆ 답변 ◆

1. 나는 이것을 당신이 하도록 남겨둘 것이다. 그렇지만 누가복음의 첫 장에서 몇몇 탁월한 믿음 도전이 일어난 것을 간과하지 말라. 당신은 자신의 답변에 대해서 논의할 수 있으며 총명한 동료로부터 약간의 답변을 얻을 수 있을 것이다.

2. 시험 항목 전반에 해당되는 사항으로, 부정적이거나 느린 반응은 도전, 그 문제에 대한 가르침, 징계, 혹은 마지막으로 제켜두는 것 등의 반복적인 시도를 가져온다. 요나는 고전적인 구약적 사례이다. 그러나 그 사건은 강력한 순종 점검과 결부되어서 믿음 도전이 종종 묻히곤 한다. 누가복음 1장의 사가랴 사건은 즉각적으로 반응하

지 않고 더 이상의 증거를 요구한 사람의 사례이다. 천사는 그에게 하나의 징계적인 징조를 주었다. 또한 폭풍 속의 제자들, 변화산의 사건 후에 귀신들린 소년을 고치려고 시도한 제자들, 나사로의 부활 때의 마르다, 물 위로 걷는 베드로, 베드로의 탈옥 때 로데와 제자들, 엠마오로 가는 도상의 두 제자들, 부활 후의 도마 등을 보라.

3.

| 언제? | 어떻게 주어졌는가? | 긍정적 반응: 의미하는 바? |
|---|---|---|
| 1967 | 기술자로서의 삶을 떠나서 성경 학교로 가기로 헌신한 후에 지원에 대한 내적 확신을 가짐. 나의 동서인 태드 호킨스(Ted Hawkins)가 지원을 약속하는 전화를 해주는 징표가 이어짐. | 우리는 지위를 내려놓고, 우리 집을 팔고(약간의 손해를 보면서), 성경 대학으로 갔으며 재정적 지원을 위해서 하나님을 신뢰했다. 하나님께서는 우리가 그곳에 있는 삼 년 동안 신실하게 우리를 만나주셨다. |

## 기도 도전 과정 항목 (Prayer Challenge Process Item) 기호: P (PC)

**서론** 리더십의 핵심에는 하나님과 지도자 사이의 의사소통이 있다. 지도자의 중심적인 취지는 사람들의 집단을 그들에 대한 하나님의 목적을 향하여 나아가도록 영향력을 행사하는 것이다. 여기에는 의사소통이 수반된다. 사역을 행하는 바쁜 와중에 하나님과의 강력한 의사소통은 종종 뒷전으로 밀려나게 된다. 하나님께서는 때때로 지도자를 이 기본적인 사역의 필요로 되돌려 놓을 것이다. 이것은 이 주요한 "행동" 국면에서 하나님에 의해서 끊임없이 재강조되는 주요한 "존재" 항목들 중의 하나이다. 기도 도전은 내리 누르는 개인적 필요나 사역 필요에 의해서 자극될 수도 있지만 이 과정 항목의 본질은 그러한 필요들에 대한 응답보다 더한 것이다. 하나의 리더십 습관으로서 필연적으로 기도하고 책임적으로 기도하는 것이 하나님과의 의사소통을 강화하고 사역을 위한 비전을 받도록 한다.

**정의** 기도 도전 과정 항목은 하나님께서 특별한 방법으로 지도자에게 사역에 대한 본질적인 영적 역학 교훈—사역에 임하는 지도자는 그 사역을 위해서 기도해야만 한다—을 심어주는 그러한 경우이다. 그리고 그 안에 후기 사역에 영향을 미치는 긍정적인 성장이 있다.

**사례**  사무엘의 마지막 공적 리더십 행동. 사무엘상 12장을 보라, 특히 23절을 보라.

**사례**  골로새 교회의 문제의 빛에서 골로새서 4:12-13에 나오는 에바브라의 사례를 보라.

**사례**  시편은 종종 떨어져 나와서 하나님을 만나라는 하나님의 도전을 보는 것으로 다윗을 묘사한다.

**사례**  선교 역사에서 수많은 역사적 거인들 (Hudson Tayler, Jonathan Goforth) 은 이 항목에 대한 반복적인 증언을 제공한다.

**초점**  이 과정 항목의 궁극적인 목표는 부담 (초기 성장 사역 확신) 이라기 보다는 일상적인 삶으로서 그리고 사역을 지탱하는 교제로서 즐겁게 행하는 해방 (고유한 사역으로 이끄는 후기 성장 사역 확신) 이다.

**순서 특성 – 대여섯 가지 측면들**  기도 도전의 본질은 대여섯 요소들을 포함한다. 1) 대개 압력 항목이거나 혹은 그것 모두로부터 벗어나고자 하는 강력한 내적 욕망에서 자극되어 기도 중에 하나님을 만나고자 하는 필요를 더욱 크게 느끼게 된다. 2) 이 욕망을 향하여 나아가도록 압력을 가하는 촉발적 사건들 3) 하나님께서 역사하셔야만 하는 필요에 대한 절박한 인식, 4) 기도에서 하나님과 만남—대개 고독 중에 그러나 때때론 공적인 자리에서 드러나기도 한다. 5) 하나님의 답변 혹은 강력한 확인.

## 기도 도전 과정 항목에 대한 피드백

1. 기도 도전 과정 항목의 어떤 특정한 성경적 사례를 제시하라. 그리고 그 지도자의 삶에서 이 기도 도전의 원인과 결과를 분석하라.

2. 삼상 12장을 재빨리 읽으라. 하나님께서 어떻게 사무엘의 리더십을 옹호해 주셨는가? 사람들의 반응은 어떠했는가? 사무엘의 반응은 어떠했는가? 23절은 사무엘의 오랜 사역에 대해서 우리에게 무엇을 말해 주는가?

3. 당신 자신의 삶 가운데에서 기도 도전 과정 항목의 특별한 사례를 제시하라. 이 정의의 특별한 방식과 긍정적인 성장 측면들을 반드시 설명하라.

### ◆ 답변 ◆

1. 고전적 기도 도전 과정 항목은 창세기 18장의 사건 속에 나타난다. 아브라함은 소돔을 위해서 하나님께 간청한다. 하나님께서는 두 명의 천사의 방문을 통해서 사라와 아브라함에게 아들에 관한 하나님의 개인적 목적을 드러내신다. 바로 그 후에 하나님께서는 아브라함에게 (아마도 두 천사들을 통해서, 어쩌면 직접적으로) 소돔을 멸망시킬 계획을 알리신다. 23절에서 33절까지는 그 도전의 결과를 보여준다. 하나님께서는 지도자에게 그분의 목적들을 드러내시고, 그로 하여금 그 계시와 관련해서 기도하도록 도전하신다. 그리하여 그 결과에 그를 포함시키신다.

2. 사무엘의 특별한 기도에 대한 응답으로 가뭄의 계절에 폭우가 오게 하신 하시는 능력 기도 사건에 의해서 하나님께서는 사무엘의 지도력을 변호해 주셨다 (그것은 중앙집권화된 통합된 지도력을 요청함으로 백성들에 의해서 분명히 거부되었다). 백성들은 사무엘의 영적 권위를 인정함으로 적절하게 반응했다. 그들은 하나님을 두려워하고 그들 자신의 이전의 행동들에 대해서 뉘우쳤다. 사무엘은 그들을 격려하고 그들에게 경고함으로 반응했다. 그 자신은 지도자로서 거부되었지만 그들을 위한 그의 기도의 사역을 계속할 것이다. 기도하기를 멈춘다는 구절은 그의 사역을 통해서 그가 이 백성들을 위해서 기도했던 자였음을 나타낸다.

3. 나는 이 답변을 보류할 것이다. 당신의 답변을 다른 사람들과 나눌 수 있도록 준비하라.

## 사역 도전 과정 항목 (Ministry Challenge Process Item) <sub>기호: P(MCHG)</sub>

**서론** ┊ 대부분의 최초의 사역 임무는 누군가가 우리를 도전하기 때문에 주어진다. 그것이 받아들여질 경우 다양한 사역 도전들은 대개 은사 발견과 관련하여 지도자를 크게 확장시킨다. 사역 도전 과정 항목의 핵심은 세 가지이다; 그 도전 속에 하나님의 손을 느끼는 것, 그 도전을 받아들이는 믿음을 발휘하는 것, 그것을 통해서 하나님께서 역사하시는 통로가 되는 것이 무엇을 의미하는지를 발견하는 기쁨.

**정의** ┊ <u>사역 도전</u>은 그것에 의해서 한 지도자 혹은 잠재적 지도자가 새로운 사역 과제를 받아들이도록 자극함으로 사역으로 이끄시는 하나님의 인도하심을 느끼게 하는 수단들이다.

**예** ┊ 바나바가 사울을 데려다가 안디옥에서 사역하도록 한 경우.

**예** ┊ 주일학교 교사로 부름, 위원회 일원이 되라는 부름, 소그룹을 인도하라는 부름, 전도적 방문을 하라는 부름, 조직의 보조적 사역을 하라는 부름, 교회 내에서 집단들을 위한 사회적 기능을 조직하라는 부름, 수련회를 계획하라는 부름 등 (초기 사역 과정에서).

**예** ┊ 선교 단체에서의 전형적인 사역 도전들: 캠퍼스 전도, 다른 사람들을 제자화하기, 성경 공부 그룹을 인도하는 것, 혹은 다양한 유형의 젊은이 사역.

**원인적 근원** ┊ 내적인 수단은 필요, 상황 혹은 사역 기회를 인식함과 관련된 자기—의식적인 도전

**초점** ┊ 종종 사역 도전은 인도하심과 은사 개발을 위한 하나님의 주요한 수단들이다.

## 영향력의 범위 (SPHERE OF INFLUENCE)

**서론** 로마서 12:3, 6에 나오는 "믿음의 분량" 이란 구절은 은사의 효과적인 사용이 가능한 수준을 의미한다. 그것은 하나님께서 개인에게 고유하게 은사를 부여하심에 따라 다르게 나타난다. 영향력의 범위는 그 개념을 포착한 것이다. 그것은 지도자 부상의 관점에서 "믿음의 분량" 을 적용한다. 지도자 부상은 한 지도자가 최대한의 수준에 도달할 때에 완성된다. 그러한 최대한의 수준을 위해서 그/그녀에게 은사가 주어졌으며 수렴기에 발휘되는 그러한 수준을 말한다. 청지기 모델은 또한 로마서 12장의 개념을 강화시킨다. 지도자들을 개발시키는 책임을 가진 자들은 끊임없이 영향력의 범위를 확인해야만 하고 수련생으로 하여금 그들에게 하나님께서 주신 사역 잠재력을 최대한 끌어내도록 도전하는 선발과 훈련 결정을 내려야 한다.

**정의** 영향력 범위는 한 지도자에 의해서 영향을 받는 사람들의 총수를 의미하는데, 그들에 대해서 그 지도자는 하나님께 책임을 지게 된다.

**3종류** 영향을 받는 사람들의 총수는 세 영역으로 나뉘어지는데 그것은 직접적 영향, 간접적 영향, 그리고 조직적 영향이다.

**3가지 척도들** 영향력의 범위는 1. **외연적 범위**—그것은 양에 관계된다; 2. **포괄적 범위**—영향을 받는 것의 범위 (넓이)를 말한다; 3. **강도**—포괄적인 영향력 내에서 각 항목에게 미치는 영향력의 깊이를 뜻한다. 강도는 측정하기가 가장 쉽다. 그러므로 지도자의 영향력의 범위에 관해 얘기할 때 가장 많이 사용되거나 적용된다.

**두 가지 이유의 중요성** 영향력 범위는 지도자의 정의에 있어서 두 가지 본질적인 개념에 초점을 맞춘다: 역량과 책임감이다. 지도자들은 그들에게 주어진 잠재력으로 영향력을 미치기 위해서 행한 것에 대해서 하나님께 답변하게 될 것이다. 그들은 또한 그들의 사역을 통해서 영향을 받은 자들에 대해서 하나님께 답변할 것이다. 영향력의 범위는 책임감에 대한 보다 객관적인 평가를 가능하게 해 준다.

**수렴**　│수렴은 고유 사역 국면의 한 지점을 뜻하는데 그 국면에서는 매우 효과적인 사역이 전개되고 지도자의 역량과 영향 받는 사람들 사이에 적절한 조화가 있다.

**주의**　│지도자는 더 큰 것이 더 좋은 것이란 생각으로 그/그녀의 영향력의 범위를 의도적으로 넓히고자 해서는 안 된다. 오히려 하나님께서 정하신 적절한 영향력의 범위를 발견하기 위해서 다양한 영향력의 범위를 받아들이도록 도전하시는 하나님께 응답해야 한다. 큰 것이 좋은 것은 아니다! 작은 것이 안 좋은 것이 아니다! 적절한 영향력의 범위가 최고 좋은 것이다!

## 3 종류의 영향력 (3 KINDS OF INFLUENCE)

**서론**　│영향력의 범위는 지도자들로 하여금 영향 받는 추종자들에 대해서 인식할 것을 요구한다. 영향력의 세 영역들이 그것을 평가하는 데 도움이 된다.

**정의**　│직접적 영향력은 지도자의 현존으로 영향을 받는 일정한 사람들을 나타내는 영향력 범위의 한 영역이다. 그것은 대개 추종자들과 지도자 사이의 피드백이 가능하고 필요하며, 잘 조직되고 구조가 갖추어진 상황에서 발생한다. 그리고 영향력에 대해서 높은 차원의 책임감을 수반한다.

**정의**　│간접적 영향력은 한 지도자가 타인들을 통해서, 매체를 통해서, 혹은 저술을 통해서 발휘하는 영향력에 의해서 영향 받는 일련의 사람들을 나타내는 영향력 범위의 한 영역이다. 그것은 시간에 구애되지 않고, 다방면의 영향력을 미치게 된다. 그리고 지도자와 영향 받는 자 사이의 피드백이 불가능한 것은 아니지만 어렵고 책임감의 범위도 주로 영향을 미치는 사상의 내용에 국한된다.

**정의**　│조직적 영향력은 조직상 리더십에 있는 사람에 의해서 간접적, 직접적 그리고 조직의 힘을 통해서 영향 받는 일련의 사람들을 나타내는 영향력 범위의 한 영역이다.

| 직접적 | 간접적 | 조직적 |
| --- | --- | --- |
| 개인, 소그룹, 지역 교회, 교회들, 세미나, 컨퍼런스 | 기술자로서의 삶을 떠나서 성경 학교로 가기로 헌신한 후에 지원에 대한 내적 확신을 가짐. 나의 동서인 태드 호킨스(Ted Hawkins)가 지원을 약속하는 전화를 해주는 징표가 이어짐. | 우리는 지위를 내려놓고, 우리 집을 팔고(약간의 손해를 보면서), 성경 대학으로 갔으며 재정적 지원을 위해서 하나님을 신뢰했다. 하나님께서는 우리가 그곳에 있는 삼 년 동안 신실하게 우리를 만나주셨다. |

**3가지 척도**　영향력에 대한 척도는 외연적인 것 (양), 포괄적인 것 (범위, 영향력의 영역들), 그리고 강도 (주어진 영역에서 영향력의 깊이) 를 포함한다.

**사례**　서구 교회에서 A와 B 유형의 지도자는 다음과 같은 것을 개발할 수 있을 것이다: 1. 개인들에 대한 직접적 영향력 2. 소그룹에 대한 직접적 영향력 3. 소그룹을 넘어서 직접적 영향력의 외연을 넓힌다 4. 위원회를 통한 간접적 영향력 5. 더 많은 위원회와 더 중요한 위원회를 통해서 간접적 영향력의 외연을 넓힌다. 직접적 영향력과 간접적 영향력에서의 외연적 범위는 전 지역 교회의 전 영역에 미치게 될 것이다. 조직적 영향력은 대개 그 지도자가 그 교회에서 유급 지위를 받기까지 적용되지 못할 것이다 (위원회를 통해서 간접적으로 미치는 것을 제외하고).

## 영향력 혼합 (Influence-Mix)

**서론**　잠재적으로 개발을 드러내는 한가지 특성은 영향력의 범위에 있어서의 변화이다. 이 변화는 정도 (더 많이), 혹은 종류 (영향력 수단들) 에 관한 것일 수 있다. 영향력 혼합은 다양한 형태의 영향력 수단들을 평가하는 용어이다.

**정의**　영향력 혼합은 영향력 요소들—직접적, 간접적 혹은 조직적--의 조합을 주어진 시점에서 정도 (degree) 와 종류 (kind) 와 관련해서 기술하는 용어이다.

**예**　토져 (A. W. Tozer) 의 영향력 혼합상의 변화는 아래와 같다. 국면들은 시간선 (time-line) 을 말하는 데 후에 9장과 10장에서 설명될 것이다.

| 국면 | 제목 | 영향력 혼합 | | |
|---|---|---|---|---|
| | | 직접적 | 간접적 | 조직적 |
| 1 | 내적-훈련 | 없다 | 없다 | 없다 |
| 2 | 현장 훈련/새시작<br>하위-국면 A  모르간타운<br>하위-국면 B  톨레도<br>하위-국면 C  인디애나폴리스 | <br>작다<br>보다 크다<br>보다 크다 | <br>없다<br>없다<br>없다 | <br>없다<br>없다<br>없다 |
| 3 | 도시 리더십/확장되는 국가적 영향력<br>하위-국면 A  초기 도시<br>하위-국면 B  중간 도시<br>하위-국면 C  국가적/도시 | <br>보다 크다<br>가장 크다<br>동일 | <br>작다<br>보다 크다<br>가장 크다 | <br>없다<br>작다<br>유의미 |
| 4 | 사역을 거둠/회고 | 보다 작다 | 동일 | 보다 작다 |

**주로 외연적 범위**  위에서 다룬 정도는 외연적인 범위의 일반적 기술에 제한되었고 포괄적인 면 (범위) 과 강도 (범위 요인들 내에서의 정도) 에 있어서의 변화는 포함하지 못했다. 이러한 것들도 또한 변한다. 하지만 나타내기는 힘들다.

**설명**  토져 (A. W. Tozer) 는 주로 지역 교회에서 일했다. 그의 사역 초점은 공적인 의사소통 (가르침/설교) 이었다. 그의 조직적 영향력은 주로 간접적이고 두 가지 초점을 가졌다: 그것은 교단의 주요 잡지를 위한 저술/편집과 하나의 실행 위원회에서의 섬김이었다. 그의 간접적 영향력은 범위상으로는 넓었으나 강도에 있어서는 다양했다: 그는 근처에 있는 성경 대학과 신학교에서 가르쳤다. 그는 전국적으로 방송되는 라디오 설교 사역을 했다. 그의 저술과 논문들, 그리고 책들은 매우 많은 사람들에게 영향력을 미쳤다.

## 영향력 연속선 (THE INFLUENCE CONTINUUM)

**서론**  지도자는 자신의 영향력에 대해서 정확히 얼마나 책임을 져야 (히브리서 13:17 등) 하는가? 카우프만 (Kauffman 1986) 은 한 사람이 행사하는 영향력을 나타내기 위해서 영향력 연속선 (influence continuum) 이란 개념을 제안했다. 그것은 네 가지 영향력 책임 기준 (responsibility influence criteria) 을 포함한다: 1) 영향력의 시간, 2) 영향력을 미치는 사람의 현존 혹은 부재, 3) 추종자들의 피드백 평가, 그리고 4) 책임 요소들. 여기에서 중요한 것은 추종자들에게 영향력을 미친 것과 관련해서 무엇을 하나님께 책임져야 하는가에 대한 이해이다. 카우프만에 의하면 한 사람이 갖는 어떠한 영향력도 이 연속선 상위의 어떤 점위에 놓일 수 있다. 그는 그 연속선을 따라서 네 가지 참조점 (points of reference) 을 정의했다. 네 가지 책임 요인들에 초점을 맞춘 질문은 다음과 같다:

1.시간 요인: 영향력을 미치는 시간이 즉각적인가, 아니면 지연되는가? 집중적인가 아니면 비공식적인가? 구조적인가 혹은 비구조적인가?

2.현존 요인: 영향력이 얼굴과 얼굴을 맞댄 것인가 아니면 간접적인 것인가? 인격적/비인격적? 더 이상 필요하지 않은가?

3.피드백 요인: 영향력 투입이 피드백을 허용하는가 아니면 허용하지 않는가? 혹은 피드백이 필수적인가?

4.책임 요인: 책임 요인이 있는가/없는가, 내용에 대한 것인가 그리고/혹은 적용에 대한 것인가?

카우프만은 연속선 상의 각기 주요한 점에 관한 이 질문들에 답변한다. 카우프만은 오직 직접적 영향력과 간접적 영향력만을 다룬다는 것을 주목하라. 그는 어떠한 조직적 영향력도 이 두 가지 기본적 유형으로 정리될 수 있다고 본다.

| 매우 | 주로 | 주로 | 매우 |
|---|---|---|---|
| 간접적 | 간접적 | 직접적 | 직접적 |

| 요인 | 책임이 크게 증가한다 ⟶ | | | |
|---|---|---|---|---|
| 1.시간 | 아주 지연됨 | 지연됨, 단기, 조직적, 집중된 | 즉각적 또는 지연, 비조직적, 집중된 | 즉각적, 집중된, 조직적 |
| 2.현존 | 내재화된, 알 수 없음 | 간접적, 정상적 | 개인적 그러나 간접적 | 직접적 그리고 개인적, 비인격적 |
| 3.피드백 | 불필요, 내재화 | 보통은 가능하지 않다. | 필요하나 가능할 때만 | 가능하다; 필요하다 |
| 4.책임 | 직접적인 사람에게 그렇다 | 내용에 관해서 그렇다. | 그렇다; 내용, 적용 | 그렇다; 내용, 적용 |

## 영향력 정의에 대한 피드백

1. 영향력 용어를 그것에 관계된 진술과 맞추어봄으로써 다양한 영향력 개념들에 익숙한지 평가해 보라. 영향력 용어의 기호를 그것을 기술하거나, 예시하거나 정의하는 진술 곁에 있는 빈칸에 적어넣으라.

A. 영향력의 범위       F. 포괄적인 범위

B. 직접적 영향력       G. 강도

C. 간접적 영향력       H. 영향력-혼합

D. 조직적 영향력       I. 책임 기준

E. 외연적 범위

(＿＿＿＿＿) (1)조직적 구조와 개인적 관계를 통해서 그리고 간접적 영향력과 직접적 영향력 수단을 통해서 조직적 리더십 위치에 있는 사람에 의해서 영향을 받는 일련의 사람들을 나타내는 영향력 범위의 영역.

(＿＿＿＿＿) (2)지도자의 현존으로 영향을 받는 일단의 사람들을 나타내는 영향력 범위의 영역. 그것은 대개 추종자들과 지도자 사이의 피드백이 가

능하고 필요하며, 잘 조직되고 구조가 갖추어진 상황에서 발생한다. 그리고 영향력에 대해서 높은 차원의 책임감을 수반한다.

(___________) (3)특정 개발 국면의 한 시점에서 정도와 종류와 관련해서 영향력 요소들의 조합—직접적, 간접적 혹은 조직적—을 기술하는 용어

(___________) (4)폴 목사는 매 주일 아침에 3,200명의 사람들에게 설교한다.

(___________) (5)지도자에 의해서 영향 받는 사람들의 총수를 언급하며 그들에 대해서 지도자는 하나님께 책임을 지게 될 것이다.

(___________) (6) 지도자가 타인을 통해서, 매체를 통해서, 혹은 저술을 통해서 발휘하는 영향력에 의해서 영향받는 일련의 사람들을 나타내는 영향력 범위의 영역. 시간에 구애되지 않고, 다방면의 영향력을 미치게 된다. 그리고 지도자와 영향 받는 자 사이의 피드백이 불가능한 것은 아니지만 어렵고 책임감의 범위도 주로 영향을 미치는 사상의 내용에 국한된다

(___________) (7)피터 와그너 박사는 매년 수업시간에 400명의 학생들을 가르친다; 그는 세미나와 컨퍼런스를 통해서 이삼천명의 사람들에게 추가적으로 만난다. 그가 저술한 21권의 책들은 수천권씩 팔린다; 그는 수시로 TV에 나오고, 여러 주요한 조직의 자문 이사회와 행정 이사회에 참석한다. 그는 널리 유통되는 여러 잡지에 정기적으로 논문을 기고하며, 또 다른 잡지들에 다른 글들을 기고한다. 그는 전세계적으로 복음 전도와 교회 개척에 영향을 미치는 계획을 전략적으로 수립하는 여러 국제 위원회에 참여한다.

(___________) (8) 1) 영향력의 시간, 2) 영향력을 미치는 자의 현존 혹은 부재, 3) 추종자들의 피드백 평가, 그리고 4) 책임 요인

(___________) (9)짐 존스 (Jim Jones) 의 영향력은 그가 추종자들에게 거의 무엇이든지 하도록 요구할 수 있는 것이었다.

(___________) (10)고립된 공동체 (아미쉬와 같은) 의 지도자들은 학교, 레크레이션, 가족의 가치, 혹은 직업 선택에 영향을 미칠 수 있다.

2. 지금까지 소개된 일반적인 영향력 개념들을 지지하는 어느 성경적 근거가 있는가? 영향력 개념에 관계되는 성경 구절들이나 맥락을 기입하라. 성경적 명령의 기본적 취지는 무엇인가?

3. 무엇이 당신의 현재의 (혹은 보다 최근의) 영향력—혼합인가? 최소한 세 종류의 영향력에 대한 당신의 영향력—혼합의 외연적 범위를 나타내보라. 당신의 상황에 잘 맞는 용어들을 사용해서 당신이 이 세가지 영역에서 누구에게 어떻게 영향을 미치고 있는지를 나타내보라.

a. 직접적 ⋯▸

b. 간접적 ⋯▸

c. 조직적 ⋯▸

4. 당신은 다음 종류의 활동들을 카우프만의 영향력 연속선 상의 어디에 놓을 것인가? A. 강도높은 멘토링  B. 소그룹 지도자  C. TV 사역  D. 한 권의 책을 저술함  E. 활동적으로 사역 중인 멘토리  F. 선생  G. 라디오 사역  H. 설교  I. 논문 작성. 연속선 상에 해당되는 문자를 기입하라.

| 매우 간접적 | 주로 간접적 | 주로 직접적 | 매우 직접적 |
| --- | --- | --- | --- |

1. D_(1)  B_(2)  H_(3)  B,E_(4)  A_(5)
   C_(6)  H,E_(7)  I_(8)  G_(9)  F_(10)

2. 영향력 개념을 직접적으로 혹은 간접적으로 포함하는 성경 구절들은 다음과 같다: 누가복음 10장의 금화 비유 (?), 마태복음 25장의 달란트 비유, 로마서 12:3-7의 은사/역량, 사도행전 20장의 에베소 장로들에 대한 고별설교에서 책임을 언급한 것, 베드로전서 1:1-5에서 리더십에 대한 보상을 다룬 것, 고린도후서 5:10이하에서와 같이 일반 심판을 다루는 귀절 (그리고 다른 것들). 나는 이것들 외에도 다른 것들이 있다는 것을 확신한다. 이것들이 쉽게 떠오른 구절들이다. 영향력 개념 뒤에 놓인 성경적 근거의 주안점은 두 가지이다: 1) 단순히 지도자들은 그들이 영향을 미치는 자들에 대해서 책임을 질 것이다; 2) 지도자들은 그들의 잠재력을 개발하여 하나님을 위해서 그것을 사용해야 할 책임이 있다는 것이다. 실제적인 영향력 정의들이 성서적으로 주어진 것은 아니다. 그것들은 1)과 2)의 주안점들을 이해하고 평가하는데 도움이 되는 보조물로 사용될 뿐이다.

3. 나는 내 자신의 답변이 독자들에게 일반적인 도움이 되지 않을 것이기 때문에 내 자신의 답변을 제시하지 않을 것이다. 당신 자신의 분석을 그룹 내에서 나누든지 혹은 관심 있는 사람과 나누도록 준비하라.

4.

| 매우 간접적 | 주로 간접적 | 주로 직접적 | 매우 직접적 |
|---|---|---|---|
| E | D    I    G | C    H | F    B    A |

## 영향력 도전 과정 항목 (Influence Challenge Process Item) 기호: P(ICHG)

**서론**  지도자가 아직 개발되거나 사용되지 않은 지도력을 위한 잠재력을 가졌을 때, 하나님께서는 결국 그 지도자가 하나님의 목적과 영광을 위하여 그 역량을 개발하고 사용하기 위한 단계를 밟도록 섭리적으로 도전하실 것이다. 때때로 지도자는 이러한 역량에 대해서 인식하지 못한다. 사람이나 사건들을 통한 하나님의 특별한 인도하심이 그 지도자가 성장하는 계기가 되어 준다. 종종 영향력 도전 과정 항목은 숙명 과정 항목의 형태로 나타난다.

**정의** 영향력 도전 과정 항목은 지도자가 하나님에 의하여 자극되어서 영향력의 범위와 관련하여 리더십 역량을 확대하기 위한 단계를 밟게 하는 경우이다.

**코멘트** 영향력 도전은 외연적 범위, 강도 혹은 범위와 관련하여 현재의 영향력-혼합의 증가와 관련하여서 다가온다. 그것은 또한 새로운 종류의 영향력을 포함하도록 영향력-혼합을 확대하는 것과 관련하여 다가올 수도 있다. 혹은 이러한 측면들의 몇몇 조합들과 관련해서 다가온다.

**예** 사도행전 13:1-4은 바나바와 바울 양자에 대한 영향력 도전 과정 항목이다. 영향력-혼합이 목표 집단들 (교차 문화적) 과 관련해서 확대된다. 기본적 종류의 영향력은 직접적인 것으로 그대로 남아 있다.

**예** 편지를 통해서 데살로니아 교회를 격려하는 것을 돕는 도전은 바울의 영향력-혼합에 간접적 영향력 취지를 더하는 것을 향한 움직임이다.

**예** 다양한 교회들에 대한 다양한 사역 과제들에 디도, 디모데, 에바브로디도, 그리고 다른 사람들을 사용하는 것은 간접적 취지를 따라서 영향력-혼합을 확대시키는 개념의 사례이다.

**분별** 하나의 영향력-혼합 도전이 주어지는데, 그러한 것으로 인식되지 못하지만, 그럼에도 불구하고 일상적인 일을 처리하는 과정 속에서 지도자에 의해서 받아들여지는 경우가 있다. 하지만, 그처럼 영향력을 넓히는 과정을 인식하고, 믿음으로 그 안에서 하나님을 만나는 것은 중요한 사역적 형성 성장 항목이 될 수 있다.

 영향력 도전 과정 항목은 하나님께서 정체 장애 문제를 도전하시는 주요한 방식이다. 몇몇 기본적 기술들을 배우고 약간의 사역 경험을 가진 지도자들은 그러한 능력들과 그 경험 위에 안주하는 경향이 있다. 계속적으로 개발하도록 하기 위하여 하나님께서는 영향력 도전 과정 항목을 주신다.

## 영향력 도전 과정 항목에 대한 피드백

1. 돌아보면, 아마도 당신은 이제 하나의 영향력-혼합 도전 과정 항목을 인식할 수 있을 것이다. 만일 그렇다면 어떻게 그 도전이 주어졌는지, 영향력-혼합에서의 실제적인 확장, 그리고 결과로 나타나는 리더십 개발에 대해서 설명하라.

2. 토져 (A. W. Tozer) 의 영향력-혼합 개발을 다시금 검토하라. 그곳에 제공된 정보와 어떻게 일이 발생하는지에 관한 당신 자신의 경험에만 근거해서 영향력-혼합 도전 과정 항목이 하위-국면들 중의 어느 것 사이에서라도 일어날 수 있었던 방식을 제안할 수 있겠는가? 적어도 영향력-혼합 도전이 어떻게 왔었는지 추정해보도록 하라.

3. 당신이 미래를 전망할 때 당신 자신에게 어떠한 영향력-혼합 변화가 필요하다고 보는가? 무엇이 하나님께서 그 새로운 영향력-혼합으로 나아가도록 당신을 도전하는 방식이 될 수 있겠는가?

## ◆ 답변 ◆

1. 내 경우에는 내가 자마이카 성경 대학에서 신학 연장 교육을 고안하고 실행하고 있을 때 하나의 영향력–혼합 도전이 주어졌다. 나는 프로그램화된 학습 교재 (비유연구에 관한 책 (『목적을 가진 퍼즐』, Puzzles With a Purpose)이 이 과정의 결과 나왔다)를 준비해야만 했다. 나는 훨씬 후에야 이 과정의 가치를 인식하게 되었다. 비유에 관한 나의 가르침은 더 이상 나의 현존에 의해서 구속되지 않는다. 이 자습용 교재는 내가 그것을 개인적으로 가르칠 수 있을 뿐만 아니라 그 정보를 교류할 수 있다. 그것은 그 당시에는 그것을 인식하지 못했지만 내가 처음으로 간접적 영향력을 시도한 경우였다. 나는 단지 일상적인 사역 문제를 해결하고 있었다. 후에 나는 그 경험으로부터 유익을 얻을 수 있었고 다른 곳에 적용함으로 그 경험을 넓혀갈 수 있었다.

2. 국면 II의 하위–국면들의 각자에 대해서, 도전은 청빙 위원회로부터의 일반적인 "청빙"을 통해서 왔다고 생각된다. 교회들은 각각 이전의 교회보다 약간 더 컸다. 토져의 강단 사역은 매 새로운 교회와 더불어 향상되었다. 초기 도시 국면에서 중간 도시 국면으로 이동한 국면 III에서 영향력–혼합의 변화에 있어서, 도전은 그 자신의 교회 밖에서 설교하도록 초청을 받고, 그가 강단에서 가르치고 설교하는 것의 몇몇을 저술해 달라는 요구를 받음으로 주어졌다고 추측된다. 그의 강단 사역에서 그의 능숙함이 증가하는 것을 보고 아마도 몇몇 관심있는 그룹들이 라디오 설교 사역을 재정 지원하도록 자극을 받았을 것이다.

3. 내 경우에 나는 영향력–혼합과 관련해서 미래에 두 가지 도전을 본다. 하나는 여러 나라에서 확대된 세미나와 웍샵 사역을 통해서 보다 많은 사람들에게 직접적 영향력을 더 크게 미치는 것이다. 나는 또한 저술을 통한 보다 큰 간접적 영향력 사역을 위한 필요를 본다. 그 도전들이 이미 주어졌다. 나는 대중적 저술에 관해서 동료들로부터 받는 압력과 승진 체계로부터 받는 압력 가운데에서 하나님의 도전과 손길을 본다. 승진 체계는 나로 하여금 이론적으로 성찰하고 내 생각을 많은 사람에게 영향을 미칠 교재를 펴내는 것에만 집중하도록 만든다.

## 도전 꾸러미에 대한 코멘트

**숙명 사건들 혹은 항목들에 대한 명료화**　버텔센 (Bertelsen 1985) 은 수많은 과정 항목들 혹은 사건들을 나열하는데 그것들 거의 모두가 이 책자에서 정의되었다. 계시적 행동, 꿈/비전, 혹은 예언은 특히 앞에서 주어진 사례들의 빛 가운데에서 볼 때 자명한 항목들이다. 정의되지 않은 것, 그리고 아마도 명료화를 필요로 하는 것은 숙명 통찰 과정 항목이다. 숙명 통찰은 어떤 사역 핵심의 이해에 있어서 갑작스런 명료해지는 것이다. 그것은 하나님께로부터 주어지는 것으로 인지되고 미래적 함축을 갖는다. 영적 권위 확인은 특별한 경우의 사역 확인 혹은 몇몇 능력 항목의 결과가 될 수 있다. 수렴은 수많은 요인들이 함께 작용함으로 인해서 사역에서 주님의 축복이 증가하는 시기를 지칭한다. (이것은 13장에서 보다 상세하게 설명될 것이다.)

**배타적이지 않은 믿음 도전**　믿음 도전은 믿음의 은사를 가진 지도자들에게 제한되지 않는다. 믿음은 리더십에서 본질적이다. 히브리서 11:6은 이것을 분명히 한다. "믿음이 없이는 하나님을 기쁘시게 하지 못하나니, 하나님께 나아가는 자는 반드시 그가 계신 것과 또한 그가 자기를 찾는 자들에게 상 주시는 이심을 믿어야 할지니라." 그러나, 믿음의 은사를 가진 자들은 믿음 도전이 그들의 사역의 습관적 일부가 되는 것을 볼 것이다.

**기도 도전과 고독의 훈련**　신약 기록에서 우리는 하나님께서 사용하시는 도전의 수단들을 항상 보지는 못하지만 필요에 근거해서 그것을 추정할 수는 있다. 즉 지도자가 종종 하나님과 더불어 시간을 보내며 그들의 사역을 위해서 기도하는 것이다. 반복적으로 그리스도께서는 주요 결정 혹은 그의 사역에서의 위기와 관련된 기도 도전을 직면하셨다. 군중으로부터 떨어져서 홀로 하나님과 더불어 갖는 그분의 시간은 그를 지탱했으며 미래 사역을 위한 비전을 제공했다.

**기도 도전, 주요한 철학적 원리**　사무엘은 그의 사역의 마지막 부분에서 이 강력한 문제를 상기시키며 지도자들의 모범으로 섬긴다. 마지막 공적 리더십 행동에서 사무엘의 영적 권위는 하나님에 의해서 옹호된다. 그때에 자신의 사역을 위해서 기도할 책임에 관한 지속적인 교훈과 더불어 기도 도전이 주어진다. 사무엘상 12장을 보되, 특히 23절을 보라. 이 귀절에서 유래되며, 신약의 많은 지도자들의 삶 가운데에서 지지되는 중요한 원리는 다음과 같다:

**하나님께서 사역으로 당신을 부르신다면 그분은 당신을 그 사역을 위해서 기도하도록 부르시는 것이다.**

**사역 도전, 원인적 근원에 대한 설명** 다수의 사역 도전은 기존의 사역 구조 속의 필요를 다루는 것이다. 대개 그러한 도전들은 그 필요를 인지하는 지도자들에 의해 외적으로 주어진다. 때때로 그것들은 내부적으로 인식되고 자기―주도적으로 주어진다. 부상하는 지도자가 내적으로 필요를 느끼고 그것을 채우기 위해서 새로운 구조를 만드는 것은 매우 드문 일이다. 이미 존재하는 구조 속에 있는 필요를 채우기 위한 것이든 혹은 그 필요를 채우기 위해서 구조를 만드는 것이건 자기―주도적인 도전은 리더십의 지표이다. 분별에 있어서 발전하는 지도자들은 이러한 특성을 종종 드러낸다. (또한 11장에 나오는 M.8 사역 진입 유형을 보라.)

**영향력의 범위, 로마서 12장의 환유 설명** "믿음의 분량"이란 구절은 환유("믿음"은 은사를 나타내며 그 은사를 발휘하는 자질을 강조한다; "분량"은 양의 정도를 의미한다.)적인 표현이다. "영향력의 범위"에 관한 우리의 정의는 이 사상을 포착하고자 시도한다. 즉, 어떤 사람들은 다른 사람들보다 그들의 은사를 사용해서 더 많은 사람들에게 영향력을 미칠 것이다. 각자는 그들 자신, 그들의 은사와 재능에 대한 정확한 평가를 하고 그것들을 하나님의 영광과 그리스도인들의 혜택을 위해서 사용하도록 권고받는다. 청지기 비유는 또한 다양한 차원의 역량과 그로 인한 책임감의 차이를 나타낸다.

## 확대 ― 영적 통찰 꾸러미 (Expansion ― Spiritual Insights Cluster)

**서론** 바울은 여러 곳에서 (특히 엡6:12) 보이지 않는 세계가 보이는 세계에 영향을 미친다는 것을 지적한다. 리더십 문제들은 겉으로 나타나는 것 이상이다. 영향력을 넓혀나가는 지도자는 일상적인 원인들과 초일상적인 원인들을 보다 더 잘 판단하도록 분별력을 발휘할 것이다. 영적 통찰 꾸러미는 이 과정을 따라간다.

**서술**　영적 통찰 꾸러미는 다섯 가지 주요한 과정 항목들로 구성되며, 지도자로 하여금 물리적 세계에 미치는 영의 세계의 "보이지 않는 활동"에 대한 민감성을 뜻한다. 이러한 문제들을 포함하는 상황에 영향을 미치게 한다. 다섯 가지 과정 항목은 다음과 같다: 영적 전쟁, 능력 대결, 기도 능력, 은사적 능력, 네트워킹 능력.

### 꾸러미의 벤 다이어그램

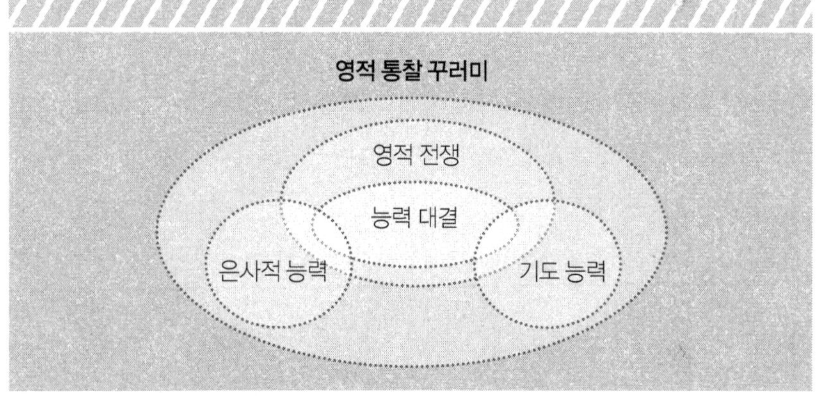


### 네가지 주요 목적들

**모든 항목들은 분별력을 요구한다. 분별력은 다음의 것들을 가져다 준다.**

1.영적 권위의 개발. 하나님의 능력을 나타내는 것은 영적 권위의 신뢰성 능력 기반들 중의 하나이다.

2.사역 형성을 개발시킨다. 특히 지도자에게 보이지 않는 세계가 영향을 미치는 상황에서 어떻게 영향력을 행사하는지를 가르친다.

3.지도자의 능력 혼합을 확대시킨다. 그것은 분명히 영적 권위를 증대시키고 또한 유능함의 권위와 정신력을 확대시킬 것이다.

4.능숙한 사역에 필요한 분별 개발 과제를 촉진시킨다.

**다양한 종류의 분별** 다양한 종류의 분별력이 개발된다. 영적 전쟁과 능력 대결은 뿌리가 되는 원인을 분별하는 능력을 가르친다. 기도 능력과 은사적 능력은 신자의 삶에서 영적 능력을 분별하는 것을 포함한다. 네트워킹 능력은 하나님께서 자신의 목적을 달성하기 위하여 인간의 네트워크 속에서 어떻게 주권적으로 활동하시는지 분별할 것을 요구한다.

## 영적 전쟁 과정 항목 (Spiritual Warfare Process Item) 기호 : P (SW)

**서론** 영적 전쟁은 광범위한 능력 사건들을 포함하는데 때때로 능력 대결, 은사적 능력과 중복되며, 드물게 네트워킹 능력과 중복된다. 영적 전쟁은 성장 사역 기간 내내 발생한다. 그러나, 영적 전쟁 과정에 대한 성숙한 분별력은 대기 후기에 주어진다. 분별력은 성장 사역 국면 동안 하나님께서 한 지도자에게서 개발하고자 하시는 지도력 자질이다. 그것은 특히 영적 전쟁에 있어서 필요하다.

**정의** 영적 전쟁 과정 항목은 지도자가 사역 갈등의 근원과 본질을 초자연적인 세계에 기인한 것으로 분별하고 다양한 능력 항목들에 의뢰해서 문제를 해결함으로 리더십 역량 특히 영적 권위를 확대해 나가는 경우들이다.

**예** 요한복음 8장에서 유대인들과 대화하시는 예수님. (특히 44절 이하 예수님의 정죄하시는 말씀을 주목하라).

**예** 다니엘 10장. 다니엘에게 응답된 기도에서 자신의 지체를 설명하는 천사는 물리적 장면을 둘러싸고 있는 보이지 않는 영적 전쟁의 실재를 보여준다.

**예** 마태복음 16:22-23. 예수님께서 베드로를 꾸짖는다.

| 예 | 사도행전 5장. 베드로가 아나니아와 삽비라를 대면한다. 특히 5:3. |

| 예 | 사도행전 8장. 시몬과의 사건에서의 베드로. 8:23. |

| 예 | 사도행전 13:6-12, 마술사인 엘리마와 대면하는 바울. 13:10. |

| 예 | 사도행전 16장. 점치는 귀신 들린 여종과 대면하는 바울. |

| 원인 | 선악 간에, 영의 활동이 영적 전쟁과 능력 대결 과정 항목에 포함된다. 성령의 활동이 직접적으로 은사적 능력과 기도 능력에 포함된다. 성령의 간접적인 섭리적 활동은 네트워킹 능력에 포함된다.

| 유형들 | 다음의 유형들이 이 꾸러미에 의해서 영향을 받는다: M.7 영적 권위 유형, M.6 은사 개발, M.8 사역 진입, UM.2 상향 개발, UM. 1 숙고적/형성적 평가 (때때로).

## 영적 전쟁 과정 항목에 대한 피드백

1. 다음의 것들 가운데 하나 혹은 둘을 선택하라. 그것에 관계된 성경을 살펴보라. 그리고 이 질문에 답하라. 그것이 영적 전쟁임을 파악하는 데에 있어서 무엇이 분별되었는가? 어떻게 그것이 분별되었는가 (만일 그것이 주어졌거나 암시된다면)? 영적 전쟁 과정 항목의 결과는 어떠한가? 즉각적인가? 장기적인가?

a. 요한복음 8장. 유대인들과 대화하시는 예수님. 특히 44절 이하의 예수님의 고발을 주목하라.

b. 다니엘 10장. 다니엘의 기도에 대한 응답이 늦은 것에 대한 천사의 설명.

c. 마태복음 16:22, 23. 예수님께서 베드로를 꾸짖으심.

d. 사도행전 5장. 아나니아와 삽비라와 대면하는 베드로.

e. 사도행전 8장. 베드로와 시몬과의 사건.

f. 사도행전 13:6-12. 바울이 박수 엘리마와 대적하는 장면.

g. 사도행전 16장. 귀신의 지식을 통해서 미래에 일어날 일을 예언하는 계집종과 대면하는 바울.

2. 에베소서 6:10-20에 의하면 무엇이 영적 전쟁을 발견하는 주요한 근원이며 그것을 극복하는 수단들인가?

.......................................................................................................................

.......................................................................................................................

3. 당신의 지도력 역량을 확대시킨 것에 특별한 관심을 갖고 당신 자신의 삶에서 영적 전쟁 과정 항목의 예를 제시하라.

.......................................................................................................................

.......................................................................................................................

### ◆ 답변 ◆

1. c. 마16:22, 23. 무엇이 분별되었나? 예수님은 예수님을 위한 순수한 관심에서 나온 베드로의 진술에서 사탄적 생각 – 십자가와 그에 수반되는 고난으로부터 벗어나도록 설득하는 생각-의 개입을 보셨다. 어떻게 그것이 분별되었나? 우리는 알지 못하지만 영분별과 지식의 말씀과 같은 어떤 것이 분명히 발휘되었다. 영적 전쟁의 즉각적인 결과는 무엇인가? 사탄이 꾸짖음 당했고, 베드로가 교정되었다. 앞에 있는 십자가와 고난이 분명히 직면되었다. 장기적인 결과? 생각과 발설된 말이 영적 존재들에 의해서 영향 받을 수 있다는 것에 대해서 신자들이 주의를 받게 된다. 그러므로 우리는 생각하고 말하는 것을 주의해야만 한다. 그리고 우리가 다른 사람들이 말하는 것을 들을 때 성령의 자극에 민감하게 반응해야만 한다.

2. 바울은 영적 전쟁의 무기로 그리고 영적 전쟁을 민감하게 분별하는 수단으로 성령이 이끄는 기도의 능력을 내세운다.

3. 이 문제에 대한 답은 소그룹에서 혹은 친구와의 토의를 통해서 확인하도록 남겨둔다.

## 능력 과정 항목들 (Power Process Items) 기호: 일반적의 의미의 어떤 것, P (PI)

**서론**　성장 사역 과정 중 대개 중반기 혹은 후기 국면에서 지도자는 능력과 관련하여 자신의 사역을 질문하게 된다. 능력에 대한 질문이나 능력을 추구는 사역 중에 자주 직면하게 되는 과정 항목이다. 능력에 관한 교훈들이 학습될 것이다. 그것들은 사역에서 하나님의 역사하심을 드러내고 입증하는 은사적 능력, (금식) 기도 능력, 영적 전쟁에서의 능력, 혹은 능력 대결들에 관한 것들이 될 것이다. 능력 과정 항목들은 개인적 능력 항목들의 어떤 것이거나, 혹은 범주화하기 힘든 능력과 관계된 사건들을 포괄하는 명칭으로 사용된다.

**정의**　능력 항목은 지도자가 책임을 지는 사역에서 하나님께서 그 지도자를 돕고 계신다는 것을 추종자들에게 확신시켜 주는 하나님의 분명한 개입을 의미한다.

**정의**　능력 대결 과정 항목 P (PE) 은 하나님을 대변하는 사람들과 다른 초자연적 세력을 대변하는 사람들이 서로 대면하게 되는 위기 사역 상황을 말한다. 그 상황에서 능력이 결정적인 문제가 되며, 하나님의 신뢰성이 문제되고, 결국 하나님의 능력의 비범한 드러냄에 의해서 하나님의 신뢰성이 옹호된다.

**정의**　기도 능력 과정 항목 P (PP) 은 어떤 상황을 극복하도록 구체적인 기도를 하게 하는 특별한 경우이다. 그 때 하나님께서 기도에 응답하셨다는 것을 분명히 보여주시고, 또한 하나님께서 지도자의 영적 권위의 진정성을 보여 주신다.

**정의**　은사적 능력 과정 항목 P (GP) 은 영적 은사의 활용에 관한 특별한 경우이다. 이 때 성령님께서 은사의 사용과 관련하여 능력을 흘러가게 하신다는 것이 분명히 드러난다.

**정의**　네트워킹 능력 과정 항목 P (NP) 은 지도자를 위해서 기회의 문을 열어주시거나 혹은 영향력 목표를 달성하도록 하나님께서 멘토들, 섭리적 만남들, 혹은 다른 관련된 지도자들을 특별하게 사용하시는 경우이다. 그 결과로 그 지도자는 다른 지도자들과의 관계의 중요성을 깨닫고 사람의 네트워크들을 통한 하나님의 손길을 알게 된다.

**구약 사례들**　능력 대결: 입다 (삿11:14-28 예비적 상황, 11:32-33) ; 사무엘 (삼상7:10,11 기도 능력) ; 갈멜 산에서의 엘리야.

**바울의 사례**　능력 대결: 바울의 사례를 위해서 사도행전 13:6-12을 보라.

**예**　기도 능력: 사무엘의 사례를 위해서 삼상 12장을 보라. 사무엘은 기도의 사람이었다. 그의 기도는 그의 사역 속으로 능력이 임하게 했다. 능력이 방출됨으로 영적 권위가 지지된 가장 최상의 사례들 중의 하나가 사무엘상12:18에 나오는 사무엘의 기도에 대한 응답이다.

**예**　은사적 능력: 사도행전 11:27, 28의 아가보의 예언.

**예**　은사적 능력: 바울이 앉은뱅이를 일으킴 (행14:8-13)

**예**　네트워킹 능력: 바나바가 바울을 예루살렘 기독교에 연결시켜 줌 (행9:25-27).

**원인**　하나님의 직접적인 능력의 방출은 은사, 능력있는 기도의 삶, 영적 전쟁, 혹은 능력 대결을 통해서 주어질 수 있다. 그분의 간접적인 능력의 방출은 종종 네트워킹을 통해서 주어진다.

**은사적 능력의 구분**　능력에 대해서 언급할 때, 은사는 대개 기적적인 표적 은사들을 의미한다. 그러나 그것은 또한 비기적적인 영적 은사의 사용을 뜻할 수도 있다. 그 때에도 특별한 능력이 표출된다.

**두 가지 능력 유형의 순서, 특성**　지도자가 능력 항목을 경험하는 것은 대개 두 가지 유형으로 나타난다. 능력 유형 1은 **일시적인 획득 유형**이다. 능력 유형 2는 **확신적 사용 유형**이다. **"일시적인 획득"** 유형은 다음과 같다: 1) 필요를 인식하거나 느끼지 못한다. 2) 필요를 인식한다. 3) 상황이 능력을 추구하도록 만든다. 4) 하나님께서 특별한 능력으로 지도자를 만나시는 통찰의 순간을 거쳐서, 5) 일상적인 상태로 되돌아간다. **"확신적 사용 유형"**은 다음과 같다: 1) 끊임없이 능력의 필요를 인식한다. 2) 하나님께서 능력의 사용을 자극하시는 통찰의 순간. 그 순간은 그 다음의 것으로 이어진다. 3) 믿음으로 능력에 대한 확신을 갖고 수용함. 4) 하나님께서 그 상황을 위해서 능력을 부어 주신다. 능력 항목들은 하나님께서 상황의 필요를 채워주시기 위해서 능력으로 지도자를 만나시는 "통찰의 순간들"을 뜻한다. 대개 일시적인 획득 유형은 지도자가 능력 유형 2로 움직이기 전에 여러 차례 반복된다. 이러한 능력 항목들이 어떻게 능력 은사들과 관계되는지는 확실치 않다. 분명히 능력 은사들을 정규적으로 드러내지 않는 몇몇 지도자들은 유형 2의 사용을 자극하는 능력 은사를 가진 자들과 마찬가지로 능력 항목들과 관련해서 활동한다.

## 능력 과정 항목들에 대한 피드백

1. 사도행전 5:1-13의 능력의 나타남에서 능력에 관한 어떤 주요한 교훈을 배울 수 있는가?

....................................................................................................

....................................................................................................

2. 마태복음 4:1-11에는 어떤 범주의 능력 과정 항목이 나타나는가?

(＿＿＿) a. 은사적 능력　　　　　(＿＿＿) b. 기도 능력

(＿＿＿) c. 영적 전쟁　　　　　　(＿＿＿) d. 능력 대결

3. 마가복음 9:14-29에는 어떤 범주의 능력 과정 항목이 나타나는가?

(＿＿＿) a. 은사적 능력　　　　　(＿＿＿) b. 기도 능력

(＿＿＿) c. 영적 전쟁　　　　　　(＿＿＿) d. 능력 대결

4. 고린도전서 2:1-5에는 능력의 어떠한 기능이 바울에 의해서 기술되
는가?

5. 당신의 개인적인 사역 가운데 주어졌거나 혹은 다른 지도자에게서 관
찰된 능력 항목 사건의 예를 제시하라.

6. 당신은 어떠한 사역의 영역에서 하나님께 능력을 구했는가? 현재 어
떤 영역에서 당신은 하나님께 능력을 구하고 있는가? 당신이 더욱 유능하게
사역을 감당하기 위해서는 무엇이 필요할 것인가?

(＿＿＿) a. 은사적 능력　　　　　(＿＿＿) b. 기도 능력

(＿＿＿) c. 영적 전쟁　　　　　　(＿＿＿) d. 능력 대결


### ◆ 답변 ◆

1. 내면의 삶에서의 성실성과 관련된 교훈, 그리고 성실성과 관련한 하나님의 훈련. 하
   나님의 지도자들은 능력안에서 훈련할 수 있어야만 한다.

2. c. 영적 전쟁

3. b. 기도 능력 (막9:29을 보라)  c. 영적 전쟁

4. 바울의 영적 권위를 입증함. 분명히 그 능력은 은사였고, 바울의 메시지를 입증했다.

5. 당신의 선택.

6. 나는 a. 은사적 능력(기적적인 은사가 아니라 내가 가진 은사-혼합에서의 능력. 나
   는 내 은사-혼합을 통해서 하나님의 능력이 끊임없이 방출되는 것을 보아왔다.)과
   b. 기도 능력 (나는 또한 금식과 기도의 조합 – 나는 5가지 종류의 금식을 확인하고
   이미 그것들 중의 하나를 경험적으로 학습했다–을 탐구한다.)을 추구했다.

## 확장 – 영적 통찰 꾸러미에 대한 주해

**영적 전쟁 원리**   물리적 상황들이 영적 존재들에 의해서 야기되거나 통제되거나 혹은 유발될 수 있다. 에베소서 6:10-20을 보라 (특히 12절). 요한일서 4:1-3을 보라. 가르침의 근원은 영적 존재들일 수 있음이 분명하다.

**균형 원리**   이 과정 항목에 대한 두 가지 경고들에 주목할 필요가 있다. 1) 분명하게 물리적인 상황들 배후에 영적 전쟁이 있을 수 있음을 과소평가하지 말라. 2) 모든 상황의 배후에 영적 전쟁이 있을 수 있음을 과대평가하지 말라. 지도자들은 쉽게 양 극단으로 갈 수 있다.

**영적 전쟁**   이 과정 항목은 지도자들이 은사로서 영 분별을 소유하든지 않든지와 무관하게 그들에게 발생한다. 그 은사를 가진 자들은 영적 전쟁 과정 항목들이 그들의 활동의 일상적인 부분이 되는 것을 볼 것이다.

**영적 통찰 꾸러미 인식**   과정 인식 연속선 위에 위치를 정한다면, 기도 능력과 능력 대결들은 가장 왼쪽에서 일어난다 (높은 주권적 개입); 영적 전쟁과 은사적 능력은 왼쪽을 향하여 위치한다 (인지된 주권적 개입) ; 네트워킹 능력은 중심의 왼쪽에 있다 (주권적/섭리적 중간 지점).

**고전적 능력 대결의 6단계**   능력 대결은 하나님의 실재와 능력에 대해서 그분이 시험대 위에 놓여지는 특별한 사건이다. 고전적인 능력 대결은 다음과 같은 여러 요소들을 갖는다:

1. 하나님과 다른 것들을 대변하는 사람 사이의 위기
2. 문제가 초자연적 영역에서의 능력/대면의 하나라는 인식이 있어야만 한다.
3. 대결 이전의 용어에 대한 공적 인식이 있어야만 한다 (만약 …. 그렇다면….)
4. 실제적인 위기/대결 사건이 있다 (보다 더 공개적이면 대개 그 사후 여파가 더 좋다).

5.능력 대결이 문제를 해결함에 따라 하나님께서 구원을 베푸셨다는 확신이 있어 야만 한다.

6.종결을 짓고 능력 사건에서 하나님의 목적들을 계속 보장하기 위한 축제는 도움 이 된다.

**기도 능력과 금식**　성숙한 지도자들은 대개 효과적인 기도의 삶을 사는 사람들 이다. 그들은 기도로 하나님을 움직임으로 사람들을 움직일 수 있다. 종종 금식이 기도를 통해서 그리고 그 자체로 능력의 방출 수단이다.

## 영적 통찰 과정의 요약

이 장에서 유능한 지도자는 분별력을 개발한 사람임을 제안했다. 분별은 지도자가 배우는 자세를 갖출 때마다 어떠한 주어진 과정 항목을 통해서 올 것이다. 그러나 분별의 일상적 발전을 넘어서, 하나님께서는 영적 통찰 꾸러 미를 지도자의 분별을 확대하기 위해서 사용하신다.

영적 전쟁과 능력 대결 과정 항목들은 지도자에게 인간적 행동과 상황들 뒤의 영적 활동을 분별하는 법을 가르친다. 은사적 능력 과정 항목은 지도 자에게 자신의 은사 집단의 요소들을 갖고 확신있게 능력을 사용하도록 가 르친다. 기도 능력은 지도자에게 어떻게 기도에서 하나님의 주권을 분별하 고, 상황에서 하나님의 타이밍을 감지하는 것을, 그리고 중보 기도만을 통 해서 주어진 상황 속으로 하나님의 능력을 방출하는 법을 가르친다. 네트워 킹 능력은 가장 민감한 형태의 분별을 가르친다. 하나님께서는 다른 사람들 과의 관계를 통해서 섭리적으로 일하신다. 능력은 지도자를 자원, 시의 적 절한 조언, 적절한 상황들, 그리고 지식과 연결시킴을 통해서 방출된다. 사 람들은 종종 하나님께서 지도자를 새로운 단계의 능력으로 취하시기 위해 서 사용하는 교량이다.

영적 통찰들 꾸러미의 전반적인 효과는 확신 있고 유능한 지도자를 생산하는 것이다. 그 과정은 지도자의 능력 기반을 확대한다. 지도자는 이전의 어떤 때보다도 더 효과적으로 영적 권위를 사용할 수 있다. 분별은 그것과 더불어 사역에 방출되는 능력을 가져다 준다.

유능한 사역은 능력을 요구한다. 지도자가 각각의 능력 항목을 경험하는 것은 대개 두 가지 유형들을 따른다.

### 능력 유형 1. 임시적 획득 유형

<u>임시적 획득 유형</u>은 다음과 같다:

1.특별한 능력의 사용을 위한 필요를 인식하지 못하거나 적어도 갖지 못한다

2.필요를 인식한다.

3.상황이 능력을 추구하도록 만든다.

4.하나님께서 특별한 능력 항목으로 지도자를 만나시는 통찰의 순간

5.일상적인 상태로 되돌아간다.

### 능력 유형 2. 확신적 사용 유형

<u>확신적 사용 유형</u>은 다음과 같다:

1.끊임없이 능력의 필요를 인식한다.

2.하나님께서 능력의 사용을 자극하시는 통찰의 순간. 그 순간은 그 다음의 것으로 이어진다.

3.믿음으로 능력 항목을 확신을 갖고 수용함.

4.하나님께서 그 상황을 위해서 능력을 부어 주신다.

# 성장 사역 과정에서의 몇몇 발견들 −전체로서의 분석

## 분별의 문제

확장을 방해할 수 있는 하나의 중요한 분별의 문제는 영적 전쟁 과정 항목을 포함한다. 나는 그것을 양면적인 영적 전쟁 문제라고 부른다. 그리스도인의 삶의 많은 것이 두 가지 극단적 긴장 (오늘의 천국, 미래의 천국; 그리스도 안에서의 지위, 그리스도 안에서의 행함; 행위, 존재; 하나님의 주권, 인간의 책임성, 등) 사이에 균형을 유지하는 것을 포함한다. 그처럼 역동적인 긴장을 주는 것 중의 하나가 이 문제에 포괄되어 있다.

## 양면적 영적 전쟁 문제

지도자들은 영적 전쟁과 관련해서 분별을 배워야만 한다. 다양한 태도/행동의 두 가지 양극은 피해야만 한다. (1) 영적 전쟁에 모든 갈등과 문제를 귀속시키는 경향; (2) 사역의 갈등과 문제들 속에서 어떠한 영적 전쟁도 보지 못하는 경향.

## 이 두 꾸러미들에 초점을 맞춘 주요한 교훈들

리더십의 주요한 교훈들 중에서 네 가지가 일상적 확장 꾸러미와 압력 확장 꾸러미의 과정과 관련된다.

### 1. 리더십 자세

**효과적인 지도자는, 모든 수준에서, 평생 배우는 자세를 유지한다.**

분별은 학습 과정의 기본적인 단계이다. 배우는 자세는 배우기를 원하는 경향을 나타낸다. 분별은 그 배우는 성향에 종결을 가져옴으로 그것을 생산적인 것으로 만든다. 분별은 도전 그리고 영적 통찰 꾸러미에 의해서 개발되는 주요한 특성이다.

## 2. 영적 권위

효과적인 지도자는 주도적인 능력 기반으로서 점점 더 영적 권위에 가치를 둔다.

영적 권위는 본질적으로 경험적 능력 기반이다. 즉, 지도자의 영적 권위를 위한 능력 근원은 지도자 자신의 하나님 경험과 긴밀하게 연관된다. 영적 권위를 지탱하는 세 가지 주요한 신뢰성 능력 기반은 다음과 같다: 1. 능력을 드러내는 것, 2. 성품을 드러내는 것, 3. 하나님과 그분의 방식들에 대한 지식을 드러내는 것. 도전 꾸러미는 3번째 측면을 개발하는 데 역점을 둔다. 영적 통찰 꾸러미는 1번 측면을 개발하는 데 역점을 둔다. 이러한 꾸러미들은 지도자의 영적 권위를 크게 신장시킬 것이다.

## 4. 사역 철학

평생을 통하여 생산적인 효과적인 지도자는 역동적인 사역 철학을 갖는다. 그러한 역동적인 사역철학은 세 가지 주요한 요인들의 상호작용으로부터 계속적으로 발전되어 나간다: 성경적 역동성, 개인적 은사, 그리고 상황적 역동성.

## 5. 숙명 인식

효과적인 지도자는 자신의 숙명에 대한 인식이 점증한다.

도전 꾸러미는 한 지도자의 숙명인식을 심화시킨다. 그 항목들의 모두가 숙명인식을 동반한다. 그 중 몇몇은 주어진 상황에 보다 직접적이다. 다른 몇몇은 장기적이다. 그러나 모든 것이 지도자로 하여금 하나님을 위한 궁극적 기여를 인식하는 쪽으로 나아가도록 만든다.

## 네 가지 개발 과제들

성장 사역을 분석하는데 적어도 두 가지 다른 접근법을 취할 수 있다. 첫번째는 시간을 거쳐가며 발생하는 과정 항목들을 모아서 어떠한 개발 과제를 그것들이 달성하는지 확인하는 것이다. 그것이 나의 접근법이었다. 나는 **시험하는 꾸러미들, 개인적 개발 꾸러미들, 사람 통찰 꾸러미들**, 그리고 네 가지 유형의 확장 꾸러미들―**일상적, 압력, 도전** 그리고 **영적 통찰**―을 확인했다. 나는 이러한 꾸러미들의 각각의 과정 항목들을 확인했고 매 과정 항목이 개별적으로 행하는 것을 보여주었다. 그리고 나는 전체적으로 취해진 꾸러미의 보다 축적된 효과를 제안했다.

내가 취했을 수도 있었던 두 번째 접근법은 전체 성장 사역기간의 분석을 통해서 주요한 개발 과제들을 찾는 것이다. 그것은 그 과제의 개발을 증진시키는 어느 개별적인 과정 항목을 확인하는 것으로 이어진다. 내가 이러한 접근법을 사용했다면 나는 네 가지 <u>순환적 과제</u>들을 발견했을 것이다. 그것들은 성장 사역을 통해서 반복적으로 발생한다: 그것들은 **진입 과제, 훈련 과제, 관계 과제**, 그리고 **분별 과제**이다.

성장 사역기의 전체적인 분석을 통해서 진입이 달성되어야만 하는 첫 번째 과제임을 볼 수 있었다. 일단 지도자가 사역에 진입하면 훈련이 이어진다. 훈련은 어느 정도 사역의 안정화를 가능케 한다. 그리고 만일 지도자가 영향력의 효과 면을 증진시키려면 사람들과의 관계의 중요성에 대해서 배워야만 한다. 마지막으로, 지도자들은 분별에 있어서 성숙한다. 이제 이러한 과제들은 시간상 겹치지만 일반적으로 내가 제시한 순서를 따른다.

그러나 하나님께서는 전체 성장 사역기에 거쳐서 이러한 기본 영역에서 지도자를 개발해야만 할 뿐 아니라, 또한 매 번의 중요한 새 사역 임무 혹은 도전 가운데 이러한 주기를 소규모 차원에서 반복해야만 한다. 다음에 나오는 나무 다이어그램, 그림7-1은 이러한 네 가지 과제들과 관련해서 그것들의 주도적인 초점에 따라 과정 항목들을 묶는다.

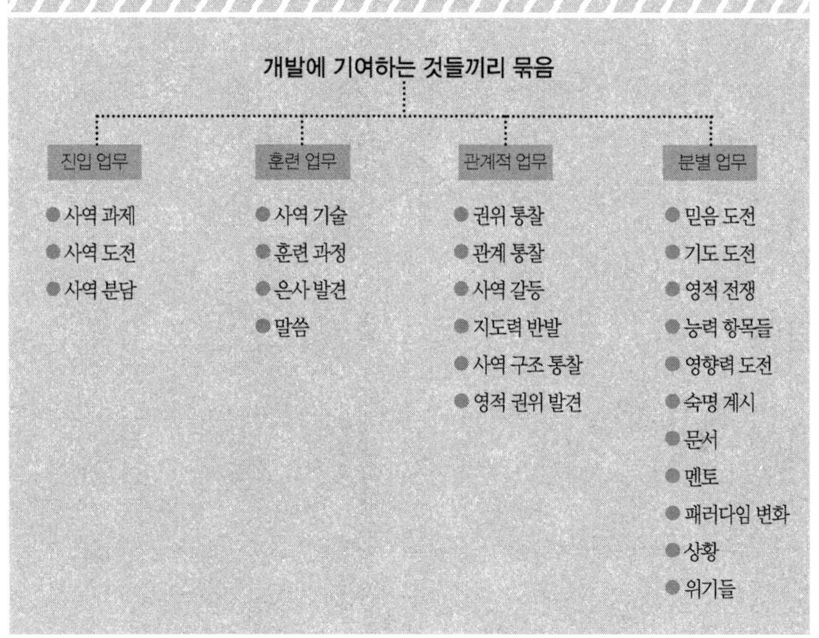


## 성장 사역으로부터 이전

어떤 지도자들은 결코 성장 사역 과정을 넘어서 진보하지 못한다. 세 종류의 유형이 이러한 상황을 설명한다.

### 1)축약 진입 (탈락) 유형

이 유형에 있는 사람들은 사역으로의 진입을 성공적으로 이끌어내지 못하고 리더십 책임 가운데 섬기는 데에서 탈퇴한다. 많은 수의 지도자가 될 뻔했던 사람들이 하나 혹은 두 가지 임무를 넘어서 지속하는 데에 실패한다.

### 2)정체형 지도자

이 유형은 일정한 사역 능력 수준에서 정체하고 상대적으로 사역적 형성 혹은 영적 형성에서 거의 성장을 보여주지 못하는 지도자들이다. 그들은 확장 꾸러미들에 대해서 성공적으로 반응하는 데 실패한다.

### 3) 징계받는 지도자 유형

이 유형은 징계를 받고 그러므로 사역에서 제한을 받게 되거나 혹은 그것에서 완전히 배제된 자들이다. 성품 과정에서의 실패가 이러한 유형을 초래한다.

성장 사역을 넘어서서 고유 사역으로 진보하는 것은 다음 장에서 논의될 심화 과정과 인도하심 꾸러미들뿐만 아니라 확장 꾸러미들에 대한 긍정적 반응을 요구한다.

# 고유한 사역을 향하는 과정
## (Processing Toward Unique Ministry)

**개관**

4장에서는 기초 과정을 다루었다. 기초 과정은 전임 그리스도인 지도자로 이전된다. 5장은 그 시점에서 시작해서 초기 사역과정과 그 과정이 부상하는 지도자의 성장에 미치는 영향을 다루었다. 6장은 일상적 사역과 특별한 압력을 받는 사역 가운데 하나님께서 사용하시는 과정들을 다루었다. 그러한 과정들은 한 지도자를 확장시키는 데 기여한다. 7장에서는 특별한 분별 과정 항목들을 살펴보았는데 하나님께서는 그러한 과정들을 사용하셔서 지도자의 영향력의 범위를 확장시키신다. 그러한 과정은 종종 지도자로 하여금 성장 사역의 임시적 단계로부터 능숙한 단계로 나아가게 한다. 이러한 장들을 하나로 묶어서 개관해보면, 어떻게 한 지도자가 전임 그리스도인 리더십으로 진보하는지 그리고 능숙한 지도자가 되는지를 볼 수 있다. 이번 장은 먼저, 전체 성장 사역기를 통해서 일어나는 과정들을 보며, 그 지도자를 위해서 능숙한 단계로 나아가는 길에 대한 지침을 제공한다. 둘째로, 이번 장에서 성숙에 초점을 두는 과정들을 다룬다. 성숙을 통해서 그 지도자는 마침내 고유 사역으로 이전하게 될 것이다.

**예습**

과정 항목들의 두 꾸러미가 논의된다: **인도하심 꾸러미**와 **성숙 꾸러미**다.

매일의 일상 인도하심은 많은 확장 과정 항목들과 동반하여 평범한 인도하심 수단들을 통해서 주어진다. 예외적인 상황에 대한 특별한 인도하심은 **인도하심 꾸러미**를 통해서 주어진다. 전반적인 인도하심의 길을 따라 이정표를 세우는 것은 바로 이 꾸러미다. 이 꾸러미는 또한 지도자가 자기를 위한 하나님의 숙명을 따라 나아가고 있다는 확신을 제공할 것이다. 인도하심에서 다양한 다른 기능들을 반영하는 세 가지 하위-꾸러미들이 인도하심 꾸러미를 구성한다. **확인 하위-꾸러미**는 중요한 지점에서 하나님의 인도하심을 보증하는데, 대개 성장 사역의 초기에 발생한다. 그러한 인도하심은 지도자의 전 생애에서 매우 드물게 일어난다. 그러나 그것이 일어날 때, 그것은 주요한 선택이 내려져야만 하는 중요한 교차점에서 주어진다. **확인 하위-꾸러미**는 과정에 대한 하나님의 인정이다. 그것은 한 지도자의 삶에서 여러 차례 일어날 것이며 가장 필요할 때이든지 혹은 앞으로 닥칠 어려울 때를 위한 준비를 위해서 종종 지속성과 소생의 느낌을 제공한다. **부정적 하위-꾸러미**는 대개 초기에 혹은 사역에서 변화가 필요한 곳에서 발생한다. 그것은 부정적인 경험을 통해서 인도하심에 있어서 하나님을 의존하도록 가르친다.

지도자의 삶에서 개인적 인도하심 과정은 그 지도자가 사역을 위한 공동체적 인도하심을 받는 길을 닦아준다. 하나님께로부터 비전을 받는 것은 지도자에게 필수적인 요소이다. 개인적 결정을 내릴 때 하나님으로부터 듣는 것을 배우는 것은 기본적인 리더십 기술이다. 그러한 기술은 지도자로 하여금 다른 사람들을 위한 비전을 받는 데 책임을 발휘하는 교량 역할을 한다.

**성숙 꾸러미**는 지도자가 하나님과 함께 걷는 것을 심화시킨다. 두 가지 하위-꾸러미들이 이 과정의 시기를 기술한다. **심화 과정 하위-꾸러미**는 세 가지 주요한 종류의 조각 칼을 기술한다. 그것은 지도자를 쪼아서 지도자로 하여금 완성품이 되도록 만든다. 이러한 모든 것은 하나님께 대한 의존을 가르친다. 모든 것이 어떻게 지도자가 그것들을 경험할 것인가라는 측면에서 부정적이다. 지도자들은 평상대로라면 이러한 과정들을 선택하지 않을 것이다. 그러나 이것들은 리더십 성품을 만들고 패러다임 전환을 가져오기 위해서 하나님에 의해서 정해진 심화 과정들이다.[1] 지도자들은 궁극적으로, 리더십에 있어서 효과성은 존재로부터 흘러나온다는 것을 볼 수 있어야만 한다. 성품 형성 결과는 이 심화 과정을 빛나게 한다.

두 번째 **성숙 꾸러미**의 하위-꾸러미는 분별에서의 성숙을 다룬다. 고유 사역으로 나아가는 지도자는 그것을 위한 성품을 가져야 할 뿐만 아니라 그/그녀가 은사를 부여받은 그 역량에 있어서 효과적으로 활동할 수 있어야만 한다. 수렴 하위 꾸러미는 지도자에게 통찰력을 주어서 효과적인 사역을 하게 한다. 다음과 같은 질문들에 대한 답변이 수렴 하위-꾸러미에 의해서 주어진다: 은사와 존재에 있어서 지도자의 본질적 모습에 맞는 역할은 무엇인가? 어떠한 종류의 영향력을 가져야만 하는가? 누가 영향을 받아야만 하는가?

종합하면, 인도하심 꾸러미와 성숙 꾸러미는 두 가지 큰 목표를 달성한다. 그것들은 지도자로 하여금 도전 1을 성취하며 교훈 5를 경험적으로 배우도록 자극한다.

---

1) 성장 사역기에서 고유 사역기로의 이전은 패러다임의 전환을 요구한다. 성장 사역기 동안의 과정은 사역적 형성에 집중한다. 영적 형성과 전략적 형성도 중요하지만 이차적이다. 개발의 주안점은 사역적 수행능력을 향한다. "행함"이 초점이다. 지도자가 행함에 있어서 보다 숙달됨에 따라, 일반적으로 영적 형성과 전략적 형성 면에서의 축적적인 효과와 심화 과정의 특별한 효과로 인하여 사역의 기초상에서의 미묘한 전환이 일어난다. 지도자는 성공이 최대의 목표인 "행함"의 기초로부터 성품과 궁극적 목적이 보다 중요시되는 "존재" 기초로 이동한다. 즉 사역은 존재로부터 흘러나오게 된다. 영적 형성과 전략적 형성이 이제 주가 되고 사역적 형성은 이차적이 된다.

그리스도께서 지도자들을 기독교 사역을 위해서 부르실 때 최대한의 잠재력을 발휘하도록 개발시키실 의도를 갖고 계신다. 리더십 위치에 있는 우리들 각자는 하나님의 과정에 따라서 일평생 끊임없이 발전해 나갈 책임이 있다.

**효과적인 지도자는 숙명에 대한 점증하는 인식을 갖는다.**

이러한 꾸러미들은 지도자의 삶에서 살아계신 하나님의 실재를 시험한다.

8장은 과정 변수에 대한 마지막 장이다. 그 이유로 인해서 나는 과정 변수를 복습하고 다른 꾸러미들과 과정 항목의 본질에 관한 약간의 추가적인 정보를 보충하는 마지막 단원을 포함시키려고 한다.

## 인도하심 꾸러미 (The Guidance Cluster)

**서론** 지도자는 하나님께서 주신 역량과 하나님께서 주신 책임을 갖고, 일단의 추종자 집단에 영향을 미쳐서 그 집단에 대한 하나님의 목적을 이루도록 하는 사람이다. 이 지도자에 대한 정의에서 중심적 요소는 하나님의 목적을 향하여 나아가도록 영향을 미치는 것이다. 지도자들은 어떻게 그들이 이끄는 집단에 대한 공동체적인 인도하심을 얻을 수 있는지 알아야만 한다. 어떻게 그들이 그것을 아는가? 기본적 인도하심의 유형은 단순하다. 지도자는 먼저 자신의 삶에 대한 개인적 인도하심에 관해서 배운다. 다양한 중요한 결정들에서 자신의 삶에 대한 하나님의 방향을 분별하는 것을 배운 후에 인도받는 집단을 위한 인도하심을 결정하기 위한 지도력 기능으로 이전할 수 있다. 나는 많은 인도하심이 지속적이며, 복종적인 하나님과의 날마다의 동행을 통해서 주어질 것이라고 가정한다. 여기에 주어진 인도하심 과정 항목들은 이러한 규칙적인 측면들을 넘어서는 것이다. 그것들은 특별한 인도하심 수단들이지 규범은 아니다. 인도하심 꾸러미는 지도자의 인도하심에 대한 분별을 강조하는 여덟 가지 과정 항목들을 포함한다.

**기술**  인도하심 꾸러미는 성장 사역 과정을 통해서 발생하며, 그것에 의해서 한 지도자가 자기의 개발에 있어서 하나님의 계속적인 인도하심을 확신하게 되는 여덟 가지 과정 항목들의 묶음을 뜻한다.


**벤 다이어그램**

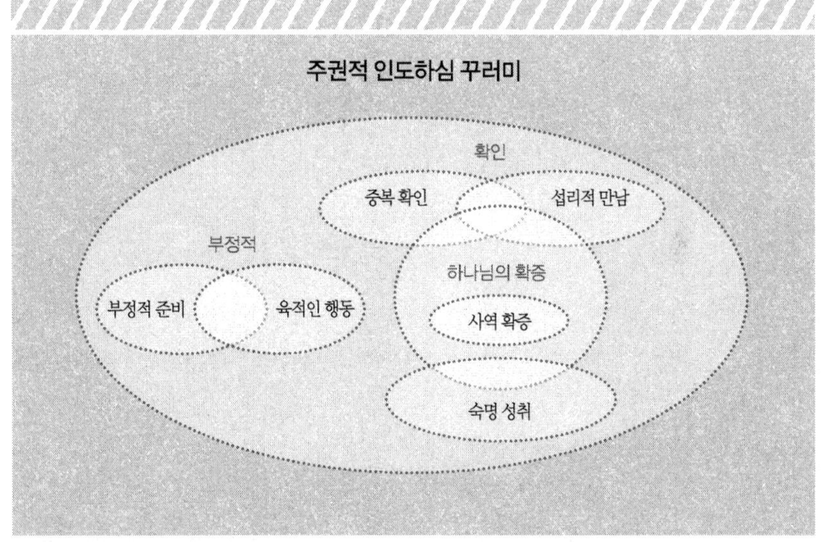


**본질적 특성**  이러한 인도하심 항목들은 모두 지도자의 삶의 특정한 시점에 보이지 않지만 살아계신 하나님께서 그의 삶에 개입하신다는 것을 가정한다. 개입의 목적은 리더십을 위한 외적인 인도하심을 제공하는 것이다.


**주요 목적**  1. 중요한 결정에 대한 확실한 인도하심을 준다.

2. 한 인격으로서 지도자가 하나님을 기쁘시게 하고 있다는 확신을 준다.

3. 지도자의 사역이 하나님을 기쁘시게 한다는 확신을 준다.

4. 사역 임무의 변화가 임박했다는 암시를 준다.

5. 하나님의 뜻의 측면(무엇, 어떻게, 언제)에 대한 분별적 교훈을 준다.

## 네 가지 주요한 일반적 인도하심 요인들

**서론**  인도하심에 있어서 성경적 주안점은 도덕적 인도하심이지 의사-결정 인도하심이 아니다. 인도하심에 대한 다수의 경고들은 삶을 위한 행위를 반영한다. 인도하심을 보는 기본 틀은 나의 성경 대학 교수들 중의 한 분이신 프랭크 셀즈 (Frank Sells) 에 의해서 내게 처음으로 소개된 다음의 다이어그램에서 주어진다. 날마다 하나님과 더불어 순종의 발걸음을 내디딜 때 다음의 네 가지 통로들을 통해서 인도하심이 주어지게 된다. **인도하심**을 추구하는 자들은 이러한 기본적 인도하심 통로들을 통해서 하나님의 음성을 분별하는 법을 배워야만 한다.

### 안내 다이어그램

| **환경** | **마음** | **교회** |
|---|---|---|
| 속에 있는 하나님의 음성 | 속에 있는 하나님의 음성 | 속에 있는 하나님의 음성 |

**말씀 속에 있는 하나님의 음성**
1.레마(Rhema)-자신 또는 타인을 통한 현시대의 계시
2.기록된 말씀-어떤 성경에 대한 현시대의 적용
3.기록된 말씀-일반적 원리, 매일의 도덕적 안내, 성경적 표준
2, 3항은 기본이고, 1항보다 우위에 있다. 즉, 어떤 레마의 말씀도 1, 2항의 말씀으로 점검과 판단을 받아야 한다. 하나님의 현시대적 말씀은 결코 기록된 자신의 말씀에 나타난 원리를 거스르지 않을 것이다.

**환경**  그리스도인들은 하나님께서 주권적으로 혹은 섭리적으로 인도하심에 관한 방향을 알려주시기 위해서 환경을 통제하신다는 것을 나타내기 위해서 "열려진 문들" 그리고 "닫혀진 문들" 이란 용어를 쓴다. 열려진 문들은 다음을 뜻한다: 특별한 기회가 주어진다; 무언가가 적절한 순간에 유용하게 된다. 무언가를 하는 길이 분명하고 방해를 받지 않는다. 닫혀진 문들이란 다음을 뜻한다: 요구되는 무언가를 얻을 수가 없게 된다; 무언가를 할 수 있는 길이 막힌다.

**마음**  그리스도인들은 하나님으로부터 온 것으로 추정되는 확신이나 느낌들이나 소원들을 뜻하는 "마음 속에 주어진 하나님의 음성" 이란 말을 사용한다.

**교회**    이 다이어그램에서 교회는 현명한 조언을 줄 수 있는 신자 개인들과 마찬가지로 공동체 집단들로서의 그리스도인들로부터 조언을 나타낸다.

**말씀**    여기에서 사용된 말씀은 기록된 말씀과 계시된 말씀 양자를 의미한다. 기록된 말씀 속에서 하나님의 음성을 듣는 것은 주어진 인도하심 문제에 대해서 성경 진리를 알고 적용하는 것을 의미한다. 이것은 그 문제에 대한 직접적인 가르침, 가르침과 사례로부터 유래된 원리들로부터 나온 인도하심과 또는 한 구절을 읽을 때에 특정 상황에 대한 그것의 연관성과 관련해서 하나님께서 특정한 메시지를 개인적으로 적용할 것을 의도하신다는 느낌을 포함한다. 계시된 말씀이란 하나님께서 직접적으로 개입하셔서 특별하게 적용할 말씀이거나 혹은 특정 상황에 대한 명료함을 주신다는 것을 뜻한다. 그러한 말씀들은 신자에게 직접적으로 주어질 수도 있고 (들을 수 있는, 내적으로 느낄 수 있는, 꿈들, 비전들, 천사의 방문들, 혹은 인상에 의해서 주어질 수 있는) 혹은 지식의 말씀, 지혜의 말씀, 믿음의 말씀 혹은 예언과 같은 자발적인 말씀 은사들 몇몇을 통해서 올 수도 있다.

**주의-말씀**    기록된 말씀 속에 있는 하나님의 음성이 기본이다. 계시된 말씀은 결코 기록된 말씀에 모순되지 않는다. 주요한 결정들을 위해서 계시된 말씀은 확증되어야만 한다. 한번 확증되면, 계시된 말씀과 기록된 말씀은 기초가 되어서 초구조적인 요인들보다 우선한다.

**주의-환경**    환경들은 하나님과 사탄 양자에 의해서 생겨날 수 있다. 주요한 결정들은 환경들에만 의존하여서 내려져서는 결코 안 된다. 그러나 적절한 환경은 확신을 크게 지지해 준다. 특히 한 사람이 정확한 선을 따라서 기도하는 가운데 그 환경이 주어졌을 때에 더욱 그러하다.

**주의-마음**    하나님께서 우리에게 내적으로 말씀하시는 것은 검증되어야만 한다. 마음의 소원은 항상 신뢰할 수 있는 것이 아니다. 하나님께서 말씀하신다고 우리가 생각하는 것은 그 분이 말하셨으면 하고 우리가 바라는 것과 혼동될 수 있다. 내적인 확신들은 그것들이 성경적인 원리들을 위배하지 않는 한 존중되어야만 한다—그것이 주요한 성경적 원리이다.

**주의-교회** 하나님께서 다른 사람들에게 가르치신 것으로부터 우리가 모든 혜택을 원하는 반면에, 우리의 결정들에 대해서는 우리들만이 책임을 질 것이라는 것을 기억해야만 한다. 조언이 성경적 원리를 보여주는 곳에서는 물론, 우리는 그것을 고려할 필요가 있다. 그리고 일반적으로 우리는 현명한 조언에 주의를 기울일 것이다. 그러나 다른 사람들은 우리를 위한 하나님의 뜻을 이해함에 있어서 책임이 없다.

**기본적 지침** 일상적으로 주요한 결정들은 다른 요인들을 통한 인도하심 사이에 어떠한 모순도 없어야만 한다. 몇몇 결정들에 있어서 몇몇 요인들로부터 침묵이 있을 수 있다. 그러나 적어도 그곳에 모순이 있어서는 안 된다. 모순이 있다면 명료함을 위하여 기다리라. 실제로, 안전한 지침은 이것이다. **주요한 결정에 있어서 모든 요인들을 통한 인도하심은 일직선 상에 놓여야 하고 서로 서로를 확증하는 것이어야만 한다.**

**평범한/특별한** 대부분의 인도하심은 이 모델을 통해서 주어진다. 그러나 지도자들은 인도하심 꾸러미를 통한 특별한 지시를 필요로 한다.

## 일반적 주권적 인도하심 과정 항목 기호: P (SG)

**서론** 때때로 하나님께서는 섭리적인 계시에 의해서 혹은 가는 길이 분명해질 때까지 환경적으로 대안들을 막으심으로 보다 직접적으로 인도하심을 주신다. 우리는 한 지도자의 인도하심 과정에서 이러한 보다 직접적인 개입을 주권적 인도하심이라고 부른다.

**정의** ┃ <u>주권적 인도하심</u>이란 인도하심에 대한 일반적 범주로서 지도자의 인도하심에 대한 하나님의 지휘감독을 뜻하며, 그것은 또한 지도자가 인도하심을 선택할 때 하나님께서 직접적으로 개입하시는 것을 뜻한다. 하나님께서는 섭리적 계시를 통해서 개입하시기도 하지고 또한 사태와 사건들의 환경적 정렬을 통해서 하나님께서 지시하시는 것을 매우 분명하게 하심으로 개입하시기도 하신다.

**사례** ┃ 창세기12:1-3에 아브라함을 위한 인도하심 과정 속으로 하나님께서 직접적인 개입하심으로 섭리적 계시를 본다.

**사례** ┃ 창세기 24:12-67에서 (특히 12-14절을 보라) 하나님께서는 아브라함의 종이 리브가를 선택함에 있어서 섭리적으로 환경들을 이끄신다.

**사례** ┃ 하나님께서는 모세가 백성을 인도할 때 모세를 인도하시기 위해서, 모세의 삶에서 반복적으로 섭리적인 계시를 주신다.

**사례** ┃ 사사기 6:36-40의 기드온의 양털은 섭리적 인도하심의 예이다.

**사례** ┃ 사도행전 8:26에서 빌립은 에디오피아 내시에게 증거하는 것에 관한 주권적 인도하심을 받는다.

**사례** ┃ 사도행전 9장에서 하나님의 직접적인 개입은 바울을 사역으로 들어가게 했다. 이방인들에게 가라는 바울에 대한 그분의 직접적인 계시는 바울이 행한 모든 것에 대한 시금석이 되었다.

**사례** ┃ 사도행전 16:6-10은 세 가지 다른 주권적 인도하심의 경우들을 포함한다.

**포괄적인** ┃ 모든 인도하심 항목들은 주권적 인도하심의 특별한 경우들로서 그것의 범주에 속한다. 인도하심의 한 항목이 리더십 개발에 중요하고 이 장에서 주어진 명칭들의 하나에 적합하지 않을 때 우리는 총칭적 명칭―주권적 인도하심을 사용한다. 인도하심 꾸러미 과정 항목들을 구분하는 시도에서 그들이 적합한 곳에서는 특별한 항목들을 사용한다. 만일 어떤 것이 본질적으로 일곱 가지 특별한 항목들(섭리적인 만남, 중복 확인, 하나님의 확증, 사역 확인, 숙명 성취, 부정적 준비, 육적인 행동) 중의 하나에 속하지 않는다면, 일반적 범주인 주권적 인도하심에 해당된다.

## 부정적 준비 과정 항목 (Negative Preparation Process Item) 기호: P (NEG)

**서론**  누군가가 말하기를 잔디는 항상 울타리 건너편에서 항상 더 푸르게 보일지 모르지만, 사실은 잔디는 울타리 양편 모두에서 다 갈색이라고 했다. 종종 나타나지만, 특히 개발 국면들 사이의 경계 상황에서 나타나는 과정 항목이 부정적 준비라고 불리는 인도하심 과정 항목이다. 하나님께서는 종종 먼저 그들의 현재 발전 과정 동안에 부정적인 경험들을 통과하여 가도록 허용하심으로 인도하심의 다음 단계들을 받아들이도록 누군가를 준비시키신다. 그 부정적인 경험들은 "잔디가 더 푸르게 보이도록" 만들고 종종 하나님께서 갖고 계시는 다음의 것을 향하여 움직이거나 추구하는 높은 동기적 자극을 제공한다. 부정적 과정이 없다면 많은 사람들이 머무르는 것에 만족해서 계속해서 하나님의 다음 단계들을 개발하고 확장하고, 감지하지 않을 것이다.

**정의**  부정적 준비는 하나님께서 사건들, 사람, 갈등, 박해, 혹은 경험들, 부정적인 것에 초점을 맞추는 모든 것을 사용하셔서서 한 사람으로 하여금 상황으로부터 자유롭게 되어서 새로운 버림과 소생된 관심을 갖고 개발의 다음 국면으로 들어가도록 하는 특별한 과정이다.

**사례**  출애굽 이전의 박해는 이스라엘 백성들로 하여금 모세의 지도력과 구원의 약속에 대해서 마음 문을 열도록 만들었다.

**사례** 이 과정에 대한 하나님의 특별한 사용을 위해서 출13:17,18을 보라.

**사례** 사무엘상 1장의 한나의 경험. 한나는 사무엘을 주를 섬기도록 드리길 원했다. 그것은 예언자/사사―이스라엘을 왕국 국면으로 이전시키는 지도력―를 일으키는 하나님의 수단이었다.

**사용** 1. 경계 국면임을 알림

2. 새로운 개발 하위―국면 혹은 국면으로 이동하도록 방출됨

3. 영향력-혼합 혹은 역할의 한계를 가리킴

4. 성숙이 필요한 영역들을 가리킴

**시기** 부정적 준비는 초기 성장 사역 기간 중에 가장 자주 발생하고 후기 성장 사역 기간에는 가끔씩 발생한다. 한 지도자가 성품과 기술에서 성숙하게 됨에 따라 그것은 더 드물게 발생한다.

**종류들** 1. 내적 삶에 대한 불만족

2. 현재 역할에 대한 불만족

3. 고립 ― 자기 성찰

4. 다른 기독교 일꾼들과의 갈등

5. 결혼 관계에 있어서의 문제들

6. 자녀들과의 문제들

7. 직업 혹은 사역에서의 위기

8. 영향력 개발 범위를 저해하는 제한된 가능성

9. 역할을 방해하는 제한된 가능성

10. 주어진 지리적 영역에서 불편한 생활 조건

11. 지리적 조건들에 기인한 질병

| 원인 | 1. 자기─주도적인 (불만족) |
| --- | --- |

2. 관계적 문제들─사람들이 만들어낸

(아내, 남편, 자녀들, 동료들, 동족들, 추종자들, 불신자들)

3. 직업 관련된 원인들─장기적 개발이 제한됨

**분별 안내**　인도하심을 위한 부정적 준비는 성품을 심화시키기 위한 부정적 과정과 쉽게 혼동될 수 있다. 야고보서 1:2-4은 부정적 경험들이 종종 성품을 성숙시키기 위해서 사용된다는 것을 보여준다. 분별을 위한 하나의 지침: 모든 부정적 과정이 성품을 성숙시키기 위하여 사용된다; 몇몇은 또한 새로운 임무를 맡기기 위해서 사용된다. 성품 과정이 평가되고 인도하심이 분명하게 확인될 때까지는 움직이지 말라. 혹은 그 지침을 다른 방식으로 준다면 다음과 같다: 부정적 과정을 그 밖의 다른 곳으로 나아가기 위한 희생양으로만 사용하지 말라.

## 부정적 준비 과정 항목에 대한 피드백

1. 다음 중 어느 것이 부정적 준비 과정 항목의 공동체적인 적용을 나타내는가?

(______) a. 행 10장

(______) b. 행 8:1

(______) c. 요 1:48,49

(______) d. 위의 어느 것도 아니다

2. 다음 중 어느 것이 교회사에 지대하게 영향을 끼치는 인도하심을 초래한 부정적 준비의 사례인가?

(______) a. 행2:1-4

(______) b. 행6:1-6

(______) c. 행15:36-41

(______) d. 위의 어느 것도 아니다


3. 과정 항목들의 사용 뒤에 놓인 목적들을 다시 숙고하라.


하나님은(______)하기 위해서 과정을 사용하신다.

(______) a. 리더십 잠재성을 나타내기 위해서,

(______) b. 그 잠재성을 개발하기 위해서,

(______) c. 하나의 역할/책임에 대한 임명을 확인하기 위해서,

(______) d. 잠재력의 실현을 위하여 하나님께서 임명하신 사역 수준을 따라 지도자를 이동시키기 위하여.


부정적 준비 과정 항목은 이 정의의 초점들의 어느 것과 결합되어서 사용되어질 것 같은가? 그에 해당되는 것들을 표시하라.

..................................................................................................

4. 인도하심을 위하여 당신의 삶 가운데 사용된 부정적 준비 과정 항목과 관련된 개인적인 경험을 제시하라. 어떠한 요소들이 초점이 되었는지를 나타내라. 종류, 사용, 그리고 원인적 근원을 확인하라.

..................................................................................................


### ◆ 답변 ◆

1. b.

2. c.

3. 그것들 모두이다. b와 d가 아마도 부정적 준비 과정 항목의 주요한 목적이 될 것이지만 모두가 다 해당된다.

4. 내 선교지에서 한 지도자와의 갈등이 나로 하여금 내적−삶의 성장 (B)과 내게 맡는 역할에 대한 필요 (D)에 대해서 마음을 열게 만들었다. 그것들은 나의 영향력의 범위의 개발을 촉진하게 해 주었다.

## 육적 행동 과정 항목 (Flesh Act Process Item) 기호: P (FLESH)

**서론**     어려운 상황 속에서 하나님의 인도하심을 구할 때 하나님의 음성을 분별하는 법을 배우는 것은 어려운 과정이 될 수 있다. 육적 행동 과정 항목은 부정적인 경험을 통한 분별을 가르치는 데 그것은 가장 소중한 반성적 과정이다. 뒤를 돌아보는 것은 소중한 과정이 될 수 있다. 그것을 통해서 하나님께서 그분의 방향과 인도하심을 인식하도록 우리를 가르치신다. 육적 행동은 우리가 인도하심을 가정하고 하나님보다 앞서 나아가는 경우들에서 가장 분명하게 보여질 수 있다. 육적 행동 과정 항목의 다른 일반적인 사례는 우리가 하나님의 인도하심의 부분은 알지만 전체적인 그림은 보지 못하는 경우이다 (우리가 무엇을 해야 하는지는 알지만 언제, 그리고 어떻게 행하는지는 모르는 경우와 같다). 우리는 종종 하나님께서 일을 이루시도록 그분을 돕고자 한다.

**정의**     육적 행동은 지도자의 삶에서 인도하심을 전제하고 결정을 서둘러 내리거나 혹은 하나님의 선택에 대한 충분한 분별없이 결정을 내리는 경우이다. 그러한 결정들은 대개 지도자가 몇몇 인간적 조작이나 다른 수단들을 사용하여 인도하심으로부터 벗어난 일을 하는 것을 포함한다. 그것은 후에 사역과 삶에 부정적으로 영향을 미치는 파급효과들을 가져 온다.

**사례**     창세기 16장을 보라. 이전에 하나님께서는 아브람과 사라에게 그들이 아들을 낳을 것이고 한 나라의 조상이 될 것이라고 약속하셨다. 20년 넘게 하나님으로부터 주어진 이 약속은 성취되지 않았다. 사라는 계획을 세웠다. 사라에게는 하갈이란 이집트인 하녀가 있었다. 사라는 하갈을 아브라함에게 보내서 그녀가 아들을 낳도록 했다. 이 행위는 비록 당시에는 문화적으로 받아들여지는 것이었지만 하나님의 계획은 아니었다. 후에 그분 자신의 방식으로 하나님께서 그 약속을 성취하셨다. 이 육적 행동으로 인한 부정적인 파급효과들은 오늘날까지 여전히 우리에게 남아 있다.

**사례**     기브온 족속과 여호수아가 맺은 조약 (수9장). 14절을 보라. 그들은 그것에 대해서 주님께 여쭙지 않았다.

**지침**

1. "무엇을," "언제," 그리고 "어떻게"는 다 인도하심의 중요한 국면들이다. 다른 것 없이 하나 혹은 둘에 있어서의 확실성은 다른 것에 대한 억측으로 인도하고 마침내 육적 행동으로 이끈다.

2. 억측적인 신앙 (하나님께서 지도자에게 의사소통하시지 않은 어떤 것을 하실 것이라고 추정하는 것)은 육적 행동으로 이끌 수 있다.

3. (주요한 결정기에) 하나님께 의뢰하지 않고 행동을 취하는 것은 종종 육적 행동을 초래한다.

4. 주어진 주권적 인도하심에 따라 행동하는 데 실패하고 하나님께서 의사소통하신 것과는 다른 대안을 선택하는 것도 또한 육적 행동으로 분류된다.


**육적 행동 과정 항목에 대한 피드백**

1. 여호수아 9장의 육적 행동을 검토하라. 여호수아가 회고하는 가운데 배운 인도하심과 관련된 교훈은 무엇이라고 생각하는가?

.................................................................

2. 여기에 육적 행동 과정 항목의 몇몇 다른 성경적 사례들을 제시하라. 그 안에서 보여지는 하나 혹은 두 개의 교훈들을 지적하라.

.................................................................

3. "육적 행동"에 대한 동의어는 "억측적인 신앙 행동"이 될 수 있을 것이다. "육적 행동"에 의해서는 암시되지 않았지만 그러한 명칭 ("억측적인 신앙 행동")에 의해서 암시되는 것은 무엇인가?

.................................................................

4. 가능하다면, 여기에 당신이 개인적으로 경험했거나 몇몇 지도자의 삶 가운데에서 본 육적 행동 과정 항목을 제시하라. 이 항목으로부터 당신은 무엇을 배웠는가?

.................................................................

## ◆ 답변 ◆

1. 하나의 교훈: 매일의 일들은 그것들이 그렇게 보이는 것과는 같지 않은 외양으로 짜여져 있다. 둘, 우리가 어떤 것에서 하나님께서 우리에게 행하도록 분명하게 계시해 준 것을 열심히 따르지 않는다면, 우리는 비난의 대상이 될 수 있다. 우리가 그것들을 다 이해한다는 식으로 억측할 수는 없지만, 우리가 따르는 분명한 인도하심의 빛에서 그것들을 분석해야만 한다.

2. 이사야 39장의 히스기야. 그는 바벨론의 사절을 맞아서 그들에게 그의 모든 부와 군사 설비를 보여주었다. 이사야는 5-8절에서 히스기야의 순진한 것 같은 행동을 정죄하는 주님의 말씀으로 그를 꾸짖었다. 교훈 1. 만일 우리가 주의를 기울이지 않고 우리의 행동들을 분별하지 않는다면, 매일의 일들이 육적 행동들로 채워질 수 있다. 교훈 2. 교만 (우리가 성취한 것들을 내보이고자 하거나 혹은 우리의 소유를 자랑하는 것과 같은)은 육적 행동으로 이끌 수 있다.

3. 그것은 지도자가 인도하심의 "무엇"을 안다고 가정하지만 실제로는 잘못된 상황을 말한다.

4. 나는 이것을 학급에서 나누도록 남겨둘 것이다.


## 섭리적 만남 과정 항목 (Divine Contact Process Item) 기호: P (DC)

**서론**  "적절한 때"에 하나님께서는 발전하는 지도자들의 길에 몇몇 진리에 대한 도전을 주고 설명하는 소책자, 새로운 관점들을 제공하는 책, 혹은 지도자의 삶에서 하나님에 의해서 크게 사용될 사람과 같이 꼭 필요로 하는 것을 가져다 준다. 이러한 것들의 모두는 인도하심 과정 항목들의 일반적 범주에 속한다. 섭리적인 만남 과정 항목은 하나님께서 중요한 사람을 적절한 때에 지도자에게 보내주시는 특별한 방식이다.


**정의**  섭리적인 만남은 다음에 해당되는 것 하나 혹은 더 많은 것(혹은 관련된 기능)을 달성하기 위하여 하나님께서 개발 국면의 결정적인 순간에 지도자와 만나게 하는 사람이다:

1. 잠재된 리더십을 확인하기 위하여,

2. 잠재된 리더십을 격려하기 위하여,

3. 특별한 이슈에 대한 인도하심을 제공하기 위하여,

4. 간접적으로 인도하심을 제공할 수도 있는 통찰력을 주기 위하여

(e.g. 그 지도자의 시야를 넓혀 준다),

5. 하나님을 향하여 그 지도자를 도전하기 위하여 (간접적 인도하심–리더십 헌신을 향한 이동),

6. 사역 기회에 대한 문을 열어주기 위하여,

7. 떠오르는 지도자가 인도하심 결정들을 내리는 것을 돕는 다른 유사한 목적을 위하여,


**사례**  바울의 섭리적인 만남인 바나바 (행9:27, 11:25)


**사례**  베드로는 고넬료에게 섭리적인 만남이었다 (행10장)


**사례**  바울은 디모데, 브리스길라와 아굴라, 그리고 많은 다른 사람들에게 섭리적인 만남이었다.


**타이밍**  섭리적인 만남은 모든 시간대를 통해서 나타나지만 사역 혹은 사역으로의 이전 초기에 특히 자주 나타난다. 몇몇 섭리적인 만남은 지도자들의 삶 속으로 엮어져서 필요한 때에 다시 나타날 것이다. 때때로 관계는 상호적이고 각자가 다른 사람을 돕는다.


**원인적 근원**  그들의 영향력을 미치는 능력 때문에 지도자들은 종종 그들이 만나는 다른 사람들을 위한 섭리적 만남들이 될 수 있다는 것을 인식할 필요가 있다. 그들은 성령께서 그들을 섭리적인 만남으로 사용하시는 것에 특히 민감해야 하고 이러한 특별한 영향력을 행사하는 방식을 인식해야만 한다.


**특별한 섭리적인 만남, 멘토**  멘토는 한 지도자 혹은 잠재적인 지도자의 개발 과정을 격려하는 것을 돕기 위하여 사용되는 특별한 종류의 섭리적인 만남이다. 인

도하심이 주어질 수도 있으나 주요한 초점은 개발을 촉진하고 그 지도자를 확대시키는 것이다. 그러므로, 그것은 확대 과정 항목들과 함께 분류된다.


## 섭리적 만남 과정 항목에 대한 피드백

1. 사도행전 18:24-28을 보라.


a. 그것의 목적을 확인하라 (적절한 항목들을 체크하라).

(______) (1) 리더십 잠재력을 확인하기 위하여,

(______) (2) 리더십 잠재력을 격려하기 위하여,

(______) (3) 특별한 이슈에 대한 인도하심을 주기 위하여,

(______) (4) 간접적으로 인도하심을 제공할 수도 있는 통찰력을 주기 위하여

     (e.g. 지도자의 시야를 넓혀 준다),

(______) (5) 그 지도자를 하나님을 향하여 도전하기 위하여

     (간접적 인도하심 – 리더십 헌신을 향하여 이동시킨다),

(______) (6) 사역 기회에 대한 문을 열어 주기 위하여,

(______) (7) 떠오르는 지도자가 인도하심 결정들을 내리는 것을 돕는 다른 유사한 목적을 위하여,


b. 사도행전 18:24-28에서 보여지는 섭리적 만남 과정 항목을 기술하라. 누가 영향을 받았는가, 그리고 결과는 어떠한가?

................................................................................

................................................................................

2. 당신 자신의 경험에서 섭리적 만남을 확인하라. 그 과정과 어떻게 하나님께서 당신의 리더십 개발에 그것을 사용하셨는지를 기술하라.

................................................................................

................................................................................

## ◆ 답변 ◆

1. a. (1), (2), 그리고 (3) 교리에 대한 인도하심.

   b. 브리스길라와 아굴라는 아볼로를 위한 섭리적 만남이다. 아볼로는 큰 잠재력을 가진 젊은 지도자였다. 브리스길라와 아굴라는 바울 아래에서 비공식적으로 도제훈련을 받던 성경 선생들이었다. 그들은 아볼로가 진리를 파악하는 것을 더욱 명료하게 하고 그의 "진리" 기초를 개발하는 것을 도울 준비가 된 사람들이었다. 27절에 "연결" 이 아볼로를 위해서 제공되는 것을 주목하라.

2. 현재 바이올라 선교 대학원의 교수인 해롤드 돌라 (Harold Dollar)는 1964년에 나를 위한 섭리적인 만남이었다. 그가 적절한 때에 내 삶에 다다른 것이 하나님에 의해 사용되어서 나로 하여금 제자훈련의 길을 시작하게 만들었다. 그때 이후로 여러 차례 하나님께서는 우리들 중의 하나 혹은 다른 사람을 사용하셔서 다른 사람들을 도전하고, 인도하심을 주고, 조언하고 혹은 그 무언가를 하게 하셨다. 이러한 반복되는 과정 항목들은 우리의 개발 국면의 매 순간에 크게 영향을 미쳤다.

## 중복 확인 과정 항목 (Double Confirmation Process Item) 기호: P (DBLC)

**서론** ┊주요한 인도하심 결정들이 내려져야 하는 결정적 순간에 한 지도자는 종종 그 결정이 하나님의 의지임을 확실히 알 필요가 있다. 바로 그러한 상황에서 하나님께서 분명한 인도하심을 주시는 하나의 방식은 중복 확인 과정을 통해서이다.

**정의** ┊중복 확인은 하나님께서 지도자를 직접적으로 인도하여 주심으로 그분의 뜻을 분명하게 만드시고, 그 때에 전적으로 독립적이고 그 지도자의 인도하심을 인식하지 못하는 몇몇 다른 사람에 의해서 그것을 강화하시는 특이한 인도하심 과정 항목이다.

**사례, 모세/아론** ┊출애굽기 3, 4장은 하나님께서 이스라엘 백성들을 인도하는 데 모세를 쓰시기 위하여 그를 다루심을 얘기한다. 출애굽기 4:27은 아론의 중복 확인의 사례이다. 하나님께서 아론에게 말씀을 주시는데 그것은 모세가 이미 들은 것을 확인해 줄 말씀이었다.

**사례, 사울과 사무엘**　사무엘상 9장은 어떻게 하나님께서 사울과 사무엘 양자 가운데 역사하셔서 그들을 함께 만나게 하시는지를 드러낸다. 하나님께서 사무엘로 하여금 한 왕에게 기름을 붓게 하셨다. 특히 15-18절을 보라.

**사례, 바울과 아나니아**　가장 유명한 중복 확인은 바울의 회심이다. 사도행전 9:22, 26을 보라. 어떻게 하나님께서 바울을 통해서 역사하셨고 그것을 독립적으로 아나니아를 통해서 확인하셨는지 주목하라. 특히 9:10-18을 보라.

**사례, 베드로와 고넬료**　이방인들을 위해서 주어진 기독교에 대한 하나님의 계시에 관한 중복 확인의 중요한 사례. 하나님께서 고넬료와 더불어 역사하셨다 (행 10:1-8). 그리고 베드로에게 역사하셨다 (10:9-18). 그 장의 나머지는 이 유명한 중복 확인에 대한 상세한 기록이다.

**단계들**　중복 확인에 대한 고전적 유형

1.지도자의 사역에 있어서 결정이 하나님으로부터 분명한 말씀을 필요로 하는 결정적 순간.

2.하나님께서 지도자에게 때로는 직접적으로, 때로는 간접적으로 방향제시를 하신다.

3.하나님께서는 그 때에 누군가 다른 사람을 통해서 이 지시를 확인해 주신다. 첫 번째 사람으로부터 영향력 범위가 멀면 멀수록 중복 확인은 보다 장엄해진다.

4.하나님께서는 그때에 실수할 여지가 없는 주권적인 방식으로 그 둘을 함께 만나게 하신다.

**사용**　중복 확인은 다음과 같이 사용된다:

　　1.몇몇 중요한 결정에 섭리적인 확인을 제공한다.

　　2.지도자의 영적 권위를 확증한다.

　　3.숙명에 대한 갱신된 감각을 제공한다.

　　4.내부 사람들과 마찬가지로 외부 사람들에 대한 징표로서 역할을 한다.

**중복 확인 과정 항목에 대한 피드백**

1. 중복 확인 인도하심 과정 항목은 오랜 성경적 유형을 따른다. 당신은 일반적 원리를 제시할 수 있는가?


암시들:

디모데전서 5:19

요한일서 4:1,2

고린도전서 14:13ff

창세기 37:5-9

다니엘 2:5

창세기 41:17-32 특히 32절을 보라


2. 어떠한 영적 은사들이 확실하게 될 필요가 있으며, 중복 확인 과정 항목의 근거가 되는 질문 1에서 확인된 기본적 원칙을 고려해야 할 필요가 있는가?


3. 가능하다면, 당신 자신의 경험으로부터 중복 확인 인도하심 과정 항목을 제시하라.


◆ 답변 ◆

1. 하나의 근원 이상의 것 가운데 중요한 진리를 확인하는 것은 그것이 신뢰할 수 있다는 강한 표시이다.

2. 사도직, 지식의 말씀, 지혜의 말씀, 영들 분별함, 방언, 예언의 말씀은 모두 그것을 통해서 진리가 오는 근원들로서 기능하는 은사들이다. 믿을 수 있기 위해서는, 외

부의 혹은 다중적인 확인이 필요하다. 특히 은사가 다른 사람들의 삶에 영향을 미치는 하나님으로부터의 진리를 드러낼 때 그러하다.

3. 나는 사람들의 삶 속에 있는 다양한 과정 항목들에 대해서 항상 매우 민감하다. 뉴질랜드 침례교 목사인 죠지 피트 (George Pitt)에 대한 짧은 리더십 연구를 행할 때 나는 하나의 중복 확인 과정 항목을 발굴했다. 두 번의 상당한 기간의 금식기간과 관련해서 죠지는 하나님에 의해서 인도되어서 경험적으로 하나님께 땅을 요구하게 되었다. 그는 문자적으로 이웃을 걸어다니면서 땅, 가족, 기타에 대해서 기도했다. 하나님께서 확인을 가져다 주시곤 했던 귀절들은 여호수아 1장의 구절이었다. 그곳에서 하나님께서는 여호수아에게 도전하셨다. "내가 모세에게 말한 바와 같이, 너의 발꿈치로 밟는 모든 장소를, 내가 너에게 주었다." 소유에 관한 이러한 경험적 학습을 하는 동안에 죠지는 그의 아내와 함께 어느 부인들 모임에 참석했다. 그 모임에 남편들도 초대되었기 때문이었다. 그곳에는 미국에서부터 온 래리 알렌 (Larry Allen)이란 초청 연사가 있었다. 모임이 끝나갈 무렵 그는 지식의 말씀을 주기 시작했다. 그는 죠지에게 돌아서서, 손가락을 그에게 가리키면서 여호수아 1:3을 인용하고는 하나님께서 진실로 그가 그 땅을 소유하기를 원하신다고 말했다.

## 섭리적 확인 과정 항목 (Divine Affirmation Process Item) 기호: P (DA)

**서론** 평생의 사역을 통해서 지도자가 하나님으로부터 재확인을 필요로 할 때가 있을 것이다. 이것은 사역에 관한 승인과 마찬가지로 하나님에 의해서 사랑받는 사람으로서의 수용에 대한 심리적인 필요를 포함한다.

**정의** 섭리적 확인은 하나님께서 지도자를 승인해 주셔서 그 지도자가 궁극적인 목적에 대한 갱신된 감각과 하나님을 섬기는 일을 계속하고자 하는 새로와진 욕구를 갖게 되는 특별한 종류의 숙명 경험이다.

**사례-예수님** 예수님의 사역 기간 중 적어도 세 번 하나님의 섭리적 확인을 관찰할 수 있다. 마3:17, 17:5, 요12:27,28

**사례-아브라함**　창세기 12:1-3로부터 계속해서 25년 넘게 하나님께서는 반복해서 아브라함에게 비정기적으로 섭리적인 확인을 주셨다. 특히 창세기 15장을 보라. 그곳에서 하나님께서는 아브라함의 목적을 새롭게 하시고 또한 위대한 진리를 드러내셨다.

**사례-사무엘**　사무엘상 12:13-19은 사무엘의 사역에 대한 외적인 섭리적 확인을 보여주는 위대한 구절이다.

**사례-바울**　사도행전 18:9,10과 27:23-26은 바울의 사역에 대한 섭리적 확인들이다.

**종류들**　섭리적 확인은 다음과 같은 형태로 주어질 수 있다:

1.내면의 소리 혹은 다른 직접적인 계시

2.천사의 방문

3.비전

4.기적적인 징표

5.예언의 말

6.꿈

7.외적인 증언에 의해서 증명된 삶에 대한 하나님의 축복을 감지하는 것. (요셉, 창 39:2,3, 39:21-23)

8.주권적인 환경들의 정렬

**사용**　1. 하나님을 섬기려는 지도자의 욕구를 갱신하고자,

2. 사역 혹은 개인적 환경들로 인해서 거부감이 자리잡고 있을 때 용납에 대한 확증을 주기 위하여,

3. 사역 목적들에 대한 외적인 지지를 제공하기 위하여,

4. 영적 권위 능력 기초를 넓히기 위하여

<table>
<tr><td>원인</td><td>주로 하나님으로부터 직접적으로 오는 것으로 인식된다. 지도자의 삶에 대한 하나님의 축복을 인지하는 사람들을 통해서 올 수도 있다.</td></tr>
</table>

## 섭리적 확인 과정항목에 대한 피드백

1. 섭리적 확인은 대 여섯 가지의 다른 과정 항목들과 관련된다. 다른 인도하심 과정 항목들 중의 어느 것에 그것이 가장 긴밀히 연관되는가?

(______) a. 섭리적 만남          (______) b. 중복 확인

(______) c. 부정적 준비          (______) d. 육적 행동

2. 다른 인도하심 과정 항목들 중의 어느 것에 그것이 가장 적은 연관을 갖는가? 선택을 하고 왜 그것을 선택했는지를 설명하라.

(______) a. 섭리적 만남          (______) b. 중복 확인

(______) c. 부정적 준비          (______) d. 육적 행동

3. 다음의 섭리적 확인들을 분석하면서 그 초점이 어디에 있는지를 확인하라. 만일 당신이 느끼기에 섭리적 확인이 내면적으로 초점이 맞추어져 있으면 "I"를 기입하고, 만일 당신이 느끼기에 섭리적 확인이 외적으로 초점이 맞추어져 있다면 "E"를 기입하라. 동시에 섭리적 확인이 주어지는 방법을 기술하라

| 사례 | 초점 | 방법 |
|---|---|---|
| a. 마3:17 (cf. 마1:32ff) | | |
| b. 마17:5 (cf. 벧후1:16-18) | | |
| c. 행18:9 | | |
| d. 행27:23-26 | | |
| e. 삼상12:13-19 | | |
| f. 창15장 | | |

4. 나는 섭리적 확인 과정 항목은 영적 권위와 긴밀하게 연관된다고 말했다. 아래에 주어진 영적 권위의 정의를 훑어보고 왜 내가 이렇게 말했는지를 설명하라.

........................................................................................

........................................................................................

영적 권위는 하나님께서 기름부으신 지도자의 특성으로서 경험적인 능력 기반 위에 개발된다. 그것은 지도자로 하여금 하나님의 목적들을 향한 설득, 모델링의 힘 그리고 도덕적 전문성을 통해서 추종자들에게 영향을 미치도록 한다.

5. 하나님께서 당신에게 섭리적인 확인을 주신 과정 사건의 사례를 제공하라.

........................................................................................

........................................................................................

### ◆ 답변 ◆

1. a. 섭리적 만남 (그리고 그것과 긴밀하게 연관된 짝의 한쪽으로 멘토링), b. 중복 확인

   확인은 멘토가 멘토리에게 사용하는 방법론의 일부이다. 종종 주권적 인도하심 항목은 한 방향에 대한 시인이다. 섭리적 만남은 종종 방향을 알려주기 위해서 사용된다. 섭리적 확인 또한 종종 내적 초점을 통해서 그리고 외적 초점을 통해서 오게 되는데 그것도 실제로는 섭리적 확인의 중복 확인 형태이다.

2. c. 부정적 준비       d. 육적 행동

   섭리적 확인은 거의 언제나 긍정적인 경험이다. 부정적 준비의 마지막 결과가 긍정적인 반면에 (자신의 삶을 위해서 다음 단계로의 위대한 방출), 그 경험 자체는 대개 부정적이다. 육적 행동은 결코 하나님의 시인의 도장을 받을 수 없다.

3.

| 사례 | 초점 | 방법 |
|---|---|---|
| a. 마3:17 (cf. 마1:32ff) | I, E | 눈에 보이는 싸인, 들리는 음성 |
| b. 마17:5 (cf. 벧후1:16–18) | I, E | 눈에 보이는 싸인, 들리는 음성, 자연적 현상 |
| c. 행18:9 | I | 환상 |
| d. 행27:23–26 | I | 천사의 방문 |
| e. 삼상12:13–19 | E | 자연적 현상 (폭우) |
| f. 창15장 | I | 비전 |

4. 밑줄 친 말에 주목하라: 영적 권위는 <u>하나님께서 기름부으신</u> 지도자의 특성으로서 경험적인 능력 기반 위에 개발된다. 그것은 한 지도자로 하여금 하나님의 목적들을 향한 설득, 모델링의 힘 그리고 도덕적 전문성을 통해서 추종자들에게 영향을 미치도록 한다.

   영적 권위의 핵심에는 지도자가 갖는 하나님께 가깝다는 느낌이 있다. 섭리적 확인은 <u>하나님께서 기름부으시는</u> 것의 한 표현이다. 그것은 한 삶 위에 하나님께서 터치하신다는 <u>분명한 증거</u>이다. 경험적 능력 기반은 하나님을 경험하는 것을 언급한다. 섭리적 확인은 하나님을 특별하게 경험하는 것이다. 섭리적 확인은 영적 권위에 대한 외적인 지지를 제공한다; 지도자의 삶과 사역의 증언은 영적 권위에 대한 내적인 증거를 제공한다.

5. 당신이 선택하라. 나는 수업시간에 내 경험 중의 하나 혹은 둘을 나눌 것이다.

### 사역 확인 과정 항목 (Ministry Affirmation Process Item) 기호: P (MAF)

**서론** 사역 과정 중에 많은 교훈들이 부정적인 경험을 통해서 학습된다. 이러한 교훈들은 평생의 개발이란 관점에서 볼 때 매우 귀중하다. 그러나 사역 과정 중에는 종종 그러한 전반적인 관점을 갖기가 힘들다. 그래서 이러한 부정적인 교훈들이 낙심케 하는 것이 될 수 있다. 지도자들은 하나님을 기쁘시게 하는 적절한 리더십에 관해서 격려받을 필요가 있다. 사역 확인 과정 항목은 그처럼 필요한 격려를 제공한다. 그것은 보다 일반적인 섭리적 확인 과정 항목의 한 특수한 형태이다. 그것은 지도자를 격려하고 리더십에서 갱신된 궁극적 목적에 대한 감각을 제공한다. 그것은 하나님께서 "등을 두드려" 주시는 과정이다.

**정의**　　사역 확인 과정 항목은 특별한 종류의 숙명 경험이다. 하나님께서 지도자에게 어떤 특별한 사역 과제 혹은 어떤 일반적인 사역 경험과 관련해서 인정해 주신다. 그것은 그 지도자에게 갱신된 목적 의식을 가져다 준다.

**사례**　　사도행전 18:9-11. 고린도에서의 바울. 사역을 격려하고 하나님의 보호하심을 보여 주기 위하여 특별한 비전이 주어진다.

**사례**　　바울과 바나바. 그들의 사도적 사역이 확증된다. 갈라디아서 2:1-10을 보라. 특히 9절.

**사례**　　엘리야. 하나님께서 침체 가운데 있는 엘리야를 만나심. 열왕기상 19:1-18을 보라.

**사례**　　베드로. 요한복음 21장에 있는 예수님의 시험은 주요한 회복적인 사역 확인이다.

**사례**　　나사로를 일으킨 사건에서의 예수님. 특히 요한복음 11:41-42을 보라.

**사례**　　고라, 도단과 아비람의 반역 사건에서의 모세. 특히 민수기 16:27-30을 보라. 이것은 권위, 능력, 그리고 확인 과정 항목들이 포함된 복합적인 과정 사건이다.

**종류들**　　사역 확인 수단들은 다음의 것들을 포함한다: 비전, 표적, 내면의 소리, 내적 확신, 성공적인 사역 사건, 인간적인 감사의 표현, 어떤 사역 역사의 측면에 대한 성찰시 주어지는 내적 만족, 지식 혹은 지혜의 말씀, 예언, 진급, 혹은 영향력 범위의 증대.

**초점** 주로 사역 확인은 격려로서 기능한다. 부차적으로 그것은 종종 인도하심의 확증으로 기여한다.

## 사역 확인 과정 항목에 대한 피드백

1. 사역 확인을 촉발하는 "분명한 필요" 그리고 사역 확인이 주어지는 "수단들"에 대해서 다음의 사례들 중 적어도 두 개를 검토하라. 당신은 아마도 내가 준 것보다 더 많은 본문의 맥락을 읽을 필요가 있을 것이다.

| | 분명한 필요 | 확인의 수단들 |
|---|---|---|
| a. 행18:9-11. 고린도에서의 바울 | | |
| b. 갈2:1-10. 바울과 바나바 | | |
| c. 왕상19:1-18. 엘리야 | | |
| d. 요21장. 베드로 | | |
| e. 요11:41-42. 예수님 | | |
| f. 민16:27-30. 모세 | | |

2. 당신이 개인적으로 경험한 중요한 사역 확인 과정 항목을 기술하라. 상세한 내용을 언급하라.

| 언제 | 분명한 필요 | 수단들 | 결과들 |
|---|---|---|---|
| | | | |

1.

|  | 분명한 필요 | 확인의 수단들 |
|---|---|---|
| b. 갈2:1-10.<br>바울과 바나바 | 고유한 사역의 인정 | 인간들이 인정함. 예루살렘 교회의 지도자들인 야고보, 베드로, 그리고 요한이 바나바와 사울의 사역을 승인해줌. |
| e. 요11:41-42.<br>예수님 | ~의 증거: 하나님과의 친밀한 의사소통; 섭리적인 사명 | 하나의 기적. 믿음의 말씀이 영예를 받음. 나사로가 죽음에서부터 일으켜짐. |

2.

| 언제 | 분명한 필요 | 수단들 | 결과들 |
|---|---|---|---|
| 1981년 겨울 | 주요한 경계 국면의 인도하심 | 하나님과만 더불어서 기도하는 날; 세 가지의 구하지 않은 사역 의뢰 받음; 전화통화를 통해서. | 나는 인도하심을 받았을 뿐 아니라 또한 하나님께서 나와 함께 계시고 나를 사용하시기 원하신다는 것을 알았다. 큰 기쁨과 기대감이 있었다. |

## 숙명 성취 과정 항목 (Destiny Fulfillment Process Item) 기호: P (DF)

**서론** 숙명 형태는 세 가지 측면들을 포함한다. 하나, 하나님의 준비적인 사역은 숙명인식에 대한 증가하는 깨달음을 가져다 준다. 둘, 그 깨달음은 하나님께서 그것에 대한 계시를 주심에 따라 확신으로 바뀐다. 셋, 종종 숙명이 성취되는 데에서 절정을 이루는 그 숙명의 성취를 향한 확인과 움직임이 존재한다. 숙명 성취는 숙명 유형의 세 번째 측면―특정한 숙명을 하나님께서 완성하신다는 확신과 증가하는 깨달음――에서 작동되는 과정 항목들의 범주를 기술한다.

**정의** 숙명 성취 과정 항목은 이전부터 진행되어 온 숙명 과정의 완성을 나타내는 중요한 행동들, 사람들, 섭리적 환경들, 혹은 시기가 되는 과정 항목들을 모은 것들이다.

**사례**　요셉. 숙명 준비 항목을 위해서 창세기 30:22-24을 보라. 숙명 계시를 위해서 창세기 37:5-8, 9-11을 보라. 숙명 성취를 위해서 창세기 42-47장을 보라.

**사례**　바울. 숙명 계시를 위해서 사도행전 9:15,16을 보라. 숙명 성취의 다양한 측면들을 위해서 사도행전 26:19과 모든 바울 서신들을 보라.

**종류들**　버텔센 (1985) 은 다음의 특별한 종류의 숙명 성취 과정 항목들을 열거한다.

　　　1. 약속 실현

　　　2. 섭리적인 확인

　　　3. 순종 과정 항목들

　　　4. 말씀 과정 항목들

　　　5. 믿음의 행동들

　　　6. 예언 성취

**사용**　사역의 관점에서 보면 숙명 성취의 만족보다 더 큰 만족은 끌어내기 힘들 것이다. 한 생애를 통해서 숙명 항목들이 나타나는 것을 보고 (준비 항목들 그리고 다양한 계시 항목들을 포함해서) 그것들이 열매로 나타나는 것을 보는 것은 자신의 삶이 그리스도를 위해서 소중하다는 것을 아는 것이다. 숙명 성취는 여전히 땅 위에 머무르는 동안에 하나님께서 "잘 했다" 고 들려 주시는 말씀이다. 그것은 소중한 삶에 대한 하나님의 종결이다.

**시기**　궁극적인 숙명 성취는 생애 후반에, 대개 고유 사역 기간 동안에 발생한다. 작은 성취들은 성장 사역 기간 혹은 고유 사역 기간의 어떤 때에도 일어날 수 있다 (e.g. 예언의 성취, 약속의 이행, 등).

**숙명 성취 과정 항목에 대한 피드백**

1. 요한복음 19:29, 30절의 어떤 말이 숙명 성취 과정 항목을 나타내는가? 이 숙명 성취 항목으로 이끄는 진보를 보여주는 숙명 준비와 숙명 계시로부터 적어도 하나의 숙명 항목을 추적하라.


    a.숙명 성취를 상징하는 말들:
......................................................................................................................
    b.숙명 준비 항목 :
......................................................................................................................
    c.숙명 계시 항목 :
......................................................................................................................


2. 당신은 버텔센에 의해서 숙명 성취에서 일어나는 것으로 제시된 항목들 중 어떤 것들의 사례가 되는 성경 사건들을 생각할 수 있겠는가?


    a. 약속 실현
......................................................................................................................
    b. 섭리적 확인
......................................................................................................................
    c. 순종 과정 항목들
......................................................................................................................
    d. 말씀 과정 항목들
......................................................................................................................
    e. 믿음의 행동들
......................................................................................................................

3. 당신은 숙명 성취를 나타내는 사건들을 경험한 적이 있는가? 기술해 보라.

......................................................................................................................
......................................................................................................................


### ◆ 답변 ◆

1. a. 다 이루었다. 예수님은 아버지가 자신에게 하라고 보내신 것을 이루셨다.

   b. 눅1:32, 33과 눅2:33-35을 보라.     c. 요12:27-33

2.  e. 믿음의 행동들. 요셉을 보라. 수 24:32과 더불어 창50:25,26을 보라.

3.  약속 실현. 1967년에 하나님께서는 언젠가 내가 파푸아 뉴기니아에 있는 기독교 지

도자 훈련 대학에 세워지는 예배당에 방문해서 설교할 것이라는 약속을 확인해 주셨다. 컬럼비아 성경 대학에서 학생들은 이 예배당을 짓기 위해서 돈을 모으고 있었다. 1983년 그 약속은 실현되었다. 그것은 나에게 있어서 감동적인 순간이었고, 내 삶 가운데 하나님의 지속적인 선하심을 확신시켜 주었다.

## 인도하심 꾸러미에 대한 주해

**균형** 인도하심 개발은 복합적이고 예민하다. 하나님께서는 지도자의 인격적 주도성을 억누르지 않고, 그 지도자로 하여금 인도하심을 분별하도록 가르쳐야만 한다. 하나님께서 그분의 인도하심을 따르는 헌신을 하도록 하는 한편, 그분은 또한 그 지도자로 하여금 결정을 내리는 것에 대한 개인적 책임감을 가르쳐야만 한다. 그것은 매우 오랜 기간에 걸쳐서, 많은 과정 항목들을 통해서 천천히 일어나게 된다.

**히브리서 13:7-8을 적용** 추종자들이 하나님의 목적을 향하여 나아가도록 영향력을 미치는 지도자들은 하나님의 목적에 대해서 확신을 갖고 분별할 수 있어야만 한다. 기술된 인도하심 꾸러미 항목들은 어떻게 과거의 지도자들이 그들의 삶에서 하나님의 손길을 인지했는지에 대한 약간의 관점을 제공한다.

**주권적 인도하심과 영적 권위** 주권적 인도하심은 그 모든 국면에 있어서 영적 권위의 개념과 관련해서 매우 중요하다. 그것은 결정적인 삶의 결정을 내릴 때 하나님을 경험하는 것이다. 일반적으로 지도자는 일상 생활에서 대부분의 리더십 결정을 내릴 때 주권적 인도하심을 경험하지 못할 것이다. 그러나 영적 권위를 가진 사람은 개인적 삶을 위한 것이든 사역을 위한 것이든 중요한 주권적 인도하심의 과거 기록을 지적할 수 있다. 그것은 영적 권위에 신뢰도를 높여주는 요소중의 하나이다.

**육적 행동** 육적 행동 과정 항목에 대한 성찰은 부정적 사고를 훈련하는 것이 아니다. 그것은 하나님께서 우리의 분별력을 날카롭게 하시고 그분의 음성을 깨닫는 능력을 강화시키는 과정이다. 우리가 우리 자신의 것이든 다른 사람들의 것이든 인도하심 사례들을 되돌아볼 때 우리는 취해진 행동을 비판하기 위해서가 아니라 그것들로부터 배우기 위해서 살펴보는 것이다. 우리는 어떻게 하나님께서 그분의 인도하심을 알려주시는 지에 관한 교훈들을 찾아야만 한다. 그리하면 미래에 그분의 인도하심을 보다 분명하게 분별할 수 있게 될 것이다.

**섭리적 만남에 대한 인식**  때때로 섭리적인 만남은 의식되지 못한다. 하나님께서 특정한 시기에 누군가를 사용하셔서 다른 사람의 삶에 영향을 미치셨다는 것이 의식되지 못할 수 있다. 종종 사역 가운데 주어진 "구절" 혹은 "메시지"가 적절한 순간에 열쇠가 된다. 수년 후에 어떻게 주어진 순간에 누군가가 하나님에 의해서 섭리적인 만남의 기능을 위해서 특별하게 사용되었는지 밝혀지게 될 것이다.

**중복 확인과 인도하심의 확인**  몇몇 중요한 결정, 문제, 혹은 삶의 위기는 너무 중요해서 그것들은 인도하심에 대한 추가적인 확인을 요구된다. 바울의 회심이 그런 경우이다. 사도행전 9, 22, 26장을 보라. 어떻게 하나님께서 바울을 통해서 그리고 그와는 상관없이 아나니아를 통해서 일하셨는지 주목하라. 특히 9:10-18을 보라. 이 회심은 전세계 기독교에 너무 중요한 일이어서 어떠한 의심의 여지나 자기기만이란 고소를 받을 여지도 있어서는 안되었다. 하나님께서는 하나님의 계시에 의해서만 알 수 있는 누군가를 통해서 확인과 확신을 주셨다.

**중복 확인- 적용**  지도자로서 당신이 중요한 결정에 직면할 때 하나님께 중복 확인을 주시도록 구하라. 그것은 결국 당신에게 신앙 도전이 될 수도 있을 것이다.

**중복 확인의 변형**  기드온의 유명한 양털 이야기는 또 다른 종류의 중복 확인이다. 그것은 그 과정의 본질을 나타낸다 — 인도하심에 대한 확신을 얻어서 하나님의 인도하심이 절대적으로 분명하게 된다. 정확한 단계나 형태를 따르지는 않지만 본질적 기능을 제공하는 또 다른 변형된 형태가 있을 수 있다.

**사역 확인을 포함하는 섭리적 확인**　대개 확인은 내면적인 것이다. 그것은 지도자 자신을 만족시킨다. 하나님께서 진실로 함께 계시고 하나님을 섬기는 삶의 목적은 진실한 것이고 강력하고 가치있는 것이라고 느낀다. 그러나 때때로 확인이 다른 사람들이 알고 볼 수 있는 외적인 경우도 있다. 외적인 섭리적 확인은 대개 영적 권위의 확인과 관련된다.

**재생, 일반적으로 필요한 항목으로서의 섭리적 확인**　일상적인 사역의 단조로움은 특별한 것에 의해서 비정기적으로 깨뜨려질 필요가 있다. 자신의 사역이 적절한 것이고 가치있는 것이며 자신의 삶은 진실로 하나님의 목적과 관련해서 의미있는 것임을 알 필요가 있다. 이러한 재확인은 대개 내적인 필요인데 그것은 그 지도자에게 새로운 생명을 주입한다. 수시로 이 확인이 지도자가 진실로 영적 권위를 가진다는 것을 추종자들에게 확인시키기 위하여 외적으로 나타난다. 이러한 특별한 하나님으로부터의 승인을 기술하는 이 과정 항목이 섭리적 확인이라 불리운다. 그것은 영적 권위와 긴밀하게 연결된다.

**사역 확인의 원인**　종종, 섭리적 확인은 지도자가 현재 사역에서 떨어져서 하나님을 찾을 때 주어진다. 하나님하고만 더불어서 보내는 의도적인 금식 시간과 기도의 날은 사역 확인의 모판이다. 사역 확인의 필요는 연약함의 표징이 아니라 향후 섬김에 동기를 부여할 재생과 회복의 전조이다.

## 성숙 꾸러미 (Maturity Cluster) 동의어: 심화 과정

**서론**　심화 과정 (Deep Processing) 은 지도자에게 삶과 사역의 깊은 의미에 대해 평가하도록 한다. 성숙 꾸러미는 이것을 나타낸다. 그것의 두 가지 하위 꾸러미들은 이러한 성찰적인 초점을 달성한다. 심화 과정 하위 꾸러미는 고립, 갈등, 그리고 삶의 위기를 활용해서 지도자로 하여금 삶이 무엇이고 사역이 무엇을 궁극적으로 성취하는 것인지 평가하게 만든다. 그것들은 지도자의 초점을 평생의 노력을 향하여 그리고 궁극적으로 중요한 것에 맞추도록 하기 위해서 사용된다. 심화 과정은 본질적으로 경험적인 배움에 초점을 둔다. 인식적 이해는 중요한 이차적 부산물이다. 수렴 하위 꾸러미는 주로 효과적인 사역이 무엇인가에 대한 인식적 이해에 초점을 맞춘다.

**서술**  성숙 꾸러미는 일련의 다섯 가지 과정 항목들로 되어있다. 그것들은 사역에 대한 주요한 기초로서 "존재" 의 중요성을 강조한다. 이것들은 성품과 무엇을 위해서 사역이 존재하는가에 대한 기초로서 인격적인 본질의 중요성에 대해서 지도자에게 가르치는 것에 집중한다.

### 벤 다이어그램

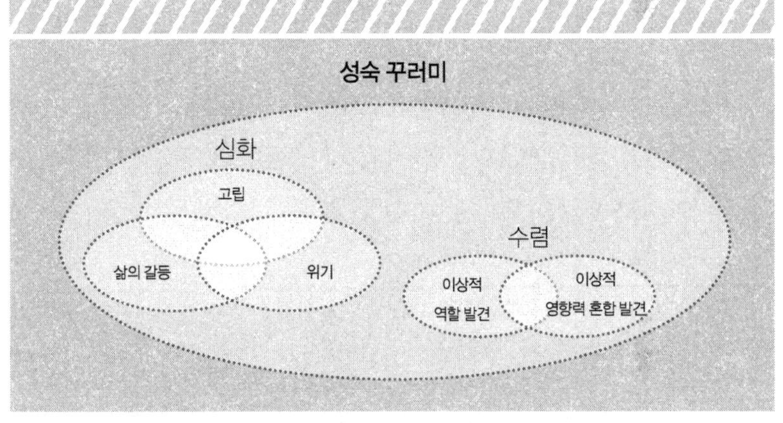


**본질적 특징**  모든 이러한 인도하심 항목들은 하나님께서 효과적인 사역을 지향하도록 지도자를 만드시는 것에 관심을 두신다는 것을 전제한다. 효율 (일들을 바르게 하는 것)은 일반적으로 성장 사역 과정의 주요한 목표였다. 효과 (바른 일들을 하는 것, 바른 이유들 때문에 그리고 바른 기초로부터 그것들을 행하는 것)는 이 과정들을 특징짓는다.

**공유된 과정들**  갈등과 위기들을 포함하는 과정은 또한 사역 형성 과정의 부분으로서 일어난다. 사역 형성에 우선순위를 두고 분석할 때 초점은 그 사람을 사역적 효과 면에서 개발하기 위해서 무엇이 학습되어야만 하느냐에 있다. 여기에선, 초점이 "행위" 근거가 아닌 "존재" 근거로부터 자신에 관하여 그리고 궁극적인 성취에 관하여 지도자가 배우는 데에 있다.

### 고립 과정 항목 (Isolation Process Item) 기호: P (I)

**서론**  리더십 연구에서 보여지는 반복적인 과정 항목은 고립이라고 불리우는 특별한 종류의 위기 항목이다. 지도자의 생애에서 대여섯 번 지도자는 일상적이고 직접적으로 사역에 관계된 일로부터 떨어져 나올 수 있다. 원인은 위기들, 징계적 행동, 섭리적 환경들 (전쟁, 억압적인 정부 행동, 질병), 혹은 자기 선택을 포함할 수 있다. 그 과정의 취지는 고립이 하나님의 역사이고 그것이 하나님과의 더 깊은 관계로 그리고 하나님을 경험하는 데로 초대하는 것을 인식하는 데에 초점을 둔다.

**정의**  고립 과정은 새롭고 보다 심화된 방식으로 하나님을 경험하기 위해서 대개 연장된 기간 동안 지도자를 자연적 맥락의 일상적으로 관련된 사역에서 벗어나게 하는 것이다.

**중요한 이유**  고립 과정 항목들은 종종 일상적 사역의 압박감 하에서는 배울 수 없을 소중한 교훈을 주기 위하여 하나님께서 사용하시기 때문이다.

| 유형 | 관찰된 교훈 |
|---|---|
| 질병 | - 하나님께 대한 의존<br>- 초자연적 치유에 대한 배움<br>- 목적 달성의 긴급성<br>- 내면적 삶의 심화, 특히 중보 기도 |
| 감옥 | - 하나님께 대한 의존<br>- 정신적 자원, 기억의 활용<br>- 하나님의 뜻에 대한 복종<br>- 모델링을 통한 간접적 영향과 확대된 중보 기도의 삶 |

| 성격 갈등,<br>조직의 징계 | - 하나님께 대한 복종<br>- 영적 권위에 대한 복종<br>- 자신의 영적 권위에 대해서 변호하지 않는 교훈<br>- 다른 사람들의 관점에 대한 가치<br>- 하나님께 대한 의존 |
|---|---|
| 갱신(renewal)을<br>위한 자기-선택 | - 사역에 대한 새로운 관점<br>- 숙명에 대한 감각을 다시 불태움<br>- 기도의 능력<br>- 말씀으로부터 오는 내적인 확신들<br>- 인도하심 |
| 교육, 훈련을<br>위한 자기-선택 | - 사역에 대한 새로운 관점<br>- 숙명에 대한 감각을 다시 불태움<br>- 새로운 아이디어들과 변화에 대해서 더 열려짐<br>- 더 넓은 그리스도의 몸에 대한 의존<br>- 타인들에게 드러냄을 통한 확장 |

## 고립 과정 항목에 대한 피드백 연습

1. 여기에 당신이 개인적으로 경험한 어떠한 고립 과정 항목들을 기술하라. 그리고 이러한 과정 항목들에서 하나님께서 당신을 가르쳐주신 것을 기술하라. 당신은 이러한 교훈들이 당신의 일상적인 사역 상황에서 기꺼이 학습될 수 있었다고 생각하는가?

2. 당신이 다른 유형의 고립 과정 항목들을 인식하고 있다면, 그것들을 여기에 나열하라.

3. 여기에 당신이 생각해 낼 수 있는 고립 과정 항목들의 성경적 사례들을 열거하라.

◆ **답변** ◆

1. 선교지에서의 리더십 갈등 가운데 나는 내 자신의 융통적이지 못한 부분을 직면하게 되었다. 나는 징계받고 내가 행해오던 일상적 사역에서 배제되었다. 처음으로 나는 내가 융통성이 없다는 것을 알게 되었다. 다음 한 해 반 동안 나는 하나님께서 내 성품을 놀랍게 바꾸시는 것을 보았다. 그러한 변화에는 구부리는 것과 유연해지는 것을 배우는 것이 포함되었다. 나는 또한 영적 권위에 관한 약간의 심층적 교훈을 얻게 되었다. 중요한 것은 하나님께서 영적 권위를 옹호하신다는 것이었다. 내 스스로 옹호할 필요가 없다는 것이다.

2. 심리학적 고립. 상황의 한 가운데에서 비록 육체적으로 몇몇 사역으로부터 고립되지는 않았지만, 사람들은 여러 가지 이유 때문에 그들이 수행하기를 원하는 사역으로부터 배제될 수 있다.

3. 밧모섬의 요한. 감옥 속의 바울.

## 갈등 과정 항목 (Conflict Process Item) 기호: P (C)

**서론** 갈등 과정 항목은 어떠한 형성들과도 관련해서 한 지도자에게 과정을 밟기 위하여 사용되는 어떠한 갈등을 기술하는 일반적 과정 항목이다. 그것은 하나의 위기 과정 항목의 사전적 형태이다. 대개 성장 사역 기간 중에 그것이 발생할 때 우리는 그것을 사역 갈등이라 부르고 학습되는 교훈들이 사역적 형성에 영향을 주는 경향이 있기 때문에 그것에 특별한 정의를 제공한다. 그러나 갈등은 모든 국면에서 발생하고 종종 매우 개인적이고 그것이 사역적 형성에 초점을 두는 것과 마찬가지로 영적 형성에 초점을 둔다. 수렴 하위 꾸러미에서 갈등 과정 항목의 취지는 지도자에 의해서 학습되는 교훈들에 있다. 그것들은 주로 영적 혹은 전략적 형성에 영향을 미친다.


**정의** 갈등 과정 항목은 지도자의 삶에서 하나님께서 지도자에게 하나님께 대한 의존과 믿음과 내면의 삶을 개발시키기 위하여, 개인적이든 사역에 관련된 것이든 갈등을 사용하시는 그러한 경우이다.

**사례** 예레미야서는 사역 갈등과 일반적 갈등 항목들 양자를 포함하는 갈등 과정으로 채워진 책이다. 개인적 갈등 항목들은 예레미야의 자아상과 그가 직면한 핍박과 관련이 있다. 사역 갈등은 그가 받은 다양한 사역 과제들 혹은 임무들과 그 사역에 대한 반응과 관련된다.

**결합 과정** 갈등 과정 항목들은 대개 다른 항목들과 결합되어 발생할 것이고 종종 다른 항목을 배우기 위한 자극이 될 것이다. 갈등과 결합되는 몇몇 주요한 과정은 다음과 같다:

<table>
<tr><td>●숙명 통찰;</td><td>●구조 통찰;</td></tr>
<tr><td>●기본 기술;</td><td>●리더십 반발;</td></tr>
<tr><td>●사역 도전;</td><td>●고립;</td></tr>
<tr><td>●신앙 도전;</td><td>●영적 권위;</td></tr>
<tr><td>●영적 통찰;</td><td>●인도하심 항목</td></tr>
</table>

**초점** 갈등 과정은 사역 갈등의 일반적 기능들을 달성하고 또한 다음의 것들에 초점을 둔다.

1) 갈등에 의해서 드러나는 지도자의 성격
2) 갈등을 통해서 성격을 형성하고자 하시는 하나님의 의도
3) 다른 과정을 위한 자극으로서 갈등을 보는 것

**목적** 갈등 항목에서의 강조점은 갈등에 관해서 배우는 통찰만이 아니라, 그러한 갈등 상황에서 하나님에 의해서 의도된 개발이 진행 된다는 것이다.

## 갈등 과정 항목에 대한 피드백

1. 다음의 연습문제들은 기초적, 이전적, 혹은 성장 사역 과정 기간 동안 발생할 수 있었던 대여섯 가지의 갈등 과정 항목들을 분석할 것을 당신에게 요구할 것이다. 대여섯 가지의 갈등 과정 항목들을 기록하라. 아마도 당신은 이전에는 그것들을 단지 문젯거리로만 보고 하나님께서 그것을 통해서 당신을 개발시키는 목적을 이루고 계신다는 것을 깨닫지 못했을 것이다. 이 피드백은 이 갈등을 새로운 관점을 갖고 돌이켜 보도록 당신을 도울 것이다. 당신이 이제 볼 수 있는 교훈들을 기술하라 <sub>(믿음, 하나님께 대한 의존, 자아에 대한 통찰들의 계시, 등등)</sub>.

| 언제 | 갈등 항목 | 뒤로 돌아봄으로 얻는 교훈들 |
|---|---|---|
| (1) | | |
| (2) | | |
| (3) | | |

2. 개발 의도를 가진 갈등 사례를 성경에서 찾아 보라. 그 안에서 당신을 위한 어떠한 교훈을 볼 수 있는가?

3. 종종 몇몇 다른 과정 항목과 나란히 발생하는 갈등에 관한 코멘트를 다시 주목하라. 그리고 당신 자신이 개인적으로 경험했거나 혹은 특정한 지도자에게서 보았던 갈등과 결합되어 나타난 과정 항목들에 체크하라.

(______) a. 숙명 통찰  (______) b. 기본 기술

(______) c. 사역 도전  (______) d. 신앙 도전

(______) e. 권위 통찰  (______) f. 구조 통찰

(______) g. 리더십 반발  (______) h. 고립

(______) i. 영적 권위  (______) j. 인도하심 항목들

하나를 선택하라. 기본적인 것들을 기록하고 다른 사람과 나눌 준비를 하라.


### ◆ 답변 ◆

1. 나는 수업 시간에 나누기 위해서 이 질문에 대한 답변을 보류한다.

2. 다윗은 압살롬과 갈등하게 된다. 그것은 주로 개인적인 것이었지만 사역에까지 확대되었다. 나를 위한 교훈: 너무 바빠서 개인적 가족 문제를 돌보지 못하는 지도자는 결국 사역의 문제를 겪게 될 것이다.

3. 내가 이전의 지도자들 중 하나와 갈등한 것은 확장된 사역으로 나아가기 위한 부정적 준비였다. 갈등과 예언적 말씀이 아니었다면 나는 그 뒤에 따라오는 영향력 도전을 받아들일 수 없었을 것이다. 나는 성경적 인물들, 다른 지도자들, 혹은 나 자신의 삶 모두에서 많은 사례들을 보았다.


## 삶의 위기 과정 항목 (Life-Crisis Process Item) 기호: P (LC)

**서론** 삶의 위기는 일반적 위기 과정 항목의 특별한 종류이다. 이는 위기 과정 항목의 기본적인 아이디어들을 포함하지만 핵심은 영적 권위를 심화시키는 것이다. 그것은 다른 것들을 달성하기 위해서 다른 과정 항목들과 결합되어 사용될 수 있지만 주로 지도자를 하나님과의 보다 깊은 관계로 이끈다.


**정의** 삶의 위기 과정 항목은 인간의 일상사 가운데 증가하는 압력에 의해서 특징 지워지는 위기 상황이다. 그 안에서 삶의 의미와 목적이 추구되며 지도자는 근원, 지탱자, 그리고 삶의 초점으로서 하나님을 새로운 방식으로 경험하는 결과를 산출한다.


**사례-바울** 고린도후서 1:8-11은 여러 가지 삶의 위기 과정 항목들로부터 얻어진 바울의 통찰력들을 기술한다.


**사례-바울** 고린도후서 4:7-12에서 바울은 이 과정 항목이 하나님의 능력에 대한 이해를 심화시킨다는 것을 보여준다. 지도자는 단지 그것을 위한 통로일 뿐이다.

**사례-아브라함**　창세기 15장은 삶의 위기 과정 항목을 드러내는 이야기이다. 그것은 하나님께서 어떻게 그 자신을 드러내시는지, 그 지도자를 확장시키고 하나님의 미래 사역을 향한 큰 기대감을 주기 위하여 그 과정을 어떻게 사용하시는지를 보여 준다. 아브라함은 전쟁에서 승리하고 막 돌아왔다. 그는 약탈물 가운데 자신의 몫을 멜기세덱에게 주었다. 그는 보복을 두려워했다. 그 위기의 순간에 하나님께서 보호, 공급, 그리고 그 숙명 약속에 대한 그 이상의 조명과 더불어 약속의 갱신을 보장하는 상징적 비전을 갖고 그를 만나셨다. 숙명 계시를 포함하는 결합 과정에 주목하라.

**초점**　삶과 죽음의 상황은 분명히 삶의 위기 과정에 해당한다. 그러한 상황은 삶의 보다 깊은 의미에 대한 성찰을 가능케 한다. 삶의 일시적인 본질에 대한 인식은 삶의 목표들에 대한 평가를 내리게 한다. 이것들은 다시금 하나님께 대한 보다 깊은 의존과 남아 있는 시간이 얼마든지 간에 하나님께서 원하시는 것을 하고, 또한 되고자 하는 갈망으로 이끈다. 그러나 삶의 위기 항목들은 삶과 죽음의 상황에 제한되지 않는다. 그것들은 궁극적 목적에 대한 성찰과 하나님과의 관계가 삶에서의 어떠한 달성보다도 더 중요하다는 것을 보고 하나님과의 관계를 심화시키는 것을 초래하는 어떤 종류의 위기도 될 수 있다.

**능력의 근원**　삶의 위기 과정은 하나님과의 보다 깊은 관계의 필요를 지적한다. 그 관계를 경험하는 것 자체가 영적 권위를 위한 주요한 능력의 근원이다.

## 삶의 위기 과정 항목에 대한 피드백

1. 바울을 위해서 사도행전 27장에 주어진 삶의 위기 과정 항목을 검토하라. 그 위기를 확인하라. 어떻게 바울이 하나님을 만났는지를 지적하라. 이

과정의 마지막 결과는 무엇인가?

......................................................................................

......................................................................................

  2. 내가 언급한 것 이외에 이 과정 항목에 대하여 적어도 한 가지의 성경적 사례를 여기에 제시하라.

......................................................................................

......................................................................................

  3. 당신이 개인적으로 경험했거나 혹은 다른 사람의 삶에서 본 삶의 위기 과정 항목을 기술하라. 이 항목과 그 안에서 본 교훈을 누군가 다른 사람과 나누도록 준비하라.

......................................................................................

......................................................................................

### ◆ 답변 ◆

1. 사도행전 27장은 유명한 난파 사건을 기술한다. 그 사건은 바울의 로마행의 일부이다. 바울은 여러 해 동안 굽힐 수 없는 주권적 과정에 붙들렸다. 그 과정의 목표는 당시 세계의 중심 수도였던 로마의 통치자들 앞에서 살아계신 하나님을 증거하는 것이었다. 상황은 그 과정이 끝나는 것처럼 보였다. 그러나 하나님께서는 보호와 그 숙명 약속을 갱신하는 말씀을 갖고 개입하셨다 (23, 24절). 그 결과 지도자는 하나님의 목적이 그를 통하여 달성되리라고 확신하게 되었다. 이것과 같은 많은 경험이 그에게 영적 권위가 주어지게 했다. 그는 영적 권위를 가진 신약의 고전적인 모범 지도자이다. 바로 그러한 과정이 영적 권위를 위한 능력의 근원을 그에게 주었다.

2. 시편은 다윗의 삶 가운데 일어난 수많은 사건들로 가득하다. 하나님께서는 삶의 위기 과정 속에서 그를 만났고 다윗과 그분 자신의 관계를 심화시켰다. 특히 서로 보완적인 시편 3편과 4편과 심화된 관계의 마지막 결과를 보라.

3. 나는 이 질문에 대한 답변을 개인적인 나눔을 위해서 유보한다. 나는 전기를 연구하고 전기를 읽는 중에 수많은 사례들을 보았다.

## 이상적인 영향력-혼합 (Ideal Influence-Mix)

**서론**　영향력 범위 상의 중대한 변화는 개발의 시기상의 변화를 나타낸다. 이 변화는 정도 (더 많이) 에 대한 것일 수도, 혹은 종류 (영향력 수단들) 에 대한 것일 수도 있다. 영향력-혼합은 다양한 구성의 영향력 수단들을 평가하는 용어이다. 영향력-혼합의 여러 유형들이 일반적으로 관찰된다. 어떠한 고정된 최상의 영향력-혼합이라는 것은 없다. 하나의 영향력-혼합은 그 시기와 그 날까지 개발된 리더십 잠재력에 따라 변화할 것이다. 이상적 영향력-혼합은 수렴이 경험되는 고유 사역기 동안의 최상의 영향력-혼합을 기술한다.

**정의**　**영향력-혼합**은 특정한 개발기의 한 시점에서 정도와 종류와 관련된 영향력 요소들-직접적, 간접적 그리고 조직적-의 조합을 묘사한다.

**정의**　**이상적 영향력-혼합**은 중요 수렴 요인들과 부차적 수렴 요인들이 조화를 이루는 때에 발생하는 영향력-혼합의 조합을 뜻한다.

**프로필 사례**　큰 조직적 영향력, 직접적 영향력 (외연적 범위는 작음, 강도는 큼, 내포적 범위는 작음), 큰 간접적 영향력 (저술, 이사회)

**프로필 사례**　큰 조직적 영향력, 직접적 영향력 (외연적 범위는 중간, 강도는 작음, 내포적 범위는 작음), 큰 간접적 영향력 (저술, 협의회)

**프로필 사례**　간접적 조직적 영향력, 정규적인 직접적 영향력 (외연적 범위는 중간, 강도도 중간, 내포적 범위도 중간), 비정기적인 직접적 영향력 (컨퍼런스-큼, 세미나-많고 큼), 큰 간접적 영향력 (저술-책, 잡지, 결정적인 국제 위원회)

**로마서 12:3,6의 논리적 확장**　"신앙의 분량" (롬12:3-7) 이란 생각을 논리적 결론으로 끌고 가면 이상적 영향력 혼합 개념에 도달한다. 이것은 직접적으로 청지기 모델에 연관되는 개념이다. 이상적인 영향력 혼합은 한 종류의 개발을 측정하기 위한 이상화된 기준이다.

**또한 보라** 11장의 **수렴 요인**들은 이상적 영향력-혼합에 대한 추가적인 통찰력을 제공한다.

## 이상적 영향력 혼합 발견 과정 항목 기호: P (IMD)

**서론** 고유 사역 기간 중에, 지도자는 최상의 영향력 혼합을 갖고 은사를 알고 그것을 사용한다. 이 이상적 영향력 혼합의 발견은 대개 즉각적이지 않고 오랜 시간을 걸쳐서 주어진다. 효과적인 영향력 수단들 (종류) 의 발견과 특정한 추종자 집단들 (정도) 사이에서 영향력의 확대를 위한 기회가 증가함에 따라 이러한 새로운 발견들에 맞도록 역할이 대개 변경된다. 이상적인 영향력 혼합 발견은 역할 변경 과정의 일부이다.

**정의** 이상적 영향력 혼합 발견 과정 항목은 영향력 혼합의 결합에 대한 어떠한 중요한 발견이나 사용을 뜻한다. 영향력-혼합은 주요한, 그리고 부차적 수렴 요인들의 조화로부터 결과한다.

**이상적 영향력 혼합의 사례** 다음은 수렴기에 있는 한 국제적 지도자의 이상적 영향력 혼합이다:

간접적 조직적 영향력, 규칙적인 직접적 영향력 (외연적 범위 는 중간, 강도도 중간, 내포적 범위도 중간), 비정기적인 직접적 영향력 (컨퍼런스-큰 규모, 세미나들 – 많은 수와 큰 규모), 큰 간접적 영향력 (저술들 – 책들, 잡지들, 결정적인 국제적 위원회들)

**이상적 영향력 혼합으로 이끄는 통찰들** 이러한 이상적 영향력 혼합으로 이끄는 몇몇 주요한 영향력 혼합 발견들은 다음을 포함한다:

1.주요한 통찰: 저술 능력을 발견했다. 지금은 20권을 출판했다 (그것들 중의 하나는 10만 부 이상이 나갔다). 책들이 이제 컨퍼런스와 세미나를 위한 길을 닦았다.

2.주요한 통찰: 직접적 조직적인 관리 기술들 혹은 적성의 결핍을 발견했다 (부정적 준비: 두 조직의 우두머리가 되었고 그것이 그의 재능들의 최상의 사용이 아니란 것을 배웠다).

3.주요한 통찰: 강도와 내포적 범위는 낮은 수준에 머물러야만 한다는 것을 발견했다. 그는 진리를 개인들에게 잘 적용하지 못한다. 그의 강점은 사람들에게 그의 아이디어들을 존중하는 의식을 가져다 주고 동기를 부여하는 능력에 있다.

4.주요한 통찰: 컨퍼런스와 세미나에서 그의 아이디어를 포장하기 위한 마아케팅 수단들을 발견했다. 그것은 비록 낮은 강도와 내포적 범위이지만 비정기적인 크고 높은 외연적 범위를 허용한다.

5.주요한 통찰: 스케줄의 현명한 사용을 촉진하기 위하여 역할을 변경하는 법을 발견했다.


## 이상적 영향력 혼합 발견 과정 항목에 대한 피드백

1. 당신 자신이 발견한 이상적 영향력 혼합으로 향하는 어떠한 사례들을 제시하라. 이상적 영향력 혼합에 관해서 이 시점까지의 당신 자신의 개발로부터 어떠한 개인적 사례들을 당신은 제시할 수 있겠는가?

.................................................................................................

.................................................................................................

2. 소규모의 수렴 유형들의 검토는 이상적 영향력 혼합에 관한 통찰들로 이끈다. 다음의 소규모 수렴 요소들의 목록을 검토하라. 당신이 개인적으로 경험한 것에 체크하라. 왜냐하면 그처럼 체크된 것들 중 적어도 하나는 영향력—혼합에 대한 암시를 준다. 당신 자신의 개인적 영향력 혼합에 관한 소규모 수렴 경험으로부터 무엇을 당신을 배울 수 있는가?


(________) a. 은사가 사역 과제와 일치한다.

(________) b. 은사와 역할이 일치한다.

(________) c. 은사와 영향력 혼합이 일치한다.

(________) d. 역할이 지리적 위치와 일치한다.

(________) e. 역할이 경험과 일치한다.

(________) f. 숙명이 특별한 기회와 일치한다.

(________) g. 숙명이 경험과 일치한다.

(________) h. 숙명이 지리적 위치와 일치한다.

(________) i. 다른 것이 다른 것과 일치한다.


3. 당신의 영향력 혼합에 관해서 오늘까지 당신이 배운 가장 중요한 교훈은 무엇인가?

.......................................................................................................................

.......................................................................................................................

4. 상황적 요인들이 이상적 영향력−혼합에 영향을 끼칠 것이다. 당신은 이것이 어떻게 발생한다고 생각하는가?

.......................................................................................................................

.......................................................................................................................


◆ 답변 ◆

1. a. 가정 성경 공부와 나의 초기 네비게이토 훈련 중 소그룹 사역에서, 나는 나의 직접적인 영향력이 강력하게 집중적인 요소를 갖는다는 것을 알았다. 즉 내가 가르치는 것의 적용이 최우선순위였다. 그것은 적어도 내가 가르치는 내용과 마찬가지로 중요했다. 이러한 유형의 강한 강도를 필요로 하는 것이 모든 내 사역에 고루 퍼졌다. b. 나의 사역 역사에서 내가 행했던 모든 주요한 사역은 적어도 한 사람에게 대한 심층 사역을 포함했다. 그러한 사람들 각자는 또한 많은 다른 사람들에게 영향을 미쳤다. 그러므로 나는 때때로 적어도 한 사람과 더불어 심층 사역에 주력하는 것이 큰 비간접적 영향력을 가져올 것이란 것을 배웠다. c. 내가 신학 연장 교육과 자기−연구 자료들 (워크북, 프로그램된 자료, 정보 지도형 자료)에 관여함으로

자기-연구 자료들이 간접적 영향력의 강력한 수단으로 사용될 수 있다는 것을 알게 되었다. d. 최근에 나는 세 위원회와 여러 중요한 위원회에서 섬겨왔다. 나는 내가 조직의 지도자에게 직접적인 영향력을 행사함으로 강력한 조직적 영향력을 발휘할 수 있다는 것을 알게 되었다. 나는 나의 가장 강력한 조직적 영향력이 개별 지도자들에게 집중적인 직접적 영향력을 끼치는 것임을 알게 되었다. 지위적 영향력은 필요하지 않지만 이러한 집중적 노력을 강화시킨다.

2.  b. 은사와 역할 사이의 일치. 내 은사혼합 (권면, 가르침, 그리고 지혜의 말씀)때문에 나는 강력한 집중적, 직접적 영향력을 허용하고 조직과 교회의 지도자들에게 쉽게 다가갈 수 있도록 해 주는 역할을 필요로 한다 (나의 간접적 영향력은 또한 적은 개인들을 통한 심층적이고 집중적인 것을 요구하기 때문이다). 나의 가르치는 역할은 지도자들과의 직접적이고 매우 강도 높은 만남을 허용하며, 그들의 개인적이고 조직적인 리더십에 관해서 조언하는 기회를 열어준다.

c. 은사와 영향력 혼합과의 일치. 나는 성격과 은사로 인해서 보다 작은 그룹에 대해서 더 편안하게 느낀다 (125명 아래). 나의 직접적인 영향력 그룹은 대개 이러한 규모이거나 그 아래여야 한다.

f. 숙명과 특별한 기회 사이의 일치. 예언의 말씀이 주어진 가정 성경 공부 사건 (앞에서 기술된 숙명 사건)은 후에 내가 박사학위를 필요로 할 것임을 알려 주었다. 함축하는 것: 나의 목표 집단, 즉 내가 영향을 끼쳐야 하는 그룹은 높은 차원의 지도자들일 것이다. 그들에 대해서 나의 박사학위는 문을 열어줄 것이다. 박사학위를 추구할 기회가 주어졌을 때 (부정적인 준비 과정을 통해서) 비록 그것이 평소대로라면 나의 첫 번째 선택은 아니었지만 나는 그 기회를 붙잡았다.

f. 숙명 (예언)과 특별한 기회, 아울러서 지리적 위치 사이의 일치. 1967년 컬럼비아 성경 대학에서의 섭리적 확인 예언에 의하면 하나님께서 전 세계에 이르도록 나를 사용하신다는 것이다. 그 때 이래로 모든 주요한 사역 인도하심 결정은 그 예언의 빛 아래서 내려졌다. 그것은 나의 영향력 혼합은 전세계로부터 온 사람들에게 접근하는 것을 요구할 것임을 암시했다.

3.  그들에게 내가 집중적이고 포괄적인 직접적 영향력을 갖는 개인들을 통한 간접적

영향력은 내가 지속적이고 광범위한 영향력을 행사하는 가장 중요한 수단이 될 것이다. 이것은 내가 의도적으로 공식적인 멘토링과 비공식적인 멘토링 관계를 추구하는 것을 의미한다.

4. 사회적 이동성, 경제적 이동성, 그리고 사역 기회와 관련된 이동성이 있는 나라에서 영향력-혼합은 도움이 되는 개념이 될 것이다. 사회적, 경제적, 그리고 사역 이동성이 제한된 나라에서 지도자들은 그들의 영향력 혼합이 작동되는 역할에 대해서 통제하기 힘들거나 아예 통제 불가능한 상태일 수 있다. 영향력 혼합과 이상적 역할에 대한 지식은 그러한 종류의 상황에서는 기껏해야 지도자들에게 좌절감만을 안기게 될 것이다.

## 이상적 역할 발견 과정 항목 (Ideal Role Discovery Process Item) 기호: P (IRD)

**서론** 은사 꾸러미를 강화하는 역할을 발견하면 그 결과는 효과적인 사역이다. 지도자들은 대개 그러한 역할을 찾지 못한다. 그들은 그들이 가진 것으로부터 그것을 창조한다. 그 역할을 가리키고, 역할 변경을 가능케 하고, 그 지도자를 그 역할에 방출하는 데에는 섭리적인 접촉이 있다. 인간적 측면에서는 발견의 과정이 있다. 이 과정 항목은 그 발견 과정에 관계한다.

**정의** 이상적 역할 발견 과정 항목은 한 지도자의 은사를 강화하고, 영향력 혼합 효과성을 극대화시키는 역할을 발견하고 사용하는 것을 지칭한다.

**사례** 다음은 한 국제적 지도자의 이상적 영향력 혼합과 이상적 역할을 기술한다.

**이상적 영향력-혼합 프로필** 간접적 조직적 영향력, 정규적 직접적 영향력 (외연적 범위-중간, 강도-중간, 내포적 범위-중간), 비정기적 직접적 영향력 (컨퍼런스-큰 규모, 세미나들-많고 큰 규모), 큰 간접적 영향력 (저술-책, 잡지, 결정적 국제적 위원회)

**이상적 역할** 이 영향력-혼합과 잘 맞는 이상적 역할은 다음과 같다: 선도적인 선교대학원의 종신직 교수로서 과목, 형식, 스케줄을 선택할 수 있다. 과목의 스케줄에 따라 비는 시간에는 자유롭게 여행할 수 있다. 학교의 조직적인 일에는 최소한 얽매임; 그의 역할이 강화될 수 있는 그러한 위원회에 제한된 일. 그의 저술 능력과 잘 맞는 관대한 안식년 정책; 지역 교회 사역에 참여할 수도 있고 그렇지 않을 수도 있는 자유. 그는 참여할 것을 선택하고 이 지역 교회로부터 강력한 기도의 지원을 얻는다.

**오랜 시간에 걸친, 단계별 발견** 이 역할의 발견 (즉, 그것의 변경)은 점진적이고 영향력 혼합 발견과 일직선 상에 있다. 그것은 또한 다양한 인도하심과 숙명 항목들을 따르는 섭리적인 것이고 특별한 기회의 작은 규모의 수렴 요인에 대한 특별한 민감성을 포함한다. 이 지도자는 다른 사람들은 종종 그러한 기회들을 보지 못하거나 그들이 본다고 해도 그것들을 끝까지 추적하는 추진력을 갖지 못하는 곳에서 특별한 기회들을 보고 그것들을 활용하는 능력을 갖는다.

**균형 유형, UM.4** 이 지도자는 균형 유형에 대한 특이한 민감성을 가지고 있다. 그는 일관되게 은사에 맞는 적절한 사역 기회들을 선택한다. 그는 다른 것들은 거절한다. 그는 자신의 적절한 영향력 혼합에 대한 그의 이해 내에 머무른다.

## 이상적 역할 발견 과정 항목에 대한 피드백

1. 당신의 이상적 역할을 향한 당신 자신의 발견 사례가 있다면 제시하라.

2. 은사와 이상적 영향력 혼합의 분석은 이상적 역할 발견을 향하여 누군가를 자극할 것이다. 은사혼합 확인과 이상적 영향력 혼합을 포함한 이전의 질문에 대한 당신의 답변을 사용해서 어떠한 종류의 역할이 당신이 그것들에 관해서 발견한 것과 맞는지에 대한 당신의 성찰을 자극하도록 하라.

3. 당신 자신의 역할에 관해서 오늘날까지 당신이 학습한 가장 중요한 교훈은 무엇인가? 당신은 어떻게 다양한 과거의 역할들이 당신의 사역을 방해하거나 혹은 강화했는지를 숙고할 수 있을 것이다.

.................................................................................................

.................................................................................................

4. 무엇이 오늘날 교회들과 기독교 조직체에서 이상적인 역할의 개념에 대한 주요한 방해거리인가?

.................................................................................................

.................................................................................................

### ◆ 답변 ◆

1. 관찰 1. 초기 은사 표류는 결국 내가 가르치는 역할을 필요로 할 것임을 나에게 보여주었다. 관찰 2. 한 기관의 장으로서의 경험은 내가 우두머리로서보다는 내 생각이 아래로부터 실행될 수 있는 어떤 보조적인 역할에서 보다 효과적이란 것을 나에게 보여주었다. 관찰 3. 내 성격은 어떤 사람이 나에게 끌려오고 나를 심층적으로 인정하는 그러한 유형이다. 다른 사람들은 떨어져 나간다. 나는 사람들이 내 사역을 자유롭게 받아들이거나 거부할 수 있는 역할을 필요로 한다. 관찰 4. 나는 내 사역에 자유롭게 침투하도록 허용하는 역할을 필요로 한다. 만일 한 사람이 내 사역을 받아들인다면 후에 심층적인 이행이 가능할 것이다.

2. 은사혼합 = 권면, 가르침, 지혜의 말씀; 이상적 영향력 혼합 = 정규적인 직접적 사역 (매우 높은 강도와 포괄성을 지님. 외연적 범위는 125명 혹은 그 이하에 한정됨); 비정기적인 직접적 사역 (워크샵, 세미나, 외연적 범위는 50명과 그 이하, 후속 이행이 가능해야 함); 간접적 영향력 (개인들에 대한 매우 심도 높은 직접적 영향력을 통해서, 자기-연구 자료들의 저술, 다른 자료들의 저술); 조직적 영향력 (주로 간접적, 지위가 아닌 주요 개인들에 대한 직접적 영향력을 통해서, 혹은 핵심 철학적 진술 혹은 훈련 프로그램의 고안을 통해서, 이사회 영향력).

3. 나는 생각하는 자유를 가져야만 하고, 도움이 되는 피드백을 줄 수 있는 사람들에게

생각들을 펼칠 수 있어야만 한다. 이것은 그 역할이 높은 차원의 지도자들에게 다가가는 기회를 제공해야만 하는 것을 의미한다.

4. 역할 기대.

## 성숙 꾸러미에 대한 해설

**이상적인 영향력-혼합, 기술적인 사례, 토져 (A. W. Tozer)** 토져는 그의 세 번째 개발기인 도시 리더십의 후기 부분에서 하나의 목회적 역할을 형성했다. 그 역할은 그의 말씀 은사의 사용을 자극했지만 (직접적 영향력-공적 권면-외연적 범위의 규모는 수백 명), 그의 개인적 관계는 극소화했다 (목회적 기능으로부터 자유로움). 그의 역할이 말씀 은사의 사용을 허용함에 따라, 그의 두 번째 직접적 영향력은 수시로 성경 학교에서 가르치는 것이 되었다. 그의 역할은 또한 라디오 사역 (아마도 수천명) 을 통해서 큰 간접적 영향력을 미치는 것을 허용했다. 간접적 영향력은 또한 한 교단 잡지의 편집자로서의 저술하고 (예언적 은사가 발휘됨) 다른 정기간행물에 기고함으로 촉진되었다. 그가 저술한 책들은 하나님에 대한 그의 개인적 경험을 조명하는 것이었고, 수천 명의 사람들에게 간접적 영향력을 더하였다. 그의 역할은 또한 조직적 영향력을 포함한다 (리더십과 관련해서는 지역 교회지만 행정적인 세세한 것에 매이지 않음; 교단적으로는 중요 행정직).

**성숙 꾸러미에 대한 추가 설명** 수렴은 시간 변수와 결부되어서 10장에서 논의된다. 고유 사역 발전 국면은 수렴이 일어나는 지도자의 삶의 시기를 기술한다. 고유 사역 유형인, UM 1 회고적/형성적 평가, UM. 2 상향 개발, UM. 3 은사—꾸러미 성숙, UM. 4 균형, 그리고 UM 5 수렴 인도하심은 모두 성숙 꾸러미 과정에 통찰력을 더해 준다.

**이상적 영향력-혼합 발견 과정 항목과 이상적 역할 발견 과정 항목의 자료들** 이상적 영향력—혼합과 이상적 역할 발견 과정 항목에 관한 자료들은 다른 과정 항목처럼 많지 않다. 대부분의 연구조사는 역사적 전기의 연구로부터 나온다. 현대 연구들은 대개 후기 성장 사역기 혹은 고유 사역기까지 이르지 않는다. 그 결과로 많지 않은 정보가 제공된다. 그 정보는 이러한 항목들에 관한 통찰력을 제공한다.

## 과정 변수에 대한 요약

기독교 리더십 개발의 목표는 리더십 성품과 리더십 기술, 리더십 가치가 성숙하며 하나님의 목적을 달성하는 지도자를 만들어내는 것이다. 과정 변수는 그 발전에 핵심이다. 그것의 두 가지 주요한 요소들은 과정 사건과 과정 항목인데, 그것들은 조심스럽게 구분되어야 한다.

과정 사건들은 실재를 반영한다. 그것들은 실제 삶의 결정적인 영적 사건들로부터 나온다. 그리스도인 지도자들은 그들의 삶에서 일어난 어떤 사건과 일은 섭리적인 것으로 터치되었음을 인식한다. 비록 정확하게 어떻게 그것이 결정적인지 항상 분명한 것은 아니지만, 그들은 이러한 사건들이 그들의 리더십 개발에 결정적임을 감지할 수 있다. 특히 지나온 시간을 돌이켜보는 회고적인 성찰을 통해서 한 사건이 리더십 개발에 기여한 방식들을 확인하게 된다.

과정 항목들은 과정 사건들의 실재를 기술하고 해석하는 것을 도와서 리더십 개발 이슈에 초점을 맞추게 하는 개념들을 나타낸다. 조사연구자들은 이것을 그들의 마음 속에 간직해야만 한다. 왜냐하면 그들이 주어진 과정 사건들로부터 과정 항목들을 항상 쉽게 확인할 수 있는 것은 아니기 때문이다. 설명적 관찰들을 동반한 여러 특성들이 이러한 차이점을 상세히 나타내고 과정 항목의 본질적 성격을 제공한다.

### 특성 1. 절대적인 것들이 아니다

과정 항목들은 절대적인 것이 아니다; 그것들은 실재를 규정하지 않는다. 그것들은 실재를 기술한다. 실재는 그것들을 규정한다. 자료들의 끊임없는 비교—새로운 과정 사건들—를 통해서 정의를 명료화할 수 있고 개조할 수도 있으며, 새로운 특성을 추가할 수 있다.

### 특성 2. 발견적이다

과정 항목들은 특성상 발견적인 (heuristic) 특성을 갖는다. 그것들은 종종 우리로 하여금 이러한 지침이 되는 관점이 없을 때 일반적으로 그러한 것 보다 실재를 발견하고 더 많은 실재를 보도록 해준다. 비록 그것들이 실재를 한정하는 것은 아니지만 그것들은 우리로 하여금 그것들의 제안적인 기술에 의해서 그곳에 있는 것을 보다 많이 보게 해 준다.

### 특성 3. 구체성

과정 항목들은 구체성에서 여러 단계가 있다. 몇몇은 고유하고 매우 한정된 일련의 유사한 과정 사건들 (예를 들면, 성실성 점검) 에 적용된다. 다른 것들은 보다 우산과 같으며 수많은 종류의 과정 사건 형태들을 포함한다 (예를 들면 영적 권위 발견). 몇몇은 일련의 사건들로 구성된다. 그 사건들 가운데 마지막 사건이 과정을 촉발시킨다-축적적 과정. 다른 것들은 한 사건으로 발생한다-일점 과정.

### 특성 4. 중복

과정 사건들이 반드시 과정 항목들을 일대일로 나타나는 것은 아니다. 즉 하나의 주어진 과정 사건이 동시에 진행되는 여러 과정 항목들을 포함할 수 있다. 이것들 가운데, 하나 혹은 많은 것이 초점이 되고 주도적이 될 수 있다. 성실성 점검 사례에서 사용된 여러 과정 사건들이 이러한 중복 특성을 갖는다.[2] 혹은 하나의 주어진 과정 항목이 여러 과정 사건들의 몇몇 측면들에서 반영될 수 있을 것이다. 삶의 사건들은 대개 매우 복합적이며 정확한 과정 항목 범주들에 항상 꼭 맞아 떨어지는 것은 아니다.

---

2)  3장에서 언급된 여러 과정 사건들이 예가 된다. 학생 4 사례는 성실성 검증과 마찬가지로 멘토링 과정 항목, 위기 과정 항목, 갈등 과정 항목, 문헌적 과정 항목의 암시에 해당된다. 그 학생의 경우에는 자신에게 있어서 성실성 점검이 초점이라고 느꼈다. 학생 6 사례는 성실성 검증과 마찬가지로 순종 검증, 말씀 검증, 그리고 아마도 신앙 도전에 해당된다. 학생 8 사례는 성실성 검증과 마찬가지로 순종 검증에 해당된다.

### 특성 5. 즉각적인 인식

일 점 과정 항목들 (한번에 일어나는 사건들) 은 축적적 과정 항목들 (여러 사건들이 기여함에 따라 오랜 시간에 걸쳐서 발생하는 사건들) 에 비해서 보다 쉽게 그리고 보다 빠르게 그리고 보다 큰 자기-입증을 동반한 채 인식된다. 일 점 행동 (예를 들면, 순종 점검) 항목들은 또한 과정 항목 인식 연속선의 주권적 개입 쪽으로 향하는 경향이 있다.

### 특성 6. 지연된 반성적 인식

축적적 과정 항목들은 일 점 행동 항목들보다 대개 어렵게 인지된다. 그것은 일 점 과정 항목들이 대개 전체로서 (더 적은 사건들과 시간이 포함된다) 파악될 수 있기 때문이다. 축적적 과정 항목들은 일정한 기간 동안에 걸친 반성 과정을 요구한다. 그리고 분리된 사건들을 그들의 과정 효과를 위해서 함께 묶는 것을 요구한다. 대개 촉발 사건들은 회고적 성찰을 자극한다. 그래서 전체 그림 속에 포함된 조립 사건들을 확인하게 한다. 이처럼 확장된 시간 과정 항목들은 과정 인식 연속선의 섭리적 개입 쪽을 향하는 경향이 있다.

### 특성 7. 확장에 대한 상관관계

하나의 과정 사건을 분석함에 기대하는 마지막 결과는 과정 항목의 정확한 구분이 아니라 그것이 리더십 개발 이슈들, 실현되는 실제적 리더십 개발 기능에 대해서 갖는 상관관계이다. 물론, 조사연구자는 과정 사건들에서 보이는 과정을 기술함에 있어서 가능한 한 정확하게 되기를 원한다.

### 과정 인식 연속선

어떻게 지도자들이, 처음 일어났을 때, 자연적으로 과정 항목들을 하나님의 개입과 관련해서 인지하는지 나타내기 위해서 과정 인식 연속선을 사용한다. 이 연속선은 위의 특성 5와 6에 대한 추가적인 관점을 주는 데 도움이 된다. 연속선은 과정의 인식은 과정 항목들의 종류에 따라 다르다는 것을 나타낸다.

그리스도인 지도자들은 일반적으로 그들이 주권적 개입으로 여기는 사건들이 보다 섭리적인 (하나님의 환경적인 요인들의 정렬) 사건들보다 그들의 개발에 있어서 훨씬 중요하다고 인식한다. 연속선은 왼편으로 기울어진 어떤 사건들은 오른편으로 기울어진 사건들보다 보다 쉽게 하나님의 개입으로 여길 수 있다는 것을 단순하게 인식한다. 연속선 위의 모든 사건들이 하나님의 개입을 나타낼 수 있다는 인식을 통해서 하나님의 개입은 개발을 촉진시키기 위한 한 단계라는 것을 알 수 있다. 과정과 다양한 종류의 과정 항목들에 대한 강화된 인식을 통해서 지도자는 그/그녀의 삶에 대한 과정의 목표를 향하여 그 과정과 더불어 보다 효과적으로 일할 수 있다. 즉, 과정 항목과 그들의 특성들 (종류들, 사용, 단계, 등) 을 아는 것은 지도자로 하여금 그러한 과정 항목들을 그 안에서 하나님을 인식하는 것과 관련하여 연속선에서 보다 왼편으로 이동시킬 수 있다. 지도자 부상 이론을 배운 수많은 학생들이 이것을 확인해 준다. 이것은 이 이론의 중요성에 대한 하나의 암시이다. 하나님의 과정을 이해하는 것은 리더십 개발 이슈를 향하여 보다 효과적인 과정을 가져오는 것을 돕는다.

### 과정 항목들의 특성들의 일반적 성격

하나의 주어진 과정 항목을 나타내는 유사한 사건들에 대한 비교 분석을 통해서 특성들을 찾아낼 수 있다. 특성들과 관련해서 모든 과정 항목들에 대해서 비교 분석을 행하면 과정 항목들의 특성들이 일반화된다. 주어진 과정 항목의 특성들에 대한 지식은, 한 지도자가 과정을 통과해 나갈 때, 지도자로 하여금 그 안에서 하나님께 대한 민감한 반응을 할 가능성을 높인다. 이러한 특성들은 특히 부상하는 지도자의 멘토가 되어주고 조언을 해 주는 성숙한 지도자에게 도움이 된다. 그들의 잠재적인 예언력은 힘을 동반하고 그것들을 사용하는 것은 히브리서 13:7-8의 리더십 명령의 직접적인 적용이 된다.

**꾸러미들**

　과정을 설명함에 있어서, 나는 몇몇 과정 항목들을 꾸러미로 묶는 것이 도움이 된다는 것을 발견했다. 꾸러미들은 대개 일련의 항목들인데, 그것들을 특정한 개발 목표를 향하여 움직이는 강한 공통적 형태들을 갖는다. 꾸러미들 내에는 보다 작은 항목들의 묶음인 하위─꾸러미들이 있다. 하위─꾸러미들은 유사한 개발 과제들을 내포한다.

　내가 이번 장에서 확인한 것들 이외의 다른 꾸러미들도 또한 확인되었다. 당신의 분석에 도움이 되는 이러한 꾸러미들 중의 몇몇은 다음과 같다:

　1.**소명 꾸러미**: 사역 과제/사역 도전, 사역 확인, 숙명 계시.
　2.**복종 꾸러미**: 사역 갈등, 권위 통찰, 관계 통찰, 리더십 반발.
　3.**능력 꾸러미**: 사역 기술, 은사 발견, 능력 항목들
　4.**행정적 꾸러미**: 사역 기술, 사역 관계 통찰, 사역 구조 통찰, 신앙 도전
　5.**전쟁/승리 꾸러미**: 외적 갈등, 영적 전쟁, 능력 대결, 영적 권위.

　과정 변수는 지도자 부상 이론을 위한 핵심 변수이다. 그것의 주요한 개념은 결정적 사건, 과정 사건, 과정 항목, 과정 항목의 특성, 과정 인식 연속선, 그리고 항목들의 꾸러미들이다. 나는 그것을 이 여러 장에 기술했다. 다른 두 가지 변수들, 시간과 반응 유형들은 최소한으로 언급했다. 다음에 이어지는 장에서는 이 두 가지 변수들의 기본 개념들을 소개할 것이다. 그것들을 이해하면 자신의 과정 이해가 넓혀질 것이다.

# 시간 변수에 대한 개관

## 통합적인 개관

지도자 부상 이론은 대부분 지도자의 삶에서 세 가지 주요한 변수들—과정, 시간, 그리고 지도자 반응—의 사용에 의해서 설명될 수 있다. 3-8장은 그 이론의 핵심 변수인 과정을 설명한다. 과정은 영적 형성, 사역적 형성 그리고 전략적 형성의 개발에 기여하는 것으로 파악된다. 이 장은 어떻게 시간 변수가 과정 변수에 관계되는지를 보여준다. 이 장은 지도자의 삶에서 과정의 정확한 위치를 지정하기 위한 전반적 관점을 제공한다. 이 장은 평생의 파노라마를 제공함으로 무대를 설치함으로 반응 변수를 구성하는 반응 유형이 파악될 수 있게 한다.

## 예습

**시간 변수**는 과정 변수에 대한 시간 정향을 기술하기 위하여 추구하는 개념의 집단을 의미한다. 개발은 본질적으로 그 안에 시간을 가로질러 측정된 변화의 개념을 동반한다. 연구 조사에 포함된 모든 사례들은 몇몇 형태의 시간 측정을 사용함으로 지도자의 사역과 삶에서 변화를 인식하고자 시도한다.

시간 변수의 지배적인 개념은 **시간선 (time-line)** 이다. 그것은 그것의 주요한 구성요소들–**개발 국면들, 하위 국면들, 경계 국면들, 개발 과제들,** 그리고 **경계 과제들**–과 관련해서 정의될 것이다. **고유 시간선**과 **일반적 시간선**의 개념이 서론될 것이다. 여러 형태의 일반적 시간선이 서론될 것이다. 그것들 중의 두 개인, **일반적 시간선**과 **사역 시간선**은 특히 지도자의 전반적인 개발을 보기 위한 특별한 도움이 될 것이다. 그것들은 다음 장에서 보다 충분히 탐구될 것이다.

시간 변수는 지도자 부상 이론의 세 가지 매우 중요한 역할들에 기여한다. 첫째, 그것은 다양한 과정들이 가장 발생할 것 같은 때를 확인하기 위한 배경을 제공한다. 이것은 계획하는 것을 허용하고 지나치게 계획하는 것과 잘못 계획하는 것을 막을 수 있다 (Whitehead and Whithead 1982:35,36).[1]

두 번째 역할은 평생의 파노라마를 제공하는 것이다. 파노라마는 시기에 혹은 시기를 통해서 나타나는 지도자의 반응 유형들에 대한 인식을 허용한다. 이 두 번째 역할은 11장에서 반응 변수가 탐구될 때 보다 충분히 인식될 것이다. 셋째는 개발을 측정할 수 있는 하나의 통합하는 틀을 제공하는 것이다. 시간선은 개발 분석을 위해서 통합하는 틀을 제공한다. 삶의 어느 주어진 지점에서 구체적으로 개발을 측정하는 것 (영향력의 범위, 능력-혼합, 그리고 은사 개발과 같은) 이 행해 질 수 있다. 이것을 행하는 자연적 시간은 국면들 사이의 경계 시간 혹은 이전 시간 동안이다. 다양한 경계에서 행해지는 측정의 비교를 통해서 개발에 대한 다양한 측정에서 변화로 나타나는 개발의 인식을 얻을 수 있다. 평가 척도를 다루는 13장은 시간 변수의 이 세 번째 역할을 파헤칠 것이다.

---

1) 화이트헤드 부부는 위기라는 말을 내가 사용하는 결정적 사건이란 개념과 유사하게 쓴다. 그들은 개발적 의미에서 한 위기를 본다. 그것은 전환점이든지 혹은 상처받기 쉬운 면이 증가되며 잠재력이 강화되는 (1982:8) 결정적인 기간이다. 그들은 개발적 위기의 구조를 진입, 지속, 그리고 결심으로 분석한다. 더 나아가, 그들은 위기가 기대될 수 있거나 혹은 기대되지 않을 수 있다고 주장한다. 이 견해로부터 나오는 기본적인 전제는 계획 상 일어나는 중요한 이전은 부드럽게 타협되어지곤 한다. 그 개념으로부터 하나의 자연적 개념이 나오는데, 계획하기의 개념이다. 계획하기는 하나의 주어진 위기에 대한 기대를 포함한다. 위기는 계획될 수 있고, 잘못 계획될 수 있으며, 지나치게 계획될 수 있다. 이러한 생각들은 내 자신의 이론 내에서 과정 변수의 예언적 가치와 경계 과정의 중요성을 제시한다.

## 시간 변수의 주요한 개념들

시간 개념을 마음에 두고 수많은 사례 연구들을 비교 연구하면 여러 가지 유용한 개념들이 도출된다:


1)시간선의 개념,

2)고유 시간선,

3)개발 국면들,

4)하위-국면들,

5)개발 국면들의 특성들,

6)개발 과제,

7)경계들,

8)경계의 특성,

9)경계 과제

10)일반적 시간선

11)압축-중복


이 장은 이 개념들 중의 처음 아홉 개를 정의 내릴 것이다. 다음 장은 남은 것에 대한 상세한 설명을 할 것이다.


## 시간선 (Time-Line)

**서론** 지도자 부상 연구를 통합하는 개념은 시간선 개념이다. 그 개념을 중심으로 연구가 행해진다. 대개 이 시간선은 수평축을 따라서 주어진다. 시간선은 개발 국면으로 언급되는 증가분들로 나뉘어지는데, 그것들은 로마 숫자로 확인된다. 가능한 곳에서 이러한 증가분들은 날짜가 매겨지거나 혹은 어떤 방식으로 시간과 관련해서 표시된다. 이러한 국면들은 대개 기술적인 구절들로 명칭이 붙여진다. 그 구절들은 그 국면에서 일어난 개발의 중심적인 주안점을 나타낸다.

 시간선은 수평축상을 따라서 직선으로 표시되는데 개발 국면들로 구분된다.

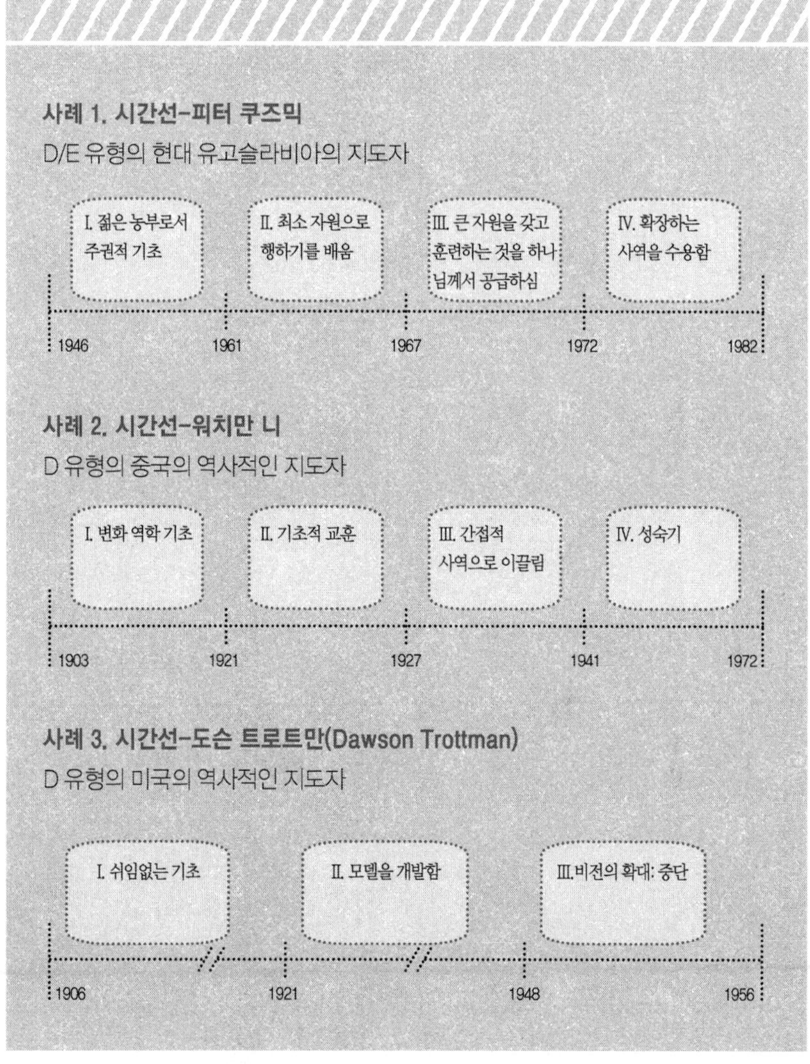



**해설** 시간선은 개발 국면들을 구분하기 위해서 지도자에 대한 많은 연구가 행해진 후에야 만들어질 수 있다.

## 고유 시간선 동의어: 종종 시간선으로 줄여씀

**서론**　한 인물에 대한 특정한 지도자 부상 연구는 그 지도자의 고유한 시간선을 만들수 있다. 거기에는 하나님께서 주권적으로 일하시는 기초기가 있을 것이다. 또한 전임 사역으로 이전하는 시기가 있을 것이다. 그곳으로부터 계속되는 시간의 경과는 각 지도자마다 다를 것이다. 그것들은 그 지도자에 대한 하나님의 개발과 맞아떨어질 것이다. 개발 국면들은 그 고유함을 포착하도록 이름 붙여져야 한다.

**정의**　고유 시간선은 한 특정 지도자의 생애를 기술하는 시간선을 뜻한다. 지도자의 생애는 고유한 개발 국면들과 그 고유함을 표현하는 명칭을 가질 것이다.

**도표 1**

**사례 1. 피터 쿠즈믹, D/E 유형의 현대 지도자**

| I. 젊은 농부로서 주권적 기초 | II. 최소 자원으로 행하기를 배움 | III. 큰 자원을 갖고 훈련하는 것을 하나님께서 공급하심 | IV. 확장하는 사역을 수용함 |
|---|---|---|---|

1946　1961　1967　1972　1982

**사례 2. 도슨 트로트만, D 유형의 역사적 지도자**

| I. 쉬임없는 기초 | II. 모델을 개발함 | III. 비전의 확대: 중단 |
|---|---|---|

1906　1921　1948　1956

**사례 3. 사도 베드로, D/E 유형의 성경적 지도자**

| I. 억센 어부기초 | II. 한 운동을 이끌기 위한 강도 높은 훈련 | III. 그 운동을 위한 문이 열림 | IV. 그 운동에 대한 회고 |
|---|---|---|---|
| 초기의 삶 | A. 세번의 부르심<br>B. 성장<br>C. 부착<br>D. 깨어짐 | A. 예루살렘 유대인들<br>B. 사마리아인들<br>C. 이방인들<br>D. 안디옥 이방인들<br>E. 예루살렘 공의회 | 저술 |

　처음 두 사례의 경우, 어떠한 하위−국면들도 주어지지 않았다. 사도 베드로의 시간선의 경우에는 하위 국면들이 주어지고 수직적으로 나열된 것에 주목하라. 여유 공간이 주어진다면 이러한 하위 국면들은 대개 수평적인 형태로 연속적으로 주어짐으로 실제적 시간 표지들과 일치하게 될 것이다.

**도표 2**

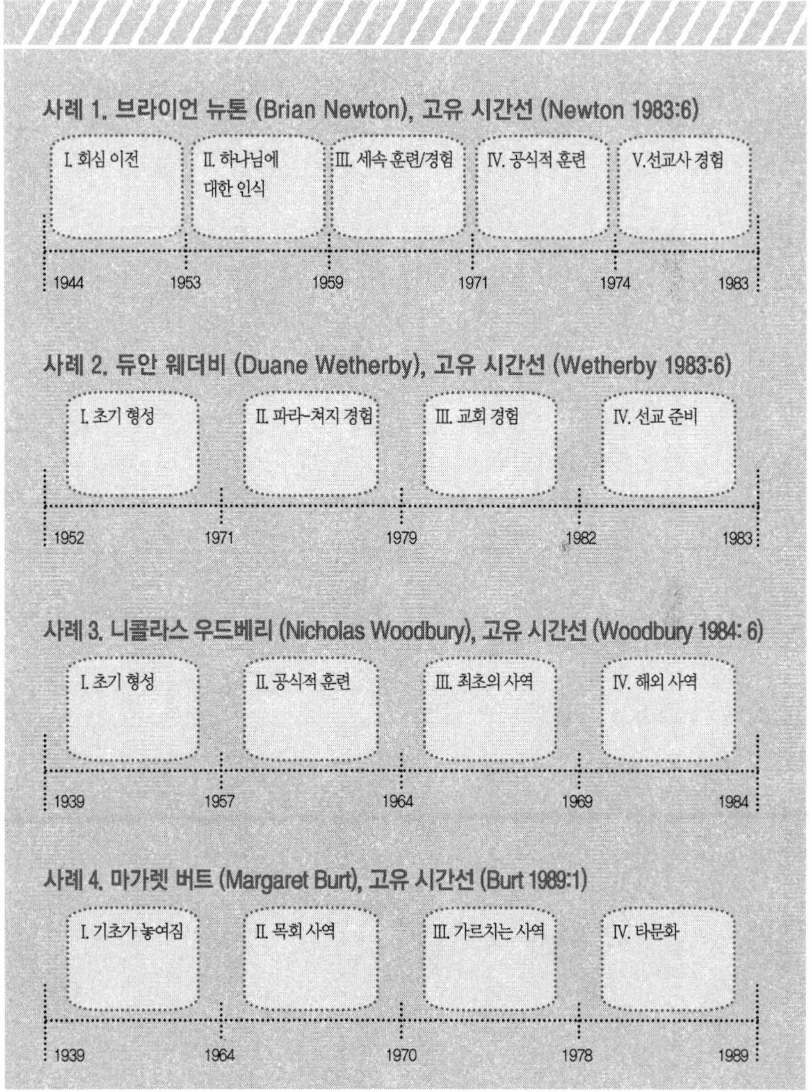

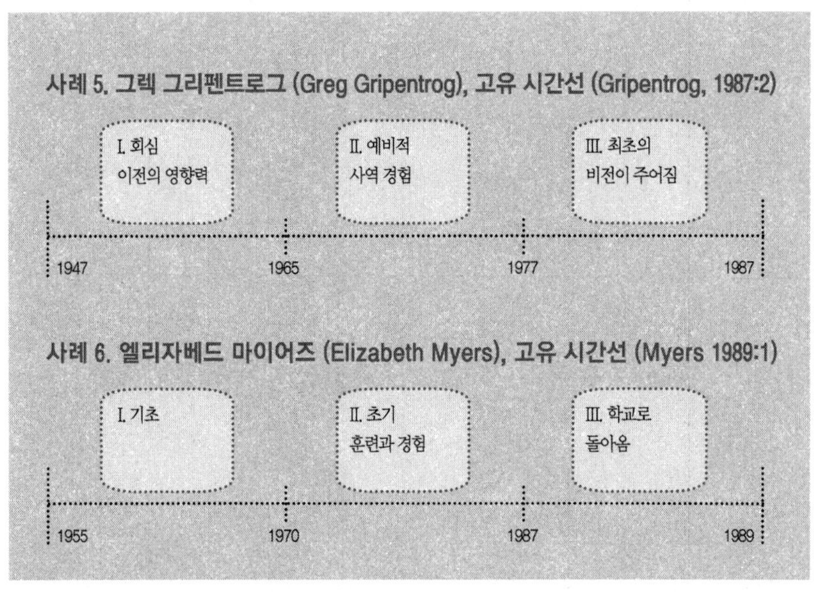



## 고유 시간선에 대한 피드백

1. 도표1에 주어진 세 개의 시간선을 비교하라.


a. 그것들 모두에 공통적인 항목들은 무엇인가?

......................................................................................................

......................................................................................................

b. 어느 시간선이 보다 짧은 개발 국면들을 갖는가?

......................................................................................................


당신은 왜 그런지 설명할 수 있겠는가?

......................................................................................................

......................................................................................................

2. 도표2에 있는 현대의 고유 시간선을 검토하라.

a. 이것들 중의 어느 것이 가장 많은 국면들을 갖는가?

b. 무엇이 가장 짧은 국면인가?

c. 무엇이 가장 긴 국면인가?

d. 짧은 개발 국면과 긴 개발 국면 혹은 하위-국면이 암시하는 바는 무엇인가?


### ◆ 답변 ◆

1. a. 모두가 개발 국면 I에 대해서 묘사하는 구절의 부분으로 "기초" 라는 말이 붙는다. 그러나 그것 외에는 다 다르다. 그것이 고유 시간선의 전체 요점이다. 고유 시간선은 연구되는 사람에게 고유하게 맞는 말을 사용해야만 한다.

   b. 도슨 토로트만은 개발 국면들이 적다. 그 이유는 개발 국면 III에서 "중단" 이라는 구절에 의해서 설명된다. 트로트만은 누군가를 구하려고 하다가 익사하였다.

2. a. 사례 1. 뉴톤의 시간선. 실제로, IV번의 짧은 국면은 아마도 사역으로의 보다 큰 이전 국면을 형성하기 위해서 II와 III과 결합되어야 할 것이다.

   b. 사례 1. 뉴톤, 국면 IV. 1971-1974, 사례 2. 웨더비, 국면 III. 1979-1982, 웨더비의 마지막 국면은 그 국면이 단지 시작했던 1년만을 나타낸다. (동일한 것이 마이어즈의 마지막 국면에도 해당된다.) 짧은 국면들은 보다 큰 단위의 하위-국면들일 수 있다.

   c. 버트의 기초 국면, 1939-1965. 기초 국면을 제외하고 가장 긴 국면은 마이어즈의 II 국면으로 17년이다.

   d. 대개 개발 국면은 평균 7-20년 사이의 어딘가에 해당하는 기간이 될 것이다. 만일 당신이 2년 혹은 3년의 개발 국면을 갖는다면, 그것들은 보다 큰 개발 국면의 하위-국면들로서 취급해야 할 것이다. 보다 짧은 국면들을 (하위-국면들로서) 묶을 수 있는 보다 큰 일반적 명칭을 찾아보라. 경계 상황은 급작스런 변화(거의 순간적으로 일어나는)에서부터 2년 혹은 그 이상에 거쳐서 지속될 수 있다.

## 개발 국면들, 하위-국면들

**서론**  지도자의 생애를 나타내는 시간선은 대개 개발의 중요한 구획에 관련된 단위로 구분될 수 있다. 이러한 중요한 시간의 부분들은 대개 로마 숫자와 그 국면 동안 그 지도자에게서 진행되는 개발의 주안점을 기술하는 명칭으로 나타낸다. 개발 국면들을 세분한 것들은 하위-국면들이라고 불리는데, 그것들은 알파벳 문자들로 나타낸다. 개발 국면들과 하위-국면들은 유사한 특징들을 갖는다.

**정의**  개발 국면은 지도자의 일생에서 중요한 시간의 부분을 나타내는 시간선 상에 표시되는 단위이다. 그 일생에서 주목할만한 개발은 대개 반복적인 표준 개발 유형을 따라 발생한다.

**정의**  하위-국면은 한 개발 국면 내에서 표시되는 시간선 상의 단위이다. 그것은 개발 국면 기간 동안 개발의 중간 시기를 나타낸다.

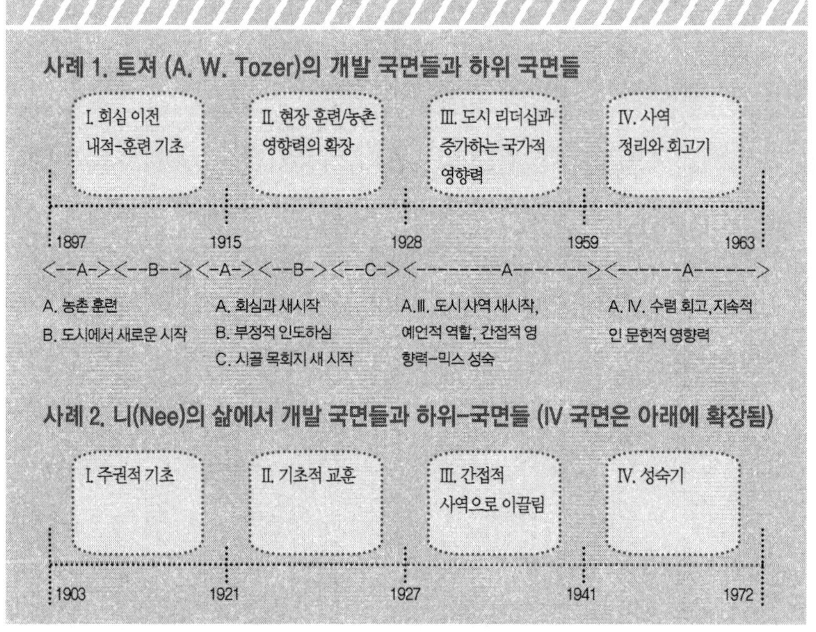

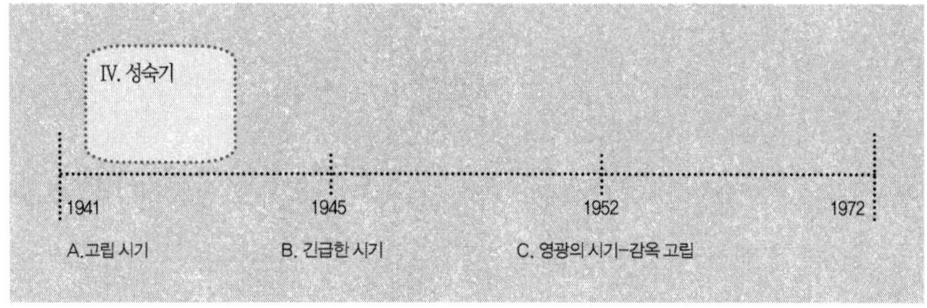


## 개발 국면/하위–국면에 대한 피드백

1. 사도 바울에 대해서 아래에 주어진 시간선을 검토하라.

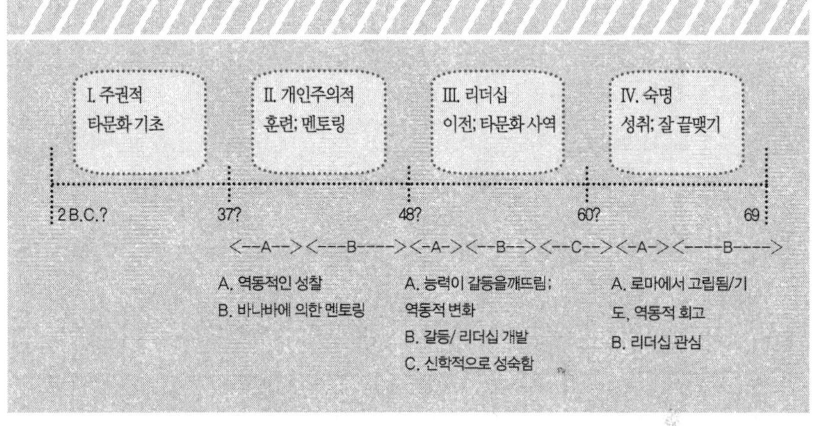


a. 얼마나 많은 개발 국면들이 주어졌는가?

b. 얼마나 많은 하위–국면들이 주어졌는가?

c. 마지막으로 열거된 하위–국면의 명칭은 무엇인가?

2. 사도 바울에 대한 시간선을 다시금 보라. 개발 국면들에 대한 명칭들 중의 몇몇은 약간 불편한 것을 주목하라. 당신이 개발 국면 Ⅱ와 Ⅲ에 대한 보다 간결한 명칭을 줄 수 있는지 보라.

a. 국면 II에 대한 당신의 명칭:

..................................................................................................

b. 국면 III에 대한 당신의 명칭:

..................................................................................................


### ◆ 답변 ◆

1.  a. 4. b. 7 (하위 국면들은 수직적으로 열거된 것을 주목하라. 여분의 공간이 있을
    때 그것들은 시간선 위에 나타난 적당한 시간에 맞추어 수평적으로 열거되어야만
    한다.)  c. 리더십 관심.

2.  여기에 내가 시도한 것이 있다:

    a. 국면 II: 초기 사역 노력

    b. 국면 III: 리더십 가치를 끌어 올림


## 개발 국면들의 세 가지 특징들

**서론**  개발 국면은 한 사람의 삶에서 한 단위의 시간을 나타낸다. 그것은 다음
의 하나 혹은 여러 방식들로 확인될 수 있다: 1. 교준 개발 유형의 행동과 유사한 경
계 행동을 관찰함으로; 2. 영향력 범위에서 주요한 변화가 일어나는 것을 주목함으
로; 3. 주도적인 종류의 과정 항목들이 발생하는 것을 주목함으로.


**정의**  표준 개발 유형은 이전적 행동, 안정화 행동, 그리고 경계 행동의 주기
를 포함한다.


**정의**  영향력의 범위는 한 지도자에 의해서 영향을 받으며, 그들에 대해서 그
지도자가 하나님께 책임을 지게 될 전체 사람들을 지칭한다. 그것은 직접적 개인적
영향력 (얼굴을 마주하는 현존 사역) 아래에 있는 사람들, 간접적 영향력 (시간에 구속되지 않
는 영향력), 그리고 조직적 영향력 (조직 구조를 통하여 흘러가는 영향력) 아래에 있는 사람들
을 포함한다.

**정의** 주도적인 과정 항목들은 초기 개발 국면들, 중기 개발 국면들, 그리고 후기 개발 국면들에 상관적으로 발생하는 과정 항목들의 종류를 지칭한다.

**표준 개발의 3단계** 경계 국면의 안정적인 기간 동안 한 사람은 이전기에 내리는 기본적 결정과 일치하는 삶의 유형을 산출하고자 한다. 이것은 경계 행위가 그러한 결정과 자리잡아 가는 삶의 스타일에 대한 재평가를 강요할 때까지 지속된다. 경계 행동은 대개 이전 행동으로 다시 이끈다. 그 이전 행동 가운데 다음에 이어지는 안정기에 관한 결정이 내려진다. 이 주기는 반복된다. 대개 이전기와 경계기는 그 사이에 끼인 안정화 시기보다 짧다. 경계 과정을 보라.

**영향력의 범위와 관련된 요인들** 영향력의 범위는 대개 한 개발 국면으로부터 다음에 이르기까지 정도와 종류, 양면에서 다르다. 정도는 영향 받는 사람의 수를 지칭한다. 종류는 영향력의 수단들을 지칭한다. 영향력－믹스는 직접적, 간접적, 그리고 조직적인 영향력 수단들 사이의 균형을 지칭한다.

**과정과 시간** 초기 개발 국면은 영적 형성에 있어서 기본적인 교훈들에 초점을 두는 과정 항목들을 가질 것이다. 중기 개발 국면은 사역적 형성을 위한 방향을 설정하는 과정 항목들을 가질 것이다. 후기 개발 국면은 영적 형성과 사역적 형성에서 심층 성숙에 초점을 두는 과정 항목들을 갖는다.

## 특징 1 – 표준 개발 유형

**서론** 아래에 토져(A. W. Tozer) 의 시간선이 주어진다. 그는 D유형의 기독교와 선교사 연합 (Christian and Missionary Alliance) 목사이다. 나는 이 시간선을 사용해서 어떻게 특징 1이 이해될 수 있는지를 설명할 것이다. 국면 II는 아래에 확장된다.

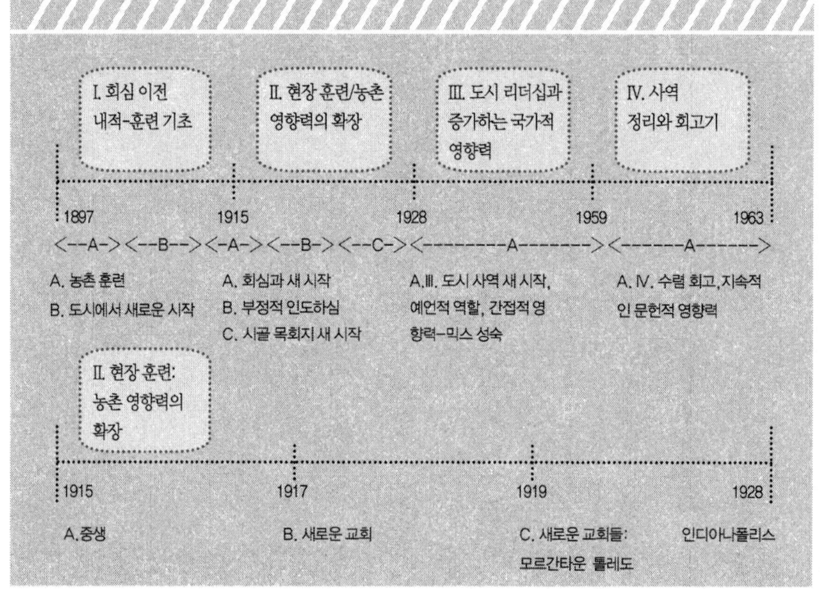



## 설명

전체적으로 그 국면은 이전, 안정화, 그리고 경계 혼란으로 구성되는 표준 경계 유형을 나타낸다. 그 국면은 주요한 이전 결정과 함께 시작한다—그리스도께 대한 회심. 이 결정은 토져로 하여금 교회에 가입하도록 했다. 그 교회 안에서 그는 그리스도인으로 헌신했다. 그것은 다시금 깊이 있는 헌신으로 이끌고 마침내 사역으로 이끌었다. 사역에 대한 결정은 농촌 교회, 마을 교회, 그리고 큰 마을 교회로 이끌었다. 마지막 경계 조건은 토져가 그의 마을 사역에서 도시 사역으로 이동하는 것을 포함한다. 제각기의 하위-국면은 또한 동일한 표준 유형을 나타낸다. 아래 표를 보라.

| 하위-국면 | 이전 | 안정화 | 경계 |
|---|---|---|---|
| A.중생 | 회심 경험 | 감리교회에 가입해서 그리스도인으로서 성장하기 시작함; 영적 형성 | 너무 근본적이 되어서 감리교회에 맞지 않음; 평가를 통해서 다른 교회에 가입. |
| B.새로운 교회 | 한 교회에 다니기로 결심 | 영적 형성면에서뿐만 아니라 사역적 형성에 있어서도 성장하기 시작; 사역 기술들을 획득 | 사역적 형성에서의 성장이 보다 많은 사역으로 이끔; 결국 농촌 교회를 목회하게 됨 |
| C.새로운 교회들 | 보다 큰 도전이 필요하게 됨 | 매 새로운 교회에서 사역적 성숙면에서 성장 | 새로운 교회로 부름받음; 이것은 3회나 반복됨 |

## 특징 2 – 영향력 범위의 변화 (Change in Sphere of Influence)

**서론**　국면 2와 3에 대한 토져의 시간선은 어떻게 영향력 범위의 변화인 특징 2가 다른 개발 국면들을 구분하는 데에 있어서 중요한지 설명하기 위해서 사용될 것이다. 국면 II에서 영향력—혼합은 작고 직접적인 얼굴을 맞댄 영향력에 제한된다. 국면 III에서 그것은 증가된 직접적인 얼굴을 맞댄 영향력, 간접적 영향력, 그리고 조직적 영향력을 포함한다.

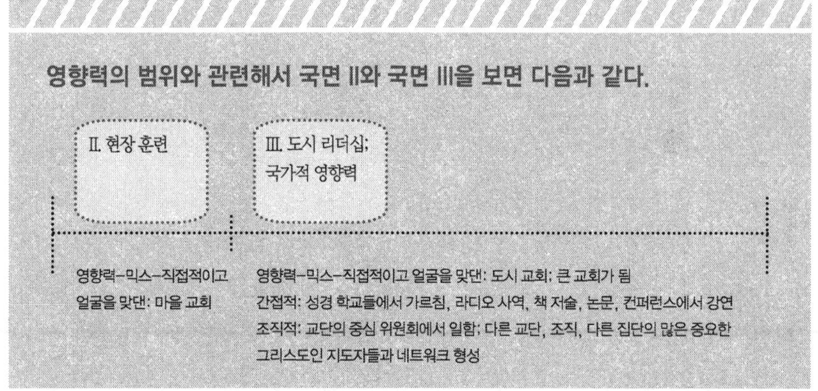


### 설명-영향력 범위의 변화를 성찰함

국면 II인 새로운 시작에서부터 도시 리더십과 국가적 영향력이 증대되는 국면 III에 이르는 토져의 이전과정은 다른 개발 국면 사이에 영향력의 변화에 있어서의 차이를 나타낸다. 국면 II에서, 토져의 영향력은 단지 직접적일 뿐이었다. 그것은 주로 동일한 사람들에 대한 얼굴을 맞댄 사역이었다. 그것은 상대적으로 적은 숫자의 사람들이었는데 그들은 주로 작은 마을의 지역 교회의 사람들이었다. 그는 그 국면에서 개인들에게 영향을 미치는 새신자에서 안수받은 목사로 이동했다. 그의 교구는 모두 작은 교회들이었다: 하나는 서부 버지니아의 모르간타운에 있었고; 다른 하나는 오하이오의 톨레도에 있었으며; 또 다른 하나는 인디아나주의 인디아나폴리스에 있었다. 국면 III에서 그의 영향력의 범위는 크기와 종류에 있어서 증가했다. 직접적인 사역은 보다 큰 도시 교회를 맡는 것이었다. 그러나 그의 영향력은 또한 직접적 영향력을 넘어서서 변화해갔다. 아마도 그가 사역하던 시대에 미국에서 기독교 활동의 중심지였던 시카고에서, 그는 라디오, 논문 기고, 책 저술, 컨퍼런스 강연, 그리고 훈련 기구들 (예를 들면 무디 성경 학교, 휘튼 대학교, 그리고 포트 웨인 성경 학교)에서 가르침 등을 통해서 간접적인 영향력의 범위를 넓혀 나갔다. 직접적, 간접적인 말씀 사역에 추가해서 그는 두 가지 방식으로 조직적 영향력을 개발했다. 그는 미국 전역에 교단적 영향력을 미치는 그가 속한 교단의 주요한 행정 위원회에 소속했다. 그는 많은 기독교 조직에 속한 주요한 지도자들과 연결망을 형성했다. 물론 국면 III에서 영향력의 범위가 하룻밤에 개발된 것은 아니다. 그러나 그것은 국면 II와 비교해 보면 시작부터 달랐다.

## 특징 3–주도적인 과정 항목들 (Dominant Process Items)

**서론** 다양한 과정 항목들을 일반적으로 구분하는 보다 사소한 특징은 개발 국면 중에 주도하는 과정 항목들을 인식하는 것을 포함한다. 아래의 다이어그램은 이러한 기간들에 상관되는 것들을 열거한다. 그 안에 열거되지 않은 것들은 다양한 기간에 걸쳐서 나타난다.

## 주도적인 과정 항목들

| 초기 국면들 | 중기 국면들 | 후기 국면들 |
| --- | --- | --- |
| ● 숙명 준비 | ● 사역 과제들 | ● 삶의 위기 |
| ● 진입 상황 | ● 사역 도전 | ● 고립 |
| ● 가족 영향 | ● 사역 기술들 | ● 영적 권위 |
| ● 기본 기술들 | ● 사역 임무 | ● 이상적 역할 발견 |
| ● 지도력 헌신 | ● 훈련 진보 | ● 이상적 영향력-믹스 발견 |
| ● 말씀 점검 | ● 은사 (Giftedness) 발견 | ● 숙명 성취 |
| ● 순종 점검 | ● 능력 항목들 | |
| ● 성실성 점검 | ● 사역 구조 통찰 | |
| | ● 리더십 반발 | |
| | ● 영향력 도전 | |
| | ● 숙명 계시 | |
| | ● 기도 도전 | |
| | ● 신앙 도전 | |
| | ● 영적 전쟁 | |
| | ● 관계 통찰 | |
| | ● 권위 통찰 | |
| | ● 사역 갈등 | |
| | ● 사역 확인 | |

**설명**  초기 개발 국면에는 대개 영적 형성에 있어서의 기본 교훈들에 초점을 맞춘 과정 항목들이 있다 (Belesky 1987을 보라). 중기 개발 국면에는 사역적 형성을 위해서 방향을 설정하는 과정 항목들이 있다 (전형적인 사례로서 Gripentrog 1987, Finzel 1987, 그리고 Waldner 1987을 보라). 후기 개발 국면에는 영적 형성과 전략적 형성에 있어서 심층 성숙에 초점을 맞추는 과정 항목들이 있다 (Clinton 1982d에서 전형적인 사례로 니의 연구를 보라).

**상대적 중요성**  세 가지 개발 국면 특징들 중에서 표준 개발 국면의 경계 분석이 개발 국면을 규정하는 데 있어서 가장 유용하다. 영향력의 범위의 변화는 다음으로 유용하다. 주도적 과정 항목이 가장 약하다.

## 개발 과제

**서론**　각자의 개발 국면은 일반적 그리고 특수한 업적들로 특징지어진다. 이러한 업적들은 개발 과제들로 불린다.

**정의**　<u>개발 과제</u>는 한 개발 국면의 일반적 그리고 고유한 목표들과 그 국면 내의 어느 과정을 향하고 있는지를 지칭한다.

**예**　지도력으로 이전기의 과제는 성실성, 순종, 그리고 하나님에게서 듣고 이해하는 능력을 포함하는 내적 성격 형성을 위한 하나님의 역사를 포함한다.

**예**　초기 성장 사역기에 대한 개발 과제는 은사를 사용함으로 최초로 은사를 발견하고 개발하도록 하나님께서 지도자를 자극하는 것이 포함된다.

**일반적 개발 목표들**　개발 국면들은 모든 지도자들에게 광범위하게 적용되는 광범위한 개발 과제들과 개별적 지도자에게 적용되는 한정적이고 고유한 목표들을 갖는다. 몇몇 일반적인 목표에는 다음의 것들이 포함된다.

| 국면들 | 개발 과제들 |
|---|---|
| 초기 | 1. 배아적인 리더십 성격을 형성한다.<br>2. 내적 성격을 형성한다.<br>3. 리더십 잠재력의 발견을 주도한다. |
| 중기 | 1. 리더십 잠재력의 개발을 촉진한다.<br>2. 은사 요소들의 최초의 발견과 사용을 포함한 사역 기술들을 개발한다.<br>3. 하나님의 구속적인 구조과 목적의 경험적 이해를 포함하는 사역 철학을 개발한다. |
| 후기 | 1. 영적 형성과 사역 형성 양자에서 성숙을 개발한다.<br>2. 기본적인 사역 기초로서 영적 권위를 개발한다.<br>3. 수렴을 향하여 지도력 효과를 극대화한다. |

**우선적인 개발 과제**　표준 개발 유형은 이전, 안정화, 그리고 혼란 (경계) 행동들을 포함한다. 광범위하게 기술되면, 한 개발 국면의 각개 안정기의 우선적인 과제는 이전의 이전기에 내린 주요한 결정과 일치하는 삶의 스타일을 형성하는 것이다. "안정" 기에 그 과제를 감행하는 것은 스트레스와 문제 그리고 변화의 부재를 의미하는 것은 아니다. 그러나 그것은 주요한 방향이 설정되고 다음 경계기까지 변화하지 않을 것임을 의미한다.

## 개발 과제에 대한 피드백

1. 맥킬퀸 박사 (Dr. R. C. McQuilkin) 에 대해서 아래에 주어진 시간선을 검토하라.

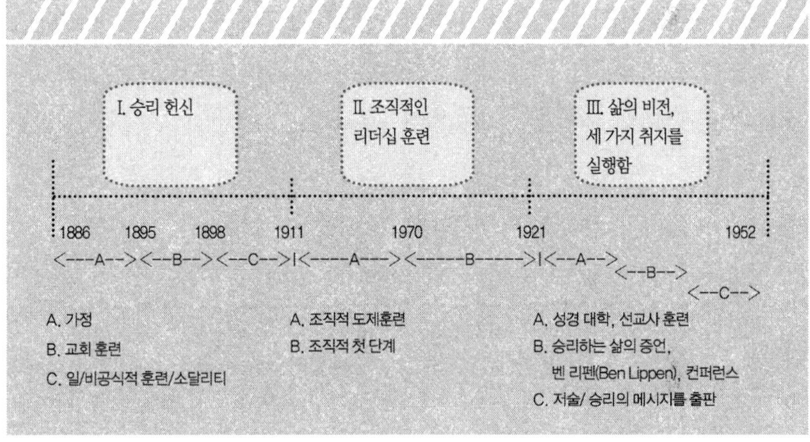


비록 당신이 맥킬퀸 박사의 생애를 연구하지 않았지만, 개발 과제의 개념에 관해서 당신이 알고 있는 것으로부터, 그리고 두 번째 개발 국면과 그것의 두 개 하위—국면들의 명칭으로부터 당신은 무엇이 국면 II를 위한 개발 과제였다고 말할 수 있겠는가?

2. 토져의 시간선으로 돌아가서, 현장 훈련: 농촌 영향력을 확대시키는 국면 II의 개발과제들이 무엇인지 한두 개를 지적하라.

3. 토져의 시간선과 관련해서 (국면 II와 국면 III), 도시 리더십; 국가적 영향력을 나타내는 국면 III의 개발 과제에 대해서 한두 개를 언급하라.

### ◆ 답변 ◆

1. 선교회 조직들과의 수월한 관계를 개발하라. 하나님께서 그로 하여금 기독교 선교회 조직내에서 훈련시켰다고 나는 생각한다. 그것은 후에 국면 III에서 두 개의 주요한 기독교 조직을 세우는 데 사용되었다.

2. 개발 과제는 다음을 포함한다: 1) 소집단 앞에서의 기본적인 공적 의사소통의 기술을 배우는 것. 2) 말씀 연구와 메시지 준비를 포함하는 훈련

3. 개발 과제는 다음과 같다: 1) 라디오 메시지 준비와 방영, 2) 다양한 문헌적 기술-기고문 작성, 기고문 편집, 책 저술, 3) 큰 청중들 앞에서 의사소통하는 기술, 4) 네트워킹 기술

### 경계 (Boundary) 동의어: 경계 조건, 경계 유형

**서론**　표준 개발 유형은 이전, 안정화, 그리고 경계 행동을 포함한다. 경계는 안정화 기간을 종결하는 기간을 언급한다. 당신은 안정화가 한 지도자가 이전기에 내려진 선택을 실행하는 기간을 지칭한다는 것을 기억할 것이다. 지도자는 경계기까지 이것을 행한다. 경계기는 행해진 것을 뒤돌아보며, 안정화기의 삶의 스타일을 평가하며, 하나님께서 즉각적인 미래에 무엇을 원하시는지 찾는 시기이다. 이러한 탐색은 대게 다른 선택과 선택이 행해지는 다른 이전기로 이끈다. 경계 기간은 즉각적일 수도 있고 여러 개월 혹은 수년의 기간에 걸쳐서 일어날 수도 있다.

**정의** 경계는 하나의 하위—국면 혹은 대개 진입 단계, 이전 단계, 그리고 종결 단계로 구성되는 국면을 종결 짓기 바로 전의 시간에 주어진 명칭이다.

**경계 활동의 종류** 전형적으로 경계기는 **위기** (Palich 1987:42, 다운 증후군을 가진 아이의 출생), **승진** (Gripentrog 1987:88, 지역 책임자가 됨), **새로운 사역으로의 이전** (Finzel 1987:45, 목사로부터 동부 유럽 선교사로), **조직의 변화** (Whetherby 1983:6, 26, 네비게이토에서 세속적 일과 교회 일에 참여), 새로운 방향을 설정하는 **교육을 위한 휴식기** (Davis 1987:46, 관계 과정에 이어지는 풀러 세계선교대학원에서의 성찰적인 공부), 회고적인 평가를 가져오는 **고립 경험** (Clinton 1982d, Nee, 거의 죽음에 이르는 질병), **패러다임 전환** (Shelley 1985:10, 22, 리더십에 대한 관점의 변화-영향력, 영적 권위, 그리고 은사혼합), **특이한 종교적 경험** (Chan 1987:45, 성령에 의해서 압도되는 경험), **삶을 변화시키는 한 사람과의 만남** (Humble 1987:3, 34; Sims 1987:71), **섭리적 인도하심의 경험** (Webb 1985:20, 세 가지 집 관련 기적들), **지리상의 이동** (Colquhoun 1987:41, 42, 캘리포니아로 이주) 등과 같은 것을 포함한다. 이러한 사건들은 그 지도자의 개발에서 중요한 하나 혹은 그 이상의 과정 사건들을 포함한다.

**일반적인 경계 과정 항목들** 경계 과정에 대한 핀젤의 연구 (Finzel 1988) 에 의하면 경계 과정과 관련된 최소한 10가지 과정 항목들이 확인될 수 있다. 이것들은 다음과 같다: 섭리적적 만남, 위기/삶의 위기, 사역 도전, 신앙 도전, 갈등, 리더십 헌신, 고립, 숙명 계시, 부정적 준비, 그리고 훈련 진보.

## 경계 과제 (Boundary Task)

**서론** 경계 과제는 경계를 통과해 나가는 모든 지도자들에게 공통적인 두 가지 일반적 평가 과제와 그 개인에게 고유한 다양하고 특수한 과제가 포함된다.

**정의** 경계 과제는 경계 상황에서의 주요한 개발 과제들을 언급한다. 그것은 삶과 사역과 관련하여 즉각적으로 선행하는 안정기에 대해서 질문을 던지고 재평가하는 과제를 말한다. 그것의 목적은 하나님께서 의도하시는 변화의 다양한 가능성을 탐색하고 결정적인 선택을 향해 헌신하는 것이다. 그러한 헌신은 뒤에 따라오는 새로운 안정기의 기초를 형성한다.

**3종류의 과제들** 개발 과제 1은 회고적 성찰, 분석 그리고 이전 개발 국면에서의 개발에 대한 평가를 포함한다. 분명하게 미래를 평가하기 위하여 어떠한 종결에 대한 인식 (sense of closure) 이 필요하다. 개발 과제 2는 필요한 미래 개발의 공식화 (formulation) 와 기대 그리고 다음 사역을 위한 인도하심을 포함한다. 개발 과제 3은 개인의 고유한 상황에 대한 결정을 내리는 것을 포함하며 여러가지 하위-과제들을 포함할 수 있다.

**경계틀** 핀젤의 분석적 틀은 경계 과제의 분석을 위한 배경을 제공한다. 그것은 경계 과정을 표준 개발 유형과 관계시킨다.

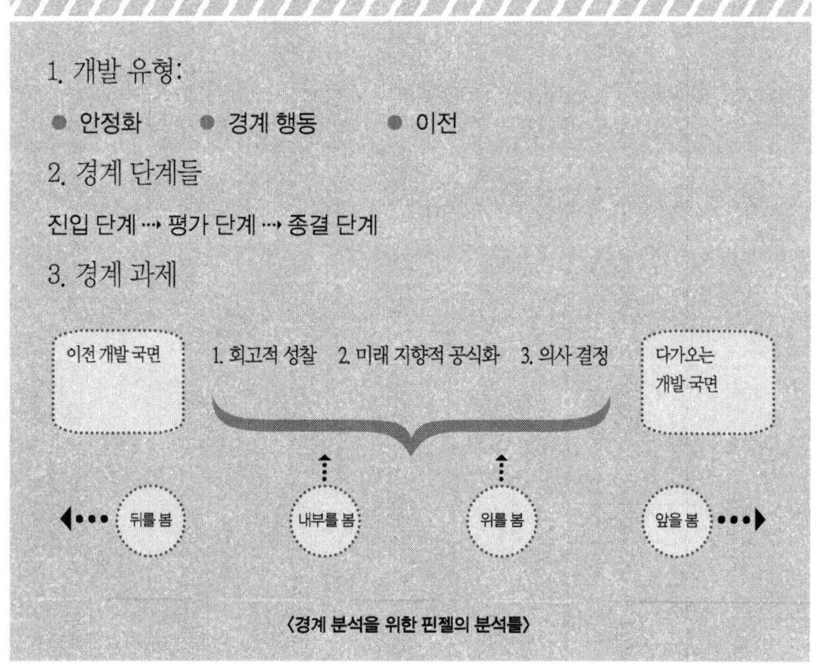


〈경계 분석을 위한 핀젤의 분석틀〉

## 경계를 나타내는 사례들

**서론**　　토져의 시간선은 경계기를 나타내고 상대적 길이를 보여주기 위해서 사용된다. 모든 경계의 주요한 요인들이 짧게 기술된다.

**상징**　　괄호 안의 대문자 "B", [B]는 개발 국면을 위한 경계를 나타내기 위해서 사용된다. 소문자 "b"는 위와 유사하게 하위-국면을 위한 경계를 나타내기 위해서 사용된다. 만일 경계 상황이 보다 오랜 시간 동안 지속된다면 괄호 속의 선들은 그것을 [--------B1--------]로 나타낸다

**사례**　　토져의 시간선에서.

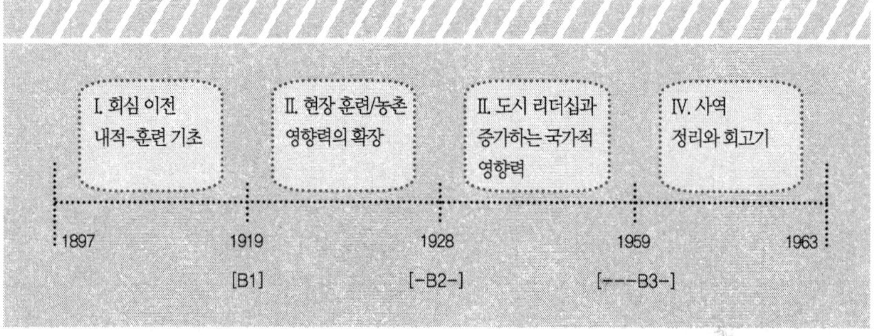


B1 = 회심 경험, 급작스러운 경계 사건으로 즉각적인 이전 선택을 초래한다.

주요한 개발 과제는 토져를 전임 기독교 리더십으로 이전시키는 것이다. 회심은 패러다임 전환을 가져온다. 한 교회에서의 활동(토져의 보수적인 견해보다 견해상 보다 자유로운)은 보다 편안한 교회로 소속을 옮기도록 하였다. 사역 활동은 결국 농촌 목사가 되는 결정으로 이끌었다.

B2 = 시카고 사역에로 부르심을 받아들이는 결정으로 사역 초점에서 주요한 변화(큰 도시교회)와 마을에서 도시로 지리적인 이동을 가져왔다.

주요한 개발 과제는 영향력 도전 과정의 과제이다. 토져는 한 마을 교회의 역량을 넘어서는 역량을 가졌다. 하나님께서는 그를 지리적 중심지로 이동시킬 필요를 가지셨다. 그 중심지에서 그는 국가적으로 드러나게 될 것이다. 보다 큰 교회는 영향력의 범위가 확장될 수 있는 배경과 잠재적 자원들을 제공한다.

**B3 =** 큰 도시 목회의 힘든 사역으로부터 보다 많은 묵상과 연구와 저술을 포함하는 사역으로 물러서야 한다는 증가하는 확신. 또 다른 건물 확장의 필요는 종결 사건이 되었다. 그것은 결정적 선택을 내리는 헌신을 촉진하였다.

주요한 개발 과제는 부정적 준비를 통해서 주어졌다. 토져는 교회 자체의 확장 필요를 위해서 그리고 평생 배운 것을 성찰하고 결합하는 토져 자신의 필요를 위해서 내려올 필요가 있었다.

### 경계에 대한 피드백

1. 경계 상징의 개념을 분명히 이해하도록 하라. 아래에 주어진 도슨 트로트만의 시간선을 검토하라. 경계기에는 현상 유지가 도전받고, 뒤를 돌아보는 성찰과정이 있으며, 이전의 삶과 사역에 대한 평가와 그리고 가능한 대안적 결정들을 포함하는 미래적 숙고가 행해진다는 것을 기억하라.

**사례** │ 트로트만의 시간선으로부터

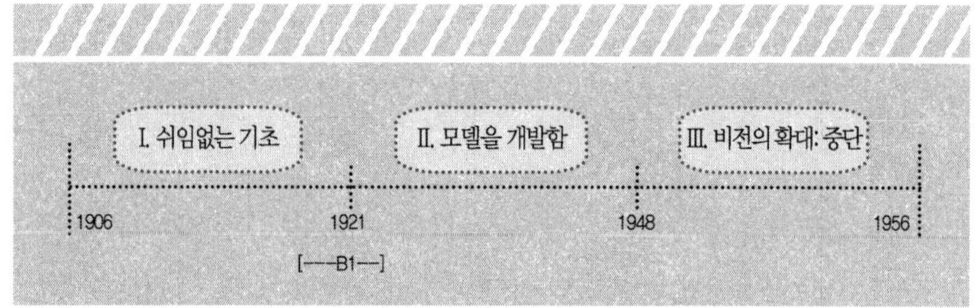

전체로서의 시간선과 경계 상징으로부터 관찰될 수 있는 것 외에 이 경계에 대한 어떠한 상세한 내용도 알지 못한 채, 당신은 경계와 경계 과제에 관하여 무엇을 말할 수 있겠는가?

2. 당신이 믿기에 몇몇 경계 상황을 통과한 지도자를 인터뷰하라. 그 지도자에게 경계 상황에 관한 일반적 개념을 설명하고 그 지도자로 하여금 주요한 경계 상황을 기술하도록 요청하라. 지도자가 경계 상황을 기술함에 따라 당신이 진행된 경계기의 길이, 진입, 이전, 그리고 종결 단계, 그리고 미래적인 생각의 공식화 등에 대해서 확인할 수 있는지 보라.

### ◆ 답변 ◆

1. 나는 우연히 이 경계 상황을 상세히 연구했으며 그것이 사역 철학의 이해에 있어서의 주요한 변화였다는 것을 알게 되었다. 그것은 복음 전도 활동으로부터 심층 제자도(양육)를 동반한 전도로 전환하는 것이었다. 그것은 수개월에 걸쳐서 일어났으며 적어도 주목할 가치가 있는 세 가지 경계 과정 항목을 포함한다: 그것은 말씀 과정 항목, 부정적 준비 인도하심 항목, 그리고 신적 만남 인도하심 항목이다. 그러나 비록 내가 그의 삶을 연구하지 않았다 하더라도, 시간선과 상징만으로도 나는 약간의 학습된 추정을 제공할 수 있을 것이다. 나는 세 가지를 제안했을 것이다: (1) 그 경계는 오랜 시간을 거쳤다. 아마도 1년 내지 2년이 걸렸을 것이다. (2) 그 경계는 다음 개발 국면 속으로까지 여러 개월 지속되었다. 비록 미래를 향한 결정적인 전환이 있었지만 그것이 개발되기 위해서는 시간이 걸렸다. (3) 아마도 국면 II가 개발되는 모델에 대해서 말하고 있기 때문에 경계 과제는 아마도 그 모델을 발견하는 것을 포함했을 것이다.

2. 당신의 선택.

**모든 시간선 개념에 대한 피드백**

1. 당신 자신의 개인적 고유 시간선을 그리고, 개발 국면들과 하위 국면들에 대한 명칭을 붙이라.

2. 당신이 만든 당신 자신의 시간선과 관련해서 그 위에 하나의 경계에 대해서 이름을 붙이라. 그리고 당신 자신의 삶으로부터 그 경계 상황을 묘사하라. 당신이 그 경계 과정에서 진입 단계, 이전 단계, 그리고 종결 단계를 나타낼 수 있는지 보라. 약간의 회고적 성찰을 나타내라. 미래 지향적인 구상을 지적하라. 그 경계를 종결 짓는 특별한 결정들은 무엇이었는가? 회고를 하는 가운데 당신은 그 경계 상황의 주요한 경계 과제는 무엇이었다고 말할 수 있겠는가?

3. 당신이 위에서 작성한 시간선과 관련하여 답변하라.

a. 당신의 첫 번째 개발 국면에 대해서 어떠한 방식에서 다음의 초기 개발 과제들이 나타났다고 보는지 짧게 답변하라.

(1) 배아적 리더십 성품을 하나님께서 섭리적으로 주조하신 것을 나타내는 것:

(2) 하나님께서 섭리적으로 내적 성품을 주조하신 것을 나타내는 것:

(3) 하나님께서 섭리적으로 리더십 잠재력의 지표를 나타내신 것:

b. 당신의 두 번째 개발 국면에 대해서 하나님께서 역사하신다고 당신이 생각하는 중기 개발과제들 중의 어느 것이 있는지 점검하라. 다음의 일반적인 개발과제들 중에서 찾아 보리.

(＿＿＿＿＿) ⑴ 리더십 잠재력의 개발을 촉진한다.

(＿＿＿＿＿) ⑵ 은사의 초기 발견을 포함하는 사역 기술의 개발.

(＿＿＿＿＿) ⑶ 은사의 사용을 증진시키기 위하여 기회를 제공한다.

(＿＿＿＿＿) ⑷ 사역 철학을 개발시킨다.


### ◆ 답변 ◆

어떠한 답변도 주어지지 않는다. 이 훈련은 이 개념들에 대한 이해의 종결을 맺을 수 있도록 누군가 다른 사람과 나누어져야만 한다.


### 시간선 개념의 요약

시간 변수의 주요한 개념은 시간선이다. 모든 지도자들은 그들에게 고유한 시간선을 묘사할 수 있다. 고유 시간선은 개발 국면이라 불리우는 구분으로 나뉘어진다. 개발 국면들은 경계 사건들과 더불어 마무리된다. 개발 국면은 그것들이 하위-국면이라 불리는 보다 작은 단위로 나뉘어질 수 있다. 그 하위 국면들도 경계 종결을 갖는다.


세 가지 특성들이 개발 국면들을 정의하는 것을 돕는다. 가장 중요한 것은 표준 개발 유형이다. 모든 개발 국면은 현재 진행중인 세 가지 과정을 포함한다. 그곳에는 선행하는 이전 과정에서의 결정이 실행되어지는 안정화 행위가 있다. 그리고 새로운 개발 국면의 다가옴을 알려주는 경계 행동이 존재한다. 경계 과정을 분석하는 것은 개발 국면을 결정짓는 데 있어서 가장 큰 도움이 되는 확인 작업이다. 두 번째로 도움이 되는 특징은 영향력 범위의 변화를 인식하는 것이다. 정도 (더 많이 혹은 더 작은)와 종류와 관련해서 영향력 범위상의 중요한 변화는 대개 개발 국면상의 구분을 나타낸다. 그 변화는 일정한 시간을 경과하면서 발생할 수 있지만 그 시기가 끝날 때 영향력의 범위는 그 시기가 시작할 때와는 전연 다르다는 것이 분명해질 것이다. 개발 국면을 확인하는 데에 그렇게 큰 도움이 되지 않는 세 번째 특징은 주요한 과정 항목들이 대개 개발의 다른 시기에 따라 결정될 수 있다는 것을 인식하는 것이다. 그러나 과정 항목들은 항상 시간과 그렇게 긴밀하게 들어 맞지 않는다는 것이다. 그래서 이 세 번째 특징은, 약간 도움이 되기는 하지만, 개발 국면을 발견하는 데에는 도움이 되지 않는다.

개발 국면은 리더십을 향한 전반적 개발 업적들과 관련해서 분석될 수 있다. 개발 과제는 지도자의 삶에 있어서 전반적인 업적을 기술한다. 이 과제들은 개발 국면들에 있어서 특정한 이슈들과 관련해서 기술된다. 그것들은 또한 리더십 잠재력의 일반적인 개발을 기술한다. 경계들도 또한 과제들과 관련해서 분석될 수 있다. 그러한 과제들은 경계 과제라고 불린다. 두 가지 일반적인 과제들이 대개 달성된다. 하나는 이전의 발전 국면에 대한 회고적 성찰을 포함한다. 다른 하나는 무엇이 다음에 일어날지 전망하는 것이다. 결정을 내릴 때 미래의 다가오는 개발 국면과 관련해서 내려져야만 한다. 이러한 결정들은 세 번째 종류의 경계 과제를 구성한다. 그것들은 각자의 개별적인 사람에 따라 다르다.

시간선이 구성된 후에 과정 사건들이 그것에 따라서 확인될 수 있다. 그 시간선은 그때 통합적인 평가 척도에 도움이 되는 도구로 사용될 수 있다. 다음 장은 평가를 위하여 사용될 수 있는 첫 번째 접근법들 중의 하나를 다룬다. 그것은 고유 시간선과 일반적 시간선의 대조를 포함한다. 일반적 시간선은 많은 고유 시간선들의 비교 연구로부터 종합된 시간선이다. 두 가지의 그러한 일반적 시간선이 전반적인 개발의 흐름을 위한 틀로 주어지고 고유 시간선을 평가하는 기준으로 사용될 수 있다.

# 일반적 시간선

9장에서 시간 변수의 개념을 개관했다. 본질적 개념은 시간선의 개념이다. 시간선은 과정 항목들의 위치와 과정 항목을 분석하고 개발할 수 있는 배경을 구성한다. 지도자들은 개발 국면과 관련해서 자신의 일생을 서술하는 고유 시간선을 갖는다. 많은 고유 시간선의 비교 연구를 통해서 약간의 일반적인 전반적 시간선 유형을 도출해 낼 수 있다. 이러한 일반적이고 전반적인 유형의 시간선을 일반적 시간선이라고 부르며, 이것이 본 장의 주제가 된다.

### 예습

두 가지 주요한 일반적 시간선이 이 장에서 소개된다. 보다 구조가 잡히고, **일반화된** 시간선이 우선적으로 개인적 성장 관점에서 리더십 개발을 묘사하는 데 유용하다. 그것은 전임 기독교 지도자들과 마찬가지로 평신도 지도자들에게도 유용하다. **사역 시간선**은 전임 기독교 일꾼의 개발을 개관한다. 어떠한 시간선도 한 특정 지도자의 고유 시간선과 정확히 맞아 떨어지지는 않는다. 그러나 한 특정 지도자의 고유 시간선을 일반적 시간선의 어느 것이든 그것과 비교 연구함으로 어디에 한 지도자가 다른 지도자들과의 관련해서 서 있는지의 느낌을 제공할 것이다. 고유 시간선과 일반화된 시간선 사이의 일치가 결여된 것은 **압축/중복**에 의해서 설명된다. **집단으로 묶는 것은** 사역 시간선을 사용해서 고유 시간선을 평가하는 효과를 묘사한다.

일반적 시간선들은 대충 논의하는 형태로 설명될 것이다. 그 길을 따라서 다양한 개발 과제들에 관한 기술적인 설명이 주어진다. 개발에 있어서 지도자들이 직면하는 개발의 장애와 문제들도 또한 대략적으로 언급될 것이다.

이 개념의 유용성을 보다 더 잘 예시하기 위해서, 여러 다른 일반적 시간선들을 제시한다.

### 일반적 시간선의 서론

시간 변수를 포함하는 통합적 효과는 많은 고유 시간선들의 비교 연구로 이끌었다. 그 결과 시간선의 유형의 종합을 얻어냈다. 이것들은 일반적 시간선들로 불리고 다음의 목적들을 위해서 큰 도움이 된다.

1.통합,

2.다양한 유형들을 분석함

3.고유 시간선을 형성하는 초기 단계에 있는 사람에게 자극제가 됨

4.훈련 계획을 세움

나의 연구[1] 가운데, 다음의 네 가지 일반적 시간선들을 확인했다:

1.일반화된 시간선 (여섯 단계의 개인적 성장 시간선) ; A-E 유형의 지도자들을 위해서 [1983]

---

1)  괄호 안의 연대는 연구 가운데 그 개념이 떠오른 시기를 나타낸다.

2.사역 시간선 (전임 사역 개발에 초점을 둔 이전과 관련된 삼 단계의 시간선) ; 주로 C-E 유형의 지도자들을 위하여 [1988]

3.A, B, C 유형의 한국 지도자들을 위한 한국 유형 (지리학적으로 단지 한국에만 위치한다) [1987].

4.A, B 유형의 싱가폴 지도자들을 위한 싱가폴 유형 (지리학적으로 단지 싱가폴에만 위치한다) [1987]


처음의 두 가지인, 일반적 시간선과 사역 시간선은 리더십 개발 이론에 대한 전반적인 설명을 제공하기에 가장 유용하다. 왜냐하면 그것들이 높은 차원의 추상적 개념들을 논의하기 위한 통합적 틀을 제공하기 때문이다.


개인적 개발 (리더십 성품과 리더십 가치) 에 초점을 두는 일반화된 시간선은 중간과 상위 차원의 지도자들 (C, D, 그리고 E 유형) 뿐만 아니라 평신도 지도자들 (A와 B 유형 지도자들) 에게도 적용 가능하다. 그것은 지도자로서의 부상의 초기 단계에 있는 사역 전 지도자들을 위한 전반적인 개설을 제공하는 데에 특히 유용하다.


특히 사역 효과성 (사역 기술과 리더십 가치) 과 관련해서 지도자의 개발에 초점을 두는 사역 시간선은 전임 중간-경력의 기독교 지도자들 (C, D, 그리고 E 유형) 에 대해서 설명하는 강한 힘을 내포한다. 사역 시간선이 중간-경력의 전임 지도자들에게 가장 적용가능하기 때문에, 그것은 이 책자에서 과정과 반응 변수들을 통합하는 데에 사용된다.


일반적 시간선 3과 4는 그러한 특별한 문화들에서 평신도 지도자들의 부상 초기 유형들을 다루는 구체적인 연구에 가장 도움이 된다. 그것들은 기초적인 단계가 그 사회의 교육적 유형과 가족 유형에 따라 다른 문화에서 다르다는 것을 보여준다.

# 일반화된 시간선 (Generalized Time-Line)

**서론**　각 개별 지도자의 시간선은 독특하다. 그러나 모든 지도자의 시간선에는 유사성이 존재한다. 비교 연구를 통해서 공통된 형태를 확인할 수 있다. 아래에 주어진 일반화된 시간선은 많은 개별적 시간선들의 종합이다. 그것이 좀처럼 어느 누구의 것과 정확하게 일치하지는 않지만, 그것은 모든 지도자들의 공통적인 개발 이슈들에 초점을 맞춘다.

### 일반화된 시간선

| 국면 1<br>주권적 기초 | 국면 2<br>내적 삶 성장 | 국면 3<br>사역 성장 | 국면 4<br>성숙한 삶 | 국면 5<br>수렴 | 국면 6<br>잔광 |
| --- | --- | --- | --- | --- | --- |

테이블 10-1 〈국면들과 과제들의 요약〉

| 국면 | 하나님의 개발 과제들 | 지도자의 반응들 |
| --- | --- | --- |
| 주권적 기초 | ● 리더십 잠재력을 포함한 삶에서의 토대가 놓여짐 | ● 긍정적으로 반응한다<br>● 이러한 토대들을 잘 활용한다 |
| 내적 삶 성장 | ● 리더십 잠재력의 확인<br>● 검증을 통하여 기본적 지도력 성품을 형성함 | ● 검증에 대하여 긍정적으로 반응함<br>● 검증 후에 확장을 위하여 준비됨 |
| 사역 성장 | ● 최초의 확인: 사역을 위한 은사들과 기술들<br>● 은사들과 기술들을 더 많이 사용하고 개발하도록 지도자가 방출됨<br>● 관계 교훈들을 가르침<br>● 사역 철학을 펼침 | ● 은사들과 기술들의 인식<br>● 은사들을 사용하고 개발하기 위한 단계를 취함<br>● 복종과 권위에 관한 교훈을 배우고 사용함<br>● 비전을 취함 |
| 삶의 성숙 | ● 하나님의 이해를 심화함<br>● 하나님과 친밀감 개발<br>● 최우선적인 책임으로 성공이 아닌 하나님과의 관계 위에 초점을 맞춤 | ● 심화 과정에 긍정적으로 반응함<br>● 교제를 깊게 함<br>● 존재로부터 사역이 나온다는 것을 인식함 |
| 수렴 | ● 기여를 극대화할 수 있는 역할과 위치로 지도자가 인도함 받음 | ● 신뢰하고, 쉬고, 기다림<br>● 수렴을 향한 결정 내림 |
| 잔광 | ● 평생의 지도력을 통해서 하나님께 영광을 돌림 | ● 하나님의 신실하심에 영예를 돌림 |

## 일반화된 시간선에 대한 해설

각개의 개별적 지도자의 시간선이 고유한 것이 사실인 반면, 모든 지도자의 시간선에 유사점이 있다는 것도 또한 사실이다. 비교 연구를 통해서 한 지도자의 개인적 성장과 관련한 공통적인 형태들이 확인될 수 있었다. 아래 그림 10-1에서 제공된 일반화된 시간선은 많은 개별 고유 시간선들이 종합된 것이다. 그것이 어떤 것과 정확하게 일치하지는 않지만, 그것은 모든 지도자들의 공통적인 개발 문제들에 초점을 맞춘다. 그리고 그것은 개인적 성장 측면에서 유래한 중요한 표준 유형으로서 모든 고유 시간선들이 그것과 관련해서 비교될 수 있다.

**그림 10-1〈일반화된 시간선〉**

| 국면 1 | 국면 2 | 국면 3 | 국면 4 | 국면 5 | 국면 6 |
|---|---|---|---|---|---|
| 주권적 기초 | 내적 삶 성장 | 사역 성장 | 성숙한 삶 | 수렴 | 잔광 |

그림 10-1은 일반화된 시간선을 나타낸다. 테이블 10-1은 국면, 일반적 개발 과제, 그리고 이러한 일반적 개발 과제들에 대해서 지도자들이 취할 바람직한 반응 등과 관련해서 일반화된 시간선을 요약한다. 다음에 주어지는 것은 테이블 10-1에 열거된 개발 과제들의 취지에 대한 보다 상세한 토의이다. 토의는 일반화된 시간선의 매 국면을 따라서 진행된다. 다양한 과정 항목들이 매 국면을 통하여 언급되며 그것들이 시간 관점과 관련해서 어떻게 일치하는지를 보여준다.

## 국면 1. 주권적 기초

국면 1인 **주권적 기초**에서 하나님은 가족, 상황적 배경, 그리고 역사적 사건 <sub>(각 지도자의 출생시기를 포함해서)</sub> 을 통해서 한 지도자의 삶에서 기본적 기초를 세우기 위하여 섭리적으로 역사하신다. 때때로 몇몇 지도자들은 하나님께서 가족 혹은 환경을 통해서 일하신다는 것을 믿기 힘들어 한다. 특히 만일 이러한 것들이 신적인 영향력이 아닐 때 그러하다. 좋건 나쁘건, 성격 특징들과 관계된 경험들은 마찬가지로 하나님에 의해서 사용되는 것으로 이해될 수 있다. 많은 경우 성격 특성이 하나님께서 그 사람에게 주신 영적 은사혼합과 상관적이란 것이 뒤늦게 이해된다. 회고적 성찰을 통한 국면 I의 도전은 하나님의 섭리를 확인하는 것이다. 후기 국면에 이르기까지 이러한 모든 항목들의 중요성을 깨닫기란 종종 힘들다. 대개 회고적인 성찰을 통해서 그의 주권성에 대한 보다 심층적인 인식까지 얻을 수 있다.

국면 1의 주요한 개발 과제는 한 사람의 삶에 기초를 놓는 것이다. 하나님은 이 개발 과제 위에 주권적으로 역사하신다. 잠재적 지도자는 이 국면에서 일어나는 기초의 대다수에 대해서 통제하거나 결정적인 영향력을 미치지 못한다. 주요한 개발 과제에 대한 잠재적인 지도자의 주요한 반응은 주권적 기초 국면에서 무엇이 일어났는지를 인식하고 현재 시간에 적극적으로 응답하며 특히 인도하심 결정에 있어서 하나님께서 놓으신 기초를 잘 활용하는 것이다.

## 국면 II. 내적 삶의 성장

기초 국면에 이어서, 지도자로 부상할 사람은 삶에서 강조되는 것이 보다 인격적이고 실제적인 방식으로 하나님을 아는 것이 되는 시기를 통과한다. 이 국면은 국면 II, **내적 삶의 성장 국면**으로 정의된다. 지도자는 기도하는 것과 하나님으로부터 듣는 것의 중요성을 배운다. 그가 분별, 이해 그리고 순종에 있어서 성장할 때, 그러한 성장이 시험 받을 것이다. 이러한 초기 시험들의 몇몇은 결정적인 경험들이다. 하나님께서는 그러한 경험들을 사용하셔서 리더십의 다음 단계를 위해서 지도자를 준비시키신다.

개인적 내적 삶의 성장과 동반하여, 항상 부상하는 지도자는 어떠한 종류의 사역에 관여하게 된다. 행함으로 배우는 상황에서, 새로운 내적 삶의 교훈들이 파악되고 주목 받게 된다. 비록 미래의 지도자가 사역에 관여하고 약간의 사역 교훈들을 배우지만, 이 국면의 주요한 강조점은 내적 삶의 성장이다.

국면 II의 주요한 개발 과제는 리더십 잠재력과 성품 형성을 확인하는 것이다. 하나님께서는 주로 시험적인 경험들을 통해서 이것을 행하신다. 주요한 개발 과제에 대한 잠재적 지도자의 반응은 이러한 시험들에 대해서 긍정적으로 반응하는 것이고 그러한 기초적인 시험에 쌓여진 기본적인 교훈을 배우는 것이다. 잠재적 지도자는 시험 후에 하나님의 확장을 기대할 수 있고 보다 큰 책임감을 내포하는 시험을 위해서 준비될 수 있다.

### 국면 III. 사역 성숙

국면 III 사역 성숙에서 부상하는 지도자는 다른 사람들에게 나아가서 그들을 돕는 것에 초점을 둔다. 지도자는 비록 그와 관련된 교리가 무엇인지조차 알지 못할지라도 자신의 영적 은사를 갖고 실험하기 시작한다. 때때로 피어나는 지도자는 보다 효과적인 사역을 위해 준비하기 위해서 무형식적 훈련 혹은 공식적 훈련까지 받게 될 것이다. 이 단계에서 떠오르는 지도자의 초점은 사역이 될 것이다.

많은 사역 교훈들이 다른 사람들과의 관계 혹은 자신의 개인적 삶에서의 부족함에 초점을 맞출 것이다. 이것은 또한 지속적인 내적 삶의 성장 시험을 필요로 할 것이다. 내적 삶의 성장을 다루는 시험 항목들과 중요한 사역 교훈을 다루는 사역 항목들이 이 단계의 개발을 주도할 것이다.

국면 III의 주요한 개발 과제는 두 가지이다: 첫째, 점차적으로 효과적인 사역을 개발하기 위한 은사와 기술의 초기 확인과 그것들의 증가된 사용과 둘째, 그리스도의 몸에 대한 경험적 이해. 이 후자의 과제는 많은 관계 교훈—약간은 부정적이고 약간은 긍정적인—을 포함할 것이다.

### 국면 I, II, III에 대한 성찰적인 해설

국면 I, II, III 동안에 하나님은 지도자를 통해서가 아니라, 주로 지도자 안에서 일하신다. 비록 많은 사역 활동과 과실까지 있을지라도, 주요한 일은 지도자를 통해서가 아니라, 지도자에게 그리고 지도자 안에서 행하는 것이다. 대부분 부상하는 지도자는 이것을 인식하지 못한다. 그들은 끊임없이 생산성, 활동성 혹은 열매를 평가한다. 그러나 하나님은 조용히, 종종 특이한 방식으로 부상하는 지도자로 하여금 한 지도자는 기본적으로 존재로부터 지도자라는 것을 보게 하시고자 추구하신다. 그분은 행함 (생산성) 보다 존재 (성품)와 관련해서 지도자가 어떠한 사람이냐에 관심을 가지신다.

### 국면 IV. 삶의 성숙

국면 IV 삶의 성숙 단계에서 지도자는 대개 만족스러운 사역 가운데 자신의 영적 은사를 확인하고 사용한다. 지도자는 어떠한 것이 은사를 활용하는 최상의 방법인가에 관해 배운 학습을 통해서 우선순위에 대한 인식을 얻게 된다. 이 시기 동안 지도자는 사역에서 **무엇을 하고 무엇을 하지 않는지**에 초점을 맞출 것이다. 이것이 성숙한 열매를 맺게 할 것이다.

고립, 위기, 갈등, 숙명 경험, 그리고 문헌적 항목과 같은 과정 항목들은 그 지도자에 대해서 새로운 의미를 띠게 될 것이다. "사역은 존재로부터 흘러나온다" 라는 원리는 지도자의 성품이 익고 성숙함에 따라 새로운 의미를 띠게 된다.

국면 IV의 주요한 개발 과제는 하나님에 대한 지도자의 경험적 이해의 심화이다. 그러한 이해는 다시 영적 권위를 증가시킬 것이다. 지도자가 하나님과 교제를 나누는 것이 기본적인 것이 되고 사역에서의 성공보다 더욱 중요하다. 이 변화와 더불어 사역 그 자체는 보다 심층적인 관련성과 열매를 취하게 된다. 이 개발 과제에 대한 지도자의 반응은 이 국면에서 주어지는 심층적 경험에 긍정적으로 반응하는 것이다. 그럼으로 그러한 항목들이 하나님과의 교제를 심화시키도록 허용하는 것이고 지속적으로 효과적인 사역을 위한 기초가 되게 하는 것이다.

### 국면 V. 수렴

국면 V 수렴에서 지도자는 하나님에 의해서 자신의 은사 집단과 경험에 맞는 역할로 이동된다. 그래서 사역이 극대화된다. 수렴 역할은 그것을 위해서 지도자가 은사를 받지 않았거나 혹은 적절하지 않은 사역을 하는 것으로부터 지도자를 자유롭게 할 뿐만 아니라 지도자가 제공할 수 있는 최상의 것을 사용할 수 있는 자리에 갖다 놓는다. 삶의 성숙과 사역 성숙은 이 기간 동안 함께 최고점에 도달한다.

그러나 종종 많은 지도자들은 실제적으로 수렴을 경험하지 못한다. 이 것에 대한 다양한 이유들이 있다. 때때로 그들은 그들 자신의 개인적 개발의 결핍에 의해서 방해받는다. 다른 경우에는, 한 조직이 지도자의 잠재력을 제한하는 지위에 둠으로 지도자로 하여금 수렴을 실현하지 못하게 방해한다. 몇몇 이유들은 섭리적이고 이해하기 어려울 수 있다. 왜냐하면 우리는 모든 그림을 보는 것이 아니기 때문이다. 수렴이 실현되면 잠재력이 최대한도로 발휘된다.

국면 V 수렴에 대한 주요한 개발 과제는 최대한의 사역 효과성이 도달될 수 있는 역할 혹은 자리에 지도자를 이끄는 인도하심이다. 하나님의 인도하심 노력에 대한 지도자의 반응은 하나님께서 이전의 개발 국면들에서 진행되던 개발을 활용하는 사역으로 나아가도록 이끔에 따라 신뢰하고, 쉬며, 바라보며, 그리고 응답하는 것이다. 수렴은 누군가가 그것을 위해서 노력하는 목표가 아니라, 한 지도자가 하나님께 대해서 계속 응답적으로 반응함에 따라 그 자신을 드러내는 부산물이다.

### 국면 VI. 잔광 혹은 축제

매우 적은 사람들에게 **잔광 혹은 축제** 단계가 있다. 일생을 통한 사역과 성장의 열매가 매우 광범위한 차원에서의 찬양과 직접적 영향력의 분위기 가운데 절정에 도달한다. 삶의 이 단계에 있는 지도자는 대개 공식적 사역 지위와 책임으로부터 "은퇴"했다. 그러나 잔광 단계의 지도자는 또한 일생의 접촉을 쌓았고 대개 이러한 관계를 통해서 계속해서 영향력을 발휘할 것이다. 다른 사람들은 하나님을 알고 그분의 일이 이루어지는 것을 보는 데 있어서 일관적인 그들의 과거 기록 때문에 그들을 찾을 것이다. 평생의 리더십을 거쳐서 모아진 그들의 지혜의 창고는 계속해서 축복을 주고 많은 사람을 이롭게 할 것이다.

국면 VI 축제 단계에서는 평생의 사역을 통해서 하나님의 영광을 성찰하고 평생 개발과정에 있어서 그분의 신실하심에 영광을 돌리는 것 외에 어떠한 개발 과제도 인식되지 않는다.

### 사역 시간선

**서론** 각 개별적 지도자의 시간선은 고유하다. 그러나 모든 전임 기독교 지도자의 시간선에 유사성이 있다. 특히 사역 개발 관점에서 바라볼 때 그러하다. 비교 연구를 통해서 공통적인 형태를 확인할 수 있다. 아래에 주어진 사역 시간선은 사역 과점에서 바라본 많은 개별적 시간선의 종합이다. 사역 시간선은 전임 기독교 사역으로의 이동을 기초 국면과 성장 사역 국면 사이의 경계로 임의적으로 간주하면서, 전임 기독교 사역자에 대한 분석을 전제한다.

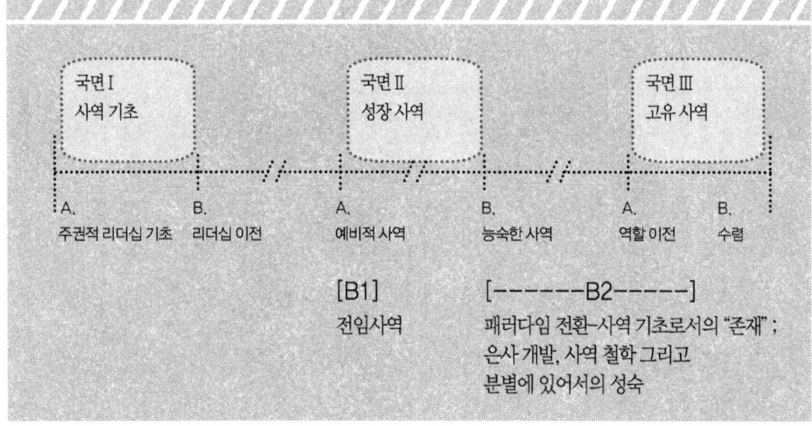



**분명한 특성**　사역의 시기는 반드시 고유 시간선의 경계 국면과 일치하지 않는다. 예비적 사역 하위—국면은 10년부터 20년까지 걸릴 수도 있고 2개 혹은 그 이상의 고유 시간선 국면들을 포함할 수 있다.

**경계 B1**　전술적 장애를 건너서 전임 기독교 사역 지위 (C 유형 지도자)로 이동하는 것은 사역 기초 국면으로부터 성장 사역 국면으로의 전환을 나타낸다.

**경계 B2**　리더십 성품, 리더십 기술, 그리고 리더십 가치에서의 성숙은 "행함/성공" 기초, 은사 면의 개발, 분별에 있어서의 개발, 그리고 숙명 과정과 조화를 이루는 사역 철학 에서보다 "존재" 기초로부터 활동함으로 표출된다.

# 사역 시간선: 국면들과 동일시되는 형태들 (Phases and Identifying Features)

**테이블 10-2 〈국면들과 동일시되는 형태들〉**

| 국면/하위-국면 | 본질적 특징들 | 유형들 |
| --- | --- | --- |
| **I. 주권적 토대들** | 리더십 토대를 놓는 하나님의 초기 사역 | F.1, F.2, F.3, F.4, F.5 |
| **A. 주권적 리더십** | 일반화된 시간선에 있어서 주권적 토대들과 동일함 | |
| **B. 리더십 이전** | 일반화된 시간선의 내적 삶 성장과 약간 겹침; 여기에서의 초점은 사역으로 이끄는 과정 위에 있다. | T.1, T.2, TR.1, TR.2, TR.3 |
| **II. 성장 사역** | 잠재적 지도자로부터 숙달한 지도자로의 이전 | |
| **A. 예비적 사역** | 1. 실망 (역할 기대와 실재가 불일치함)<br>2. 부정적 경험을 통해서 많은 리더십 교훈들을 얻음<br>3. 역할과 은사(giftedness)에 대해서 시도하고 실수하는 방식을 취함<br>4. 많은 중도 탈락<br>5. 초점은 먼저 사역적 형성이고 영적 형성은 이차적이다. 전략적 형성은 암시적이고 경험적이다.<br>6. 일반적으로 비효율적인 사역; 비일관성; 몇몇은 좋고 나머지는 나쁘다. | M.1, M.2, M.3, M.4, M.5, M.6, M.7, M.8, |
| **B. 능숙한 사역** | 1. 효율적인 사역 (일을 바르게 함)<br>2. 개인적 은사에 대한 기본적 지식에 정통함<br>3. 소규모-수렴에 대한 경험적 지식<br>4. 생산적인 역할들에 대한 이해<br>5. 확신을 가진 사역자 | M.6, M.7, M.8<br>UM.1, UM. 2 |
| **III. 고유 사역** | 효과적 사역 (바른 일을 함) | |
| **A. 역할 이전** | 1. 수렴을 강화하는 역할로 변경 | UM.3, UM.4, |
| **B. 수렴** | 1. 개발된 사역 철학<br>2. 운명의 성취 | UM.5 |

 위에 열거된 유형들은 11장에서 상세히 설명된다. 테이블 10-2는 11장을 연구할 때 참조지로 사용되어야만 한다.

## 고유 시간선에 관련된 사역 시간선의 예

**서론** 다음에 이어지는 세 가지 사례들은 시기상의 구분을 나타낸다. 사역 시간선은 리더십 성숙의 척도와 관련해서 시기들을 정의한다. 고유 시간선들은 개발 국면들을 끝내기 위해서 "자연적 경계들"을 사용한다.

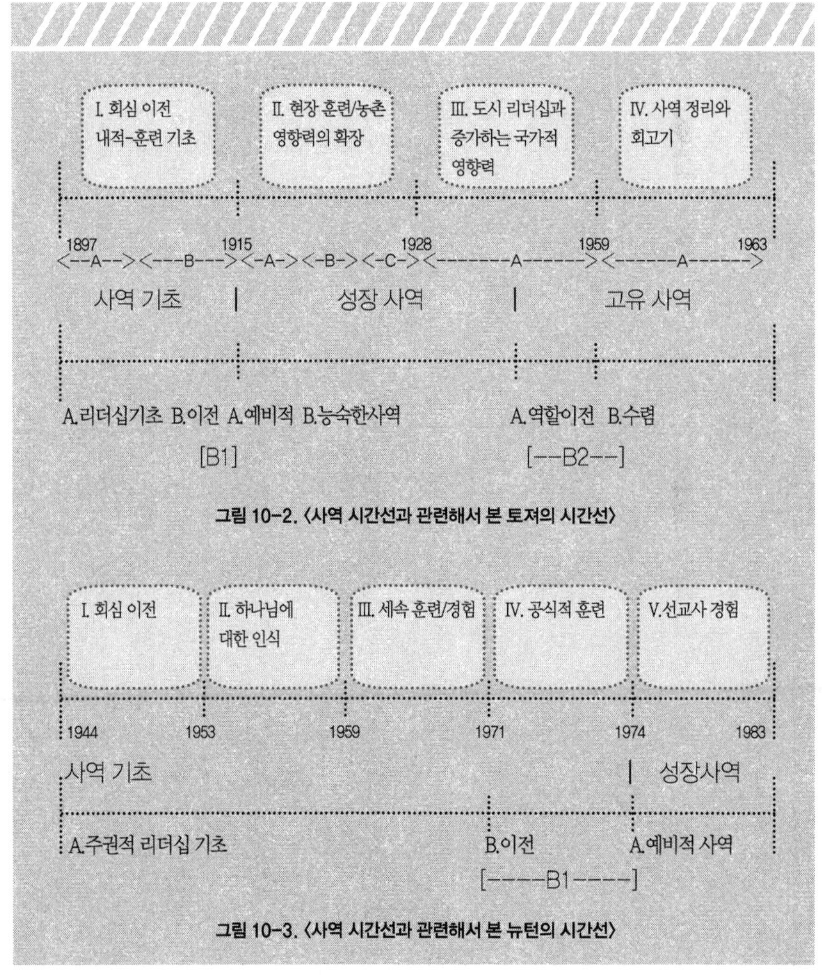


**그림 10-2. 〈사역 시간선과 관련해서 본 토져의 시간선〉**



**그림 10-3. 〈사역 시간선과 관련해서 본 뉴턴의 시간선〉**

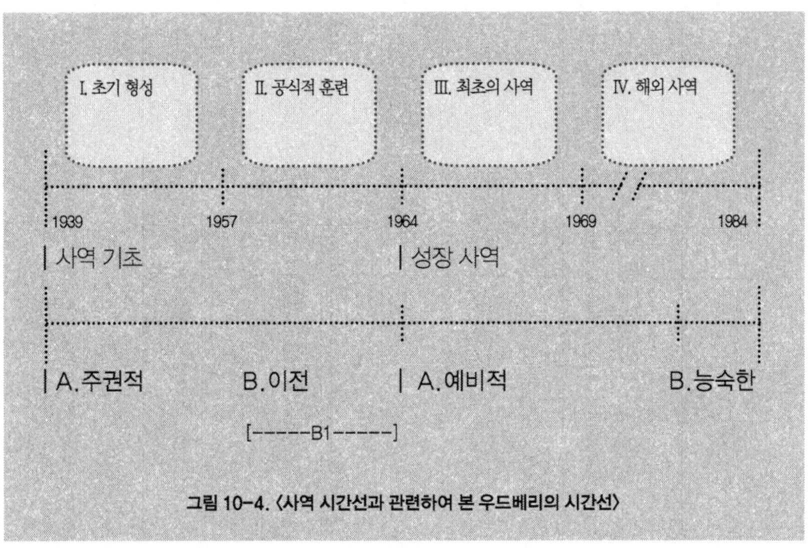


**그림 10-4. 〈사역 시간선과 관련하여 본 우드베리의 시간선〉**

## 사역 시간선에 대한 해설

사역 시간선은 사역 관점에서 한 지도자의 리더십 개발을 보는 도구이다. 그것은 세 가지 주요한 국면들을 갖는다: 국면 I 사역 기초, 국면 II 성장 사역 그리고 국면 III 고유 사역이다. 지금까지 연구된 지도자들의 대다수가 성장 사역 국면에 있다.

### 사역 기초 국면

사역 기초 국면은 일반화된 시간선의 두 국면들과 대략적으로 상응한다: 그것은 주권적 기초 국면과 내적 삶 국면이다. 그 두 국면들을 설명하는 데 주어진 기술적 해설들은 여기에도 또한 적용된다. 이 국면은 두 가지 분명한 하위-국면들로 나뉘어진다: 주권적 리더십 기초와 전임 사역 지도력으로의 이전이다.

사역 시간선을 사용할 때 사역 초점에서 과정을 분석하는 데에 특별한 강조가 주어진다.

사역 초점을 위해서 과정 항목들에 대해서 특별한 정밀조사를 하는데 덧붙여서 사역 시간선은 그 분석 속에 반응 유형들을 긴밀하게 통합시킨다. 이러한 유형들은 특히 사역 관점에서 개발에 관심을 기울인다. 또한 11장을 보라. 그곳에서 이러한 반응 유형들이 보다 상세히 정의된다. 다음에 이어지는 논의 가운데 충분한 유형 기술이 주어져서 당신으로 하여금 사역 개발의 흐름을 따라서 고찰할 수 있게 할 것이다.

### 하위 국면 A, 리더십 기초

네 가지 기본적 유형들이 일반적 배경을 기술한다. 지도자는 그러한 배경으로부터 주권적 리더십 기초 하위 국면 가운데 부상한다: F.1 **유산**, F.2 **급진적**, F.3 **가속화된**, F.4 **지체된**. 기본적 유형들 각자는 그것과 더불어 약간의 내재적인 혜택 (advantages) 과 불이익 (disadvantages) 을 갖는다. 각 지도자는 고유하다. 그는 각 유형의 혜택과 불이익을 다소간 반영할 것이다.

**유산 유형** (F.1) 은 기독교 지도자들 가운데 **보다 보편적**인 유형이다. 유산 유형에서 지도자는 기독교 (혹은 적어도 익명적 기독교) 배경을 지닌다. 지도자는 가정 그리고 약간의 교회 생활을 통해서 다소간 기독교적 가치를 지니게 된다.

대개 급격한 회심 경험 (비록 점증하는 하나님 인식이 있을 수 있지만) 은 없다. 가족 생활이 그 지도자 안에 성격을 형성하는 데 도움이 된다. 그러한 성격은 후에 리더십 가운데 반영될 것이다. 평범한 학교생활이 기본 기술들을 제공한다. 스포츠, 클럽, 혹은 직업 경험 또한 경쟁, 인내, 기본적 관계 기술, 조직 기술, 사업 기술 혹은 그와 유사한 것들을 가르친다.

십대의 마지막 혹은 초기 대학 시절 대개 어떤 종류의 보다 급진적인 하나님께 대한 헌신(때때로 회심으로 구분되거나 혹은 하나님의 뜻을 행하기로 복종하는 것에 해당된다)이 있게 된다. 그러한 헌신으로 말미암아 종종 전임 기독교 일꾼이 되는 바람을 갖게 된다. 이것은 현장 훈련 혹은 공식적 훈련을 선택하는 쪽으로 이끌 수 있다.

이 유형의 혜택은 대개 유산과 관련된 것들을 포함한다. 그 위에 세워질 수 있는 기독교에 대한 지식과 기독교적 가치가 배경이 된다. 종종, 그 가계에는 새 세대가 하나님의 일에 종사하도록 기도해 온 누군가가 있을 것이다. 때때로 그 사람으로 하여금 함축적이고 건강한 사역 철학을 향하여 나아가도록 영향력을 미친 기독교의 본이 되는 모델들이 있을 것이다. 그 사람은 그리스도인들 안에서 다양한 은사들, 자연적 재능들, 그리고 획득된 기술들을 관찰하게 될 것이고 그래서 은사 개발을 위한 경험적인 토대를 갖게 될 것이다. 대개 그 지도자에 대한 지원이 있을 것이지만, 그 사람에 대한 가족들의 다양한 욕심이 이러한 혜택을 상쇄할 수도 있다. 그 지도자가 기독교 리더십으로 나아감에 따라 대개 보다 적은 삶의 스타일 변화가 요구된다. 왜냐하면 기본 기독교 윤리가 이미 자리잡고 있기 때문이다.

종종 이러한 기본적 유형을 통해서 그 사람은 다음의 첫번째 훈련 유형을 취하게 된다. 그것은 TR.1 이전적 사역전 교육 유형 (transitional pre-service educational pattern) 이다.

불이익은 매우 적다. 가장 공통적인 것 중의 첫번째는 기독교적인 것들과의 익숙함이 그것들의 영적 실재를 무디게 할 수 있다는 것이다. 하나님의 일을 달성하기 위한 열정적인 헌신이 촉진되기 위해서는, 성장하면서 경험하는 일상적인 기독교와 구분되는 특별한 경험이 요구된다. 두 번째 불이익은 판에 박힌 기독교 생활이 현장 경험을 위한 자극을 제공하지 못할 수 있다는 것이다. 현장 경험은 리더십 잠재력을 초기에 확인하는 데 결정적이다. 세 번째는 판에 박힌 기독교 생활을 통해서 받아들인 시역 철학이 도전적이지 못하거나 혹은 잃어버린 세상으로 나아가거나 혹은 타문화 사역을 행하는 것과 관련해서 명백하게 부적절하다는 것이다. 다섯 가지 전형적인 사례들 가운데, 왈드너 (Waldner) 와 벨레스키(Belesky) 그리고 바움가르트너(Baumgartner)가 약간의 예외는 있지만 기본적으로 이 유형을 예시한다.

**급진적 헌신 유형**인 F.2는 그의 배경이 비기독교이거나 혹은 매우 익명적인 기독교 배경인 경우이다. 그 사람은 자라면서 좋건 나쁘건 가족의 가치를 받아들인다. 대개 강력한 기독교에 대한 지식이 거의 없거나 전무하다. 역시 평범한 학교 생활을 통해서 기본 기술들을 배운다. 스포츠, 클럽, 시간제 일을 경험함으로 경쟁, 인내, 기본 관계 기술, 조직 기술, 사업 기술 혹은 그와 같은 것들을 학습한다. 대개 그 사람에게 있는 동기는 성공을 획득하는 것이나 혹은 삶에서 기쁨을 주는 것은 무엇이든지 하는 것이다.

그리고 그리스도를 따르기로 근본적인 결심을 하게 되는 기독교와 만나는 때가 있다. 대개 이 결정과 동반하는 것은 하나님을 섬기기로 하는 전적인 헌신이다. 그 경험은 고등학교, 대학 혹은 일상적 직장 생활 가운데 주어질 수 있다. 그러나 그것이 일어날 때마다 결정적인 파급효과를 갖는다. 모든 삶을 통해서 그 경험은 삶에서 주요한 분수령이 되는 사건으로 회고될 것이다.

그러한 결심은 대개 매우 적극적인 현장 훈련으로 받게 한다. 현장 훈련은 일어난 일에 대한 증언을 하는 것을 포함한다. 대개 그 사람은 그 수단이 사람이든지 혹은 조직이든지 간에 그러한 급격한 변화를 초래한 수단에 끌리게 된다. 초기 현장 훈련은 대개 그러한 이끌림을 따른다. 사역 철학은 이러한 방향에서 흘러나온다.

만일 급격한 결심을 내리는 데 관여한 사람들이 행함에 의한 배움 유형의 훈련을 권장한다면, 두 번째 이양적 훈련 유형 (TR.2, 사역 중 유형) 이 추구된다. 만일 그들이 공식적 훈련을 강조한다면 세 번째 훈련 유형 (TR.3, 변경된 사역 중 유형) 이 종종 추구된다.

이 유형의 혜택은 결정적인 리더십 헌신 과정 항목을 포함한다는 것이다. 그것은 모든 후기의 리더십 활동을 위한 기초로서 기여한다. 헌신의 태도는 출발에서부터 하나님에 대한 섬김을 포함한다.

또 다른 혜택은 초기 은사 확인을 포함한다. 종종 급진적 경험은 은사 혹은 그 위에 세워질 기본적 기술의 획득과 관계된다. 예를 들면, 은사를 부여받은 복음 전도자에 의해서 회심을 경험한 사람은 처음부터 전도에 참여해서 결국 전도의 영적 은사를 발견하고 사용할 수 있다. 만일 급진적 회심이 성경이 잘 가르쳐지는 어떤 소그룹 경험의 결과로 주어지면, 그 부상하는 지도자는 성경 공부와 가르치는 기술을 잘 개발할 것이고 가르침과 권면의 은사가 생겨나게 될 것이다.

다른 혜택은 숙명 과정 F.5를 포함하는 것이다. 헌신의 급진적인 성격으로 인해서 종종 숙명 준비 혹은 숙명 계시 경험이 있게 된다. 그러한 숙명 경험들은 사역 철학 가운데 후기 개발의 초점을 위한 분명한 색깔을 띠게 만들 것이다.

마지막 혜택은 기독교에 대한 신선한 관점을 포함한다. 그 사람이 대개 기독교 전통에 구애받지 않기 때문에 종종 그 혹은 그녀는 새로운 생각을 할 수 있고 새로운 종류의 구조와 역할을 만들어 낼 수 있다. 그러한 것들은 유산 유형의 사람에 의해서는 생각될 수 없을 것이다.

불이익은 기독교 지식이 결핍된 것이다. 특히 성경 지식의 결핍이다. 종종, 급격한 삶의 스타일의 변화가 있어야만 한다. 옛 습관들은 깨뜨리기 힘들고 성화 이슈와 관련하여 초기의 투쟁을 초래할 수도 있다. 유산 유형의 사람은 성화 이슈를 당연한 것으로 간주할 수 있다. 초기 리더십 실천은 좋건 나쁘건 그간 몸에 밴 세속적 실천을 따를 것이다. 부상하는 지도자는 종종 옛 방식의 삶과 새로운 방식의 삶 사이에서 불안정해 하고 요동하게 된다.

F.3 가속 유형과 F.4 지체 유형은 차세대 (혹은 더 이상의) 의 지도자들에게서 관찰되는 반응 유형이다.

F.3 가속 반응 유형은 차세대 기독교 지도자들의 초기의 급격한 개발 유형을 기술한다. 그러한 부상하는 지도자들은 기독교 리더십의 가족 유산을 갖고 사역에 대해서 삶의 매우 초기에 긍정적으로 응답한다 (종종 부모들과 함께 사역하기도 한다). 그것은 또한 기독교 유산에서 유래하지는 않았지만 어린이 전도 사역이나 중학교 혹은 고등학교 클럽에서처럼 매우 일찍 회심한 몇몇을 묘사한다. 그들 가운데에서 현장 훈련은 한 사람을 유리한 고지에서 사역 속으로 뛰어들게 만드는 초기 경험이 된다.

이전 시험 유형은 매우 일찍 일어난다. 내적 삶 과정과 사역진입 과정이 기초 국면에서 압축적으로 일어난다. 그래서 부상하는 지도자는 다른 일반적인 지도자들에 비해 사역면에서 빠른 진보를 나타낸다. 그래서 이러한 지도자들은 삼십대에 사역 성숙 국면에 도달하게 된다.

사역 중 그리고 변경된 사역 중 이양적 훈련 유형은 대개 가속 기본 유형과 깊은 관련을 맺는다.

이러한 유형의 혜택은 유산 유형의 모든 혜택을 포함한다. 그러나 그것을 넘어서서 경험에 의해서 시험된 헌신이 있다는 것이 더 큰 혜택이다. 은사 개발은 초기에 일어난다. 사역 철학도 초기에 형성된다. 이 유형으로부터 생성되는 지도자는 다른 유형을 통해서 떠오르는 사람들보다 5년에서 10년 일찍 고유 사역으로 나아갈 것이다.

지체 유형 F.4는 또한 차세대 기독교 지도자들의 개발 유형을 묘사한다. 이러한 부상하는 지도자들은 기독교 리더십의 가족 유산을 갖지만 처음에는 매우 이른 삶에서 사역을 거부한다. 하지만 결국 심층적 리더십 헌신 과정 항목 경험을 갖고 삶의 후기에 사역 국면으로 들어간다. 이것은 비록 시간 손실이 있었지만, 종종 급격한 가속도가 붙게 된다.

수많은 선교사 자녀들과 목사 자녀들이 기초 국면 동안 부정적으로 인지된 경험 때문에 사역에 대해서 거부하는 경향을 갖는다. 종종 거역이 심층적 리더십 헌신 경험과 더불어 후에 (이십대 후반과 삼십대 초반에) 돌이켜 진다. 그러나, 방황의 시기를 감안할 때 개발의 사역 성숙 국면은 그들에게 있어서 늦게 시작한다. 그러나, 초기 기초적 배경으로 인해서 국면 내에서의 이동은 급격하게 가속도가 붙는다.

이 유형의 혜택은 그 사람이 대개 세속적인 삶의 부정적인 측면을 경험했던 사람이라는 것을 감안하면 매우 적다고 할 것이다. 헌신을 결정할 때, 그들은 해방 (deliverance) 을 경험할 것이다. 그 해방을 통해서 그들은 그들의 필요에 있어서 비기독교인들과 동일시할 수 있고 복음의 능력을 알 수 있을 것이다. 만일 그들이 공식적 훈련을 받는다면, 그들의 삶의 경험으로부터 나온 학습 자세 때문에 그들은 대개 보다 빠르게 배운다. 많은 유산 유형의 일반적인 혜택이 이 유형의 사람에게도 해당되지만 늦은 시기까지는 활용되어지지 못한다.

### 하위 국면 B, 리더십으로의 이양

두 부류의 이양적 유형이 어떻게 한 지도자가 사역으로 이동하는지를 분석하는 데에 도움이 된다. 시험하는 유형은 한 지도자의 자연적 선택 과정들을 다룬다. 훈련 유형은 한 떠오르는 지도자가 사역으로 진입하는 부분으로 서 따르게 될 단계들을 언급한다.

### 두 가지 시험하는 유형들

과정 항목들의 초기 분석을 통해서 진리가 되는 원리를 발견하게 된다. 비교 분석 가운데 반복적으로 드러난 한 가지 원리는 눅16:10의 작은 것-큰 것 원리였다 (사례: Mann 1987:52; Shelly 1985:16; Wible 1982:33; Albrecht 1986:39; Loving 1987c:21, 27; Claasen 1987:20, 40; Petersen 1987:10). 이 중요한 원리는 누가복음 16:1-13의 불성실한 청지기 비유에 뒤따라 나오는 예수님의 적용 진술 가운데 주어진다. 10절은 그 원리를 포함한다.

**누가복음 16:10, 작은 것-큰 것 원리.**
**작은 책임에 있어서 신실함은 보다 큰 책임에도 신실함의 지표이다.**

말씀 점검, 성실성 점검, 순종 점검, 신앙 점검, 그리고 사역 과제의 수많은 사례들에 대한 초기의 비교 분석을 통해서, 이 작은 것-큰 것 원리의 본질을 확인하고 두 가지 기본적 반응 유형들을 확인할 수 있었다. 이 유형의 시험하는 성격 때문에 그것과 연관된 네 가지 과정 항목들—말씀 점검, 순종 점검, 성실성 점검과 사역 과제—은 시험하는 클러스터로 명명되었다. 두 가지 반응 유형은 하나님께서 잠재적 지도자들을 시험하고 확장시키기 위해서 시험하는 클러스터를 분명하게 사용하시는 방식에 근거해서 유래되었다.

각자의 유형들은 세 가지 측면들을 포함한다: 시험, 반응, 결과적 행동. 첫 번째, 실패 유형은 부정적 시험/ 치료, T.1으로 명칭되는데, 시험, 부정적 반응, 그리고 치료적 행동이 포함된다. 두 번째, 성공 유형은 긍정적 시험/확장, T.2로 명칭되는데, 시험, 긍정적 반응, 그리고 확장을 포함한다.

첫 번 유형인 T.1 **부정적 시험/치료** 유형은 하나님께서 성실성 점검, 순종 점검 그리고 말씀 점검 혹은 사역 과제를 사용하셔서서 세 단계 과정을 통하여 성격 특성상의 결핍된 부분을 지적하시는 것을 묘사한다. 세 단계 과정은 다음과 같다: 1) 삶의 경험 가운데 주어진 사건을 통해서 성격을 시험하신다, 2) 지도자는 그 사건이 하나님의 다루심이란 것을 인식하지 못하고 잘못된 선택을 하거나, 혹은 그 지도자는 의도적으로 내적 확신 혹은 자신이 알기에 그 상황에서 하나님을 기쁘시게 하는 것에 반하는 선택을 내리는 실패 반응을 한다, 3) 하나님에 의한 치료적 행동은 동일하거나 유사한 이슈에 대해서 그 지도자를 다시 시험한다. 치료적 행동은 그 교훈이 자리잡을 때까지 혹은 그 지도자를 징계할 때까지 그 지도자의 개발을 제한한다. 이 유형에 대한 보조적인 증거는 벨레스키 (Belesky 1987), 그리펜트로그 (Gripentrog 1987), 핀젤 (Finzel 1987) 그리고 다른 사람들에 의해서 주어진다.

두 번째 유형인 T.2 **긍정적 시험/확장** 유형은 하나님께서 한 지도자의 성격 형성을 위하여 시험하는 꾸러미를 사용하시는 세 단계 과정이다. 그 세 단계 과정은 다음과 같다: 1) 삶의 경험 가운데 주어진 사건을 통하여 성격을 시험하신다. 2) 지도자는 먼저 그 사건을 하나님의 특별한 다루심으로 인식하고 행동을 취하는 긍정적 반응을 하게 된다. 그러한 행동은 그 상황에서의 내적 확신과 하나님의 소원을 존중하는 것이다. 3) 하나님께서 그 내적 확신을 중요한 리더십 가치로 확인하시고 영향력을 미치는 그 지도자의 역량 혹은 영향력의 상황을 증가시킴으로 긍정적 반응을 축복하시는 확장이 일어난다.

이러한 유형들은 리더십 선발을 위해서 중요하다. 그것들은 리더십으로 이양기와 초기 리더십 시기에 주로 발생한다. 네 가지 기본적 유형과 관련해서 시험하는 유형은 대개 유산 유형의 사람이 두 번째 헌신을 한 이후에 주로 발생한다. 급진적 헌신 유형의 사람의 경우 급진적 헌신을 한 바로 지후에 발생한다. 가속 유형의 사람의 경우 초기 현장 훈련과 겹쳐서 발생한다. 지체 유형의 경우 대개 그들이 실패함으로, 부정적인 시험/치료 유형을 겪게 되는 초기 반발기에 발생한다. 그리고 갱신 헌신을 내린 후에 다시 발생한다.

### 세 가지 이양적 훈련 유형들

기본적 유형들은 대개 한 가지 훈련 유형과 상응한다. 유산 유형은 대개 **사역 전 훈련 유형** (training pre-service pattern), TR.1과 상응한다. 이 유형은 훈련 이전에 최소한의 아니면 전무한 사역 경험을 갖고 어떤 공식적 훈련 프로그램으로 곧장 이동하는 경우이다.

이처럼 사역에 진입하는 유형의 혜택은 공식적인 기관에서 받는 훈련의 질에 의존된다. 그 훈련은 탁월한 경험적 트랙을 제공해야만 한다. 왜냐하면 유산 유형으로부터 이 훈련 유형으로 진입하는 사람은 많은 사역 경험이나 은사에 대한 지식을 갖지 않는 경우가 대부분이기 때문이다. 이 유형에서 반복적으로 나타나는 한 가지 주요한 혜택은 관계의 네트웍을 형성하는 것이다. 그 네트웍은 미래에 네트워킹 능력과 관련하여 하나님에 의해서 사용되어질 것이다. 공식적 훈련의 질과 적절성에 따라, 중기와 후기 사역 동안 급격하고 멀리 미치는 개발을 위한 기초가 놓여질 수 있다. 전략적 형성 면에서의 개발을 위한 잠재력이 공식적 훈련과 더불어 주어지는 확대된 관점과 더불어 놓여질 수 있다. 사역적 형성에서의 진보는 말씀 기술과 의사소통 기술 그리고 아마도 소그룹 다이내믹스 훈련을 포함한다. 그것들 모두는 사역적 형성에 기여한다.

불이익은 주로 공식적 기관에서 받는 교육의 질에 따라 결정된다. 영적 형성이 공식적 훈련을 통해서 약화될 수 있고, 따라서 이 훈련 유형에서 불이익으로 나타날 수 있다. 경험적 트랙이 취약하고 훈련이 인식적인 면에 치우치면 주입 효과가 날 위험이 있게 된다. 그러한 훈련이 부적절하다고 느끼게 되면 이러한 부상하는 지도자들은 그것이 필요하게 될 때 이 자료를 더 멀리하는 쪽으로 돌아서게 만들 수 있다.

급진적 헌신과 가속 유형은 **사역 중 훈련 유형**((training in-service pattern), TR.2 와 상응될 수 있다. 이 유형은 한 사람이 비공식적으로 현장에서 배우는 훈 련으로 평신도 개입을 통해 리더십으로 점진적으로 이동하는 것을 포함한 다. 약간의 숙달된 면이 보여지고, 대개 소명이 감지되면, 그 지도자는 전임 사역으로 뛰어든다(공식적 훈련 없이).

급진적 회심 유형에서 나온 사람들은 그들이 즉각적으로 사역에 개입하 기 때문에 이 훈련을 통해서 사역으로 이전하는 경향이 크다. 종종 이러한 사람들은 그들이 30대 중반에서 후반에 이르기까지 계속 진행되는 적극적 인 사역에 계속 머문다. 그 때에 그들은 종종 약간의 훈련이 필요하다고 느 끼지만 그 기관의 철학이 기본적으로 사역 전 훈련 기관에 가는 것이 맞지 않다고 느끼기 그들은 결코 공식적 훈련을 받지 못할 수도 있다. 그것은 그 들의 훈련이 비공식적이고 무형식적 모델에 제한된다는 것을 의미한다. 이 러한 모델들은 효과적인 후기 사역으로 나아가는 데 적절할 수도 그렇지 않 을 수도 있다.

이 유형의 혜택은 비공식적 혹은 무형식적 모델들과 필요한 사역 사이의 일치를 포함한다. 즉, 주어지는 훈련은 사역에서의 실제 필요에 집중된다. 영적 형성이 대개 처음에는 급격하게 개발되지만 공식적 훈련에서 받게 되 는 것과 같은 견고한 신학적 기초의 결핍으로 인해서 점점 개발이 더디게 될 수 있다. 사역적 형성은 급격하게 일어나지만 부상하는 지도자가 대개 주변 의 모델들만 알게 되는 한계를 노정하게 될 것이다.

불이익은 후기 사역에서 주로 일어난다. 종종 이 유형으로부터 떠오르는 사람들은 그 위에서 전략적 형성 면에서 성숙하게 되는 그 기초가 부실하다. 많은 사람들이 다양한 이유들 때문에 (도덕적, 재정적, 좌절, 그들의 사역을 확장하도록 해주는 훈련의 결핍, 혹은 초기 사역 철학을 넘어서 적응하는 데 있어서의 무능함) 사역에서 떨어져 나간다.

소수의 유산 유형, 급진적 유형, 그리고 지체 유형의 사람들과 많은 숫자의 가속 유형의 사람들이 **변형된 사역 중 훈련 유형** (modified in-service training pattern), TR.3 를 따른다. 이 유형은 사역 경험과 비공식적이거나 무형식적 훈련을 강조하는 한편 행함으로 사역을 배우기를 전임 사역으로 이전할 때까지 한다. 약간의 전임 사역 경험 후에 전임 훈련의 필요성을 느끼게 된다. 일시적인 기간 동안의 특별한 훈련을 위해서 때때로 사역을 중단한다는 이러한 개념은 평생을 거쳐서 지속된다.

이러한 이전 훈련 유형의 혜택은 사역의 필요와 관련해서 지도자에게 적절한 공식적 훈련을 선택하는 것을 포함한다. 지도자는 사역 경험에 근거해서 체득된 필요의 빛에서 공식적 훈련을 선택한다. 사역 기간 중에 훈련을 선택하는 것도 또한 향후 반복되는 훈련에서 수행될 가능성이 큰 유형을 세우게 한다. 이 훈련 유형의 또 다른 혜택은 학습하는 공동체를 포함한다. 사역 전 유형과 대조적으로 이러한 공식적 훈련 상황에서 학습자들은 경험에 근거한 학습 주제를 가지며 공동체의 배우는 과정에 기여할 자료들을 갖게 된다.

불이익은 가족의 해산과 종종 과거 사역에 종지부를 찍는 것 이외에는 별로 없다.

### 성장 사역 국면

이 국면을 위한 명칭은 중요하다. 지도자는 사역하는 능력이 증가한다. 이 긴 기간 동안 많은 강조점이 지도자의 성장에 주어진다. 아마도 사역 가운데 지도자가 이루는 것보다 훨씬 더 지도자 자신의 성장에 주어진다.

두 가지 하위―국면들이 성장 사역 국면을 구성한다. 첫 번째는 **예비적 사역**인데, 그것은 사역의 잠재적이고 조건적인 성격을 묘사한다. 지도자는 사역한다. 그러나 그 사역은 아마도 추종자들보다 그 지도자에게 더 많은 영향을 준다. 더욱이, 많은 지도자들은 전임 사역으로 들어가는 이 최초의 시도를 넘어서지 못한다. 오히려 처음의 여러 해의 전임 사역 가운데 많은 축약된 진입 혹은 중도 탈락이 있게 된다. 두 번째는 **능숙한 사역**인데 그것은 영구적으로 진입하여 대여섯 사역 과제들을 통해서 발전하여 사역에서 능숙하게 된다.

### 예비적 사역

사역 중 이전적 훈련 유형인 TR.2와 TR.3는 예비적 사역과 전임 사역으로 이전을 결합한다. 전임 사역으로 들어선 후에 예비적 지위는 지속되지만 사역 전 이전적 유형의 경우에서 그러한 것처럼 그렇게 길지는 않다. 사역 전 이전적 훈련 유형은 지도자가 상대적으로 적은 사역 경험을 갖고 공식적 훈련 프로그램을 끝마치고 전임사역으로 나아가게 된다.

그러한 지도자들에게, 예비적 사역은 쇼크이며, 초기에 직면하는 정서는 실망이다. 전임 사역은 그 약속하는 바에 맞게 사는 것 같지 않다. 이 실망감은 주로 두 가지 이유 때문에 일어난다. 첫째, 지도자가 사역에 내재되어 있다고 추정하는 역할 기대와 실제 역할 사이의 불일치가 존재한다. 역할 기대에 있어서의 이러한 차이는 지도자가 사람 통찰 클러스터 항목들에 긍정적으로 반응하고 종된 리더십 모델의 의미를 적어도 암시적으로나마 이해하기 시작할 때까지는 육체 속에 박힌 가시로 작용한다. 둘째, 그 지도자는 대개 공식적 훈련이 그 역할에 의해서 요구되는 많은 기능을 감당하도록 충분히 준비시키지 못했다는 것을 재빨리 발견한다.

예비적 하위—국면 동안, 많은 교훈들이 부정적인 경험을 통해서 학습된다. 은사가 다양한 종류의 사역 과제들과 임무를 시도함에 따라 떠오르게 된다. 시도하고 실수하는 접근법은 종종 어떻게 부상하는 지도자들이 은사에 관한 교훈들을 배우는지를 묘사한다. 이 하위—국면 동안의 강조는 주로 사역적 형성 쪽에 주어진다. 지도자는 어떻게 영향을 미치는지, 어떻게 사역 기술을 활용하는지, 어떻게 훈련 기술을 사용하는지, 어떻게 은사를 사용하는지, 그리고 어떻게 영향력 행사자로서 행동하는지에 관해 배운다. 많은 과정은 사역 기술에 집중할 것이다. 사역적 과정과 대개 중복되는 몇몇 과정은 성품을 다룰 것이다.

초기의 예비적 시험기간 동안에 견디는 자들에게는 사역적 형성 면에서의 성장이 있게 된다. 은사 개발에서, 능력의 사용에서, 그리고 적절한 역할의 분별에서 진보하는 지도자에게 확신이 생겨나고 증가하게 된다. 그러한 지도자는 성장 사역의 능숙한 하위-국면으로 이동한다.

예비적 하위-국면 동안 중요한 유형들은 M.1 기초적 사역 유형과 다양한 은사 유형들(M.2, M.3, M.4, M.6) 을 포함한다. 만일 기초적 사역 유형 (신실함을 배우는 것) 이 떠오르는 지도자에 의해서 성공적으로 받아들여지지 못하면, 그러한 지도자가 고유한 사역으로 이동하게 될 소망은 거의 희박하다.

### 능숙한 하위-국면

이 하위-국면은 사역에서 효율적으로 일하는 지도자를 묘사한다. 그러한 지도자는 자신의 은사를 잘 파악하고 있으며 그것과 더불어 일하는 능숙함을 개발한다. 어떤 종류의 역할이 그 은사를 가장 강화시킬 것인가에 대한 인식이 있게 되지만 역할 선택이 그러한 이상적인 상황을 허용하지 못할 수도 있다. 이 하위-국면에 있는 지도자와 초기 예비적 하위-국면에 있는 동일한 지도자 사이에 분별에 있어서 큰 차이가 있다.

능숙 하위-국면 (Competence Sub-phase)에 중요한 유형은 M.8 사역 진입, M.6 은사 개발 (특히 은사혼합과 은사-혼합을 향한 움직임), 그리고 M.7 영적 권위 발견이다. 이 유형의 후기 단계로 이동하는 것은 사역적 형성 면에서 성숙을 나타낸다. 능숙한 국면이 끝나는 부분에 두 가지 다른 유형들이 나타나는데 그것들은 고유 사역으로 나아가는 움직임을 가리킨다. 그 두 가지 유형은 UM.1 성찰적 평가와 UM.2 상향 개발이다. 이러한 유형들은 분별에 있어서의 성숙을 다룬다.

### 고유 사역 국면 (Unique Ministry Phase)

지도자들 가운데 실제로 고유 사역 국면에 도달하는 지도자들은 소수이다. 여기에는 여러 이유들이 있다: 어떤 지도자들은 초기의 예비적 성장 하위-국면에서 전임 리더십에서 중도 탈락한다; 어떤 지도자들은 징계를 받아 사역에서 제거되거나 혹은 징계로 인해서 제한을 받게 된다. 많은 지도자가 정체를 경험한다; 많은 사람들이 고유 사역으로 이동을 저해하는 역할 상황 속에 있다; 어떤 섭리적인 이유들이 그것을 보류한다. 두 가지 하위-국면이 이러한 국면 내에서의 이동을 설명한다: 역할 이전과 수렴이다. 이러한 하위-국면들은 일반화된 시간선의 **삶의 성숙과 수렴** 국면들과 얼추 상응한다.

#### 역할 이전

이 하위-국면 동안 지도자는 자신의 은사 꾸러미에 대해서 분명한 이해를 경험한다. 그리고 은사의 사용을 위한 역할들을 받아들인다. 성숙한 분별은 은사, 역할 그리고 적절한 영향력-혼합의 균형을 유지하는 사역의 선택을 허용한다.

UM. 3 은사-꾸러미 성숙, UM.4 균형, 그리고 UM.5 수렴과 관련된 과정은 지도자를 마지막 국면인 수렴을 향하여 나아가도록 한다.

#### 수렴

이 하위-국면은 일반화된 시간선의 수렴과 축제 국면들과 상응한다. 이러한 국면들에 대한 기술들은 여기에도 적절하다.

## 일반화된 시간선을 위한 압축-중복 (Compression-Overlap for Generalized Time-Line)

**서론** 일반화된 시간선 국면들은 적절한 개발 과제의 자연적 순서와 관련해서 정렬된다. 이러한 과제들은 대개 고유 시간선에서 처럼 분명하게 나누어지지 않는다. 압축-중복은 고유 시간선에 맞출 때, 이러한 과제들이 실제상 어떻게 보이는지를 묘사한다.

**정의** 압축-중복은 한 사람이 일반화된 시간선의 국면들의 각각의 초점을 고유 시간선상에서 추적할 때 보여질 수 있는 확장, 축소, 혹은 중복 과정을 의미한다.

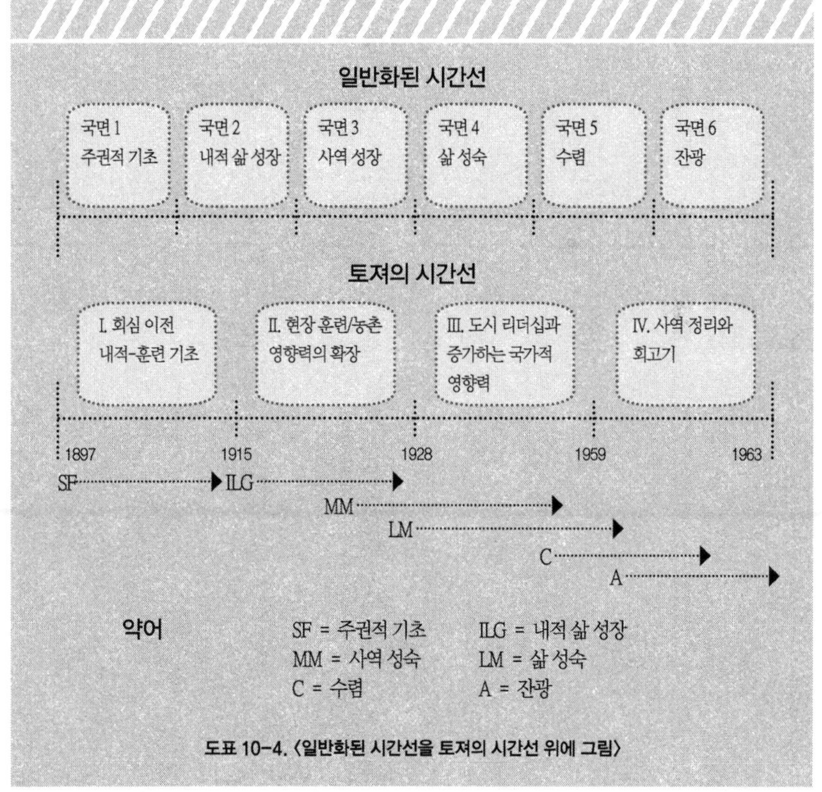


도표 10-4. 〈일반화된 시간선을 토져의 시간선 위에 그림〉

 화살표 선은 여전히 나타나는 약간의 증거가 있다는 것을 의미하지만 그
것들이 주요한 주안점은 아니다.

## 압축-중복에 대한 피드백

1. 아래에 주어진 사도 베드로의 시간선과 관련해서, 일반화된 국면 기능
들과 비교하고 약어, 선과 화살표를 사용해서 당신이 보는 압축-중복을 나
타내라. 331쪽에서 내가 토져 시간선에 대해서 했던 것과 같이 하라.

### 사도 베드로의 시간선, D/E 유형의 지도자

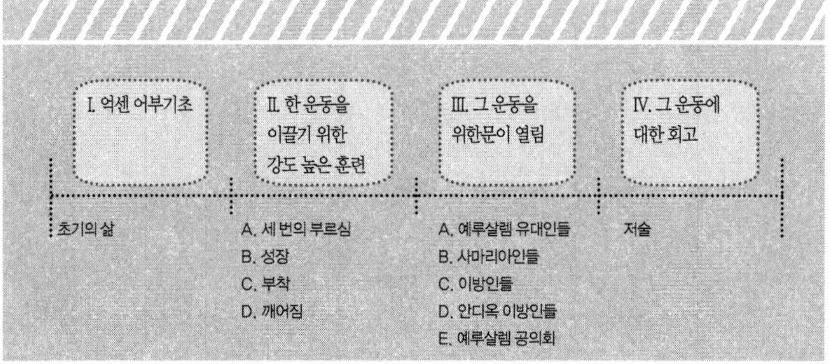


2. 당신이 309쪽의 연습문제를 위해서 만든 당신 자신의 시간선에 대해서
압축-중복 구성을 만들어보라. 토져의 사례에서 주어진 절차를 따르라.

1. 사도 베드로의 시간선, D/E 유형의 지도자

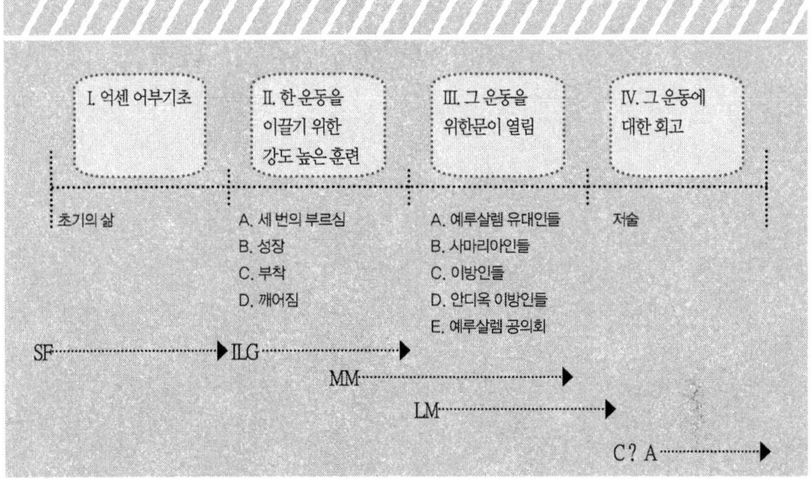


2. 당신이 분석한 것을 누군가와 나누도록 준비하라.


## 집단화 (Grouping)

**서론**  사역 시간선은 고유 시간선 위에 그려질 수 있다. 대개 이것이 일어날 때 여러 국면들이 다양한 사역 시간 국면들 아래로 묶여질 것이다. 때때로 경계가 일치한다. 일치하지 않는 경우가 더 많다. 그 이유는 사역 시간선 국면들 혹은 하위—국면들을 종결 짓는 기준이 사역 효율 혹은 효과에 대한 평가에 의존하고 자연적 경계에 의존하지 않기 때문이다. 그처럼 그리는 것은 사역 개발에 대해서 도움이 되는 통찰력을 제공한다.


**정의**  집단화는 사역 시간선을 고유 시간선 위에 삽입하는 효과를 언급한다. 여러 고유 시간선 국면들 혹은 하위—국면들이 각각의 사역 시간선 국면 아래에 묶여질 것이다.

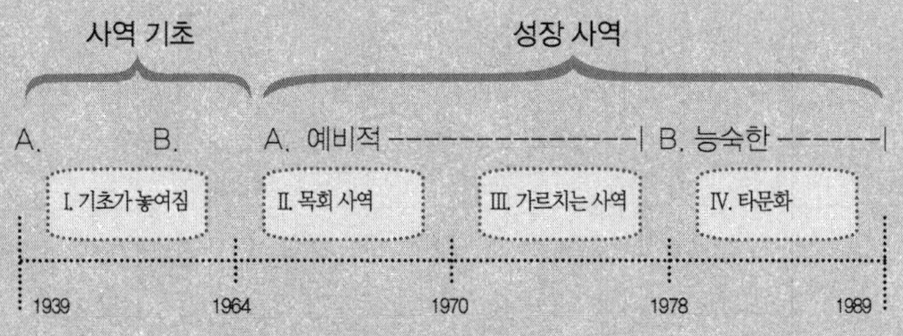


그림 10-5. 〈버트의 시간선위에 그려진 사역 시간선〉

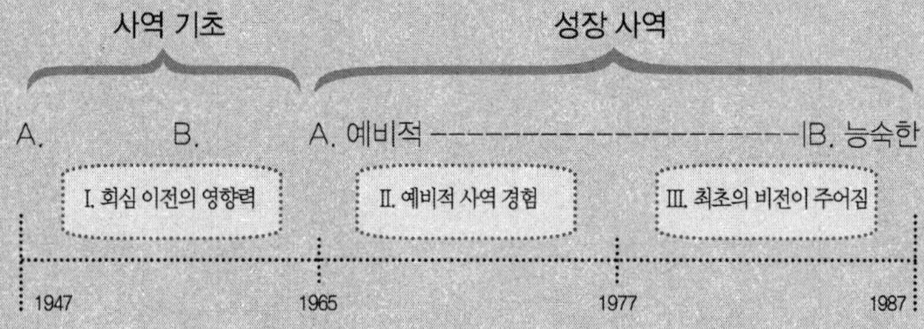


그림 10-6. 〈그리펜트로그의 시간선 위에 그려진 사역 시간선〉

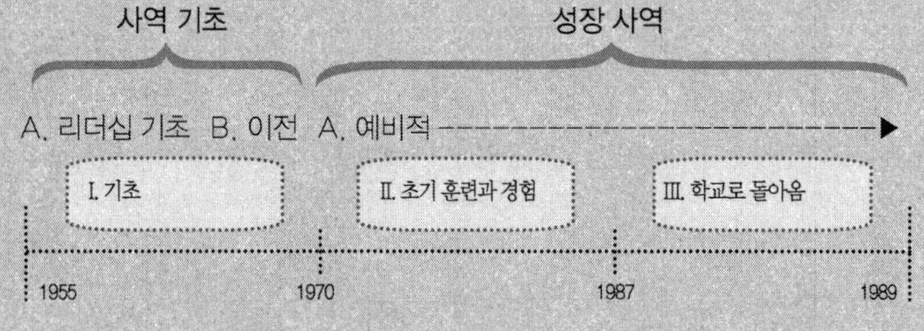


그림 10-7. 〈마이어즈의 시간선 위에 그려진 사역 시간선〉

## 집단화에 대한 피이드백

1. 다음의 고유 시간선 위에 사역 시간선을 그려보라. 그림 10-5, 10-6, 10-7의 세 가지 사례에서 행해진 것처럼 하라. 시간선 위에 사역 시간선 국면들을 그려 넣어서 집단화 효과가 나타나게 하라.

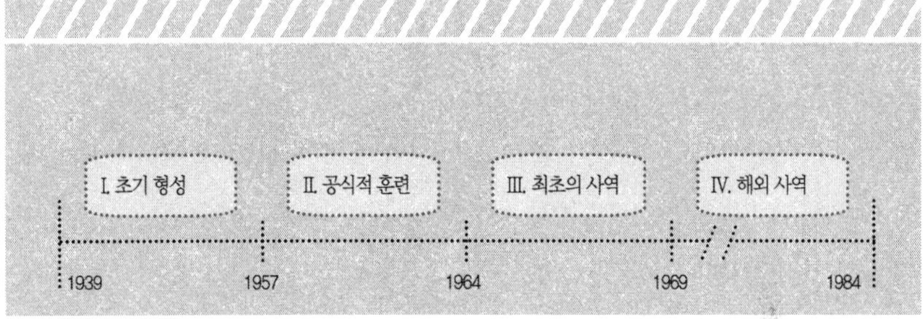


2. 당신이 309쪽의 연습문제 1번을 위해서 작성한 당신 자신의 시간선 위에 사역 시간선을 그려 넣으라. 당신 자신의 시간선 위에 사역 시간선 국면들을 그려서 그룹핑 효과가 보여지도록 하라.

### ◆ 답변 ◆

1. 우드베리 시간선 위로 그려진 사역 시간선.

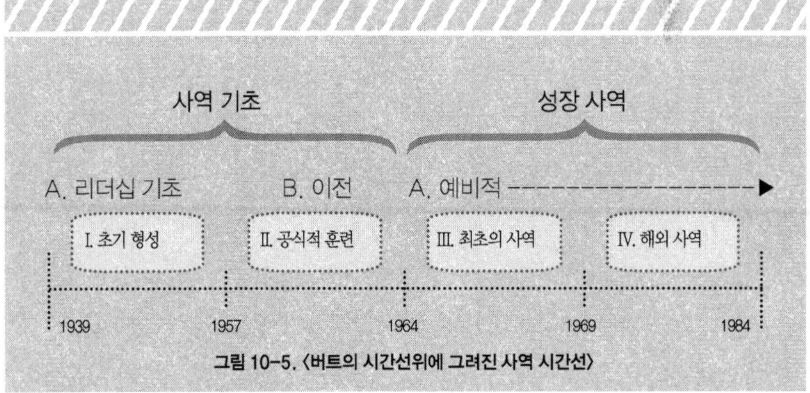


그림 10-5. 〈버트의 시간선위에 그려진 사역 시간선〉

2. 당신 자신의 시간선 위에 그려진 사역 시간선.

# 시간 변수에 대한 결론적 진술

## 요약

시간 변수는 과정과 반응 변수들에 대한 시간 성향을 묘사하고자 하는 일련의 개념들을 지칭한다. 이 변수의 중심적 개념은 시간선이다. 그것의 구성 요소는 개발 국면들과 하위-국면들을 포함한다. 한 개인의 고유 시간선에 대한 어떤 특정 개발 국면에 대한 회고적 분석을 통해서 특정한 개발 과제들을 확인할 수 있다. 개발 국면을 통해서 과정은 그러한 개발 과제들을 향해 진행된다. 많은 시간선들의 비교 분석을 통해서 모든 지도자들에게 적용되는 일반적 개발 과제들을 찾아낼 수 있다.

개발 국면들을 구분하는 것은 대개 세 가지 방식으로 행해진다: 1) 표준 개발 국면 (이전적 행동, 안정화 행동, 그리고 경계 행동)의 **경계 과정**을 인식함으로, 2) **영향력 범위에 있어서 중요한 변화**—즉 영향력—혼합, 정도 혹은 종류 혹은 양자—를 주목함으로, 3) 다른 시기에 주도적으로 발생하는 **고유 과정** 항목들을 확인함으로.

하위-국면에서 하위-국면으로 혹은 국면에서 국면으로의 이전은 **경계 과정**을 포함한다. 그것은 개발 국면들 혹은 하위-국면들을 구분하는 가장 유용한 수단이다. 경계 과정은 **진입 단계, 이전 단계**, 그리고 **종결 단계**를 포함하는 **세 가지 유형**을 따른다. 핀젤은 10가지 과정 항목들의 경계 꾸러미를 찾아냈다. 그것들은 주로 경계 과정을 거치는 동안 발생한다. 이러한 과정 항목들의 출현은 지도자로 하여금 지나쳐온 개발 국면에 대한 회고적 성찰을 강요하며, 다가오는 개발에 대한 미래 지향적인 구상을 하도록 하며, 다가오는 개발 국면을 향해 나아가기 위한 결단을 내리도록 한다.

## 시간 변수의 특징들

시간 변수 개념을 분석하는 연구자는 모두 다음의 네 가지 특징들을 인식해야만 한다:


1.시간 변수 개념은 실재를 보기 위한 구성물이다. 그것들은 성격상 절대적인 것이 아니다.

2.시간선 분석은 시간 분석이 행해지는 때에 따라 다양하게 나타난다.

3.시간 변수 개념은 유형의 발견을 자극한다.

4.시간선은 개발을 분석하기 위한 통합적인 틀을 제공한다.


시간 변수 개념은 구성물이다. 이것으로 이러한 정의들이 단순한 관점들이라는 것을 의미한다. 그러한 관점들을 통해서 한 지도자의 삶에서 시간이라는 실재가 파악될 수 있다. 이러한 구성물들은 관찰되는 실재를 정의하지 않는다; 그것들은 단순히 그것을 묘사한다. 동일한 개인에 관한 독립된 연구를 하는 두 명의 동등하게 유효한 분석가가 비록 매우 많은 점에서는 일치된 모습을 보여주지만, 대개 동일한 시간선을 만들지 못한다. 어떠한 경우에도 각각의 분석은 그 개인의 개발을 설명하는 유용한 정보를 생산할 것이다.

시간선 분석은 언제 시간 분석이 행해지느냐에 따라서 다르게 나타난다. 예를 들면, 35살 된 지도자에게 행한 분석은 세 가지 개발 국면들을 찾을 수 있을 것이다. 그것은 기초 국면과 초기 사역과 보다 확장된 사역으로의 변화를 포함하는 두 가지 보다 짧은 국면들이다. 그 동일한 지도자를 그/그녀가 65세가 되었을 때 분석해 보면 앞서 묘사된 것이 국면 2와 3으로 통합되어서 그것들 양자를 하위—국면들로 포괄하는 보다 광범위한 하나의 국면으로 만들 수 있을 것이다. 일반적으로, 분석되는 개인의 시간이 길면 길수록, 개발 국면들이 보다 길어지고 보다 통합적이 될 가능성이 크다. 다른 말로 하면, 전 생애 관점이 보다 작은 시간 길이를 보다 큰 것으로 통합하는 경향이 있다. 왜냐하면 보다 큰 경계들이 파악될 수 있고 보다 포괄적인 개발 과제들이 확인될 수 있기 때문이다.[3]

## 세 가지 주요한 기능

시간 변수는 리더십 개발 이론에서 세 가지 매우 중요한 역할을 감당한다. 첫째, 그것은 다양한 과정들이 가장 일어날 것 같은 때를 확인하기 위한 배경을 제공한다. 그것은 계획하는 것을 가능하게 하며 지나치게 계획하거나 잘못 계획하는 것을 막아줄 수 있다 (Whitehead and Whitehead 1982:35,36). 두 번째는 일생의 파노라마를 제공하는 것이다. 일생의 파노라마는 여러 시기에 혹은 여러 시기를 거쳐서 형성된 지도자 반응 유형에 대해서 인식하게 한다. 세 번째는 개발을 측정할 수 있는 통합적 틀을 제공하는 것이다.

과정 항목들은 그것들이 언제 일어나느냐와 관련해서 일반적으로 묘사되었다. 그것들이 특정한 시간에 일어난다는 것을 인식함으로 지도자는 그것들이 일어날 때 적절하게 반응할 수 있는 조건에 놓일 수 있다. 그것이 화이트헤드의 계획에 관한 개념이다.

시간 변수는 유형들의 발견을 자극한다. 하나의 유형은 반복적인 사건의 사이클을 묘사하기 위해서 사용되는 통합적인 용어이다. 특정 사건 혹은 일련의 사건들이 일어날 때 한 사람이 그것들을 분석하면, 그 사람은 그 사건 혹은 사건들을 좁게 보는 경향이 있다. 그러나 그 특정 사건 혹은 일련의 사건들을 시간선의 관점에서 분석하면 이전에 발생한 다른 유사한 사건들의 발견도 촉진될 수 있다.

---

3) 293쪽에 있는 피터 쿠즈믹의 시간선이 바로 그 경우에 해당된다. 50세 전후의 평가를 통해서 국면 II와 III (각자가 짧은 시간 길이임을 주목하라)은 훈련이라고 이름 붙인 보다 큰 국면을 형성한다고 결론 내릴 수 있을 것이다. 그 큰 국면은 비공식적인 그리고 공식적인 이란 두 가지 하위-국면들을 갖게 될 것이다.

모든 이러한 사건들의 비교를 통해서 한 유형의 발견을 촉진시킬 수 있다. 많은 시간선의 비교 연구를 통해서 일반적 유형을 발견할 수 있다. 이러한 일반적 유형에 대한 지식은 고유 시간선상에서 유사하거나 혹은 대조적인 유형의 발견을 더욱 촉진시킬 수 있다.

시간선은 개발을 분석하기 위한 통합적 틀을 제공한다. 삶의 어느 특정 지점에서 영향력 범위, 능력-혼합, 그리고 은사 개발과 같은 특정한 개발 척도들이 측정될 수 있다. 그것을 행하는 자연적 시간은 경계 국면들에서이다. 다양한 경계에서 행해진 척도들의 분석을 통해서 다양한 개발 척도들에 있어서 발전과 변화를 인식할 수 있다.

다음 장에서는 사역 시간선을 통합적 틀로 사용해서 중요한 지도자 반응 유형들을 살펴보고자 한다.

# 반응 변수

## 통합적 개관

특정 지도자의 개발은 대부분 간단한 표기법을 사용해서 설명될 수 있다, $L = f(p, t, r)$. 과정 변수 p는 한 특정 지도자를 위한 리더십은 결정적인 영적 사건들로부터 개발된다는 것을 나타낸다. 그 사건들은 그 지도자로 하여금 과정을 밝게 하고 그 지도자의 삶에 독특한 초점을 가져다 주기 위해서 하나님에 의해 사용된다. 시간 변수인 t는 그 과정이 지도자의 삶에서의 중요한 시기와 관련하여 확인될 수 있고 분석될 수 있다는 것을 나타낸다. 반응 변수인 r은 반응 유형들이 특정 지도자에 대해서 확인될 수 있다는 것을 나타낸다. 그 때에 다양한 시기에, 그리고 다양한 시기를 거쳐서 일어나는 과정에 대한 그 지도자의 전반적인 반응을 분석하는 것이 요구된다. 실로, 반응 유형은 많은 지도자의 반응들에 대한 비교 연구로부터 일반화될 수 있을 것이다. 그러한 비교 연구를 통해서 어느 특정 지도자가 개발을 지적하는 것을 돕고, 부상하는 지도자들 가운데 선발 과정을 인식하며 (그럼으로 그들이 속도를 내도록 돕는다), 자신의 삶 속에서 보다 의도적인 개발을 허용하게 된다.

이 장은 일반화된 유형들을 설명할 것이다. 그 유형들은 잠재적 지도자들의 부상을 초기에 인식하고, 자기 자신의 개발을 지적하고, 보다 의도적인 개발에 접근하기 위해서 필요한 것을 제안하는 데에 유용하다. 이 유형들은 다섯 가지 기본적 유형들과 다섯 가지 이전적 유형들을 포함한다. 그것들은 사역 시간선의 사역 기초 국면과 연결된다. 여덟 가지 사역 유형들이 성장 사역기와 연관된다. 다섯 가지 고유 사역 유형들은 고유 사역 시기에 동반하는 성숙 과정을 나타낸다.

### 예습-반응 변수

많은 지도자 부상 연구에 대한 비교 연구들 통해서 지도자의 삶 가운데 항목들이 계속 반복되는 것(혹은 순환)을 확인할 수 있다. 이러한 항목들을 묶는 것은 때때로 단계 혹은 시기 혹은 약간의 시간에 따라 정렬된 형태를 따르게 된다. 이러한 형태를 한번 확인하면, 그것은 어떻게 다른 지도자들이 그것을 나타내는지 혹은 그것을 나타내는데 실패하는지를 추적하는 데에 유용하다. 사실 다양한 과정에 대한 한 지도자의 반응은 특정하게 확인된 유형을 따른 이동에 영향을 미친다. 알려진 유형 내에서 한 특정 지도자의 개발을 정확히 추적하는 것은 한 가지 형태의 비교 평가가 될 수 있다.

테이블 11-1은 이 시점까지의 연구를 통해서 확인된 다양한 반응 유형 목록이다. 그것은 그 유형을 묶는 기초로 사역 시간선을 사용한다. 23가지 유형들은 이후에 정의된다. 참고 문헌들은 그 유형이 어디에 서술되어있는지 하나의 출처를 제시한다. 다른 것들이 주어질 수도 있을 것이다. 피드백 그림들이 각각의 유형들의 집단화에 따라 주어진다. 이러한 피드백 그림들 위에 당신은 그 유형과 관련해서 어디에 있는지 확인할 필요가 있다. 이것은 13장에서 주어진 평가 척도의 하나를 위한 배경이 될 것이다.

### 유형 (Pattern)

**서론**　　수 많은 지도자 부상 연구들의 비교 분석을 통해서 공통된 것을 발견하게 된다. 종종 이러한 발견 사항들은 사건들의 순환, 순차적 과정 항목들의 조합, 일정 기간을 구성하는 반복적인 단계들 혹은 그와 같은 것으로 묘사될 수 있다. 이러한 유형들이 특히 다양한 문화와 상황 속에 있는 수많은 지도자의 삶 가운데서 보여질 때, 그 유형들은 평가적 통찰력을 제공할 뿐만 아니라 그것들이 가진 예측적인 가치로 인해서 큰 도움을 준다.

**정의** 유형은 지도자 부상 연구의 비교 연구를 통해서 파악되는 반복적인 사건들의 순환을 묘사하는 데 사용되는 용어이다. 그것은 시간의 단계들, 과정 항목들의 조합, 혹은 확인할 수 있는 개념들의 조합을 포함할 수 있다.

**예** 시험—확장 순환. 전임 사역으로 들어가는 이전기에 한 지도자의 삶에서 개발의 주안점은 종종 시험—확장 순환과 관련해서 전개된다. 그 순환을 통해서 성품이 개발된다. 하나님께서는 종종 떠오르는 지도자의 마음의 의향을 검증하기 위하여 다섯 가지 중요한 과정 항목들 (말씀 검증들, 순종 검증들, 성실성 검증들, 신앙 검증들, 사역 과제들) 을 사용하신다. 지도자의 편에서의 성공적인 반응은 내적 성장과 사역의 확장을 초래한다. 그 유형은 대개 세 부분을 갖는다: 내적 확신과의 일관성에 대한 도전, 도전에 대한 반응, 그리고 그 결과 (확장이거나 혹은 치료적 과정).

**예** 경계 유형. 세 가지 단계들을 포함한다: 진입 단계, 이전 단계, 그리고 종료 단계 (305, 305쪽을 보라).

**예** 두 개의 일반적 시간선은 유형들의 예들이다.

**예** 절대적 권위 차원에서 작동하는 원리들은 반복적 유형들의 특정한 사례들이다.

**주요한 유형들** 23개의 반응 유형들이 반응 변수의 부분으로 확인되었고 정의되었다. 이것은 다섯 개의 기본적 유형들 (F.1 – F.5), 다섯 가지 이전적 유형들 (T.1,

T.2, TR.1 – TR.3), 여덟 개의 사역 유형들 (M.1 – M.8), 그리고 다섯 개의 발달된 유형들 (UM.1 – UM.5) 이다. 이러한 유형들은 지도자가 과정들을 통하여 개발을 극대화하기 위하여 계획하는 것을 돕는다.

**Table 11-1. 〈사역 시간선을 따른 반응 유형들〉**

| I. 사역 기초 | | II. 성장 사역 | III. 고유 사역 |
| --- | --- | --- | --- |
| A. 리더십 기초 | B. 이전 | A. 임시적 B. 능숙한 | A. 역할 전환 B. 수렴 |
| F.1 상속 (Waldner 1987) | T.1 시험/부정적 – 치료적 (Shelley 1985) | M.1 기초적 사역 (Belesky 1987) | UM.1 성찰적/ 형성적 평가 (Faber 1989) |
| F.1 상속 (Waldner 1987) | T.2 시험/긍정적 – 확장 (Clinton 1982a) | M.2 유사한 은사끼리의 이끌림 (Finzel 1987) | UM.2 상향 개발 (Dollar 1987) |
| F.3 가속 (Hollis 1985) | TR.1 사역전 훈련 (Woodbury 1984) | M.3 은사 표류 (Giftedness Drift) (Finzel 1987) | UM.3 은사– 꾸러미 숙성 (Clinton 1989b) |
| F.4 지체 (Dutton 1986) | TR.2 사역중 훈련 (Repko 1987) | M.4 역할/ 은사 가능성 (Colquhoun 1987) | UM.4 균형 (Clinton 1989b) |
| F.5 숙명 (Clinton 1985b) | TR.3 변경된 사역 중 훈련 (Smith 1983) | M.5 권위 통찰들 (Mueller 1987) | UM.5 수렴 인도하심 (Clinton 1989b) |

M.6 은사 개발 (Mueller 1987)
M.7 영적 권위 발견 (Mann 1987)

M.8 사역 진입 (많은 사람들) ⟶

**결정적 유형** 성실성의 리더십 성격 특성을 강조하는 **M.1 기초적 사역 유형**은 모든 계속되는 개발에 결정적인 것으로 입증된다. 이 관점 없이 지도자들은 정체를 이루고 다른 유형들의 많은 곳에서 향상된 단계들에 도달하지 못한다.

## 상속 기본 유형 (Heritage Foundational Pattern) 기호: F.1

**서론** 지도자들은 대개 네 가지 기본 유형 혹은 그것들의 개정본의 하나로부터 부상한다. 기본 유형들의 각각은 그것과 더불어 약간의 내재적인 혜택들과 불이익을 수반한다. 그러나 각 지도자는 고유하며 그 유형의 혜택과 불이익을 다소간 성찰할 것이다. 따라서 이러한 유형들과 그것들의 함축적 의미들을 인식하는 것은 도움이 된다. 특히 훈련 혹은 혜택을 활용하고 불이익을 극소화할 경험들에 관해서 결정을 내리는 데에 도움이 될 것이다. 상속 기본 유형은 기독교 지도자들이 출현하는 가장 공통적인 유형이다.

**서술** 상속 기본 유형은 기독교 (혹은 적어도 명목적 기독교인) 배경에서 나오는 기초 개발 국면에 있는 지도자의 초기 개발을 의미한다. 그 지도자는 기독교적 배경 속에서 가정 혹은 약간의 교회 생활을 통해서 다소간 기독교적 가치를 몸에 익힌다.

**사례** 우드베리 (Woodbury 1984), 다스트라 (Dykstra 1983), 클레베 (Klebe 1982), 위블 (Wible 1984), 해리스 (Harris 1982b), 반즈 (Barnes 1987)

**해설** 대개 급진적인 회심 경험은 없지만 하나님에 대한 증가하는 인식은 있을 수 있다.

**해설** 가정 생활은 지도자의 성품을 형성하는 데 도움이 된다. 그 성품은 적어도 부분적으로라도 기독교적 사고 위에 서 있다.

 교육적 유형은 성인으로서의 책임이 주어지기 전에 오랜 개발 기간이 주어지는 것이다. 이러한 학교 생활 기간은 스포츠, 클럽, 혹은 직업적인 노력, 경쟁, 인내, 기본 관계 서술, 조직 서술, 사업 서술 혹은 그와 같은 종류의 기본적 서술 개발을 가능하게 한다.

 십대의 마지막 부분 혹은 초기 대학 시절 동안 대개 이전의 회심 과정을 통해서 초래된 것보다 훨씬 급진적인 성격의 하나님께 대한 헌신이 있게 된다. 때때로 회심 혹은 하나님의 뜻을 행하기 위한 항복으로 규정되기도 하는 이 행동은 종종 전임 기독교 일군이 되고자 하는 바램을 낳는다. 이것은 일하면서 배우는 훈련 혹은 공식적 훈련을 선택하는 쪽으로 이끌 수 있다.

이 유형의 **혜택**은 일반적으로 상속과 연관된 것들로 다음과 같다:

1. 하나님에 대한 믿음, 그분에 대한 지식, 그리고 기독교적 가치 위에 세워나갈 수 있다,

2. 기도하면서 후손들 위에 하나님의 역사를 요청해 온 신실한 조상들로부터 약속들을 상속받는 것 (종종 숙명 준비 과정이 여기에 포함된다),

3. 기독교의 모범이 되는 모델들을 갖는 것. 그러한 모델들은 기본 사역 철학 개념에 영향을 미칠 것이다,

4. 은사를 이해하기 위한 경험적 토대를 갖는 것 (다양한 타고난 재능, 습득된 서술, 그리고 영적 은사를 가진 지도자들을 보아왔다),

5. 대개 기독교 지도자가 되고자 하는 포부에 대해서 지원을 받는 것 (비록 익명적 배경을 갖는 경우 많은 사람들이 실제적으로 반대할 수 있다. 그 잠재적 지도자가 세속적인 경력을 추구할 것을 바라기 때문이다),

6. 그 사람이 기독교 리더십으로 이동함에 따라 대개 삶의 스타일 변화가 그렇게 크게 일어나지 않는다. 왜냐하면 기본적 기독교 윤리가 이미 형성되었기 때문이다.

**불이익**은 적지만 다음의 것을 포함할 수도 있다.

1. 기독교적인 것들과의 익숙함이 그 배후의 영적인 실재에 대해서 둔감하게 할 수 있다.

2. 하나님의 일을 이루고자 하는 열정적인 헌신이 촉진되기 위해서는, 성장하면서 경험하는 일상적인 기독교와 구분되는 특별한 경험들이 요구된다.

3. 판에 박힌 기독교적 경험이 현장 경험을 위한 자극을 제공하지 못할 수 있다. 그런데 현장 경험은 초기에 리더십 잠재력을 확인하는 데 결정적이다.

4. 판에 박힌 기독교 생활을 통해서 받아들인 사역 철학이 도전적이지 못하거나 혹은 잃어버린 세상으로 나아가거나 혹은 타문화 사역을 행하는 것과 관련해서 명백하게 부적절하다는 것이다.

**훈련** 　상속 기본 유형은 대개 사역 전 훈련 유형과 관계된다. 따라서 그 훈련의 혜택과 불이익이 그대로 해당된다.

**궁윈의 기대 원리의 사용** 　이 기본 상속 유형에서 부상한 잠재적 지도자의 삶에 영향을 미치는 멘토들과 섭리적인 만남에 해당되는 사람들 그리고 지도자 부상 유형에 민감한 사람들은 이러한 젊은 잠재적 지도자들에게 영향을 미쳐서 사제관계를 맺거나 혹은 다른 중요한 사역 경험을 하도록 하는 것이 좋다. 그러한 경험은 표준 사역전 훈련 유형을 깨뜨릴 수 있다.

## 급진적 헌신 기본 유형 (Radical Committal Foundational Pattern) 기호: F.2

**서론** 　지도자들은 대개 네 가지 기본 유형들 혹은 그것들의 개정본의 하나로부터 부상한다. 각각의 기본 유형들은 그것과 더불어 약간의 내재적인 혜택과 불이익을 수반한다. 이러한 유형들과 그것들이 의미하는 바를 인식하는 것은 도움이 된다. 미래 의사 결정은 혜택 위에 세우며 불이익을 극소화하는 것이어야 한다. 비기독교 배경에서 부상한 기독교 지도자들은 이 유형에 속한다. 이 유형은 큰 혜택과 불이익 혹은 양자의 조합을 리더십으로 부상하는 자에게 제공할 수 있다.

**서술** 급진적 헌신 유형은 비기독교 배경 혹은 적어도 매우 명목적인 기독교 배경 출신의 지도자의 기초 개발 국면의 초기 개발을 의미한다. 그러한 성장 배경 속에서 그 지도자는 다소간 그 환경이 제공하는 가치들이 무엇이든지 (대개 거시 상황의 세속 사회의 가치들) 받아들인다. 그리고 성인으로서 그리스도를 위한 급진적인 헌신을 하는데 그것은 가치와 삶의 목표와 관련된 중요한 패러다임 전환을 내포한다.

**사례** 그리펜트로그 (Gripentrog 1987), 핀젤 (Finzel 1987), 텡 (Teng 1989a)

**경력의 변화** 대개 이 유형에 속한 사람은 성인 회심이 발행할 때 이미 어떤 세속적인 경력을 밟던 중이었다. 급진적 경험은 종종 이러한 방향을 바꾼다.

**가치** 그 사람은 성장하면서 좋던 나쁘던 가족의 가치를 받아들인다. 대개 생동감이 넘치는 기독교에 대한 지식이 전무하거나 극히 부분적이다.

**교육** 교육적 유형은 다르다. 서구에서 교육적 유형은 성인의 책임을 떠 맡기 전에 오랜 개발의 시기를 허용한다. 이러한 학교생활 기간을 통해서 스포츠, 클럽, 직업적 활동, 경쟁, 인내, 기본 관계 서술, 조직 서술, 사업 서술 혹은 그와 같은 류의 기본적 서술이 개발된다. 비서구 상황에서 교육적 유형은 다르고 성인으로서의 책임감을 떠맡기 전에 오랜 개발의 시기를 허용할 수도 있고 그렇지 않을 수도 있다. 만일 허용하지 않는다면, 그 사람은 대개 전통적 교육 유형을 통해서 기본 필수사항과 그 사회에서 살기 위한 사회적 서술을 학습한다.

**해설** 전환점은 그리스도를 따르는 급진적 결정을 자극하는 기독교와의 만남이다. 대개 이러한 결정은 하나님을 섬기기로 전심으로 리더십 헌신을 하는 것과 더불어 내려진다. 이 급진적 경험은 고등 학교에서, 대학교에서, 혹은 일상적 직업 활동을 하면서 일어날 수 있다. 그러나 그것이 일어날 때마다 결정적이다. 삶을 통해서 그것은 주요한 분수령으로 회고될 것이다.

**해설** 종종 일어난 것에 관한 간증을 나누면서 시작되는 현장 실습 교육은 대개 급진적 결정 후에 주어진다. 그 사람은 사람이든지 혹은 조직이든지 급진적 변화를 초래한 수단에 끌리게 된다. 초기 현장 훈련은 대개 그런 이끌림을 좇아 간다. 사역 철학은 이러한 경험에서 흘러나온다.

이러한 유형의 **혜택**은 다음과 같다:

1. 결정적인 리더십 헌신 과정 항목. 그것은 모든 후기의 리더십 활동을 위한 기초로서 기여한다. 헌신의 태도는 출발에서부터 하나님에 대한 섬김을 포함한다.

2. 초기 은사 확인 (종종 유사한 것이 유사한 것에 끌린다는 은사 유형이 공통적으로 발생한다.)

3. 숙명 과정. 헌신의 급진적인 성격으로 인해서 종종 숙명 준비 혹은 숙명 계시 경험이 있게 된다. 그러한 숙명 경험들은 사역 철학 가운데 후기 개발의 초점을 위한 분명한 색깔을 띠게 만들 것이다.

4. 기독교에 대한 신선한 관점. 그 사람이 대개 기독교 전통에 구애받지 않기 때문에 종종 새로운 생각을 할 수 있고 새로운 종류의 구조와 역할을 만들어 낼 수 있다. 그러한 것들은 상속 유형의 사람에 의해서는 생각될 수 없을 것이다.

**불이익**은 다음과 같다:

1. 기독교 지식의 결핍, 특히 성경 지식의 결핍.

2. 급격한 삶의 스타일의 변화가 요구됨. 종종 삶의 스타일의 급격한 변화가 있어야만 한다. 왜냐하면 옛 것이 기독교적 삶의 스타일과 너무 일치하지 않기 때문이다. 옛 습관들은 깨뜨리기 힘들고 성화 문제와 관련하여 초기의 투쟁을 초래할 수도 있다. 상속 유형의 사람은 성화 문제를 당연한 것으로 간주할 수 있다.

3. 세속적인 리더십 유형의 사용. 초기 리더십 실천은 좋든 나쁘든 경험해온 세속적 실천을 좇을 것이다.

4. 불안정성. 부상하는 지도자는 종종 옛 방식과 새 방식 사이에서 불안정하고 동요된다.

**훈련** 만일 급진적 결정을 내리는 데에 영향을 미친 사람이 현장 훈련을 강조하면 두 번째 이전적 훈련 유형인 TR.2 사역 중 유형을 좇게 된다. 만일 그들이 공식적 훈련을 강조하면 세 번째 훈련 유형인 TR.3 개정된 사역 중 유형이 종종 채택된다.

## 가속 기본 유형 (Accelerated Foundational Pattern) 기호: F.3

**서론** 지도자들은 대개 네 가지 기본 유형들 혹은 그것들의 개정본 중의 하나로부터 부상한다. 각각의 기본 유형들은 그것과 더불어 약간의 내재적인 혜택과 불이익을 수반한다. 그러나, 각 지도자는 고유하고 그에 따라 다소간 혜택과 불이익을 반영할 것이다. 유형을 인식하는 것은 미래의 결정을 내리는 데 도움이 된다. 혜택을 활용하고 불이익을 최소화하는 훈련과 경험을 선택할 수 있다. 가속 기본 유형은 상속 유형의 특별한 사례이다. 상속 유형에서 상속은 초기 사역에 개입하는 것과 사역 서술과 기본 성격을 초기에 재빨리 개발하는 쪽으로 이끈다.

**서술** 가속 기본 유형은 차세대 기독교 지도자들의 초기의 급속한 개발 유형을 서술한다. 차세대 기독교 지도자들은 기독교 리더십의 가족 상속을 갖고 삶에서 매우 일찍 사역을 하기로 적극적으로 반응한 지도자들이다 (종종 부모들과 더불어 사역한다).

**사례** 홀리스 (Hollis 1985), 맷캐프 (Metcalf 1987), 그랜트 (I. Grant, 1985)

**해설** 홀리스는 설교가 집안 출신이다. 그도 또한 사역을 할 것이란 기대가 높았다. 그는 매우 이른 시기에 설교와 가르침을 시작했다. 그랜트는 선교사 자녀였다. 그가 어린 아이였을 때부터 아버지와 함께 전도 여행과 목회 심방을 했다. 맷캐프는 고등학교에서 매우 적극적인 기독교 활동에 참여했다. 그 가운데 그는 전도 서술과 초기 조직적 서술을 배웠다. 그의 현장 훈련은 그의 세속 대학 경험을 거치면서 계속 이어졌다.

**해설**  이 유형은 종종 기독교 상속 출신은 아니지만 어린이 전도 사역, 중학교, 혹은 고등학교 클럽에서 아주 일찍 회심한 사람들에게서도 또한 나타난다. 그 시절에 유사 부모 <sup>(멘토)</sup> 가 현장 훈련을 격려하면 매우 유리한 고지에서 사역에 뛰어들게 된다.

**해설**  이전적 시험 유형은 매우 일찍 일어난다. 내적 삶의 과정과 사역 진입 과정이 기초 국면 속으로 응축되어서 부상하는 지도자는 일반화된 시간선을 따라 움직이는 다른 부상하는 지도자들과 비교해서 사역을 시작할 때 앞선 상태에서 시작하게 된다. 이러한 빠른 진보는 이러한 가속 유형의 지도자들이 삼십대에 도달할 때 이미 사역 성숙 국면 속에 있다는 것을 의미한다.

**혜택**  이 유형은 상속 유형의 모든 평범한 혜택을 포함한다. 그러나 그것을 넘어서서 다음과 같은 혜택도 존재한다.

1.경험에 의해서 시험받은 헌신,

2.은사 개발이 일찍 일어난다,

3.기본 사역 철학이 일찍 형성된다,

4.이 유형에서부터 부상하는 지도자는 다른 유형을 통해서 부상하는 사람보다 5년에서 10년 앞서 고유 사역으로 나아갈 것이다.

**불이익**  이 유형에서 불이익은 매우 작다. 한가지 불이익은 사역 활동에 대한 지나친 관심이 중간기에 갖는 공식적 훈련을 배제시킬 수 있다는 점이다. 그러한 훈련은 후에 지도자가 수렴기로 이동할 때에 필요한 넓이와 관점을 제공한다. 이러한 관점 없이 수렴기에 도달하기는 힘들 것이다.

**훈련**  사역 중 그리고 개조된 사역 중 이전적 훈련 유형은 대개 가속 기본 유형과 상응한다.

**해설** ┊멘토들은 인지적 학습과 경험적 학습 사이에 균형이 필요하다는 것을 인식해야만 한다. 사역 활동에 대해서 지나치게 강조하는 것은 적절한 훈련을 제안함으로 상쇄되어야만 한다. 적절한 훈련은 사역이 굴러가도록 하면서도 그것을 개선시키기에 필요한 관점으로 균형을 잡는 것이다.

## 지체된 기본 유형 (Delayed Foundational Pattern) 기호: F.4

**서론** ┊지도자들은 네 가지 기본 유형들 혹은 그것들의 개정본의 하나로부터 나온다. 지체된 기본 유형은 상속 유형의 특별한 사례인데, 그 상속의 잠재적 지도자에 의해서 상속이 초기에 거부된다. 후에 급진적 헌신 (대개 20대 후반이다) 과 사역 서술과 기본 성격의 급속한 개발이 이어지게 된다.

**서술** ┊지체 기본 유형은 차세대 기독교 지도자들 (기독교 리더십의 가족 상속을 갖는 부상하는 지도자들) 의 개발 유형을 설명한다. 그들은 삶의 매우 이른 시기에 사역을 거부하지만 결국 심층적 리더십 헌신 과정 항목을 경험하고 사역 국면으로 진입한다. 그리고 급속한 가속도가 붙게 된다.

**사례** ┊듀턴 (Dutton 1986)

**해설** ┊수많은 선교사 자녀들과 목회자 자녀들은 사역에 대해서 반발하는 경향을 갖는다. 그것은 기초 국면에서 부정적인 경험을 했기 때문이다. 이러한 거역은 후에 심층적 리더십 헌신 경험과 더불어 돌려진다 (대개 20대 후반과 삼십대 초반에). 그러나 이러한 늦은 출발은 사역 진입을 지연지킨다. 초기 기본적 배경으로 인한 급속한 가속화가 종종 뒤따르게 된다.

**혜택**들은 적으나 다음과 같다:

1. 그 사람은 대개 세속적 삶의 부정적인 면을 경험할 것이다. 재헌신이 주어질 때 그들은 해방을 경험할 것이다. 그것은 그들로 하여금 어려움에 처한 비기독교인들

과 동일시하고 하나님의 능력을 알게 해줄 것이다.

2. 공식적 훈련을 선택한 사람은 대개 보다 빠르게 배울 것이다. 왜냐하면 삶의 경험에 입각해서 새로운 것들을 수용하기 때문이다.

3. 상속 유형의 일반적 혜택이 이 유형의 사람에게 해당되지만, 후기에 이르도록 활용되지는 못할 것이다.

**불이익**은 종종 다음과 같은 것들을 포함한다:

1. 삶의 그토록 많은 부분을 낭비한 것과 초기의 강력한 사역 경험을 놓친 것에 대한 죄책감을 극복하는 것.

2. 공식적 훈련을 위한 기회가 드물다. 그 사람은 대개 너무 나이가 들어서 성경 학교에 가기 힘들고 신학교에 들어가기 위한 요구 조건을 맞추지 못할 수 있다.

**훈련** │ 대개 개정된 사역 중 이전적 교육 유형이 추구된다.

## 숙명 유형 (Destiny Pattern) 기호: F.5

**서론** │ 숙명 경험은 한 사람으로 하여금 하나님께서 개인적이고 특별한 방식으로 개입하신다는 것을 느끼고 믿도록 이끄는 일련의 경험들이다. 특히 그 지도자의 생애 동안 하나님의 몇몇 목적을 향하여 나아가도록 리더십의 부상을 격려하는 것에 관련된 경험을 의미한다. 평생을 통해서 세 가지 단계 유형이 점차적으로 지도자의 숙명 인식에 추가된다. 그 유형은 사역 시간선의 사역 기초 국면에서 시작해서, 성장 사역 국면 동안 강도가 증가되고, 능숙한 하위 국면이든지 아니면 고유 사역 국면에서 절정에 도달한다.

**정의** │ 숙명 인식은 한 경험 혹은 일련의 경험들로부터 생겨나는 내적 확신이다 (그 안에는 그러한 경험들에 대한 회고적 분석 가운데 증가하는 깨달음이 있게 된다). 확신의 내용은 하나님께서 그의 손을 특별한 목적을 위해서 특별한 방식으로 한 시도자 위에 얹고 계시다는 것이다.

**서술** ┊숙명 유형은 숙명 인식에 대한 증가하는 의식, 그 숙명에서 보여지는 진보,그리고 마지막으로 숙명이 성취됨에 따른 절정이 있는 영적 리더십 유형이다. 이 세 단계는 사역 시간선의 모든 세 국면들을 통해서 일어난다.

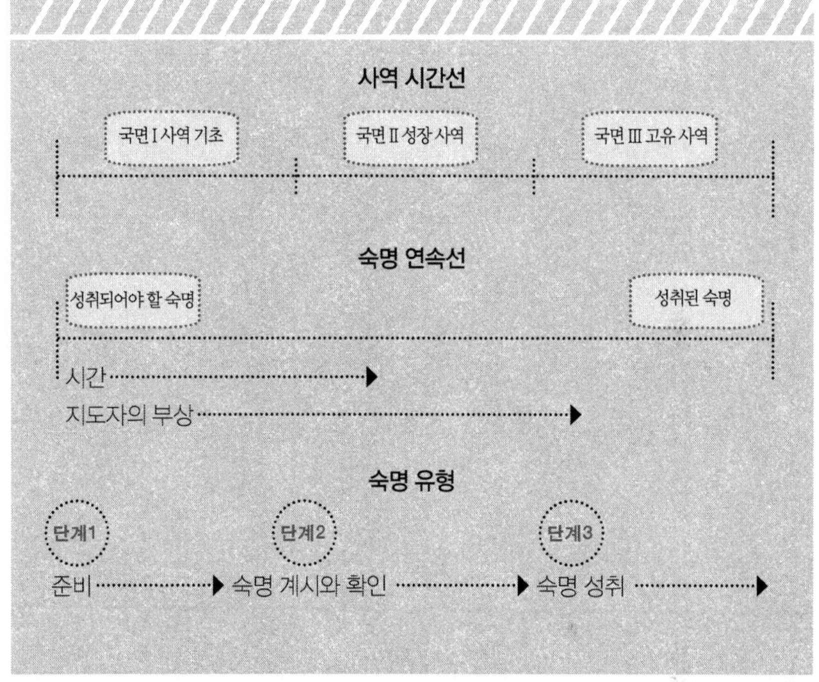


**설명** ┊단계1, 하나님의 계획적인 일이 숙명 인식을 점차 의식하도록 하게 함. 단계2에서, 그 의식은 하나님께서 그것에 대한 계시와 확인을 줄 때 확신이 됨. 단계3, 그 숙명의 성취를 향하여 세워나감.

세 단계에 관계된 숙명 항목들 혹은 사건들은 다음의 것들을 포함한다.

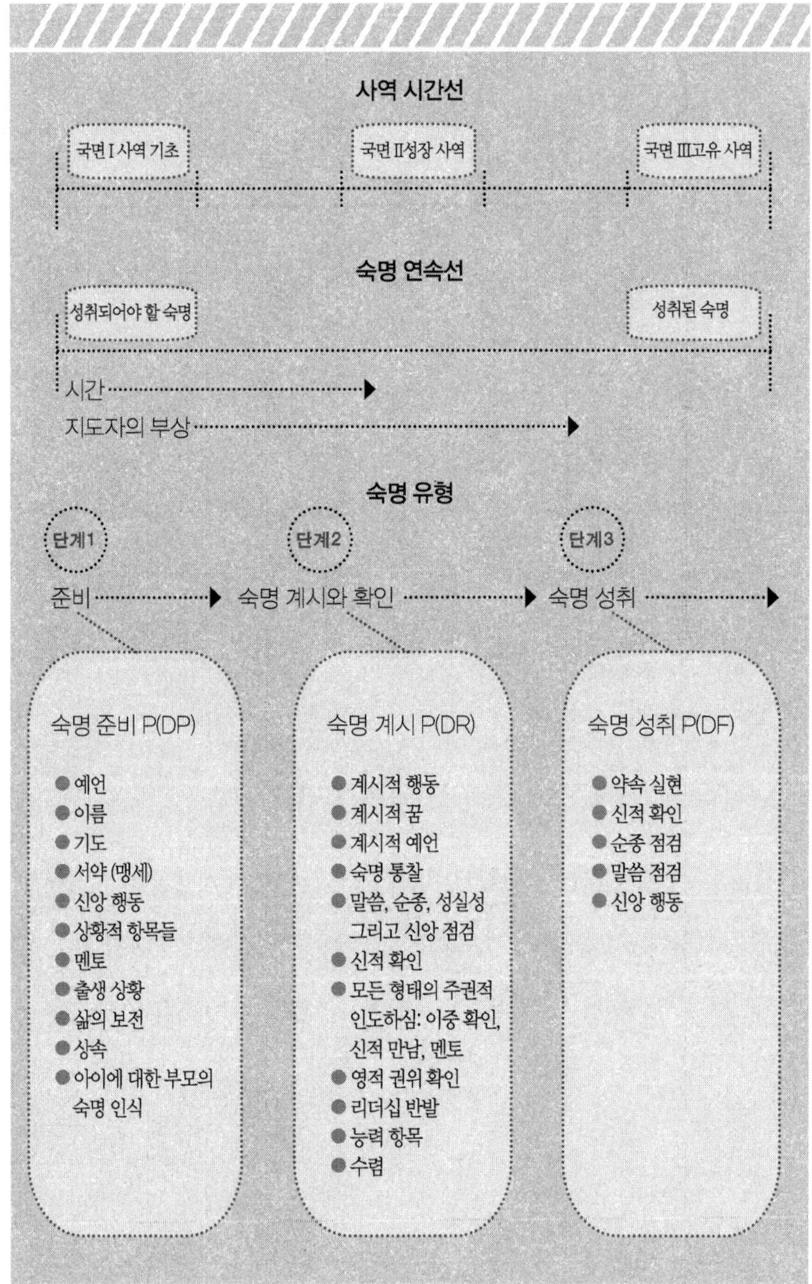

**기본 유형들에 대한 복습**

1. 다음의 어느 기본적 유형이 당신이 나온 배경을 가장 잘 묘사하는지 확인하라.

(______) a. 상속 기본 유형

(______) b. 급진적 헌신 기본 유형

(______) c. 가속 기본 유형

(______) d. 지체된 기본 유형

(______) e. 약간의 조합-서술하라:

(______) f. 그 외-전혀 다르다, 설명하라:


2. 당신 유형의 혜택을 열거하라 (당신은 당신의 유형을 위해서 내가 나열한 혜택을 복습하기를 원할 수도 있다 -그것에 자유롭게 더하도록 하라).

.......................................................................................................

.......................................................................................................

.......................................................................................................

3. 당신 유형의 불이익을 열거하라.

.......................................................................................................

.......................................................................................................

.......................................................................................................

4. 당신이 경험한 어떠한 사건들 혹은 항목들에 동그라미를 침으로 당신이 숙명 유형 가운데 어디에 있는지 서술하라.

.......................................................................................................

.......................................................................................................

.......................................................................................................

.......................................................................................................

.......................................................................................................

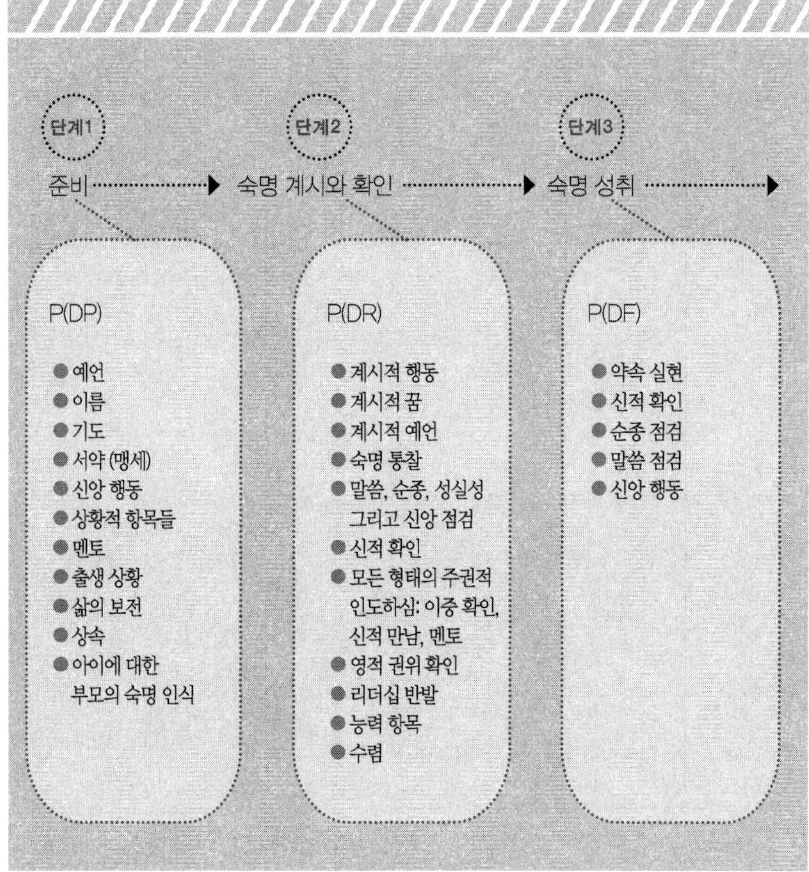


## ◆ 답변 ◆

이것들 모두는 당신의 선택에 달렸다. 수업 시간에 나누도록 준비하라.

# 시험 유형들 (Testing Patterns) T.1 부정적인 시험,　T.2 긍정적인 시험

**서론** | 하나의 중요한 이전적 유형이 성격 시험의 형태를 취한다. 이 유형은 하나님께서 사역 과제와 더불어 성실성 점검, 순종 점검, 말씀 점검 그리고 신앙 점검을 사용하셔서 잠재적 지도자를 시험하고 확장시키는 것을 포함한다. 이 유형은 세 가지 측면을 포함한다: 시험, 반응, 결과적 행동. 두 가지 하위–유형들이 발생한다. 성공 유형은 시험, 긍정적인 반응, 그리고 확장을 포함한다. 실패 유형은 시험, 부정적인 반응, 그리고 치료적 행동을 포함한다.

**부정적 시험의 정의** | 부정적 시험/치료 유형은 하나님께서 시험하는 꾸러미의 항목들을 사용하셔서 성격 특징의 결핍을 지적하시는 것을 의미하는데 이에는 다음의 세 단계가 포함된다:

1) 삶의 경험 가운데 주어진 사건을 통해서 성격에 대한 시험이 주어짐,

2) 지도자는 그 사건을 하나님께서 다루시는 것으로 인식하지 못하고 잘못된 선택을 하는 실패 반응 혹은 지도자가 의도적으로 내적 확신 혹은 그 상황에서 하나님을 기쁘시게 하는 것에 거슬러서 선택하는 실패 반응,

3) 하나님에 의한 치료적 행동은 다시 그 지도자에게 동일하거나 유사한 이슈를 시험하시고, 그 교훈이 학습되거나 혹은 그 지도자를 징계하실 때까지 그 지도자의 개발을 제한하신다.

**긍정적인 시험의 정의** | 긍정적 시험/확장 유형은 하나님께서 시험하는 꾸러미의 항목들을 사용하셔서 지도자 속에 성격을 형성하시는 것이다. 이것은 세 가지 단계 과정을 통해서 이루어진다:

1) 삶의 경험 속에서 주어진 사건을 통해서 성격에 대한 시험이 주어짐,

2) 먼저 그 사건을 하나님께서 특별하게 다루는 것으로 인식하는 지도자의 반응과 내적 확신과 그 상황에서의 하나님의 소원을 존중하는 행동을 취하는 긍정적인 반응,

3) 확장 가운데, 하나님께서 내적인 확신을 중요한 리더십 가치로서 확인해 주시고, 지도자의 영향력을 미치는 역량 혹은 영향력의 상황을 증가시킴으로 긍정적인 반응을 축복하신다.

**부정적 예** ┆ 사울 왕의 실패. 삼상 15장을 보라. 징계적 행동은 직위로부터 최종 제거가 포함된다.

**긍정적 예** ┆ 단1장 (포도주 문제), 단3장 (우상숭배 문제), 단6장 (예배 문제) 은 시험하는 유형의 긍정적인 사례들을 포함한다.

## 시험하는 유형들에 대한 복습

1. 다니엘서 1장에 나오는 다니엘과 관련해서 시험−확장 유형을 분석함으로 당신이 시험−확장 유형을 이해하는지를 나타내보라. 당신의 논의 가운데 그 유형의 세 가지 단계 (시험, 반응, 확장) 를 나타내라.

.................................................................................................

.................................................................................................

.................................................................................................

2. 당신은 어떠한 시험하는 유형을 개인적으로 경험했는가?

a. T.1 부정적 시험

**당신이 경험한 과정 항목에 동그라미를 그리라: 성실성 점검**

순종 점검

신앙 점검

사역 과제

b. T.2 긍정적 시험

**당신이 경험한 과정 항목에 동그라미를 그리라: 성실성 점검**

순종 점검

신앙 점검

사역 과제

1. 성실성 점검의 모든 세 가지 요소들이 그 구절 (다니엘 1:8-21)에서 분명히 보인다. 내적 확신, 어떤 음식에 대한 종교적 확신이 존재하고, 그 확신을 위반하라는 강한 압력이 존재한다. 다니엘은 그의 확신을 견지하기로 결정한다. 놀라운 일은 그는 집과 부모의 영향권에서 멀리 떨어진 십대 소년이란 것이다. 그가 삶의 초기에 학습된 종교적 확신 위에 선 것이다. 하나님께서는 관계를 주셔서 그가 그의 확신을 타협하지 않는 계획을 실행할 수 있도록 해 주셨다. 다니엘과 친구들은 최고 명예로 그 시험을 통과했다. 사역의 확장을 주목하라. 다니엘에게 최고의 직업에 대한 제안이 들어왔다. 그리고 하나님께서는 전략적으로 한 지도자를 배치시키셨다. 그는 성품을 가진 자이고 하나님을 대신하여 점점 거칠어지는 상황 속에서 증거할 사람이었다.

2. a.성실성 점검에 실패했다, b. 순종 점검과 신앙 점검을 통과했다.


## 사역 전 이전적 훈련 유형 (Transitional Training Pre-Service Pattern) 기호: TR.1

**서론**  기본 유형들은 대개 훈련 유형들과 상응한다. 상속 유형은 종종 훈련 사역 전 유형과 연결된다. 유형에 대한 강조점은 훈련이 먼저이고 선발은 부차적이다. 이 유형의 선택은 대개 자기-선택을 통해서이다. 이 자기-선택의 확인 혹은 거부는 훈련 후에 결정된다. 그 결과 대개 큰 중도 탈락이 있게 된다 (사역으로의 축약된 진입).


**사역 전 교육적 유형 (훈련이 먼저이고 선발은 2차적)**

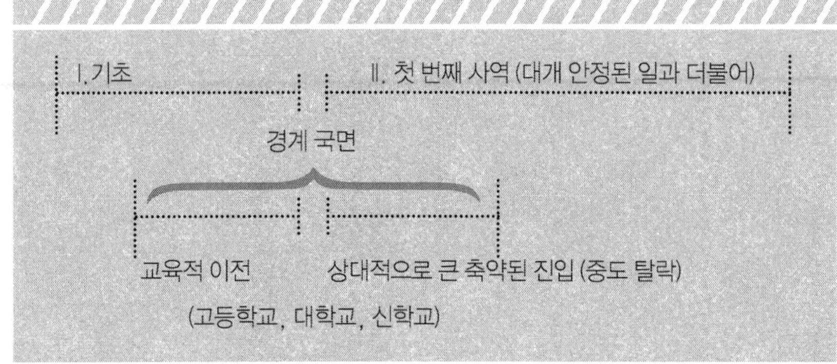

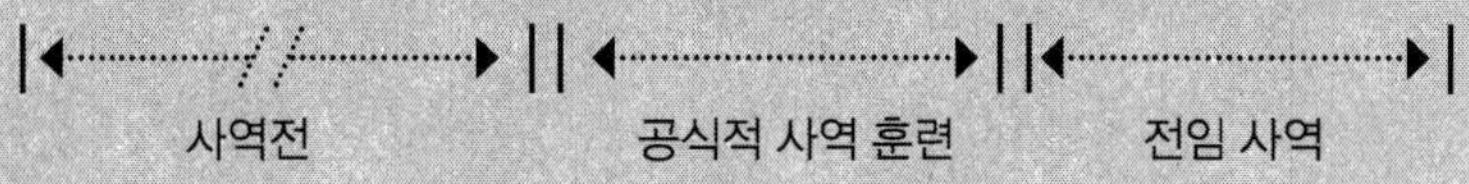


**사례** 우드베리 (Woodbury 1984)는 이 유형을 따라 성공적인 선교사 경력으로 들어갔으며 이제 이전적 훈련 유형 3으로 옮겨가는 중이다. 이 유형에 포함된 다른 사람들은 다음과 같다: 다익스트라 (Dykstra 1983), 클레베 (Klebe, 1982), 위블 (Wible 1984), 해리스 (Harris 1982b), 반즈 (Barnes 1987).

**혜택**들은 다음의 것들을 포함한다.

1. 관계 네트웍들의 형성. 그것들은 후에 하나님에 의해서 네트워킹 능력과 관련해서 사용될 것이다.

2. 공식적 훈련의 자질과 관련성에 따라, 중기 그리고 후기 사역 기간 동안에 급속한 그리고 널리 뻗어가는 개발을 위한 기초가 세워진다.

3. 공식적 훈련으로 주어지는 확대된 관점과 더불어 전략적 형성 면의 개발을 위한 잠재력이 세워진다.

4. 사역적 형성에서의 진보는 아마도 소그룹 역학에서의 훈련과 마찬가지로 말씀 서술들과 의사소통 서술들을 포함한다.

**설명** 이러한 사역 진입 유형의 혜택은 공식적 기관에서 받는 훈련의 질에 의존한다. 그 훈련은 탁월한 경험적 과정을 제공해야만 한다. 왜냐하면 상속 유형에서 이 훈련 유형으로 들어가는 사람은 대부분 많은 사역 경험이나 은사에 대한 지식을 갖고 있지 않을 것이기 때문이다.

**불이익들** 불이익들은 공식적 기관에서 받은 교육의 질에 의존하고, 다음을 포함할 수 있다:

1. 영적 형성에 있어서의 퇴보

2. 부식 효과. 경험적 과정이 취약한 경우 그리고 훈련이 인지적인 경향을 띄는 경우 부식 효과를 낳을 위험이 있다. 그러한 훈련이 부적절하다는 것을 느끼게 되면 이러한 부상하는 지도자들은 그 자료와 담을 쌓게 될 수 있다 (비록 그것이 나중에 필요하게 될지라도).

**주의** 이 유형을 따르는 사람들은 들어갈 때보다 그리스도에 대한 더 낮은 헌신과 열정을 갖고 공식적 훈련 기간을 마칠 수 있다. 그래서 그들은 실제적으로는 영적 형성과 관련하여 퇴행한다. 그리고 전임 사역으로의 최초 진입 동안에 다시 일신하는 시간을 통과해야만 한다.

**추가** 중도 탈락 유형에 대해 도움이 되는 연구가 하보 (Harbaugh), 베렌스 (Behrens), 허드슨 (Hudson), 그리고 오스왈드 (Oswald) 에 의해서 저술된 『**경계-사역 첫 해를 맞이하며**』 (The Boundary-Meeting the First Years of Ministry) 란 책이다. 그들이 처음 발견한 것은 시작하는 기간 동안 의도적으로 이전적 프로그램을 수행할 때 새로운 성직자는 사역에 보다 효과적으로 진입할 수 있고 미성숙한 단계에서 사역을 그만두는 경향을 줄일 수 있다는 것이다 (1986:1). 그들은 수많은 모델들 (여러 가지는 실제로 실행되는 것이고 다른 것은 이상적인 것이다) 에 대해서 논의한다. 그러한 모델들은 초기의 사역 진입 유형을 다루는데 매우 도움이 되고 또한 바라건대 중도 탈락 유형을 방지하는 데 도움이 된다.

## 사역-중 이전적 훈련 유형 (Transitional Training In-Service Pattern) 기호: TR. 2

**서론** 급진적 헌신과 가속 유형이 이 사역-중 훈련 유형과 상응할 수 있다.

## 사역-중 유형 (선발이 주도한다/ 공식적 훈련은 없다)

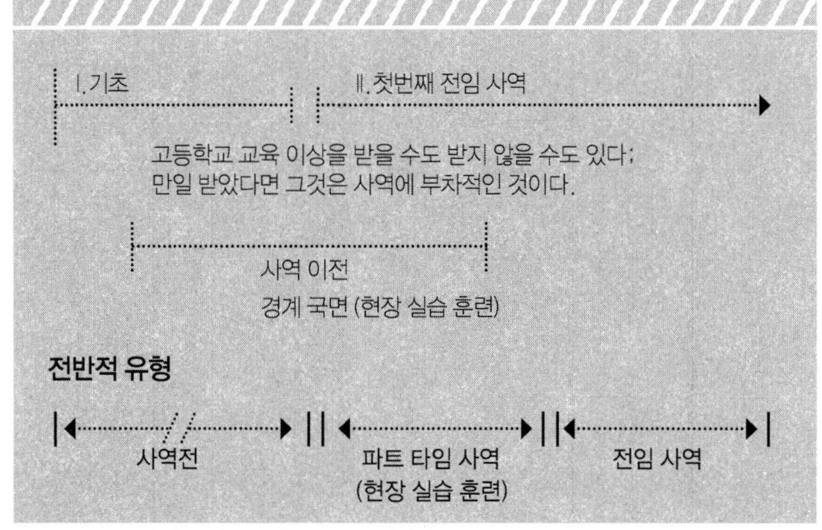


**사례** | 앗킨슨 (Atkinson) (George 1982), 브레제 (Bresee) (Tink 1982a), 테일러 (Taylor) (Lee-Lim 1982), 스터드 (Studd) (Morehead 1985), 트로트만 (Trotman) (Clinton 1984c), 그리고 니(Nee) (Clinton 1982d) 는 이 훈련 유형을 따른 지도자들의 사례를 보여 준다.

**해설** | 급진적 회심 유형을 통해서 배출된 사람들은 그들이 사역에 즉각적으로 개입하기 때문에 이러한 훈련을 통해서 사역으로 이전하는 경향이 크다. 계속 진행되는 활발한 사역은 종종 이러한 사람들로 하여금 삽십대 중후반까지 사역에 종사하게 만든다. 그 때에 그들은 종종 약간의 훈련이 필요하다고 느끼지만 기본적으로 철학이 사역전 기관에 가는 것이 맞지 않는다고 느낀다. 따라서, 그들은 결코 어떠한 공식적인 훈련도 받지 못할 수 있다. 이것은 그들이 비공식적인 모델과 무형식적 모델에만 제한되는 것을 의미한다. 이러한 모델들은 그 지도자로 하여금 효과적인 후기 사역으로 나아가도록 하는데 적절할 수도 그렇지 못할 수도 있다.

이 유형의 **혜택**은 다음과 같다:

1. 사역에서의 실제적 필요들에 집중된 훈련

2. 영적 형성은 대개 처음에 급격하게 발전한다. 그러나 공식적인 훈련에서 받는 것과 같은 견고한 신학적 기초의 결핍 때문에 끝이 점점 소멸될 수 있다.

3. 사역적 형성이 급격하게 일어난다. 그러나 떠오르는 지도자에게 드러난 주변의 모델들에 제한될 수 있다.


**불이익들** (Disadvantages)은 후기 사역에 주로 관계된다.

1. 전략적 형성에 있어서 성숙할 수 있는 기초의 결핍

2. 많은 이유들 (도덕적, 재정적, 좌절, 효율성을 높일 수 있는 훈련의 결핍, 초기 사역 철학을 넘어서서 적용하는 데에 있어서의 무능력) 로 인한 사역 중단.


### 개정된 사역중 이전 유형 (Transitional Modified In-Service Pattern) 기호: TR. 3

**서론**  상속 유형, 급진적 헌신 유형, 그리고 지체된 유형으로부터의 소수와 다수의 가속 유형이 이 개정된 사역―중 유형을 따른다. 그것은 계속적인 훈련과 재훈련 그리고 그들의 계속적인 개발에 대한 중요성을 강조한다.


**개정된 사역중 이전 유형**

**(선발우선/확고한 진입 후에 사역 중간에 공식훈련을 받는다)**

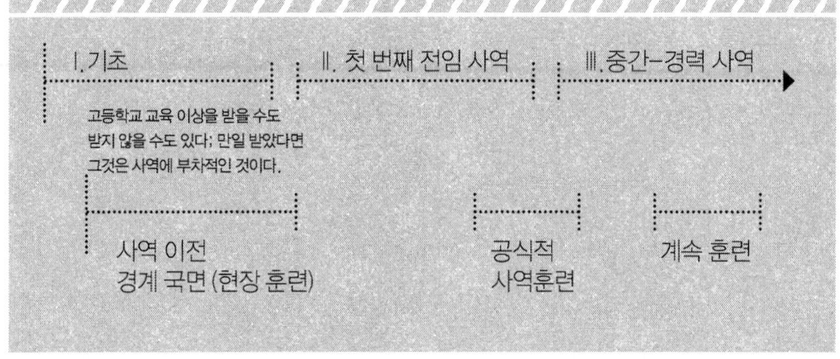

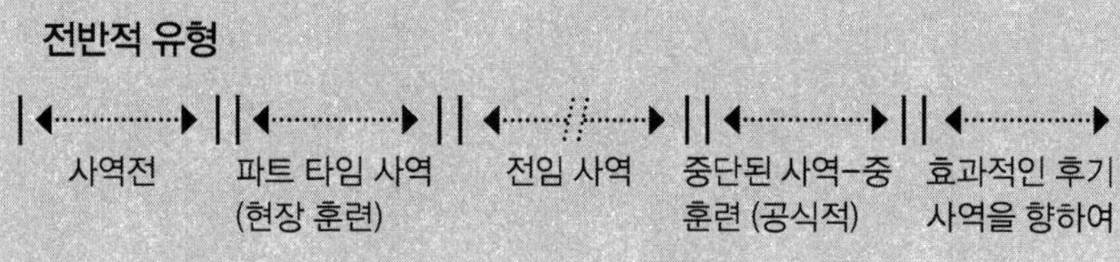


**사례**  그리펜트로그 (Gripentrog 1987) 는 이 유형의 이상적인 사례를 보여준다. 핀젤 (Finzel 1987) 과 멧캐프 (Metcalf 1987) 는 변경된 형태이다.

**주의**  강한 경계 과정은 종종 이 유형을 촉진시킨다. 핀젤 (1987) 은 급격한 헌신 유형이다. 가속 유형인 멧캐프 (1987) 도 또한 이러한 유형에 속한다.

이 이전 훈련 유형이 갖는 **혜택**은 다음과 같다:

1. 관련성을 인지한 상태에서 지도자에게 적절한 공식적 훈련의 선택이 가능하다.

2. 배우는 습관을 형성함. 경력—중 (mid-career) 훈련의 선택은 후에 반복될 수 있는 전례가 된다.

3. 성인 학습 공동체를 자극함. 사역—전 유형과는 대조적으로 이 공식적 훈련 상황에서 배우는 자들은 공동체의 학습 과정에 기여하는 학습 자료들을 갖는다. 그러한 자료들은 경험에 근거한 것이다.

## 불이익

1. 가족의 해체와 종종 중단된 (interrupted) 사역—중 훈련을 마친 후에 이전 사역을 중단하고 새로운 것으로 이전하게 된다.

## 이전 훈련 유형에 대한 복습

1. 다음의 고유 시간선에서 예시하는 이전적 훈련 유형은 무엇인가? 바른 답에 체크하라.

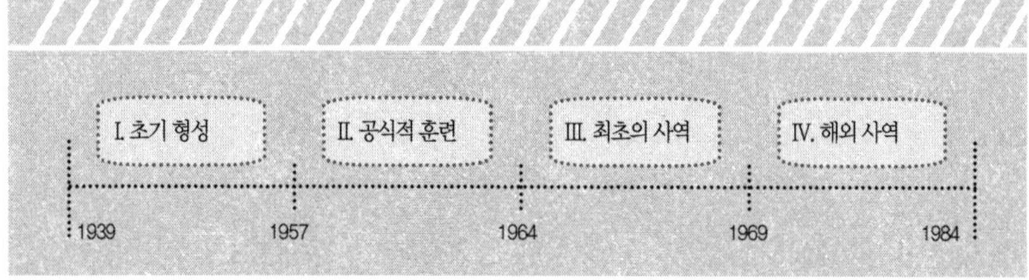


사례 3. 니콜라스 우드베리 (Nicholas Woodbury), 고유 시간선 (Woodbury 1984: 6)

a. TR.1 사역전 이전적 훈련

b. TR.2 사역-중 이전적 훈련

c. TR.3 개정된 사역-중 이전적 훈련

2. 당신의 이전적 훈련 유형은 무엇인가?

a. TR.1 사역전 이전적 훈련

b. TR.2 사역-중 이전적 훈련

c. TR.3 개정된 사역-중 이전적 훈련

◆ 답변 ◆

1. a. 이 시간선만 갖고도 "a" 로 결론지을 수 있을 것이다. 그러나 실제로 우드베리는 현재 중간-경력 공식적 훈련을 추구하고 있기 때문에 "c" 가 절대적으로 맞다.

2. c. 이것이 내 유형이다. 실제로, 내 유형은 변형된 TR.3이다.

## 기본적 사역 유형 (The Foundational Ministry Pattern) 기호: M.1

**서론**  예수님은 누가복음 16:1-13에서 불충한 청지기 비유에 이어지는 진술 속에서 중요한 원리를 드러내신다.


### 눅16:10 작은 것 - 큰 것 원리

**작은 책임에 있어서 신실함은 보다 큰 책임에 있어서 신실함의 지표이다.**


이 기본 원리는 모든 사역 과정에 기본적인 것 같다. 이 원리의 반복된 적용을 관찰함으로 기본적 사역 유형을 얻게 된다.


**서술**  기초적 사역 유형은 평생의 사역을 통해서 발생하는 신실성 확장 순환을 말해준다. 많은 사역 과정 항목들의 시험적 요소에 대한 긍정적 반응과 더불어 사역 과제들과 사역 임무에서 신실함은 확대된 사역과 새로운 사역 차원에서 신실성에 대한 재시험으로 이끈다.


**사례**  많은 사례 연구들 가운데 도움이 되는 증거자료들이 주어진다: 벨레스키 (D. Belesky 1987), 왈드너 (K. Waldner 1987), 바움가르트너 (E. Baumgartner 1987), 핀젤 (H. Finzel 1987) 을 보라.


**사례**  도슨 트로트만의 후계자인 론 새니 (Lorne Sanny) 에 대해서 트로트만은 그의 신실함을 언급한다. 그는 네비게이토 역사의 두 번째 시기를 위한 건축자가 되었다.


**성경적 사례: 디모데후서 2:2**  자주 인용되는 바울이 디모데에게 주는 지도자 선발 권고는 이 중요한 자질을 지적한다. "또 네가 많은 증인 앞에서 내게 들은 바를 충성된 사람들에게 부탁하라. 저희가 또 다른 사람들을 가르칠 수 있으리라."

**해설**  M.1, T.1, 그리고 T.2와 수많은 과정 항목들의 함축의 논리적 연장선에 반응 전제가 있다.

### 반응 전제

한 지도자의 개발의 시간은 과정에 대한 반응에 근거한다. 하나님의 과정에 대한 재빠른 인식과 긍정적 반응은 개발을 가속화한다. 더딘 인식과 부정적 반응은 개발을 지연시킨다.

이 전제는 확인 시험이 필요하다. 그러나 오늘날까지 암시하는 바는 타당성이 매우 높다는 것이다.

## 비슷한 것에 끌리는 은사 지표 유형 (The Like-Attracts-Like Gift Indicator Patterns)

기호: M. 2

**서론**  효과적인 지도자들은 지도자 선발과 개발이 우선적인 기능임을 인식한다. 그들은 잠재적 지도자의 삶 가운데 매우 빠르게 리더십을 암시하는 증상들과 경향들을 인식하는 법을 배운다. 그들은 그러한 초기 "선발시의 추측"을 확인하고, 분명하게 해주거나 혹은 무효화하는 훈련 활동을 계획한다. 초기 사역 선택 유형은 비슷한 것에 끌리는 (the like-attracts-like) 유형이다. 잠재적 지도자들은 그들 자신의 배아적 은사와 유사한 은사 요소들을 가진 노련한 지도자들에 의해서 도전받고 그들에게 끌리는 경향이 있다.

**서술**  <u>비슷한 것에 끌리는</u> 은사 유형은 잠재적 지도자에게서 종종 파악되는 초기 은사 인식 유형을 묘사한다. 잠재적 지도자들은 유사한 영적 은사를 가진 지도자들에게 직관적으로 이끌린다.

**사례**  이 유형에 대해 도움이 되는 증거 자료들은 바움가르트너 (1987), 그리펜트로그 (1987), 그리고 핀젤 (1987) 에서 볼 수 있다.

**적용**　이 유형은 유사한 은사를 갖는 멘토리들을 이끄는 경향이 있는 멘토들과 그들 자신의 은사를 평가하고자 하는 부상하는 지도자들 양자에게 도움이 된다.

**두 가지 용도**　M.2 유형을 인식하는 지도자는 그것을 적어도 두 가지 방식으로 사용할 수 있다. 하나, 자기의 은사를 잘 아는 지도자는 그 지도자의 인격과 사역에 이끌리는 사람들을 관찰하고 그 사람이 본인의 은사들 중의 하나 혹은 더 많은 것을 가질 가능성이 있다고 추측할 수 있다. 그 지도자는 그때 그러한 예상되는 은사의 개발을 돕는 사역 과제를 제안할 수 있을 것이다. 그 지도자는 또한 자기-연구식 개인 성장 프로젝트를 제안할 수 있을 것이다. 그 프로젝트는 개인적으로 자신의 개발에 도움이 된 것이다. 둘, 그 지도자는 또한 다른 지도자에게 이끌린 사람들이 그 지도자의 은사들 중 하나 혹은 더 많은 것을 가질 수 있음을 인식할 수 있다. 다시 동일한 의도적 과정의 활동과 성장 프로젝트가 제안될 수 있다 (물론 그것들이 그 다른 지도자의 은사 개발과 맞아야 할 것이다).

## 은사 표류 유형 (The Giftedness Drift Pattern) 기호: M. 3

**서론**　효과적인 지도자들은 지도자 선발과 개발이 우선적인 기능임을 인식한다.그들은 잠재적 지도자의 삶 가운데 매우 빠르게 리더십을 암시하는 증상들과 경향들을 인식하는 법을 배운다. 그들은 그러한 초기 "선발시의 추측"을 확인하고, 분명하게 해주거나 혹은 무효화하는 훈련 활동을 계획한다. 잠재적 지도자는 자유와 선택권을 부여 받으면 타고난으로 그 지도자의 배아적 은사들 (비록 이것들이 그 때에는 분명히 알려지지는 않았지만) 이 은사의 초기 확인에 도움이 되는 사역 역할들과 기능들을 향하여 나아가는 경향이 있다.

**서술**　은사 표류 유형은 잠재적 지도자가 이전의 경험 혹은 타고난 재능과 맞거나 혹은 직관적으로 영적 은사와 맞는 사역 도전과 임무에 가장 자연스럽게 반응하는 경향을 말한다.

**사례**　왈드너 (1987), 그리펜트로그 (1987), 그리고 핀젤 (1987) 은 이 유형이 그들의 개발에 적용된다는 것을 보여준다.

**발견적 가치**　이것은 사역 역할과 활동을 시도하는 자들을 격려해야만 한다. 그러한 역할과 활동이 잠재적 은사 혹은 타고난 재능의 사용을 자극하거나 혹은 서술을 획득할 필요를 지적할 때에 그러한 역할과 사역에 끌린다.

**선발 암시**　이 경향은 또한 중간 경력 지도자들에게 어디에서 어떻게 잠재적 지도자들을 찾아야 할지 가리켜주어야 한다.

**중심 개념**　이러한 경향은 은사 개발 유형의 개념에 중심적이다. 은사 개발 유형은 은사 확인이 사역 경험에 강력하게 상응한다는 것을 말해준다.

## 강요된 역할/은사 촉발 유형 (The Forced Role/Gift Enablement Pattern) 기호: M. 4

**서론**　효과적인 지도자들은 지도자 선발과 개발에 초점을 둔다. 지도자가 잠재적 지도자에게서 은사들을 확인하기 위해서 경향들과 배아적 은사들을 찾는 것만이 유일한 방법은 아니다. 하나님께서 잠재적 지도자를 분명히 이끄실 때 혹은 발전된 지도자를 과거 사역에서 보여지지 않은 은사들을 요구하는 역할로 이끄실 때에, 잠재적 은사들이 드러나거나 혹은 새로운 은사들의 촉진이 때때로 발생한다. 만일 하나님께서 분명히 한 역할에로 이끄실 때 그 지도자는 그 역할을 감당키 위한 능력을 수여해주실 것을 기대할 수 있다. 은사들이 지도자에게 주어질 수도 있고 (직접적으로), 혹은 그 지도자와 연관된 다른 사람이 주어질 수도 있다 (간접적으로).

**서술**　강요된 역할/은사 촉발 유형은 그렇게 흔치 않은 M.4 유형이다. 한 사람이 이전에 알려지지 않거나 드러나지 않은 어떤 특별한 은사 혹은 은사―혼합이 요구되는 역할을 맡게 된다. 그리고 그 역할 가운데에서 성령께서 만나 주셔서 그 역할이 행해지는 동안 그 필요한 은사들의 하나 혹은 다소간을 드러낸다.

**예**　디모데후서 4:5. 전도에 대해서 디모데에게 주는 바울의 권면은 이것을 예시하는 것이라 할 수 있다.

**인도하심의 의미**　일상적으로 한 직위 혹은 역할로 인도하심은 몇몇 과거의 경험에 의해서 확증된다. 그러나, 만일 하나님께서 다른 인도하심에 의해서 한 사람을 어떤 역할 혹은 기능으로 인도하셨다면 이전의 경험 혹은 드러난 은사에도 불구하고 그 지도자는 그 은사가 그 상황에서 주어질 것을 기대할 수 있다.

**제 삼의 은사와의 관련**　강요된 역할/은사 촉발 관찰은 제 삼의 영적 은사의 개념과 상응하는 것 같다. 한 은사가 한 사람의 사역 가운데 반복적으로 나타나고 그 사람에 의해서 의지적으로 반복될 수 있을 때 한 은사가 주어졌다고 말한다. 한 은사가 상황적으로 나타나거나 그 사람에 의해서 의지적으로 반복될 수 없다면 그 은사가 주어졌다고 말할 수 없다. 한 은사가 주어져서 현재 은사혼합 혹은 은사—꾸러미의 중요한 부분으로 사용된다면 그 은사는 주도적인 은사이다. 한 은사가 한 때는 주어졌으나 지금은 현재의 은사혼합 혹은 은사—꾸러미의 부분으로 사용되지 않는다면 그 은사는 이차적이다. 하나의 은사가 주어지지 않았거나 혹은 과거의 역할 책임에 의한 필요 때문에 촉발되었지만 지금은 주어진 것으로 보여지지 않는다면 그 은사는 제 삼의 은사이다.

**마지막 특성**　한 역할 상황에서 경험된 은사는 후의 삶을 통해서 수여되고 정규적으로 사용될 수 있거나 (그러므로 주도적 은사로 보여질 수 있다) 혹은 그것이 역할을 맡은 시간이 끝난 후 사라질 수도 있다 (제 삼의 은사).

**기본 은사 유형에 대한 복습**

1. 다음의 기본적 은사 유형들 중의 어느 것을 개인적으로 경험했는가? 당신이 경험한 것에 표시하라.

(________) a. M.2 비슷한 것에 끌리는 은사 유형

(________) b. M.3 은사 표류 유형

(________) c. M.4 강요된 역할/은사 촉발 유형

2. 연습문제 1번에서 당신이 체크한 어느 것에 대해서 그 유형에서 암시되거나 사용된 은사를 나열하라.

(________) a. M.2 비슷한 것에 끌리는 은사 유형

은사들: ....................................................................................................

(________) b. M.3 은사 표류 유형

은사들: ....................................................................................................

(________) c. M.4 강요된 역할/은사 촉발 유형

은사들: ....................................................................................................

3. M.1 기본 사역 유형이 **결정적 유형**이라고 주장되었다. 그러한 주장에 대한 어떠한 근거를 제공할 수 있겠는가? 어떠한 방식에서 그것이 기본 은사 유형에 결정적인가?

....................................................................................................

....................................................................................................

◆답변◆

1. a, b.

2. a. teaching, exhortation   b. teaching

3. 모든 은사 유형은 은사의 발견은 사역의 목적을 위한 것임을 전제한다. 즉 청지기 모델은 분명히 어떠한 은사들이 발견되든지 그것에 적용된다. 발견된 것을 사용하는 데에 있어서 신실함이 향후 개발과 새로운 발견의 열쇠이다. 사실 M.1 유형의 핵심 요소인 신실함은 청지기 모델의 핵심 가치이다.

## 권위 통찰 유형 (The Authority Insights Pattern) 기호: M.5

**서론**  지도자는 영향력을 미치는 권리를 갖는다. 그 권리는 다양하게 합법적인 방식으로 올 수 있다. 권위는 지도자에 의해서 추종자들에게 리더십 영향력을 발휘하는 권리이다. 지도자들은 복종, 사람 사이의 영향력, 사람 사이의 관계, 그리고 조직적 구조와 같은 문제에 관계된 수많은 과정 항목들을 통해서 권위에 대하여 배운다. 하나님은 사역 구조 통찰, 리더십 반발, 관계 통찰, 권위 통찰 그리고 사역 갈등과 같은 과정을 통해서 어떻게 지도자로서 영향력을 발휘해야 하고 어떻게 하면 안 되는지에 관한 중요한 교훈을 가르치신다.

**서술**  권위 통찰 유형은 어떻게 한 잠재적 지도자가 오랜 기간을 거쳐서 사역에서 권위의 사용에 대해 배우는지 종종 나타나는 순서를 서술하는 여러 단계 유형이다: 1) 권위에 대한 부정적 교훈들은 2) 적법한 권위를 위한 추구에로 이끈다. 그것은 3) 적법한 권위를 모델로 보여주고자 하는 바람으로 이끄는데 그것은 4) 영적 권위에 관한 통찰력을 준다. 그것은 5) 기초적 능력 토대로서 영적 권위의 증가된 활용으로 귀착한다.

**교훈들**  한 지도자가 이 유형을 따라 움직일 때, 과정은 다음에 관한 긍정적 혹은 부정적 교훈들을 가르친다:

1) 권위에 대한 복종

2) 권위 구조들

3) 권위를 밑받침 하는 능력 토대들의 진정성

4) 권위 갈등과 그 유사한 것들

5) 어떻게 권위를 행사하는가?


**권위 문제**  성장 사역 국면에서 지도자들은 어떻게 권위에 복종하는지 배워야 만 한다. 그것은 어떻게 권위를 효과적으로 사용하느냐를 배우는 첫 단계이다. "권위 문제" 는 많은 지도자들이 그들의 사역을 통하여 권위를 인식하고 그것에 복종하는 데에 문제를 갖는 것을 반복적으로 관찰하는 것을 언급한다. 그것은 지속적인 도전으로 한 지도자가 성숙함에 따라 보다 많이 미묘하게 된다. 권위에 복종하는 데에 어려움을 갖는 지도자들은 대개 영적 권위를 행사하는 데 어려움을 갖는다.


**추종자**  권위는 "추종자 (followership) " 를 개발하는 데에 결정적이다. 권위의 비적절한 사용은 "추종자" 의 퇴보를 초래할 것인데 결과적으로 분열을 초래할 것이다. 혹은 추종자들로 하여금 위축되어 복종케 함으로 거짓된 "추종자" 감각을 만들어낸다. 그것은 결국 떠오르는 지도자의 방출을 방해한다.


## 은사 개발 유형 (The Giftedness Development Pattern) 기호: M. 6

**서론**  영적 은사는 한 신자의 삶에서 그리고 삶을 통해서 성령께서 이끄시는 사역의 통로가 되는 고유한 역량이다. 왜그너 (Wagner 1979) 는 다양한 은사를 가진 사람에 관하여 말하기 위해서 은사혼합이란 용어를 만들었다. 어떻게 은사혼합이 발견되고 은사 꾸러미로 성숙되는지가 이 유형의 초점이다.


**서술**  은사 개발 유형은 한 지도자가 최초의 은사 발견으로부터 수렴까지 나아감에 있어서 통과해 가는 과정을 말한다.

**단계**

유형은 다음을 포함한다 : (읽으라 ⋯ 이끌 수 있다)

1.사역 경험 ⋯

2.은사/타고난 재능들의 발견 ⋯

3.그 은사/재능들의 증가된 사용 ⋯

4.그 은사/재능들을 사용함에 있어서 효과성 ⋯

5.더 많은 사역 경험 혹은 새로운 사역 역할들

6.그것은 새로운 상황을 직면하기 위한 더 이상의 은사들의 발견을 자극한다 ⋯

7.어느 기간을 거쳐서 은사-혼합의 확인을 초래한다 ⋯

8.은사-꾸러미의 개발 ⋯

9.수렴


**설명**　은사 혼합은 한 지도자가 반복적으로 사역에서 사용하는 영적 은사들의 세트를 서술한다. 은사-꾸러미는 다른 은사들과 재능들에 의해서 조화롭게 보충되는 주요한 은사를 가진 은사혼합을 언급한다. **은사 발견 과정 항목**은 은사 발견 유형상에서의 어떤 주요한 향상과 그 발견을 가져다 주는 자극 (촉발 사건)을 서술한다. 그것은 한 사건, 사람 혹은 성찰 과정일 수도 있다. 이 은사 발견 과정 항목에 대한 명료함이 증가하고 동시에 반복적으로 나타나는 것이 사역 국면의 중요한 형태이다.


**은사 집단**　은사 집단은 타고난 재능들, 획득된 서술들, 그리고 영적 은사들을 포함한다. 위의 유형은 영적 은사들이 중심적 요소라는 것을 전제한다 (사역 초점의 중심적 요소).


**낮은 차원의 포괄적 유형**　그 유형은 실제적으로 모든 은사 집단의 요소를 언급한다 (타고난 재능, 획득된 서술, 그리고 영적 은사). 후기 단계들은 단지 영적 은사만을 언급한다. 왜냐하면 대부분의 타고난 재능과 획득된 기술은 사역 시간선의 기초적 혹은 이전적 혹은 임시적 시기에 발견되고 얻어졌기 때문이다. 한 사람이 은사에 있어서 성숙해져 감에 따라 강조점은 주로 영적 은사의 개발 혹은 그것들과 관계된 보충적 서술에 주어진다.

**핵심요소로서의 타고난 재능** | 만일 타고난 재능이 핵심적 요소이면 5, 6, 그리고 7단계는 한 단계로 붕괴되는 경향이 있다. 그 한 단계는 획득된 서술과 영적 은사를 종속시켜서 공생적으로 타고난 재능을 지원하고자 한다.

**세 종류의 영적 은사 범주** | 다양한 신약 교회들에서 보여지는 집합적인 기능들과 관련된 세 종류의 은사 범주들은 다음과 같다: **말씀 은사들, 능력 은사들, 사랑 은사들.** 이러한 꾸러미들은 교회에 본질적인 특별한 기능을 수행한다. 능력 은사들은 보이지 않는 하나님의 진정성, 신뢰성, 능력 그리고 실재를 드러낸다. 능력 은사는 보이지 않는 하나님에 대한 믿음을 자극한다. 사랑 은사는 사랑을 필요로 하는 우리 주변의 세상에 의해서 인식되어질 수 있는 실제적인 방법으로 하나님을 드러낸다. 말씀 은사는 보이지 않는 하나님의 본성과 요구와 목적들을 분명히 한다. 말씀 은사는 하나님에 관해서 그리고 하나님을 위해서 의사 소통한다. 말씀 은사는 미래에 대한 소망을 자극한다. 꾸러미들 사이에는 중복되는 면이 있다. 즉 몇몇 은사들은 하나 이상의 꾸러미들에 나타난다.

**능력 꾸러미** | 능력 은사 꾸러미는 다음을 포함한다: 믿음, 지식의 말씀, 영들 분별, 기적들, 방언들, 방언들 통역, 치유, 지혜의 말씀, 예언

**말씀 꾸러미** | 말씀 은사 꾸러미는 다음을 포함한다: 지혜의 말씀, 예언, 지식의 말씀, 믿음, 목회, 전도, 권면, 가르침, 사도, 다스림.

**사랑 꾸러미** | 사랑 꾸러미는 다음을 포함한다: 치유, 지혜의 말씀, 지식의 말씀, 다스림, 목회, 주는 은사, 전도, 자비, 도움, 다스림

## 꾸러미가 중요한 두 가지 이유들

이러한 꾸러미들은 두 가지 이유들 때문에 중요하다:

1. 지도자들은 은사의 균형과 불균형을 위한 집합적인 구조들을 끊임없이 평가해야만 한다.

2. 모든 사례 연구에서 **기독교 지도자들은 항상 그들의 은사혼합 가운데 적어도 하나의 말씀 은사를 갖고 있다는** 것이 밝혀졌다.


**리더 유형, 단계**　D와 E 유형의 지도자들은 7 단계에 도달할 것이다. 그들은 적어도 은사혼합을 명백히 알고 있을 것이다. 종종 그들은 8 단계인 은사-꾸러미의 확인에 도달할 것이다. 만일 그렇다면, 한 지도자는 종종 이 은사혼합 혹은 은사-꾸러미 (수렴을 향한 중요한 단계) 와 관련해서 역할과 우선순위를 재조정하고자 노력할 것이다. C 유형 지도자들은 6 단계인 다른 은사들을 발견하는 단계에 도달한다. A 와 B 유형의 지도자들은 대개 4 단계에 도달하고 소수는 5 단계에 도달한다. 어떠한 경우이든지 그 은사가 인지적으로 발견되지 않을 수도 있지만 대개 직관적으로 그것을 사용하는 쪽으로 흘러가는 가운데 발견된다.


## 영적 권위 개발 유형 (The Spiritual Authority Development Pattern) 기호: M. 7

**서론**　영적 권위 개발 유형은 가장 단순한 형태의 개인적 능력에서부터 다양한 조합의 능력 형태에 이르기까지 능력을 갖고, 능력을 사용하며, 그리고 능력을 이해하는 지도자의 경험을 포함한다. 그것은 결코 규범적이지 않은 제안적 유형으로 8 단계를 포함한다.


**서술**　영적 권위 개발 유형은 8단계 유형으로, 지도자가 능력을 최초로 사용하고 발견하는 데에서부터 영적 권위를 주도적 수단으로 하는 능력-혼합에 이르기까지 지도자가 사용하기로 선택하는 능력 형태의 변화를 의미한다. 그 단계들은: 1) 하나의 능력 형태로서 개인적 권위의 발견 2) 다른 형태들 (힘, 조작, 설득) 의 발견 3) 다른 권위 형태들 (합법적인, 능숙한) 의 발견 4) 형태로서 힘/조작을 버림; 다음 단계들을 통하여 보충적인 것으로 설득을 사용 5) 합법적인 권위, 능숙한 권위, 그리고 약간의 영적 권위를 동반한 개인적 권위의 사용에 있어서 효과적임 6) 합법적인 권위가 줄어들고, 능숙한 권위가 주도적이 됨 7) 똑같이 주도적인 것으로서 능숙한 권위, 개인적 권위 그리고 영적 권위의 조합 8) 영적 권위가 주도적이고, 개인적 권위, 능숙한 권위, 합법적인 권위, 그리고 설득이 보충적인 것으로 사용됨.

**목표**　권위 과정의 궁극적 목표는 한 지도자로 하여금 리더십 영향력을 위해 사용되는 주도적 권위로서 영적 권위를 이해하고 또한 영적 권위를 사용하도록 하는 것이다. 이것은 권위의 다른 종류들을 타당하지 못한 것으로서 부정하는 것은 아니다. 단지 그것들을 적절한 관점 아래에 두는 것이다. 사역 시간선의 성장 사역 국면으로부터 고유 사역 국면으로의 이전은 이 궁극적 목표를 향한 의미있는 진보를 반영한다. 이 유형은 한 지도자가 영적 권위를 주도적으로 사용하는 쪽으로 이동하는 것을 서술한다.

**유보**　이것은 임시적인 작업적 서술이다. 지도자들은 약간의 진보된 능력 형태를 모델로 보여준 다른 지도자들 아래에서 가진 초기 경험 때문에 이 유형에서 일탈할 수 있다. 그 유형의 결정적인 부분은 능숙한 혹은 합법적인 혹은 개인적 권위가 주도적인 데에서 영적 권위가 주도적이 되는 전환이다.

**진보**　능력 형태 (영향력 수단)로서 영적 권위를 실현하는 것은 성장 사역 동안에 점차적으로 증가한다. 그것은 성장 사역 국면의 임시적 하위―국면에서 시작하여, 성장 사역 국면의 능숙한 하위―국면에서 계속되고, 고유 사역 국면으로 이끄는 경계 과정에서 심화된다. 그것은 고유 사역 국면의 후기 부분에서 절정에 도달한다. 고유 사역 국면으로 이끄는 경계 상황에서 영적 권위에 관한 중요한 통찰이 포착되고 상황에 적용된다. 경험적 능력 기반 (하나님에 대한 자신의 개인적 경험과 지식) 이 심화되는 것은 성숙 꾸러미 과정 항목을 통해서 이루어진다.

**영적 권위 발견 과정 항목**  영적 권위 발견 항목은 영적 권위를 향한 증진이 이루어지는 과정을 언급한다. 권위 개발 유형은 그러한 증진에 있어서 단계를 평가하는 것을 돕는다. 성장 사역 국면의 임시적 하위-국면에서 능숙한 권위, 그리고 합법적인 권위, 그리고 설득이 주도적인 능력 형태로서 행사된다. 영적 권위는 부차적인 능력 형태이다. 성장 사역 국면의 능숙한 하위-국면이 종결되는 것은 주요한 능력 형태로서 영적 권위가 삽입되는 것을 보고 알 수 있다.

**영적 권위 발견 항목의 설명**  영적 권위 발견 항목은 영적 권위 개발 유형 (특히 6, 7, 그리고 8단계에서) 을 따른 어떠한 중요한 진보와 어떠한 사건, 사람, 성찰 과정 혹은 그 발견을 가져오는 데 도구가 된 병렬 과정 항목이다.

**우선적인 경험적 학습**  대개 통찰을 얻게 되는 것은 경험적인 것이 먼저이고, 인지적 이해는 훨씬 뒤에 따라오게 된다. 즉 지도자들은 대개 그들이 받드는 지도자들과 관련해서 혹은 그들 자신의 사용과 관련해서 약간의 능력 형태의 사용을 경험한다. 그 때에 그것을 개념적으로 반드시 이해해야만 하는 것은 아니다. 후에 성찰적 사고를 통해서 이해에 도달하게 된다.

**순서**  위의 단계들은 직선상의 시간선 위에서 다음과 같은 국면들과 상응하는 경향이 있다.

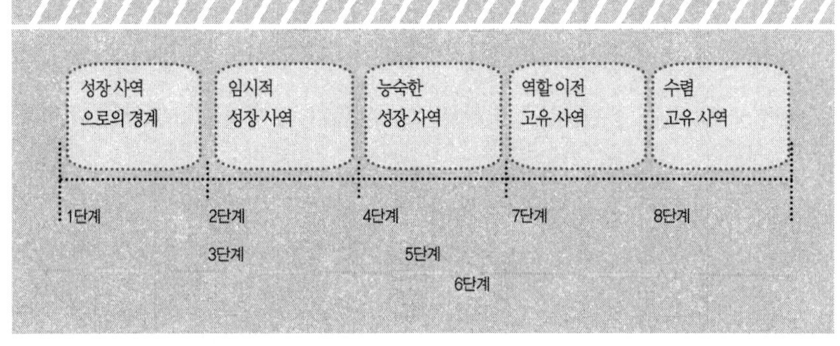

## 사역 진입 유형들 (Ministry Entry Patterns) 기호: M. 8

**서론**   사역 진입은 부상하는 지도자가 참여하는 최초의 사역을 말한다. 혹은 성장하는 지도자가 떠맡는 어떠한 새로운 사역 과제, 임무, 혹은 도전을 뜻한다. 대부분의 최초의 사역 진입 활동은 부상하는 지도자가 평신도일 때 그리고 대개 어떤 종류의 도전의 결과로서 주어진다. 그 도전은 내부로부터 (부상하는 지도자에 의해서 자기―주도적으로) 올 수도 있다. 그 결과로 주어지는 사역은 그 도전에 응답하기 위해서 전적으로 새롭게 만들어진 어떤 것이 될 수도 있다. 이것은 초기 부상하는 지도자들 사이에서는 상대적으로 드물다. 그 도전은 한 조직 내의 필요에 대한 반응 가운데 내적으로 생겨날 수도 있다. 이것은 자기―주도적 사역보다는 흔하다. 사역 도전의 대다수가 밖으로부터 (기존의 사역 구조 내의 필요를 채우기 위해서 잠재적 지도자들을 도전하는 지도자들) 온다. 다양한 사역 도전이 받아들여질 경우 대개 은사의 최초 발견이 이루어질 것이다. 다섯 가지 과정 항목들이 다양한 사역 진입 유형들과 긴밀하게 관련된다: **사역 도전, 사역 임무, 사역 서술, 훈련 진보, 은사 발견.**

**서술**   사역 진입 유형은 지도자들과 잠재적 지도자들이 초기, 중기 그리고 후기 사역에서 다양한 사역 과제와 임무를 받아들일 때 그들에게 도전이 주어지는 방식을 말한다. 그것들은 세 가지 요인들과 관련된 일련의 유형들이다: 1. 어떻게 도전이 오는가 ― 외적 혹은 내적으로 동기가 부여된다, 2. 도전에 관련된 구조들 혹은 역할들 ― 기존의 구조들/역할들, 구조 혹은 역할의 변경, 혹은 새로운 구조 혹은 역할들의 창조, 3. 발생의 빈도

**성공 진입 기준들**   전임 그리스도인 일꾼들을 위한 성공적 초기 사역 진입은 여러 가지 요인들에 의존한다: A 유형과 B 유형 지도자로서 이전의 경험, 이전적 훈련 유형의 형태, 훈련에서 균형된 배움의 정도, 시간/사역 상황 관점들.

**A, B 유형을 거치지 않은 경우에 대한 경고**   A 유형과 B 유형 경험을 거치지 않은 지도자들은 초기 사역 진입이 보다 어렵다는 것을 발견할 것이고 축약된 진입 유

형 <sub>(중도 탈락)</sub>을 경험할 가능성이 높다. 만일 이전적 훈련 유형이 경험적 측면보다 인지적 측면에 치우친다면 위험성은 더욱 커진다. 하보와 다른 사람들은 방대한 중도 탈락을 상쇄하는 오리엔테이션 훈련을 서술한다.

**소개**   아래의 테이블 1, 2, 그리고 3은 성장 사역 국면에 대한 전형적 사역 도전을 보여준다. 테이블 1과 2는 임시적 하위—국면에 더 해당된다. 테이블 3은 능숙한 하위—국면에 해당된다.

| 유형 | 도전/반응 | 빈도 |
|---|---|---|
| | **테이블 1. 초기 과정** | |
| 1 | 기존의 사역 구조들/역할들 내에서의 외적인 일 | 가장 보편적 |
| 2 | 기존의 사역 구조들/역할들 내에서의 내적인 일 | 두 번째로 가장 보편적 |
| 3 | 외적인 새 사역 역할들과 구조들을 창조한다 | 보다 드물다 |
| 4 | 내적인 새 사역 역할들과 구조들을 창조한다 | 가장 드물다 |
| | **테이블 2. 중간 과정** | |
| 1 | 기존의 사역 구조들/역할들 내에서의 외적인 일 | 가장 보편적 |
| 2 | 기존의 사역 구조들/역할들 내에서의 내적인 일 | 매우 보편적 |
| 3 | 기존의 사역 구조들/역할들을 내적인 변화를 일으킨다 | 매우 보편적 |
| 4 | 기존의 사역 구조들/역할들을 외적으로 변화시킨다 | 별로 보편적이지 않다 |
| 5 | 외적으로 새로운 사역 역할들과 구조들을 창조한다 | 가끔 (Occasional) |
| 6 | 내적으로 새로운 사역 역할들과 구조들을 창조한다 | 드물다 |
| | **테이블 3. 후기 과정** | |
| 1 | 기존의 사역 구조들/역할들 내에서 내적인일 | 매우 보편적 |
| 2 | 기존의 사역 구조들/역할들을 내적으로 변화시킨다 | 매우 보편적 |
| 3 | 기존의 사역 구조들/역할들을 외적으로 변화시킨다 | 그토록 보편적이지 않다 |
| 4 | 새로운 사역 역할들과 구조들을 내적으로창조한다 | 드물다 |

**요약**　사역 도전은 한 지도자 혹은 잠재적 지도자가 새로운 사역 임무를 받아들이도록 자극 받고 사역으로 하나님의 인도하심을 느끼는 수단들을 의미한다. 가장 공통적인 사역 임무로 진입하는 유형은 사역 상황에서 몇몇 존재하는 역할에서 일하도록 외적으로 도전 받는 것이다. 가장 드문 진입 유형은 새로운 사역 역할과 구조를 만들도록 자기—주도적으로 도전 받는 것이다. 모든 세가지 단계에서 하나의 중요한 진입 유형은 대개 현재 역할 혹은 사역 구조에 적응하도록 내적 <sup>(자기—주도적)</sup>으로 도전받는 것이다. 이것은 높은 차원의 리더십을 위한 잠재력이 있음을 보여주는 일이다.

**함축적 의미**　세 가지 함축적 의미가 생각난다. 처음 두 가지는 리더십 선발 통찰과 지도자들이 다른 지도자들을 선발하는 것이다. 세 번째는 어느 지도자가 자기 평가를 위해서 숙고하는 것이다.

1.다수의 지도자들은 보편적인 진입 유형을 따를 것이다.

2.내적 진입 유형의 자기—주도적 본능은 높은 차원의 리더십을 위한 강력한 잠재력이 있음을 나타낸다.

3.정체는 사역 도전과 사역 임무에 대해 줄어드는 관심도에 의해서 알 수 있다.

**적용**　첫 번째 함축적 의미의 적용은 간단하다. 모든 리더십의 주요한 기능은 잠재적 지도자들의 선발과 개발이다. 그러므로, 현재 지도자들은 공개적이고 의도적으로 특정한 역할과 기존의 사역의 필요와 관련하여 잠재적 지도자들을 도전해야만 한다. 시간이 경과하면 지도자들이 후기 사역 과정을 향하여 이동함에 따라 사역에 대한 열정이 종종 줄어든다. 그 결과 그에 상응하는 도전과 재충전의 결핍이 있게 된다. 이 통찰은 초기이든, 중기이든, 혹은 후기 과정에 있든, 사역 중인 사람이 다른 사람들로 하여금 사역에 뛰어들도록 계속해서 열정적으로 도전하는 일의 가치를 보도록 도와야만 한다.

**지표**    자기—주도적 사역 과제 혹은 임무는 그것들과 더불어서 보다 높은 차원의 리더십의 씨앗을 수반한다. 지도자들은 이러한 자질이 중요함을 인식하고, 끊임없이 이러한 종류의 일을 하는 자들에 대해서 민감해야만 한다. 하나의 문제가 있다. 종종 사역 과제와 임무를 자기 주도적으로 떠맡는 자들은 현상 유지에 도전하고 그들 위에 있는 지도자들을 위협한다. 종종 위협적인 상황 가운데 변명하는 자세가 취해질 때 거품이 이는 자기 주도적인 자질이 재빨리 간과되고 현상 유지를 재강화시키기 위해서 제쳐 놓게 된다. 그러므로 두 번째 함축적 의미가 매우 중요하다. 후에, 인도하심 과정 가운데, 멘토 과정 항목이 강조될 것이다. 멘토들은 이 전조가 되는 자질에 민감한 경향이 있고 그것이 개발되는 것을 지켜보도록 인내를 갖고 일할 수 있을 것이다.

## 사역 유형-M.5, M.6, M.7, M.8에 대한 복습

1. 당신 자신의 개인적 경험과 관련하여 M.5 유형을 검토하라. 당신은 그 가운데 어떠한 단계들을 경험했는지 나타내보라. 그리고 당신이 경험한 교훈들은 어떠한 것인지 체크하라.


a.

(______) (1) 권위에 대한 부정적 교훈

(______) (2) 합법적인 권위를 추구함

(______) (3) 합법적인 권위의 모델이 되기를 바람

(______) (4) 영적 권위에 대한 통찰

(______) (5) 영적 권위의 사용을 증가함으로 영적 권위를 기본적 능력 기반으로 확립시킴


b. 다음의 것들에 관한 부정적 혹은 긍정적 경험으로부터 배운 교훈들:

(______) (1) 권위에 대한 복종

(______) (2) 권위 구조들

(______) (3) 권위를 밑받침 하는 능력 토대들의 진정성

(_______) (4) 권위 갈등과 그 유사한 것들

(_______) (5) 어떻게 권위를 행사하는가?


c. 당신이 체크한 범주의 어느 것에 대해서 관련된 한 사건을 언급하고 당신이 그 안에서 보는 과정을 확인하라.


2. 당신 자신의 개인적 경험과 관련해서 M.6 유형을 검토하라. 당신이 그 가운데 어떠한 단계들을 경험했는지 나타내라. 그리고 어떤 요소들이 당신의 가장 최근의 사역에서 중심적이었는지 나타내라. 마지막으로, 당신의 은사혼합과 주도적인 은사를 나타내라. 그 유형을 따라 당신이 나아가도록 영향을 미친 과정을 지적하도록 준비하라.


a.

(_______) (1) 사역 경험

(_______) (2) 은사/타고난 재능들의 발견

(_______) (3) 그 은사/재능들의 증가된 사용

(_______) (4) 그 은사/재능들을 사용함에 있어서 효과성

(_______) (5) 더 많은 사역 경험 혹은 새로운 사역 역할들

(_______) (6) 그것은 새로운 상황을 직면하기 위한 더 이상의 은사들의 발견을 자극한다.

(_______) (7) 어느 기간을 거쳐서 은사―혼합의 확인을 초래한다

(_______) (8) 은사―꾸러미의 개발

(_______) (9) 수렴


b. 가장 최근의 사역 임무들을 주도했던 초점적 요소들에 동그라미를 그리라: 타고난 재능, 획득된 서술, 영적 은사

c. 당신의 은사혼합의 부분으로 확인된 영적 은사에 동그라미를 그림으로 당신의 은사혼합을 나타내라.

| 사도직 | 방언 통역 | 기적 | 주기 |
| --- | --- | --- | --- |
| 예언 | 치유의 종류들 | 권면 | 방언 |
| 목양 | 영들 분별 | 다스림 | 도움 |
| 가르침 | 지식의 말씀 | 행정 | 믿음 |
| 전도 | 지혜의 말씀 | 긍휼 | |

d. 어느 과정이 이 유형에 영향을 미치는지 확인하라.

3. 당신 자신의 개인적 경험과 관련해서 M.7 유형을 검토하라. 당신이 그 가운데 어느 단계들을 경험했는지 나타내라. 그리고 이 유형과 연관해서 당신이 경험한 어느 권위 통찰, 영적 권위 발견, 관계적 혹은 능력 과정이 있는지 서술하라.


a. 당신이 경험한 단계들:

(______) (1) 하나의 능력 형태로서 개인적 권위의 발견

(______) (2) 다른 형태들 (힘, 조작, 설득) 의 발견

(______) (3) 다른 권위 형태들 (합법적인, 능숙한) 의 발견

(______) (4) 형태로서 힘/조작을 버림; 다음 단계들을 통하여

　　　　　　보충적인 것으로 설득을 사용

(______) (5) 합법적인 권위, 능숙한 권위, 그리고 약간의 영적 권위를 동반한

　　　　　　개인적 권위의 사용에 있어서 효과적임

(______) (6) 합법적인 권위가 줄어들고, 능숙한 권위가 주도적이 됨

(______) (7) 똑같이 주도적인 것으로서 능숙한 권위,

　　　　　　개인적 권위 그리고 영적 권위의 조합

(______) ⑻ 영적 권위가 주도적이고, 개인적 권위, 능숙한 권위, 합법적인 권위,
그리고 설득이 보충적인 것으로 사용됨.


b. 이 유형과 연관해서 당신이 경험한 어떠한 권위 과정으로부터 적어도 하나의 과
정 항목을 여기에 나타내라.


4. M.8 사역 진입 유형을 다시 복습하고 당신이 경험한 것이 있다면 밑줄
을 긋도록 하라. 당신이 사역 과제, 사역 임무, 혹은 다른 잡다한 종류의 사
역 경험들과 함께 경험한 어떠한 진입 유형이 있다면 동그라미를 치도록 하
라. 관련된 원인적 근원 (외적 혹은 내적), 역할, 구조에 관한 상세한 내용을 나누
도록 준비하라.


a. 당신이 경험한 어떤 사역 진입 유형들에 동그라미를 그리라.

| | 원인적 근원 | 역할 혹은 구조에 대한 주도적 반응 |
|---|---|---|
| 1 | 외적 | 기존의 사역 구조/역할 내에서의 일 |
| 2 | 외적 | 기존의 사역 구조/역할을 바꾸는 일 |
| 3 | 외적 | 새로운 사역 역할/구조를 창조함 |
| 4 | 내적 | 기존의 사역 구조/역할 내에서의 일 |
| 5 | 내적 | 기존의 사역 구조/역할을 바꾸는 일 |
| 6 | 내적 | 새로운 사역 역할/구조를 창조함 |

b. 무엇이 당신의 주도적인 원인적 근원인가? 그것에 관한 어떠한 관찰? 무엇이 당신의 주도적인 반응인가? 어떠한 특별한 과정?

................................................................................

................................................................................

................................................................................

### ◆ 답변 ◆

이것들 모두에 대해서 당신이 선택하라. 수업시간에 혹은 분별력 있는 친구와 나누도록 준비하라.


### 성찰적/형성적 평가 유형 (The Reflective/Formative Evaluation Pattern) 기호 UM. 1

**서론**　하나님께서는 한 꾸러미의 과정 항목들인 성숙 꾸러미를 사용하신다. 이 꾸러미는 숙명 계시, 말씀 항목들, 문헌적 항목들, 상황적 항목들, 인도하심 항목들, 삶의 위기, 고립, 그리고 영적 권위 발견 등으로 구성된다. 또한 고유 사역 국면으로 중복되는 경계 국면의 주요한 개발 과제에 종사한다. 그러한 과정은 한 지도자를 움직여서 영적 권위를 그의 주요한 능력 기반으로 개발한다. 영적 권위는 하나의 경험적인 능력 기반 위에 근거한다. 즉, 한 지도자의 영적 권위를 위한 능력 근원은 주로 지도자의 하나님에 대한 경험적인 지식에 의존한다. 세 가지 하위-과제는 하나님에 대한 이해를 심화시키는 것, 하나님과의 심화된 교제와 친밀감, 사역 성공으로부터 하나님과의 관계로 우선순위를 바꾸는 것이다. 성찰적/형성적 평가 유형은 성숙 꾸러미와 함께 관계된 과정을 통해서 일어나는 몇몇 단계들을 제안한다.


**서술**　성찰적/형성적 평가 유형은 과정 항목들 중에서 성숙 꾸러미를 통하여 경험되는 심화 과정에 대한 5단계 지도자 반응 유형을 서술한다. 심화 과정의 목적은 지도자로 하여금 하나님과 심층적 관계를 맺고, 능력 기초로 영적 권위를 사용하도록 궁극적 전환을 이루는 것이다. 그 다섯 단계는 다음을 포함한다:

1.하나님께서 지도자의 관심을 끌기 위해서 강도 높은 (intense) 과정을 주도한다.

2.지도자는 사역, 삶 그리고 궁극적 실재에 대해서 심각한 성찰적 사고를 하도록 강요된다.

3.지도자는 사역과 삶에 대한 평가를 행한다. 그것은 형성적인 사고와 그 과정에서 배워진 성장 척도들에 대한 헌신을 초래한다.

4.지도자는 하나님을 보다 깊게 알고자 하는 갱신된 결심을 경험한다.

5.하나님께서는 그 자신과 지도자 사이의 관계를 심화시킴으로 그 헌신과 갱신된 결심을 축복하신다. 전 경험은 지도자의 영적 권위를 증가시킨다.


**UM. 1의 개발 과제**　이 유형을 통해서 하나님께서는 주요한 능력 기반으로 영적 권위를 개발하고자 한다.

a.지도자는 하나님에 관하여 더 알아야만 한다.

b.지도자는 하나님과의 심화된 교제와 친밀감을 경험해야만 한다.

c.지도자는 자신의 주요한 책임으로서 성공보다 하나님과의 관계에 초점을 맞추어야 한다 (유능한 하위-국면의 주요한 동기) .


**해설**

위의 유형은 두 가지 주요한 측면에 초점을 둔다:

1)사역의 의미와 그 안에 하나님의 개입이 기초가 됨에 관한 성찰

2) "행함에 있어서의 유능함" 으로부터 "존재로부터 흐르는 효과성" 으로 사역에 대한 기초에 있어서의 주요한 철학적 전환으로 이끄는 평가.


**해설**　철학적 전환을 자극하는 것들 중의 하나는 하나님과 보다 친밀한 관계 속으로 지도자를 이끄는 과정이다.


**심리학적 패러다임 전환**　능숙한 사역 하위-국면과 고유 사역 국면 사이의 경계는 미묘한 것이다. 그것은 주로 심리학적인 것이며 그러므로 사역 임무, 위치, 역할 혹은 주요 경계 변화와 연상되는 가장 공통적인 것들의 어느 다른 것도 변화되지

않은 채 일어날 수 있다. 그것은 개발 과제가 진보적으로 달성됨에 따라 점진적인 방식으로 일어난다. 그렇지만 심리학적 전환을 촉발하는 세 가지 특별한 삶—성숙 과정 항목들 중의 하나와 결합되어 결정적인 순간이 주어질 수 있다.

**성경적 예** 영적 권위와 삶의 성숙 과정 항목들의 관계에 많은 빛을 비추는 성경 안의 주요한 책은 고린도후서이다. 고린도후서는 본서에서 보여주는 리더십 관점들을 활용하여 심도 깊게 연구되어야 한다.

**예** 특히 회고적/평가 유형을 강요하는 몇몇 바울의 과정을 서술하는 고후1:3-11을 보라.

## 상향 개발 유형 (The Upward Development Pattern) 기호: UM. 2

**서론** 상향 개발 유형은 영적 형성과 사역적 형성의 상호 작용을 가리킨다. 어떤 기간 동안의 과정은 리더십 성격 ( "존재성" , beingness) 에 초점을 둔다. 다른 때의 과정은 리더십 기술들 ( "행함" , doingness) 을 강조한다. 존재성을 향한 질적 도약은 대개 보다 효과적인 사역 (행함) 으로 이끈다. 그것은 또 다시 하나님과 보다 깊어지는 관계에 대한 필요를 강요한다.

**서술** 상향 개발 유형은 여러 국면들에 거쳐서 존재와 행함 사이의 반복적 나선형적으로 이루어지는 성장이다. 순환 내에서 하나님을 경험하는 깊이가 증가되면 그것은 보다 효과적인 섬김 사역 ( "행함" ) 으로 이끈다. 보다 효과적인 섬김 ( "행함" ) 은 다시 하나님과의 보다 깊은 관계에 대한 필요를 가리킨다 ( "존재함" 에 대한 증가된 필요). 궁극적으로 마지막 단계는 존재와 행함을 통합하는 것이다 — 연합된 삶.

**초점** 궁극적으로, 사역은 존재로부터 흐른다. 누가복음10:17-20은 사역에서의 성공 혹은 능력보다 하나님과의 관계에 우선순위를 둔다. 이 유형의 본질은 수직적 영성 (하나님과의 관계) 의 심화를 포함한다. 수직적 영성은 수평적 영성을 초래한다 (사람들과의 관계).

**기간과 흐름**  이 유형은 시간의 측면에서 모든 국면을 포함한다. 기초 국면은 행함에 초점을 둔다. F.2 급진적 헌신 유형의 회심 경험 혹은 F.1 상속 기초 유형의 두 번째 헌신 경험 (주재권 혹은 리더십 헌신) 은 존재에 강렬한 초점을 두는 순간을 나타낸다. 하나님과의 급진적인 새로운 관계가 형성된다. 이것은 발전하는 지도자의 반응에 있어서 전환을 초래한다. 그는 받는 데에서 주는 유형으로 바뀐다―"그분이 나에게 행하신 모든 것에 비추어서 나도 그분을 위해서 무언가를 해야만 한다." 시험하는 유형은 재빨리 강조점을 성품으로 돌린다. 이전적 훈련 유형은 다시금 행함과 사역 성공으로 전환시킨다. 비록 임시적 성장 하위―국면에서 강조점이 행함에 주어지지만, 관계를 포함하는 초기의 사역 실패로 인하여 성품 면에서의 필요를 다시 보게 된다. 성숙 꾸러미와 함께 경험되는 심층 과정과 더불어 능숙한 하위―국면은 존재를 위한 보다 심층적 필요를 지향하게 된다. 고유 사역 국면에서 존재로부터 사역하는 심리학적 전환을 이룬 것은 심화된 연합의 경험과 상응한다. 고유 사역 국면은 그것이 수렴에 초점을 맞춤에 따라 존재와 행함을 통합한다.

## 은사―꾸러미 성숙 유형 (The Gift―Cluster Ripening Pattern) 기호: UM. 3

**서론**  능숙한 사역 하위―국면의 후기 부분이나 아니면 고유 사역 국면의 초기 부분에서 수렴을 향하여 이동하는 지도자는 종종 성숙한 은사―꾸러미를 갖고 활동한다. 은사적 능력은 습관적이다. 그 꾸러미의 보조적 은사들은 꾸러미 효과를 산출하기 위하여 협력하여 주도적 은사를 보조한다. 은사혼합의 은사들 사이에 협력적 상호 작용으로 인한 총 효과는 각자의 은사가 독립적으로 취해졌을 때의 효과들의 총합보다 더 크다.

**서술**  은사―꾸러미 성숙 유형은 세부적인 면에서 은사 개발 유형에서 진보된 단계들 (7,8) 을 확대한다. 그리고 다음을 포함한다: 7a. 주도적 은사에 근거한 사역의 선택 ⋯ 7b. 주도적 은사와 조화된 보조 은사들의 경험 ⋯ 7c. 어떻게 보조적 은사들이 주도적 은사에 관계되는지에 대한 통찰들을 얻음 ⋯ 8a. 총 은사―꾸러미에 근거한 사역 기회들의 선택 ⋯ 8b. 역할을 변경시킴으로 보조적 은사들이 주도적 은사와 조화 속에서 작용하도록 함.

**설명**　은사-꾸러미는 주도적 은사가 다른 은사들에 의해서 지지되는 것을 의미한다. 그래서 은사혼합이 조화를 이루고 효과를 극대화한다.


**5가지 예들**

● 권면 (주도적), 가르침, 지혜의 말씀

● 사도직 (주도적), 지식의 말씀, 가르침

● 행정 (주도적), 권면, 자비

● 주는 것 (주도적), 통치, 가르침

● 영들 분별 (주도적), 기적들, 자비


**능력 유형 2로의 이전**　이 단계의 은사 개발의 정점에서 은사적 능력과 관련해서 주요한 이전이 일어난다. 지도자는 능력 유형 1, 일시적 획득 유형에서 능력 유형 2, 확신 사용 유형으로 이전한다.


**능력 유형 1에 대한 설명**　일시적 획득 유형은 다음과 같다: 1) 특별한 능력의 사용에 대한 필요를 인식하지 못하거나 필요를 못 느낀다, 2) 필요에 대한 인식, 3) 상황은 능력 획득의 필연성을 강요한다. 4) 하나님께서 특별한 능력 항목으로 지도자를 만나시는 통찰의 순간, 5) 정상적 상태로 돌아간다.


**능력 유형 2에 대한 설명**　확신 사용 유형은 다음과 같다: 1) 능력에 대한 필요를 끊임없이 인식한다, 2) 하나님께서 능력의 사용을 위해 자극하는 통찰의 순간, 그것은 그 다음으로 이어진다, 3) 믿음으로 능력 항목을 확신 있게 받아들인다, 4) 하나님께서 상황을 위한 능력을 흐르게 하신다.

# 수렴 균형 유형 (The Convergence Balance Pattern) 기호: UM. 4

**서론** | 하나님께서 주신 역량과 하나님께서 주신 책임을 갖고 한 무리의 하나님의 백성들로 하여금 그들에 대한 하나님의 목적을 향하여 나아가도록 영향력을 행사하는 사람으로 지도자를 정의하는 것은 리더십에 대한 강력한 견해를 요구한다. 그것은 하나님께서 잠재력이 실현되도록 그 지도자를 개발시키는 것을 마음에 갖고 계시다는 것을 전제한다. 실현된 잠재력을 드러내는 세 가지 수렴 요인들은 은사—꾸러미, 이상적 영향력—혼합, 그리고 능력—혼합을 포함한다. 균형 유형은 사역 역할들을 선택할 때 이 세 가지 수렴 요인들과 관련해서 능력의 한계 내에 머무를 필요를 인식한다.

**서술** | 균형 유형은 한 지도자의 수렴을 향한 과정을 서술한다. 수렴은 역량을 평가하고자 하며 세 가지 주요한 수렴 요인들 사이에 잘 맞아 떨어지는 것을 요구한다 : 1. 은사—꾸러미에 맞는 사역 역할, 2. 이상적 영향력—혼합 (적절한 정도와 종류)를 허용하는 사역 역할, 3. 지도자의 영향력—혼합과 은사—꾸러미와 일치하는 적절한 능력-혼합을 활용하는 사역 역할.

**설명** | 은사—꾸러미는 주요한 은사가 다른 은사들에 의해서 지지되어서 은사혼합을 조화롭게 하며 효과를 극대화시키는 것을 의미한다.

**예** | 권면 (주도적), 가르침, 지혜의 말씀

**설명** | **영향력-혼합**은 개발 국면의 한 특정 시점에서 정도와 종류와 관련하여 영향력 요소들—직접적, 간접적, 혹은 조직적—의 조합을 의미한다. **이상적인 영향력-혼합**은 주도적 수렴 요소들과 부차적 수렴 요소들이 조화를 이룰 때 일어나는 영향력—혼합 조합을 언급한다.

**영향력-혼합의 사례**　　큰 조직적 영향력, 직접적 영향력 (작은 외연적 범위, 큰 강도, 작은 내포적 범위), 큰 비간접적 영향력 (저술, 이사회).


**설명**　　**능력-혼합**은 주도적인 능력 형태—힘, 조작, 권위 (그리고 그것의 하위-형태들), 그리고 설득—의 조합을 의미한다. 그러한 능력 형태가 한 시기에 한 지도자가 리더십을 행사하고 영향력을 미칠 때 주도적인 형태를 띤다.


### 사례

- 영적 권위, 능숙한 권위, 설득 능력
- 조작적 힘, 강압적 권위, 설득적 권위
- 합법적인 권위, 조작적 힘, 설득 능력
- 영적 권위, 개인적 권위, 설득 능력


**설명**　　수렴기의 지도자는 이상적 영향력—혼합, 능력—혼합, 그리고 은사—꾸러미 사이의 균형을 유지할 필요를 인식한다 (암시적으로 혹은 명백하게). 이것은 사역 기회 혹은 역할이 이러한 세 가지 수렴 요인들 사이에 가능한 최대한의 조합을 허용해야만 함을 의미한다. "맞춘다" (fit) 라는 용어는 이 상태를 지칭한다.


**숙명에 관계됨**　　균형의 주안점 혹은 리더십 역량, 영향력—혼합 한계 그리고 적절한 능력 형태의 한계 내에 머무는 것은 신적 인도하심, 그리고 부르심과 숙명 경험에 밀접하게 관련된다. 바울은 권위를 행사하는 맥락에서 그 자신이 균형 한계를 인식하고 있음을 서술한다.


**바울의 해설**　　"그러나 우리는 분수 이상의 자랑을 하지 않고 오직 하나님이 우리에게 나누어 주신 그 범위의 한계를 따라 하노니 곧 너희에게까지 이른 것이라"

(고후10:13)

 그의 세 번째 국면인 도시 리더십의 마지막 부분에서 토져
(A. W. Tozer)는 목회적 역할을 만들어 냈다. 그것은 그의 성격 형성을 극소화하는 한
편 (목양 기능으로부터 자유롭게 됨), 그의 말씀 은사의 사용을 촉진했다 (직접적 영향력–공적
권면–외연적 범위는 600~700명 정도 규모). 그의 역할은 때때로 성경 학교에서 가르치는 것
과 같은 두 번째 직접적 영향력을 위해서 말씀 은사를 사용할 수 있게 해 주었다. 그
의 역할은 또한 라디오 사역 (아마도 수 천명 대상)을 통한 큰 간접적 영향력과 교단 잡지
의 편집자와 다른 간행물의 기고가로 저술 (예언적 은사가 행사됨) 활동을 함으로 간접적
영향력을 행사할 수 있게 했다. 그의 책들은 하나님과 그의 개인적 경험의 가장 중
요한 부분을 포착했고 수 천명에게 간접적 영향력을 더했다. 그의 역할은 또한 조직
적 영향력을 요청했다 (지역 교회에서 리더십을 행사하지만 행정적인 세부사항을 다루지는 않음, 그리
고 교단적으로 행정 지도자들 사이에서 일함)

## 수렴 인도하심 유형 (The Convergence Guidance Pattern) 기호: UM. 5

**서론**　수렴은 여러 개발 유형들이 절정을 이루는 시기를 나타낸다. 다음과 같은 것
들이 포함된다: 은사 개발, 상향 개발, 그리고 수렴 인도하심. 리더십 잠재력이 개발되었
고 "이상적 역할"이 주어진다. 그로 인해서 "이상적 영향력–혼합"과 "능력–혼합"과
관련해서 그 잠재력이 최대한으로 활용된다.

**서술**　<u>수렴 인도하심</u>은 하나님께서 평생에 거쳐서 수렴을 향해 나아가도록 인
도하시는 것을 따르는 것을 뜻한다. 그것은 다음과 같은 사건들을 포함한다: 1. 다
양한 소규모 수렴 유형들의 경험, 2. 이상적 영향력–혼합과 이상적 역할의 인식, 3.
이상적 역할로 이끌거나 혹은 이상적 역할을 향하는 역할 변경을 허용하는 인도하
심 과정, 4. 여러 가지 소규모–수렴들의 병합, 5. 주요한 수렴 요인들과 사소한 수
렴 요인들의 협력적 조화.

**설명**　수렴은 한 지도자의 삶에서 효과적인 시기를 지칭한다. 그 시기는 여러 개
발 유형에서 동시적으로 성숙한 단계에 도달하는 것이 특징이다. 그리고 다양한 수

렴 요인들이 조화롭게 서로서로를 지지하여 효과를 극대화시키는 것을 보게 된다.
(아래에 이어지는 **수렴 요인들** 테이블을 보라.)


**주요한 요인들과 사소한 요인들**  서술상의 목적으로 수렴 요인들은 주요한 요인들(은사, 역할, 영향력-혼합, 상향 의존과 사역 철학)과 사소한 요인들(경험, 성격 형성, 지리, 특별한 기회, 예언, 숙명)로 구분된다.


**소규모 수렴**  소규모-수렴은 두 개 혹은 더 많은 수렴 요인들(주도적, 부차적 혹은 어떠한 조합)이 서로서로를 지지하고, 한 지도자가 한 특정 시점에서 영향력을 끼치는 효과와 역량을 증대시키는 것을 나타내는 용어이다. 아홉 가지의 보다 공통적인 소규모 수렴의 유형은 다음과 같다:


1.사역 과제와 잘 어울리는 은사

2.역할과 잘 어울리는 은사

3.영향력-혼합과 잘 어울리는 은사

4.능력-혼합과 잘 어울리는 은사

5.지리적 위치와 잘 어울리는 역할

6.경험과 잘 어울리는 역할

7.성격과 잘 어울리는 역할

8.특별한 기회와 잘 어울리는 숙명

9.경험과 잘 어울리는 숙명

10.지리적 위치와 잘 어울리는 숙명


**인도하심**  통찰력있는 지도자는 어떠한 소규모 수렴 유형들을 주의 깊게 주목한다. 그는 성찰을 통해서 미래 사역을 위한 주요한 인도하심 지표들을 볼 수 있다.

# 수렴 요인 테이블

| 주도적 요인들 | 서술 |
| --- | --- |
| 1. 은사 | 타고난 재능, 획득된 서술, 그리고 성령의 은사를 포함하는 은사는 성숙하여서 지도자는 은사-꾸러미 혹은 분명한 초점을 갖고 활동한다. |
| 2. 역할 | 지도자의 역할은 은사를 극대화하기 위하여 적용되었고 영향력-혼합과 능력-혼합과 맞는다. |
| 3. 영향력-혼합 | 지도자는 추종자들에게 영향을 미치는 적절한 역량에 도달했다. 영향력-혼합은 바른 조합과 깊이 (즉, 적절한 대상, 깊이, 범위)를 갖는다. |
| 4. 상향 의존 | 지도자는 하나님과의 깊은 관계를 가진다. 그리고 삶, 사역, 그리고 은사로 하나님의 능력의 통로가 되는 것에 있어서 하나님을 확신있게 신뢰할 수 있다. 연합된 삶이 규준이다. |
| 5. 사역 철학 | 지도자는 무엇을 달성하고 어떻게 그렇게 하는지 분명한 초점을 갖는다. 잘 다듬어진 가치들이 사역을 지탱한다. |

| 부차적 요인들 | 서술 |
| --- | --- |
| 1. 경험 | 이해되지 않던 과거 경험이 이제는 이해되고 수렴 사역에 대한 새로운 통찰력을 제공한다. |
| 2. 인격 (personality) | 역할과 영향력-수단들이 지도자의 고유한 인격 형성과 잘 어울린다. 즉, 긍정적 성격 특성들을 잘 활용하고 부정적인 성격 특성들을 극소화한다. |
| 3. 지리 (geography) | 지도자는 한 장소에, 한 사역 구조와 함께 놓여진다. 그것은 영향력-혼합과 역량의 실현을 허용한다. |
| 4. 특별한 기회 | 하나님께서 특별한 기회의 문을 열 것이다. 그분의 타이밍은 종종 분명하다. |
| 5. 예언 | 예언을 포함하는 어떠한 지난 과정도 수렴기에 실현될 것이다. |
| 6. 숙명 | 이전의 숙명 경험들이 수렴 가운데 실현될 것이다. |

## 고유 사역 유형 (UM.1 – UM.5) 에 대한 복습

1. UM.1 성찰적/형성적 평가 유형에 대해서 그 단계들 가운데 당신이 본 과정이 있다면 표시하라; 하나 혹은 더 많은 과정 항목들을 연대와 함께 갖고 나타내라. [예: P(LC), 1982; P(I), 1985;] 그 과정의 세부적인 것들을 나눌 준비를 하라.

| 단계 | 과정 |
| --- | --- |
| (　　) (1) 하나님께서 지도자의 관심을 얻기 위해서 강도 높은 과정을 주도한다. | |
| (　　) (2) 지도자는 사역, 삶 그리고 궁극적 실재에 대해서 심각한 성찰적 사고를 하도록 강요된다. | |
| (　　) (3) 지도자는 사역과 삶에 대한 평가를 행한다. 그것은 형성적인 사고와 그 과정에서 배워진 성장 척도들에 대한 헌신을 초래한다. | |
| (　　) (4) 지도자는 하나님을 보다 깊게 알고자 하는 갱신된 결심을 경험한다. | |
| (　　) (5) 하나님께서는 그 자신과 지도자 사이의 관계를 심화시킴으로 그 헌신과 갱신된 결심을 축복하신다. 전 경험은 지도자의 영적 권위를 증가시킨다. | |

2. 당신은 보통 UM.1 유형과 관련된 개발 과제들 중의 어느 것을 부분적으로 혹은 전체적으로 경험했는가? 이 유형을 통해서 하나님께서는 주요한 능력 기반으로 영적 권위를 개발하시고자 하신다.

(______) a. 하위-과제 1. 지도자는 하나님에 관하여 더 알아야만 한다.

(______) b. 하위-과제 2 지도자는 하나님과의 심화된 교제와 친밀감을 경험해야만 한다.

(______) c. 하위-과제 3. 지도자는 자신의 주요한 책임으로서 성공 (유능한 하위-국면의 동기적요소) 이나 다른 동기적 요소들보다 하나님과의 관계에 초점을 맞추어야 한다.

3. UM.1 유형은 두가지 중요한 요소들에 집중한다. 만일 어떤 과정이 이러한 요소들을 촉발했다면 체크함으로 나타내라. 이 요소들과 관련된 과정과 결과를 나누도록 준비하라.

(______) a. 사역의 의미와 그 안에 하나님의 개입이 기초가 됨에 관한 성찰

(______) b. "행함에 있어서의 유능함" 으로부터 "존재로부터 흐르는 효과성" 으로 사역에 대한 기초에 있어서의 주요한 철학적 전환으로 이끄는 평가.

4. UM.2 상향 개발 유형은 여러 국면에 걸쳐서 존재와 행함 사이에서 반복되는 나선형적인 성장이다. 각자가 순환이 되는 가운데 하나님을 경험하는 깊이의 증가가 보다 효과적인 사역 섬김 ( "행함" ) 으로 이끈다. 보다 효과적인 섬김 (행함) 은 다시금 하나님과 보다 깊은 관계가 필요함을 보게 된다 ( "존재" 에 대한 증가된 필요). 궁극적으로 마지막 단계는 존재와 행함의 통합인, 연합된 삶이다. 당신이 자신의 삶 가운데 이 유형 혹은 그것이 약간 개정된 형태를 보는 방식을 서술하라.

.................................................................................

.................................................................................

5. 당신이 도달한 UM.3 유형의 어떤 단계를 체크하라. 은사—꾸러미 성숙 유형은 은사 개발 유형의 발전된 단계들 (7, 8 단계) 을 세부적으로 확대하며 다음을 포함한다.

(______) (7a) 주도적 은사에 근거한 사역의 선택

(______) (7b) 주도적 은사와 조화된 보조 은사들의 경험

(______) (7c) 어떻게 보조적 은사들이 주도적 은사에 관계되는지에 대한 통찰들을 얻음

(______) (8a) 전체 은사—꾸러미에 근거한 사역 기회들의 선택

(______) (8b) 역할을 변경시킴으로 보조적 은사들이 주도적 은사와 조화 속에서 작용하도록 함.

6. 대개 UM.3 은사-꾸러미 성숙 유형을 향한 이동과 그 안에서의 이동은 두 가지 능력 유형을 경험한다. 당신이 이러한 유형들 중의 어느 쪽이든지 다루는 과정을 경험했는지를 나타내라. 설명할 준비를 하라.

a. 능력 유형 1. 일시적 획득 유형:

(______) (1) 특별한 능력의 사용에 대한 필요를 인식하지 못하거나 필요를 못 느낀다,

(______) (2) 필요에 대한 인식

(______) (3) 상황은 능력 획득의 필연성을 강요한다.

(______) (4) 하나님께서 특별한 능력 항목으로 지도자를 만나시는 통찰의 순간,

(______) (5) 정상적 상태로 돌아간다.


b. 능력 유형 2. 확신 사용 유형:

(______) (1) 능력에 대한 필요를 끊임없이 인식한다.

(______) (2) 하나님께서 능력의 사용을 위해 자극하는 통찰의 순간,

(______) (3) 믿음으로 능력 항목을 확신 있게 받아들인다.

(______) (4) 하나님께서 상황을 위한 능력을 흐르게 하신다.


7. UM.4 균형 유형은 한 지도자의 수렴을 향한 과정을 서술한다. 수렴은 역량을 평가하고자 하며 세 가지 주요한 수렴 요인들 사이에 잘 맞아 떨어지는 것을 요구한다 : 1. 은사-꾸러미에 맞는 사역 역할, 2. 이상적 영향력-혼합 (적절한 정도와 종류) 를 허용하는 사역 역할, 3. 지도자의 영향력-혼합과 은사-꾸러미와 일치하는 적절한 능력-혼합을 활용하는 사역 역할. 은사-꾸러미, 영향력-혼합, 그리고 능력-혼합과 그것들과 잘 맞는 이상적인 역할 등에 대한 당신의 현재적인 이해는 어떠한지 서술하라.

........................................................................................................

........................................................................................................

........................................................................................................

8. UM.5 수렴 인도하심은 하나님께서 평생에 거쳐서 수렴을 향해 나아가도록 인도하시는 것을 따르는 것을 서술한다. 그것은 다음과 같은 사건들을 포함한다: (1) 다양한 소규모 수렴 유형들의 경험, (2) 이상적 영향력-혼합과 이상적 역할의 인식, (3) 이상적 역할로 이끌거나 혹은 이상적 역할을 향하는 역할 변경을 허용하는 인도하심 과정, (4) 여러 가지 소규모-수렴들의 병합, (5) 주요한 수렴 요인들과 사소한 수렴 요인들의 협력적 조화.

a. 당신이 어떠한 소규모 수렴 요인들을 경험했다면 체크하고, 당신의 시간선상의 국면 혹은 하위-국면의 어디에서 그것이 일어났는지 나타내라.

| 소규모 수렴의 경험 | 국면(들) |
|---|---|
| (　　　) (1) 사역 과제와 잘 어울리는 은사 | |
| (　　　) (2) 역할과 잘 어울리는 은사 | |
| (　　　) (3) 영향력-혼합과 잘 어울리는 은사 | |
| (　　　) (4) 능력-혼합과 잘 어울리는 은사 | |
| (　　　) (5) 지리적 위치와 잘 어울리는 역할 | |
| (　　　) (6) 경험과 잘 어울리는 역할 | |
| (　　　) (7) 성격과 잘 어울리는 역할 | |
| (　　　) (8) 특별한 기회와 잘 어울리는 숙명 | |
| (　　　) (9) 경험과 잘 어울리는 숙명 | |
| (　　　) (10) 지리적 위치와 잘 어울리는 숙명 | |

b. 주요한 수렴 요인들 가운데 당신이 그 과정을 본 적이 있는 것을 나타내라. 당신에게 그 요인에 관한 통찰을 제공한 과정을 나타내라 (과정 항목 기호를 갖고).

| 요인 | 과정 |
|---|---|
| (      ) (1) 은사<br>타고난 재능, 획득된 서술, 그리고 영적 은사를 포함하는 은사는 성숙하여서 지도자는 은사-꾸러미 혹은 분명한 초점을 갖고 활동한다. | |
| (      ) (2) 역할<br>지도자의 역할은 은사를 극대화하기 위하여 적응되었고 영향력-혼합과 능력-혼합과 맞는다. | |
| (      ) (3) 영향력-혼합<br>지도자는 추종자들에게 영향을 미치는 적절한 역량에 도달했다. 영향력-혼합은 바른 조합과 깊이 (즉, 적절한 대상, 깊이, 범위)를 갖는다. | |
| (      ) (4) 상향 의존<br>지도자는 하나님과의 깊은 관계를 가진다. 그리고 생, 사역, 그리고 은사로 하나님의 능력의 통로가 되는 것에 있어서 하나님을 확신있게 신뢰할 수 있다. | |
| (      ) (5) 사역 철학<br>지도자는 무엇을 달성하고 어떻게 그렇게 하는지 분명한 초점을 갖는다. 잘 다듬어진 가치들이 사역을 지탱한다. | |

c. 사소한 수렴 요인들 가운데 당신이 그 과정을 본 적이 있는 것을 나타내라. 당신에게 그 요인에 관한 통찰을 제공한 과정을 나타내라 (과정 항목 기호를 갖고).

| 요인 | 과정 |
|---|---|
| (     ) (1) 경험<br>이해되지 않던 과거 경험이 이제는 이해되고 수렴 사역에 대한 새로운 통찰력을 제공한다. | |
| (     ) (2) 성격 형성<br>역할과 영향력-수단들이 지도자의 고유한 성격 (personality) 형성과 잘 어울린다. 즉, 긍정적 성격 특성들을 잘 활용하고 부정적인 성격 특성들을 극소화한다. | |
| (     ) (3) 지리<br>지도자는 한 장소에, 한 사역 구조와 함께 놓여진다. 그것은 영향력-혼합과 역량의 실현을 허용한다. | |
| (     ) (4) 특별한 기회<br>하나님께서 특별한 기회의 문을 열 것이다. 그분의 타이밍은 종종 분명하다. | |
| (     ) (5) 예언<br>예언을 포함하는 어떠한 지난 과정도 수렴기에 실현될 것이다. | |
| (     ) (6) 숙명<br>이전의 숙명 경험들이 수렴 가운데 실현될 것이다. | |

### ◆ 답변 ◆

당신이 선택하라. 당신의 답변을 나눌 준비를 하라.

# 반응 변수에 대한 결론적 주해

## 일반적

과정은 한 지도자의 생애를 통해서 발생한다. 시간선은 이 전반적 과정의 통합을 가능하게 한다. 이 통합은 유형의 발견을 포함한다. 알려진 유형을 갖고 지도자의 삶을 비교 분석하면 삶에서 일어나는 사건에 관한 보다 깊은 이해를 할 수 있으며 동시에 이 유형의 예측적 성격에 근거해서 미래 측면들에 대한 계획을 세울 수 있다.

고유 사역 유형인, UM.1 – UM.5는 이해하기에 보다 어려운 유형들이다. 이것들은 분별에 있어서 성숙함을 요구한다. 분별에 있어서 성숙함은 대개 삶의 후반기에 주어지고 대개 하나님의 과정을 많이 경험하고 그 과정에 민감하게 반응함으로 주어진다.

UM.2 상향 개발 유형은 영적 형성을 개발하는 과정과 사역적 형성 (행함)을 개발하는 과정 사이에서 앞 뒤로 순환하는 것을 본다. 그 유형은 매우 복잡한 형태를 갖는다. 그러한 복잡성은 한 사람이 주로 존재를 포함하는 개념인 영성을 이해하는 데 미치는 신학적 영향력과 관계된다. 성화에 대한 다양한 신학적 입장이 어떻게 한 지도자가 상향 개발 유형의 존재 측면을 보느냐에 영향을 미친다. 그러한 신학적 차이를 감안하더라도, 공통적인 실용적 관점이 있다. 카톨릭이든 기독교든 거의 모든 신학적 유형들이 하나님과의 다양한 형태의 연합에서 절정에 도달한다.

## 주요한 반응 유형 기능에 대한 요약

반응 변수는 기본적으로 네 가지 기능을 감당한다.

1.그것은 한 지도자가 시간을 경유하는 수많은 요인들과 관련하여 어디에 있는지를 설명한다.

2.그것은 부상하는 지도자들과 발전하는 지도자들과 관련하여 의사결정을 내리는 데 도움이 되는 가능한 사건들을 예측한다. 이러한 유형들은 리더십 선발에 특히 도움이 된다. 다양한 단계와 국면을 가진 과거 지도자의 경험을 앎으로 지도자는 그 유형에 내재적인 예측성을 사용해서 의사 결정을 향상시킬 수 있다.

3.반응 변수는 또한 어디에서 계획을 세우는 것이 도움이 될 수 있는지를 지적함으로 한 지도자가 개발의 속도를 내는 것을 도울 수 있다. 만일 지도자가 다양한 유형들 상의 어디에 그 혹은 그녀가 있으며 어떤 종류의 과정이 일어날 가능성이 가장 큰지 인식한다면 그 과정을 수용하는 것이 보다 수월해진다.

4.마지막으로, 반응 변수는 다양한 개발 유형과 연관된 다양한 종류의 과정 항목들을 가리킨다. 그러한 인식은 계획을 세우는 데 도움이 된다.

**PART 3**

# 지도자 부상의 목표와 평가

# 과정의 목표들
## (The Goals of Processing)

### 통합적 개관

한 지도자의 개발은 생애를 통해서 세 가지 변수들을 추적함으로 설명될 수 있다. 그 세 가지 변수는 과정, 시간, 반응이다. 과정의 전략적 효과는 세 가지 목표로 이끈다: 리더십 성격, 리더십 기술, 그리고 리더십 가치와 관련된 리더의 형성이다. 리더십 성격 형성은 영적 형성이라고 한다. 리더십 기술의 형성은 사역적 형성이라고 불린다. 일관된 사역 철학으로 리더십 가치를 주입하는 것은 전략적 형성이라 칭해진다. 이 장은 이 세 가지 형성들을 기술하고 사역 시간선 국면을 따른 그것들에 대한 전반적인 기대를 나타낸다. 과정에 따른 이러한 세 가지 전략적 목표들은 13장의 배경을 제공한다. 13장은 한 지도자의 개발을 평가하는 척도들을 제공한다.

### 예습-세 가지 형성들

전체 생애를 통한 몇 가지 사례들을 비교하여 과정이 갖는 세 가지 주요한 리더십 개발 주안점들을 확인할 수 있다. 그것들은 영적 형성, 사역적 형성, 그리고 전략적 형성이다.

영적 형성은 주로 그리스도인의 성격 개발에 관련된다. 그것은 한 사람의 내적 삶의 개발을 의미한다. 그래서 삶의 근원으로 그리스도를 더 많이 경험하는 사람은 성격과 매일의 관계에 있어서 보다 그리스도를 닮은 특징들을 나타낸다. 그리고 점점 더 사역에서 그리스도의 능력과 임재를 알게 된다.

사역적 형성은 사역 기술과 지식의 개발을 가리킨다. 한 지도자가 발전함에 따라 리더십 기술과 지식에 대한 이해가 자라난다. 리더십의 역학 – 지도자, 추종자 그리고 상황 – 과 관련하여 하나님께서 가르쳐주신 교훈에 대하여 더욱 민감해진다. 더욱이, 이 형성은 은사와 기술들 그리고 추종자에게 보다 효과적으로 그것들을 사용하는 것을 포함한다. 그것은 추종자들에게 동기를 부여해서 바람직한 변화를 향하여 나아가게 하는 능력을 기술한다. 그러한 변화는 하나님의 목적과 조화를 이룰 것이다.

전략적 형성은 전반적 사역 관점 – 사역 철학을 뜻한다. 이 사역 철학은 일생의 과정을 거쳐서 개발된다. 그리고 영적 형성, 사역적 형성 그리고 숙명 과정으로부터 배워진 교훈들과 가치들을 통합한다. 그것은 리더십의 성경적 가치, 그 시대의 도전, 그리고 지도자의 고유한 은사를 독특하게 함께 엮는다. 그것은 지도자의 평생 사역에 초점과 방향을 제공한다. 그래서 그 지도자는 자신의 사역이 하나님의 목적을 향하여 나아가는 것으로 느낀다.

**개별적으로 바라본 과정 항목들은 선발 목적에 기여하는 것으로 파악될 수 있다 :**

1.리더십 역량 (내적인 성실성, 잠재적 영향력) 을 나타낸다.

2.잠재력을 확장시킨다.

3.그 리더십 역량을 사용하는 역할 혹은 책임에 임명 받은 것을 확인해준다. 그리고

4.잠재력을 실현하기 위해 하나님께서 임명한 사역 수준으로 그 지도자를 이끈다.

평생을 통해서 집합적으로 바라볼 때, 과정 항목들은 영적 형성, 사역적

형성 그리고 전략적 형성이란 보다 넓은 목표에 기여하는 것으로 파악될 수 있다.

## 과정과 영적 형성

어떤 과정 사건도 성격에 영향을 미치는 것이 부분적으로 사실이지만, 몇몇은 다른 것들보다 더욱 성격 형성에 초점을 맞춘다. 대여섯 꾸러미들은 특히 영적 형성의 특별한 측면들에 기여한다. 이것들은 **기초적 시험 꾸러미, 일상적 꾸러미, 압력 꾸러미, 그리고 성숙 꾸러미**를 포함한다.

사역 과제와 신앙 검증과 더불어 성실성, 말씀, 그리고 순종 검증으로 구성된 **기초적 시험 꾸러미**는 리더십에 필요한 기본적 성격 특성들에 집중한다. 이것들은 기본적 도덕성, 정직, 진실성, 복종, 인내, 그리고 책임과 같은 것들을 포함한다. 그것들은 떠오르는 지도자에게 의지의 유연성에 관한 기본적 교훈들을 가르친다. 사역에서 하나님에 의해서 사용되기를 바라는 것, 하나님께서 보여주신 진리를 신뢰하는 것, 용서하는 것, 고백하는 것, 혹은 잘못된 것을 바로 잡는 것은 모두 기초적 시험 꾸러미에 의해서 다루어지는 일반적인 이슈들이다. 하나님에 대한 한 사람의 관계에 있어서 기본적 거룩함의 문제는 기초적 시험의 결정적 요소이다. 하나님께 대한 충성, 책임감, 그리고 민감성은 모두 이 기본 시험의 공통적 목적들이다. 기초적 시험의 이러한 교훈들은 대개 사역에 앞서서 혹은 사역의 초기 단계에 발생한다. 이 꾸러미에 의해서 개발되는 본질적 특성은 성실성이다. **결정적 과정 항목은 성실성 검증**이다. 성실성이 없다면 추종자에게 신뢰를 잃게 된다. 신뢰는 그들에게 영향을 미치기 위한 필수 전제 조건이다. **결정적 유형은 시험하는 유형**이다. 이 꾸러미는 이전 하위–국면과 초기 임시적 하위–국면을 주도한다.

**일상적 꾸러미**는 지도자를 훈련시키는데 작용한다. 인내가 그 목표이다. 그 과정 항목들의 몇몇은 다른 것들보다 영적 형성 이슈들에 보다 집중한다.

**말씀, 문헌, 멘토, 패러다임의 전환, 그리고 영적 권위 발견**은 사역적 개발을 달성하는 동시에 종종 리더십 성격을 세운다. 영적 형성과 관련된 꾸러미의 주요한 주안점은 신실함을 주입시키기 위하여 한 지도자의 성격을 훈련시키는 것이다. 한 지도자는 비전을 실현하기 위하여 시도하는 것, 과제들을 완수하는 것, 그리고 임무에 대해서 근면하게 일하는 것에 대해 신뢰받을 수 있다. 의도는 행동으로 바뀌어 질 것이다. 행동은 방해물들이 압도적이지 않는 한 비전을 달성할 것이다. 어떠한 하나의 과정 항목도 주도적이지 않다. 많은 일상적인 꾸러미 항목들에 대한 긍정적 반응의 축적된 효과는 신실함의 훈련적 측면인, 인내를 세운다. **결정적 유형은 M.1 기초적 사역 유형**이다. 이 꾸러미는 전체 성장 사역 국면에 해당된다.

　**압력 꾸러미**는 지도자의 성격상의 약점들을 지도자와 추종자들 양자에게 드러낸다. 그것의 의도는 지도자에게 성격 개선을 위한 과정에 대해 수용적이 되도록 만드는 것이다. 지도자가 임시적 하위―국면에서 성격을 고치는 것에 대해 형편없는 반응을 보인다면, 능숙한 하위―국면에서 지도자의 효과가 제한될 것이고 고유 사역 국면으로의 진입이 전적으로 막혀질 수도 있다. **갈등 과정 항목**은 기존의 성격 약점들을 드러내고 성격 강점들을 견고히 하고 확증하는 **결정적인 과정 항목**이다. **M.5 권위 통찰과 M.7 영적 권위 발견** 유형은 이 과정의 **결정적인 유형**이다. 바울과 야고보는 압력 꾸러미의 목표를 두 성경에서 진술한다. 목표는 성격의 순수함과 균형을 초래하는 것이다.

기독교 사역의 궁극적 목적은, 결국, 순수한 마음, 선한 양심 그리고 순수한 믿음에서 나오는 사랑을 생산하는 것이다. 디모데전서 1:5 <sup>(필립역)</sup>

모든 종류의 시련과 시험이 당신의 삶에 밀어 닥칠 때, 내 형제들이여, 그것을 침입자로 여기고 분개하지 말고, 그것들을 친구로 환영하라! 그것들은 당신의 믿음을 시험해서 당신 안에 인내의 품질을 생산하기 위해 온다고 인식하라. 인내가 충분히 개발될 때까지 그 과정이 진행되도록 하라, 그러면 당신이 올바른 독립성을 가진 성숙한 성품의 사람이 되었다는 것을 발견하게 될 것이다. 약1:2-4 (필립역)

이 꾸러미는 전 성장 사역 국면을 통하여서 역사한다.

후에, 사역 기간이 지나고 일반적인 삶에서 보다 많은 경험을 갖춘 후에 하나님께서 다시 성격에 대해서 개입하기 시작하신다. 초기 성격 시험의 주요한 주안점은 사역을 위한 준비였는데 반해 후기 성격 시험은 지도자와 하나님과의 관계를 심화시키는 것을 목표로 한다. 그것은 위기, 삶의 위기, 갈등, 사역 갈등, 리더십 반발 그리고 고립과 같은 과정 항목들로 구성된 **성숙 꾸러미**는 모두 사역으로 흘러 넘치는 하나님과의 경험적 관계를 지도자에게 제공한다. 이러한 성격의 심화는 영적 권위를 초래하고 지도자의 사역을 보다 높은 수준에 놓는다. 그 지도자는 존재로부터 사역하는 것을 배운다. 지도자가 어떠한 존재인가 하는 것이 "성공적인 행함" 보다 더 중요하게 된다.

이러한 종류들의 과정 항목들이 모든 삶을 통해서 일어날 수 있지만, 성장 사역 국면의 중기 그리고 후기 부분 동안에 보다 강력한 리더십 개발 효과를 갖는다. 이 과정의 주안점은 하나님과의 심화된 관계이다. 때때로 그 효과는 지도자가 깨어지기 전까지는 일어날 수 없다. 이러한 심화된 차원의 신뢰가 수용될 수 있기 전에 지도자는 개인적 자원들의 한계를 볼 수 있어야 한다. 강력한 지도자들은 그들이 하나님 앞에 깨어짐으로 이끄는 과정을 직면하기까지 자아의 능력으로 활동할 것이다. 그러한 깨어짐의 결과는 대개 사역에서의 성공을 하나님을 위한 자신의 성취에서보다 하나님과 자신의 관계와 관련해서 보는 패러다임의 전환이다. 성숙 꾸러미에 대한 결정적 과정 항목들은 고립, 위기, 혹은 삶의 위기이다. **결정적 유형들은 UM.1 회고적/형성적 평가와 UM. 2 상향 개발 유형이다.**

요약하면, 혹자는 **성숙 꾸러미**를 하나님과의 보다 깊은 관계로 지도자를 이끄는 것으로 본다. 이 하나님과의 심화된 관계로부터 보다 큰 영적 권위가 나온다. 영적 권위에 대한 강화된 인식과 더불어서 패러다임의 전환이 일어난다. 그것은 성공적인 사역을 위한 주요한 기준이 지도자가 "행함" 보다 오히려 "존재함" 으로 사역하는 것으로 보는 것이다.

### 영적 형성에 대한 요약

이 연구에서 전제된 기독교 지도자의 정의는 하나님께서 주신 역량과 하나님께서 주신 책임을 갖고 특정 집단의 하나님의 백성들에게 영향력을 미쳐서 하나님의 목적을 향하여 나아가도록 하는 사람이다. 이 단원에서 기술된 과정은 성격과 영적 형성에 초점을 맞추었다. 그것은 이 정의의 처음 두 요소와 긴밀하게 연관된다.

일반적으로 그리스도인들은 성화에 대한 신학적 개념의 영향을 받아서 하나님께서 "모든 것들" 을 사용하셔서 그들 안에 그리스도의 성품을 이루신다는 것을 인식한다. 로마서 6-8장과 갈라디아서 4:29과 같은 귀절들은 이러한 민감성을 강화시키는 경향이 있다. 지도자들은 일반 신자들보다 더 신학적 영향을 받아서 이러한 하나님께서 주신 우선순위에 대해서 보다 의식적이다. 그들은 히브리서 13:7-8, 사도행전 20:17-38, 빌립보서 4:9 그리고 베드로전서 5:1-4과 같은 귀절들을 통해서 지도자들은 본이 되는 성품을 보여야 한다는 것을 안다. 이 장에서 기술된 과정 항목들은 하나님께서 이루시는 성격 형성을 기독교 지도자들이 인지하는 주요한 방식들을 단순히 분류하고 기술하고자 시도한다. 그러한 발견과 기술을 통해서 지도자들을 위한 설명을 제공할 뿐만 아니라 그 과정을 지탱하는 개발의 목적에 대한 그들의 민감성을 높이고자 한다.

## 사역적 형성

사역적 형성은 효과적인 리더십 – 추종자들에게 영향력을 미치고 그들에게 사역하는 역량 – 에 관계된 지도자의 개발로 정의된다. 그것은 사역 기술과 지식의 개발을 의미한다. 리더십 일반에 관한 지식, 특히 사역에 관한 지식, 그리고 그 지식을 사용하는 기술은 이 과정의 필수적인 부분들이다. 리더십의 역학– 지도자, 추종자, 그리고 상황– 과 관련해서 하나님으로부터 배우는 교훈들에 대한 증가하는 민감성이 있다.

기독교 지도자에게 있어서 이 형성은 특히 영적 은사의 발견, 인식 그리고 개발을 포함한다. 그것은 또한 은사의 다른 측면들 – 타고난 재능과 아울러 습득한 기술 – 의 개발과 사용도 포함한다. 지도자는 추종자들에게 사역하는 데 그리고 도움이 되는 변화를 향하여 그들이 나아가도록 동기를 부여하는 데 있어서 증가하는 효과를 갖고 은사에 의존하기를 배운다. 그러한 변화는 지도자에 의해 이해된 하나님의 목적과 조화를 이룰 것이다.

사역적 형성 과정은 지도자의 사역으로 진입과 더불어 시작되는데 대개 **리더십 헌신**에 의해 나타난다. 그 때 역할 속으로 **진입**, 그 역할을 위한 **훈련**, 그 역할 내에서의 **관계적 학습**, 그리고 그 역할에 포함된 리더십 과정의 **분별**이란 반복적인 주기가 이어진다.

잠재적 지도자가 사역에 진입하는 결정은 대개 결정적인 것이다. 이 중요한 결정을 기술하는 과정 항목은 **리더십 헌신 과정 항목**이라 불린다. 리더십 헌신 과정 항목은 숙명 과정 항목으로 사건 혹은 과정이다. 그것은 잠재적 지도자가 하나님께서 보여주시는 어떠한 방식으로든 사역에서 기꺼이 사용되기 위해서 하나님을 인정하는 데에서 절정을 이룬다. 이 항목은 사역적 형성의 모든 과정에서 **결정적 항목**이다.

그리펜트로그는 자신의 리더십 헌신 사건을 기술하면서 그 순간에 지각된 숙명을 지적한다.

### 나이 22

나의 회심 이후에 나의 대학 캠퍼스에서 대학생 선교회의 사역에 매우 적극적이 되기 시작했다. 매주 나는 개인 전도, 양육, 그리고 다양한 성경 공부에 참여했다. 나는 그리스도가 개인들의 기본적인 문제들에 대한 해답임을 확신하게 되었고, 결국 나는 사회 복지 분야에서 경력을 쌓고자 하는 내 원래의 목표를 추구하는 대신 사람들을 도와서 그분을 알게 하는 데 내 삶을 헌신하기를 원했다. 나는 선교회의 간사가 되기 위해서 공식적인 신청서를 제출했지만 나의 대학 졸업시기와 새로운 간사 훈련이 가까이 오는데도, 나는 선교회로부터 어떠한 응답도 받지 못했다. 이 때에 나는 그리스도를 섬기는 것이 내 삶을 가지고 내가 행하기 원하는 모든 것이라는 거대한 느낌을 가졌다. 그래서 어느 저녁 내 삶을 그분께 헌신하며 기도했다. 그분을 섬길 수만 있다면 그분이 내게 원하시는 것이라면 무엇이든지 할 것이라고 말했다. 며칠 뒤에 선교회로부터 통지를 받았다. 내가 간사로 채택됐으며 나를 새로운 간사 훈련에 초대한다는 내용이었다.

하나님의 뜻을 행하기로 복종하는 것은 영적 지도자의 중요한 자질이다. 하나님께서는 한 사람이 이러한 복종의 자리로 이끄실 것이다.

이 경험 후 수년 동안 나는 종종 이 경험을 주님께서 나를 그분의 사역으로 부르시는 것을 내가 분명하게 느꼈던 순간으로, 그리고 그분이 내 삶과 사역에 대해서 갖고 계시는 목적이 무엇이든지 그것을 위해서 어떠한 유보도 없이 그분께 내 자신을 내어드린 때로 회고하였다. 이 경험을 기억하는 것은 그 후의 사역 중 힘들 때 큰 힘의 출처가 되었다 (Gripentrog 1987:34, 35).

리더십 헌신 과정 항목의 핵심은 잠재적 지도자와 하나님 사이의 내적인 개인적 동의 (비록 이것에 대한 약간의 공적인 자극이 있을 수 있지만) 이다. 그 동의는 삶의 주요한 우선순위로서 하나님을 위한 섬김에 사용될 것을 잠재적 지도자가 기꺼이 맹세하는 것이다. 본질적으로, 그것은 그리스도를 위한 섬김과 관련된 주 되심 결정이다. 이것이 필연적으로 전임 기독교 사역을 뜻하는 것은 아니지만 그러한 경우도 종종 있다. 그러나 그것은 모든 직업적 노력이 하나님께서 주신 섬김 역할이 무엇이든지 그것에 복속될 것임을 뜻한다.

사도 바울과 같이 급진적 회심을 경험한 몇몇에게 있어서, 리더십 헌신은 회심과 동시에 일어날 수 있다. 기독교 전승 속에 태어난 다른 사람에게 있어서, 그 동의는 구원 경험에 관계되지 않고 어떤 다른 종류의 주 되심의 도전에 관계될 수도 있다. 그 헌신은 하나님으로부터 선교 현장으로, 목회지로, 혹은 기독교 기관으로 부르심을 인지한 후에 나온 반응일 수도 있다. 그것은 구체적인 부름이 아니라, 오랜 시간을 거쳐서 방법에 관해서 점진적인 명료함을 갖고 사용되기를 바라는 기꺼움일 수도 있다. 그 헌신은 약간의 사역을 경험한 후에 올 수도 있다. 그리고 갑자기 당신이 사역 가운데 하나님에 의해서 사용되기를 원하고 사용될 것이라는 내적인 만족과 내적인 지식이 찾아온다. 깊게 사용되려는 욕구가 지도자 부상으로 나아가는 첫 단계이다.

회심에서 바울의 위기 경험 <sub>(Erwteman 1983)</sub> 은 특히 이 과정 항목의 숙명 측면을 강조한다. 그의 리더십 헌신 과정 항목은 숙명 인식 부르심에 연결된다. 그 부르심은 영원히 그의 생애 과업을 바꾸었다. 그의 회심 경험의 급진적 성격은 그로 하여금 복음과 그것의 구원하는 힘에 대한 확신을 갖도록 이끌었다. 그는 그것이 모든 종류의 사람들에게 역사할 것임을 믿었다 <sub>(고전 6:9에 나오는 그의 기술을 보라)</sub>. 그리고 그는 그 확신대로 살았다.

십대 초기 소년으로서 기적적인 능력 체험을 통해 과학적 무신론에서 돌이킨 쿠즈믹의 회심 <sub>(Clinton 1982b)</sub> 은 사역에 대한 헌신과 동시적이었고 그의 전도 사역과 그의 훈련 사역에 관계될 수 있다.

헌신 과정 항목은 회심과 동시적으로 아니면 회심 후에 두 번째 헌신으로 일어날 수 있다. 헌신 행위는 실제적인 리더십 잠재력이 출현하기 오래 전에 발생할 수도 있고 아니면 그것이 그 과정을 즉시 시작하게 할 수도 있다. 바움가르트너 (Baumgartner) 의 헌신은 회심과 동시적이었고 목양 사역을 향하여 나아가도록 그의 삶의 방향을 즉각적으로 설정하였다.

### 나이 17

재헌신의 한 주 동안 나는 그리스도의 사랑과 나 자신의 신앙 없음에 깊게 감동되었다. 나는 회심과 새로운 내적 평화를 체험했다. 그 주의 끝에 크룸쉬미드 (Krumpschmid) 목사는 그분이 어느 곳으로 그들을 인도하시든지 그리스도를 섬기기 원하는 자들을 초청했다. 그것은 나에게 사역으로 부르심을 의미했다. 그러한 부름에 나는 이제 조건 없이 반응할 수 있었다. 의학 박사, 생물 선생 혹은 화학 연구가가 되는 대신에 나는 목사가 되었다.

그 공적인 반응은 내 삶의 방향에 대한 보다 긴 탐색 과정에 종지부를 찍었다. 그 헌신이 나의 회심의 즉각적인 맥락 가운데 일어난 이래로 그것은 하나님께서 나를 그분의 사역 속으로 특별히 부르셨다는 강력한 느낌을 제공했다.

그 헌신은 내 삶의 부르심의 기초가 되었다. 비록 때때로 내가 하나님께서 그것을 의도하신 방식으로 내 숙명을 성취하고 있는지 의심하지만, 나는 그렇게 극적으로 내 삶에 대해 가졌던 모든 계획들을 바꾼 이 부르심을 의심하지 않았다.

그 헌신이 특별한 도전의 결과로서 혹은 특별한 계시적 행동의 결과로서 혹은 리더십으로 나아가는 단계를 반영하는 결정 가운데 절정을 이루는 증가하는 의식과 관련해서 일어날 수도 있다. 팔리치 (Palich) 의 헌신은 도전과 특별한 종류의 사역—타문화 사역—에 대한 증가하는 의식의 조합이었다.

**나이 20**

나는 선교사 친구 오나 라일즈 (Ona Liles) 와의 만남 이외에 결코 선교에 도전 받아본 적이 없었다. 내가 받은 인상에 의하면 모든 선교 사업은 농촌과 관련되고 지루하다는 것이었다 (선교사의 슬라이드를 보고 그들의 프레젠테이션을 들은 이후에). 맨하탄 기독교 대학에 있을 때 나는 리차드 힉스 (Richard Hicks) 가 채플에서 말하는 것을 들었다. 그는 내가 만난 선교사 중에서 도시 환경 (캄피나스, 브라질) 에서 일하는 첫 번째 선교사였고, 그에게 듣는 것은 매우 흥미로웠다. 나는 그 젊은이 사역에서 진행되는—그는 브라질에서 제자훈련을 하고 있었다 — 제자훈련에 관심이 갔다. 그는 나에게 도시 환경에서 하는 선교 사역에 대해서 심각하게 생각해 보라고 도전했다.

그 바로 이후에, 우리 대학 성가대는 우리 이웃에서 행해진 전국 선교사 대회 (National Missionary Convention) 에서 노래를 불렀다. 대부분의 학생들은 그 다음 날 학교로 돌아왔다. 그러나 나는 그 대회에 머물렀다. 나는 그 강연자에 의해 도전 받았다. 그리고 마지막 밤에, 나는 앞으로 나갔고, 나 자신을 선교 사역과 전도에 헌신했다. 나는 경솔하거나 감정적인 결정을 내릴 사람이 아니다. 그리고 그 결정도 그러한 것이 아니었다. 그것은 하나님께서 내 삶 위에 그리고 내 삶 속에 역사하심에 따라 자라난 것이었다.

헌신은 종종 하나의 성장하는 표현이다. 그 자발적인 사람이, 적극적인 헌신을 통해서 하나님께서 마음에 갖고 계신 역할 속으로 방향을 돌리기 까지 그분은 그 사람의 마음 위에 그리고 마음 속에 역사하시고, 그는 그의 실재에 대한 견해를 바꾼다.

나는 내 삶이 이 시점에서 전도에 참여하리란 것을 알았다. 그렇지만 나는 어떻게 할 것인지는 알지 못했다. 나는 주님의 이끄심을 좇았고, 그분에 의해서 사용되도록 믿음으로 내디뎠다; 그러나 어디에서 그분이 나를 원하실 것인지 알지 못하는 것은 마음을 동요시키는 일이었다. 그러나 나는 일반적인 면에서 내가 해야 할 역할을 알았다 (Palich 1987:29, 30).

사역 형성에 있어서, 리더십 헌신 과정 항목 혹은 그것의 기능적 등가물[1]
은 평생 지속할 지속적인 장기 개발에 기본적이다. 그것은 M.1 기본 사역 유
형과 짝을 이루어서 사역의 한 평생에 거쳐 견인을 보장한다.

지도자의 삶에서 사역 부분의 기술에 대한 비교 연구를 통해서 대부분의
사역 개발을 통해서 순환되는 네 종류의 기능들을 확인할 수 있다.

1.진입,
2.훈련,
3.관계적,
4.분별.

이러한 순환적 기능은 사역적 형성에 영향을 미치는 과정의 프레젠테이션
을 조직하기 위해 사용될 수 있다. 나는 5-8장에서 꾸러미들과 그것들의 구체
적인 리더십 개발 과제를 확인하는 접근법을 사용하기로 선택했다. 그러나 사
이클의 설명은 사역적 형성을 이해하는 데 중요한 추가 정보를 제공한다.

만일 그 사역이 전체로서 분석된다면, 이 사이클은 장기간의 사역을 통해
서 파악될 수 있다. 그것은 하나의 특정 사역 과제 혹은 임무를 검토할 때 또
한 파악될 수 있다. 일반적으로, 장기간의 사역을 볼 때 사역의 초기 부분의
진입과 훈련으로부터 후기 부분의 관계적 그리고 분별 기능으로 나아가는
진보와 함께 네 사이클 안에 강조점의 변화가 있다. 그림 12-1은 이러한 기능
과 일반적으로 그것들에 관계된 가장 중요한 과정 항목들을 가리킨다.

---

1)    퍼센트 면에서, 70%의 연구된 사례들은 리더십 헌신 항목을 그들의 리더십의 출현 과정에서 중요한 것으로 나
      타냈다. 한 지도자가 그러한 경험을 갖거나 아니면 그것의 기능적 등가물 (전임 사역이 경력을 위해서 맞다는 증
      가하는 확신감)을 갖는다. 그러한 점증하는 확신은 사역 확인 혹은 숙명 계시와 같은 과정 항목을 통해서 주어
      질 수도 있다.

　한 지도자가 여러 개발 국면들을 통해서 이동할 때는 그림 12-1에 나타난 과정 항목들의 많은 것들이 발생하는 것을 기대할 수 있다. 사역 선상을 따라 더 멀리 가면 갈수록 그들은 이러한 과정 항목들의 더 많은 것을 반영하는 사건들을 더 많이 다룰 것이다. 예를 들면, 비교된 다섯 가지 전형적인 사례들 가운데, 가장 사역 경험 면에서 어린 벨레스키는 기술된 17개 중에 7개가 나온다; 왈드너는 17개 중에 11개가 나온다. 핀젤은 17개 중에 13개가 있고; 그리펜트로그는 17개 중의 16개가 있다. 더 많은 사역이 경험됨에 따라 관계적 그리고 분별 기능 안에 있는 과정 항목들이 채우는 것을 시작한다.

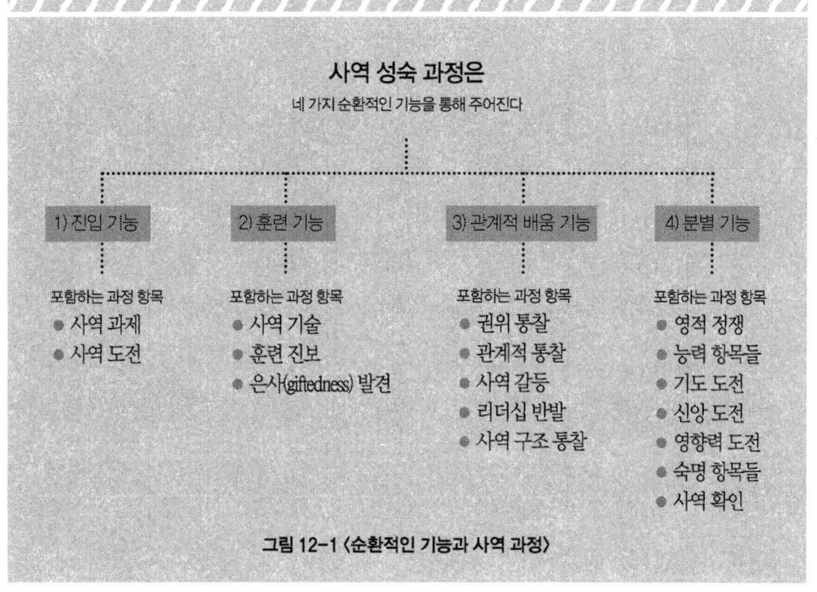



그림 12-1 〈순환적인 기능과 사역 과정〉

이러한 기능들과 연관된 과정은 교훈들을 내포한다. 교훈들은 새로운 사역을 보는 지도자의 능력을 증가시키고, 그것을 위해 필요한 훈련에 적응하고, 점차적으로 그 새로운 사역과 관련해서 보다 지혜롭게 사람들에게 관계하고, 그리고 영적 사역의 보이는 그리고 보이지 않는 실재와 관련해서 점차적으로 사역을 평가한다. 진입과 훈련 기능 과정 항목들은 주로 사역적 형성의 개발에 집중한다. 관계적 기능 과정 항목들은 사역적 형성과 영적 형성에 동등하게 집중한다. 분별 기능 과정 항목들은 비록 그것들이 사역적 형성에 결정적이지만 전략적 형성에 주로 집중한다.

사역적 형성에서 주요한 문제는 정체되는 것이다. 학습 자세 교훈을 견지하는 것이 정체되는 것에 대한 거룩한 해독제이다.

**효과적인 지도자들은 평생을 통해서 학습 자세를 견지한다.**

사역의 복합성은 지속적으로 배우는 지도자를 요구한다.

### 사역적 형성의 요약

한 지도자는 평생에 걸쳐서 효과적으로 사역하는 것을 배운다. 이 배움은 결정적인 과정 항목인 **리더십 헌신**에 견고한 토대를 갖는다. M.1 **사역 기초적 유형**에서 입증된 것처럼 신실성은 사역적 형성 특성의 열쇠가 된다. 일상적인 꾸러미, 도전 꾸러미, 개인적 개발 꾸러미, 사람 통찰 꾸러미, 그리고 영적 통찰 꾸러미와 같은 다양한 꾸러미들은 이 배움의 상세한 내용을 제공한다. 네 가지 주요한 유형들이 각각 새로운 주요 사역 임무들을 갖고 계속 반복된다: 진입, 훈련, 관계적 배움, 그리고 분별. 몇몇 지도자들은 정체를 이룬다. 그들은 배우는 자세를 견지하지 않는다.

### 전략적 형성

전략적 형성은 과정의 전략적 목표들에 관한 세 가지 개념들 중에서 가장 복합적이다.

### 정의

전략적 형성은 지도자의 삶에서 일어나는 하나님의 형성 행동이며, 이는 지도자의 완전한 잠재력을 개발하는 방향으로, 그리고 하나님께서 주신 숙명을 성취하는 방향으로 이끈다.

**전략적 형성은 다음 두 가지를 의미한다:**
1.전반적인 사역의 전망—**사역 철학**
2.지도자를 위한 하나님의 의도를 성취하도록 하는 하나님의 인도하심

사역 철학은 전 생애의 과정을 통해 발전하며 영적 형성, 사역적 형성, 그리고 숙명 과정으로부터 배워진 교훈과 가치를 통합한다. 전략적 안내는 인생의 목적, 효과적인 방법들, 주요 역할, 그리고 궁극적인 공헌을 지향한다. 사역 철학을 형성하는 가치들은 인도하심을 실현하는 열쇠가 된다.

전략적 형성은 개인에게 독특하다. 왜냐하면 그것은 개인이 인지한 리더십에 대한 성경적 가치, 개인을 직면한 시대의 도전, 그리고 개인의 고유한 은사를 독특하게 엮기 때문이다. 전략적 형성은 지도자의 평생의 사역에 대한 초점과 방향을 제시한다. 그래서 지도자는 자신의 사역을 하나님의 목적을 향해 나아가는 것으로 느끼게 된다.

전략적 형성은 주어진 지도자의 개발에 독특하게 어울리는 사역 철학의 육화 (incarnation) 이다. 모든 과정 항목들은 지도자에게 영향을 주는 교훈들을 형성하는 데 기여한다. 그것들은 그 지도자의 사역 철학에 기여하는데, 만약

외적으로가 아니라면 적어도 내적으로 기여한다.

수많은 개발 요인들이 전략적 형성에 기여한다. 일련의 전략적 형성 요인들은 다음을 포함한다: 모든 과정 항목들 —그러나 특히 **분별 기능 과정 항목들, 인도하심 과정 항목들, 그리고 숙명 과정 항목들**— 로부터 일반적으로 배워진 교훈들이다.

여기서는 전략적 형성에 기여한 일련의 요인들을 논의할 것이다. 먼저 일반적으로 사역 철학을 기술함으로 시작하고, 계속해서 이전의 부분에서 소개된 분별 기능 과정들을 설명할 것이다. 마지막으로 인도하심 과정과 숙명 과정이 어떻게 지도자의 전략적 형성에 초점을 주는 방향을 향해서 나아가게 하는지 살펴볼 것이다.

### 사역 철학

잘 가다듬어진 실천적인 사역 철학이 전략적 형성의 마지막 이상화된 목표이다. 그것이 전략적 형성의 핵심이다. 사역 철학은 영적 형성, 사역적 형성, 그리고 숙명 과정을 통합하는 과정에서 배워진 가치 위에 근거할 것이다. 그것은 리더십에 대한 성경적 가치와, 시대의 도전, 그리고 지도자의 고유한 은사를 독특한 방식으로 엮는다.

사역 철학[2] 은 한 지도자가 암시적이든지 명시적이든지, 의사 결정, 영향력 행사, 혹은 사역의 평가를 위한 지침들로 사용하는 아이디어들, 가치들 그리고 원리들을 말한다.

---

2) 내 사고는 부분적으로 알렌 (D. Allen)의 사역 철학에 관한 특별한 연구 프로젝트에 근거한다. 그 프로젝트는 찰스 시므온(Charles Simeon)에 관한 심층 사례 연구이다. 그것으로부터, 그리고 다른 역사적 사례 연구와의 비료를 통해서, 나는 다음의 이론적 연관성을 임시적으로 확인했다. 사역 철학은 세 가지 주요 변수들의 기능이다: 혼합 (과거와 현재 리더십 가치들의 통합), 초점 (숙명 수렴, 은사), 그리고 명료화 (리더십 가치들을 사역을 위한 한 전략 속으로 명시적 혹은 암시적으로 조직함, 그것의 추진력으로 초점 변수를 갖는다). 나는 내 책, 『영적 지도자 만들기』 (The Making of a Christian Leader,) 네비게이토 출판사에서 사역 철학의 주제에 한 장을 전부를 할애했다. 그 안에서 나는 사역 철학을 개발하고, 원리들, 일반적 리더십 기능, 사역철학에 대한 특별하고 일반적인 접근법들을 발견하고 엮기 위한 지침들에 대해 언급한다.

떠오르는 지도자는 대개 이전의 국면들에서 섭취한 성문화하지 않은 사역 철학 위에서 활동한다. 사역 국면의 어딘가에서 하나님께서는 이러한 이전의 철학이 의문시되고 평가되게 하여서 결과적으로 하나님의 목적을 달성 하기 위해 그것이 받아들여지거나 변경되거나 혹은 새로운 것을 위해 버려지게 할 것이다.

밑바닥에 깔린 사역 철학과 관련해서, 대부분의 사역은 떠오르는 지도자가 책임이 없는 위치로부터 개인적 책임이 있는 위치로 단계별로 나아감에 따라 단순히 일어난다. 그 떠오르는 지도자가 책임을 받아들이기 시작하고 사역에 대해서 하나님 앞에 궁극적 책임감이 있다는 것을 인식함에 따라, 사역 철학에 대한 필요가 발생한다. 그 때에 사역 철학의 형성을 향하여 이끄는 과정 항목들이 인식되고 그에 대한 반응이 일어날 것이다. 세 가지 주요한 단계들이 전반적인 사역 철학 유형을 기술한다. 이러한 세가지는 10개의 단계로 더 많이 나뉘어질 수 있다 (10개의 단계들은 때때로 겹친다). 그림 12-2는 세 가지 단계들과 10스텝들을 묘사한다.

| 단계 | 일반적 기술 | 몇몇 기능들 |
|---|---|---|
| **1. 삼투** <br>(Osmosis) | 지도자는 암시적인 철학을 경험적으로 배운다. | 1. 후원하는 집단의 암시적 철학으로 작용한다. |
| **2. 초보 걸음마** | 지도자는 경험과 철학을 통해서 명시적 철학을 발견한다. | 2. 사역에서의 개인적 교훈들. <br>3. 사역의 암시적 철학에 대한 의문/평가 <br>4. 변경된 철학의 진화; 몇은 암시적이고 몇은 명시적이다. |
| **3. 성숙** | 지도자는 사역 철학을 공식화하고, 사용하고, 가다듬는다. 사역이 무엇인지에 대한 핵심 사상들과 회고적 성찰을 다른 사람들에게 넘겨준다. | 5. 고유성과 궁극적 책임에 대한 증가하는 인식을 개발한다. <br>6. 사역의 평가를 위한 필요를 본다. <br>7. 초점과 고유한 사역을 위한 필요를 인식한다. <br>8. 초점이 놓여진 사역 철학을 만든다. <br>9. 그 철학의 내면화 <br>10. 실제로 효과를 나타낸 사역 철학의 명료한 표현 |

 전략적 형성에 기여하는 일련의 요인들은 모든 과정 사건들로부터 배워진 교훈들을 포함한다. 그러나 특히 분별 과정 항목들, 인도하심 과정 항목들 그리고 숙명 과정 항목들로부터 얻은 교훈들을 포함한다.

## 그림12-2 사역 철학의 개발

만일 어떠한 과정 항목이 특별한 하나님의 개입으로 느껴진다면 그것은 심각한 성찰을 촉구한다. 대개 교훈들은 여기서 얻어진다. 생애를 통한 이러한 교훈들의 축적은 사역 철학을 세운다. 사례 연구들에 나오는 과정 사건들에서 얻은 다음의 코멘트들을 주목하라. 이것들은 어떻게 과정 교훈들이 사역 철학에 영향을 주는지를 보여준다. "이러한 갈등을 통해서, 하나님께서는 전례 없는 방식으로 내 자신의 리더십 철학을 명료하게 만들어 주셨다"(학생 9 1987:54). "나는 이 시점에서 어떻게 할지는 몰랐지만 내 삶이 전도에 헌신하리란 것을 알았다. 나는 주님의 이끄심을 따랐다. 그분에 의해서 사용되어지기 위해서 믿음으로 발걸음을 내디뎠다; 그러나 어디에서 그분이 나를 원하시는지를 알지 못하기 때문에 정처 없는 발걸음이었다. 그러나 나는 일반적인 면에서 내가 취할 역할을 알았다"(Palich 1987:29,30). "하나님께서는 우리의 영적 은사들을 개발하는 것을 돕고 미래 사역을 위해서 준비시킬 상황 속에 우리를 둘 것이다"(Waldner 1987:35). "나는 이 경험으로부터 소중한 교훈을 배웠다. 그 시점부터 나는 집단 상황에서 인도네시아 지도자들과 교류하며 영향력을 추구하는 다른 유형을 사용하기 시작했다"(Gripentrog 1987:66). "이 권위 통찰은 내 리더십 철학의 개발에 매우 결정적이다. 미래에 어떤 사역에 내가 임하더라도 모든 책임을 지는 위에 있는 이사회를 보기를 원한다"(학생 6 1987:54). "제자도(discipleship)의 가치를 본 것은 나로 하여금 이 개념을 중심해서 내 개인적 사역 철학을 개발하도록 했다"(Waldner 1987:39).

이 교훈들은 하나님과의 관계, 성격 윤리와 개인 윤리, 실제적 사역 지침들, 사역 윤리들, 인도하심, 숙명과 개인에게 독특하게 맞는 다른 요인들을 다룰 수도 있다. 이러한 교훈들을 명료하게 표현하는 것의 순전한 효과는 행동, 계획, 그리고 의사 결정에서 지도자를 이끄는 조회 틀이다.

사역 철학의 세 가지 변수들 중에서, 교훈들을 위해서 과정 항목들이 분석될 때 강조되는 것은 혼합 (과정을 통해서 가르쳐지는 과거와 현재의 리더십 가치들의 통합) 이다. 혼합은 한 지도자에 의해서 감지되는 사역 철학 변수들 중에서 첫 번째 것이다.

## 분별 기능 과정들

모든 과정 항목들이 전략적 형성에 기여하는 교훈들을 가르치지만 몇몇은 특별히 일반적으로 사역 철학에 대해서 그리고 특별히 사역의 초점과 의미에 대해서 성찰을 하게 만든다. 분별 기능 과정들이 바로 그것을 행한다. 사역 과제와 같이 그것들은 두 기능을 갖는다. 그것들은 미래 사역을 위한 교훈들을 성찰케 하고 공식화하게 하는 동시에 현재 사역에 대한 통찰을 주고 도움을 준다. 그것들은 사역적 형성에 기여한다. 그렇게 함으로써 앞 부분에서 소개된 네 가지 순환적인 기능들 (진입, 훈련, 관계적, 그리고 분별) 에 포함된다. 그러나 그것들은 또한 사역 철학의 초점 요소에 기여하기도 한다.

분별에 있어서 지도자를 개발시키기 위해 하나님께서는 사역의 영적 다이나믹스에 관한 지도자의 관점들을 확대한다. 지도자는 두 가지 주요한 영역에서 분별을 배워야만 한다: 1. 영적 실재 (거짓으로부터 진실한 것을 분별하는 것을 포함해서)를 느끼는 것 그리고 2. 개인적 확장의 필요를 인식하는 것. 지도자는 사역에서 하나님의 능력에 의존하는 것 (능력 항목들: 은사적 능력, 기도 능력, 능력 대결, 그리고 네트워킹 능력)과 마찬가지로 육체적 실재 뒤의 영적 실재 (영적 전쟁 과정 항목)를 감지하는 것을 배워야만 한다. 그리고 지도자는 도전 과정 항목들 (믿음, 기도, 영향력)과 숙명 항목들 (숙명 준비, 숙명 계시, 숙명 성취 그리고 사역 확인 과정 항목들)에서 하나님의 목소리를 듣는 것을 배워야만 한다. 지도자는 평생 이 분별 능력을 필요로 할 것이다.

분별 기능의 핵심은 지도자의 관점을 확장시키는 것이다. 하나님은 지도자의 전체 사역을 통해 분별을 개발하시지만, 그것은 사역의 후기 부분에서 정점을 이룬다. 그러나 모든 과정으로부터 나온 내적 교훈들, 특히 분별 과정의 특수한 효과들은 초점에 대한 사소한 조정들을 제공한다. 그것들은 일상의 태도와 사역에 대한 관점을 바꾼다. 지도자가 사역 철학을 분명하게 표현하기를 배우는 것은 분별을 통해서이다.

## 인도하심과 숙명 과정

인도하심 과정, 은사 개발, 그리고 숙명 과정 모두는 지도자로 하여금 사역 철학 초점에서 하나님의 의도를 감지하는 것을 돕는다. 숙명 과정은 삶에서 어떤 궁극적 목적으로 나아가도록 지도자를 감동시키는 하나님의 역사에 대한 특별한 감각을 제공한다. 기독교 리더십을 위한 동기의 핵심에는 하나님께서 그 지도자를 그분의 목적을 달성하도록 이끌고 계시다는 인식이 있다. 인도하심 과정 항목들의 어느 것도 사역 철학의 개발과 관련해서 결정적인 항목들 혹은 전환점이 될 수 있다. F.5 숙명 유형과 M.6 은사 개발 유형은 핵심 유형들이다.

인도하심은 리더십의 결정적 요소들 중의 하나이다. 인도하심에 대한 필요는 지도자의 생애를 통해서 발생한다: 그래서 인도하심을 언급하는 과정 항목들은 지도자의 삶의 어느 한 부분에 제한되지 않는다. 그것이 결정적인 두 번째 이유는 지도자에 대한 근본적 개념을 다룬다는 점이다. 지도자는 하나님께서 주신 역량과 하나님께서 주신 책임감을 갖고 그 집단에 대한 하나님의 목적들을 향하여 일련의 추종자들에게 영향을 끼치는 사람이다. 지도자에 대한 이 정의의 중심 윤리는 하나님의 목적들을 향하여 나아가도록 영향력을 끼치는 것이다. 이것은 지도자들이 어떻게 그들이 이끄는 집단들에 대한 집단적인 인도하심을 얻는지를 알아야만 한다는 것을 뜻한다.

숙명 과정과 인도하심은 한 사람의 초점에 대한 거시적 조정들을 제공한다. 그것들은 사역에 대한 주요한 결정에 관심을 갖는다. 역할, 위치, 특별한 사역 주안점, 혹은 주요한 결정에 대한 주요한 변화는 인도하심 과정 내에서 다루는 문제들이다. 생애를 뒤돌아 보면, 지도자가 삶에서 이정표가 되는 사건들로 지목하는 것은 주요한 인도하심 과정들이다. 이것들은 하나님께서 지도자를 하나님의 목적을 향하여 이끄셨다는 인식을 제공한다.

### 전략적 형성의 요약

기독교 지도자들은 하나님의 백성들을 향한 하나님의 목적을 향하여 나아가도록 그들에게 영향력을 미치는 자들이다. 그들은 그들의 리더십을 위한 외적인 지시를 인식할 수 있는 사람들이어야만 한다. 그러한 지시는 하나님이 사용하시는 기본적 과정들을 통해서 얻어진다. 전략적 형성의 주안점은 하나님의 목적을 달성하기 위해 한 지도자의 고유성을 활용하는 사역을 계속하도록 그 지도자를 이끄는 것이다. 평범한 과정 항목들 가운데 학습되는 교훈들은 부상하는 사역 철학에 부분적으로 초점을 제공한다. 그러나 특히 분별 기능 과정들이 사역을 떠받치는 궁극적 실재와 한 지도자의 사역을 확장하는 도전에 초점을 맞추게 하고 한 지도자에게 한 독특한 초점을 실현하는 관점을 제공한다. 그리고 의사 결정, 역할, 장소, 혹은 사역의 주안점의 변화와 관련해서 한 지도자의 주요한 변화를 나타내는 것은 인도하심 과정들이다. 사역 철학을 분명히 표현하는 면은 분별과 더불어 그리고 한 지도자가 사역 철학에서 초점을 경험함에 따라 성장한다. 그것이 사역 철학 요소들 중에서 마지막으로 개발되는 부분이다.


### 세 가지 주요한 목표들에 대한 마지막 언급

모든 세 가지 형성들은 동시적으로 개발된다. 모든 과정 항목들은 성격을 개발하고, 사역을 보다 효과적으로 수행하는 것에 관한 교훈들을 성찰하고, 후기 사역에 영향을 미칠 가치들을 주입하는 것을 돕는다. 비록 모든 과정이 복합적이고 항상 모든 형성적 측면들을 개발시키지만, 어떤 강조점들이 분별될 수는 있다. 이러한 강조점들을 각각 다른 시기에 인식하는 것은 지도자가 보다 효과적인 개발을 계획하는 것을 돕는다. 그림 12-3은 사역 시간선을 따라 구분되는 강조점들의 상대적인 순위를 나타낸다.

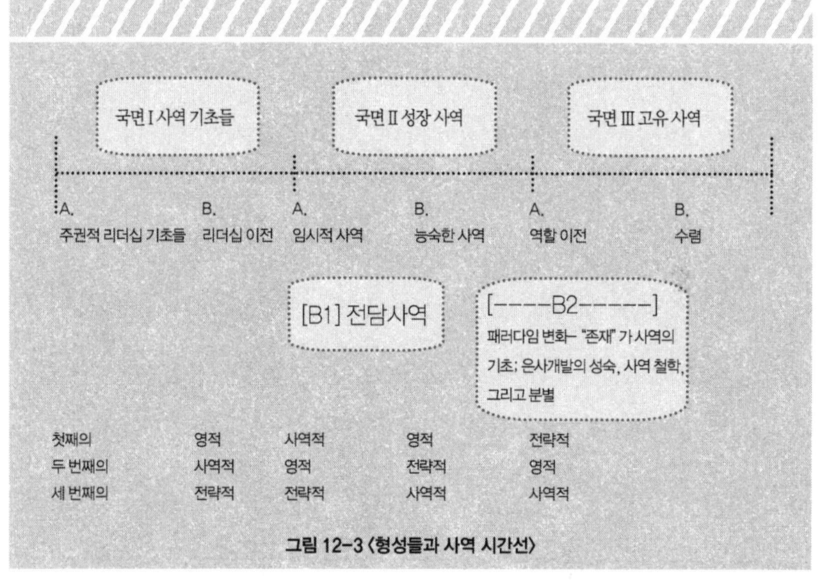


**그림 12-3 〈형성들과 사역 시간선〉**

일생을 통한 영적 형성은 리더십 성격을 개발한다. 사역적 형성은 리더십 기술들을 개발한다. 전략적 형성은 점차로 사역 철학이 되는 리더십 가치들을 개발한다. 이러한 형성들의 어느 하나 혹은 둘에서의 개발은 다른 것에서 진보가 제한되는 동안에 멈추어질 수 있다. 이러한 이탈적 유형의 가장 공통적인 것이 리더십 기술의 개발이 리더십 성격과 리더십 가치의 개발보다 앞지르는 경우이다. 은사를 부여 받은 지도자는 성격 결함 혹은 불균형적인 리더십 가치를 갖고서도 적어도 제한된 시간 동안은 여전히 효과적인 사역을 할 수 있다. 그러나, 그러한 불균형은 마침내 한 지도자를 주저 앉게 만들 것이다. 이상적 개발은 다음과 같아야 한다:

1.이전적 하위—국면에서 기본적 리더십 성격의 형성, 특히 성실성 기초.

2.성격 기초에 견인, 신실함, 그리고 관계적 가치들을 더하는 반면에, 임시적 하위—국면에서 리더십 기술들의 형성; 초기 리더십 가치들이 형성되기 시작한다,

3.능숙한 하위—국면 동안 리더십 성격의 형성, 특히 하나님에 대한 심화된 의존, 그리고 심화 과정에서의 견인; 리더십 가치들의 계속적인 축적,

4.능숙한 하위—국면의 후기 부분 동안 그리고 고유한 사역 국면의 초기 부분에서 리더십 가치들이 형성되어 전략적 사역 철학을 이룸.

이러한 형성적 결과들 중에서 리더십 성격이 가장 기초적이다. 그것에서 지체된 개발은 하나님을 위한 궁극적인 성취와 관련해서 최대의 재난이 될 수 있다.

# 리더십 개발의 측정을 향하여

## 통합적 개관

한 지도자의 개발은 일생을 거쳐 세 가지 변수들을 추적함으로 설명될 수 있다: 과정, 시간, 반응. 과정의 전략적 효과는 세 가지 목표로 이끈다: **리더십 성격, 리더십 기술,** 그리고 **리더십 가치**와 관련한 지도자의 형성. 12장은 그러한 세 가지 목표로 이끄는 과정의 전략적 효과를 상세히 다루었다. 어떻게 한 사람이 이러한 전략적 목표를 향한 과정을 측정할 수 있는가? 그것이 이 장의 주요한 관심이다. 평가가 전적으로 객관적인 것은 아니다. 해석이 항상 들어가기 마련이다. 그러나 과정을 결정하는 데에 도움이 되는 일곱 가지 척도가 제시된다.

## 예습–리더십 개발을 측정을 향하여

이 장은 일곱 가지 범주의 척도가 시간 사역선을 따른 어느 시점에서 측정을 평가하는 데 도움이 된다는 것을 제시한다. 이 범주들은 다음과 같다:

1.주요한 교훈들,
2.개발 과제들,

3.은사,

4.영향력의 범위,

5.영향력 수단들,

6.유형을 따른 평가

7.수렴.


지도자의 삶의 어느 시점에서 이러한 일곱 요인들이 그 지도자에 의해서 혹은 그의 생애사를 인식하는 누군가에 의해 해석될 수 있다. 특정 시점에서 이러한 해석들과 약간 이전 시점의 결과와의 비교를 통해서 진보를 나타낼 수 있다. 명백히 그 요인들의 평가는 항상 해석을 내포하게 된다.


두 가지 다른 척도들이 지도자의 전반적 공헌과 궁극적 공헌에 대한 주관적 평가에 해당된다. 현대 사례 연구들은 한 특정 지도자의 공헌에 대한 종합된 평가를 항상 산출한다. 이 요약 진술은 항상 그 지도자의 네 가지 그리고 아홉 가지 성취 사이에 열거된다. 42명의 선교학적 거인들의 업적에 대한 평가적 사례 기술에 대한 비교 연구를 통해서 한 평생의 궁극적 공헌을 평가하기 위한 유형론을 만들어 냈다. 이러한 범주들을 인식하는 것은 사역 철학을 위한 "초점" 영역을 제시할 수 있다. 한 지도자는 능숙한 하위-국면에서 고유 사역 국면으로 이동함에 따라 궁극적 공헌을 향하여 의도적으로 나아갈 수 있다.


### 리더십 척도들

여러 번 나는 요약된 표기법인 $L = f(p, t, r)$를 말했다. 그 뜻은 한 지도자의 높은 수준의 개발은 세 가지 주요한 변수인 과정, 시간, 그리고 반응을 평가함으로 상당 부분 결정될 수 있다는 뜻이다. 3-10장은 등식의 오른편을 다루었다. 11장은 등식의 왼편을 향해서 방향을 돌렸다. 그것은 개발이 지향해서 나아가야만 하는 세가지 전략적 목표들을 나타냈다: 그것은 리더십 성격,

기술, 그리고 가치이다.

이 장은 또한 등식의 왼편에 초점을 맞춘다. 본질적으로 그것은 이러한 질문들을 다룬다: 지도자가 개발된다는 것은 무엇을 의미하는가? 어떻게 당신이 그것을 평가할 수 있는가? 혹은 다른 말로, 영적 형성, 사역적 형성 혹은 전략적 형성을 포함하는 전략적 목표들을 성취했다는 지표 혹은 표시는 무엇인가? 한 지도자가 시간을 거쳐서 과정에 반응할 때 일어나는 것을 평가하기 위해 어떠한 기준들이 있는가?

이 장은 목표들이 오히려 끝이 열린 것이고 지도자의 기능이며 그 지도자에 대한 사역 철학의 초점 요소를 향한 하나님의 과정임을 제시한다. 은사와 숙명은 특정 지도자에 대한 개발 목표를 정하는 것을 돕는다. 그것을 향하여 하나님께서 과정을 통해서 이끄시는 이러한 목표들은 적어도 부분적으로 일곱 가지 주요한 개발 척도들에 의해 설명된다:

1. 주요한 교훈들,
2. 개발 과제들,
3. 은사,
4. 영향력의 범위,
5. 영향력 수단들,
6. 유형을 따른 평가
7. 수렴.

이것들 거의 모두에 대한 개념적 틀은 이전에 과정, 시간, 그리고 반응 변수를 다룰 때에 소개되었다. 이 장은 어떻게 그것들이 개발을 평가하기 위한 척도가 되는지 설명할 것이다.

개발은 시간에 따른 변화를 전제한다. 이러한 평가 척도들 중의 어느 것 혹은 전부가 한 특정 지도자의 생애 역사에 대해 시간적으로 공시적으로 적용될 수 있다. 이러한 동일한 척도들이 후기 시점에서 공시적으로 적용될 수 있다. 그 두 다른 세트의 척도들이 개발, 개발의 결핍, 혹은 오히려 퇴행을 나타낼 것이다.

### 개발 척도 1 – 즉각적 교훈들

지도자들은 과정을 통해서 교훈을 배운다. 때때로 이러한 교훈은 매우 명시적이고 명백히 표현될 수 있다. 다른 때에 그 교훈들이 보다 암시적이고, 그 시간에는 분명하게 표현될 수 없지만, 그것들이 미래 리더십 상황에서 그 지도자의 분별에 영향을 줄 수 있다. 과정 사건을 통해 배우는 각각의 교훈은 그 지도자에게 있어서 개발의 즉각적 척도이다. 그것은 성격, 기술, 혹은 사역 철학을 다루는 어떤 가치에 영향을 줄 것이다. 과정 사건들 안에서 하나님의 교훈을 배우는 것의 지표인 이 척도는 아마 모든 유형의 척도들 중 가장 중요할 것이다. 삶에서 하나님의 교훈을 끊임없이 분별하는 지도자는 발전하는 지도자이다. 다른 것도 마찬가지지만, 그러한 종류의 지도자는 모든 범주에서 발전할 것이다.

그러면 지도자들이 과정 사건들에서 어떻게 교훈들을 찾아내는 것을 배우는지에 관해서 가능한 한 많이 아는 것이 남는다. 즉각적인 교훈들을 평가하는 데에 한계가 있다. 성경적 혹은 역사적 사례 연구들에서 과정에서 파악된 가능한 원리들 혹은 교훈들이 제시될 수 있지만 항상 확인될 수 있는 것은 아니다. 그것이 확인되려면 사건들의 기술 속에 학습된 그 교훈들을 해석하는 진술이 있어야만 된다. 현대 연구들의 경우, 연구자들은 그들이 학습한 실제적 교훈들을 그들 스스로 확인할 수 있다.

　지표 1, 즉각적 교훈들에 대한 개발 척도는 테이블 13-1에 열거된다. 하위-지표들은 개발 척도들의 범주를 나타낸다. **드러내는 것**은 특정 하위-지표 칸에 채워지는 것의 종류를 나타낸다. 사례들의 칸에는 한 사례 연구에서 일어나는 것과 같은 구체적인 내용을 제공할 것이다.

테이블 13-1 〈즉각적 교훈들에 대한 개발 척도들〉

| 하위-지표들<br>(Sub-indicators) | 드러내는 것<br>(Manifesters) | 사례들 |
|---|---|---|
| 1. 특별한 교훈들 | 특정 적용 용어로 배운 것을 진술 | 워치만 니의 리더십 성격은 반에서 컨닝에 대한 초기 성실성 시험을 통과함에 따라 강화되었다. |
| 2. 일반화된 원리들 | 이전 (transference)을 위해 일반적 용어를 사용해서 배운 것을 진술 | 지도자들을 개발하기 위하여 시험 항목들을 기대하고 사용하라. |

　지표 1의 사례들, 네 가지 다른 최근의 사례들로부터 주어진 특정한 교훈들과 일반화된 교훈들은 테이블 13-2에 주어졌다. 이러한 원리들은 진리에 대한 일반화된 진술이다. 그러한 진술은 과정의 구체적인 사례로부터 나온 관찰이다. 원리들은 연구자들이 여러 기준 (criteria)[1]에 근거해서 그들의 타당성을 어떻게 이해하느냐에 따라 절대적인 것, 지침 혹은 제안으로 주장될 수 있다. 그러한 기준들은 원리들의 도출에 관한 나의 연구 가운데 개발되었다. 그렇게 도출된 원리들은 대개 관련된 상황과 과정 항목과 관련해서 구체적으로 쓰여진다 (소문자). 그리고 난 후에 그것은 가능한 보다 광범위한 적응을 위해서 일반화된다 (대문자).

---

[1]　성경적 근원의 진리에 대해서 본문을 다루는 여덟 가지 질문들과 문학 장르에 근거한 다섯 가지 요인들 그리고 마지막으로 원리의 진술을 도출해 내기 위한 다섯 가지 제안들을 상술한다. 비성경적 근원의 원리들에 대해서 나는 지침으로 다섯 가지 선발하기 위한 질문들을 제시한다.

**테이블 13-2 〈개발 지표 1의 사례들〉**

| 이름 | 사건 | 원리(들) |
|---|---|---|
| 뮬러 (Mueller 1987:40)<br>1. 숙명 준비 | 차 사고 | a. 하나님께서 특별한 사건을 사용해서 나로 하여금 그분이 나를 위한 특별한 목적을 갖고 계시다는 사실을 인식하게 해 주셨다.<br><br>A. 하나님께서는 특정한 사건을 사용하셔서 잠재적 지도자에게 그의 삶의 잠재적 중요성에 대해 암시하실 것이다 (지침). |
| 넬슨 (Nelson 1987:43)<br>2. 신앙 점검 | 심한 질병으로 삼 개월 동안 일을 할 수 없었다. | a. 나는 하나님께서 내 삶을 통제하신다는 신념을 재확인했으며 그 고립 기간에 새로운 통찰력을 얻었다.<br><br>A. 모든 상황을 통제하시는 하나님께 대한 신앙을 강조함으로 고립 시기를 위해서 발전하는 지도자들을 준비시키라. |
| 메니즈 (1987:52)<br>3. 정글에 혼자 | 부카부(Bukavu)의 우림 속에 고립되어 2년을 보냄 | a. 훈련된 기도 가운데 하나님께로 돌아선 것이 스트레스와 갈등을 이기는 것을 도왔다.<br><br>A. 훈련된 기도의 삶이 문화 충격과 스트레스를 중화시키는 데 기본이 된다. (지침) |
| 쿨링기지 (1987:49)<br>4. 숙명 계시; 신적 확인 | 하나님께서 내 삶에서 훨씬 일찍 일어난 꿈을 사용하셔서 우리가 누구인 것과 우리가 행하는 것이 그의 목적 가운데 있다는 것을 확인하셨다. | a. 목적을 분명히 하는 것은 낙심의 순간에 일으켜 세워주는 역할을 한다.<br><br>A. 지도자는 하나님께서 다양한 시기에 사역을 확증해주실 것을 기대할 수 있다.(지침)<br>B. 지도자의 사역 위에 하나님의 손이 함께 하시는 것을 인식하는 것은 권위에 대한 새로운 인식을 가져다 준다.(지침) |

생애사 사례들에 대한 나의 연구의 초기 가정들 중의 하나는 지도자들을 연구함으로 리더십을 연구할 수 있다는 것이었다. 바로 이러한 즉각적인 개발 지표—과정에서 학습되는 진리—가 그 가정을 확증한다. 지도자 평생개발 연구의 가장 유용한 결과들 중의 하나는 이러한 진리의 관찰들이었고, 그것들은 다른 리더십 상황에 적용될 수 있다. 그것들은 지도자의 삶에서 하나님께서 주권적으로 역사하신다는 관점을 가진 연구가들에게 큰 설명력 (인지적 초점)과 큰 변화력 (정서적 그리고 의지적 초점) 을 갖는다.

이러한 진리들은 우리가 다른 리더십 상황을 이해하는 것을 돕고 리더십 상황에서 무엇이 되어져야 하는지 예측하는 것을 돕는다. 그것들은 또한 우리가 지도자들을 선발하고 훈련시키는 것을 돕는다. 왜냐하면 그것들은 과거 리더십 상황에서 성공적으로 적용된 지침들을 주기 때문이다. 이러한 진리들은 대개 처음에는 지도자의 상황 속에 있는 한 지도자에 관한 구체적 진술로 파악된다. 그것들은 그 때에 다른 지도자들과 유사한 상황에도 해당되는 것으로 일반화된다. 그것들이 다른 것들에 얼마나 일반적으로 적용될 수 있는지 하는 질문은 순수한 질문이다. 확실성 연속성과 선별하는 질문들은 원리를 끄집어내고자 하는 자들에게 주의를 주는 것을 돕는다 (Clinton 1987b).

지도자들은 과정 사건들로부터 교훈을 배움으로 경험적으로 발전한다. 이것이 가장 즉각적인 개발 지표이다. 지도자들이 성숙함에 따라 그들은 삶의 사건들로부터 교훈을 배움에 대해 그들을 민감하게 만드는 배우는 자세를 개발한다.

### 개발 척도 2 – 개발 과제들

한번 어느 지도자에 대한 시간선이 설정되면 각자의 개발 국면이 리더십 개발의 전반적 달성과 관련해서 분석될 수 있다. 이것은 하나님에 의해서 성취된 개발 과제들을 종합하는 것을 포함한다. 개발 과제는 한 발전 국면의 일반적 그리고 고유한 목표들을 지칭한다. 그 국면에서의 전반적 과정은 그 목표들을 향해 일어난다. 비교 연구들을 통해서 개발되는 모든 지도자들에게 공통적인 일반적인 개발 과제들이 있다는 것을 볼 수 있었다. 여러 가지가 9장과 10장에서 제시되었다. 기초 국면에서 개발되는 몇몇 일반적 과제들은 다음과 같다: 1. 배아적 리더십 성격을 형성한다. 2. 내적 성격을 형성한다, 그리고 3. 리더십의 발견을 시작한다.

이전 하위-국면에서 두 가지 일반적인 과제들은 다음과 같다:

1. 내적 성격 형성을 위해 일한다, 그리고

2. 하나님의 의사소통을 인지하는 능력을 개발한다—특히 하나님을 듣고 이해하는 것.

임시적 하위-국면에서 몇몇 일반적인 개발 과제들은 다음과 같다:

1. 잠재적 리더십의 개발을 촉진한다.

2. 은사 요소들의 최초의 발견과 사용을 포함한 사역 기술을 개발한다, 그리고

3. 하나님의 구속적인 구조와 목적에 대한 경험적 이해를 포함한 최초의 사역 철학 가치를 개발한다.

능숙한 하위-국면에서, 여러 개발 과제들은 고유 사역 국면으로 나아가게 하는 주도권을 제공한다. 그것들은 다음과 같다:

1.하나님에 관한 심화된 이해를 개발한다.

2.하나님과의 친밀감을 개발한다, 그리고

3.지도자의 우선적 책임으로 하나님과의 관계에 초점을 둔다.

고유 사역 국면의 역할 이전 하위-국면에서 주요한 과제는 최대한의 공헌을 할 수 있는 역할과 장소로 지도자를 인도하심이다.

이러한 매우 일반적인 개발 과제에 덧붙여서 지도자의 시간의 흐름에 맞

는 고유한 과제들도 도출될 수 있다. 고유한 개발 과제들은 분석가가 특정한 시기를 검토하며 하나님께서 이 시기에 거쳐서 특별히 한 지도자를 일반적으로 혹은 과정이 성취하고자 하는 네 가지 기본 목표들 중의 어느 것에서 향상하도록 특별히 자유롭게 함으로 무엇을 하고 계신가를 질문할 때 나타난다. <u>과정 사건들</u>은 하나님에 의해서 사용되어서 리더십 성격, 기술, 그리고 가치들을 형성함으로 한 사람을 개발시킨다. 그래서:

1) 리더십 역량을 나타낸다 (내적 성실성, 잠재적 영향력 등과 같은),

2) 잠재력을 확장시킨다,

3) 그 리더십 역량을 사용하는 역할 혹은 책임에 임명된 것을 확인한다, 그리고

4) 잠재력의 실현을 위해서 하나님께서 임명하신 사역 수준에 따라 그 지도자를 이끈다.

테이블 13-3은 최근의 사례 연구로부터 고유한 사역들을 예시한다.

**테이블 13-3 〈고유한 개발 과제들〉**

| 사람 | 국면 혹은 하위-국면 | 고유한 개발 과제들 |
|---|---|---|
| 스트롱<br>(Strong 1989) | I. 신적인 드러남 | · 나에게 하나님의 실재를 확신시킨다<br>· 나에게 타문화 훈련을 제공한다<br>· 그리스도 없는 삶의 헛됨을 보여준다.<br>· 평생 반려자를 제공한다 |
| | II. 은혜가 넘침 | · 신앙의 결핍을 교정한다<br>· 전적인 충성을 얻는다<br>· 하나님께서 모든 것을 제공하신다는 것을 가르친다 |
| | III. 심화되는 사랑 | · 사역은 과제가 아니라 존재에 있다는 것을 가르친다<br>· 무능력한 자에 대해 공감하는 마음을 준다<br>· 영적 실재들을 주입시킨다 |

　　개발 과제들을 분석하는 것은 특정한 직관적 통찰력을 요구한다. 이것은 주관적인 측정이지만 매우 도움이 되는 것이다. 그것이 이전에 완료된 개발 국면들과 하위-국면들에 대한 성찰 후의 종결한 느낌을 가져다 준다는 점에서 그러하다. 하나님께서 성취하신 것을 보는 것은 또한 현재와 미래 개발 국면을 향하여 기대감을 갖게 한다.

### 개발 척도 3 - 은사 지표 (Giftedness Indicator)

　　은사 집단은 세 가지 요소를 포함한다: 타고난 재능, 습득된 기술, 그리고 영적 은사이다. 그때에 은사 개발은 점차적으로 효과적인 방식으로 이러한 역량들을 인식하고 사용하는 것을 의미한다. 이러한 것들의 측정은 대개 단순히 국면들에 따라 이러한 세 가지 요소들을 징후적으로 나타내는 항목들을 열거하는 것을 포함한다. 테이블 13-4는 영적 은사들-한 기독교 지도자의 개발의 중요한 측면인-에 특별한 강조를 하면서, 은사의 개발을 측정하기 위한 중요한 범주를 보여준다.

테이블 13-4 〈은사에 대한 개발 척도들〉

| 하위-지표들 (Sub-indicator) | 드러내는 것 (Manifesters) | 사례 |
|---|---|---|
| 1. 타고난 재능 | 특정한 기술 (specific descriptions) | 신체적으로 조화가 잘 이루어졌다, 운동을 잘한다 |
| 2. 습득된 기술 | 특정한 기술 | 기본적 기업가적인 기술들; 소규모 벤처 사업 에서 위험 감수하기 |
| 3. 영적 은사 | 성경적 이름들을 나열하기 | 권면, 지혜의 말씀 |
| 4. 역할 | 특정한 기술 | 작은 세미나의 조정자 |
| 5. 은사 혼합 | 부여 받은 주요한 은사들의 나열 | 사도직, 가르침 |
| 6. 은사-꾸러미 | 부여 받은 주요한 은사들의 나열, 주도적 은사가 지정됨 | 권면 (주도적), 가르침, 지혜의 말씀 |
| 7. 은사 (giftedness) 꾸러미 | 함께 취해진 세 가지 요소들의 분석: 타고난, 습득적, 영적 | 타고난 음악 재능 주도적; 많은 음악적 기술들이 습득됨; 권면 은사 |
| 8. 초점적 요소 | 주도적 은사 요소의 확인; 설명 | 타고난 재능들 (요소들 사이에 맞아 떨어지는 것을 보여주는 기술적인 분석) |

테이블 13-4에 나오는 생각들과 관련된 약간의 설명과 여러 정의들은 한 지도자의 은사 (giftedness) 의 측정을 시도하는 데에 도움이 될 것이다.

### 은사 집단 (Giftedness Set)

은사 집단은 세 가지 요소들로 구성된다. 그것들 모두는 한 지도자의 역량을 개발하는 데 중요하다. 지도자의 삶에서 사전에 암시되는 것은 하나 혹은 더 많은 요소들–타고난 재능, 영적 은사 혹은 습득된 기술–이 대개 은사 집단을 주도한다는 것을 제안한다. 그 주도적인 요소는 핵심 요소로 불린다. 다른 요소들은 대개 그 요소를 강화시키기 위해서 공생적으로 일할 것이다. 사례 연구들과 일반적 관찰로부터 얻는 사전적인 암시를 통해서 한 지도자의 핵심적 요소가 세 가지 중의 어느 것도 될 수 있음을 알 수 있다. 필립 블리스 (Phillip Bliss) 에게 있어서 타고난 재능이 핵심이었다 (Clinton 1987d). 휫틀 (D. H. Whittle) 은 영적 은사가 핵심인 것을 드러낸다. 헨리 벤 (Henry Venn) 과 루푸스 앤더슨 (Rufus Anderson) 의 삶에 대한 일반적 관찰은 습득된 기술 (조직적/행정적 재능) 이 주도적임을 알 수 있다.

은사 집단은 복합적이다. 그 요소들 사이에 중복이 있을 수 있다. 타고난 재능이 영적 은사에 반영될 수 있다. 즉, 영적 은사가 어떤 이전에 인식된 타고난 재능 위에 근거하거나 혹은 관련될 수 있다. 그 타고난 재능은 기능상 영적 은사에 긴밀하게 연관된 것 같다. 타고난 재능이 영적 은사에 긴밀하게 연관되지 않을 수 있으나 영적 은사가 자신을 표현하는 통로가 될 수도 있다. 달리 말하면, 하나의 명백하게 무관한 타고난 재능이 그와 무관한 영적 은사가 발휘되기 위한 수단이 될 수 있다는 것이다. 사례: 음악적인 면에서 타고난 재능을 가진 사람이 종종 권면의 은사를 갖는다. 음악은 은사가 발휘되는 통로이다. 타고난 재능은 정신적 능력, 사회적 기술, 신체적 기민함, 혹은 그와 같은 것을 포함할 수 있다. 습득된 기술은 정신적 기술, 사회적 기술, 혹은 신체적 기술을 포함할 수 있다.

## 은사 인식 연속선

은사 집단을 명료화하는 것을 돕기 위해 주권/섭리 연속선을 사용하는 것은 도움이 된다. 그림13-1은 이 연속선을 묘사한다.

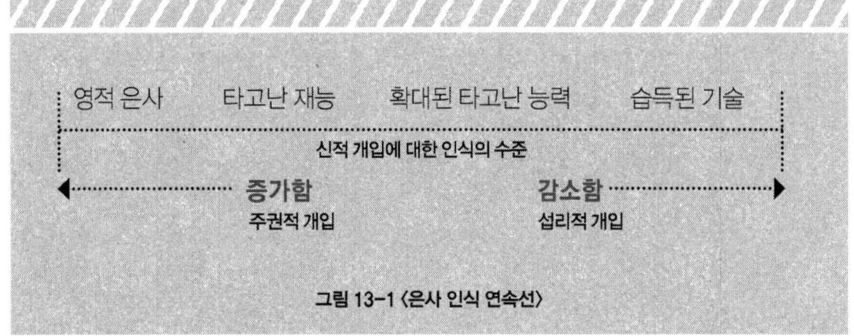



그림 13-1 〈은사 인식 연속선〉

## 영적 은사

다음의 정보는 영적 은사에 대한 다섯 개의 성경 구절, 영적 은사의 사용을 예시하는 다른 성경 구절에 대한 철저한 연구와 사례 연구를 통한 많은 지도자들의 경험적인 연구로부터 얻은 것이다. 그 기술과 정의는 은사 집단의 영적 은사 부분과 관련해서 한 지도자의 개발을 측정하는 데 필요한 선결 조건이다.

**영적 은사**는 하나님께서 각 신자에게 주신 고유한 역량이다. 그것의 목적은 순간적인 상황을 위해서 혹은 시간을 거쳐서 반복적으로 그 신자를 통해 성령께서 능력을 부여하시는 사역을 중재하는 것이다. 분석가들마다 다른 숫자의 영적 은사를 말한다. 나는 19개의 영적 은사 [2]를 찾았다 (다섯 기본 구절들의 연구로부터 도달했다, 그리고 지도자들에게 나타나는 영적 은사에 대한 나의 경험적 연구에 의해서 개정되었다).

---

[2]  내가 찾은 은사들은 다음과 같다: 사도직, 예언, 전도, 목양, 가르침, 권면, 지혜의 말씀, 지식의 말씀, 믿음, 기적, 다양한 종류의 치료 (kinds of healings), 영들 분별 (discernments of spirits), 방언, 방언 통역, 도움, 행정, 긍휼, 주기, 그리고 다스림. 영적 은사와 그것들의 개발을 더 많이 다루려면 클린턴 (Clinton 1985a, 1989a)을 보라.

영적 은사에 대한 나의 자료 가운데 나는 영적 은사의 각자에 대한 보다 전문적인 정의와 마찬가지로 중심적 주안점, 정의의 본질을 열거했다.

## 은사-혼합 (gift-mix)과 은사-꾸러미(gift-cluster):항구적인 은사와 비항구적인 은사

지도자들에 대한 연구를 통해서 개발 국면의 어느 특정 시간에 지도자들은 대개 하나 이상의 영적 은사를 나타낸다는 것을 알 수 있다. **은사-혼합**은 한 지도자의 사역에서 어떤 특정 시간에 사용되는 영적 은사의 집단을 지칭한다. 시간이 경과하면 은사-혼합은 **은사-꾸러미**로 발전한다. 은사-꾸러미는 성숙한 은사-혼합이다. 그것은 은사 개발 유형의 진보된 단계를 설명하는데 사용되는 용어이다. 그 단계에는 다른 은사들에 의해서 지지되는 주도적 은사가 있다. 그 주도적 은사가 활용될 때 보조적 은사가 주도적 은사와 조화를 이루어서 효과를 극대화시킨다.

만일 한 은사가 상황적으로 나타나고 그 사람에 의해서 의지적으로 반복될 수 없다면 그것은 **비항구적인** 은사라고 한다. 그러한 은사는 그것과 더불어서 시간을 거쳐서 사용하기 위한 개발이나 책무에 대한 책임을 수반하지 않는다.

한 은사가 한 사람의 사역에서 반복적으로 나타나고 그 사람에 의해 의지적으로 반복될 수 있다면 그것은 **항구적인** (vested) 은사라고 한다. 그러한 은사를 사용하는 것은 그것과 더불어서 시간을 거쳐서 사용하기 위한 개발과 책무에 대한 책임을 수반한다.

어느 한 특정 개발 국면에서 발휘된 은사와 관련해서 큰 은사-혼합들을 가진 수많은 지도자들을 관찰하면 (Albrecht 1986, Collinridge 1987, Mueller 1987 et al) 평생에 거쳐서 항구적인 은사를 보는 다음의 관점을 얻게 된다. 은사들은 항구적인 혹은 비항구적인의 기준과 관련해서 그리고 현재 드러남과 관련해서 주도적, 이차적 혹은 삼차적 은사로 간주될 수 있다.

### 주도적, 이차적 그리고 삼차적 은사들

만일 한 은사가 항구적인 은사이고 은사—혼합 혹은 은사—꾸러미의 주요 부분으로 현재적으로 나타나고 있다면 그것은 **주도적** 은사이다. 만일 한 은사가 한 시점에는 항구적인 은사였지만 현재 은사—혼합 혹은 은사—꾸러미의 부분으로 지금은 사용되지 않는다면, 그것은 **이차적** 은사이다. 만일 한 은사가 과거에도 수여되지 않았고 현재에도 수여되지 않는다면 혹은 그것이 과거에 "역할" 책임에 의해서 필요할 때 나타났고 현재는 항구적인 것으로 보이지 않는다면 그것은 **삼차적** 은사이다.

영적 은사에 대한 나 자신의 가르침에서 나는 세 가지 일반적 기능을 인식하는 것과 그 은사들을 이러한 일반적 기능에 따라 묶는 것이 도움이 된다는 것을 발견했다: 그것은 **능력 은사, 사랑 은사, 말씀 은사**이다. 이러한 세 가지 범주는 집단적인 상황에서 일어나야만 하는 결정적인 기능을 인식한다. 이 세 가지 범주들은 종종 반복되는 교회의 집단적인 특성들을 언급하는 바울의 공식들—믿음, 사랑, 그리고 소망—과 서로 긴밀하게 연관되지만 동일하지는 않다. 능력 은사는 보이지 않는 하나님의 권위성, 신뢰성, 능력 그리고 실재를 나타낸다. 그것은 보이지 않는 하나님에 대한 믿음을 촉진시킨다. 사랑 은사는 사랑을 필요로 하는 우리 주변의 세상에 의해 인식될 수 있도록 실제적인 방식으로 나타나는 하나님의 현현으로 보이는 은사들이다. 말씀 은사는 이 보이지 않는 하나님과 그분의 명령과 목적을 분명하게 한다. 그것은 하나님에 관해서 그리고 하나님을 위해서 의사소통 한다. 그것은 미래에 대한 소망을 촉진시킨다. 몇몇 은사들은 하나 이상의 꾸러미에 나타나므로 중복적이다.

능력 은사 꾸러미는 다음의 은사들이 포함된다: 믿음, 지식의 말씀, 영들 분별, 기적, 방언, 방언 해석, 치유, 지혜의 말씀, 그리고 예언. 말씀 은사 꾸러미는 다음의 은사들을 포함한다: 지혜의 말씀, 예언, 지식의 말씀, 믿음, 목양, 전도, 권면, 가르침, 사도, 그리고 다스림. 사랑 은사 꾸러미는 다음의 은사들을 포함한다: 치유, 지혜의 말씀, 지식의 말씀, 행정, 목양, 주는 은사, 전도, 자비, 도움, 그리고 다스림. 이러한 꾸러미들은 두 가지 이유 때문에 리더십과 관련하여 중요하다. 지도자들은 끊임없이 은사의 균형과 불균형에 대한 집단적인 구조를 평가해야만 한다.

두 번째 이유는 모든 경우에 영적 은사를 비교한 데서 초래된 중요한 경험적 관찰 (리더십 선발을 위한)과 관계된다. **기독교 지도자들은 항상 그들의 은사 혼합에 있어 적어도 하나의 말씀 은사를 갖는다.**

### 연구자들로부터 얻은 사례들

보다 후기의 몇몇 사례 연구들로부터 얻은 은사에 대한 사례들이다. 브라이언트 (Bryant 1987:2)는 가르침, 권면, 목양을 주도적 영적 은사로; 자비와 전도를 이차적인 것으로; 그리고 다스림을 삼차적인 은사로 확인한다. 그는 주요한 타고난 재능으로 쓰기와 공적 관계를 그리고 주요한 습득적 기술로 구도 의사소통을 말한다. 휴코 (Hewko 1987:2)는 전도, 권면, 그리고 행정을 주도적인 것으로; 도움을 이차적인 것으로; 그리고 지식의 말씀과 치유를 삼차적인 은사로 확인한다. 그는 그의 타고난 재능으로 사람들과 매우 잘 지내는 것, 그리고 혁신적인 것을 말한다. 그는 습득된 기술로 다음을 말한다: 목공, 조직적 능력, 행정가의 역량. 미셸 (Mitchell 1987:2)은 그녀의 주도적 은사로 권면, 가르침, 그리고 분별을 든다. 그녀는 어떠한 이차적 은사도 찾지 못하지만 지혜, 예언 그리고 목양을 삼차적인 것으로 열거한다. 그녀의 타고난 재능은 가르치는 성향, "큰 그림"을 보는 것, 억압받는 사람들에 대한 깊은 관심, 사람들을 중요하게 보는 것, 그리고 외향적인 것을 포함한다. 그녀는 행정을 주요한 습득적 기술로 평가한다. 마티네즈 (Martinez 1987:1)는 가르침, 사도직 그리고 예언을 주도적인 것으로; 분별을 이차적인 것으로; 그리고 목양을 삼차적인 영적 은사로 열거한다. 그는 그의 타고난 재능을 창조성과 분석적/집중적 사고로 기술한다. 습득된 기술은 행정적, 네트워킹, 조직적 재능을 포함한다.

개발 국면의 시작과 끝에서 은사의 조짐을 비교하는 것은 개발에 대한 강력한 척도가 될 것이다.

### 개발 척도 4 – 영향력의 범위 (Sphere of Influence)

영향력 범위는 역량의 개발에 대한 유일하게 가장 중요한 지표이다. 테이블 13-5는 전형적인 범주를 열거한다.

테이블 13-5 〈영향력의 범위 개발 측정〉

| 하위-지표 | 드러내는 것 | 사례 |
|---|---|---|
| 1. 직접적 영향력 | 사람들의 기술적 열거, 얼굴을 맞댄 채 영향받는 집단들; 규모와 정도의 표시 | 대학의 소집단, 교회의 젊은 사람 |
| 2. 간접적 영향력 | 사람들의 기술적 열거, 시간에 구속되지 않는 잡다한 영향력에 의해 영향받는 집단들; 다른 사람들, 미디어, 저술 등을 통해서 | S.S. 자료의 준비를 통한 중학교 학급 |
| 3. 조직적 영향력 | 조직 내의 구조와 집단들의 열거 | 선발 위원회; 젊은이 목회자에 대한 조언자 |
| 4. 영향력-혼합 | 영향력 수단들의 균형에 대한 평가 | 작은 직접적; 작은 간접적; 작은 조직적; 직접적인 것은 매우 강도가 높다 |

## 근본적 이유에 대한 설명

영향력을 미치는 지도자의 역량의 확대는 대개 세 가지 방식으로 반영된다: 1. 영향을 받는 사람들의 숫자의 변화, 2. 영향력을 미치는 방식에서의 변화, 3. 영향력의 강도의 변화. 이것들 중에 확인하기 가장 쉬운 것은 숫자상의 변화이다. 수단의 변화는 거의 쉽게 확인될 수 있다. 영향력의 강도에 있어서 변화는 확인하기에 더욱 어렵다. 영향받는 사람들의 수와 영향력이 행사되는 다양한 방식들, 혹은 추종자들이 영향을 받는 깊이를 바라봄으로 확장을 확인하는 것은 그 변화가 좋거나 나쁘다는 것을 필연적으로 의미하지는 않는다.[3] 퇴보는 영향받는 사람의 수 그리고 영향력 수단의 사용 혹은 영향력의 강도에 있어 감소에 반영될 것이다. 확장 혹은 퇴행의 어느 경우에든지 영향받는 사람들에 대한 평가가 개발 지표이다 (긍정적으로 혹은 부정적으로). **영향력의 범위**는 영향받는 사람들의 전부 그리고 그들을 위해서 한 지도자가 하나님께 책임질 사람들을 의미한다. 그 사람들은 직접적 개인적 영향력 (얼굴을 맞댄 현존하는 사역) 아래에 있는 사람들, 간접적 영향력 (시간에 구속받지 않는 영향력) 아래에 있는 사람들, 그리고 조직적 영향력 (조직적 구조를 통해서 흘러가는 영향력) 아래에 있는 사람들을 포함한다. 영향받는 사람들의 모두는 직접적 영향력, 간접적 영향력, 그리고 조직적 영향력으로 불리는 세 가지 영역으로 기술될 수 있다.

## 세 가지 종류의 영향력

**직접적 영향력**은 영향력의 범위의 영역을 가리키는 데, 지도자의 실제적 현존에 의해 영향을 받는 사람들의 척도를 가리킨다. 그것은 추종자와 지도

---

3) 영향력의 범위를 평가하는 첫 단계는 누가 영향 받느냐, 어떻게 그리고 어느 정도로 영향받느냐를 확인하는 것이다. 그것이 이론이 오늘날까지 진보되어 나온 정도이다. 이러한 척도들이 좋으냐 나쁘냐에 관한 가치 평가는 미래 연구를 기다린다. 한 지도자가 추종자들의 수의 증가를 갖는 것은 그 리더십이 필연적으로 좋다는 것을 뜻하지 않는다. 마찬가지로 수의 감소가 리더십이 나쁘다는 것을 뜻하지 않는다. 사실 한 지도자가 추종자들에 대해 강력한 강도를 갖는 것이 필연적으로 좋거나 나쁘지 않다 {예를 들면, 짐 죤스 (Jim Jones)}. 영향력의 범위 척도를 평가하는 것은 이 시점에서 서술적이고 평가적이지 못하다 (적어도 의도적으로 그러한 것은 아니다). 대부분의 개발 이론들은 규범적인 이론을 형성하기 전에 기술적인 국면을 통해 이동한다.

자 사이의 피드백이 가능하고 필요한 초점이 있고 조직된 상황 속에서 일어난다. 그리고 영향력에 대한 높은 책무가 따른다.

**간접적 영향력**은 영향력의 범위의 영역을 가리키는 데, 한 지도자가 다른 사람들, 미디어, 저술, 혹은 다른 수단들을 통해, 시간에 구속 받지 않는 잡다한 영향력에 의해 영향을 받는 사람들의 척도를 나타낸다. 그것에 대한 지도자와 영향을 받는 자들 사이에 피드백이 일어나기 불가능한 것은 아니지만 어렵다. 그리고 책임은 주로 영향력을 미치는 사상의 내용에 대해 지게 된다.

**조직적 영향력**은 영향력의 범위의 영역을 가리키는 데, 조직의 리더십상에 있는 한 사람에 의해 영향받는 사람들의 척도를 나타낸다. 그것은 조직적 구조와 개인적 관계를 통한 간접적이고 직접적인 영향력 수단을 통해서 영향을 미치게 된다. 테이블 13-6은 이러한 세 가지 종류의 영향력의 전형적인 사례를 제공한다.

테이블 13-6 〈종류들: 직접적, 간접적, 그리고 조직적 영향력〉

| 직접적 | 간접적 | 조직적 |
|---|---|---|
| 개인들 | 위원회 | 감독 집단 |
| 소집단들 | 고문 이사회 | 프로그램 책 |
| 지역 교회 | 행정 이사회 | 임자 |
| 지역 교회들 | 저술 | 부서의 장 |
| 세미나 | 라디오 사역 | 조직의 장 |
| 컨퍼런스 | 네트워킹 | 정책 입안자 |
| | | 이사회 멤버 |

### 영향력의 정도에 대한 세 가지 척도

롱 (Wrong 1979) 은 영향력의 범위가 자질에 관련된 외연적 범위, 영향 받는 것들의 범위 (넓이, 영향력의 영역들) 에 관련된 포괄성, 영향력이 포괄적 범위의 영향력 안에 있는 각각의 항목에 확장되는 깊이인 강도로 측정될 수 있다고 지적했다. 외연적 범위가 측정하기 가장 쉽다. 그러므로 한 지도자의 영향력의 범위에 관해 말할 때 가장 빈번하게 사용되거나 암시된다.

### 영향력의 균형을 바라보기 – 영향력-혼합

한 개발 국면을 표시하는 주요한 특징들 중의 하나는 영향력의 범위상의 변화이다. 그 변화를 측정하는 것은 개발에 대한 하나의 평가이다. 이 변화는 정도 (보다 많은), 혹은 종류 (영향력의 수단들) 가운데 있을 수 있다. **영향력-혼합**은 한 개발 국면의 특정 지점에서 정도와 종류와 관련해서 영향력 요소들-직접적, 간접적 혹은 조직적-의 조합을 기술하는 용어이다. 여러 유형의 영향력-혼합이 보통 관찰된다. 개발 지표로서의 영향력-혼합의 한 사례는 아래 테이블 13-7에 주어진다.

테이블 13-7에서 정도 측정은 외연적 범위 (숫자) 의 일반적 기술에 제한되고 포괄적 범위 (반경) 와 강도 (반경 내의 정도) 상의 변화를 포함하지 않는다. 이러한 척도들은 영향력의 종류들의 각각 안에서 또한 변화한다.

테이블 13-7 〈영향력-혼합의 강도에 대한 토져(A. W. Tozer)의 사례〉

| 국면 | 제목 | 영향력-혼합 | | |
|---|---|---|---|---|
| | | 직접적 | 간접적 | 조직적 |
| I | **내적-훈련** | 없다 | 없다 | 없다 |
| II | **현장 훈련/새시작**<br>하위-국면 A  모르간 타운<br>하위-국면 B  톨레도<br>하위-국면 C  인디애나폴리스 | <br>작다<br>보다 크다<br>보다 크다 | <br>없다<br>없다<br>없다 | <br>없다<br>없다<br>없다 |
| III | **도시 리더십/확장되는 국가적 영향력**<br>하위-국면 A  초기 도시<br>하위-국면 B  중간 도시<br>하위-국면 C  국가적/도시 | <br>보다 크다<br>가장 크다<br>동일 | <br>작다<br>보다 크다<br>가장 크다 | <br>없다<br>작다<br>유의미 |
| IV | **사역 마무리/회고** | 보다 작다 | 동일 | 보다 작다 |

토져 (A. W. Tozer) 가 주로 지역 교회를 통해 일했고 그의 사역 초점이 공적 의사소통 (가르침/설교) 이었기 때문에 큰 조직적 영향력은 기대하지 않을 것이다. 그의 조직적 영향력은 주로 간접적이고 두 가지 초점을 가졌다: 저술/교단의 주요 잡지의 편집 그리고 행정 위원회의 탁월한 구성원. 그의 간접적 영향력은 반경에 있어서 컸지만 강도에 있어서는 달랐다: 그는 근처의 성경 대학과 신학교에서 가르쳤다. 그는 국가적으로 미치는 라디오 사역을 했다. 그의 저술, 논문 그리고 책은 매우 많은 사람들에게 영향력을 미쳤다.

### 영향력의 범위에 대한 마무리 코멘트

영향력의 범위는 지도자의 정의의 본질적 개념에서 나온 두 가지 이유 때문에 중요하다: 역량, 책임. 기독교 지도자들은 그들이 자신들에게 주어진 영향력을 미치는 잠재력을 갖고 행한 것에 대해서 하나님께 답변할 것임을 인식한다. 그들은 자신들의 사역 가운데 영향을 받은 자들에 대해서 하나님께 또한 답변할 것이다. 영향력의 범위는 보다 객관적으로 역량과 책임에 대한 평가에 초점을 맞춘다. 그것은 책임의 목적 때문에 그리고 또한 리더십 개발의 평가에 대한 목적 때문에 지도자가 영향을 받는 추종자들을 의식할 필요를 지적한다.

일반적으로 영향력의 범위의 개념을 이해하는 것은 한 지도자로 하여금 특별히 영향력－혼합과 관련해서 수렴을 향한 하나님의 과정을 이해할 수 있게 할 것이다. 그러나 하나의 주의에 귀를 기울여야 한다. 지도자는 더 큰 것이 더 좋은 것인 양 자신의 영향력의 범위를 의식적으로 확장시키고자 시도해서는 안 된다. 오히려, 지도자는 하나님의 도전에 반응하여 다양한 영향력의 범위를 받아들임으로써 자신을 위한 하나님의 적당한 영향력의 범위를 발견해야 한다.

### 개발 척도 5 – 영향력 수단들

지도자는 능력을 사용해서 영향력을 미침으로 목적을 달성한다. 능력은 강요, 조작, 권위, 그리고 설득을 포함하는 능력 형태 가운데 반영된다. 권위는 다섯 가지 권위 형태로 보다 세부적으로 분할될 수 있다. 영향력 지표는 어떠한 능력 형태 혹은 권위 형태를 지도자가 사용하는지에 따라 개발을 평가하고자 시도한다. 테이블 13-8은 주요한 하위-지표인 능력-혼합을 제공한다. 영향력, 능력, 그리고 권위 개념들에 관한 강력한 배경은 능력-혼합 하위-지표의 사용을 이해하기 위해서 필요하다. 영향력 수단에 관한 개발의 주안점은 능력-수단의 주요한 요소로서 영적 권위를 향한 이동을 진보로 보는 데 있다. 후에 수렴 지표에서 나는 영적 권위가 주요한 요소가 되도록 나아가는 능력-혼합의 개발의 개념으로 돌아올 것이다.

테이블 13-8 〈영향력 수단에 대한 개발 척도〉

| 지표 | 드러내는 것 | 사례 |
| --- | --- | --- |
| 능력-혼합 | 능력/권위 형태의 조합들 | 1. 영적 권위, 능숙한 권위, 설득 능력<br>2. 조작적 능력, 강압적 권위, 설득적 권위<br>3. 타당한 권위, 조작적 능력, 설득 능력<br>4. 영적 권위, 개인적 권위, 설득 능력 |

영향력 수단에 대한 평가를 이해하기 위해서는 다양한 능력과 권위 정의가 필요하다. 능력-혼합을 기술하기 위해 사용된 용어가 정의된 192-194쪽을 참조하라.


### 능력-혼합

하나님께서 주신 역량과 하나님께서 주신 책임을 갖고 하나님의 백성의 집단에 영향력을 미쳐서 그들에 대한 하나님의 목적을 향하여 나아가도록 하는 사람으로 지도자를 정의하는 것은 리더십에 대한 강력한 견해를 요구한다. 이것은 수렴기의 주요한 능력 형태인 영적 권위가 만일 그 영향력이 효과적이려면 다른 능력 형태에 의해서 보충될 것임을 의미한다. 지도자의 영향력 수단을 구성하는 능력과 권위 형태의 조합을 기술하는 용어가 능력−혼합이다.

능력−혼합은 개발 국면의 특정 기간 동안 리더십 행동 가운데 지도자의 영향력을 주도하는 능력 형태−강요, 조작, 권위 (그리고 그것의 하위−형태들: 강압적 권위, 설득적 권위, 타당한 권위, 능숙한 권위, 개인적 권위), 설득−의 조합을 기술하는 용어이다.

다양한 구체적 능력−혼합에 가치를 부여하는 것이 어려운 반면, 일반적으로 두 가지 요인을 생각해야만 한다. 지도자는 주어진 일을 마쳐야만 한다. 지도자의 일은 추종자들에게 영향력을 미쳐서 하나님의 목적을 향하여 나아가게 하는 일이다. 이것을 행할 능력−혼합은 사용되어야만 한다. 그럼에도 불구하고 그것은 그 지도자의 리더십 가치의 일부인 윤리적 지침들과 일치해야 한다. 가능하다면 그것은 추종자들을 존중해야 하고 그들의 개발에 공헌해야 한다. (영적 권위는 틀림없이 이것을 행한다.) 개발은 그러므로 한 지도자가 적절한 능력−혼합을 사용하고 이 균형을 유지하는 능력을 평가하는 것이다.

### 개발 척도 6 − 유형들을 따른 평가

임시적 하위−국면에서부터 시작해서 계속하여 어떠한 유형들이 어느 정도의 측정을 제공한다. 다음 유형들에 있어서 단계들 (stages), 스텝들 (steps), 혹은 움직임의 명확한 추가들은 진보의 지표들이다:

1. M. 5 권위 통찰
2. M. 6 은사 개발,
3. M. 7 영적 권위 발견,
4. UM. 1 성찰적/형성적 평가,

5.UM. 2 상향 개발,

6.UM. 3 은사-꾸러미 성숙

7.UM. 4 균형

8.UM. 5 수렴 인도하심.


개발은 유형에서의 위치를 평가하는 단순한 진술에 의해서 드러난다.


### 개발 척도 7 – 수렴

이상화된 개발 목표 (리더십 성격, 리더십 기술 그리고 리더십 가치에서 성숙하고 수렴 가운데 활동하는 지도자의 그것)는 지도자의 정의의 논리적 의미의 연장선에서 나온다. 지도자는 하나님께서 주신 역량과 하나님께서 주신 책임을 갖고 하나님의 백성의 특정 집단에 영향력을 미쳐서 하나님의 목적을 향해 나아가게 하는 사람이다. 만일 하나님이 실로 그 지도자를 개발하는 과정 중에 계시고 그 지도자는 그러한 과정에 이상적으로 반응한다면, 그 지도자는 성격, 기술, 그리고 가치에서 성숙할 것이고, 하나님의 목적을 효과적으로 달성할 것이다. 그 때 수렴은 이상화된 개발을 위한 사역의 조건을 기술한다.


### 주요한 수렴 요인들과 사소한 수렴 요인들

수렴은 지도자의 삶에서 효과적인 시기를 나타낸다. 수렴은 여러 개발 유형에서 성숙한 단계에 동시적으로 도달하는 것으로 특징지어진다. 그리고 수렴은 다양한 리더십 요인들이 서로 서로를 조화롭게 지지함으로 그 효과를 가져오는 것을 본다. 나는 그 요인들을 먼저 논의할 것이고 그 후에 수렴을 평가하기 위한 기준을 제시하는 개발 유형으로 돌아올 것이다.


수많은 요인들이 이러한 수렴기에 이르는 것에 공헌한다. 서술적인 목적으로 이러한 요인들은 주요한 수렴 요인들과 사소한 수렴 요인들로 분류된다.

주요한 요인들은 다음과 같다: 은사, 역할-일치, 영향력-혼합, 상향 의존, 그리고 사역 철학이다. 수렴에서 지도자는 효과적인 사역을 즐긴다. 왜냐하면 수많은 이러한 주요한 요인들이 서로 맞아 떨어져서 서로 서로를 강화하기 때문이다. 타고난 재능, 습득된 지식 그리고 영적 은사를 포함하는 **은사**는 역할과 영향력-혼합과 잘 맞는다. **역할-일치**는 지도자의 역할 (혹은 기능적 책임) 이 은사의 사용을 강화하는 것을 의미한다. **영향력-혼합**은 지도자가 가능한 영향력의 깊이 (즉, 적절한 외연적 범위, 강도, 그리고 포괄적 범위) 에 이르도록 영향력-혼합의 바른 조합을 갖고 영향을 받아야만 하는 추종자들에게 영향력을 미치는 것을 의미한다. **상향 의존**은 영성의 척도이다. 그것은 지도자가 하나님의 실재를 경험하는 성숙의 절정에서 삶과 사역을 위해서 하나님을 신뢰하며 은사 가운데 하나님의 능력의 통로가 되는 것을 의미한다. 연합된 삶이 수렴의 규범이다. **사역 철학** 주요 요인은 지도자가 사역이 무엇에 관한 것인가와 어떻게 그것이 행해져야 하는지에 관한 가치를 경험하는 것을 의미한다. 이러한 삶으로부터 얻는 교훈들은 지도자 자신의 고유성과 잠재적 성취를 포함한다. 3번째 단계의 8, 9, 10번 스텝 (398쪽을 보라) 은 수렴기의 사역 철학을 서술한다.

사소한 요인들에는 다음의 것들이 포함된다: 경험, 성격, 지리, 특별한 기회, 예언, 그리고 숙명. **경험** 사소 요인은 수렴기에, 과거 경험이 현재 사역에 대한 통찰과 지혜를 제공하는 것을 의미한다. 과거의 다양한 사역과 삶의 경험은 지금 새로운 의미를 띠고 수렴기에 활동할 수 있는 강력한 경험 기반을 제공한다. 사람들은 고유한 성격을 갖는다. 그들은 이러한 고유한 성격을 통해서 그리스도의 형상을 반영한다. **성격** 사소 요인은 인격 안에 있는 그 고유성을 인식한다. 수렴기에 그 역할과 영향력 수단은 진행되고 있는 특정 성격 형성과 일치할 것이다. 역할과/혹은 기능적 책임은 긍정적 성격 특성을 활용하고 부정적인 성격 특성을 극소화할 것이다. **지리**는 위치가 넓게 퍼진 영향력과 관계가 많다는 사실을 나타낸다. 지도자는 영향력-혼합과 역량이 적절한 역량에 따라 실현되는 것을 허용하는 장소에, 그리고 사역 구조를 갖고 위치한다. 지도자가 수렴기에 효과적인 사역을 갖기 때문에 하나님께서는 종종 특별한 기회의 많은 문들을 열어주신다. 그러한 기회의 문은 지도자가 능숙 하위-국면에서 활동하는 경우보다 훨씬 더 많이 열린다. 수렴기의 지도자들은 이러한 특별한 기회를 활용할 수 있다. 하나님께서 특별한 기회의 문을 여심에 따라, 그분의 때가 종종 분명해질 것이다. 모두가 아닌 몇몇 지도자들은 궁극적인 유용성에 관한 **예언**을 포함하는 숙명 과정을 갖는다. 그 예언의 성취는 종종 수렴과 일치한다. 이전의 숙명 경험들 (예언에 곁들여서) 은 수렴을 가리킬 것이다. 숙명 성취 과정이 수렴기에 일어날 것이다.

주요한 요인들과 사소한 요인들의 조화에 덧붙여서 수렴은 또한 여러 주요한 진보된 유형의 진보된 단계들에 의해서 성취된다. 테이블 13-9는 이러한 진보 유형을 열거하고 대개 수렴에 동반하는 단계들을 나타낸다.

테이블 13-9 〈수렴과 진보된 유형〉

| 유형 | 수렴에서의 단계 혹은 스텝 |
| --- | --- |
| M. 7 영적 권위 개발 | 6, 7, 8 (367 페이지를 보라) |
| UM. 3 은사-꾸러미 성숙 유형 | 8a, 8b (377 페이지를 보라) |
| UM. 4 균형 | 조건 1, 2가 존재한다 (페이지 378을 보라) |
| UM. 5 수렴 인도하심 | 조건 3, 4, 5가 존재한다 (페이지 380을 보라) |

수렴의 평가는 임시적 사역기에 있는 지도자에게는 별 의미가 없다. 그러한 지도자는 수렴의 요인들의 많은 것을 경험하지 못했을 것이다. 그러한 단계에서 380쪽에서 기술된 것과 같은 요인들의 쌍과 관련해서 소규모 수렴을 단순히 측정할 수 있을 것이다. 이러한 요인들을 인식함으로 후에 그것이 필요할 때 수렴으로 인도하심을 보다 쉽게 인식할 수 있을 것이다. 능숙 하위-국면의 지도자들은 수렴을 개발 척도로 인식해야만 하고 현재 리더십을 평가하고 또한 사역을 위한 미래 결정을 내리는 데 그것을 사용해야만 한다.

### 고유한 것으로서 개발의 측정들

각자의 기독교 지도자는 하나님께서 주신 역량, 하나님께서 주신 책임, 영향력을 미치는 역량, 이끄는 집단, 그리고 하나님을 위해서 달성해야 하는 목적과 관련해서 모든 다른 기독교 지도자와 다르다. 그렇다면 모든 지도자들이 갈망해야만 하는 절대적 표준 개발은 없다는 것이 따라온다. 개발은 끝이 열려 있다. 마지막 개발 목표는 개인의 기능이다. 그러나, 사역 시간선을 사용하여 많은 고유한 시간선들을 비교 연구해 보면 수렴에서 활동하는 성숙한 지도자의 끝이 열려진 이상적 목표가 나타난다. 성숙은 방금 논의한 다양한 개발 지표들과 관련해서 평가된다.

각각의 기독교 지도자의 고유성, 평가의 때, 그리고 평가에 사용된 주관적/객관적 관점 때문에 개발은 복합적이다. 타이밍은 공시적, 통시적 혹은 삶의 끝이 될 수 있다.

### 즉각적-공시적인 것은 제한된다

주어진 시점에서의 평가는 제한된다. 그것이 일곱 주요 개발 지표들에 대해서 행해질 수 있다. 하지만, 개발은 다양한 시간에 행해진 공시적 분석을 분석함으로만 적절하게 평가될 수 있다. 즉각적 교훈들은 항상 현재 상황에서 학습된 교훈들을 단순히 평가함으로 공시적으로 평가될 수 있다. 그것들이 응집력 있는 사역 철학으로 축적되는 것은 다시 오랜 시기를 거쳐서만 평가될 수 있다.

### 장기적-통시적

개발에 대한 다양한 공시적 평가의 비교 분석을 통해서 개발의 평가 (확장 혹은 퇴행) 가 가능하다. 그 본질에 있어서 개발은 장기적으로만 평가될 수 있다. 오랜 시간에 거쳐서 다양한 개발 지표들에 대한 비교를 통해 개발의 징후를 얻을 수 있다. 대개 일곱 가지 지표들 (행해질 수 있는 한 많이) 의 평가는 하위-국면 기초 위에서 행해져야 한다. 개발 국면의 끝에서 내리는 평가는 한 특정 지도자에게 고유 개발 과제를 지적하는 데 도움이 된다.

### 궁극적 평가

개발은 삶이 끝마친 이후에만 궁극적으로 평가될 수 있다. 그때에 평가는 행해질 수 있었던 것이 아니라, 실제적으로 행해진 것에 제한될 것이다. 궁극적 의미에서 개발은 개발의 종국적 척도 (일곱 가지 주요한 지표들의 분석과 평생에 걸친 그것들의 변화) 에 의해서뿐만 아니라 기독교를 위해서 실제적으로 성취된 것에 의해서도 드러난다. 불행히, 성취한 것에 대한 평가는 행하기 어렵다.

### 복합적–기껏해야 대략적인

개발의 평가는, 지침이 되는 관점과 같은 객관적 정의에 의해 도움을 받는 반면, 최선을 다한다 해도 여전히 어렵다. 이것은 여러 이유들에 기인한다. 하나, 평가는 무엇보다도 거의 주관적이다. 둘, 연구의 이 시점에서 몇몇 척도들은 (예를 들면, 외연적 영향력, 그리고 포괄적 영향력) 적용하기 위한 실제적인 수단이 없다. 셋, 지체된 개발의 개념 (즉 정체 4)) 과 극대화한 역량에 도달하는 것은 중복되는 것처럼 보일 수 있다. 넷, 퇴보가 항상 부정적 지표인 것은 아니다. 보다 크고 보다 좋은 것이 개발에 대한 기준은 아니다. 역량에 이르기까지 개발하는 것이 척도인데 그것은 역량이 크냐 혹은 작으냐에 근거한 것이 아니다. 퇴보가 자신의 역량 수준을 발견하기 위한 평범한 수단이 될 수 있

---

4) 그들이 해야 하는 만큼 진보하는 데 실패한 지도자들은 정체 장애에 부닥쳤다고 말한다. 정체 장애의 증상은 다음을 포함한다: 1) 리더십 선발에 대한 열정이 없다. (리더십의 주요한기능은 평생 개발하는 지도자를 계속적으로 인식하고 그들로 하여금 초기 진입과 훈련에 들어가도록 촉진하는 기능이다.) 2) 개인적 성장 프로젝트가 없다 (사역 기술 항목과 훈련 진보 항목이 상대적으로 드물다.) 3) 기본적 형성 측면에 대한 관심의 결여 – 말씀과의 대면, 기도, 하나님과만 갖는 특별한 개인적 교제 시간, 4) 갈등 상황에서 "가장 쉬운 길"을 택하는 경향, 5) 하나님의 백성에게 영향을 미쳐서 하나님의 목적을 향하여 나아가도록 하는 지도자의 네 번째 측면이 그 지도자 안에서 반영되지 않는다. 주요한 증상은 개발을 위한 하나님의 과정이 주목할만하게 결여되고 징계를 위한 과정 혹은 지도자의 영향력을 제한하는 과정이 증가하는 것이다. 이것은 지도자를 고유 사역 국면으로 이전시키는 과정의 측면들이 현저하게 결여되거나 혹은 그 지도자에 의해서 인식되지 못하는 것을 의미한다.

다. 대개 퇴보의 측면들이 어떤 국면들에서 확장의 측면들과 더불어 기대될 수 있다 (예를 들어, 잔광 단계로 이동하는 지도자). 다섯, 보다 상위 단계의 지표들 중의 몇 몇은 (능력과 권위; 개발 유형) 여전히 연구되고 있으며 그것들에 관한 이론들이 현재 쏟아져 나오고 있다. 다시, 능력—혼합과 권위 기반과 같은 이러한 상급 단계의 추상화는 그것들을 기술하는 실제적 질문표와 실제적인 징후적 진술들을 필요로 한다. 그러할 때 실천가들에 의한 사용이 촉진될 것이다. 지도자 평생 개발 이론의 연구의 현 단계에서, 개발의 평가는 (영향력의 범위와 은사 평가를 제외하고) 그 이론의 보다 임시적인 부분들 중의 하나이며 계속적인 연구가 필요하다.

### 사례 연구 – 전반적 평가

　현대 삶의 역사에 대한 각각의 사례 연구는 한 지도자의 개발에 관한 전반적인 견해를 제공하는 요약 페이지로 끝을 맺는다. 그 요약 페이지는 자료들의 출처, 시간선, 은사 개발의 지표, 영향력의 범위, 그리고 기독교 운동에 대한 공헌을 포함한다. 기독교 운동에 대한 공헌 부분은 지도자의 역사에서 그 지점까지 이르는 개발에 대한 중요한 **주관적 평가**이다. 성취에 대한 전형적인 평가 진술들은 테이블 13-10에 주어진다. 이러한 진술들이 삶에서 성취될 것을 단지 부분적으로만 반영한다는 것을 기억해야만 한다. 왜냐하면 그것들이 중간 경력기에 있는 현재 사역중인 지도자들에 대해 행해졌기 때문이다. 경력의 끝에 있는 동일한 지도자에 대한 평가는 매우 다른 결과를 내놓을 수 있다.

　대개 한 특정 사례는 네 개에서 일곱 개의 공헌 진술들을 가질 것이다. 남학생들과 여학생들 모두 테이블에 예시된다.

테이블 13-10 〈현대의 공헌들〉

| 근원 | 샘플 공헌 진술들 |
|---|---|
| 학생 9 | · 복종의 모험의 모델이 된다<br>· 교회 개척: 5개 교회를 세우는 것과 다른 하나의 재건에 직접적으로 개입함-3개는 캐나다에, 2개는 해외에.<br>· 교회 개척: 12개 교회를 개척하는 데 간접 개입, 4개는 캐나다에, 8개는 해외에. |
| 학생 10 | · 소생되어 성 헬렌 기독교 연합 (St. Helen Christian Union)을 이끎<br>· 리 애비 공동체 (Lee Abbey community)의 삶과 사역에 주요한 음악적 공헌<br>· 성 베드로 할리웰 (St. Peter's Halliwell)에서 첫 번 여성 성직자; 음악 행정과 선교 부문에서 주요한 공헌<br>· CMJ를 위한 잠재적 새 장(프랑스)을 엶; 또한 예수를 위한 유대인들 (Jews for Christ USA)에 주요한 음악적 공헌; 또한 성 미셸 파리 (St. Mitchael's Paris)에 첫 여성 성직자<br>· LCJE(전세계 유대인 전도에 종사하는 개인과 기관들을 서로 연결하는 단체를 위한 첫 행정가와 편집자 |
| 학생 11 | · 많은 개인들, 젊은이 그리고 성도들을 격려해서 보다 깊은 하나님 경험과 이해를 갖게 하고, 예수 그리스도와 그분 안에서 계속되는 성장에 헌신/복종하게 함. 이것은 삶의 유형 헌신인데 1974-1989년 사이에 경험한 다양한 역할, 직업, 그리고 기회에 의해 증가되고 촉진됨. 소수의 개인들을 심층적으로 멘토링한 것이 그들로 하여금 사역에 뛰어들게 함.<br>· 세계 선교를 위한 비전이 나뉘어지고 교회를 위한 전략이 세워짐/북 캐롤라이나에 교회 내의 조직들 (레이놀즈 장로 교회, 모라비안 지역 선교 위원회, 세계 선교 모라비안 이사회 (1980- 1989)<br>· 130명이 넘는 ESL 교사들을 선발하는 과정에서 핵심 인물이 됨으로 중국 학생들, 행정, 그리고 ESL 선생들에 대한 대리적 영향력 (1987-1989) |
| 학생 12 | · 말레이시아에서 가장 빠르게 성장하는(아마도 가장 빠르게 성장하는) 토착 교회 운동의 하나를 설립하고 개발시킴<br>· 성경 학교를 세움<br>· 여러 잡지들을 발간하고 책을 출판함 |
| 학생 13 | · 평신도 지도자들을 위해서 벨기에에 분교 훈련 사역을 개발하고 확대시킴<br>· 벨기에 사람들에게 전도 훈련을 위해서 Communique La Foi (어떻게 믿음을 의사소통하는가) 라는 제목이 붙은 프로그램 본문을 저술함<br>· 그레이스 컴뮤니티 교회(Grace Community Church)의 선교 지망자 훈련 프로그램을 개발함. 선교사들이 전 세계에 흩어짐. |
| 학생 14 | · 앨버타 대학에 있는 사역인 "한 길 아가페" (One-Way Agape)를 설립함. 그것은 여전히 존재하며 캘거리 대학(University of Calgary) 캠퍼스에 유사한 사역을 시작하게 했다.<br>· 앨버타 YWAM (Youth With a Mission)을 설립<br>· 캘가리에 선교축제 컨퍼런스를 설립, 현재 매년 행사가 됨. |

## 궁극적 공헌 (Ultimate Contribution)

지도자 평생개발 이론에서 개발의 개념은 어떤 목적을 향한 움직임 혹은 어떤 목적을 향한 진보라는 관념을 함축한다. 나는 일반적으로 하나의 이상화된 목표 —성격, 기술, 그리고 가치에서 성숙하고 수렴에서 활동하는 지도자—를 기술했다. 이 목표는 지도자의 정의의 논리적 확장에 기인한다. 그 목표에 대한 일반화된 이상적 개념에서 떠나서, 한 지도자의 개발은 또한 그 지도자 정의에 있는 **마지막 개념**에 대한 초점과 더불어 주장될 수 있다. 지도자는 1) 하나님께서 주신 역량과, 2) 하나님께서 주신 책임을 가지고, 3) 하나님의 백성의 특정 집단에 영향력을 미쳐서, 4) **그 집단에 대한 하나님의 목적을 향하여** 나아가게 하는 사람이다. 그 집단에 대한 하나님의 목적들과 관련해서 업적은 각 지도자에 따라 다르고 독특할 것이다. 하나의 특정 개인적 지도자에 대한 인도하심 과정, 숙명 과정, 그리고 전략적 형성은 그 집단에 대한 하나님의 목적에 대한 그 지도자의 이해에 공헌할 것이다.

그 때에 개발은 일반적 성숙을 향하는 것뿐 아니라 동시에 하나님을 위한 고유한 업적을 지향하게 할 것이다. 성숙에서의 개발 척도는 항상 불완전할 것이다. 왜냐하면 잠재적 역량이 결코 절대적으로 평가될 수 없기 때문일 뿐만 아니라 그것이 도달된 정도도 또한 평가될 수 없기 때문이다. 업적들은 보다 쉽게 평가될 수 있다. 그리고 그것들과 관련한 개발이 어느 정도 확인될 수 있다.

윗워스 (Whitworth 1989b) 는 특별한 연구 프로젝트에서 42개의 유산에 관한 논문들을 비교 연구했다. 그 연구는 본질적으로 바로 그 고유한 업적들을 나타내기 위한 목적으로 씌어졌다. 연구된 사람들은 일련의 인상적인 선교사 유형을 포함한다: 로마 카톨릭, 사회 사업가들, 교회 개척자들, 복음 전도자들, 기관들과 운동들의 창시자들.[5]

그 유산에 관한 논문들은 역사가들, 선교학자들, 동료 선교사들, 교수들, 다른 학술적인 사람들, 선교 행정가들, 그리고 다른 전임 기독교 일꾼들에 의해 작성되었다. 이러한 저술에는 어떠한 기준도 주어지지 않았다. 그들은 그 사람의 고유한 공헌들과 관련해서 자신들이 저술하는 사람을 평가했다. 많은 저작자들은 그들이 유산 논문을 작성하는 자들에 대한 "전문가들"이었다. 평가하는 데에 사용된 광범위한 관점과 업적을 찾는 데에 고정된 기준이 결여된 점으로 인해 비교 연구를 통해 일반적 차원의 발견 사항을 얻을 것이고 한 지도자의 "궁극적 공헌"의 평가를 추구하는 약간의 일반적 지침들, 최종적 개발 척도를 얻을 것을 추정할 수 있다. 그리고 그것이 바로 그 사례에 해당된다.

윗워스의 분석을 통해서 약간의 일반적 범주의 업적―개발을 평가하기 위한 최종적 수단들―을 얻어 냈다. 나는 그녀의 연구 결과를 다음과 같이 단순화시켰다. 이러한 지도자들에 의해 미래 지도자들을 위해 뒤에 남겨진 귀중한 어떤 것인 유산들은 다섯 가지 넓은 범주를 포함한다: 성격, 사역, 촉매적, 조직적, 개념화 (Ideation). 이런 것들 중의 어떤 것은 하위―범주들로 더 나뉘어 진다. 이러한 주요한 범주들의 각각에 대해서 궁극적 업적을 더 이

---

5)  여기에는 플로렌스 올숀 (Florence Allshorn), 루푸스 앤더슨, 앤드류스(C. F. Andrews), 아자리아 (V. S. Azariah), 바빙크 (J. H. Bavink), 보어 (H. R. Boer), 브라운 (A. J. Brown), 챠오(T. C. Chao), 피에르 챨스 (Pierre Charles), 드 바난단 (P. D. Devanandan), 더프 (A. Duff), 파쿠하 (J. N. Farquhar), 프레이탁 (W. Freytag), 고든 (A. J. Gordon), 브루노 굳맨 (Bruno Gutmann), 해리스 (W. W. Harris), 바바라 헨드릭스 (Barbara Hendricks), 호그 (A. G. Hogg), 스탠리 존스 (E. Stanley Jones), 허버트 케인 (J. Herbert Kane), 크레머(H. Kraemer), 라투렛 (K. S. Latourette), 로박 (F. C. Laubach), 리빙스턴 (D. Livingstone), 맥도날드 (D. B. Macdonald), 존 모트 (John R. Mott), 스테븐 니일 (Stephen Neill), 나일즈 (D. T. Niles), 페이턴 (W. Paton), 죠셉 슈미들린 (Joseph Schmidlin), 빌헬름 슈미트 (Wilhelm Schmidt), 이다 스쿠더 (Ida S. Scudder), 로버트 스피어 (Robert E. Speer), 케네스 스트라칸 (R. Kenneth Strachan), 스트라이트 (R. Streit), 조하네스 딘딘저 (Johannes Dindinger), 조하네스 로머스커켄 (Johannes Rommerskirchen), 허드슨 테일러 (J. Hudson Taylor), 헨리 벤 (Henry Venn), 워르넥 구스타브 (Warneck Gustav), 막스 워렌 Max Warren) 그리고 사무엘 즈베머(Samuel M. Zwemer)이다. 틀림없이 이들이 "우리에게 우리 날 계수함을 가르치사 지혜로운 마음을 얻게 하소서" (시90:12)에 나오는 것처럼 그들의 날짜를 계수하기를 배운 자들이다. 그러한 것이 궁극적 공헌 유형론이 의도하는 충격이다 ― 사람들이 궁극적으로 소중한 삶을 향해 의도적으로 나아가도록 도움을 주는 것이다.

상 분석하여서 현대적인 것으로, 즉 시간에 구속된 것으로, 그 지도자가 살았던 동안에 보다 적용되는 것 혹은 고전적인 것으로, 즉 시간에 구속되지 않은 업적으로, 지도자의 삶을 넘어서 미래적 파급효과를 갖는 것으로 파악될 수 있다.

테이블 13-11은 궁극적 공헌 범주와 하위 범주를 나타낸다.

**테이블 13-11 〈궁극적 공헌의 범주〉**

| 범주 | 하위 범주 | 사례 | 설명 |
|---|---|---|---|
| A. 성격 | 없음 | 사무엘 브렝글 (Samuel Brengle) 짐 엘리어트 (Jim Elliot) | 모범이 되는 삶을 살았다. 성자 혹은 다른 사람들이 모방할 모델로 생각된다. 그 사람은 대개 하나님과 매우 친밀한 관계를 가진 것으로 생각된다. 종종 신비적 경험들이 일어난다. 성령의 열매를 나타낸다. 이 공헌의 주안점은 하나님을 향하여 수직적이고 상향적인 것이다. |
| B. 사역 | 1. 개인적 사역 | 로버트 맥퀼킨 밥 멍거 (Bob Munger) | 개인들에게 영향을 미친 사람이다. 개인적 차원으로까지 사역을 관여시킨다. 멘토로, 제자 삼는 자로, 친밀한 추종자들의 네트웍을 가진 사람들로 생각된다. 그들은 사람들을 개발시키는 데 시간을 보낼 것이다. 영향력 범위는 매우 높은 강도와 넓은 포괄적 외연을 갖는다. |
|  | 2. 공적 사역 | 무디 (D.L. Moody) 스펄전 (C.H. Spurgeon) | 이는 공적으로 드러난 사람이고 그의 사역은 대중들 혹은 사람들의 큰 집단들과 관련해서 생각된다. 그들은 대개 대중 연설가들이다. 영향력 범위는 넓은 외연적 범위를 갖지만 포괄적 범위와 강도는 거의 제로에 가까울 수 있다. |
| C. 촉매적 | 1. 개척자 | 프레이저 (J.O. Fraser) 로버트 제프리 (Robert Jaffray) | 이는 아무도 가지 않았거나 혹은 특별한 필요를 보고 그것을 채울 방식을 발견하지 못한 곳에서 새로운 종교적 구조, 새로운 종교적 기관, 새로운 교회 혹은 교단 혹은 조직, 혹은 사역을 창조하거나 혹은 어떤 것을 하는 약간의 새로운 방식을 보여줌으로 새로운 영역을 돌파하는 사람이다. 창조되거나 행해지는 일은 유산으로 뒤에 남겨진다. |
|  | 2. 변화 | 마더 테레사 (Mother Theresa) 아빌라의 테레사 (Theresa of Avila) 존 울맨 (John Woolman) | 이들은 일을 바로 잡는 열망을 가진 사람이다. 그들은 사회 혹은 교회 혹은 기독교 조직 속의 문제를 보고 변화를 가져오고자 시도한다. |

| 범주 | 하위-범주 | 사례 | 설명 |
| --- | --- | --- | --- |
| D. 조직 | 없음 | 사무엘 밀즈<br>(Samuel Mills)<br>허드슨 테일러<br>(Hudson Taylor) | 이들은 조직을 세우고 그것에 안정을 가져오는 사람이다. 그래서 그 조직은 생존할 것이고 효과적인 조직이 될 것이다. |
| E. 개념화 | 1. 연구자 | 도날드 맥가브란<br>(Donald McGavran)<br>윌리엄 캐리<br>(William Carey)<br>롤랜드 알렌<br>(Roland Allen) | 이는 한 상황을 보고 그것을 이해하고자 추구하며 그것을 이해하기 위한 틀을 만들어내는 사람이다. 이 틀은 대개 기독교 교회를 전체적으로 돕는 돌파로 간주된다. 그 연구는 현대적인 문제에 초점을 맞추고 오직 그 때에만 고유하게 적용될 수도 있고 아니면 그들의 적용에 있어서 보다 무시간적인 기본적 역학을 다룰 수도 있다. 그 공헌의 기본적 주안점은 개념화이다. |
| | 2. 저작가 | 라토렛<br>(K.S. Latourette)<br>존 번연<br>(John Bunyan)<br>스탠리 존스<br>(E. Stanley Jones) | 이는 시간에 구속된 방식에서든 혹은 무시간적인 방식에서든 -그것은 후대 세대에 의해 계속해서 읽힌다 - 기독교의 중요한 부분에 영향을 미치는 일련의 문헌을 생산하는 사람이다. 때때로 하나의 유일한 작품 - 한 권의 책, 한 권의 소책자, 한 편의 설교, 한 편의 논문 - 이 충분히 중요해서 궁극적 공헌으로 계속 남기도 한다. 공헌의 기본적 주안점은 저작물이다. |
| | 3. 동원가<br>(Promoter) | 존 모트 (John Mott),<br>루푸스 앤더슨<br>(Rufus Anderson),<br>로버트 스피어<br>(Robert Speer)<br>로바크 (F.C. Laubach) | 이는 약간의 개념화 작업을 시작하거나 하지 않을 수도 있지만 그것을 기독교 시장을 가로질러서 판촉하는 데에 유능한 사람이다. 공헌은 기독교인들에 의한 광범위한 수용과 개념의 사용이다. |

### 궁극적 공헌에 공헌하는 요인들

궁극적 공헌들은 현대적일 수도 고전적일 수도 있다. **현대적**이란 단순히 그것의 주요한 공헌이 그 지도자가 사는 시대의 사람들에게 주어진다는 의미이다. **고전적**이란 공헌이 시간에 구속되지 않고 그 개인을 넘어서 지속된다는 의미이다. 현대적인 것과 고전적인 것 양자 모두가 중요하다. 공헌의 성격은 책, 이론, 혹은 조직, 혹은 변화된 기관과 같은 **만질 수 있는 산물**일 수도 있고 아니면 그것은 모범이 되는 삶 혹은 하나님을 알게 된 알려지지 않은 수의 사람들과 같은 만질 수 없는 산물일 수도 있다. 궁극적 공헌은 또한 **영향력의 범위 요소들**과 관련해서 직접적, 간접적, 혹은 조직적인 것으로 그리고 그러한 요소들 내부의 차원인 외연적 범위, 강도 혹은 내연적 범위에 따라 판단 될 수도 있다.

궁극적 공헌의 범주의 가치는 이미 공헌하고 있는 삶에 초점을 가져다 주는 제안적인 힘이다. 그러한 미래적 사고는 지도자를 도와서 이상적 역할을 만들고 하나님께서 그 지도자를 통해서 성취하기를 원하시는 것 위에 더욱 의도적으로 초점을 맞추게 한다.

궁극적 공헌을 위해서 역사적 지도자들에 대한 연구를 계속하는 것이 필요하다. 이러한 주요한 범주에 쉽게 떨어지지 않는 약간의 다른 궁극적 공헌들도 있다. 이것은 그 유형론이 다듬어질 필요가 있다는 것을 의미한다. 하위범주들 또한 다듬어질 필요가 있다. 사역 하위 범주들인 개인적인 것과 공적인 것은 좋은 것이지만 모든 종류의 사역에 있어서 궁극적 공헌들을 기술하는 데에는 적절하지 못하다. 그러한 연구는 지도자들의 전반적 개발을 판단하는 것을 돕는 결과들을 제공할 것이고, 숙명 인식의 성취를 평가하기 위한 보다 넓은 틀을 제공하며, 지도자들로 하여금 궁극적 공헌을 향하여 나아가는 것과 관련해서 반응 유형을 평가하도록 도전할 것이다.

### 요약
이 장에서 일곱 가지 개발 척도들이 논의되었다: 1. **주요한 교훈들**, 2. 개발 과제들, 3. 은사, 4. **영향력의 범위**, 5. **영향력 수단들**, 6. **유형에 따른 평가**, 그리고 7. **수렴**. 이러한 범주들에 따라 한 지도자를 평가하는 것이 경계선상의 때에 행해진다는 것이 제시되었다. 계속해서 이어시는 경계선 혹은 시작과 마지막 경계선의 비교 분석을 통해서 한 지도자의 삶에서 일어난 개발의 조짐을 알 수 있다. 모든 이러한 척도들은 대부분의 사례에서 일어난다.

이러한 척도들이 그 지도자의 리더십을 평가하지 않는다는 것에 주의를 기울여야만 한다. 그것들은 교훈들을 배우는 데 있어서의 개발 혹은 영향력의 범주의 습득 혹은 손실, 특정 은사―혼합을 따르는 개발이 좋은지 나쁜지에 대해서는 말해주지 않는다. 이러한 척도들은 단순히 이러한 일들이 일어난다는 것을 지적할 뿐이다. 미래 연구, 특히 성경적으로 근거한 연구는 이러한 척도들의 평가를 위한 기준으로 공헌할 수 있는 가치들과 관련해서 행해질 필요가 있다. 이 연구는 경험에 근거하고 있으며 단순히 관찰된 척도들을 서술한다.

현대의 지도자들은 그들의 업적들에 대한 자기―평가를 하기 시작했다. 이러한 업적들은 적어도 배아적 형태에서 휫워스의 궁극적 공헌 유형론의 일반적 범주에 잘 맞는 것 같다.

궁극적 평가는 전체와 부분을 볼 수 있고 영원한 관점으로 편견 없는 분석을 제공할 수 있는 심판의 보좌와 신적인 관점을 기다린다.

# 결론

## 리더십 명령과 리더십 갭 (Leadership Gap)

내가 지도자의 삶에 대한 연구라는 나 자신의 순례를 시작했을 때 나는 개인적으로 리더십 명령에 의해 도전받았다. 그것을 다시 한번 읽어보라.

"하나님의 메시지를 당신에게 전해준 이전의 지도자들을 기억하시오. 그들이 어떻게 살았고 죽었는지를 되돌아보고, 그들의 믿음을 본받으시오. 예수 그리스도는 어제, 오늘, 그리고 영원히 동일합니다." 히브리서 13:7,8

내가 위의 구절들을 읽을 때, 두 가지 질문이 떠올랐다. 첫 번째 질문은 어떻게 내가 "그들이 어떻게 살았고 죽었는지를 되돌아보는가?" 였다. 두 번째는 어떻게 내가 "그들의 믿음을 본받는가?" 였다.

이 책자는 내가 이러한 질문들에 대해 상세하게 답변하고자 할 때 나오게 되었다. 나는 그 안에서 논의된 이슈들이 리더십 갭에 결정적이라고 믿는다.

## 긴급한 리더십의 필요들 – 리더십 갭

리더십은 매우 타당한 주제이다. 나는 여행을 많이 한다. 나는 선교 기관들과 현지인 교회 지도자들에게 컨설팅을 해 준다. 나는 미국과 해외에서 리더십 주제를 가르친다. 모든 이러한 상황들 속에서 나는 절실한 리더십의 필요를 본다. 만일 끊임없이 메아리쳐 울리는 한 가지 필요가 있다면 그것은 이것이다. "우리는 보다 많은 좋은 지도자들을 필요로 한다." 혹은 달리 진술되면, "우리는 훈련된 지도자가 없다. 우리 교회는 그토록 빠르게 성장해서 우리는 충분히 훈련된 지도자를 갖지 못한다." 국내에서나 해외에서의 사역은 예수님께서 그분의 추종자들을 권면했을 때 그분이 본 것을 반영한다.

무리를 보시고 불쌍히 여기시니 이는 그들이 목자 없는 양과 같이 고생하며 기진함이라. 이에 제자들에게 이르시되 "추수할 것은 많되 일꾼이 적으니, 그러므로 추수하는 주인에게 청하여 추수할 일꾼들을 보내 주소서 하라" 하시니라. 마9:36-38

예수님의 때에 리더십 갭이 있었다. 오늘날에도 그것이 있다. 그 갭은 양과 질을 다 포함한다. 몇몇 교회들은 오늘날 너무나도 빨리 확장되어서 그 교회들은 가용한 "훈련된" 지도자들의 공급을 앞지른다. 연구를 통해 성장하는 교회들은 공식적 훈련 기관들에 의해서 생산될 수 있는 것보다 더 많은 지도자들을 필요로 할 것이라는 것을 알 수 있다. 얼마나 유쾌한 문제인가!

그러나 숫자보다 더한 것이 있다. 우리는 질적인 지도자들을 필요로 한다. 몇몇 지도자들이 사역 기술 혹은 사역 철학에서의 결핍으로 인해서 리더십에서 실패하는 것이 진실이지만, 실패의 주요한 원인은 사역 기술 혹은 사역 철학의 결핍이 아니다. 그것은 리더십 성격에서의 실패이다. 수많은 최근의 국가적으로 알려진 기독교 지도자들의 스캔들 (그리고 더 많은 것은 알려지거나 공표되지 않았다) 은 질적인 지도자들이 필요하다는 것을 나타낸다. 하나님께서 형성한 성격과 확신을 가진 지도자들이 그리스도인들을 위해서 그리고 세속 세상을 위해서 리더십이 무엇인지 모델이 되는 것이 필요하다. 우리가 리더십 틈새에 관해서 무엇을 할 수 있겠는가?

**이러한 긴급한 필요들을 채우기 위해서 해야만 하는 세 가지 것들**

나는 무엇보다도 먼저 리더십 명령에 복종적인 반응을 보이는 데에 그 답이 있다고 믿는다. 우리는 리더십이 진실로 어떠한 선한 것인지 알 필요가 있다. 명령은 그 사실을 강조한다. 그러나 그것은 그 이상의 것을 행한다. 그것은 우리가 리더십의 살아있는 근원이신 예수님께서 우리 안에 그러한 동일한 리더십 자질들을 넣어주셔서 우리를 통하여 그분의 목적들을 향하여 유사한 성과들을 낼 수 있도록 기대할 수 있다는 것을 지적한다. 그 명령은 타당한가?

기독교 지도자들인 우리들은 우리들의 삶이 과거 선교사들이나 목회자들 혹은 다른 기독교 지도자들의 귀감이 되는 모범들에 의해 얼마나 깊은 영향을 받았는지 충분히 잘 안다. 나 자신의 개발의 초기에 나는 허드슨 테일러에 관해 읽으면서 깊은 도전을 받았다 – 특히 그의 많은 신앙에 도전이 되는 위업들. 나는 내가 하나님께서 내 사역에 기금을 공급하고 문을 열어준다는 것을 신뢰할 수 있다는 것을 배웠다. 나는 내가 하나님께서 나를 통해서 하시기를 원하시는 것에 대해 듣고 그리고 그분이 그것을 행하도록 신뢰할 필요가 있다는 것을 배웠다. 그것은 진리이다! 예수님은 동일하시다. 그분은 리더십의 근원이시다. 예수님께서 과거의 지도자들을 위해서 하신 것을 그분은 오늘날의–그리고 내일의–지도자들을 위해서 하실 수 있으시다.

나는 이 리더십 명령에 있는 명령을 이런 식으로 해석하기를 좋아한다. "그들이 어떻게 살고 죽었는지에 대해서 되새겨보라. 그리고 너 자신의 삶을 위해서 지속적으로 배우라."

이 매뉴얼은 당신을 도와서 리더십 명령을 순종하게 할 것이다. 그 개념들을 적용함으로 당신은 어떻게 좋은 리더십을 평가하는지를 배우고 어떻게 지도자들이 출현하는지를 보게 될 것이다. 당신은 어떻게 하나님께서 그 지도자를 만들기 위해서 그의 삶에 개입하시는지 배울 것이다. 당신은 이러한 개념들을 당신 자신의 삶에 기꺼이 적용할 수 있을 것이다.

그래서 리더십 갭을 해결하는 **첫 단계**는 리더십 명령에 순종하는 것이고 어떻게 하나님께서 리더십을 개발하시는지를 연구함으로 무엇이 좋은 리더십인지 이해하기 시작하는 것이다.

사역은 궁극적으로 존재로부터 나온다. 한번 우리가 무엇이 좋은 리더십

인지 그리고 어떻게 하나님께서 그것을 개발하시는지를 보기 시작하면 우리는 우리 자신들이 좋은 지도자들이 되어야만 한다 ─ 우리를 만드시는 그분의 개발 과정에 하나님과 함께 일함으로. 하나님의 과정들에 대한 우리의 기민하고, 민감하며 재빠른 반응은 우리의 리더십 개발의 속도를 증가시킬 것이다. 우리는 좋은 모델들이 **되어야**만 한다. 리더십 명령의 계속적인 힘이 여기에 적용된다. 우리가 좋은 리더십의 모델이 될 때, 우리는 중요한 방식으로 리더십 갭을 해결하는 것을 돕는다. 좋은 리더십은 좋은 떠오르는 지도자들에게 매력을 준다. 그래서 **두 번째 단계**는 하나님께서 떠오르는 지도자들에게 우리들을 통해서 리더십 명령의 힘을 활용하실 수 있도록 우리가 될 필요가 있는 지도자들이 되는 것이다. 만일 우리 자신이 하나님께서 뜻하시는 지도자들이 된다면 그 때에 우리는 우리의 사역들 가운데 떠오르는 다른 사람들을 위해서 리더십 명령의 약속을 주장할 수 있을 것이다.

비슷한 것에 끌린다 (Like-attracts-like). 우리가 **모방할 가치가 있는 모델들이 된다**면 우리는 하나님께서 우리 주변으로 우리가 가진 것과 된 것을 동경하는 떠오르는 지도자들을 보내 주실 것을 기대할 수 있다. 우리는 그 때에 어떻게 그들의 멘토가 되어주는지를 알아야만 한다. 멘토가 되어 주기 위해서 우리는 떠오르는 지도자들을 인식하는 눈이 되고 그러한 눈을 가져야만 한다. 그리고 우리는 어떻게 멘토하는지를 알아야만 한다. **세 번째 단계**는 떠오르는 지도자들을 멘토링하는 것을 포함한다. 오늘날의 리더십은 어느 때보다도 더 복합적이다. 만일 젊은 떠오르는 지도자들이 오늘날의 복합적인 리더십 상황에서 일을 감당하려면, 그들은 영적으로 성숙한 멘토들을 필요로 한다고 나는 확신한다.

### 올바른 종류의 멘토들

우리가 좋은 멘토가 되고자 한다면 우리는 내가 서문에서 소개한 도전을 기억하고 그것에 반응할 필요가 있을 것이다. 나는 강조하기 위해서 그것들을 여기에서 다시 반복한다. 멘토는 리더십 성격, 기술, 그리고 가치에서 성숙을 향하여 성장하는 사람이다. 완성된 상품은 아니지만 옳은 방향에서 움직이는 사람이다. 당신이 응답하기만 한다면, 네 가지 도전들은 당신이 옳은 방향에서 움직이고 있다는 것을 확신하는 것을 도울 것이다. 다시 읽어보라. 그리고 당신에게 그것들에 응답할 마음을 주시도록 하나님께 구하라.

도전 1.　　　그리스도께서 기독교 사역으로 지도자들을 부르실 때 그들의 최대한의 잠재력까지 개발하시고자 하신다. 리더십에 있는 우리 각자는 우리의 전 삶을 통해서 하나님의 과정과 일치되게 개발하는 것을 계속할 책임이 있다.

도전 2.　　　모든 지도력의 주요한 기능은 떠오르는 지도자를 선발하는 것이다. 지도자들은 보다 젊은 지도자들에 대한 하나님의 과정을 계속해서 인식해야만 하고 그 과정에 협력해야 한다.

도전 3.　　　지도자들은 만일 그들이 전 생애를 거쳐서 생산적이기를 기대한다면, 동시에 성경적 리더십 가치들을 존중하며, 그들이 사는 시대의 도전들을 포용하며, 그들의 독특한 은사 개발과 개인적 개발에 적합한 사역 철학을 개발해야만 한다.

도전 4.　　　사역은 본질적으로 존재로부터 나온다. 만일 당신이 (하나님의) 왕국에서 영적인 리더십을 제공하고자 한다면, 당신은 계속해서 당신의 영성을 평가해야만 하고 그것을 유지해야만 한다.

어떠한 경우에도 도전 4를 잊지 말라. 당신의 영성을 유지하라. 대부분의 리더십 실패는 자신의 영성을 지키는 것을 실패한 데에서 기인한다.

리더십 명령을 알고 그것을 믿는 좋은 멘토들은 내가 매뉴얼을 통해서 강조해온 일곱 가지 주요한 교훈들을 주의 깊게 숙고하는 것이 좋다. 그것들은 가치 있는 궁극적 공헌들을 행한 수많은 과거 지도자들로부터 종합된 것이다. 그 교훈들은 단지 증상들임을 기억하라. 단순히 그 교훈들을 적용하고자 시도하는 것은 성공적이지 못할 수도 있다. 사례를 들어보겠다. 1960년대에 누군가가 성공적인 사업가들은 어휘 사용량이 엄청나다는 것에 주목했다. 즉각적으로 어떻게 자신의 어휘력을 증진시키느냐에 관한 책들이 쏟아져 나오고 시장을 강타했다. 그 뒤에 놓인 생각은 만일 당신의 어휘력을 향상시킨다면 당신은 사업에서 보다 성공적인 사람이 될 수 있다는 것이다. 어휘력을 늘리는 것은 보다 나은 지도자를 보장하지 못한다. 중요한 것은 주요한 교훈들 뒤에 있는 역학들이다. 당신 자신의 삶에 이러한 교훈들을 나타낼 그러한 종류의 사람이 되도록 당신을 만들어 달라고 하나님께 구하라. 다시 당신의 기억을 새롭게 하기 위해서 그것들을 반복할 것이다.

1. 효과적인 지도자들은 일생동안 배우는 자세를 견지한다.
2. 효과적인 지도자들은 주요한 능력 기반으로 영적 권위를 존중한다.
3. 효과적인 지도자들은 리더십 선발과 개발을 우선적인 기능으로 인식한다.
4. 일생 동안 생산적인 효과적인 지도자들은 강력한 사역 철학을 갖는다.
5. 효과적인 지도자들은 점증하는 숙명인식을 가진다.
6. 효과적인 지도자들은 점점 더 평생의 관점에서 그들의 사역을 인식한다.
7. 효과적인 지도자들은 속도를 조절하는 사람들이다.

## 이 매뉴얼의 두 가지 목적을 확대하기

서문에서 나는 이 책자를 발간하는 두 가지 목적을 진술했다. 내가 지도자 평생개발 이론을 취급하는 것은 성격상 순수하게 적용적인 것이다. 나는 남성이든 여성이든 모든 중간—경력 지도자들이 하나님께서 과거에 그들을 형성하는 데 행하신 것을 이해하고 확신을 갖고 하나님께서 미래에도 그러한 형성하는 작업을 계속할 것을 기대하기를 원한다. 나는 그들이 하나님께서 그들을 그분의 목적을 성취하기 위해 사용하실 질 높은 지도자들로 만들 것을 믿기를 원한다. 나는 이러한 질 높은 지도자들이 지도자 평생개발 이론 개념을 사용해서 우리 주변 어디에서든지 평생 개발하는 미래 지도자들을 선발하고 개발하는 것을 돕기를 더욱 원한다. 만일 우리가 먼저 하나님께서 우리가 되기를 원하시는 지도자들이 **되고**, 그리고 두 번째로 보다 젊은 지도자들의 보다 효과적인 개발을 **멘토**해 주는 데로 나아간다면, 우리는 리더십 틈새를 줄이고 하나님 나라의 도래를 앞당기는 데에 있어서 우리의 몫을 감당할 것이다.

이러한 두 가지 주요한 목적들을 확대하기 위하여 지도자 평생개발 이론을 다섯 가지로 활용할 수 있는 방안을 제시하겠다. 커어트 레윈(Kurt Lewin)은 그것을 오래 전에 말했다. "어떤 것도 좋은 이론처럼 실제적이지 않다." 그리고 역으로, 어떤 것도 형편없는 이론 (혹은 더 나쁘게, 이론이 없는 것)처럼 비실제적인 것은 없다. 나는 지도자 평생개발 이론은 좋은 이론이라고 믿는다. 그것은 리더십 명령에 성경적 뿌리를 가진다. 그것이 활용될 수 있는 다음의 실제적 방식들을 제시하겠다:

### 1. 자기-분석

먼저, 지도자 평생개발론은 연구의 결과를 그들 자신의 삶에 적용하기 위하여 연구될 수 있다. 그것은 그들 자신이 현재 개발에 있어서 어디에 있는지 이해하는 것을 도울 것이다. 중간-경력 지도자들은 이러한 종류의 성찰을 필요로 한다. 이 매뉴얼은 공식적 과정에서, 워크숍에서, 소그룹에서, 다른 관심을 가진 지도자와 함께 혹은 홀로 연구될 수 있다. 그것의 개념들은 한 지도자의 남은 리더십을 매우 효과적으로 만들 중간-과정 수정을 제공할 수 있을 것이다.

### 2. 설명

이론으로부터 과정들에 대한 정의, 개념, 그리고 기술이 주어진 상황에서 지도자들에게 발생하는 것을 설명하기 위해서 특정 순간에 적용될 수 있다. 사람들은 개념들로부터 혜택을 얻기 위해서 전 이론을 알아야만 하는 것은 아니다. 주어진 상황에서 무엇이 일어나는지를 아는 것은 한 지도자를 만들기 위해서 하나님께서 사용하시는 과정의 종류를 설명하는 것이나 혹은 지도자들이 특정한 종류의 배움의 상황에서 통과하는 일련의 단계들을 보여주는 것처럼 단순한 것일 수 있다. 당신은 비록 다른 사람들이 그 이론을 알지 못한다고 할지라도 그들과 함께 이 이론으로부터 나온 개념들을 사용할 수 있다. 실제로, 만일 당신이 리더십 명령을 보다 광범위하게 적용하고 그것에 내재된 능력을 이용하기를 원한다면 당신은 그렇게 해야만 한다.

### 3. 계획하기

화이트헤드 부부가 "계획하기"(scheduling) 의 개념을 규정했을 때 그들은 우리에게 큰 호의를 베풀었다. 사람들은 만일 그들이 무엇이 일어나는지와 일어날 것인지를 안다면 그들의 삶에서의 위기를 "중재할 수"(혜택을 갖고 더 잘 다룰 수) 있다고 주장한다. 그것은 "미리 경고받는 것은 미리 무장하는 것이다" 라는 옛 사상이다. 혹은 그것을 성경적 맥락에서 말한다면 그것은 잠언22:3을 매우 넓게 적용하는 것이다. "슬기로운 자는 재앙을 보면 숨어 피하여도 어리석은 자는 나가다가 해를 받느니라." 계획을 세우는 것은 도움을 준다. 당신은 지도자 평생개발 이론이 예언적 일격을 가한다는 것을 기대하면서 이 이론의 여러 아이디어들을 사용할 수 있다. 당신은 그것의 아이디어들을 절대적인 것이라고 주장할 수는 없다. 그렇지만 하나님께서 어떻게 과거에 역사하셨는지에 대한 중요한 지침들로서 주장할 수는 있다. 그것은 지도자들이 직면하는 어려운 과정을 중재하는 것을 도와서 그 안에서 하나님의 교훈들을 보게 할 수 있다.

### 4. 경력 상담

조직들은 그들의 사람들의 삶의 역사를 인식해야만 한다. 결정이 내려질 때 조직의 필요들만 고려되는 것이 아니라 개인적 지도자들의 개발적 평가들도 고려되어야만 한다. 경력 파일들은 지도자 평생개발 이론의 많은 개념들 위에 근거한 삶의 역사에 대한 정보를 가져야만 한다. 최고 수준의 인사에 대한 의사 결정은 관련된 사람에 대한 평생 관점을 인식하는 가운데 내려져야만 한다.

**5.멘토링**

당신은 지도자 평생개발 이론을 떠오르는 지도자들을 멘토하는 데 도움이 되도록 사용할 수 있다. 지도자들이 개발되는 과정들을 아는 것은 떠오르는 지도자들을 지혜롭게 멘토링하는 데에 있어서 당신을 크게 도울 것이다.

나는 당신이 지도자 평생개발 이론을 활용하기를 소망한다. 내가 믿기는 만일 우리가 그렇게 한다면 우리는 리더십 틈새를 대폭 줄일 수 있을 것이다.

# 참고 문헌

**Allen, Daniel**
1988 "Ministry Philosophy in the Life of Charles Simeon. Oral Report with research notes." Unpublished research project. Pasadena: School of World Mission of Fuller Theological Seminary.

**Albrecht, Wallace**
1987 "A Study in Divine Initiatives--Wallace Albrecht: A Leadership Selection Process Self-Study." Pasadena: Unpublished paper in the School of World Mission of Fuller Theological Seminary.

**Barnes, John**
1987 "The First Thirty-Nine Years." Pasadena: Unpublished paper in the School of World Mission of Fuller Theological Seminary.

**Baumgartner, Erich Walter**
1987 "Erich Walter Baumgartner Called For a Mission in Europe." Pasadena: Unpublished paper in the School of World Mission of Fuller Theological Seminary.

**Belesky, David**
1987 "A Leadership Development Study on David Belesky." Pasadena: Unpublished paper in the School of World Mission of Fuller Theological Seminary.

**Bennett, David William**
1988 "Review of the Literature." Pasadena: Unpublished paper in the School of World Mission of Fuller Theological Seminary.

**Bertelsen, Walt**
1985 "When God Gives A Sense of Destiny--A Biblical Study on Motivating Leaders." Pasadena: Unpublished Research Project in the School of World Mission of Fuller Theological Seminary.

**Booth, Carlton**
1984 **On the Mountain Top.** Wheaton, IL: Tyndale House.

**Bryant, Rees**
1987 "The Emergence of a Reluctant Leader." Pasadena: Unpublished paper in the School of World Mission of Fuller Theological Seminary.

**Buchan, Jeff**
1987 "Jeff Buchan: A Leadership Selection Process Study." Pasadena: Unpublished Data Notes in the School of World Mission of Fuller Theological Seminary.

**Burt, Margaret**
1989 "LEP SKETCH." Pasadena: Unpublished Data Notes in the School of World Mission of Fuller Theological Seminary.

**Butt, Howard**
1973 **The Velvet Covered Brick: Christian Leadership in An Age of Rebellion.** New York: Harper and Row.

**Callender, R. Bruce**
1983 "Francis Asbury: Advocate Supreme." Pasadena: Unpublished paper in the School of World Mission of Fuller Theological Seminary.

**Carlson, Dean W.**
1985 "J. O. Fraser--A Leadership Selection Process Study." Pasadena: Unpublished paper in the School of World Mission of Fuller Theological Seminary.

**Chan, Geok Oon**
1987 "A Leadership Emergence Patterns: Study of Geok Oon Chan." Pasadena: Unpublished paper in the School of World Mission of Fuller Theological Seminary.

**Chao, Peter**
1982 "Personal Leadership Selection Paper." Pasadena: Unpublished paper in the School of World Mission of Fuller Theological Seminary.

**Chuang, James**
1982 "A. B. Simpson: A Dynamic Initiator of a New Movement." Pasadena: Unpublished paper in the School of World Mission of Fuller Theological Seminary.

**Classen, Gordon**
1987 "Leadership Development Study on Gordon Classen." Pasadena: Unpublished paper in the School of World Mission of Fuller Theological Seminary.

**Clinton, J. Robert**
1975 Puzzles with a Purpose. Coral Gables, FL: Learning Resource Center.

1981 Figures and Idioms. Altadena: Barnabas Resources.

1982a "Daniel—A Model of Transitional Leadership." Unpublished notes. Pasadena: School of World Mission of Fuller Theological Seminary.

1982b "Leadership Selection Processes in the Life of Peter" Unpublished notes. Pasadena: School of World Mission of Fuller Theological Seminary.

1982c "Leadership Selection Processes in the Life of Peter Kuzmic." Unpublished notes. Pasadena: School of World Mission of Fuller Theological Seminary.

1982d "Watchman Nee: A Model of Indigenous Leadership." Unpublished notes. Pasadena: School of World Mission of Fuller Theological Seminary.

1983a **Leadership Emergence Patterns.** Altadena: Barnabas Resources.

1983b **Leadership Training Models.** Altadena: Barnabas Resources.

1984a Unpublished research notes on A. W. Tozer. Pasadena: School of World Mission of Fuller Theological Seminary.

1984b Unpublished research notes on Robert C. McQuilkin. Pasadena: School of World Mission of Fuller Theological Seminary.

1984c Unpublished research notes on Dawson Trottman. Pasadena: School of World Mission of Fuller Theological Seminary.

1985a **Spiritual Gifts.** Alberta: Horizon House.

1985b **Joseph--Destined To Rule, A Study in Integrity and Divine Affirmation.** Altadena: Barnabas Resources.

1986a "Reflections on a Leadership Bibliographic Search." Unpublished Doctoral Tutorial. Pasadena: School of World Mission of Fuller Theological Seminary.

1986b **Leadership Styles.** Altadena: Barnabas Resources.

1986c **A Short History of Leadership Theory--A Paradigmatic Overview of Leadership Theory from 1841-1986.** Altadena: Barnabas Resources.

1987a **Leadership Emergence Patterns.** 2nd ed. Altadena: Barnabas Resources.

1987b **How to Do a Leadership Development Study.** Altadena: Barnabas Resources.

1987c "Leadership Development Theory--Influence Perspectives." Unpublished Doctoral Tutorial. Pasadena: School of World Mission of Fuller Theological Seminary.

1987d Phillip Bliss, Eliza Hewitt, and D. H. Whittle. Unpublished research notes on three 19th century hymn writers. Pasadena: School of World Mission of Fuller Theological Seminary.

1988a "Leadership Development Theory: Comparative Studies Among High Level Christian Leaders." Doctoral Thesis. Pasadena: School of World Mission of Fuller Theological Seminary.

1988b **The Making of A Leader.** Colorado Springs: Nav Press.

1989a "Developing Leadership Gifts." Pasadena: Unpublished Syllabus Notes for ML 521, School of World Mission of Fuller Theological Seminary.

1989b "Unpublished Observation Notes on an International Leader." Pasadena: School of World Mission of Fuller Theological Seminary.

**Clinton, J. Robert and Raab, Laura**
1985 **Barnabas--Encouraging Exhorter, A Study in Mentoring.** Altadena: Barnabas Resources.

**Colquhoun, Rick**
1987 "Rick Colquhoun's Personal Pilgrimage: A Leadership Development Study." Pasadena: Unpublished Data Notes in the School of World Mission of Fuller Theological Seminary.

**Collinridge, Richard**
1987 "Leadership Development Study on Richard Collinridge." Pasadena: Unpublished Data Notes in the School of World Mission of Fuller Theological Seminary.

**Cook, Jennifer**
1987 "Charles Simeon: A Study in Leadership." Pasadena: Unpublished paper in the School of World Mission of Fuller Theological Seminary.

**Davis, Ray**
1987 "Leadership Emergence Patterns: A Self-Study by Ray Davis." Pasadena: Unpublished Data Notes in the School of World Mission of Fuller Theological Seminary.

**De George, Richard T.**
1976 "The Nature and Functions of Epistemic Authority." in Authority: A Philosophical analysis, Harris (ed). Tuscaloosa, Alabama: University of Alabama Press.

**Dutton, Peter**
1986 "Personal Leadership Selection Process Paper." Pasadena: Unpublished paper in the School of World Mission of Fuller Theological Seminary.

**Dykstra, Joan L.**
1983 "Personal Leadership Selection Study—Joan Dykstra." Pasadena: Unpublished paper Notes in the School of World Mission of Fuller Theological Seminary.

**Edwards, Robert Earl**
1986 "Leadership Development Process." Pasadena: Unpublished paper in the School of World Mission of Fuller Theological Seminary.

**Elliston, Edgar J. (ed.)**
1989 Christian Relief and Development: Developing Workers for Effective Ministry. Dallas, TX: Word Publishing, Incorporated.

**Faber, Linda**
1989 "LEP SKETCH." Pasadena: Unpublished Data Notes in the School of World Mission of Fuller Theological Seminary.

**Fiedler, Fred**
1967 A Theory of Leadership Effectiveness. New York: McGraw Hill.

**Finzel, Hans**
1987 "A Leadership Development Study of Hans Finzel." Pasadena: Unpublished Data Notes in the School of World Mission of Fuller Theological Seminary.

1988 "Developing An Awareness of Boundary Processing." Pasadena: Unpublished Research Paper in the School of World Mission of Fuller Theological Seminary.

**George, William**
1982 "Leadership Selection Processes in the Life of Maria W. Atkinson: Founder of the Church of God in Mexico." Pasadena: Unpublished paper in the School of World Mission of Fuller Theological Seminary.

**Goodwin, Bennie E.**
1981 The Effective Leader—A Basic Guide to Christian Leadership. Downer's Grove, IL: InterVarsity Press.

**Grant, Ian L.**
1985 "The First Thirty-Four Years: Ian Grant—A Leadership Selection Process." Pasadena: Unpublished paper in the School of World Mission of Fuller Theological Seminary.

**Gripentrog, Greg**
1987 "Greg Gripentrog: A Leadership Development Study." Pasadena: Unpublished Data Notes in the School of World Mission of Fuller Theological Seminary.

**Harbaugh, Gary L., et. al.**
1986 Beyond the Boundary—Meeting the Challenge of the First Years of Ministry. New York: Alban Institute.

**Harris, Mike**
1982a "Joseph—A Leadership Selection Paper." Pasadena: Unpublished paper in the School of World Mission of Fuller Theological Seminary.

1982b "Personal Leadership Selection Paper." Pasadena: Unpublished paper in the School of World Mission of Fuller Theological Seminary.

Harris, R. Baine (ed.)
1976 Authority: A Philosophical Analysis. Tuscaloosa: University of Alabama Press.

Hersey, P. and Branchard, K. H.
1982 Management of Organizational Behavior. 7th Edition. Englewood Cliffs, NJ: Prentice Hall.

Hewko, Murray
1987 "Leadership Emergence Patterns." Pasadena: Unpublished Data Notes in the School of World Mission of Fuller Theological Seminary.

Hiebert, Edmond
1954 An Introduction to the Pauline Epistles. Chicago, IL: Moody Press.

Hinton, Keith
1982 Personal Leadership Selection Process Study. Pasadena: Unpublished Data Notes in the School of World Mission of Fuller Theological Seminary.

Holland, Fredric L.
1978 "Theological Education in Content and Change: The Influence of Leadership Training and Anthropology on Ministry For Church Growth." Pasadena: D.Miss. Dissertation in School of World Mission of Fuller Theological Seminary.

Hollis, Douglas
1985 "Douglas Hollis--A Leadership Selection Process." Pasadena: Unpublished paper in the School of World Mission of Fuller Theological Seminary.

Humble, Arny
1987 "An Autobiographical Leadership Development Study." Pasadena: Unpublished Data Notes in the School of World Mission of Fuller Theological Seminary.

Kauffman, Tim
1987 "Influence Continuum." Pasadena: Unpublished research report. Pasadena: School of World Mission of Fuller Theological Seminary.

Kietzman, Robin
1983 Life Study: Robin Kietzman. Pasadena: Unpublished Data Notes in the School of World Mission of Fuller Theological Seminary.

King, Roberta
1982 "Charles Wesley--A Model of Background Leadership." Pasadena: Unpublished paper in the School of World Mission of Fuller Theological Seminary.

Kinnear, Angus I.
1973 Against the Tide: The Story of Watchman Nee. Ft. Washington, Pennsylvania: Christian Literature Crusade.

Kirkpatrick, John
1988 The Theology of Servant Leadership. D. Miss Thesis. Pasadena: School of World Mission of Fuller Theological Seminary.

Klebe, Karen
1982 "Karen Klebe--A Study of Leadership Selection and Development." Pasadena: Unpublished paper in the School of World Mission of Fuller Theological Seminary.

Knowles, Malcolm
1980 The Modern Practice of Adult Education. Chicago: Follett Publishing Company.

Le Peau, Andrew T.
1983 Paths of Leadership. Downers Grove, IL: InterVarsity Press.

Lee-Lim, Euek Eng
1982 "James Hudson Taylor." Pasadena: Unpublished paper in the School of World Mission of Fuller Theological Seminary.

Loving, Richard
1986 "Richard Loving--A Leadership Selection Process." Pasadena: Unpublished paper in the School of World Mission of Fuller Theological Seminary.

1987 "Observation on Studies of Two PNG Leaders." Pasadena: Unpublished paper in the School of World Mission of Fuller Theological Seminary.

Low, Dexter
1989 "LEP SKETCH." Pasadena: Unpublished DAta Notes in the School of World Mission of Fuller Theological Seminary.

MacDonald, Gordon
1985 "Lectures on the Life of Charles Simeon." Pasadena: Unpublished paper in the School of World Mission of Fuller Theological Seminary.

Mann, David P.
1987 "Leadership Development Study: David P. Mann." Pasadena: Unpublished Data Notes in the School of World Mission of Fuller Theological Seminary.

Maranville, Randall R.
1982 "Samuel J. Mills Jr." Pasadena: Unpublished paper in the School of World Mission of Fuller Theological Seminary.

Martinez, Juan
1987 "A Loner Who Found A Friend." Pasadena: Unpublished Data Notes in the School of World Mission of Fuller Theological Seminary.

McGavran, Donald
1981 Unpublished class notes from Advanced Church Growth Class. Pasadena: School of World Mission.

McConnell, Doug
1985 "Doug McConnell--A Leadership Selection Process." Pasadena: Unpublished paper in the School of World Mission of Fuller Theological Seminary.

Menees, Richard
1987 "Maverick for Mission: A Leadership Development Study on the Life of Richard A. Menees." Pasadena: Unpublished Data Notes in the School of World Mission of Fuller Theological Seminary.

Metcalf, Sam
1987 "Overview Draft of Own Emergence Patterns." Pasadena: Unpublished Notes in the School of World Mission of Fuller Theological Seminary.

Morehead, Peter
1985 "C. T. Studd." Pasadena: Unpublished paper in the School of World Mission of Fuller Theological Seminary.

Mitchell, Linda
1987 "A Leadership Development Study on the Life of Linda Mitchell." Pasadena: Unpublished paper in the School of World Mission of Fuller Theological Seminary.

Mueller, Karl
1987 "A Leadership Development Self-Study." Pasadena: Unpublished Data Notes in the School of World Mission of Fuller Theological Seminary.

Myers, Elisabeth
1989 "LEP SKETCH." Pasadena: Unpublished Data Notes in the School of World Mission of Fuller Theological Seminary.

Naisbitt, John
1982 Megatrends. New York: Warner Books.

Nee, Watchman
n.d. Spiritual Authority. Fort Washington: Christian Literature Crusade.

Nelson, Randall
1987 "A Leadership Development Study--Randall D. Nelson." Pasadena: Unpublished Data Notes in the School of World Mission of Fuller Theological Seminary.

Newton, Brian
1983 "Personal Leadership Selection Process Paper." Pasadena: Unpublished paper in the School of World Mission of Fuller Theological Seminary.

Newton, Robert D.
1983 "Personal Leadership Selection Paper." Pasadena: Unpublished paper in the School of World Mission of Fuller Theological Seminary.

Palich, Steven A.
1987 "Toward a Clearer Reflection." Pasadena: Unpublished Data Notes in the School of World Mission of Fuller Theological Seminary.

**Pease, Richard B.**
1983 "A. B. Simpson." Pasadena: Unpublished paper in the School of World Mission of Fuller Theological Seminary.

**Petersen, Mitchell**
1987 "Leadership Selection Processes." Pasadena: Unpublished paper in the School of World Mission of Fuller Theological Seminary.

**Pierce, George Preble**
1986 "A Leadership Selection Process Study." Pasadena: Unpublished Data Notes in the School of World Mission of Fuller Theological Seminary.

**Reid, Patricia and Van Dalen, Norma**
1985 "Leadership Development in the Life of Amy Beatrice Carmichael." Pasadena: Unpublished paper in the School of World Mission of Fuller Theological Seminary.

**Repko, Denny**
1987 "LEP Overview and Back-up Notes." Pasadena: Unpublished notes in the School of World Mission of Fuller Theological Seminary.

**Sanford, Agnes**
1983 The Healing Gifts of the Spirit. Old Tappan, NJ: Fleming H. Revell Company.

**Schambach, Sonna**
1989 "LEP SKETCH." Pasadena: Unpublished Data Notes in the School of World Mission of Fuller Theological Seminary.

**Senyimba, Michael**
1986 "A Leadership Selection Process for Michael N. Senyimba." Pasadena: Unpublished paper in the School of World Mission of Fuller Theological Seminary.

**Shelley, Mark**
1985 "Leadership Selection Process Study of Myself: A Study in Conflict and Spiritual Authority. Pasadena: Unpublished paper in the School of World Mission of Fuller Theological Seminary.

**Sims, Ronald John**
1987 "A Study of My Personal Leadership Development." Pasadena: Unpublished Data Notes in the School of World Mission of Fuller Theological Seminary.

**Smith, Marvin**
1983 "Leadership Selection Paper for Marvin Smith." Pasadena: Unpublished paper in the School of World Mission of Fuller Theological Seminary.

**Stalnaker, Cecil**
1989 "LEP SKETCH." Pasadena: Unpublished Data Notes in the School of World Mission of Fuller Theological Seminary.

**Stanford, Miles**
1975 The Green Letters. Colorada Spirings: published privately.

**Strong, Cynthia**
1989 "LEP SKETCH." Pasadena: Unpublished Data Notes in the School of World Mission of Fuller Theological Seminary.

**Takatori, Hironari and Kropp, Dick**
1983 "A. B. Simpson—Leadership Selection Process." (By Hironari Takatori and Dick Kropp.) Pasadena: Unpublished paper in the School of World Mission of Fuller Theological Seminary.

**Teng, Kwang**
1989a "LEP SKETCH." Pasadena: Unpublished Data Notes in the School of World Mission of Fuller Theological Seminary.

1989b "Personal Giftedness Analysis." Pasadena: Unpublished paper in the School of World Mission of Fuller Theological Seminary.

**Tink, Fletcher**
1982a "Personal Leadership Selection Paper." Pasadena: Unpublished paper in the School of World Mission of Fuller Theological Seminary.

1982b "Phineas F. Bresee—Creator of Sodalities." (By Fletcher L. Tink.) Pasadena: Unpublished paper in the School of World Mission of Fuller Theological Seminary.

Tippett, A. R.
1969 Verdict Theology in Missionary Thought. Lincoln, IL: Lincoln College Press.

Turkot, Jeff
1987 "A Leadership Analysis of the Lord's Donkey--David du Plessis." Pasadena: Unpublished paper in the School of World Mission of Fuller Theological Seminary.

Wagner, C. Peter
1981 Church Growth and the Whole Gospel. San Francisco, CA: Harper & Row Publishers.

1984 Leading Your Church To Growth. Ventura, CA: Regal Books.

Waldner, Kathy
1987 "Leadership Development Study of Kathy Waldner." Pasadena: Unpublished paper in the School of World Mission of Fuller Theological Seminary.

Warkentin, Marjorie
1982 Ordination--A Biblical Historical View. Grand Rapids: Eerdmans.

Webb, Joe E.
1985 "Leadership Emergence Patterns: Joe Webb." Pasadena: Unpublished paper in the School of World Mission of Fuller Theological Seminary.

Wetherby, Duane
1983 "A Personal Leadership Selection Paper." Pasadena: Unpublished paper in the School of World Mission of Fuller Theological Seminary.

Whitehead, Evelyn Eaton and James D. Whitehead
1982 Christian Life Patterns. Garden City. NY: Doubleday.

Whitworth, Julia M.
1989a "Summaries of 40 Christian Leaders From Legacy Articles Concerning Ultimate Contributions." Pasadena: Unpublished research notes in the School of World Mission of Fuller Theological Seminary.

1989b "Giftedness Analysis and Development Strategy." Pasadena: Unpublished paper in the School of World Mission of Fuller Theological Seminary.

Wible, Steven M.
1984 "Personal Leadership Selection Paper." Pasadena: Unpublished paper in the School of World Mission of Fuller Theological Seminary.

Willard, Dallas
1988 The Spirit of the Disciplines. San Francisco, CA: Harper & Row.

Woodbury, Nicholas
1984 "Personal Leadership Selection Paper." Pasadena: Unpublished paper in the School of World Mission of Fuller Theological Seminary.

Wrong, Dennis H.
1979 Power Its Forms, Bases and Uses. San Francisco, CA: Harper & Row.

Zabriskie, Tyler
1986 "Tyler Zabriskie--A Leadership Selection Process." Pasadena: Unpublished paper in the School of World Mission of Fuller Theological Seminary.